DIETMAR WYRWA

DIE CHRISTLICHE PLATONANEIGNUNG
IN DEN STROMATEIS
DES CLEMENS VON ALEXANDRIEN

ARBEITEN ZUR KIRCHENGESCHICHTE

Begründet von Karl Holl † und Hans Lietzmann †

Herausgegeben von Kurt Aland, Carl Andresen und Gerhard Müller

53

DIE CHRISTLICHE PLATONANEIGNUNG IN DEN STROMATEIS DES CLEMENS VON ALEXANDRIEN

VON

DIETMAR WYRWA

WALTER DE GRUYTER · BERLIN · NEW YORK

1983

CIP-Kurztitelaufnahme der Deutschen Bibliothek

Wyrwa, Dietmar:
Die christliche Platonaneignung in den Stromateis des Clemens von
Alexandrien / Dietmar Wyrwa. – Berlin ; New York : de Gruyter,
1983.
  (Arbeiten zur Kirchengeschichte ; 53)
  ISBN 3-11-008903-3
NE: GT

© 1983
by Walter de Gruyter & Co., Berlin 30
Printed in Germany
Satz: intype Marianne Hermanns-Schuster, Berlin 45
Druck: Kupijai & Prochnow, Berlin 61
Buchbinder: Lüderitz & Bauer, Berlin 61

KARIN ALT

und

ULRICH WICKERT

in
Dankbarkeit und Verehrung
gewidmet

VORWORT

Die vorliegende Untersuchung ist die stellenweise überarbeitete Fassung meiner Dissertation, die der Kirchlichen Hochschule Berlin im Wintersemester 1981/82 vorgelegen hat. Bei der Überarbeitung konnte ich den Kommentar von A. Le Boulluec leider nicht mehr berücksichtigen. Er erreichte mich erst, als das Manuskript schon zum Druck gegeben war.

Was ich während vieler Jahre von meinen Lehrern empfangen habe, geht in jeder Hinsicht weit über das hinaus, was sich hier mit dürren Worten sagen ließe. Die Widmung möchte davon ein bescheidenes Zeichen sein.

Ich möchte an dieser Stelle Herrn Prof. O. Luschnat für die Übernahme des Korreferates noch einmal herzlich danken. Mein Dank gilt auch den Herausgebern der Reihe «Arbeiten zur Kirchengeschichte». Insbesondere danke ich Herrn Prof. C. Andresen für sein tatkräftiges Eintreten. Er ermöglichte es, daß die Publikation rasch ins Auge gefaßt und zügig vorangetrieben werden konnte. Herrn Prof. K. Aland danke ich für wertvolle drucktechnische Ratschläge. Die Evangelische Kirche in Berlin-Brandenburg gewährte einen Druckkostenzuschuß. Dafür sei verbindlichst gedankt. — Es scheint mir zum Abschluß nicht gänzlich überflüssig, eingedenk verbliebener Irrtümer und Versehen festzuhalten: αἰτία συγγράψαντος.

Berlin, im Januar 1983   Dietmar Wyrwa

INHALTSVERZEICHNIS

EINLEITUNG

Die folgenden Seiten wollen der Platonrezeption in den «Teppichen gnostischer Darlegungen gemäß der wahren Philosophie» des Clemens von Alexandrien nachgehen. Es ist dabei an alle jene Aspekte gedacht, die zu berücksichtigen sind, wenn die von Clemens vollzogene Aneignung Platons zur Rede steht. Konkret präzisiert sich die hier ins Auge gefaßte Aufgabe in den Fragen, was Clemens von Platon wann, wie, woher, in welchem Sinne, wozu bietet und wie er sich dabei zum zeitgenössischen Platonismus verhält. Die aus dem Titel erkennbare Beschränkung einer in diesem Sinne abgesteckten Untersuchung auf die «Teppiche» ist ein Gebot der Ökonomie und muß mit der nötigen Umsicht gehandhabt werden. Dann aber ist sie vollauf gerechtfertigt, weil man einerseits nach Lage der Dinge immer noch E. de Faye[1] zustimmen kann, daß die sieben abgeschlossenen und erhaltenen Bücher der «Teppiche» zwar eine unvollendete, aber dennoch eigenständige Schrift darstellen, die mit jener vielverhandelten Trilogie nichts zu tun haben, und weil man andererseits sie als Hauptwerk wenigstens unter Clemens' überlieferten Schriften ansprechen

---

[1] Daß E. de Faye, Clément d'Alexandrie S. 87—125, die «Teppiche» von der bis dahin postulierten Trilogie, Protreptikos, Paidagogos und Stromateis, abgelöst hat, ist sein bleibendes Verdienst, auch wenn die Diskussion seither nicht zur Ruhe gekommen ist. Sie hier «in extenso» darzustellen, verbietet die hiesige Thematik. Immerhin sei soviel angemerkt: Gegen E. de Faye wandte sich C. Heussi, Die Stromateis des Clemens Alexandrinus und ihr Verhältnis zum Protreptikos und Pädagogos, ZWTh 45 1902, S. 465—512, und kehrte zur traditionellen Trilogiehypothese in einer allerdings veränderten Form zurück. Ihm folgte A. von Harnack, Geschichte der altchristlichen Literatur bis Eusebius, Bd. II,2 S. 9—17. Doch widerlegte J. Munck, Untersuchungen über Klemens von Alexandria S. 9ff, die Gegeneinwände, so daß die «communis opinio» auf die Ablehnung der Trilogiethese hinauszulaufen schien. Diesen Stand spiegeln etwa wider O. Stählin, Deutsches Übersetzungswerk Bd. 1 S. 29—35, L. Früchtel, Art. Clemens Alexandrinus, RAC Bd. 2 Sp. 182—188, und M. Pohlenz, Klemens von Alexandreia und sein hellenisches Christentum S. 117ff. Aber schon W. Völker, Der wahre Gnostiker S. 26ff. ist bei der Annahme einer Trilogie geblieben, für sie entscheiden sich auch E.F. Osborn, Teaching and Writing in the First Chapter of the Stromateis of Clement of Alexandria, JThS NS 10 1959 S. 343, und A. Méhat, Étude sur les ,Stromates' S. 71— 114. Aus neuester Zeit liegt von P. Nautin, La fin des Stromates et les Hypotyposes de Clément d'Alexandrie, VigChr 30 1976 S. 268—302, der interessante Versuch vor, Strom VIII, Exc und Ecl als Auszüge aus der von Clemens tatsächlich ausgeführten, aber im ganzen verlorenen Fortsetzung der «Teppiche» zu erweisen. Darauf kann hier nicht näher eingegangen werden.

kann². Über die Bedeutung und Tragweite einer solchen Fragestellung bedarf
es an dieser Stelle nicht vieler Worte. Es ist evident, daß sie historisch in den
Brennpunkt der Thematik von Antike und Christentum führt. Und es besteht
ferner die begründete Vermutung, daß sie auch systematisch nicht ohne Belang ist, erhebt sich doch die Frage, ob heutiges theologisches Denken, das die
existentiale Engführung zu überwinden und Gottes Handeln im Horizont der
Universalgeschichte zu erblicken bestrebt ist, sich an seiner eigenen Vergangen-
heit bewähren kann. Um so erstaunlicher ist es, zu beobachten, welche Zurückhaltung die wissenschaftliche Forschung dieser Aufgabe gegenüber hat walten
lassen. Gewiß gibt es in der überreichen Sekundärliteratur kaum ein Werk, in
dem nicht in der einen oder anderen Weise, und sei es auch nur mit wenigen
Worten, Clemens' Verhältnis zu Platon berührt würde, und gewiß kann man
auch einige monographische Beiträge nennen und dankbar heranziehen, aber im
ganzen muß man das Fazit ziehen, daß weder das Material einigermaßen vollständig gesichtet wäre, noch daß der komplexe Charakter der hier zu lösenden
Aufgabe erkannt und sicher in den Griff genommen wäre, sondern daß immer
wieder die Neigung vorherrscht, an einigen gerade passend herausgegriffenen
Beispielen Entscheidungen über den systematischen Ort und die theologische
Legitimität der geistigen Verbindung des Christentums mit dem Platonismus
herbeizuführen, noch ehe die nötigen Vorfragen erledigt sind. Die frappanten
Divergenzen im Urteil der gelehrten Meinungen dürften sich zum guten Teil
auch aus solcher Voreiligkeit erklären. Unter diesen Umständen kommt einer
Untersuchung, die sich auf der breiten Basis des Textes und unter Berücksichtigung aller wesentlichen Teilmomente die Platonrezeption in Clemens' «Teppichen» zur Aufgabe stellt, ein besonderer Reiz und auch eine gewisse Dringlich-
keit zu.

Die vorgetragene Skizzierung der Forschungslage bedarf einer näheren Begründung, die nach fünf Hauptproblemkreisen gesondert erfolgen soll. Sie betreffen:
a) die Identifizierung des platonischen Materials,
b) das Problem der Herkunft des Materials,
c) die Frage der clementinischen Deutung,
d) die Bestimmung der Funktion im clementinischen Kontext und
e) die systematische Bestimmung von Umfang und Art der geistigen Anleihe
   bei Platon.

---

² Das erlauben die altkirchlichen Nachrichten. Euseb, Hist. Eccl. IV 13,1 erwähnt die
   «Teppiche» zusammen mit den «Hypotyposen» an erster Stelle innerhalb des Schrif-
   tenkataloges. Beide Schriften hebt er ferner dadurch besonders hervor, daß er sie als
   einzige eingehend würdigt, so zu den «Teppichen» in IV 13,4—8 und zu den «Hypotyposen» in IV 14,1—9. Da von den «Hypotyposen» nur Fragmente erhalten sind, haben
   die «Teppiche» allen Anspruch, als Hauptwerk zu gelten. Von Gewicht ist auch die

Daß bei dieser Durchsicht nicht jeder Beitrag der uferlosen Sekundärliteratur zu Wort kommen kann, liegt auf der Hand. Aus der älteren Literatur kann noch am unbedenklichsten ausgeschieden werden. Aber auch dann ist Vollständigkeit nicht möglich und auch nicht sinnvoll. Von Interesse sind die wesentlichen und besonders namhaften Positionen, diejenigen, die durch besondere Fundierung, durch ihre extreme Einstellung, eine gezielte Frontstellung oder eine eigentümliche Fragestellung hervorragen. Sie sollen hier präsentiert und kritisch erörtert werden. Überlegungen darüber, was noch zu tun bleibt, sollen sich sogleich anschließen; auf diese Weise können methodische Leitlinien für die eigene Untersuchung gewonnen werden.

Was den Punkt a), die Identifizierung des platonischen Materials, betrifft, so ist diese Arbeit im wesentlichen bereits geleistet. Den Grundstock für die Notierung der platonischen Zitationen hat J. Potter mit seiner 1715 in Oxford erschienenen Ausgabe[3] gelegt, die neben dem griechischen Text eine lateinische Übersetzung sowie kommentierende und die Zitationen aufschlüsselnde Anmerkungen enthält. J. Potter hat seine Aufmerksamkeit ausschließlich den mit einem Lemma versehenen Platonaufnahmen gewidmet, stillschweigende Übernahmen und Anspielungen hat er dagegen nicht bemerkt, auf jeden Fall nicht verzeichnet. Aber auch bei den namentlich ausgewiesenen Stücken ist ihm mehrmals eine Identifizierung nicht gelungen. Gleichwohl bleibt die Ausgabe auch heute noch von Wert, und zwar dank ihrer Übersetzung und dank der Anmerkungen. Hier kann man gelegentlich einen erhellenden Kommentar oder eine überraschende Sammlung von Parallelstellen finden. Die von W. Dindorf 1869 ebenfalls in Oxford herausgebrachte Ausgabe enthält die Potterschen Anmerkungen vollständig[4], neue Nachweise sind allerdings nicht hinzugekommen. Einen neuen Stand erreichte die Clemensforschung auch in der hier zu behandelnden Frage mit der Edition, die O. Stählin im Rahmen des Berliner Korpus der Griechischen Christlichen Schriftsteller veranstaltet hat. Er konnte nicht nur bei den bis dahin ungeklärten Zitationen mehrmals erfolgreich die platonische Grundlage nachweisen, sondern hat auch stillschweigende Anspielungen und Reminiszenzen im größten Umfang aufgespürt. Er hat ferner auch für das Platonverständnis belangvolle Parallelen gelegentlich aufgenommen und durch Zitatenregister und Wortindizes für die Texterschließung jede erwünschte Hilfestellung geleistet. Von L. Früchtel und U. Treu ist diese Edition in der zweiten, bzw. dritten Auflage jeweils auf den neuesten Stand gebracht worden, so daß auch die Untersuchung der Platonrezeption auf diesem Fundament aufbauen

---

Einschätzung, die in dem Beinamen Κλήμης ὁ Στρωματεύς bei Julius Africanus (vgl. die Einleitung zur Edition von O. Stählin, vol. I p. IX,7) und bei Photius (ebd. vol. I p. XIV,13) zum Ausdruck kommt.

[3] Die Ausgabe selbst zählt zu den Rara, ein Nachdruck findet sich bei Migne, PG VIII.IX.

[4] Was man im Apparat unter dem Text vermißt, steht in Bd. IV.

kann. Gegenüber dem hier gesammelten Fundgut bedeutet die Ausgabe der ersten zwei Bücher in den freilich einem ganz anderen Konzept dienenden und
insofern nicht recht vergleichbaren Sources Chrétiennes einen Rückschritt,
denn M. Caster, der für das erste Buch, und P. Th. Camelot, der für das zweite
Buch die Anmerkungen geliefert hat, lassen gelegentlich Nachweise auf Platon
vermissen, die das Berliner Werk schon aufgeführt hatte. Ähnlich folgt die von
H. Chadwick ausgearbeitete und mit Anmerkungen bedachte Übersetzung des
dritten und siebten Buches dem Bekannten.

Angesichts der gegebenen Ausgangslage stellt sich die Aufgabe, die Nachweise der Stählinschen Edition kritisch durchzumustern, was zu einigen Abweichungen, bzw. Korrekturen führen wird, und bis zur Zeilenangabe zu verfei-
nern. Damit geht eine Klassifizierung der Zitationen in wörtliche Zitate, Anspielungen, Paraphrasen und Referate einher. Von besonderer Wichtigkeit sind
natürlich die Lemmata, hat es Clemens doch in diesen Fällen nicht der zufälli-
gen Bildung seiner Leser überlassen, die Anlehnung zu erkennen, sondern selbst
ausdrücklich darauf aufmerksam gemacht. Die Sonderstellung der namentlich
ausgewiesenen Zitationen rechtfertigt es, die stillschweigenden Anspielungen
im wesentlichen aus der Untersuchung auszugrenzen. Mögen diese auch gerade
den stilistischen Platoneindruck besonders fördern, so haben sie nicht selten
auch einen starren und trockenen Charakter, und vor allem führen sie, wie Vor-
untersuchungen erbracht haben, nur in den seltensten Fällen in das Zentrum
der geistigen Auseinandersetzung. Es gehört aus diesen Gründen nicht zu der
hier ins Auge gefaßten Aufgabe, die Suche nach versteckten Anspielungen und
gerade noch kenntlichen Anklängen weiterzuführen, so gewiß der Text noch
längst nicht voll ausgeschöpft ist. Die vorliegenden Untersuchungen werden
sich also nur in besonders begründeten Fällen auf stillschweigende Anspielungen beziehen, dagegen die namentlich gekennzeichneten Zitationen vollständig
berücksichtigen. Insofern gehört es auch zu der hier gestellten Aufgabe, diejenigen Fälle einer Klärung entgegenzuführen, wo ein ausdrücklich Platon zugeschriebenes Wort sich bisher nicht hat identifizieren lassen. Man wird die Interpretation in diesen Fällen flexibel handhaben müssen. Die an sich natürlich
mögliche Auskunft, daß es sich dabei um mechanische Irrtümer oder nachlässi-
ge Versehen auf Clemens' Seite handelt, sollte wirklich erst zuletzt, wenn alle
anderen Wege zu keinem befriedigenden Resultat geführt haben, in Betracht
gezogen werden.

Zu Punkt b), dem Problem der Herkunft des platonischen Materials, muß
man sich in erster Linie darüber klar werden, daß mit ihm weit mehr als ein an-
tiquarisches Interesse verbunden ist. Die Fragestellung lautet in radikaler Zuspitzung, ob Clemens Platon überhaupt gelesen hat oder ob er seine Kenntnisse
und sein Material aus sekundären Quellen schöpft, wobei an Florilegien, Kom-
pendien, Schulunterlagen, monographische Abhandlungen u.ä. zu denken wäre.
Diese Alternative, mag sie faktisch auch so nicht zu halten sein, veranschaulicht

auf jeden Fall die methodische Unausweichlichkeit, sich über die Herkunft der Zitationen Klarheit zu verschaffen, denn sie hat direkte und entscheidende Belange für die Clemensinterpretation. Läßt sich wahrscheinlich machen, daß Clemens vom originalen Platontext ausgegangen ist, so ist es nicht nur legitim, sondern auch methodisch geboten, daß die Interpretation denselben Weg zurück bis zur ursprünglichen Aussage bei Platon abschreitet. Ganz anders muß das Verfahren aussehen, wenn als gesichert gelten dürfte, daß Clemens die verwerteten Platonstellen in ihrem authentischen Wortlaut und Kontext nie zu Gesicht bekommen hätte. Dann wäre der interpretierende Rückgang auf Platon geradezu absurd, und man könte Clemens allenfalls mit sekundären Traditionen konfrontieren.

Tatsächlich sind beide Positionen mit geringfügiger Abschwächung in der wissenschaftlichen Literatur vertreten worden. F.L. Clark[5] hat 1902 die These von der Herkunft der clementinischen Zitationen aus dem genuinen Platontext verfochten. Er argumentierte einmal von der Basis von Strom V § 89 — § 141 und Strom VI § 4 — § 27, den beiden Abschnitten zum Diebstahl der Hellenen, aus. Der Vergleich mit Eusebs «Praeparatio Evangelica» XIII 12, erbrachte demzufolge, daß poetische Zitate auf Florilegien, daß aber platonische Stücke auf Platon selbst zurückgehen. Diese Auffassung bestätigte ein weiteres Argument, daß nämlich nur ein Fünftel der clementinischen Platonzitate in der Sammlung des Johannes von Stoboi, dem «florilegium florilegiorum», wiederkehrt. Als drittes Argument wertete er das Vorhandensein von stillschweigenden Reminiszenzen, wofür er acht charakteristische Proben gab. Schließlich sollten biographische Erwägungen Clemens' vertrauten Umgang mit zeitgenössischen Platonikern und seine gründliche philosophische Bildung unter Einschluß einer weitreichenden Belesenheit in den platonischen Dialogen wahrscheinlich machen. Eine detaillierte Auseinandersetzung mit diesen Thesen ist hier nicht nötig, wenn man sich nur vergegenwärtigt, daß die Argumente von sehr unterschiedlichem Gewicht sind. Die Abschnitte zum Diebstahl der Hellenen sind von einer sehr viel komplexeren Problematik. Die Anspielungen sind, so bemerkenswert sie auch sein mögen, doch kein absolut sicheres Indiz. Die ohnehin dunkle Biographie muß man ganz beiseite lassen. So bleibt der zweifellos gewichtige Hinweis auf Johannes, der allerdings dadurch in seinem Wert gemindert wird, daß dessen Anthologie nur unvollständig auf uns gekommen ist. Trotz allem aber konnte sich F.L. Clark weitgehend mit seiner Anschauung durchsetzen. Beispielshalber sei das Urteil von R.B. Tollinton in dieser Frage aufgeführt. Zwar bemüht er zusätzlich noch ein neues Argument, nämlich die Übereinstimmung der Lesarten in den clementinischen Zitaten und den besten Platonhandschriften in 18 Fällen, aber er bezieht sich auf F.L. Clark, wenn er mit wünschenswerter Klarheit resümiert: «It is generally allowed that, whatever may be the

---

[5] F.L. Clark, Citations of Plato in Clement of Alexandria, TPAPA 33 1902 S. XII–XX.

case in regard to other authors, from Plato at any rate Clement made his quotations at first hand, from his own copy»[6]. Was den neuen Gesichtspunkt betrifft, so muß gesagt werden, daß die Übereinstimmung der Lesart, mag sie auch die längsten Zitate aus der Politeia und dem Phaidon betreffen, keine Beweiskraft hat. Ein getreuer Wortlaut kann ja auch ohne weiteres aus einem Florilegium stammen. Und zugleich wird damit eingeräumt, daß in den überwiegenden Fällen der ursprüngliche Wortlaut irgendwie modifiziert ist. Tatsächlich hat Clemens in erster Linie gewöhnlich den Dialogcharakter ausgemerzt, dazu kommen mannigfache andere Varianten wie Kürzungen, Umstellungen, geringfügige Ungenauigkeiten oder Umformungen aus inhaltlichen Bedürfnissen. Und gelegentlich muß man sich fragen, ob sich nicht die Form der Zitation am besten mit der Annahme erklärt, Clemens habe aus dem Gedächtnis zitiert. Schließlich wird von einigen Vertretern der unmittelbaren Herkunft des Platonmaterials, wie von J. Munck[7] und von A.C. Outler[8], die stupende Masse der Zitationen ins Feld geführt. Sie macht in der Tat eine ausgedehnte Platonlektüre bei Clemens wahrscheinlich.

Die Gegenposition, die auf der Herkunft aus sekundären Quellen insistiert, hat sich nun nicht aus der kritischen Musterung der Beweisstücke der gängigen Ansicht, sondern aus der Erkenntnis von der immensen Verbreitung von Wanderzitaten entwickelt. Daß in der Kaiserzeit immer wieder dieselben Zitate bei den verschiedensten Autoren zu den verschiedensten Zwecken auftauchen, ist verräterisch und legt den Gedanken an florilegische Verbreitung nahe. So erklärt J. Daniélou: «Ceci (d.h. der Einfluß des Mittelplatonismus) apparaît en particulier si l'on considère les lieux platoniciens que présentent les auteurs chrétiens. La comparaison montre qu'ils sont en grande partie les mêmes que ceux des philosophes de leur temps. Les auteurs chrétiens ont donc utilisé Platon à la fois dans les extraits qu'en avait faits la philosophie du temps et dans l'exégèse qu'elle en donnait»[9]. Aber auch diese Auffassung ist nicht unproblematisch. Sie operiert mit der Hypothese von der Existenz philosophischer Anthologien, die nicht unwidersprochen geblieben ist[10]. Und

---

[6] R.B. Tollinton, Clement of Alexandria, Vol. I S. 168.
[7] J. Munck, Untersuchungen über Klemens von Alexandria S. 209 mit Anm. 4.
[8] A.C. Outler, The «Platonism» of Clement of Alexandria, JR 20 1940 S. 222f.
[9] J. Daniélou, Message évangélique et culture hellénistique S. 103, vgl. auch ebd. S.103—122.
[10] J.H. Waszink, Some Observations on the Appreciation of the ‚Philosophy of the Barbarians‘ in Early Christian Literature, in: Mélanges Ch. Mohrmann S. 41ff, bestreitet die Existenz philosophischer Florilegien, weil es für sie keinen ‚Sitz im Leben‘ gäbe (H. Diels, Doxographi Graeci S. 75, und U. von Wilamowitz-Möllendorf, Platon Bd. 2 S. 333, urteilen, daß Stobaios seine Platonexzerpte selbst gemacht hat). Zuversichtlicher, obwohl des hypothetischen Charakters eingedenk, äußert sich H. Chadwick, Art. Florilegium, RAC Bd. 7 Sp. 1142f, der gleichwohl bei Clemens mit direkter Platonkenntnis rechnet, H. Chadwick, Early Christian Thought and the Classical Tradition

selbst wenn man diese Hypothese gelten läßt, bleiben Einwände. J. Daniélou hat seinen Nachweis nur an einer begrenzten Zahl von Zitaten durchgeführt, und bei den etwa 25 untersuchten Stellen läßt sich keineswegs immer eine so brillante Sammlung vorweisen wie im Fall von Tim 28 c, Epist II 312 e und Nom IV 715 e—716 a. Gelegentlich, so zu Tim 48c, hat er nur eine einzige Bezeugung zur Hand, eben diejenige bei Clemens[11]. Es muß aber noch ein zweiter Einwand erhoben werden. Tatsächlich beweist eine Testimoniensammlung nur, wie bekannt und verbreitet eine Textstelle war. Sie sagt aber darüber, ob die einzelnen Autoren ihr Zitat unmittelbar aus dem Original oder aus vermittelnden Instanzen bezogen haben, direkt nichts aus. Es läßt sich sogar denken, daß ein Autor durch ein Florilegium veranlaßt wird, zur Originalschrift zu greifen, um sich über Formulierung und Aussage des aufgefundenen Zitates dort zu vergewissern. Es handelt sich eben dabei nicht um strenge Alternativen.

Zu den allgemeinen Erwägungen, die für eine direkte Platonkenntnis sprechen, läßt sich noch ein weiteres Argument hinzufügen. Clemens' Auswahl aus gewissen Dialogen folgt zum Teil textmäßig so dicht aufeinander (z.B. beim Phaidon, bei Strecken der Politeia und am Anfang des Timaios), daß sich die Bekanntschaft mit dem fortlaufenden Text erschließen läßt. Immerhin, mit allgemeinen Erwägungen wird man die Wahrscheinlichkeit der direkten Platonherkunft annehmen dürfen, während größere Gewißheit erst die Überprüfung des Einzelfalles bringen kann. Dabei ist methodisch zwischen Paraphrasen und Referaten einerseits und wörtlichen Zitaten andererseits zu unterscheiden, weil sich das Kriterium jeweils etwas anders darstellt. Und natürlich ist das Parallelmaterial zu sichten. Im Prinzip kann die gesamte erhaltene Literatur jener fünfeinhalb Jahrhunderte zwischen Platon und Clemens belangvoll werden, aber Vorrang genießen natürlich die zeitlich nahestehenden Texte. Wenn man über Clemens hinausgeht, büßen die Parallelen etwas von ihrer Eindeutigkeit ein. Auf philosophischer Seite ist Plotin ein in solchem Maße eigenständiger Platonleser, daß er für die Frage nach sekundären Zitationsvermittlungen kaum in Betracht kommt. Und auf christlicher Seite stellt sich bei den Platonzitationen in Eusebs «Praeparatio Evangelica» und in Theodorets «Graecarum affectionum curatio» die Frage, wieweit sie nicht schon durch Clemens vermittelt, bzw. veranlaßt worden sind.

Eine negative Ausgrenzung läßt sich nun bei einem wörtlichen Zitat vornehmen, wenn es selbst in seinem Wortlaut vom platonischen Original abweicht

S. 37: «But it is indisputable that Clement has first-hand familarity with Homer and Plato and highly probable that the same is true of his knowledge of Euripides and Menander».

[11] J. Daniélou, Message évangélique et culture hellénistique S. 112f (Tim 48 c2—6 = Strom V § 89,7). Einmal gesteht J. Daniélou, ebd. S. 105, auch direkte Platonbenutzung zu, nämlich bei Tim 28 b6—8 in Strom V § 92,2.

und eine anderweitige, von Clemens unabhängige Parallele mit derselben Abweichung aufgewiesen werden kann. Unter diesen Umständen wäre die Herkunft aus sekundären Quellen bewiesen. Das Verfahren ist nicht leicht zu führen, setzt es doch im Grunde die Kenntnis des gesamten Parallelmaterials voraus[12], aber m.W. begegnet ein entsprechender Fall nicht[13]. Wanderzitate dagegen mit authentischem Wortlaut lassen nichts über eine sekundäre Vermittlung erkennen. Dasselbe gilt grundsätzlich auch für die Zitate in Nestern. Ob das Ensemble als solches schon bekannt war oder ob es Clemens' eigene Leistung ist, läßt sich auf Grund von parallelen Sammlungen entscheiden, die Frage nach sekundärer Vermittlung kann jedoch auch hier nur bei gemeinsamem, von Platon abweichendem Wortlaut bejaht werden. Weniger eng ist das Kriterium bei Paraphrasen und Referaten, denn hier können neben den angeführten Grundsätzen auch stilistische Eigentümlichkeiten die wörtliche Übernahme aus sekundären Quellen erweisen. Tatsächlich wird sich ergeben, daß Clemens mit Paraphrasen und Referaten mehrmals sekundären Instanzen wörtlich gefolgt ist.

Wo eine negative Ausgrenzung nicht vorgenommen werden kann, hat sich die Wahrscheinlichkeit einer direkten Platonherkunft erhärtet. Sie läßt sich an einigen Stellen noch durch die Beobachtung weiter absichern, daß Clemens im Gang seiner Darlegungen mehr vom Platontext voraussetzt, als er eigentlich zitiert hat. Immer aber bleibt zu berücksichtigen, daß sich eine direkte Platonbenutzung grundsätzlich nicht beweisen läßt.

Was c) die Frage der clementinischen Deutung betrifft, so konzentriert sich das Problem darin, inwiefern Clemens' Platonverständnis von demjenigen seiner Zeit geprägt ist und insbesondere ob seine christliche Aneignung bereits im zeitgenössischen Platonismus strukturell vorbereitet ist. Wiederum fehlen biographische Anhaltspunkte. Anders als etwa bei Cicero[14] oder Plutarch[15] ist von

---

[12] Von großer Hilfe sind die Sammlungen von É. des Places: É. des Places, La tradition indirecte des Lois de Platon (Livres I–VI), in: Mélanges J. Saunier S. 27–40, ders., La tradition indirecte des Lois de Platon (Livres VII–XII), StPatr V = TU 80 1962 S. 473–479, und ders., La tradition indirecte de l'Epinomis, in: Mélanges Desrousseaux S. 349–355. Den Zitatenschatz bei Plutarch erschließt W.C. Helmbold – E.N. O'Neil, Plutarch's Quotations S. 56–63.

[13] Das ist auch nicht der Fall bei Nom IV 715e–716a in Protr § 69,4 und Strom II § 132,2–4. Die Ausführungen von J. Daniélou, Message évangélique et culture hellénistique S. 108, führen in die Irre, s. o. Kap. IV S. 185.

[14] Cicero, De orat. I § 47, liefert ein lebendiges Anschauungsmodell, wenn Crassus erzählt: «tum Athenis cum Charmada diligentius legi Gorgiam». Für Cicero selbst waren Philon von Larissa, Antiochos von Askalon und Poseidonios die prägenden Lehrer, vgl. De nat. deor. I § 6. Nachhaltiger Einfluß ging auch von Panaitios aus, vgl. W. Burkert, Cicero als Platoniker und Skeptiker, Gym. 72 1965 S. 179ff.

[15] Plutarch, dessen Lehrer ein gewisser Akademiker namens Ammonios war, ist freilich auch ein Beispiel dafür, daß die Kenntnis von Namen noch keine Wissensbereicherung ist, vgl. K. Ziegler, Art. Plutarchos von Chaironeia RECA Hlbd. 41 Sp. 650ff.

Clemens' philosophischem Bildungsgang nichts bekannt. Wir wissen nicht, unter wessen Anleitung er die Dialoge Platons gelesen und seine Philosophie kennengelernt hat, ja, ob er sich überhaupt einer sachkundigen Führung erfreuen durfte, ist nicht von vornherein ausgemacht. So bleibt als allein gangbarer Weg, aus den «Teppichen» selbst Clemens' Platonbild zu erheben, indem man Zitation für Zitation abschreitet und auf ihr Verhältnis zum zeitgenössischen Platonismus hin befragt.

Eine solche Untersuchung ist bisher nur ansatzweise versucht worden. R. Arnou[16] und G. Lazzati[17] haben die Vermittlerrolle des Schulplatonismus für die Platonrezeption der christlichen Schriftsteller pauschal hervorgehoben. Andere Studien sind einem möglichen mittelplatonischen Einfluß dort, wo Clemens in eigener Person Lehraussagen vorträgt oder entwickelt, aber gerade nicht in seinem Platonbild nachgegangen, wie die Arbeiten von L. Früchtel[18], R.E. Witt[19], F. Solmsen[20] und S.R.C. Lilla[21], wobei S.R.C. Lilla den Nachweis der Berührungen im weitesten Umfang führt. Die hier exponierte Fragestellung leitete dagegen H. Merki[22] in seiner Untersuchung über das Motiv der Angleichung an Gott und J.H. Waszink[23], der dessen Ergebnisse weiterführte. Detailliertere Beiträge lieferte ferner J. Daniélou[24] in dem Kapitel «Platon dans le Moyen-Platonisme Chrétien», wo nicht nur die Herkunft der Zitate aus mittelplatonischen Florilegien, sondern darüber hinaus auch die gleichzeitig erfolgte Übernahme ihrer mittelplatonischen Deutung nachgewiesen werden soll. Andererseits haben Erforscher des Platonismus wie W. Theiler[25] und H.

---

[16] R. Arnou, Art. Platonisme des Pères, DThC Bd. 12 Sp. 2274: «la véritable source de ce qu'ils (sc. les écrivains ecclésiastiques) enseignent (dans la mesure où ils dépendent de la philosophie) n'est point Platon, mais le platonisme intermédiaire». Zu Clemens vgl. Sp. 2287f. 2304f. 2317f u.ö.

[17] G. Lazzati, Introduzione allo studio di Clemente Alessandrino S. 41—53.

[18] L. Früchtel, Clemens Alexandrinus und Albinus, Philologische Wochenschrift 57 1937 Sp. 591f, und ders., Rez. R.E. Witt, Philogogische Wochenschrift 58 1938 Sp. 996—1003.

[19] R.E. Witt, The Hellenism of Clement of Alexandria, CQ 25 1931 S. 195—204, geht vornehmlich den Berührungen mit Plotin nach. Auf Strom VIII bezieht sich R.E. Witt, Albinus and the History of Middle Platonism S. 32ff.

[20] F. Solmsen, Early Christian Interest in the Theory of Demonstration, in: Festschrift J.H. Waszink S. 281—291, nimmt einen Einfluß von Galen auf Clemens' Behandlung der Logik an.

[21] S.R.C. Lilla, Clement of Alexandria.

[22] H. Merki, ΟΜΟΙΩΣΙΣ ΘΕΩ.

[23] J.H. Waszink, Der Platonismus und die altchristliche Gedankenwelt, Fondation Hardt Entretiens III S. 137—174, und ders., Bemerkungen zum Einfluß des Platonismus im frühen Christentum, VigChr 19 1965 S. 129—162.

[24] J. Daniélou, Message évangélique et culture hellénistique S. 103—122.

[25] W. Theiler, Die Vorbereitung des Neuplatonismus, und ders., Forschungen zum Neuplatonismus, werden im Folgenden immer wieder heranzuziehen sein.

Dörrie[26] vor Augen geführt, wie man Clemens heranziehen kann, wenn es gilt, eben jene Phase der platonischen Wirkungsgeschichte zu erhellen.

Aber es bleiben, selbst wenn man die generellen Einwände von J. Munck[27], M. Pohlenz[28] und W. Völker[29] noch zurückstellt, gleichwohl offene Fragen. Behandelt ist ja nur ein geringer Bruchteil der Zitationen, und selbst bei diesen sind nicht nur Gemeinsamkeiten mit dem Platonismus, sondern auch Christianisierungen ohne strukturelle Analogie[30] und sogar offene Divergenzen[31] zutage getreten. Prüft man daher genauer, worauf sich J. Daniélou stützt, wenn er von einem «Moyen-Platonisme Chrétien» spricht, dann erhält man die Antwort, es sei «la tendance traditionaliste qui consiste à s'intéresser à Platon, moins pour sa pensée personnelle qu'en tant que représentant la tradition archaïque». Dies sei die Tendenz der Mittelplatoniker wie Celsus, Plutarch, Maximus Tyrius und Numenios, derselben Tendenz folgen auch die christlichen Autoren. «Leur but en effet est de montrer que Platon est l'écho d'une tradition antérieure qu'il déforme et dont Moïse présente la forme authentique. Ainsi l'aspect platonicien des textes ne les intéresse finalement pas. Ils y mettent un contenu spécifiquement biblique»[32]. Hier erhebt sich nun allerdings die Frage, ob allein der formale Aspekt dieser traditionalistischen Tendenz, daß man Platon in der Nachfolge uralter Weisheit sieht, es rechtfertigt, von einem christlichen Mittelplatonismus zu sprechen[33]. Es drängt sich die Vermutung auf, daß die Beziehungen, die zwischen Clemens' Platondeutung und dem Platonbild seiner Zeit bestehen, einerseits enger und bestimmter, andererseits auch vielfältiger und nuancenreicher und vor allem auch spannungsreicher und konfliktgeladener sind. Mit dem formalen Gesichtspunkt des Traditionalismus wird von alledem mehr verdeckt als sichtbar gemacht.

Um festen Boden zu gewinnen, ist es allerdings nötig, sich über die Bezeichnung «Mittelplatonismus» Klarheit zu verschaffen. In der neueren Forschung sind verschiedene Fassungen dieses philosophiegeschichtlichen Begriffes erarbeitet worden, die auch für die Frage nach Clemens' Platondeutung von Belang sind. So sind zwei grundsätzliche Fragen vorab zu berücksichtigen. Die

---

[26] H. Dörrie, Platonica Minora, ist ebenfalls grundlegend.
[27] J. Munck, Untersuchungen über Klemens von Alexandria S. 210: «Es muß als unwahrscheinlich angesehen werden, daß der Eklektizismus des Klemens selbst innerhalb des eklektischen mittleren Platonismus eingeordnet werden kann».
[28] M. Pohlenz, Klemens von Alexandreia und sein hellenisches Christentum S. 155—158. 165f.
[29] W. Völker, Der wahre Gnostiker S. 49 Anm. 2
[30] Vgl. J. Daniélou, Message évangélique et culture hellénistique S. 104.
[31] Vgl. J. Daniélou, ebd. S. 112f.
[32] J. Daniélou, ebd. S. 109.
[33] Auch J.H. Waszink, Bemerkungen zum Einfluß des Platonismus im frühen Christentum, VigChr 19 1965, S. 134 Anm. 10, stellt diesen Begriff in Frage.

eine, eine Frage der Terminologie, entscheidet über den Umfang der heranzu-
ziehenden und mit Clemens zu vergleichenden Texte, die andere, eine Frage
der Traditionsgeschichte, entscheidet über die Interpretation der Texte.

Hinsichtlich der Terminologie hat sich ein weiter und ein prägnanter Gebrauch herausgebildet. Im ersten Fall ist eine chronologische Eingrenzung gemeint. Der Mittelplatonismus ist die Phase des Platonismus zwischen Antiochos
von Askalon (ca. 130/120—68 v. Chr.) und Ammonios Sakkas (ca. 175—242 n.
Chr.)[34], also jene Zeit, die den Skeptizismus der neueren Akademie überwand
und den Neuplatonismus vorbereitete. Repräsentativ für diesen Sprachgebrauch
ist etwa das Buch von J. Dillon[35]. Entsprechend ist für die Frage nach Clemens' Platondeutung die gesamte philosophische Literatur dieser Periode belangvoll. Im zweiten Fall handelt es sich um eine dogmengeschichtliche Eingrenzung. Gemeint ist hier der aus der Sicht der späteren Tradition, namentlich
des Porphyrios gesehene orthodoxe Schulplatonismus. Als Vertreter sind Eudor
von Alexandrien, Kalbenos Tauros, Albinos, Celsus und Longinos zu nennen.
Dazu kommen noch einige weitere Quellen, nämlich das anonyme Fragment
eines Theaitetkommentars und die einschlägigen Referate bei Arius Didymus,
Diogenes Laertios III § 67 ff und Seneca, Epist. 58 und 65. Alle anderen Zeugnisse haben als paraplatonisch zu gelten. Diese prägnante Bedeutung hat H.
Dörrie[36] dem Begriff gegeben. Es liegt auf der Hand, daß diese Präzisierung
für die Clemensinterpretation von erheblicher Bedeutung ist.

Hinsichtlich der Traditionsgeschichte, der zweiten grundsätzlich zu klären-
den Vorfrage, geht es vor allem darum, ob man außer den Dialogen Platons,
die zu allen Zeiten zugänglich waren und gelesen wurden[37], auch altakademische, vor allem innerschulische Quellen als traditionsstiftend für den Mittelplatonismus ansehen darf. Zu denken wäre hier an Nachrichten von Platons Vor-
lesung über das Gute, an die Schriften des Speusipp und Xenokrates und an die
Werke des Aristoteles aus seiner akademischen Zeit. In dieser Frage haben sich
drei Positionen herausgebildet. Sie wird teils bejaht, teils verneint und teils
umgangen. So hat W. Theiler[38], um mit der letzteren Position zu beginnen, die

---

[34] Die Daten nach K. Praechter, in: F. Überwegs Grundriss der Geschichte der Philosophie
      Bd. 1 S. 470. 594.
[35] J. Dillon, The Middle Platonists, 80 B.C. to A.D. 220.
[36] H. Dörrie, Der Platonismus in der Kultur- und Geistesgeschichte der frühen Kaiserzeit,
      in: ders., Platonica Minora S. 193 ff, und ders., Die Schultradition im Mittelplatonismus
      und Porphyrios, in: ders., Platonica Minora S. 406—414.
[37] Das beweisen u. a. die Flinders Petrie-Papyri aus Arsinoe, die Bruchstücke aus Laches
      und Phaidon enthalten, vgl. U. von Wilamowitz-Möllendorf, Platon Bd. 1 S. 579, Bd. 2
      S. 330.
[38] W. Theiler, Die Vorbereitung des Neuplatonismus S. 40: «Wie weit Antiochos über die
      skeptische Periode zurück an die alte Akademie anknüpfte, verfolgen wir mit Absicht
      nicht».

Frage absichtlich zurückgestellt, auch K. Praechter[39] ist ihr ausgewichen. Die Eigentümlichkeit des Mittelplatonismus wird hier in dem eklektischen Dogmatismus gesehen, den Antiochos von Askalon zur Geltung gebracht hat, um «einem auf den Widersprüchen der Systeme untereinander fußenden Skeptizismus den Boden zu entziehen»[40]. Eine im Einklang mit der Zeitströmung sich befindende vertiefte Religiosität tritt zur Systemmischung hinzu. Da es aber gleichzeitig an orthodoxen Bestrebungen nicht gefehlt hat, «kann von einem einheitlichen System des mittleren Platonismus nicht die Rede sein»[41]. — Entschieden bejaht wird dagegen die Nachwirkung altakademischer Lehren von H.J. Krämer und J. Dillon. H.J. Krämer[42] versucht nachzuweisen, daß in der mittelplatonischen Philosophie nicht der Eklektizismus das Entscheidende ist, sondern die innere Lehre des Xenokrates. Dazu verfolgt er die Lehre von den Ideen im Geist Gottes, den Stufenbau des Systems in der Gegenüberstellung des $\nu o\tilde{\nu}\varsigma$ — $\theta\epsilon\acute{o}\varsigma$ einschließlich der Ideenwelt auf der höheren Stufe und des $\kappa\acute{o}\sigma\mu o\varsigma$ auf der unteren Stufe bei gelegentlicher Zwischenstellung der Weltseele, ferner ein mathematisch strukturiertes Derivationssystem und schließlich die Negativität des ersten Gottes. In den wesentlichen Punkten ergänzt demnach die von Xenokrates ausgegangene akademische Lehrtradition die aus den Dialogen gewonnene Platondeutung zur Einheitlichkeit der Konzeption. Die Wege dieser Tradition sind freilich nicht mehr greifbar, man muß mit einer «anonymen, unterirdischen Wirksamkeit» rechnen[43]. Entsprechend erklärt J. Dillon: «The inner-academic tradition, preserving as it did both accounts of the Unwritten Doctrines and the interpretation of such authorities as Speusippus and Xenocrates, continued to have a profound influence all through antiquity»[44]. Eine vermittelnde Position vertritt Ph. Merlan[45]. Im wesentlichen sei der Mittelplatonismus eklektisch, die ungeschriebene Lehre Platons wirke aber bei einigen weiter. — Die Möglichkeit einer Nachwirkung altakademischer Lehren hat dagegen H. Dörrie grundsätzlich bestritten. Er setzt einen doppelten Traditionsbruch an und erklärt dessen Überwindung gerade für das Eigentümliche des Mittelplatonismus. Der erste Bruch trat ein mit der Hinwendung der neueren Akademie zur Skepsis, der zweite und endgültige Traditionsbruch geschah im März des Jahres 86 v. Chr., als Sulla das abtrünnige Athen eroberte und dabei die nahe dem westlichen Einfallstor, dem Dipylon, gelegene Akademie zer-

---

[39] K. Praechter, in: F. Überwegs Grundriss der Geschichte der Philosophie S. 527.
[40] K. Praechter, ebd. S. 470, vgl. auch S. 524ff.
[41] K. Praechter, ebd. S. 525.
[42] H.J. Krämer, Der Ursprung der Geistmetaphysik S. 92—119.
[43] H.J. Krämer, ebd. S. 17, vgl. auch S. 13.29.
[44] J. Dillon, The Middle Platonists S. 10, vgl. auch S. 43.45.
[45] Ph. Merlan, Greek Philosophy from Plato to Plotinus, in: A.H. Armstrong, The Cambridge History of Later Greek and Early Medieval Philosophy S. 53.62.81.

störte[46]. Damals ging die literarische Hinterlassenschaft der Akademie für immer verloren. Die wenigen überlieferten Nachrichten von Speusipp und Xenokrates verraten in der Art und Weise ihrer Zitation, daß sie nicht auf der Kenntnis ihrer Schriften beruhen[47]. Zwar ist nicht auszuschließen, daß die damals zugängliche, d.h. publizierte Sekundärliteratur zu Platon in gewisser Weise Einfluß ausübte (dazu wären zu rechnen: Aristoteles' Schrift über die Philosophie, eine Schrift des Hermodoros von Syrakus über Platon, eine ebensolche des Rhetors Alkimos und der Platonikos des Eratosthenes von Kyrene), aber entscheidend für die Überwindung des Verlustes war die von einem neuen religiösen Weltgefühl getragene dogmatische Auswertung des Timaios. In zwei rasch aufeinander folgenden Phasen, zunächst einer naiven, die die Lehre von den drei Prinzipien aus dem Timaios ablas, und bald einer philologischen, die Grundsätze zur Formulierung eines platonischen Lehrsatzes an Hand einer Konkordanz ausarbeitete, ist das Fundament des Mittelplatonismus gelegt worden. Ihm eignet bei aller Ausweitung zu einem enzyklopädischen Bildungsprogramm und einem Eklektizismus im einzelnen eine Tendenz der dogmatischen Beharrung und ein Eindruck der systematischen Unabgeschlossenheit. Erst Plotin gelingt mit der Hypostasenlehre der Durchbruch zu einer den Systemcharakter der Platoninterpretation begründenden Ontologie[48].

Es bleibt natürlich nicht ohne Konsequenzen für die Clemensinterpretation, welcher Auffassung man hier folgt. Ist die innere altakademische Lehre für den Mittelplatonismus traditionsstiftend gewesen, dann kommt ihr die entscheidende Bedeutung zu, insofern sie in der über die Jahrhunderte hin konstanten Tradierung jeweils die Einheitlichkeit des Systems gewahrt hat. Was man aus den Dialogen entnahm, konnte die Lehre ergänzen und erläutern, sofern es das nicht tat, mußte es für das System unerheblich erscheinen. Untersucht man demzufolge Clemens' Platonverständnis, dann ist die vorrangige Aufgabe die, Clemens auf die wesentlichen Lehrpunkte der Tradition, also auf die Ideen im Geist Gottes, das Zwei-Stufen-System, die mathematisch strukturierte Derivationslehre und die Negativität der ersten Gottes hin zu befragen. Genau so ist auch H.J. Krämer verfahren, und zwar erfolgreich[49]. Anders stehen die Dinge, wenn die altakademische Lehre nicht in Anschlag gebracht werden kann. Dann richtet sich das Interesse allein auf die Auslegung der Dialoge, und nicht unveränderliche Konstanz, sondern produktive, geschichtliche Deutung ist das Grundlegende, wobei freilich die Interpretation der Dialoge auch ihrerseits wieder eine Tradition hervorbringt. Untersucht man nach diesem Konzept Clemens' Platonverständnis, dann stellt sich wenigstens im Prinzip die

---

[46] H. Dörrie, Der Platonismus in der Kultur- und Geistesgeschichte der frühen Kaiserzeit, in: ders., Platonica Minora S. 166f.
[47] H. Dörrie, Von Platon zum Platonismus S. 28.
[48] Einen knappen Gesamtabriß gibt H. Dörrie, Von Platon zum Platonismus.
[49] H.J. Krämer, Der Ursprung der Geistmetaphysik S. 282ff.

Aufgabe, jede einzelne Platonstelle in ihre übergreifende Auslegungsgeschichte einzuzeichnen. Auf die Umformungen und Abweichungen, auf das, was an Platon neu erschlossen wird, fällt dabei ein besonderes Gewicht, während als normative Instanz der orthodoxe Schulplatonismus zu gelten hat.

Die Entscheidung muß in dieser Frage zugunsten des beschwerlichen zweiten Weges erfolgen. Die Rekonstruktion der altakademischen Lehre ist eine Hypothese, die durch die dabei nötige Annahme von unterirdischen Überlieferungswegen höchst fragwürdig wird, während der Nachweis vom Traditionsbruch völlig überzeugt. Clemens' Platonzitationen können daher nicht aus dem Verweisungszusammenhang mit der innerakademischen Lehre beurteilt werden, sondern müssen auf dem Hintergrund der übergreifenden Auslegungsgeschichte am orthodoxen Schulplatonismus bemessen werden. Diese Aufgabe gilt auf jeden Fall im Grundsätzlichen uneingeschränkt, aber faktisch läßt sie sich nur punktuell erfüllen, dort, wo Parallelzitationen vorhanden, bzw. bekannt sind.

Ein weiterer Punkt ist d) die Bestimmung der Funktion der Platonzitationen im clementinischen Kontext. Wie immer man die Dichterzitate in den «Teppichen» beurteilen mag, die philosophischen Zitationen sind auf keinen Fall literarische Pläsanterie, denn die Philosophie dient Höherem. Für Clemens ist, wie A. von Harnack[50] erklärt hat, «die griechische Religionsphilosophie nicht nur ein Mittel, um das Heidenthum und die Häresie zu widerlegen, sondern sie ist ihm zugleich das Mittel, um das Höchste und Innerste des Christenthums erst zu erreichen und darzulegen». Entsprechend schreibt P. Th. Camelot[51]: «Il la (sc. philosophie) fait intervenir à trois reprises dans l'ascension de l'âme vers la vérité chrétienne, vers le christianisme total: elle prépare l'âme à acquérir la foi; elle l'aide à défendre cette foi contre les attaques du dehors; elle coopère à l'édification de la gnose». Ein analoges Bild ließe sich auch für die Zitationen erwarten, und man könnte mit der Vorbereitung des Glaubens, der Verteidigung gegen Heiden und Häretiker und der Entfaltung der Gnosis als jeweils spezifischen Absichten rechnen, die Clemens dazu geführt hätten, Platon zu zitieren.

Allerdings sind genauere Erhebungen unumgänglich. Es ist nicht ausgeschlossen, daß zusätzlich noch andere Tendenzen wirksam sind, und es fragt sich, mit welchen Zitationen, mit welchen platonischen Grundgedanken und Motiven Clemens sein Anliegen jeweils bestritten. In der Sekundärliteratur findet man zu dieser Frage nur sporadische Andeutungen. Am ehesten ist W. Völker[52] zu

---

[50] A. von Harnack, Lehrbuch der Dogmengeschichte Bd. 1 S. 642.
[51] P.Th. Camelot, Clément d'Alexandrie et l'utilisation de la philosophie grecque, RSR 21 1931 S. 552. In ähnlichem Sinne äußern sich E. de Faye, Clément d'Alexandrie S. 192–201, und J. Patrick, Clement of Alexandria S. 40ff,
[52] W. Völker, Der wahre Gnostiker S. 94f.136.145f.276f.323.332–352. u.ö.

nennen, der mehrmals eine propagandistische oder apolegetische Tendenz trefflich beobachtet hat, aber andererseits dazu neigt, den philosophischen Anteil
in unzulässiger Weise als äußerlich bedingte Ausdrucksweise und als bloße
Akkommodation herunterzuspielen. Bisher kann von einer pünktlichen Durch-
musterung des ganzen Materials keine Rede sein. Diese Arbeit soll hier geleistet werden, wobei im wesentlichen drei Wege beschritten werden. Clemens'
Absicht steht über allem Zweifel, wenn er selbst sagt, wozu er Platon zitiert. Da
das nur selten der Fall ist, müssen noch andere Wege beschritten werden. In diesem Sinne können innere Kriterien Anzeichen für Clemens' Sprechhaltung liefern, wie etwa eine auffällige Wertung, eine ungewöhnliche Wortwahl oder Imperative und Adhortative im Zusammenhang der jeweiligen Zitation und anderes mehr. Schließlich können auch Kriterien der Komposition, wie Häufungen,
Wiederholungen und Entsprechungen, entscheidende Hinweise auf die Funktion eines Zitates im weiteren Gedankengang geben.

Dieser letzte Gesichtspunkt bedarf einer besonderen Rechtfertigung, denn
seit E. de Faye[53] gehört es zur gängigen Ansicht, daß man in den «Teppichen»
keine Komposition und keinen absichtsvollen Plan suchen dürfe. Sie seien Im-
provisationen des Momentes, ihr Prinzip sei ein «se laisser entraîner». Auch J.
Munck[54] hat davor gewarnt, in ihnen eine Ordnung ansetzen zu wollen: «Einem Stromateus gegenüber kann man nicht unrichtiger verfahren». Aber schon
M. Pohlenz[55] mochte bei solcher Enthaltsamkeit nicht stehen bleiben, und wie
wenig jene frühere Auffassung gerechtfertigt war, hat die sorgfältige und geduldige Untersuchung von A. Méhat[56] zweifelsfrei gemacht. A. Méhat ist es erstmals gelungen, das Gewebe der «Teppiche» in seiner literarischen Struktur
sichtbar zu machen. Er hat den vorhandenen planvollen Aufbau nicht nur aus
Clemens' gelegentlichen Absichtsbekundungen erschlossen, sondern auch am
Text selbst gezeigt, wie Clemens aus dem Rohmaterial von Zitaten, Exzerpten
und anderem seine Kephalaia formt, zu Sequenzen zusammenstellt, beziehungs-
reich untereinander verknüpft und schließlich als größere Sektionen in einem
Buch kunstvoll aufgehen läßt. Daraus erwächst nun nicht nur die Berechtigung,
sondern auch die Verpflichtung, auf Belange des Arrangements zu achten. Wie-

[53] E. de Faye, Clément d'Alexandrie S. 96—125.
[54] J. Munck, Untersuchungen über Klemens von Alexandria S. 143. Er fährt fort: «Der
     Verfasser hat kraft seiner Wahl des Stils die Erlaubnis des Publikums erhalten, allerlei
     krumme Sprünge und Nebenbemerkungen zu machen. Er hat nichts versprochen, was
     ein wohl ausgearbeitetes Werk erwarten lassen könnte».
[55] M. Pohlenz, Klemens von Alexandreia und sein hellenisches Christentum S. 151 Anm.
     1: «Es wäre gut, wenn die ganze Analyse der Stromateis nochmals von jemand aufge-
     nommen würde, der nicht ‚Quellen' und ‚Abhängigkeit' feststellen will, sondern einfach
     geduldig den Gedankensprüngen und verschlungenen Pfaden von Klemens' Darstellung
     nachspürt».
[56] A. Méhat, Étude sur les ‚Stromates' S. 96—279.

derholungen, Präludierungen und Reprisen, Motivverkettungen und Motivüber-
lagerungen — alle diese kompositorischen Mittel können Beziehungen erkennbar werden lassen, die eine Ermittlung der spezifischen Sprechhaltung ermöglichen.

Bei dem Punkt e), der systematischen Bestimmung von Umfang und Art der
geistigen Anleihen bei Platon, ist es vielleicht hilfreich, sich zu vergegenwärtigen, daß in reiner und grundsätzlicher Sicht im wesentlichen zwei Fragestellun-
gen mit jeweils gegensätzlichen Beantwortungsmöglichkeiten geklärt werden
müssen. Man könnte im Blick aufs Ganze zu dem Ergebnis kommen, daß eine
wirkliche Berührung Clemens' mit Platon nicht zustande gekommen ist, sondern
daß nur unstimmige Lehrsätze, sinnentleerte Formeln oder periphere Details
äußerlich übernommen worden seien. Man könnte im Gegensatz dazu zu der
Ansicht gelangen, daß tatsächlich eine Auseinandersetzung und nennenswerte
Aneignung stattgefunden hat. Und da die deskriptive Frage nach dem Umfang
der Beeinflussung auf die normative Frage nach der Legitimität und Sachgemäßheit führt, so kommt hier der normative Gesichtspunkt noch hinzu, d. h.
nur im zweiten Fall einer tatsächlich stattgefundenen philosophischen Durchdringung hat er eine sinnvolle Berechtigung. So könnte man zu dem Befund
kommen, daß der Rückgriff auf Platon Clemens zu einem unsachgemäßen und
illegitimen Ergebnis, sei es zur Hellenisierung des Christentums, sei es zur Verfälschung der Philosophie Platons, geführt hätte. Oder aber man könnte zu dem
Befund kommen, daß es Clemens gelungen ist, gerade indem er Anleihen bei
Platon machte, auf der Grundlage des Christentums den Glauben denkend zu
durchdringen und Platon in einen neuen Horizont zu stellen. Es ist einigermaßen verwirrend zu beobachten, daß alle sich widersprechenden Einstellungen
in der wissenschaftlichen Literatur vertreten worden sind. Die einschlägigen
Arbeiten sollen hier nach dem skizzierten Schema kurz präsentiert werden.

Für die erste Position, wonach von einer wirklichen Durchdringung nicht die
Rede sein kann, haben A.C. Outler, W. Völker, E. von Ivánka und A. Méhat
plädiert.

A.C. Outler[57] gesteht zwar im $\kappa\acute{o}\sigma\mu o\varsigma$- und $\psi v\chi\acute{\eta}$-Begriff fundamentale Gemeinsamkeiten zu, aber im Gottesbegriff, welcher ja die entscheidende Instanz
sei, in der Konzeption der Erkenntnis, der Relation von Körper und Seele sowie
in der Ethik überwiege das Divergierende und Trennende. «The result», so führt
er aus, «is a jumble». Clemens bleibt wesentlich in der geschichtlichen Norm
der christlichen Lehre verwurzelt. «He fails to achieve a philosophical theology».

---

[57] A.C. Outler, The «Platonism» of Clement of Alexandria, JR 20 1940 S. 217—240 (das
     Zitat auf S. 240). Die Einschätzung findet in den Anführungszeichen im Titel einen be-
     redten Ausdruck. Auch die raffende Sammlung einiger Motive von J. Geffcken, Zwei
     griechische Apologeten S. 252ff, soll Clemens' Zwiespältigkeit aufdecken.

Für W. Völker[58] vertritt Clemens eine authentisch christliche Mystik im Sinne der «contemplatio infusa», die Platonanleihen wie alle philosophischen Elemente sind lediglich äußeres Mittel der Ausdrucksweise.

Besonders deutlich äußert sich E. von Ivánka[59]: «Eine wirkliche Auseinandersetzung mit der platonischen Philosophie vom Standpunkt des christlichen Glaubens ist ... das Werk des Clemens nicht — aber auch nicht, wie man ihm oft zu Unrecht vorgeworfen hat, eine Hellenisierung des Christlichen, weil die platonischen Gedanken bei ihm eigentlich nur Bildwert haben und ihr wirklicher philosophischer Gehalt, d. h. die Tragweite, die er ihren philosophischen Konsequenzen jeweils einräumen würde, dadurch ungreifbar wird».

A. Méhat[60] empfindet Clemens' Platonismus «sec, schématique et banal». Er macht die Beobachtung, daß Clemens sich stark und z. T. unbewußt an platonische Formulierungen anlehnt, daß er aber nicht literarisch getreu ist, daß er häufig den Sinn willkürlich entstellt, daß aber doch gewisse Leitlinien erkennbar werden, wie «la distinction du sensible et de l'intelligible; l'aspiration à purifier l'âme; le désir de la vision de Dieu». Zu erklären sei dieser Widerspruch vielleicht am ehesten biographisch: «Platon a été l'auteur de la jeunesse de Clément: c'est lui qui l'a formé, littérairement et philosophiquement. Mais cette acquis premier a cessé de s'accroître et de se développer: il s'est sclérosé ou transformé et la part qui en a continué à vivre s'est nourrie d'un autre apport, de l'Ecriture et de l'enseignement ecclésiastique».

Die These, Clemens habe, indem er platonisches Erbe von beachtlichem Gewicht aufnahm, einer überfremdenden Hellenisierung des Christentums stattgegeben, ist von A. von Harnack und J.H. Waszink vertreten worden. S.R.C. Lilla und F. Solmsen müssen ebenfalls in diesem Zusammenhang genannt werden.

Für A. von Harnack[61] liegt die Hellenisierung darin, daß Clemens die kirchliche Überlieferung sich nur durch wissenschaftlich philosophische Bearbeitung anzueignen vermochte. «Das hohe ethisch-religiöse Ideal des in der Gemeinschaft mit Gott vollkommenen Menschen, welches die griechische Philosophie seit der Zeit Plato's ausgearbeitet» hatte, verknüpfte Clemens mit der kirchlichen Überlieferung und «gestattete sich die kühnste Umbildung derselben, weil ihm schon die Aufrechterhaltung ihres Wortlautes die Christlichkeit der Speculation verbürgte». Zwar ist die volle Verweltlichung nicht vollzogen. «Die Güte

[58] W. Völker, Der wahre Gnostiker S. 332—352.431. Allerdings kann W. Völker, ebd. S. 442, auch sagen, die clementinische Gnosis stelle «in der christlichen Frömmigkeitsgeschichte ein völliges Novum dar, die erste Gestaltung eines christlichen Platonismus und zugleich eine so bedeutende Ausprägung christlicher Mystik».
[59] E. von Ivánka, Plato Christianus S. 98.
[60] A. Méhat, Étude sur les ,Stromates' S. 190—195 (die Zitate S. 192.195).
[61] A. von Harnack, Lehrbuch der Dogmengeschichte Bd. 1 S. 643.647f.

Gottes und die Verantwortlichkeit des Menschen sind die Centralideen des Clemens». Aber die «totale Umprägung der kirchlichen Ueberlieferung zu einer hellenischen Religionsphilosophie auf geschichtlicher Grundlage (darf) nicht verkannt werden».

Während die volle Verweltlichung A. von Harnack nicht für gegeben ansah, tut dies, einen Schritt weitergehend, J.H. Waszink[62]. Er erklärt: «Je mehr man sich mit dem Christentum der ersten vier Jahrhunderte beschäftigt, umsomehr kommt man zu der Überzeugung, dass Clemens sich am stärksten von dem, was man den normalen Gang der Entwicklung nennen könnte, entfernt hat, daß nirgendwo sonst eigene Konstruktion in einem solchen Maasse die Wahrung der Tradition und die Interpretation des Überlieferten ersetzt hat». Clemens' System gipfle in dem Konzept der Gnosis, das er mit der platonischen Angleichung an Gott beschreibe. In der Fassung aber, die er dem Ideal des Gnostikers gebe, werde das Christliche ganz zurückgedrängt: «es ist die Selbstvollendung, die zum Heil führt, über Gnade oder Erlösung fällt in diesem Zusammenhang kein Wort — und damit ist Clemens im Grunde weniger christlich als die Gnostiker».

In Übereinstimmung mit den genannten Autoren, nur in viel weiterem Umfang, hat S.R.C. Lilla[63] die Hellenisierung bei Clemens aufgezeigt: «in ethics, in the theory of pistis, in gnosis, in the question of the origin of the world, and in theology Clement has produced a process of Hellenization of Christianity». Im Unterschied zu J.H. Waszink sieht er jedoch auch eine klare Trennung von der philosophischen Tradition und eine substanzielle Gemeinsamkeit mit dem Gnostizismus. Die Trennungslinie zur philosophischen Tradition markiere «the christian idea of the direct intervention of the Son of God». «That the highest divinity was completely unknown and that Jesus had come down on the earth to reveal it to a select few, to teach gnosis, and to give origin to an esoteric tradition was a fundamental idea of all Christian gnostic systems. Clement adopted it entirely». «In fact, Christian Gnosticism must be regarded as the source of the Christian element which enabled Clement to give a satisfactory solution to his Neoplatonic problems».

Obwohl F. Solmsen[64] das Problem der Hellenisierung nicht thematisiert hat, muß doch sein Aufsatz über Pronoia und Seelenschicksal hier genannt werden, denn er konstatiert in der Lehre der je nach Würdigkeit gestaffelten besseren

---

[62] J.H. Waszink, Der Platonismus und die altchristliche Gedankenwelt, Fondation Hardt Entretiens III S. 154f. Was J.H. Waszink im Anschluß über das Verhältnis zu Origenes sagt, stellt den direkten Gegensatz zu den Ausführungen von J. Daniélou, Message évangélique et culture hellénistique S. 145, dar.

[63] S.R.C. Lilla, Clement of Alexandria. A Study in Christian Platonism and Gnosticism, S. 1–8.227–234 (die Zitate auf S. 232ff).

[64] F. Solmsen, Providence and the Souls: a Platonic Chapter in Clement of Alexandria,

Wohnplätze im Jenseits eine grundlegende Abhängigkeit Clemens' von Platon, ohne eine christliche Umprägung feststellen zu können. Insbesondere vermißt er bei diesem Konzept eine eindeutige Bezugnahme auf die Lehren vom Jüngsten Gericht und vom Purgatorium.

Zu denjenigen Autoren, die prononciert Clemens' grundlegende Übernahmen von Platon für unsachgemäß halten und deshalb verurteilen, gehört auch J. Meifort[65]. Er konstatiert jedoch nicht eine Hellenisierung des Evangeliums, sondern eine Verfälschung der Philosophie Platons. Die Voraussetzung für dieses Urteil liegt darin, daß für J. Meifort Platonismus und Christentum grundsätzlich keine inneren Berührungen haben, weil sich hierbei die um wahre Erkenntnis ringende Haltung des philosophischen Dialektikers einerseits und die im Glauben sich der Erlösung gewisse Haltung des religiösen Christen andererseits gegenüberstehen. Dieser Gegensatz wird immer wieder apriorisch postuliert und an zentralen Gesichtspunkten wie der Zwei-Weltenlehre, dem Leib-Seeleproblem, dem Gegensatz von Autarkie und Gnadenbewußtsein, dem Gottesgedanken, dem Ideal der Angleichung an Gott, der Frage nach einer Offenbarung in der Geschichte und schließlich der Trennung von Wissen und Glauben illustriert. In den religiösen Gehalt der platonischen Philosophie vermag J. Meifort nicht einzudringen, und ebensowenig erhebt er Clemens' Platonbild in den Grundlinien getreu aus dem Text.

Schließlich sind noch diejenigen Untersuchungen zu nennen, die Clemens eine innere Durchdringung und Anverwandlung Platons auf der Grundlage des christlichen Glaubens attestieren zu können glauben, bzw. wenigstens deutlich greifbare Ansätze dazu namhaft machen.

In diese Richtung wies schon das Ergebnis von E. de Faye[66]. Clemens errichte seiner Meinung nach auf christlichen Voraussetzungen ein Gebäude aus philosophischen Anleihen, vorrangig aus dem Platonismus und der Stoa, aber das leitende Prinzip sei dabei die christliche Grundlage. «Vous avez ainsi un édifice qui, au premier aspect, semble tout entier l'œuvre de la philosophie, mais qui, dans la réalité, doit sa figure particulière et son plan au christianisme». «Ce christianisme exerce ainsi une action qu'on pourrait appeler interne et organique».

Stärker im Sinne einer wegweisenden Bedeutung und mit der Einschränkung gelegentlicher Abirrungen faßt P. Th. Camelot[67] seine Erwägungen zusammen:

MH 26 1969 S. 229—251. Textgrundlage ist Strom VII § 6 — § 15 und Nom X 903 b1 — 905 a4.

[65] J. Meifort, Der Platonismus bei Clemens Alexandrinus. Dieser Titel erweckt falsche Erwartungen!

[66] E. de Faye, Clément d'Alexandrie S. 318.

[67] P.Th. Camelot, Clément d'Alexandrie et l'utilisation de la philosophie grecque, RSR 21 1931 S. 564.

Clemens »fut le premier à envisager l'approfondissement et la mise en œuvre, au moyen d'éléments rationnels fournis par la philosophie, des éléments sur- naturels fournis par le dogme. Il montra aux théologiens comment la philoso- phie de Platon ou d'Aristote peut les aider à tirer de la révélation tous les en- seignements qu'elle contient en germe». «Dans cette voie où il marchait le pre- mier, Clément a pu aller parfois trop loin. Sa pensée n'était pas assez ferme, et il a imprudemment laissé son christianisme se colorer de philosophie».

Dafür daß Clemens eine wirkliche Durchdringung gelungen sei, sieht R.P. Casey[68] den Grund in einer natürlichen Verwandtschaft Platons mit dem Chri- stentum, die er mit dem Stichwort Mystizismus zusammenfaßt. «The Christian philosophy developed in Alexandria by Clement . . . was associated with a Chri- stian mysticism to which Paul, John, and Plato all contributed». Clemens' «in- tellectual mysticism», worunter in erster Linie an «the direct vision of intellec- tual reality» und an «occasional moments of ecstasy» zu denken ist, basiert auf dem immateriellen, intelligiblen Gottesbegriff des Platonismus, den er mit dem immateriell gedeuteten pneumatischen Gottesbegriff des Johannes und des Pau- lus gleichgesetzt habe. Dieses Konzept habe Clemens bis in die praktischen Aus- wirkungen hinein konsequent durchgeführt. Dabei leiteten ihn «real affinities between Paul, John, and Plato, . . . which were due to a common experience of religion, a common conception of its functions, and a similar estimate of life as a whole». Platons Anteil ist «an immaterialist philosophy», der christliche Anteil die Lehre der Inkarnation, bzw. weiter gefaßt, «the tendency to make the divine love real and concrete in the lives of all sorts and conditions of men». «The result is a philosophy of religion, controlled by the ontological and epistemological premises of Platonism, but also inspired by the less formal mysticism of early Christians like Paul and John».

Die z. T. unklaren und nicht immer widerspruchsfreien Ausführungen von J. Wytzes[69] sollen in der hiesigen, letzten Rubrik aufgenommen werden wegen des Erziehungsgedankens, mit dem ihr Verfasser W. Jaeger zuvorgekommen ist. Auf der Grundlage der Güte Gottes und der Freiheit des Menschen habe Clemens, so erklärt J. Wytzes, die göttliche Erziehung in Belehrung und Züchti- gung mit ihrem Höhepunkt in der Erscheinung Christi zum Zentrum seiner Ge- danken gemacht, von wo aus er Platon und den christlichen Glauben zur Ein-

[68] R.P. Casey, Clement of Alexandria and the Beginnings of Christian Platonism, HThR 18 1925 S. 39–101 (die Zitate auf S. 45.72.78.97.95).
[69] J. Wytzes, Paideia and Pronoia in the Works of Clemens Alexandrinus, VigChr 9 1955 S. 148–158 (vgl. bes. S. 158: «The effect is a conception of great uniformity»). J. Wytzes, The Twofold Way I, VigChr 11 1957 S. 226–245 (problematisch S. 236ff: «We do not at all intend to represent Clement as a Platonist» und die folgenden Aus- führungen). J. Wytzes, The Twofold Way II, VigChr 14 1960 S. 129–153 (vgl. S. 149: «Christian Platonism»).

heit habe bringen können. Diesen Erziehungsgedanken entfalte Clemens mit dem Konzept der praktischen und gnostischen Vollkommenheit, das ihm in einer großen Zahl von Einzelpunkten erlaubt, weiteres platonisches Gut aufzunehmen.

Das Paideia-Motiv hat dann vor allem W. Jaeger[70] als denjenigen Gesichtspunkt genannt, aus dem sich die griechische Kultur und die christliche Religion für Clemens in ihrer wahren Verwandtschaft zeigen konnten. Clemens steht freilich noch am Anfang der Begründung einer christlichen Philosophie, und erst Origenes sollte die Durchführung im Ganzen wie im Einzelnen gelingen. Doch schon Clemens ist die nämliche Sichtweise zu eigen, wie sich aus seiner Bewertung der vorchristlichen Philosophie ablesen läßt. Clemens kann «die Philosophie, obwohl nichts Vollkommenes, als die Propaideia des vollkommen Gnostikers anerkennen. Die wahre Paideia ist die christliche Religion selbst, aber Christentum in theologischer Gestalt, wie sie in Clemens' eigenem System, der christlichen Gnosis, auftritt; denn es ist klar, daß die Auffassung des Christentums als Gnosis per se voraussetzt, daß sie die göttliche Paideia ist».

Nicht möglich ist es, die Position von Ch. Bigg[71] genauer abzustecken. Da sein Buch den Titel «The Christian Platonists of Alexandria» trägt, so ist zu erschließen, daß er die platonische Beeinflussung des Clemens für substantiell hält. Gelegentlich weist er auch auf einzelne entsprechende Lehrpunkte, aber aus seinen Ausführungen geht nicht hervor, worin er das Zentrum der Berührung erblickt und ob er die Anleihen für legitim oder unsachgemäß hält.

Die Verwirrung, so scheint es nach diesem Durchblick durch die Sekundärliteratur, kann kaum noch größer sein. Nicht nur werden alle theoretisch denkbaren Positionen tatsächlich vertreten, sie werden auch von den verschiedenen Autoren jeweils verschieden begründet (der Fall liegt beim Ansatz im Erziehungsgedanken nur scheinbar anders, denn W. Jaeger gebührt natürlich hier das Urheberrecht). Daß bisher offenbar nicht einmal in den Grundlinien ein Konsens erzielt werden konnte, läßt sich nur aus dem Zusammenwirken mehrerer Faktoren erklären. Zweifellos ist dafür Clemens' eigentümliche Denk- und Schreibweise zunächst einmal selbst verantwortlich zu machen[72], aber auch auf seiten der Clemensinterpreten haben methodisch-philologische und systematisch-theologische Gründe ihren Anteil.

---

[70] W. Jaeger, Das frühe Christentum und die griechische Bildung S. 27—50 (das Zitat auf S. 46).
[71] Ch. Bigg, The Christian Platonists of Alexandria S. 72—150 (einzelne Hinweise finden sich auf S. 95.101.109.118.126.147). Die Trinitätslehre scheint für ihn eine besondere Rolle zu spielen, vgl. S. 295ff.317.
[72] In diesem Sinne äußerte sich Lessing: «Ich bin wirklich sehr erfreut, über den Clemens hinweg zu sein. Ich kenne keinen salebrosern Scribenten, der mehr Schlupfwinkel für Zänker gewährt, als ihn. Besonders sind seine Stromata ein so buntscheckiges, desulto-

Das schwerwiegendste Versäumnis ist in der Tat, daß das Material nicht in seiner ganzen Breite gesichtet, auf Verknüpfungen und Häufungen hin geordnet und in seiner jeweils spezifischen Sprechhaltung erhoben worden ist. Daraus wäre hervorgegangen, daß Clemens durchaus mehr beabsichtigt, als ihm W. Völker zubilligt. Es hätte sich auch gezeigt, daß seine Übernahmen gar nicht so konturlos sind, wie A. Méhat meint. A. Méhat scheint zu seiner Auffassung auch dadurch gedrängt worden zu sein, daß er bloße Anspielungen als gleichwertig mit den namentlich ausgewiesenen Zitaten angesehen hat. Nimmt man allerdings die philologischen Probleme im vollen Umfang in Angriff, dann zeigt sich, daß die platonischen Kephalaia keineswegs nur Bildwert, sondern daß sie argumentativen Charakter haben[73].

Ist insofern die Frage nach Mitte und Umkreis der clementinischen Platon-aneignung erneut an die Texte zu stellen, so ist hier nicht der Ort, die Beiträge zur sachlichen Bestimmung der gegenseitigen Begegnung im einzelnen zu diskutieren. Hier kann es nur um einige grundsätzliche Bemerkungen gehen. So wird zu prüfen sein, ob nicht vielleicht das von W. Jaeger angedeutete Paideia-Motiv in einem noch weiter ausgreifenden theologischen Bezugsrahmen steht. Wie immer sich jedoch ein systematisches Ergebnis gestalten mag, man sollte dabei das Wort Mystizismus tunlichst vermeiden. Es ist zu einer Leerformel erstarrt, und wie es zu einem wirklich aussagefähigen Terminus umgeprägt werden könnte, läßt sich vorerst nicht absehen. Und nicht unterbleiben darf schließlich eine Bemerkung zur theologischen Bewertung der Platonaneignung. Sollte J.H. Waszink mit seiner Auffassung im Recht sein, daß Clemens das Christentum völlig verweltlicht habe, weil er die Selbsterlösung des Menschen lehre, so wäre das Ergebnis allerdings fatal. Aber es besteht die begründete Vermutung, daß dem nicht so ist; die Tatsache, daß sich J.H. Waszink im wesentlichen nur auf eine einzige, aus dem Zusammenhang gelöste Stelle stützt, macht seine These wenig glaubwürdig. Wirklich ernst zu nehmen ist aber das Urteil A. von Harnacks. Gerade weil A. von Harnack die volle sachliche Verweltlichung des Evangeliums bei Clemens als Gefahr, nicht aber als gegebenes Faktum ansieht und gerade weil er Clemens' Größe so freimütig herausstellt (und zwar seine Überlegenheit gegenüber Justin in der wirklichen Ausformung einer wissenschaftlichen Dogmatik, gegenüber Valentin in der Fähigkeit zu universalhistorischer Anschauung und gegenüber Irenäus in der geistigen Freiheit und Selbstständigkeit), so wiegt sein Befund von der als Überfremdung verstandenen totalen Umprägung um so schwerer, sei doch durch Clemens die griechische Reli-

---

risches Werk, dass man selten eine Seite lang gewiss bleibt, mit ihm auf einer Bahn zu wandeln», (zitiert nach C. Heussi, Die Stromateis des Clemens Alexandrinus und ihr Verhältnis zum Protreptikos und Pädagogos, ZWTh 45 1902 S. 472 Anm. 3).

[73] Gegenüber E. von Ivánka wäre auch an jenes Sprichwort zu erinnern: τὸ ὑπόδημα δεῖ ἁρμόττειν πρὸς τὸν πόδα, und nicht umgekehrt.

gionsphilosphie in der Kirche heimisch geworden. Diese Wertung basiert nun
freilich auf einem einseitigen Gesichtspunkt. Sie verfolgt die Wandlung, der das
Evangelium unterworfen wurde, aber sie versucht nicht in den Blick zu bekommen, was die christliche Botschaft für den Griechen Clemens bedeutete. Bezeichnend dafür ist A. von Harnacks Erklärung, daß für Clemens «die kirchliche
Überlieferung in ihrer Totalität und in allem Einzelnen − von evangelischen
Sprüchen abgesehen − ein Fremdes ist. Er hat sich ihrer Autorität unterworfen,
aber er vermag sie sich nur nach wissenschaftlich-philosophischer Bearbeitung
geistig anzueignen»[74]. Aus dieser einseitigen Sicht läßt sich weder verstehen,
daß Clemens sich in einem freien, persönlichen Schritt zum christlichen Glauben bekehrt hat, noch läßt sich aus ihr abschätzen, was mit dem platonischen
Erbe geschehen ist, als es Clemens dem Christentum dienstbar machte. Damit
wird verdeckt, daß Clemens' Wahrheitssuche in der Begegnung mit dem Christentum zur Erfüllung gekommen ist, und damit wird weiter verdeckt, daß Clemens eine schöpferische Synthese aus christlichem Glauben und platonischem
Denken geschaffen hat. Ein wirklich geschichtliches Kriterium kann deshalb
nur diejenige Fragestellung zutage fördern, die untersucht, inwiefern Clemens
auf der Grundlage des Christentums den Glauben durch Anleihen bei Platon
denkend durchdringt und dabei für Platon einen neuen Horizont gewinnt.

[74] A. von Harnack, Lehrbuch der Dogmengeschichte Bd. 1 S. 642.

KAPITEL I:
ERLÄUTERUNGEN ZUR EIGENART DER «TEPPICHE»

Clemens hat seine Schrift «Teppiche gnostischer Darlegungen gemäß der wahren Philosophie» in §1 — §21 mit einem Vorwort eröffnet, das man ohne Übertreibung als das persönlichste Stück aus seiner überlieferten literarischen Produktion ansprechen kann. Hier redet er von sich und von seinen Lehrern. Hier stellt er sein Werk als einen schwachen Abglanz der empfangenen Lehrunterweisungen dar und erläutert dessen eigenwillige Form, die die Wahrheit nur in nachlässiger Ordnung, nur in versteckten Andeutungen und nur in verhüllender Verbindung mit mannigfachem anderen Wissensgut darbieten wird. Aber vor allem setzt er hier ganz grundsätzlich an und rechtfertigt allererst seine höchst persönliche, vom vollen Bewußtsein der Neuigkeit und Tragweite des Unternehmens durchdrungene Absicht, die ihm mündlich überkommene und bis dahin ausschließlich mündlich weitergegebene Überlieferung schriftlich vorzutragen[1]. In den anschließenden Passagen § 22 — § 58 und § 80,5 — § 100 tritt der persönliche Stil zurück, aber in wechselnder Frontstellung werden die angesprochenen Fragen unter stärkerer systematischer Ausrichtung und auf breiterer exegetischer Grundlage wieder aufgenommen und weitergeführt. So wendet sich Clemens im wesentlichen einerseits gegen eine sophistische Zersetzung der Wahrheit, und er richtet sich andererseits an die Vertreter des exklusiv gefaßten schlichten Glaubens, um die beabsichtigte Aufnahme philosophischer Studien als Vorbereitung für die Erkenntnis der Wahrheit zu rechtfertigen und ihnen gegenüber die Notwendigkeit der Forschung für die höhere Entwicklung des Christen zum Gnostiker zu erweisen. Damit verbindet er den Appell an seine Leser, in eigener Mitarbeit die in den «Teppichen» verborgene wahre Lehre freizulegen, gleichsam die in ihnen ruhenden glühenden Kohlen zu loderndem Feuer zu entfachen und so zur vollen Erkenntnis der Wahrheit, zur Gnosis, fortzuschreiten. In welcher Weise Clemens in diesen Ausführungen auf Platon rekurriert, soll im vorliegenden Kapitel untersucht werden. Da die hier in Frage kommenden Zitationen keine eindeutige kompositorische Verbindung untereinander aufweisen, empfiehlt es sich, sie thematisch unter drei Stichpunkten zu versammeln. So beruft sich Clemens auf Platon zum Problem der Schriftlichkeit, er beruft sich auf ihn bei der Abweisung der Sophistik und bei der Anleitung zur eigenen Mitarbeit des Lesers.

---

[1] E.F. Osborn, Teaching and Writing in the First Chapter of the Stromateis, JThS NS 10 1959 S. 335—343, paraphrasiert den Anfang.

1. Analyse der Verklammerungen im Gesamtaufriß

Neben der getroffenen Feststellung, daß die Platonzitationen innerhalb der angegebenen Paragraphen ein eigenes Kompositionsprinzip vermissen lassen, ist aber doch hinzuweisen auf einige Verklammerungen im Gesamtaufriß der «Teppiche», die von hier aus einen Bogen zu Buch V und VI spannen. Wenn auf diese Weise sozusagen der Baugrund der Platonaneignung im ganzen abgesteckt werden kann, dann gewinnt man nicht nur Anhaltspunkte für den Stellenwert mancher Themen im einzelnen, sondern darüber hinaus auch Anhaltspunkte für das Vorhandensein einer die Bücher I bis VI umgreifenden einheitlichen Konzeption. Zu diesen verschiedenartigen Verklammerungen gehören einmal thematische Verbindungen. Zu nennen ist der Gedanke von der Notwendigkeit der eigenen Forschung und das Thema vom Diebstahl der Hellenen.

Der Gedanke von der Notwendigkeit der eigenen Forschung, der den Anfang des ersten Buches immer wieder durchzieht und in Strom I § 30 − § 35. § 43 − § 45,4. § 51,4 − § 54,4. § 57,6 − § 58,4 mehrfach thematisiert wird, kehrt wieder in Strom V § 1 − § 18,4. Die zweite Verbindungslinie tritt zutage, wenn man den Abschnitt Strom I § 80,5 − § 100 noch mit heranzieht. Er gehört seiner Anlage nach zu den stärker systematisch orientierten Passagen von Strom I und unterscheidet sich dadurch grundlegend von den historisch-chronologischen Partien in Strom I § 59 − § 80,4. § 101 − § 182. Hier diskutiert Clemens verschiedene, hauptsächlich in kirchlichen Kreisen vertretene Anschauungen[2] über Herkunft und Wert der Philosophie, wobei die Exegese von Joh 10,8, daß alle, die vor dem Herrn gekommen sind, Diebe und Räuber seien, und von 1 Kor 1,19 (Jes 29,14), daß Gott die Weisheit der Weisen verderben und den Verstand der Verständigen vernichten will, einen dominierenden Platz einnehmen. Es ist nun gerade das Thema vom Diebstahl der Hellenen, für welches dieser Abschnitt in § 100,5 sogar den hermeneutischen Schlüssel liefert, das den Bezug zu Buch V und VI herstellt. Denn dieses hier nur angesprochene Thema wird, nachdem es im Vorwort zum zweiten Buch, in Strom II § 1,1. § 2,3 wiedererwähnt worden ist, in Strom V § 10 unter ausdrücklichem Rückverweis auf Buch I noch einmal präludiert und erst in Strom V § 89 − Strom VI § 38 breit entfaltet[3].

---

[2] Der Abschnitt im ganzen ist ausgesprochen komplex, weil die Blickrichtung mehrmals wechselt. Die Behandlung von W. Bousset, Jüdisch-christlicher Schulbetrieb S. 207−211, wird dem nicht gerecht. Für unsere Zwecke muß es genügen, die Aufstellung von A. Méhat, Étude sur les ‚Stromates' S. 325, zu nennen, der die Bemerkung von J. Munck, Untersuchungen über Klemens von Alexandria S. 50 Anm. 2, korrigiert. A. Méhat stimmt mit W. Völker, Der wahre Gnostiker S. 342f Anm. 3 darin überein, daß am Anfang des Abschnittes Gemeindechristen zu Wort kommen. Zu § 94, wo die gemeindechristliche Theorie des κατὰ περίπτωσιν wieder aufgenommen wird, vgl. die Studie von E. Molland, Clement of Alexandria on the Origin of Greek Philosophy, in: ders., Opuscula Patristica S. 117−140.

[3] Das steht im Gegensatz zu der Auffassung von J. Munck, Untersuchungen über Klemens von Alexandria S. 136, der das Material zur These vom Diebstahl der Hellenen auch Strom II und IV entnehmen möchte, vgl. jedoch die Erörterung in Kap. IV S. 148ff und VIII S. 299f.

Ferner sind Verbindungslinien zwischen den systematischen Teilen von Buch I und Buch V zu nennen, die direkt durch Platonzitate zustande kommen.

Ein auffälliger Fall ist die Wiederkehr zweier Platonzitate von Strom I § 92f in Strom V § 16f. Clemens setzt sich in Strom I § 88 – § 90 mit einem Hauptbeleg der kirchlichen Verächter der Philosophie, mit 1 Kor 1,19[4], auseinander, erklärt, daß mit den Weisen, deren Weisheit Gott zunichte machen will, in der Tat Philosophen gemeint sind, insofern sie Gottes Weissagungen und seiner Parusie keinen Glauben schenken wollen, und betont dabei aber, Paulus wolle auch sagen, daß Gott keine Schuld daran trage, sodann daß Vernichtung der heidnischen Weisheit soviel meine wie Überstrahlung durch die barbarische (d. h. christliche) und daß die Willensfreiheit des Menschen nicht außer Kraft gesetzt werde. Auch habe Paulus den Philosophen Ermahnungen mitgegeben. Andererseits konstatiert Clemens in § 91 – § 93, daß Paulus selbst seine negative Einstellung zur heidnischen Weisheit eingeschränkt habe, und er beruft sich dafür auf die Areopagrede, Act 17,22–28, und auf das an Paulus ergangene Berufungswort des erhöhten Herrn, Act 26,17f. Entsprechend billige Clemens selbst nicht jede Philosophie, sondern nur solche, von der Sokrates bei Platon spricht. Dazu führt er folgende Stellen auf: Phaid 69 c8f entspricht dem Wort von den vielen Berufenen und wenig Auserwählten, Mt 22,14 (§ 93,2). Der anschließende Satz Phaid 69 d1–6 belegt die aus den hebräischen Schriften stammende Hoffnung des Gerechten auf ein Leben nach dem Tode (§ 92,4f). Auf den pseudoplatonischen Erast 137 b2–5, eine Stelle, die er irrtümlich dem in seiner Echtheit ihm zweifelhaften Demodokos zuschreibt, läßt er sodann das Heraklitfragment B 40 und noch einmal Platon mit Pol V 475 d8 – e4 folgen, um zu belegen, daß die Philosophie, d. h. doch wohl die Philosophie, die Clemens billige, nicht in den lediglich vorbereitenden enzyklopädischen Disziplinen, sondern in der Erkenntnis des Guten selbst und der Wahrheit besteht (§ 93,1–5). – Wiederholungen dieser Zitate gibt es nun von der ersten und von der letzten Stelle, und zwar wiederum in relativer Nähe beieinander. Die erste Stelle, Phaid 69 c8f, kehrt ebenfalls verbunden mit Mt 22,14 in Strom V § 17,4f wieder. Von der zweiten Stelle klingt eine Anspielung an das τῆς ἀληθείας φιλοθεάμονες zwar mehrfach an, so in Strom II § 24,3. Strom V § 19,2 und Strom VII § 109,1, aber direkt zitiert wird sie mit ihrem letzten Satz, Pol V 475 e3f, in Strom V § 16,2.

Zu den Verklammerungen im Gesamtaufriß dürfen außerdem auch gewisse Beziehungen zwischen dem Vorwort zum ersten Buch und Strom V § 14f gerechnet werden, die in Anspielungen und Referaten bestehen.

So referiert Strom V § 14,2 den Phaidros mit seinem Himmelflug der Seele. Eine Anspielung daran findet sich aber schon in Strom I § 4,3. Strom V § 15,1ff spricht, gestützt auf das Symposion und den Theaitet, vom Eros nach Zeugung von etwas Ähnlichem und erwähnt die Unterscheidung von Schwangerschaft κατὰ σῶμα und κατὰ ψυχήν. Auch dieser Gedanke ist in einer Anspielung schon in Strom I § 1,2 präsent. Von den wiederkehrenden Reminiszenzen, die nicht namentlich oder dialogmäßig ausgewiesen sind, kann die Metapher von der Jagd nach dem Schönen, bzw. nach der Wahrheit in Strom I § 21,1 und Strom V § 7,3 genannt werden. – Diese Fälle sind nun zwar für sich genommen nicht aussagekräftig, weil sich ähnliche Verbindungen natürlich auch zwischen anderen Büchern finden lassen, aber sie reihen sich doch in ein Ensemble von analogen Erscheinungen ein und gewinnen dadurch an Gewicht.

---

[4] So A. Méhat, Étude sur les ‚Stromates‘ S. 324.

Auffällig ist auch die Aufnahme des pseudoplatonischen[5] zweiten Briefes, denn es zeigt sich, daß die fünf vorhandenen Zitate, um von kurzen Anspielungen in Strom VII § 9,3 und möglicherweise in Strom I § 66,3 abzusehen, sich in eigenwilliger Verschränkung auf den ersten Teil von Buch I und auf Buch V verteilen.

In Strom V § 65,1 zitiert Clemens Epist II 312 d7 — e1 unter dem Lemma, εἰκότως τοίνυν καὶ Πλάτων ἐν ταῖς Ἐπιστολαῖς περὶ θεοῦ διαλαμβάνων ... φησὶ ... p. 369,24f, betont sodann Gottes Unaussprechlichkeit und schließt in § 65,3 Epist II 314 b5 — c1 an. Die Aussagen des Briefes zur Gefährlichkeit der Schrift sind auf diese Weise mit Gottes Unaussprechlichkeit in Zusammenhang gebracht. Es gibt aber nun von hier aus Beziehungen zurück zu Buch I und ebenfalls Beziehungen voraus zur Abhandlung vom Diebstahl der Hellenen. Früher in Strom I § 14,4 hat Clemens schon einmal den letzten Satz der zweiten Stelle, Epist II 314 c1, und in Strom I § 55,4 aus dem Vorfeld der zweiten Stelle Epist II 314 a2—5 zitiert, beides ohne Lemmata. Später wird er in Strom V § 103,1 den Anschluß an die erste Stelle, nämlich die theologische Passage aus Epist II 312 e1—4 aufnehmen.

Vergegenwärtigt man sich die aufgezeigten Verklammerungen noch einmal nach ihrer thematischen Seite, so heben sich zwei Gruppen heraus. Einerseits gibt es die Beziehungslinie zum Thema vom Diebstahl der Hellenen, sie ist unübersehbar. Alle übrigen Querverbindungen scheinen nun trotz der in sich recht verschiedenen Motive doch in einem gemeinsamen Gesichtspunkt zu konvergieren, denn sie alle können irgendwie aus dem Zusammenhang mit der höheren Entwicklung zur Erkenntnis Gottes, zur Gnosis, bzw. ihrer Übermittlung oder ihres eigentümlichen Inhaltes verstanden werden. Das gilt in erster Linie von der theologischen Passage des zweiten Briefes mit der These von Gottes Unaussprechlichkeit. Dasselbe legt sich aber auch nahe bei der Bestimmung der Philosophie als Erkenntnis des Guten selbst und der Wahrheit sowie bei dem Bild von der Jagd nach dem Schönen, bzw. nach der Wahrheit, dem ja die Betonung der Notwendigkeit der eigenen Forschung zur Seite steht. Der Spruch von den vielen Berufenen, aber wenig Auserwählten dürfte auch irgendwie mit dem Gnostiker in Zusammenhang stehen, ebenso das Bild vom Himmelsflug der Seele. Ebenfalls zum Themenkreis der Übermittlung der gnostischen Lehre gehören wohl die Ausdrücke der seelischen Zeugung und Schwangerschaft sowie der Gedanke an die Gefährlichkeit der Schrift. So haben, wie es scheint, alle übrigen Querverbindungen ihre verdeckte Einheit im Hinblick auf die Gnosis.

---

[5] Clemens hält den zweiten Brief für echt, aber die Unechtheit ist das Wahrscheinlichere. P. Friedländer, Platon Bd. 1 S. 389 Anm. 8, zählt Gegner und Verteidiger der platonischen Herkunft auf, er selbst möchte für Echtheit plädieren. Das hat A. Lesky, Geschichte der Griechischen Literatur S. 575, aufgenommen: «außer für (Brief) 6—8 läßt sich für keinen die Echtheit mit Zuversicht vertreten, doch muß sie für den zweiten nach Friedländers Ausführungen ... ernsthaft erwogen werden». In neuester Zeit hat G.J.D. Aalders, Political Thought in the Platonic Epistels, Fondation Hardt Entretiens XVIII 1971 S. 167f. die Athetese bekräftigt.

Die kompositorische Bedeutung der zusammengetragenen Beobachtungen tritt aber erst in voller Deutlichkeit zutage, wenn man die verbleibenden Kapitel von Buch VI und VII gleichsam in einer Gegenprobe in Augenschein nimmt. Denn sie unterscheiden sich gerade im Hinblick auf die Platonrezeption von allen früheren Büchern wesentlich. In den früheren Büchern zitiert Clemens Platon ausgesprochen häufig, und zwar, was das Entscheidende ist, namentlich und oft genug auch mit Angabe des Fundortes in den Dialogen. Das wird aber anders, nachdem er den Komplex zum Diebstahl der Hellenen abgeschlossen hat. Zwar weiß er seine Ausführungen auch dann noch mit Anspielungen zu versehen, aber namentlich ausgewiesene Zitationen hat er, wenn man von zwei Ausnahmen absieht, gänzlich unterlassen, und drei verbleibende Erwähnungen Platons sind philosophiegeschichtliche Nachrichten ohne Bezug auf die Dialoge, die nicht zur Platonrezeption im engeren Sinn gerechnet werden können.

In Strom VI § 57,3 stellt Clemens fest, daß auch die Philosophen Lehrer hatten, und gibt u. a. an, Platon habe Sokrates seinen Lehrer genannt[6]. Ebenfalls bei den philosophischen Lehrern verweilt er in Strom VI § 167,2, um einen gravierenden Unterschied zum Wort des göttlichen Lehrers der Christen herauszustreichen. Die Philosophen fanden jeweils nur bei den eigenen Schulanhängern Zustimmung, wie Sokrates bei Platon und Platon bei Xenokrates, während die christliche Lehre über die ganze Ökumene hin unter Griechen und Barbaren ausgebreitet ist. Und noch einmal klingt dasselbe Lehrermotiv in Strom VII § 101,4 an. Wie ein Lehrer seine Schüler jeweils in seinem Fach ausbildet, etwa Chrysipp in der Dialektik, Aristoteles in der Physik und Platon in der Philosophie, so macht der Herr den gehorsamen Schüler zum Abbild des Lehrers und läßt ihn als einen Gott im Fleische umherwandeln. — Es liegt auf der Hand, daß diesen Erwähnungen für Clemens' Platonaneignung keine Bedeutung zukommt.

Auch die erwähnten beiden Ausnahmen zeichnet eine gewisse Sonderstellung aus. Das eine Zitat, Ion 534 b3—5, steht zusammen mit Demokrit B 18 am Ende des sechsten Buches, Strom VI § 168,1, und kommt darin deutlich dem stilistischen Bedürfnis nach einem rhetorisch gesteigerten Abschluß entgegen[7]. Die zweite Stelle in Strom VI § 123,1 spielt in stark kürzender Form nur an das an, was schon in Strom V § 84,1 mit Tim 40 d6—e2 voll zitiert ist. Die Zitation hat hier auch kein eigenes Gewicht, denn sie dient als Ausgangspunkt für ein Schlußverfahren «a minore ad maius».

Clemens führt aus, daß die Christen sich mit vollem Recht rühmen können, die Wahrheit von dem Sohn Gottes gelernt zu haben, wenn schon nach Platon die Wahrheit allein von Gott oder von den Abkömmlingen Gottes gelernt werden kann. Beabsichtigt ist damit eine plerophore Würdigung der christlichen Wahrheitserkenntnis.

---

[6] Erwähnt sei schon hier, daß Clemens auch andere Traditionen kennt, wonach Platon mit Pythagoras und Heraklit (vgl. Aristoteles, Metaphysik A 987 a29ff und Diogenes Laertios III § 6) und mit Barbaren, mit dem Ägypter Sechnuphis und mit Mose zusammengerückt wird.

[7] Vergleichbar sind die Platonzitationen in Strom I § 182,1 und vor allem in Strom IV § 172,3. Bemerkenswert ist übrigens noch eine indirekte Verbindungslinie vom Ende

Für beide Ausnahmen lassen sich also teils besondere Gründe für die auffällige Plazierung und teils Anzeichen für die Relativierung der Aussagekraft geltend machen.

Aber selbst wenn man diese Einschränkungen zu machen nicht bereit ist,
muß man den überraschenden Befund gelten lassen, daß einer großen Masse von
namentlich gekennzeichneten Platonzitationen in den ersten fünf Büchern nur
noch zwei solche nach dem Abschluß der Diebstahlserörterungen in Strom VI
§ 38 folgen. Das kann kaum auf Zufall beruhen. Auch eine äußerliche Erklärung, etwa daß die von Clemens in den abschließenden Büchern verwerteten
Quellen eben keine Platonzitationen enthalten hätten, kann nicht befriedigen,
weil Clemens, wie vor allem Strom II § 81 — § 104 lehren kann, gar nicht so
mechanisch seinen Vorlagen folgt. Abzuweisen ist auch eine Vermutung, die A.
Méhat[8] zum Wechsel der Stilebene vorgetragen hat. Er meint, daß die Selten-
heit florilegischer Stücke in den abschließenden Kapiteln von Buch VI und
Buch VII mit der Entfernung des Clemens aus Alexandrien zusammenhänge.
Nachdem er Alexandrien verlassen habe, fehlten ihm die Hilfsmittel für die gelehrte Arbeit, auch vermißte er das dortige literarische Publikum, welches die
Buntschriftstellerei besonders schätzte. Aber zum einen bereiten die tatsächlich
eingeflossenen Platonanspielungen ohne Namensnennung[9] und die vorhandenen Dichterzitate[10] dieser Auffassung Schwierigkeiten. Offenbar hatte Clemens
auch in den späteren Partien durchaus Zugang zu literarischen Werken. Und zum
anderen ist auf die Zirkelstruktur dieses Argumentes hinzuweisen. Es könnte
überhaupt nur in Betracht kommen, wenn gesichert wäre, daß die letzten Bücher wirklich außerhalb Alexandriens entstanden sind. Das ist aber keineswegs
eindeutig. Man wird gut daran tun, einfach ein bewußtes Abgehen von der stro-
matischen Redeweise der ersten Bücher zu konstatieren[11]. In Buch VI ent-

---

des sechsten Buches zum Anfang des ersten. Da anzunehmen ist, daß Clemens den weiteren Kontext der Ionstelle, das Bild der Biene und des Honigs für den Dichter und die
Dichtung, Ion 533 e5 — 534 b7, kennt, auch wenn er ihn nicht ausschreibt, so ist eine
indirekte Rückbeziehung von Strom VI § 168,1 zu Strom I § 11,2 gegeben, wo Clemens seinen bedeutsamsten Lehrer, den ungenannten Pantainos, mit einer Biene vergleicht, vgl. W. Telfer, Bees in Clement of Alexandria, JThS 28 1926/27 S. 167—178.
Zur Geschichte der Metaphern jedoch ohne Berücksichtigung der christlichen Literatur
vgl. J.H. Waszink, Biene und Honig als Symbol des Dichters und der Dichtung in der
griechisch-römischen Antike.
[8]   A. Méhat, Étude sur les ‚Stromates‘ S. 49.
[9]   Vgl. die Nachweise in O. Stählins Edition und dazu F. Solmsen, Providence and the
      Souls, MH 26 1969 S. 229—251.
[10] In erster Linie kommt Strom VII § 23 — § 34 in Betracht.
[11] Daß Buch VI und VII eine literarische Einheit sind, hat schon W. Bousset, Jüdisch-
      christlicher Schulbetrieb S. 236f, erkannt. Aber daraus können keine Folgerungen zur
      Quellenscheidung, wie er es getan hat, gezogen werden.

schließt sich Clemens zu einem Neueinsatz, um einem vergleichsweise persön-
licheren und den Gedankengang gradliniger verfolgenden Vortrag Platz zu machen. Bewußt ist dann in diesen Büchern auch sein Verzicht, Platon namentlich
und mit Stellenangabe zu zitieren. Dadurch gewinnen aber die Verklammerungen zwischen dem systematischen Teil von Buch I auf der einen Seite und Buch
V mit dem Nachtrag in Buch VI auf der anderen Seite eine beabsichtigte Auszeichnung. Sie verbinden ja nicht nur zwei voneinander getrennt liegende Text-
komplexe, sondern schließen die gesamten namentlichen Platonanleihen der
«Teppiche» zusammen. Man wird zwar deshalb noch nicht sagen können, daß
durch diesen Zusammenschluß die Platonaufnahmen in eine vielgestaltige Einheit hineingenommen wären, aber zweifellos kommt damit ein entsprechendes
Bestreben zum Ausdruck. Der Zusammenschluß bewirkt eine Art Bündelung,
wodurch das ganze Platonmaterial schon formal die doppelte Ausrichtung auf
das Stichwort der Gnosis und auf das Thema vom Diebstahl der Hellenen erhält.

2. Das Problem der Schriftlichkeit

Es entspricht dem persönlichen Stil der Eingangserörterungen[1], wenn Clemens seine Reflexionen zur Problematik der Schriftlichkeit und darüber hinaus
auch seine Rechtfertigungen, von der Möglichkeit schriftlicher Aufzeichnungen
trotz aller Bedenken Gebrauch zu machen, frei halten will von direkt gekennzeichneten Zitaten. Das gilt natürlich nicht im Hinblick auf biblische Autoren,
denn sie sind auch und gerade im Persönlichsten die entscheidende Autorität,
wohl aber im Hinblick auf heidnische Schriftsteller. Tatsächlich hat er hier auf
benannte Zitate aus der heidnischen Literatur fast vollständig verzichtet. Aber
gleichwohl wußte er sich bei dieser Thematik in enger Berührung mit Platon,
und er hat den kundigen Leser auch durch unscheinbare Anspielungen und stillschweigende Zitate daran erinnert.

Eine solche geringfügige Anspielung enthält schon die Frage in § 1,1, wenn
es dort heißt, καταλειπτέον συγγράμματα; p. 3,5. L. Früchtel hat erkannt, daß
dahinter Phaidr 257 d6f steht. Damit ist zunächst nur die Gemeinsamkeit im
Thematischen hervorgehoben. Weiter führt § 14,4. Clemens unterstreicht hier
die Gefahren und Mängel der Schrift mit pseudoplatonischen[2] und platonischen Worten, indem er eine Mischzitation aus Epist II 314 c1 und Phaidr 275
d8 − e1.4. 276 d4 einflicht. Das verdeutlicht eine Gegenüberstellung des Wortlautes der beiden Stellen:

---

[1] J. Munck, Untersuchungen über Klemens von Alexandria S. 42 Anm. 2, meint, daß die
    theoretischen Anfangsbetrachtungen nicht als direkte Behandlung der Stromateis auf-
    gefaßt werden dürften. Aber genau das ist der Sinn, Clemens spicht persönlich in eige-
    ner Sache.
[2] Vgl. oben S. 27, Anm. 5. Die folgenden Anspielungen hat schon O. Stählin notiert.

Clemens, Strom I § 14,4

οὐ γὰρ ἔστι τὰ γραφέντα μὴ οὐκ
ἐκπεσεῖν

καίτοι ἀνέκδοτα ὑπὸ γ ΄ἐμοῦ
μεμενηκότα, κυλιόμενα δὲ

ἀεὶ μόνῃ μιᾷ χρώμενα τῇ ἐγγράφῳ
φωνῇ πρὸς τὸν ἐπανερόμενον
οὐδὲν πλέον παρὰ τὰ γεγραμμένα
ἀποκρίνεται.

δεῖται γὰρ ἐξ ἀνάγκης βοηθοῦ
ἤτοι τοῦ συγγραψαμένου

ἢ καὶ ἄλλου τοῦ
εἰς τὸ αὐτὸ ἴχνος ἐμβεβηκότος³.

Epist II 314 c1

οὐ γὰρ ἔστιν τὰ γραφέντα μὴ οὐκ
ἐκπεσεῖν

Phaidr 275 d9 − e1

ὅταν δὲ ἄπαξ γραφῇ, κυλινδεῖται
μὲν πανταχοῦ πᾶς λόγος ...

Phaidr 275 d8f

ἐὰν δέ τι ἔρῃ τῶν λεγομένων
βουλόμενος μαθεῖν, ἕν τι σημαίνει
μόνον ταὐτὸν ἀεί (ἡ γραφή).

Phaidr 275 e3f

πλημμελούμενος δὲ καὶ οὐκ ἐν
δίκῃ λοιδορηθεὶς
τοῦ πατρὸς ἀεὶ δεῖται βοηθοῦ ·

Phaidr 276 d4

(ἑαυτῷ τε ὑπομνήματα θησαυριζόμενος) ... καὶ
παντὶ τῷ ταὐτὸν ἴχνος μετιόντι.

Selbstverständlich kann bei so grundsätzlichen Bedenken gegen die Schriftlichkeit das literarische Werk nicht wie das gesprochene Wort einen vollgültigen
und unverminderten Wert haben. Auch dazu äußert sich Clemens mit platonischen Worten. Er erklärt in § 11,1 zunächst seine Absicht, bei den «Teppichen»
auf eine rhetorische Ausfeilung zur Prunkrede (ἐπίδειξις p. 8,16) zu verzichten,
worauf er in § 48,2f mit zwei Platonzitaten zurückkommen wird, und spricht
sich sodann in Anspielungen an den Phaidros über den zweitrangigen, nur als
Notbehelf verstandenen und gar nicht die höchsten Ansprüche verfolgenden
Charakter seiner Niederschrift aus:

³ Mir ist kein zweiter Fall solcher Verschmelzung bekannt geworden. Man darf an clementinische Urheberschaft denken. Stobaios III p. 608,3−7 zitiert Epist II 314 b7 − c4.

Clemens, Strom I § 11,1

ἀλλά μοι ὑπομνήματα
εἰς γῆρας θησαυρίζεται,

λήθης φάρμακον,

εἴδωλον ἀτεχνῶς

καὶ σκιαγραφία τῶν ἐναργῶν
καὶ ἐμψύχων ἐκείνων, ὧν κατ-
ηξιώθην ἐπακοῦσαι, λόγων τε
καὶ ἀνδρῶν ...⁵.

Phaidr 276 d2f

(παιδιᾶς χάριν σπερεῖ τε καὶ γρά-
ψει, ...) ἑαυτῷ τε ὑπομνήματα
θησαυριζόμενος, εἰς τὸ λήθης
γῆρας ἐὰν ἵκηται⁴,

Phaidr 274 e6
(Theuth preist seine Erfindung der
Buchstaben:)

μνήμης τε γὰρ καὶ σοφίας φάρμακον
ηὑρέθη.

Phaidr 276 a8f

τὸν τοῦ εἰδότος λόγον λέγεις
ζῶντα καὶ ἔμψυχον, οὗ ὁ γεγραμμένος εἴδωλον ἄν τι λέγοιτο δικαίως.

Phaidr 275 d4f

(δεινὸν γάρ που ... τοῦτ᾽ ἔχει
γραφή, καὶ ὡς ἀληθῶς ὅμοιον
ζωγραφίᾳ.)

Ist also Clemens von der sekundären und behelfsmäßigen Rolle auch der eigenen literarischen Produktion überzeugt, so hat er dabei doch nicht nur den Gegensatz zwischen Mündlichem und Schriftlichem nach seiner formalen Seite im Blick. Daß auch die mündliche Mitteilung trotz ihrer grundsätzlichen Überlegenheit nicht anders als die schriftliche ihre Gefahren hat, deutet auf ein hinter beidem liegendes, gemeinsames letztes Problem. Wiederum hat er ein Platon zugeschriebenes Wort parat, wenn er auf die notwendigen Rücksichten und Vorsichtsmaßnahmen im mündlichen Umgang[6] zu sprechen kommt. Er erklärt

---

[4] Das letzte Kolon ist eine Reminiszenz an Simonides, Frg. 7.
[5] Dieses Cento geht wegen der persönlichen Ausrichtung am ehesten auf Clemens selbst zurück. Stobaios II p. 32,25 — p. 35,9 zitiert den durchgehenden Text Phaidr 274 b3 — 275 e2.
[6] Es ist nicht nötig, οἱ ἀκροαταί p. 35,25 und τὰ ἀκούσματα p. 35,27 übertragen zu verstehen, wie es A. Méhat, Étude sur les ,Stromates' S. 286 mit Anm. 20, tut: «Souvent les lecteurs sont des auditeurs». Schon im Vorwort hat Clemens auch seine Bedenken genannt, die den mündlichen Unterricht begleiten, § 5,1—3. § 6,3. § 8,1. § 9.1.

in § 55,4: χαλεπὸν γὰρ τοὺς περὶ τοῦ ἀληθινοῦ φωτὸς[7] καθαροὺς ὄντως καὶ διαυγεῖς ἐπιδεῖξαι λόγους ἀκροατῶν τοῖς ὑώδεσί τε καὶ ἀπαιδεύτοις · σχεδὸν γὰρ οὐκ ἔστι τούτων πρὸς τοὺς πολλοὺς καταγελαστότερα ἀκούσματα, οὐδ᾽ αὖ πρὸς τοὺς εὐφυεῖς θαυμασιώτερά τε καὶ ἐνθουσιαστικώτερα p. 35,24−28. Der Wortlaut von ἀπαιδεύτοις bis zum Ende des Kephalaion ist aus Epist II 314 a2−5 übernommen[8]. Hatte Clemens zuvor in § 55,1−3 ausdrücklich bekannt, daß es seine Befürchtung, das Heilige zu profanieren, war, die ihn vom Schreiben zunächst abgehalten hat und ihn auch jetzt noch begleitet, so sieht er entsprechend nun auch in der mündlichen Form die Gefahr, daß er «die reinen und klaren Worte über das wahre Licht», womit nur die rechtgläubige Gnosis gemeint sein kann, vor unwilligen oder unfähigen und unvorbereiteten Hörern ausbreitet[9]. Es ist also letztlich das in der Gnosis zu ergreifende Geheimnis der geistlichen Wahrheit selbst, das jedem mit ihr in Berührung Tretenden eine große Verantwortung auferlegt. So wird sich der Lehrer eindringlich auf die Lauterkeit seiner eigenen Motive hin befragen[10], er wird sich aber auch klar vor Augen halten, in wie hohem Maße bei den Schülern sittliche Zucht, innere Aufnahmefähigkeit und Bereitschaft zu geistiger Anstrengung vorauszusetzen sind[11], so daß er nur mit umsichtiger Scheu an seine Aufgabe herantritt, die Wahrheit, sei es nun schriftlich, sei es mündlich[12], zu verkünden[13].

Daß in der Tat vergleichbare Erfahrungen im Hintergrund stehen, die Clemens hier dazu bewegen, platonische Formulierungen aufzugreifen, kann deutlich werden, wenn man sich Platons Auffassung einmal stärker im Zusammenhang vergegenwärtigt. Er hat seine Haltung relativ spät in Phaidr 274 b6 − 278 b7, wo es um die Grundlegung einer philosophischen Rhetorik geht, und im philosophischen Exkurs von Epist VII, 341 b7 − 342 a1.344 c1 − d2, zum Ausdruck gebracht. Hier finden auch manche Äußerungen des unechten 2. Briefes eine platonische Grundlage. Zum Problem der Schriftlichkeit trägt nun Sokrates im Phaidros drei grundlegende Überlegungen vor. Da ist einmal die

---

[7] Das ist Anspielung an Joh 1,9 und zugleich Anklang an Epist VII 341 d1.

[8] Im Zitat fehlt ὡς ἐμοὶ δοκεῖ 314 a2, und Clemens spricht von θαυμασιώτερα p. 35,27, wo das Original θαυμαστότερα 314 a4 hat. Die letztere Abweichung hat auch Theodoret, Graec. aff. cur. I § 115, in seinem längeren Zitat von Epist II 314 a1−7, ganz wörtlich zitiert den längeren Ausschnitt Euseb, Praep. Ev. XII 7,1.

[9] Die Warnung vor bloßer Neugierde in § 6,3 ὥσπερ τῶν πόλεων τὰ οἰκοδομήματα, εἰς τόδε ἀφικνοῦται p. 6,5f, erinnert an den Gegensatz des Philosophen und des Schaulustigen in Pol V 475 c6 − 476 b8.

[10] Vgl. § 5,1. § 6,1 f. § 9,2ff. Das einzig legitime Motiv ist die σωτηρία τῶν ἐπαϊόντων p. 5,31.

[11] Vgl. § 9,1 (sittliche Zucht), § 8,1. § 15,2 (innere Aufnahmefähigkeit), § 10,2f. § 16,3 (geistige Anstrengungen).

[12] Zur Parallelität vgl. § 4,1: ἄμφω κηρύττουσι τὸν λόγον, ὃ μὲν τῇ γραφῇ, ὃ δὲ τῇ φωνῇ p. 4,2f, § 4,2: διά τε τῆς χειρὸς διά τε τῆς γλώττης p. 5,2.

[13] Vgl. § 2,2f. § 13,2f. § 14,3. § 21,2.

Einsicht, daß die Schrift die Erinnerungskraft erlahmen läßt, statt sie zu stärken, und daß sie insofern nicht wahre Weisheit, sondern Vielbelesenheit und den Anschein von Weisheit befördert. Dazu erzählt er die Geschichte, wie der ägyptische König Thamus die Gefährlichkeit der Buchstaben trotz der Anpreisungen ihres Erfinders Theuth durchschaut (274 c5 − 275 d3). Im Vergleich mit einem gemalten Bild arbeitet er sodann die Mängel der Schrift, die auf ihrem Abbildcharakter als εἴδωλον beruhen, heraus. Beide, Bild und Schrift, scheinen lebendige und denkende Wesen zu sein, während sie nur Abbilder des Lebendigen sind. Ein Bild schweigt auf Fragen, und die Schrift zeigt immer wieder nur dasselbe vor, ohne zwischen Verständigen und Unverständigen unterscheiden zu können. Auch ist sie unfähig, sich gegen Mißverständnisse und Angriffe zu wehren, sondern bedarf der Hilfe ihres Vaters, des Verfassers. Das wahre Gegenstück zu ihr ist die lebendige und beseelte Rede, die mit Wissen in die Seele des Lernenden geschrieben wird, die sich selbst zu verteidigen weiß und die unterscheiden kann, bei wem zu reden und bei wem zu schweigen nötig ist (275 d4 − 276 a9). Und schließlich gebraucht Sokrates das Bild von zweierlei Samen, um die Schrift als leichtes Spiel zu charakterisieren (παιδιά) und nur dem mündlichen Gespräch wirklichen Ernst zuzusprechen (σπουδή). So wie ein verständiger Bauer die Pflanzungen, die in acht Tagen in Adonisgärten zur Blüte gelangen, zum Spiel und des Festes wegen anbaut, aber die echte Kornsaat mit vollem Ernst aussät und über acht Monate hin bis zur Reife umsorgt, so wird derjenige, dem es um das Wissen des Gerechten, Schönen und Guten geht, die Schrift nur zum Spiel gebrauchen, zur Erinnerung im Alter für sich selbst und jeden gleichfalls Wissenden, aber mit ganzem Ernst sich dem mündlichen Gespräch zuwenden und in der Seele des Lernenden durch die lange und harte Arbeit der Dialektik lebendige und selbst wieder fruchtbare Reden einpflanzen (276 b1 − 277 a5). So ist also Platon davon überzeugt, daß die Schrift, weil sie Scheinwissen begünstigt und ein Abbild des gesprochenen Wortes ist, kein geeignetes Mittel zur Verständigung in wahrem Wissen darstellt. Entsprechend einschränkend urteilt er über Schriftwerke, die er zwar immerhin gelten läßt, denen er aber doch nur einen sekundären, einen spielerischen, keinen vollen Ernst beanspruchenden Rang zubilligt.

In Übereinstimmung damit führt Platon die Begründung für seine Haltung im 7. Brief weiter. In dem berühmten Satz[14], der die Frage nach der sachlichen

---

[14] Clemens zitiert den Satz, Epist VII 341 c5 − d2, in anderem, aber verwandten Zusammenhang in Strom V § 77,1. Die Literatur zur Platonstelle hier vorzustellen, ist weder möglich noch nötig. Herausgehoben seien K. von Fritz, Die philosophische Stelle im siebten platonischen Brief und die Frage der «esoterischen» Philosophie Platons, Phron. 11 1966 S. 117−153, H.G. Gadamer, Dialektik und Sophistik im siebenten platonischen Brief, in: ders., Platos dialektische Ethik und andere Studien zur platonischen Philosophie S. 221−247, und H. Gundert, Zum philosophischen Exkurs im 7. Brief, in: Idee und Zahl, hrsg. von H.G. Gadamer und W. Schadewaldt S. 85−105.

Möglichkeit schriftlicher Fixierung aufwirft, erklärt Platon, daß es über dasjenige, dem er sich mit seinem tiefsten Ernst widmet (περὶ ὧν ἐγὼ σπουδάζω 341 c1f), keine Schrift gibt und nicht geben wird, weil es in keiner Weise aussagbar ist, wie es andere Wissensgegenstände sind (341 c4 — d2). Unter seinem Eigensten, dem Größten und Höchsten, dürfte, wie es H. Gundert[15] wahrscheinlich gemacht hat, die Ideenlehre und die Prinzipienlehre in eins gesehen sein, bei den anderen Wissensgegenständen dürfte in erster Linie die Mathematik gemeint sein. Dieses Höchste ist also gar nicht mitteilbar, es läßt sich nicht schriftlich fixieren, es läßt sich aber auch mündlich nicht in Worten weitergeben. Zur Begründung weist Platon einmal auf die eigentümliche Weise der Erkenntnis des Höchsten. Dieses leuchtet im Transzendieren plötzlich von selbst auf, es ist ein Licht, das wie von einem überspringenden Funken entzündet wird und sich selbst nährt[16], nachdem ein langes und gemeinsames Bemühen um die Sache vorausgegangen ist. Das unerläßliche mündliche Gespräch kann also vorbereitend auf die Erkenntnis des Höchsten hinführen, sie selbst aber ist von eigener, unsagbarer Art[17]. Und Platon gibt noch eine weitere Begründung aus der Eigenart der Verständigung (342 a1 — 344 c1). Er untersucht die Verständigungsmittel der drei Medien ὄνομα, λόγος, εἴδωλον und der Erkenntnis, wovon das wahre Seiende selbst als Fünftes unterschieden ist, und deckt ihre Schwächen darin auf, daß sie, gerade indem sie als Mittel sich selber geltend machen, die Sache nicht rein und eindeutig gegenwärtig sein lassen[18]. Es ist klar, daß unter dieser Bedingung in der Sprache eine zwingend beweisende Verständigung über das Höchste nicht geleistet werden kann, sondern daß im Gegenteil in ihr selbst die Ursache für Mißverständnisse und Verdeckungen sowie die Möglichkeit zu sophistischer Bedrohung und Auflösung liegen. Von daher ist aber auch einsichtig, daß Platon, um Mißverständnissen und Zersetzungen entgegenzuwirken, bei seinen Gesprächsteilnehmern in Verbindung mit intellektuellen Gaben (εὐμάθεια und μνήμη 344 a3) eine besondere sittliche Auszeichnung, eine Verwandtschaft mit der Sache (συγγενὴς τοῦ πράγματος 344 a2f, προσφυεῖς καὶ συγγενεῖς 344

---

[15] H. Gundert, Zum philosophischen Exkurs im 7. Brief, in: Idee und Zahl, hrsg. von H.G. Gadamer und W. Schadewaldt, S. 93.104.

[16] Das αὐτὸ ἑαυτὸ ἤδη τρέφει 341 d1f erinnert an Heraklit, B 115: ψυχῆς ἐστι λόγος ἑαυτὸν αὔξων.

[17] Daß dieses noetische Gewahrwerden nichts irrational Mystisches an sich hat, zeigt die Parallelformulierung 344 b7: ἐξέλαμψε φρόνησις περὶ ἕκαστον καὶ νοῦς.

[18] H.G. Gadamer, Dialektik und Sophistik im siebenten platonischen Brief, in: ders., Platos dialektische Ethik und andere Studien zur platonischen Philosophie S. 239: «Alle vier sind in die Dialektik des Bildes verstrickt. Sofern sich in ihnen die Sache darstellen soll, unterliegen sie alle der Notwendigkeit, etwas für sich zu sein. Was etwas darstellen will, darf das nicht selbst sein, was es darstellt. Es liegt im Wesen dieser Mittel der Erkenntnis, daß sie, um solche Mittel sein zu können, ein eigenes Unwesen besitzen müssen».

a5f) fordert, daß er ferner auf den langwierigen und anstrengenden Bemühungen beharrt, die mangelhaften Verständigungsmedien unablässig gegeneinander zu reiben und in ständiger Überprüfung ihre Schwächen zu überwinden, und daß er schließlich dabei den Durchgang des Gespräches ausweitet auf τὸ ψεῦδος ἅμα καὶ ἀληθὲς τῆς ὅλης οὐσίας 344 b2 und dadurch die gemeinte Sache nicht im fixierten und isolierten Satz, sondern in einem universalen Begründungszusammenhang zu fassen sucht.

Darüber hinaus zeigt der 7. Brief an einem konkreten Fall, wie die grundsätzlichen Einsichten Platons praktisch wirksam wurden. Um entscheiden zu können, ob die erforderlichen Voraussetzungen für die philosophische Erziehung gegeben seien, unterzog Platon Dionys II einer Probe, die negativ ausfiel und nicht einmal bis zum Ende durchgeführt zu werden brauchte. Indem er ihm die Größe der Philosophie, ihre Aufgaben und die nötigen Entsagungen aufzeigte, sollte sich herausstellen, ob er ein wirklicher Philosoph sei, verwandt mit der Sache und ihrer würdig, einer, der sein Leben ändert, weil es ihm anders nicht lebenswert erscheint, und sich ganz der Philosophie hingibt oder nicht (340 b4 − d1). Es spricht nun vieles dafür, daß Platon diese Prüfung nicht eigens für diesen Fall erfunden hat, sondern daß es auch sonst seine Gewohnheit war, diejenigen, die sich an der Philosophie interessiert zeigten und um die Aufnahme in den Schülerkreis bemühten, bei der Gelegenheit einer ersten propädeutischen Hinführung zur Philosophie zugleich auch auf ihre intellektuelle Befähigung und ihre sittliche Bereitschaft hin zu überprüfen, ehe überhaupt die langanhaltende Bemühung im gemeinsamen Gespräch einsetzen konnte[19]. So trat an der Person des Dionys II exemplarisch Platons Reserviertheit hervor, wenn es zu unterscheiden galt, zu wem man sprechen soll und zu wem nicht. An ihr trat aber auch Platons ganze Ungehaltenheit hervor, wenn es darum ging, literarische Veröffentlichungen über das, was als platonische Philosophie gelten wollte, abzuweisen. Für Platon offenbart sich das Versagen des Dionys II in eklatanter Weise darin, daß er nach jener Unterredung das, was er von Platon gehört hatte und ihm schon vorher durch Mittelsmänner zugekommen war, in einer Schrift unter eigenem Anspruch zusammengestellt hat. Daß auch andere ebenso gehandelt haben, ist keine Entschuldigung, und Platon distanziert sich von ihnen ganz entschieden (341 b2 − c4). Die schriftliche Publizierung empfindet er als Verrat an der Philosophie. In diesem Zusammenhang wiederholt Platon Gedanken zur Abbildstruktur der Schrift aus dem Phaidros in leichter

---

[19] So H. Gundert, Zum philosophischen Exkurs im 7. Brief, in: Idee und Zahl, hrsg. von H.G. Gadamer und W. Schadewaldt, S. 87ff. Dort erwägt H. Gundert auch, welche Rolle der Inhalt des erkenntnistheoretischen Abschnittes bei dieser Probe gespielt haben könnte.

Variation. Gut wären Schriftwerke nur für die, die sie nicht brauchen (341 e2f. 344 d9 — e2). Sie rufen unter den Menschen nur φθόνος καὶ ἀπορία hervor (344 c3). Dazu tritt aber nun eine Begründung mit religiös-sakralem Charakter. Schriftwerke sind eine Profanierung des Heiligen — das meint Platon, wenn er 344 d7ff sagt: ὁμοίως γὰρ ἂν αὐτὰ ἐσέβετο ἐμοί, καὶ οὐκ ἂν αὐτὰ ἐτόλμησεν εἰς ἀναρμοστίαν καὶ ἀπρέπειαν ἐκβάλλειν.

Blickt man von hier aus noch einmal zurück, dann läßt sich deutlich fassen, was Clemens mit Platon verbindet und was sie trennt. Unverkennbar steht für beide das ganze Problem der Schriftlichkeit in einem religiösen Bezug. Dem ἂν ... ἐσέβετο des letzten Zitates kann ein clementinischer Satz aus § 13,2 zur Seite gestellt werden: τὰ δὲ ἀπόρρητα, καθάπερ ὁ θεός, λόγῳ πιστεύεται, οὐ γράμματι p. 10,3f. Im Grundsätzlichen besteht über die Defizienz der Schrift und den prinzipiellen Vorrang des Mündlichen volle Übereinstimmung. Daß es Clemens dabei unterläßt, von der Abbildstruktur der Schrift auszugehen, ist unerheblich, weil er an diesen Gedanken einmal wenigstens angespielt hat[20] und die wesentlichen Implikationen auch so präsent sind. Und ausdrücklich hat er ja auch auf den sekundären, behelfsmäßigen Charakter der eigenen Niederschrift hingewiesen. Doch meldet sich gerade an diesem Punkt auch eine andere Geisteshaltung an, denn daß die «Teppiche» ihm ein Spiel seien, hat Clemens nirgends gesagt und hätte es auch nicht sagen können. Das wird sogleich zu berücksichtigen sein. Die Gemeinsamkeiten reichen freilich noch weiter. Daß überhaupt nur bei einer entsprechenden inneren Beteiligung die Möglichkeit zur höchsten Erkenntnis gegeben ist, veranlaßt beide, in die Frage der Schriftlichkeit die Erörterung einzubeziehen, inwiefern auch das mündliche Lehrgespräch an den Schüler unverzichtbare Vorbedingungen stellt. So kehren denn auch die Hinweise auf die sittliche Auszeichnung, auf die innere geistige Aufnahmefähigkeit und die Bereitschaft zu langanhaltender höchster Anstrengung wieder. Man kann H. Frhr. von Campenhausen durchaus in dem Urteil zustimmen, daß beide die Überzeugung verbindet, «daß die Erkenntnis und Aneignung der Wahrheit kein bloß partieller, theoretischer Vorgang sei; es (sei) ein Geschehen von umfassender menschlicher, ja religiöser Bedeutung, das das Leben neu macht»[21]. Und doch zeigt sich bei näherem Zusehen auch hier eine bemerkenswerte Differenz. Platon hatte ja in diesem Zusammenhang eine doppelte Begründung gegeben, eine, wenn man so abgekürzt sprechen darf, von oben aus der Unsagbarkeit des Höchsten und eine von unten aus der Schwäche der Verständigungsmittel. Dieser letzte Gesichtspunkt fehlt nun bei Clemens, wie sein Kampf gegen die Sophistik zeigt, zwar nicht gänzlich, aber er

---

[20] § 14,1: (ἡ γραφή) εἰκὼν δ'ἂν εἴη ἀναμιμνῄσκουσα τοῦ ἀρχετύπου τὸν θύρσῳ πεπληγότα p. 10,19f.
[21] H. Frhr. von Campenhausen, Kirchliches Amt und geistliche Vollmacht S. 227.

dient nicht als tragende Begründung und tritt insofern ganz entschieden zurück. Dafür übernimmt der erstere, die Heiligkeit der unsagbaren Wahrheit, das volle Gewicht; und es scheint, daß daher auch das bei Clemens viel stärkere Bewußtsein resultiert, daß ein unbesonnener und leichtfertiger Umgang mit dem göttlichen Geheimnis nicht nur dem Schüler, sondern auch dem Lehrer schwere Schuld auflädt. Gemessen an Platon erscheint hier die freie Eigenständigkeit des Menschen, und darauf deutet ja schon, daß er bei den «Teppichen» nicht an ein Spiel denken kann, nicht unerheblich eingeschränkt[22].

Natürlich führten Clemens alle diese Überlegungen nicht zu einem resignierenden Verzicht auf jede Wirksamkeit. Dazu wußte er sich viel zu stark in den Dienst der christlichen Lehre gestellt[23]. Unter seinen vorgebrachten Rechtfertigungen findet sich aber nun auch wieder die Anlehnung an Platon. In § 1,2 — § 2,1 hat Clemens Anklänge an Symp 206 b7f. 208 e1 — 209 e4, dem Theait 150 b6 — 151 d6 in einem grundlegenden Gedanken parallel geht, und Anklänge an Phaidr 276 a1 — b1. 276 e4 — 277 a5. 277 e5 — 278 b4 verbunden. Die Texte mögen auszugsweise nebeneinander gestellt werden.

Strom I § 1,2

καλὸν δ ' οἶμαι καὶ παῖδας ἀγαθοὺς τοῖς ἔπειτα καταλείπειν.
οἱ μέν γε παῖδες σωμάτων,
ψυχῆς δὲ ἔγγονοι οἱ λόγοι.

Symp 206 b7f

ἔστι γὰρ τοῦτο τόκος ἐν καλῷ
καὶ κατὰ τὸ σῶμα
καὶ κατὰ τὴν ψυχήν.

Vgl. weiter Symp 208 e1 — 209 e4,
wir greifen einiges heraus:

οἱ μὲν οὖν ἐγκύμονες ... κατὰ τὰ
σώματα ὄντες ... διὰ παιδογονίας
... οἱ δὲ κατὰ τὴν ψυχήν ...
(κυῆσαι καὶ τεκεῖν) φρόνησίν τε
καὶ ἄλλην ἀρετήν — ὦν δή εἰσι καὶ
οἱ ποιηταὶ πάντες γεννήτορες ...

---

[22] Darauf weist auch die freie Umgestaltung des Wortes, das der Prophet in seiner Ansprache im Er-Mythos spricht, nachdem er aus dem Schoß der Lachesis Lose und Lebensmuster entnommen hat und ehe er die Lose auswirft, Pol X 617 e4f: αἰτία ἑλομένου· θεὸς ἀναίτιος. Damit will er die Verantwortlichkeit des Menschen für sein Leben und Gottes Schuldlosigkeit sichern. Das ist eine Theodizee, aber im Dialogverlauf dient das Wort als Ermahnung, alles daran zu setzen, daß man sich schon in diesem Leben auf jene eschatologisch-präexistente Wahl der Lebensmuster vorbereitet (618 b6 — 619 b1). Bei Clemens heißt der Satz § 4,1: τῇ δὲ αἰτίᾳ τοῦ μὴ τὸ βέλτιστον ἑλομένου θεὸς ἀναίτιος p. 4,26f. Die freie Eigenständigkeit des Menschen ist relativiert, der Mensch steht unter dem Anspruch Gottes, «das Beste» zu wählen. Zu den übrigen Zitationen dieses Platonwortes bei Clemens s. Kap. VIII S. 313f.

[23] Vgl. § 3,1. § 7,1—4 und vor allem § 11,3 — § 12,1.

... ὅταν τις ἐκ νέου ἐγκύμων ᾖ
τὴν ψυχήν ... εὐπορεῖ λόγων περὶ
ἀρετῆς ... καὶ εἰς Ὅμηρον ἀπο-
βλέψας καὶ Ἡσίοδον καὶ τοὺς
ἄλλους ποιητὰς τοὺς ἀγαθοὺς ζηλῶν,
οἷα ἔκγονα ἑαυτῶν καταλείπουσιν

. . . ebenso die Gesetzgeber Lykurg
und Solon.

Strom I § 1,3

αὐτίκα πατέρας τοὺς κατηχήσαν-
τάς φαμεν, κοινωνικὸν δὲ ἡ
σοφία καὶ φιλάνθρωπον.

Phaidr 276 e6f

Es folgt Prov 2,1.2a.

... λάβων ψυχὴν προσήκουσαν

σπειρόμενον τὸν λόγον
κρύπτεσθαι μηνύει

φυτεύῃ τε καὶ σπείρῃ ... λόγους
Phaidr 276 a5f

(sc. Salomon)
καθάπερ ἐν γῇ
τῇ τοῦ μανθάνοντος ψυχῇ,
καὶ αὕτη πνευματικὴ φυτεία.

(ὁ λόγος) γράφεται
ἐν τῇ τοῦ μανθάνοντος ψυχῇ

Strom I § 2,1

Es folgt Prov 2,2bf.

ψυχὴ γὰρ, οἶμαι, ψυχῇ καὶ πνεῦμα πνεύματι συναπτόμενα κατὰ
τὴν τοῦ λόγου σπορὰν αὔξει τὸ
καταβληθὲν καὶ ζωογονεῖ.

Symp 209 c2ff

ἁπτόμενος γὰρ οἶμαι τοῦ καλοῦ
... ἃ πάλαι ἐκύει τίκτει καὶ
γεννᾷ ... καὶ τὸ γεννηθὲν συνεκτρέφει
κοινῇ μετ᾽ ἐκείνου.

Was Clemens mit diesen Sätzen meint, ist nicht sogleich auf den ersten Blick erkennbar. Da im Vorangehenden davon die Rede war, daß die Schrift ihre Berechtigung erhält aus dem Nutzen, den sie für die Nachkommen erwachsen läßt, erwartet man, daß auch hier das Problem der Schriftlichkeit noch irgendwie gegenwärtig ist. Und tatsächlich dürfte Clemens bei den λόγοι, die die Abkömmlinge der Seele sind p. 3,14, an schriftlich fixierte Reden, bzw. an Schriftwerke gedacht haben. Dieser Sprachgebrauch ist ihm nicht fremd[24], und auch Platon hat ja im angegebenen Passus des Symposions die ἔκγονα ψυχῆς in den Werken der Dichter Homer und Hesiod und der Gesetzgeber Lykurg und Solon erblickt und dabei zweifellos die schriftlich fixierte Gestalt vorausgesetzt. Dieses Resul-

[24] Siehe O. Stählin, im Register s.v. λόγος 7. Abhandlung, Abschnitt, Buch, Schrift.

tat kann noch ein allerdings sehr spätes Referat zum platonischen Gedanken stützen, das ebenfalls mit schriftlichen λόγοι rechnet[25]. J. Potter hat also das Richtige getroffen, wenn er übersetzt: «Ac filii quidem corporum, animae autem liberi sunt scripta»[26]. Eine weitere Schwierigkeit besteht darin, den mit § 1,3 einsetzenden Gedankenschritt zu bestimmen. Der Gebrauch des Wortes αὐτίκα weicht bei Clemens deutlich vom klassischen ab[27], und die Bedeutung «so zum Beispiel» würde hier auch keinen Sinn ergeben[28]. Ebenfalls unbefriedigend bleibt die Übersetzung «übrigens»[29], weil damit kein Gedankenfortschritt gegeben wäre. Nun haben F.J.A. Hort − J.B. Mayor[30] eine Reihe von Stellen nachgewiesen, wo αὐτίκα «further» bedeutet. Das ist auch hier ganz offensichtlich gemeint. Clemens spricht in einer Klimax von der dreifachen Form der Nachkommenschaft, nämlich von Kindern, Büchern und Schülern. Im ersten Fall handelt es sich um eine körperliche Nachkommenschaft, im zweiten Fall um eine seelische im Medium der Schrift und im dritten Fall auch um eine seelische, die sich aber im mündlichen Umgang realisiert. Sie kann, wie p. 3,19.21f zeigt, auch pneumatisch genannt werden[31]. Im Blick darauf, wie Clemens an dieser Stelle mit Platon verfährt, läßt sich nun folgende Feststellung treffen. Clemens − und das wird man als seine eigene Leistung ansprechen dürfen[32] − hat nicht nur Anspielungen aus zwei Dialogen miteinander verbunden, sondern hat zugleich ihre getrennten Aussagen zu einem in sich geschlosse-

---

[25] Es steht bei Phoibammon. A. Brinkmann, Phoibammon, περὶ μιμήσεως, RMP 61, 1906, S. 125,6−11: τοὺς (παῖδας) μὲν γὰρ βραχὺς ἀφανίζει χρόνος, ὁ δὲ τὸν λόγον ἐργασάμενος ἀίδιον καὶ μετὰ τὴν τελευτὴν τοῖς ἐντυγχάνουσι καταλείπει τὴν μνῆσιν. ὥστε προτιμᾶν ἀναγκαῖον κατὰ τὸν τοῦ Πλάτωνος λόγον τὰ τῆς ψυχῆς ἔκγονα μᾶλλον ἢ τὰ τοῦ σώματος .... Derselbe Text ist auch abgedruckt in Rhetores Graeci XIV ed. H. Rabe p. 376, 1−5.

[26] PG VIII col.687.690. Ihm sind F. Overbeck, Deutscher Text S. 165, und M. Caster, in: Clément d'Alexandrie, Stromate I S. 44, gefolgt. Anders O. Stählin, Deutsches Übersetzungswerk Bd. 3 S. 12: «Nun sind die Kinder Sprößlinge des Leibes, die Worte aber Sprößlinge der Seele».

[27] Vgl. den einschlägigen Appendix bei F.J.A. Hort − J.B. Mayor, Clement of Alexandria, Miscellanies Book VII S. 361−364, und A. Méhat, Étude sur les ‚Stromates' S. 231f.

[28] Schüler sind ja nicht ein engerer Kreis aus der Gattung Bücher und auch nicht aus der Gattung Wörter.

[29] F.J.A. Hort − J.B. Mayor, Clement of Alexandria, Miscellanies Book VII S. 361, schlagen für die hiesige Stelle «at any rate» vor. M. Caster, in: Clément d'Alexandrie, Stromate I S. 44, übersetzt: «d'ailleurs».

[30] F.J.A. Hort − J. B. Mayor, Clement of Alexandria, Miscellanies Book VII S. 363 unter b).

[31] Ob Clemens auch an die geistige Vaterschaft des Paulus (1 Kor 4,15; 1 Thess 2,11; Phlm 10) denkt, läßt sich nicht sicher entscheiden, ist aber doch wahrscheinlich. O. Stählin notiert im Apparat zu p. 3,15 «vgl. I Cor 4,15», vgl. auch Kap. VII S. 255ff.

[32] Mir ist keine Parallele bekannt geworden. Die seelische Nachkommenschaft aus dem Symposion wirkt − ebenfalls ohne den erotischen Hintergrund − nach etwa bei Philon, VitCont § 63f, § 68, Fug § 210, und Plotin, Enn. VI 9,9,19f.

nen Rangfolgeschema kombiniert. Das Symposion lieferte ihm die Unterscheidung von körperlicher und seelischer Zeugung, aus dem Phaidros übernahm er die Unterscheidung von schriftlicher und mündlicher Aussaat, und aus beidem machte er eine Rangfolge: Über der körperlichen Stufe erhebt sich die seelisch-schriftliche, und über ihr wiederum die seelisch-mündliche. Andererseits hat aber auch jede Stufe ihr eigenes Recht, und damit ist auch die schriftstellerische Tätigkeit legitimiert[33]. Zu bemerken bleibt noch, daß Clemens das bei Platon auslösende und tragende Moment, den homoerotischen Hintergrund, ganz ausgemerzt hat. An seine Stelle ist einerseits der Hinweis auf die Eigenschaft der Weisheit, mitteilsam und menschenfreundlich zu sein, und andererseits die Gehorsamsforderung (p. 3,23f) getreten. Das Zitat Prov 2,1f illustriert, wie die Weisheit tradiert wird.

Die bisherigen Darlegungen zeigen Clemens in einem inneren Widerstreit. Einerseits ist er tief von dem Bewußtsein durchdrungen, welche hohe Verantwortung er auf sich nimmt, wenn er die Erkenntnis der Wahrheit nicht nur mündlich, sondern auch schriftlich überliefert. Die Gefahr steht ihm deutlich vor Augen, als einer erfunden zu werden, der einem Kind ein Schwert aushändigt[34]; und auch das göttliche Mysterium bedarf des Schutzes. Sein anfängliches Zögern wird zumal dadurch noch bestärkt worden sein, daß die Alten, seine Lehrer[35], sich vorsätzlich des Schreibens enthalten haben, betrachteten sie doch den mündlichen Unterricht und die schriftstellerische Tätigkeit als zwei ganz wesensfremde Angelegenheiten[36]. Andererseits drängt ihn alles, die empfangene Gnosis auch seinerseits weiterzugeben. Er fühlt sich zur Mitarbeit im göttlichen Dienst berufen, und argwöhnischer Neid ist am wenigsten die rechte Einstellung des Gnostikers[37]. Es drängt ihn auch, die Gnosis schriftlich festzuhalten und zu vermitteln, denn mag die Schrift auch grundsätzlich nur ein zweitrangiges Medium sein, so ist sie doch nicht verboten[38], sie kann der eigenen Erinnerung dienen[39], und es ist schon hinreichend, wenn sie nur einen ein-

---

[33] Die Erwähnung der körperlichen Nachkommen dürfte als Vorgriff auf Kontroversen mit Häretikern in Strom III zu bewerten sein.

[34] § 14,3: οὐ τί που φθονῶν (οὐ γὰρ θέμις), δεδιὼς δὲ ἄρα περὶ τῶν ἐντυγχανόντων, μή πῃ ἑτέρως σφαλεῖεν καὶ παιδὶ μάχαιραν, ᾗ φασιν οἱ παροιμιαζόμενοι, ὀρέγοντες εὑρεθῶμεν p. 11,2ff.

[35] Zu den Presbytern von Ecl § 27 vgl. Th. Zahn, Supplementum Clementinum S. 157f.

[36] Ecl § 27, vgl. A. Méhat, Étude sur les ,Stromates' S. 287ff.

[37] Ecl. § 27,6. Strom I § 14,3. Strom V § 11,4. § 24,2, vgl. Strom VII § 7,1f. QDS § 24,1 (vom Kyrios). Das Motiv der Neidlosigkeit ist platonischen Ursprungs, vgl. Phaid 61 d9. Pol V 476 e5f. Phaidr 247 a7. Tim 29 e1f. Epist VII 344 b6.

[38] Zusätzlich zu der bereits erwähnten Legitimierung vgl. noch § 1,1f, wo Clemens die absurden Konsequenzen eines Schreibverbotes vor Augen führt.

[39] Zusätzlich zu den Platonanspielungen ist noch § 14,2f zu nennen.

zigen verständigen Leser findet[40]. Auch seine Lehrer, die ihm vom Herrn und von den Aposteln her in ununterbrochener Tradition die Lehre überliefert haben[41], werden sich über die schriftliche Bewahrung freuen[42]. Soweit die gegensätzlichen Bestrebungen!

Clemens schwächt diesen Widerstreit nun nicht etwa ab, sondern versucht, ihn durch die eigentümliche Form, die er seiner Schrift gibt, zu überwinden und so einer Lösung zuzuführen. Die literarische Form soll zunächst mehr äußerlich durch eine gewisse Nachlässigkeit und Sorglosigkeit gekennzeichnet sein. Clemens hat schon in § 11,1 darauf hingewiesen, daß er auf die Durcharbeitung zu einer rhetorischen Prunkrede bei den «Teppichen» verzichten wird. Denselben Gedanken umschreibt er wiederholt in § 48,1—5. Daß es sich dabei um seine eigene Haltung handelt, bringt er mit ἐμοί ... πρόκειται p. 31,16 deutlich zum Ausdruck. Ihm geht es um das Heil, das eigene und das der anderen, nicht um kostbare Kabinettstücke der Redekunst. Insofern will er keine εὐγλωττία (p. 31,17) anstreben, er will sich nicht um die Wortwahl kümmern, sondern das Gemeinte bloß andeuten. Dazu zitiert er in § 48,2f Polit 261 e5ff und Theait 184 c1—4: «,Und wenn du dich davor hütest‘, sagt der Pythagoreer in Platons Politikos, ,um Worte zu eifern, so wirst du dich im Alter reicher an Einsicht zeigen‘. Und im Theaitetos kann man wiederum finden: ,Es mit Ausdrücken und Worten nicht so genau nehmen und auf eine genaue Ausforschung verzichten, das ist meistenteils nicht unfein, sondern das Gegenteil davon unfrei; aber manchmal ist es nötig‘»[43].

---

[40] Hier sind zwei Aussagen zusammenzunehmen, Strom IV § 4,2: εὐρήσει γὰρ τὸν συνήσοντα ἕνα ἡ γραφή p. 249,26, und Strom I § 49,1: ἀρκεῖ δὲ τῷ γνωστικῷ κἂν εἷς
μόνος ἀκροατὴς εὑρεθῇ p. 32,12f. Bei der ersten Stelle, Strom IV § 4,2, nimmt M.
Pohlenz, Klemens von Alexandreia und sein hellenisches Christentum S. 120, eine
Anspielung an Nom II 659 a1 an. Den einen Musikverständigen von Nom II 659 a1
deutet Clemens in Strom I § 182,1 auf den Logos-Christus (s.u.). So könnte Clemens
auch durchaus bei dem einen verständnisvollen Leser seiner Schrift an den Logos-Christus gedacht haben, ein irdischer Leser braucht deshalb nicht ausgeschlossen zu werden.
[41] Hypot. Frg 13, Strom I § 11,3 (dieselben Apostelnamen in Strom VI § 68,2), Strom
VI § 61. Für alle näheren Probleme muß hier der Hinweis auf J. Daniélou, La tradition
selon Clément d'Alexandrie, Aug 12 1972 S. 5—18, genügen.
[42] § 12,1. Sollte die Erinnerung an Platons Empörung über die Schrift des Dionys II
dahinter stehen?
[43] Im ersten Zitat finden sich zwei geringfügige Textabweichungen. Clemens liest statt
διαφυλάξῃς 261 e5 das Simplex p. 31,22 und läßt bei εἰς τὸ γῆρας 261 e6 den Artikel
weg p. 31,23ff. Diese Abweichungen sind ohne Parallelen. Euseb, Praep. Evang. XII
8,4, hat ein etwas längeres, wörtliches Zitat von 261 e5—7, ebenso wörtlich, aber kürzer zitiert Theodoret, Graec.affect.cur. I § 32. Über eine Anspielung bei Galen s.u..
Das zweite Zitat ist wörtlich. Erwähnt sei, daß Stobaios keine der beiden Stellen enthält. Es gibt auch keine Anzeichen dafür, daß beide als Doppelzitation eine eigene Geschichte gehabt hätten.

Was nun die Zitate betrifft, so hat Platon mit dem ersten in der Tat auf die Freiheit in Fragen der Terminologie abzielen wollen, die er ja selbst so souverän hat walten lassen. Im Politikos hat der junge Sokrates innerhalb der ersten diairetischen Wesensbestimmung des Politikers die Unterteilung erreicht, daß das gesuchte theoretische, selbstgebietende Wissen sich nicht auf einzeln lebende, beseelte Wesen, sondern auf in Herden lebende, beseelte Wesen bezieht, und soll nun die Frage beantworten, ob diese für viele gemeinsame Aufzucht ἀγελαιοτροφία oder κοινοτροφική (sc. ἐπιστήμη) zu benennen sei (261 e1—3). Und als er dieses der jeweils sich ergebenden Rede freistellt, lobt ihn der eleatische Gast mit den ausgeschriebenen Worten, daß er, der noch junge Sokrates, im Alter reicher an Einsicht sein werde, wenn er sich vor Wortklauberei hütet. Das bleibt ohne Begründung, aber die Meinung ist deutlich, daß nicht das einzeln isolierte und fixierte Wort, sondern erst der immer wieder überprüfte dialektisch-diairetische Durchgang durch das ganze Seinsgeflecht Einsicht ermöglicht.

Von hieraus wird auch die abweichende Akzentuierung, die Clemens dem Zitat gibt, erkennbar. Daß als eigentliches Ziel bei ihm nicht Einsicht (φρόνησις), sondern das Heil (σωτηρία) erscheint, darf nicht überbewertet werden. Entscheidend ist, daß die enge Verbindung mit der Dialektik preisgegeben ist. Bei Clemens hat die freie Sorglosigkeit in der Wortwahl nicht mehr das unablässige diairetische Bemühen zum Hintergrund, sondern erklärt sich aus dem Gegensatz zur Rhetorik. Es muß aber eingeräumt werden, daß auch schon Galen gerade bei diesem Zitat die ursprüngliche Verbindung aufgelöst hat[44]. Bemerkenswert ist in diesem Zusammenhang noch, daß Clemens den eleatischen Gast als Pythagoreer identifiziert. Das hat am Dialog keinen Anhalt und scheint eine singuläre Nachricht zu sein. Trotzdem wird man annehmen können, daß er damit einer vorgegebenen Tradition folgt, andernfalls hätte er nähere Erklärungen kaum unterlassen dürfen. Woran dabei gedacht sein könnte, läßt sich nur vermuten. Vielleicht spielen die pythagoreischen Elemente in den Andeutungen zur Prinzipienlehre im Maßexkurs (282 b1 − 287 b2) eine Rolle, vielleicht auch die politische Lehre vom autonomen Königtum[45].

---

[44] Galen, De usu partium IV 13, will zwischen φύσις und θρεπτικὴ ψυχή keinen Unterschied machen und erklärt dazu: ... τοῦτο μὲν ἐν ὅλῳ χρὴ φυλάττειν τῷ λόγῳ τῆς Πλατωνικῆς παραινέσεως ἀεὶ μεμνημένους ὡς ἐὰν παραμελῶμεν ὀνομάτων πλουσιώτεροι φρονήσεως εἰς τὸ γῆρας ἀφιξόμεθα (vol. I p. 227,1ff).

[45] Wir werden darauf zurückkommen. Ein dritter Gesichtspunkt wäre gegeben, wenn man B.L. van der Waerden, Die Pythagoreer S. 305ff, zustimmt, daß die Gestalt des göttlichen Demiurgen (so 268 d5 − 274 e1) eine Vorstellung des Pythagoras ist, und wenn man weiter annimmt, daß diese Vorstellung auch immer als typisch pythagoreisch gegolten habe. Beides ist aber nicht gesichert, vgl. W. Theiler, Art. Demiurgos, RAC Bd. 3 Sp. 697: «Das Wort stammt aus attischer Technikgesinnung ... im Widerspruch zur ionischen Spekulation über die ungeistige φύσις». Und Bedenken bleiben, auch wenn man daran erinnert, daß Cicero die Timaiosübersetzung dem Pythagoreer P. Nigidius Figulus in den Mund legen wollte.

Während Clemens im ersten Zitat immerhin die auf die Freiheit der Terminologie gerichtete Grundintention festhält, muß er das zweite Zitat aus dem Zusammenhang reißen, denn der Ausspruch aus dem Theaitet will die zwar grundsätzlich bejahte und gewährte Freiheit für den vorliegenden Untersuchungsgang in einem wichtigen Punkt gerade einschränken. Um die Kritik an des Theaitetos erstem Definitionsversuch, wonach Wissen (ἐπιστήμη) als Wahrnehmung (αἴσθησις) zu bestimmen sei, zum Abschluß zu bringen, führt Sokrates die Unterscheidung zwischen den Mitteln der Wahrnehmung, dem Gesichtssinn, dem Gehörsinn, etc. (δι' οὗ 184 c5f., διὰ τούτων οἷον ὀργάνων αἰσθανόμεθα 184 d4) und dem Subjekt der Wahrnehmung, der Seele (ᾧ 184 c5f. d3. 185 e1) ein. Hier ist ein διακριβοῦσθαι (184 d7) unerläßlich, weil die beiden Vermögen den Seinsbereichen des Werdenden und des Seienden entsprechen. Die Mittel der Wahrnehmung richten sich allein auf das einzelne, jeweils zugehörige Körperliche, während das eigene Vermögen der Seele, das Denken, die Wahrnehmungsmitteilungen sammelt und ihnen die allgemeinen Aussagen wie οὐσία – μὴ εἶναι, ὁμοιότης – ἀνομοιότης, ταὐτόν – ἕτερον, etc. zuspricht, und so erst aus dem Bereich des Seins und der Wahrheit Wissen möglich wird (184 b4 – 186 e12). Wenn Clemens also den Satz, daß das Nicht-so-genau-Nehmen meistenteils nicht unfein, sondern das Gegenteil davon unfrei sei, übernimmt, dann stimmt er in dem von Sokrates allgemein ausgesprochenen Grundsatz überein. Er mißachtet aber, daß mit den anschließenden Worten, «manchmal ist es aber nötig», dieser Grundsatz im Gespräch gerade außer Kraft gesetzt wird.

Natürlich bedeutet die mit diesen Platonzitaten unterstrichene Absicht, auf rhetorischen Redeschmuck zu verzichten, nicht sogleich, daß damit alle Bedenken gegen die Schriftlichkeit aus dem Weg geräumt werden. Das ist an sich ein Gemeinplatz[46] und wird von Clemens auch gar nicht strikt befolgt[47]. Was er damit meint, ist in erster Linie, daß er formale Eleganz nicht um ihrer selbst willen anstrebt[48]. Für die eigene Rechtfertigung bleibt das sozusagen noch die

[46] Ebenso Irenaeus, Advers. Haer. Praef.: οὐκ ἐπιζητήσεις δὲ παρ' ἡμῶν ... λόγων τέχνην ἣν οὐκ ἐμάθομεν, οὔτε δύναμιν συγγραφέως ἣν οὐκ ἠσκήσαμεν, οὔτε καλλωπισμὸν λέξεων, οὔτε πιθανότητα ἣν οὐκ οἴδαμεν, vgl. A. Quacquarelli, I luoghi comuni contro la retorica in Clemente Alessandrino, RSFil 4 1956 S. 458ff.

[47] Auffälliger noch als bei den «Teppichen» ist der Sachverhalt in Protr und Paid, worüber sich E. Norden, Die antike Kunstprosa Bd. 2 S. 549, mit berühmt gewordenen Worten äußerte, vgl. dazu aus neuerer Zeit H. Steneker, Πειθοῦς Δημιουργία, Observations sur la fonction de style dans le Protreptique de Clément d'Alexandrie. Gegenüber J. Munck, Untersuchungen über Klemens von Alexandria S. 206ff, hat M. Pohlenz, Klemens von Alexandreia und sein hellenisches Christentum S. 107f, eine gerechtere Würdigung des Stils der «Teppiche» vertreten: «das ist nicht die Beredsamkeit des Redners, der seine formalen Künste zeigt, sondern die des Predigers, dem Form und Inhalt verschmelzen, wenn er auf den Hörer wirken will».

[48] Zusammenfassend A. Quacquarelli, I luoghi comuni contro la retorica in Clemente Alessandrino, RSFil 4 1956 S. 464: «Clemente condanna la retorica e l'eristica dei sofisti, ma non condanna la retorica in funzione filosofica e religiosa. Questa retorica, che per lui è chiarezza di stile, aiuta a trasmettere la verita».

äußere Seite. Weiter führt, daß Clemens in einem nicht als rhetorische Figur, sondern als präzisen gedanklichen Ausdruck verstandenen Oxymoron den beziehungsreichen Gegensatz zwischen Mündlichem und Schriftlichem auch auf sein Werk bezieht und damit aufrechterhält. Unter dieser Spannung ordnen sich ihm schon Bibel und Tradition zueinander. Die Bibel macht schriftlich die ungeschriebenen Lehren der Offenbarung kund (§ 10,1: ἡ ἀλήθεια⁴⁹ ἡ ἐγγράφως τὰ ἄγραφα δηλοῦσα p. 8,3), die ihrerseits, bzw. deren Auslegung wieder Gegenstand der ungeschriebenen Tradition ist (Strom VI § 131,5: ἡ τῆς ἐγγράφου ἄγραφος ... παράδοσις p. 498,16f)⁵⁰. Und dieses Verhältnis wiederholt sich, indem Clemens die ungeschriebene Überlieferung einem Schriftwerk anvertraut. So sind die Geheimnisse der Gnosis in den «Teppichen» ebenfalls ἐγγράφως ἄγραφα⁵¹. Die eigentliche Überwindung seiner widerstreitenden Absichten und Bestrebungen erwartet Clemens nun von seinem Konzept der verdeckenden Andeutung, indem er verbirgt, was er zu sagen scheint, und zu verstehen gibt, was er zu verbergen scheint. Auch dafür ist der genaueste Ausdruck das Oxymoron. Er erklärt in § 15,1: ἔστι δὲ ἃ καὶ αἰνίξεταί μοι γραφή, καὶ τοῖς μὲν παραστήσεται, τὰ δὲ μόνον ἐρεῖ, πειράσεται δὲ καὶ λανθάνουσα εἰπεῖν καὶ ἐπικρυπτομένη ἐκφῆναι καὶ δεῖξαι σιωπῶσα p.11,9ff. Diesem Konzept dienen eine ganze Reihe von besonderen Stilmitteln. Die angeführte Stelle nennt bereits eine willkürliche Ungleichheit hinsichtlich dessen, wie ausführlich die verschiedenen Themen zur Sprache kommen sollen. Überhaupt ist die Buntheit des dargebotenen Stoffes zur Verschleierung des Eigentlichen, der Gnosis, geeignet⁵². Auf die Verbindung des Wichtigen mit Nebensächlichem, mit Vorbe-

---

⁴⁹ Das ist zugleich auf die Bibel und auf die «Teppiche» zu beziehen. A. Méhat, Étude sur les ‚Stromates‘ S. 135, hält solchen doppelten Bezug in § 10,4 für gegeben. Beide Sätze berühen sich eng, vgl. auch unten S. 65ff.

⁵⁰ Die zu τῆς ἐγγράφου p. 498,16 notwendige Ergänzung ist nicht unmittelbar einsichtig. O. Stählin erklärt die Stelle im Register s.v. ἔγγραφος mit τῆς ἐγγράφου (γνώσεως, wohl nach p. 498,12.14) ἄγραφος ... παράδοσις. Zu übersetzen wäre demnach: «die ungeschriebene Überlieferung der in der Hlg. Schrift niedergelegten Erkenntnis (vgl. Lampe, s.v. ἔγγραφος B.1.). Das kommt dem διὰ τῆς τῶν γραφῶν ἐξηγήσεως p. 498,12 nahe, was vielleicht sogar direkt zu ergänzen wäre. Von einem tieferen, gnostischen Schriftverständnis verstehen die Stelle ebenso P.Th. Camelot, Foi et gnose S. 94, und W. Völker, Der wahre Gnostiker S. 363. Merkwürdigerweise übersetzt O. Stählin selbst in seinem Deutschen Übersetzungswerk Bd. IV S. 328: «die ungeschriebene Überlieferung der geschriebenen Worte», was ja ganz unverständlich ist.

⁵¹ S.o. vorletzte Anmerkung! Es ist das Verdienst von C. Heussi, Die Stromateis des Clemens Alexandrinus und ihr Verhältnis zum Protreptikos und Pädagogos, ZWTh 45 1902, S. 465—512, im Gegensatz zu E. de Faye gezeigt zu haben, daß die «Teppiche» nicht nur auf die Gnosis vorbereiten wollen, sondern sie auch bereits enthalten.

⁵² Strom I § 20,4 (in Präteritio formuliert): σιωπῶ γὰρ ὅτι οἱ Στρωματεῖς τῇ πολυμαθίᾳ σωματοποιούμενοι κρύπτειν ἐντέχνως τὰ τῆς γνώσεως βούλονται σπέρματα p. 14,8ff. Darauf folgt der Hinweis auf das Aufspüren der verborgenen Wahrheit. Es ist möglich, daß Clemens sich auch von der sich mit Winken begnügenden Rede des dunklen Heraklit (vgl. Heraklit B 93, was Clemens zwar nicht aufgenommen hat, doch war sein

reitendem und mit solchem, das eigentlich gar nicht zur Sache gehört, zielen
mehrere Bilder ab, so das vom Nußkern in der Nußschale[53], vom Mischwald[54],
von der Blumenwiese[55] und von der Staatmischung, bzw. vom Früchtereich-
tum[56]. Daß das Entscheidende nicht sogleich in die Augen fällt, dafür sorgt die
äußere Unordnung und scheinbare Nachlässigkeit in der Anlage der «Teppiche»,
wie Clemens selbst eigens hervorhebt[57]. Des näheren gehören nun hierher auch
die oft unklare Ausdrucksweise, die verkürzten Gedankenführungen, die unbe-
friedigenden Abgrenzungen divergierender Positionen, die offenen, auf die Formulierung eines Ergebnisses verzichtenden Diskussionen und nicht zuletzt die
unkommentierten Zitathäufungen, die nicht selten den Leser recht ratlos lassen.
Auch kann das Schweigen beredt sein, wenn er sachlich unabdingbare Themen
kurz abtut oder einfach ganz übergeht. Und schließlich ist seine Hochschätzung
der bildlichen Redeweise zu nennen. Die ganze, breite Vielfalt von Rätseln, Metaphern, Analogien, Symbolen, Parabeln und Allegorien ist ihm geläufig[58], er
findet sie, wie er besonders im 5. Buch darstellen wird, überall, bei Griechen
und Barbaren, bei Dichtern, Philosophen, Sehern und Propheten wieder und
setzt sie selbst in seiner Schrift zielbewußt ein. Alle diese Stilelemente kommen
nun zusammen zur Anwendung und prägen den eigentümlichen Charakter der
«Teppiche»[59]. Mit ihrer Hilfe verwirklicht Clemens sein Konzept der verhüllenden Andeutung, und sie ermöglichen es ihm auch, das Wagnis einzugehen, die
Erkenntnis der Wahrheit schriftlich festzuhalten. Denn ein ungeeigneter und
unvorbereiteter Leser wird sich mit dem vordergründig Gebotenen begnügen
und nichts weiter vermissen oder aber die Lektüre ganz abbrechen, während
derjenige, der zur Gnosis geeignet ist, durch den eigentümlichen Stil aufmerksam gemacht und zur eigenen Forschung veranlaßt wird[60].

---

schwieriger Stil notorisch) inspirieren ließ. So könnte er bei eben zitierter Stelle an Heraklit B 40, πολυμαθίη νόον ἔχειν οὐ διδάσκει, ausgeschrieben in Strom I § 93,2, gedacht
haben. Zu Strom I § 20,4 läuft Strom IV § 4,1 parallel. Hier ist nun ebenfalls die Aussage, daß die Buntheit und Planlosigkeit der «Teppiche» die Wahrheit verbirgt, mit dem
Hinweis auf das Aufspüren der verborgenen Wahrheit verbunden, und zwar wird dieser
Hinweis formuliert mit Heraklit B 22: χρυσὸν γὰρ οἱ διζήμενοι γῆν πολλὴν ὀρύσσουσι
καὶ εὑρίσκουσιν ὀλίγον p. 249,23f.

[53] Strom I § 18,1; vgl. Strom I § 7,3.
[54] Strom VII § 111,1, vgl. dazu auch Maximus Tyrius, Or. XIX 5a.
[55] Strom VI § 2,1.
[56] Strom VI § 6,1 — § 7,4.
[57] Strom VI § 2,1—3; Strom VII § 110,4. § 111,3.
[58] Vgl. C. Mondésert, Le symbolisme chez Clément d'Alexandrie, RSR 26 1936 S. 158—
180, P.M. Hermaniuk, La parabole chez Clément d'Alexandrie, EThL 21 1945 S.
5—60, und R. Mortley, Ἀναλογία chez Clément d'Alexandrie, REG 84 1971 S. 80—93.
[59] Vgl. Strom V § 56,1 — § 57,2.
[60] Strom VI § 2,2: (οἱ Στρωματεῖς) ἐμοί τε ὑπομνήματα εἶεν ἂν ζώπυρα, τῷ τε εἰς
γνῶσιν ἐπιτηδείῳ, εἴ πως περιτύχοι τοῖσδε, πρὸς τὸ συμφέρον καὶ ὠφέλιμον μετὰ
ἱδρῶτος ἡ ζήτησις γενήσεται· οὐ γὰρ μόνον τῶν σιτίων τὸν πόνον, πολὺ δὲ πλέον καὶ
τῆς γνώσεως ἡγεῖσθαι δίκαιον p. 423,6—10.

3. Die Abweisung der Sophistik

Auf ihren eigentlichen Inhalt hin gesehen sind die «Teppiche» ein unfertiges und unvollständiges Werk. Das müssen sie unbeschadet der Tatsache, daß die sieben Bücher nur einen Teil des geplanten, aber unvollendeten Werkes darstellen, von der Sache her notwendigerweise sein. Denn ihnen fehlt ja das, was der Leser aus eigener harter Arbeit und kraft göttlichen Beistandes dazubringen muß[1], damit er sich die gnostische Erkenntnis innerlich aneignet. Diese offene, unfertige Form schützt nun allerdings nicht vor sophistischer Zersetzung der Wahrheit, sondern provoziert sie geradezu. So beginnt Clemens seine «Teppiche» nach dem Vorwort mit heftigen Ausfällen gegen Sophisten.

Den Personenkreis hat er bei diesen Angriffen[2] recht unbestimmt gelassen, trotzdem läßt er sich einigermaßen umreißen. Es sind einmal Griechen[3], d. h. ungläubige Heiden, die das Christentum bekämpfen. Sie machen die Wahrheit lächerlich und streiten ohne sachliches Interesse um Worte[4], sie wollen nur widersprechen[5], ihr Geschäft ist spitzfindige Wortklauberei[6]. Die sophistischen Gegner sind aber andererseits auch unter den Barbaren, d. h. unter den Christen zu finden, es sind die Häretiker[7]. Ihr aller Werk ist es, daß sie die Lüge an die Stelle der Wahrheit setzen[8], sie betrügen[9], verführen[10] und reißen die Menschen räuberisch mit sich fort[11]. Clemens führt diesen Kampf, wie er selbst sagt[12], um solche Sophisten von vornherein abzuwehren. Die «Teppiche» sind keine Schrift für sie. Man wird außerdem in diesen Invektiven noch eine andere, ungenannte Absicht am Werke sehen dürfen. Clemens hätte nicht derart nach-

---

[1] § 16,3: χρόνῳ τε καὶ πόνῳ τἀληθὲς ἐκλάμψει (Anspielung an Epist VII 344 b 3–7) ἀγαθοῦ παρατυχόντος βοηθοῦ, p. 12,11f, worunter sodann auch Menschen fungieren, aber nicht ausschließlich, vgl. § 12,3: εἷς γὰρ ὁ διδάσκαλος καὶ τοῦ λέγοντος καὶ τοῦ ἀκρωμένου, ὁ ἐπιπηγάζων καὶ τὸν νοῦν καὶ τὸν λόγον p. 9,21ff.

[2] Dazu gehören nach der Analyse von A. Méhat, Étude sur les ‚Stromates' S. 276, § 22 – § 24. § 39 – § 42 und § 47,2 – § 52.

[3] § 22,1f. § 39,1. § 40,2.

[4] § 22,1f. Mit ἡδοναῖς δεδουλωμένοι p. 14,20f soll wohl gesagt sein, daß sie ein weltförmiges, oberflächliches Leben führen, nicht daß sie Anhänger Epikurs wären.

[5] § 21,2.

[6] τερθρεία § 22,4 p. 15,2. § 51,2 p. 33,15.

[7] § 40,2. § 41,2.

[8] § 39,1. § 42,2–4. Deshalb gehören die φιλεγκλήμονες p. 13,15ff, die Wortführer der schlichten Gläubigen, die sich gegen die Aufnahme heidnischer Bildung sträuben (§ 18,2. § 19,1), nicht zu den Sophisten.

[9] § 41,2. § 47,2.

[10] § 40,5.

[11] § 35,5. § 39,2. § 40,5. § 47,2. Das ist die Gewalt der antiken Rede, vgl. A. Méhat, Étude sur les ‚Stromates' S. 332f.

[12] § 8,1. § 47,2.

drücklich ihre verführerische, räuberische Macht herausgestrichen, wenn er nicht auch den zur Gnosis geeigneten Leser seiner Schrift eindringlich vor ihnen hätte warnen wollen.

Der entscheidende Bundesgenosse in diesem Streit ist natürlich Paulus, der Apostel, wie er ihn auch einfach nennt[13], und er zitiert ihn unter Einschluß der Pastoralbriefe[14], aber er beruft sich ebenfalls auf Platon. So gibt er in § 39,1 eine Definition der Sophistik, die ihre schädliche Wirkung herausstellt, und schließt in § 39,2 immer noch unter dem leitenden Gesichtspunkt der Schädlichkeit folgendes Referat an: ἄντικρυς γοῦν ὁ Πλάτων κακοτεχνίαν προσεῖπεν τὴν σοφιστικήν p. 26,2f. Nun hat Platon in der Tat den namhaften Repräsentanten jener geistigen Umwälzung des 5. und 4. Jahrhunderts vor Chr. das einheitliche und typische Gepräge des Sophisten aufgedrückt, indem er sie als Zerrbild des wahren Philosophen ausgab und entsprechend bekämpfte. Man braucht dafür etwa nur an die Dialoge Gorgias, Protagoras, Hippias I und II und an den besonders übermütigen Euthydem sowie an die Begriffsbestimmung des Sophistes zu erinnern. Dabei spielen die leeren Wortstreitigkeiten und die nach Effekt haschenden Fang- und Trugschlüsse, die letztlich zur Auflösung einer objektiven Wahrheit führen, zwar nicht die ausschließliche, aber gewiß keine unbedeutende Rolle. So ist das Referat in einem allgemeinen Sinn im Recht, wenn es feststellt, daß Platon die Schädlichkeit der Sophistik erkannt und ausgesprochen habe. Es ist aber im Unrecht, wenn es Platon in diesem Zusammenhang speziell den Ausdruck κακοτεχνία zuschreibt. Das Wort begegnet nur einmal, in Nom XI 936 d6, und zwar als Rechtsterminus für eine betrügerische Verabredung[15]. Die Aufklärung dieses Versehens ist K. Praechter[16] gelungen. Er hat eine Stelle bei Sextus Empiricus[17] herangezogen, wo diese Bezeichnung den Anhängern Platons im Hinblick auf die Rhetorik zugeschrieben wird, und außerdem wahrscheinlich gemacht, daß dem Verfasser dafür nicht Platon selbst, sondern eine skeptische Schrift vorlag. Daraus darf man schließen, daß auch Clemens mit seinem Referat auf dieser vorgegebenen Tradition fußt, und fraglich ist nur, ob

---

[13] § 41,2. § 41,6. § 50,3. Er heißt ὁ γενναῖος ἀπόστολος in § 40,1 und ὁ μακάριος ἀπόστολος in § 49,3.
[14] 2 Kor 1,9f und 1 Kor 2,5.15 in § 50,3; 1 Kor 1,19 in § 24,4; 1 Kor 3,19f in § 23,3 und § 50,1; Gal 5,26 in § 41,6; Eph 4,14 in § 41,2; Kol 2,4.8 in § 50,4; 1 Tim 6,3—5 in § 40,1; 2 Tim 2,14.16f in § 49,3; 2 Tim 2,22f in § 51,2 und Tit 1,10 in § 41,2f.
[15] Vgl. E.B. England, The Laws of Plato Bd. 2 S. 564: «κακοτεχνία is a law term denoting subornation of witness, and trumped up charges of any kind; here it takes the form of 'conspiracy'».
[16] K. Praechter, Skeptisches bei Lukian, Ph. 51 1892 S. 290.
[17] Sextus Empiricus, Adv. Math. II 12: οἱ περὶ Πλάτωνα ἐκάκισαν αὐτήν (sc. τὴν ῥητορικήν), ὡς κακοτεχνίαν μᾶλλον ἢ τέχνην καθεστηκυῖαν, vgl. weiter Adv. Math II 49. 68. Die Nachricht, die die Bezeichnung Epikur zuschreibt, ist hier ohne Belang. Beide Texte hat O. Stählin auch in den Apparat z.St. aufgenommen.

die zwischen Platons Schülerkreis und Platon schwankenden Zuschreibungen sowie der Wechsel von Rhetorik und Sophistik ebenfalls der Tradition angehören oder ob sie von Clemens persönlich zu verantworten sind. Das mag hier auf sich beruhen.

Ein vermutlich analoger Fall begegnet in § 51,2, wo es heißt: ἀρετὴ δὲ οὐ φιλομειράκιον', ὁ φιλόσοφος λέγει Πλάτων p. 33,17. Dieser Satz steht nicht bei Platon, und es ist auch nicht eindeutig, was damit ausgesagt sein soll. φιλομειράκιος heißt ebenso wie das gleichbedeutende φιλομεῖραξ «fond of boys»[18] und kann einerseits von homosexuellen Neigungen gebraucht werden[19] und andererseits auch nur eine besondere Nähe zu Knaben aussagen[20]. In beiderlei Bedeutung wäre ein Sinn möglich. Im ersten Fall würde Tugend bei päderastischen Verhältnissen ausgeschlossen, und in diese Richtung geht die Übersetzung von J. Potter: «virtus autem non tenetur amore iuvenum»[21]. Im zweiten Fall sollte gesagt sein, daß sich Tugend noch nicht im Knabenalter einstellt, sondern etwa erst mit der Zeit durch Belehrung (?) entfaltet, und entsprechend hat M. Caster übersetzt: «la vertu n'est pas une affaire de petits garçons»[22]. Vermutlich dürfte letzteres dem intendierten Gedanken näherkommen, aber Unklarheit bleibt, und sie läßt sich vom Wortlaut her auch nicht beseitigen. Dieser Umstand erregt den Verdacht, daß der Satz aus einer Vorlage stammt und daß die clementinische Fassung eine sekundäre Kürzung ist.

Für das Verständnis des Clemens ist entscheidend, daß er den Satz innerhalb einer kurzen Behandlung von Kol 2,4.8 aufnimmt, bei der er die Worte, (ὁ συλαγωγῶν) διὰ τῆς φιλοσοφίας ... κατὰ τὴν παράδοσιν τῶν ἀνθρώπων, κατὰ τὰ στοιχεῖα τοῦ κόσμου eigens interpretiert. Die Philosophie, vor der Paulus warnt[23], sei namentlich die epikureische und die stoische, die er ja auch beide in der Apostelgeschichte (Act 17,18) erwähne, und zwar die epikureische, weil

---

[18] LSJ s.v. φιλομειράκιος und φιλομεῖραξ.
[19] Bei Diogenes Laertios IV 40 heißt Arkesilaos auf Grund seiner homosexuellen Liebesverhältnisse φιλομειράκιός τε ... καὶ καταφερής. Athenaios XIII 603 e sagt, Sophokles war φιλομεῖραξ wie Euripides φιλογύνης.
[20] Pausanias VI 23,8 erklärt den Namen des Heiligtums der Artemis Philomeirax folgendermaßen: τῇ μὲν δὴ θεῷ γέγονεν ἡ ἐπίκλησις ἅτε τοῦ γυμνασίου γείτονι.
[21] PG VIII col. 750.
[22] M. Caster in: Clément d'Alexandrie, Stromate I S. 86.
[23] Clemens hat nicht erkannt, daß der Terminus ‚Philosophie' in Kol 2,8 überhaupt nicht auf die in den Philosophenschulen betriebene rationale Wissenschaft bezogen ist, sondern eine Selbstbezeichnung der kolossischen Häretiker ist, die ihn für sich im Sinne von Offenbarungslehre und Magie beanspruchten, vgl. G. Bornkamm, Die Häresie des Kolosserbriefes, in: ders., Das Ende des Gesetzes S. 143, ebenso E. Lohse, Die Briefe an die Kolosser und an Philemon S. 144f. Zur Verfasserfrage kann hier nur soviel gesagt werden, daß die Argumente zugunsten der paulinischen Abfassung wohl doch überwiegen.

sie die πρόνοια beseitige und die ἡδονή vergöttere, ferner jede andere, insofern sie τὰ στοιχεῖα (Kol 2,8)[24] verehre, nicht die schöpferische Ursache voranstelle und den göttlichen Schöpfer erblicke, und die stoische, weil sie Gott materialistisch fasse. Und mit der παράδοσις τῶν ἀνθρώπων[25] meine Paulus die logische Haarspalterei um Begriffe und Sätze, eben die Sophistik (§ 50,4 — § 51,2). Damit hat Clemens das Ziel seiner Gedankenführung erreicht und gleichzeitig den Anknüpfungspunkt für das «Platon»-Wort gewonnen. Der Warnung vor der so verstandenen παράδοσις τῶν ἀνθρώπων in Kol 2,8 gehe parallel die Warnung von 2 Tim 2,22ff: τὰς νεωτέρας ζητήσεις φεύγετε[26], denn solche φιλονικίαι seien μειρακιώδεις p. 33,16f. Unverkennbar nimmt auf dieses Attribut das φιλομειράκιον des «Platon»-Wortes Bezug. Clemens meint damit, daß die Tugend nicht zu jugendlich-zänkischem Wesen gehört. Die Frontstellung gegen die Sophistik ist deutlich. Das folgende Fragment des Gorgias von den zwei Tugenden, B 8, führt diesen Gedanken weiter. Der Kampf, der die beiden Tugenden, Wagemut und Weisheit, erfordert, dürfte für Clemens der Kampf des Christen um die wahre Gnosis sein. Es bedarf des Mutes, sich gegenüber sophistischer Bedrohung zu behaupten, und es bedarf der Weisheit, die rätselhaft verborgene Wahrheit zu erkennen (§ 51,3).

In den Zusammenhang der Abwehr der Sophistik gehört auch das problematische Stück § 41,6 — § 42,4, wo Clemens die Mahnung, dem rechten Urteil zu folgen, mit der Warnung vor trügerischen Meinungen verbindet und die von So-

---

[24] Damit meinten die von Paulus bekämpften Ketzer nicht, wie Clemens auf Grund des absoluten Gebrauches von τὰ στοιχεῖα zweifelsfrei annimmt (ebenso O. Stählin im Register s.v. στοιχεῖον 3.), die seit Empedokles, B 21. 26, kanonischen 4 Elemente, Feuer, Luft, Wasser, Erde, sondern personenhafte, engelartige Mächte. Es sind als Weltelemente, d.h. als elementare Kräfte des Kosmos «jene dämonischen Gewalten, die ihre Zwingherrschaft über den Menschen ausüben wollen» (E. Lohse, Die Briefe an die Kolosser und an Philemon S. 150); ebenso schon G. Bornkamm, Die Häresie des Kolosserbriefes, ebd. S. 140f.

[25] Der Anspruch, daß die kolossische Lehre eine heilige Überlieferung sei, geht auf die Häretiker selbst zurück. Dieser Anspruch ist mit κατὰ τὴν παράδοσιν zum Ausdruck gebracht. Paulus weist jedoch die Gültigkeit dieser Überlieferung ab, weil sie nicht auf göttlicher Offenbarung beruht, sondern menschliche Erfindung ist, κατὰ τὴν παράδοσιν τῶν ἀνθρώπων, vgl. E. Lohse, Die Briefe an die Kolosser und an Philemon S. 145. Es geht also um die Ungültigkeit der Überlieferung und nicht, wie Clemens meint, um ihre — sophistische — Form.

[26] Tatsächlich warnt der Verfasser der Pastoralbriefe vor νεωτερικαὶ ἐπιθυμίαι einerseits und vor μωραὶ καὶ ἀπαίδευτοι ζητήσεις andererseits. Daß junge Leute bei den häretischen ζητήσεις (vgl. 1 Tim 1,4. 6,4; Tit 3,9), μάχαι (2 Tim 2,23; Tit 3,9), λογομαχίαι (Tit 3,9) und ἔρεις (1 Tim 6,4; Tit 3,9) im Vordergrund stünden, wird nicht behauptet. Clemens hat es vielleicht aus dem ἀπαιδεύτους und aus 2 Tim 4,3f erschlossen. Aber vielleicht handelt es sich auch um einen Topos.

phisten ausgehenden Gefahren näher spezifiziert. Dazu kombiniert er von Paulus Gal 5,26 mit Zitationen von Krit 46 b4—6, Alk II 146 a9. c12f und Pol III 413 a4 — c3.

Der erste Teil dieses Abschnittes lautet folgendermaßen: «,Laßt uns nicht voll nichtiger Meinungen sein', sagt der Apostel, ,indem wir einander herausfordern, einander beneiden'. So sagt auch der wahrheitsliebende Platon, gleichsam gottbegeistert: ,Es ist meine Art, daß ich nichts anderem als dem Grundsatz gehorche, der sich mir bei der Überprüfung als der beste zeigt'[27]. Er beschuldigt also diejenigen, die bloßen Meinungen ohne Vernunft und Wissen Glauben schenken, weil es sich nicht geziemt, vom rechten und gesunden Urteil abzulassen und dem Glauben zu schenken, der an der Lüge Anteil gibt» (§ 41,6 — § 42,2).

Das Wort aus dem Dialog Kriton enthält Sokrates' Antwort an Krition, der alle möglichen Gründe und Überlegungen gehäuft hatte, um Sokrates zur Berücksichtigung der Menge, ihrer einflußreichen Meinung und ihrer bedrohlichen Macht, zu veranlassen und seine Einwilligung in die von ihm und anderen Gefährten ausgearbeiteten Fluchtpläne zu erhalten (44 b5 — 46 a8). Dieses Ansinnen lehnt Sokrates nicht schlichtweg ab, sondern verspricht, es zu prüfen: «Denn nicht nur jetzt zum ersten Mal, sondern schon immer ist es meine Art, daß ich nichts anderem in mir gehorche als dem Grundsatz, der sich mir bei der Überprüfung als der beste zeigt» (46 b4—6). Damit will Sokrates zunächst nur die schlichte Feststellung treffen, daß er auch im Gefängnis und auch in Erwartung der Vollstreckung des Todesurteils die Gewohnheit beibehält, seine Handlungsweise zu überprüfen und am besten Grundsatz[28] auszurichten. Aber der volle Gehalt dieser Einstellung tritt zutage, nachdem sich im prüfenden Gespräch herausgestellt hat, daß nicht die Meinung der Menge, sondern die des einen Sachverständigen ausschlaggebend ist und daß es nicht um das Leben um jeden Preis, sondern um das gut Leben geht, und das heißt um das schön und gerecht Leben (46 b1 — 50 a5). Da treten die Gesetze Athens persönlich auf und verpflichten Sokrates zum Bleiben und zur Sterbensbereitschaft (50 a6 — 54 d1).

---

[27] Clemens zitiert sehr frei. Ausgelassen ist οὐ νῦν πρῶτον ἀλλὰ καὶ ἀεί 46 b4 und τῶν ἐμῶν 46 b5, umgestellt ist πείθεσθαι. Es finden sich drei Wortersetzungen: statt οἷος 46 b4 ὁποῖος, statt μηδενί 46 b5 οὐδενί p. 28,5 und statt λογιζομένῳ 46 b6 σκοπουμένῳ p. 28,6. Aus dem Iterativ ἂν φαίηται 46 b6 wird ein Potential ἂν φαίνοιτο p. 28,6. Die letztere Abweichung findet sich auch bei Theodoret, Graec. affect. cur. I § 83, der sonst aber Platon getreuer zitiert. Ein Beweis, daß Clemens von sekundären Quellen abhängig ist, läßt sich damit nicht führen.

[28] P. Friedländer, Platon Bd. 2 S. 161, pointiert zu scharf, wenn er erklärt: «als Sokrates erwidert, steht sofort den ,Meinungen' gegenüber der ,Logos'». λόγος heißt hier nur ,Grundsatz', ,Regel', vgl. J. Burnet, Plato, Euthyphro, Apology of Socrates, Crito S. 268.

Soweit sich erkennen läßt, gehört dieses Zitat zu den verbreiteteren Platonworten, sein letztlich von Sokrates' Todesschicksal geprägter Sinn ist dabei
weitgehend nicht mehr mitgehört worden. Immerhin stellt es Epiktet[29] noch
mit einer freien Zitation von Apol 30 c8 − d1 zusammen, aber in der Vita Marciana des Aristoteles[30] ist es nur noch Ausdruck für die Sachlichkeit der Forschung, dergegenüber persönliche Belange zurückgestellt werden müssen, und
bei Philon[31] beruft sich Alexander darauf, weil er seine Meinung ohne Rücksicht auf andere Menschen vertreten will[32].

So ist es nicht verwunderlich, daß auch bei Clemens der ursprüngliche
Hintergrund nicht mehr zum Tragen kommt[33]. Für ihn ist Platon gleichsam
gottbegeistert, weil er wie Paulus gegen nichtige Meinungen anzukämpfen fordert. Paulus warnt, μὴ γινώμεθα κενόδοξοι p. 28,2, Platon beschuldigt τοὺς
ἄνευ νοῦ καὶ ἐπιστήμης δόξαις πιστεύοντας p. 28,6f. Dem korrespondiert seine Mahnung, dem besten Grundsatz zu folgen, bzw. die Warnung, nicht den
ὀρθὸς καὶ ὑγιὴς λόγος p. 28,7 zu verlassen und τῷ κοινωνοῦντι τοῦ ψεύδους
p. 28,8 Glauben zu schenken. Es ist eine schwer zu entscheidende Frage, ob
Clemens mit den beiden letzteren Formulierungen den Logos-Christus und den
Teufel gemeint hat, wie es A. Méhat[34] auffaßt. Dann hätte Clemens dem bereits abgegriffenen Platonwort einen ganz pointierten Sinn zurückgegeben, indem er es christianisierte. Solches Verständnis ist zwar möglich, aber vom Text
her nicht gefordert. Der Abschnitt gibt einen durchaus befriedigenden Sinn,
wenn man hierin eine Warnung sieht, nicht vom rechten und gesunden Grundsatz, bzw. Urteil abzulassen und dem leichtgläubig anzuhangen, der an der Lüge
Anteil gibt, d. h. den Sophisten.

Der zweite Teil des hier zu behandelnden Abschnittes, der auf Pol III 413
a4 − c3 fußt, bietet, wie erneut H.-R. Schwyzer[35] festgestellt hat, gravierende
textkritische Schwierigkeiten. Hier sollen der Clemenstext nach der Ausgabe
von O. Stählin in der 1. Auflage und der Platontext zunächst gegenübergestellt
werden.

---

[29] Epiktet, Diss. III 23,21. Eine Anspielung an die Stelle steht auch in Ench. 22.
[30] Vita Aristotelis Marciana, p. 5, 131ff, p. 66.
[31] Philon, Prov II § 52.
[32] Bei Theodoret, Graec. affect. cur. I § 83, steht das Wort als Aufforderung, nicht
      προλήψει δουλεύειν und nicht ἔθεσι προσδεδέσθαι πατρῴοις (was ja gerade die perso-
      nifizierten Gesetze im Kriton fordern), sondern die Wahrheit zu suchen. Übrigens ver-
      dankt man diesen Beleg nicht erst L. Früchtel, wie sein Signum im Apparat glauben
      machen könnte, sondern er steht schon bei J. Potter, PG VIII col.739f.
[33] Allerdings ist er bei Euseb, Praep. Ev. XIII 6,1−10, wieder präsent. Er zitiert den länge-
      ren Abschnitt Krit 46 b1 − 48 a10 unter dem Lemma: ὅτι μὴ δεῖ ταῖς τῶν πολλῶν
      προσέχειν δόξαις μηδὲ τῆς ἰδίας μετατίθεσθαι προαιρέσεως διὰ θανάτου φόβον · ἀπὸ τοῦ
      Κρίτωνος; vgl. auch Seneca, Epist. XXIV 4 (allerdings ohne Zitat).
[34] A. Méhat, Étude sur les ‚Stromates‘ S. 390.
[35] H.-R. Schwyzer, Rez. Clemens Alex., Stromata 1−6 ed. Früchtel, Gn. 37 1965 S. 490:

Strom I § 42,2

τὸ μὲν γὰρ ἐψεῦσθαι τῆς
ἀληθείας κακόν ἐστι,
τὸ δὲ ἀληθεύειν
καὶ τὰ ὄντα δοξάζειν ἀγαθόν.

Strom I § 42,3

τῶν δὲ
ἀγαθῶν ἀκουσίως μὲν στέρονται
ἄνθρωποι,

στέρονται δὲ ὅμως ἢ κλαπέντες
ἢ γοητευθέντες ἢ βιασθέντες

καὶ † μὴ πιστεύσαντες. ὁ μὲν
† δὴ πιστεύσας ἑκὼν ἤδη † παραναλίσκεται ·

Strom I § 42,4

κλέπτεται δὲ ὁ μετα-
πεισθεὶς ⟨καὶ ὁ⟩ ἐκ-
λαθόμενος, ὅτι τῶν μὲν ὁ
χρόνος, τῶν δὲ ὁ λόγος ἐξαιρού-
μενος λανθάνει ·

βιάζεταί τε πολλάκις
ὀδύνη τε καὶ ἀλγηδὼν
φιλονεικία τε αὖ καὶ θυμὸς
μεταδοξάσαι ·

καὶ ἐπὶ πᾶσι
γοητεύονται

Pol III 413 a6—8

ἢ οὐ τὸ μὲν ἐψεῦσθαι τῆς
ἀληθείας κακόν,
τὸ δὲ ἀληθεύειν ἀγαθόν;
ἢ οὐ τὸ τὰ ὄντα δοξάζειν ἀληθεύειν δοκεῖ σοι εἶναι;

Pol III 413 a4f

οὐ καὶ σὺ ἡγῇ ... τῶν μὲν
ἀγαθῶν ἀκουσίως στέρεσθαι τοὺς
ἀνθρώπους, ...

Pol III 413 b1f

οὐκοῦν κλαπέντες
ἢ γοητευθέντες ἢ βιασθέντες
τοῦτο πάσχουσιν;

Pol III 413 b4—6

κλαπέντας μὲν γὰρ τοὺς μετα-
πεισθέντας λέγω καὶ τοὺς ἐπι-
λανθανομένους, ὅτι τῶν μὲν
χρόνος, τῶν δὲ λόγος ἐξαιρού-
μενος λανθάνει.

Pol III 413 b9f

τοὺς τοίνυν βιασθέντας λέγω
οὓς ἂν ὀδύνη τις ἢ ἀλγηδὼν

μεταδοξάσαι ποιήσῃ ·

Pol III 413 c1f

τοὺς μὴν γοητευθέντας ... κἂν
σὺ φαίης εἶναι οἳ ἂν μεταδοξά-

«Ob der schwierige Abschnitt 1,42,3—4 geheilt werden kann, wenn man statt μὴ
πιστεύσαντες L mit Pohlenz Fr. εἰκῇ πιστεύσαντες (offenbar nach 1. Corinth. 15,2)
einsetzt, ist mir fraglich. Besseres habe ich nicht anzubieten; ich kann nur bemerken,
daß 5 Konjekturen auf 3 Zeilen (μεταδοξάσαι, κηληθέντες, ἀκούσιοι, ἐπιστήμην,
ἐκβάλοι, alle schon vor Fr.) einer Nachdichtung gleichkommen».

οἱ ἤτοι ὑφ' ἡδονῆς κηληθέντες   σωσιν ἢ ὑφ' ἡδονῆς κηληθέντες
ἢ ὑπὸ φόβου δείσαντες ·   ἢ ὑπὸ φόβου τι δείσαντες.
πᾶσαι δὲ ἀκούσιοι τροπαί, καὶ
τούτων οὐδὲν ἄν ποτε ἐπιστήμην   vgl. Pol III 412 e7
ἐκβάλοι.   ἐκβάλλουσιν ... δόξαν ... [36].

Bei Platon ist der Zusammenhang dieser Sätze durch die Aussonderung der zukünftigen Regenten aus dem Kriegerstand gegeben (412 b8 — 414 b7). Sie sollen φρόνιμοι, δυνατοί und κηδεμόνες sein, und letzteres heißt, sie müssen als Wächter die Meinung, daß man tun müsse, was für den Staat am besten sei, fest bewahren. Deshalb werden drei Arten von Proben institutionalisiert, wodurch die Fähigsten ausgesondert werden. Diese Proben entsprechen den drei Weisen, wie man eine richtige Meinung unfreiwillig verliert (eine falsche Meinung gibt man ja freiwillig preis): durch Zeit oder Überredung beraubt zu werden (κλαπέντες), durch Leid oder Schmerzen überwältigt zu werden (βιασθέντες) und durch Lust oder Furcht berückt zu werden (γοητευθέντες).

Was aber meint Clemens? Der ursprüngliche Zusammenhang ist ihm augenscheinlich gleichgültig, ihn interessiert allein das Dreierschema von den Gefährdungen der wahren Meinung, welches er aufzählt und über die platonische Vorlage hinausschießend mit den problematischen Worten fortführt: καὶ † μὴ πιστεύσαντες. ὁ μὲν † δὴ πιστεύσας ἑκὼν ἤδη † παραναλίσκεται · p. 28,11f. Die zahlreichen Versuche, den Text lesbar zu machen oder in seinem Wortlaut zu erklären, haben zu keinem anerkannten Resultat geführt. Am ehesten ist wohl daran zu denken, daß damit ein grundloses Fürwahrhalten ebenfalls unter die Gefährdung der Wahrheit, allerdings als Gefährdung in Form eines freiwilligen Verlustes, gerechnet werden soll[37]. Die drei von Clemens im Anschluß nä-

---

[36]   Der ganze Abschnitt Pol III 412 b8 — 414 b6 steht auch bei Stobaios IV p. 106,11 — p. 109,20. Aber es ist ganz undenkbar, daß Clemens seine Paraphrase fertig übernommen hätte.

[37]   Daß mit πιστεύσαντες p. 28,11 irgendwie auf den christlichen Glauben gezielt sei, haben C. del Grande, Brevi note al testo del primo Stromate di Clemente Alessandrino, RIGI 18 1934 S. 28f, und G. Lazzati, Rez.: C. del Grande, Brevi note al testo, Aevum 9 1935 S. 567f, angenommen und entsprechende Konjekturen vorgetragen. C. del Grande behält καὶ μὴ πιστεύσαντες p. 28,11 bei, was er im Sinne von ἢ μὴ πιστεύσαντες übersetzt, bezieht ἑκὼν p. 28,12 auf ὁ πιστεύσας und konjiziert statt ἤδη p. 28,11 ein μηδέν. G. Lazzati macht aus καὶ μὴ πιστεύσαντες p. 28,11 das Subjekt: οἱ μὴ πιστεύσαντες. Eine überzeugende Erklärung ist dabei aber nicht gelungen. P. Nautin, Notes sur le Stromate I de Clément d'Alexandrie, RHE 47 1952 S. 623ff, hält die Überlieferung für intakt. Er interpretiert: «Lisant donc chez Platon qu'on est ,privé involontairement de la vérité, quand on est victime, soit (ἢ) de rapt, soit d'envoûtement, soit de violence', Clément éprouve le besoin de préciser que, dans les trois cas, il faut aussi (καὶ) une autre condition: ,qu'on ne donne pas son assentiment (à celui qui trompe)', car autrement ce ne serait plus ,involontairement', comme il l'explique aussitôt: ,Celui qui donne son assentiment, c'est évidemment de son plein gré qu'il est

her beschriebenen Gefährdungen, der Wahrheit wider Willen beraubt zu werden, gehen, wie P. Nautin[38] erkannt hat, von den barbarischen Sophisten, den Häretikern aus. P. Nautin hat für seine Interpretation einmal den clementischen Zusatz φιλονεικία τε αὖ καὶ θυμός p. 28,15 und zum anderen die clementinische Steigerung πολλάκις p. 28,14, bzw. ἐπὶ πᾶσι p. 28,15 geltend gemacht: Clemens nimmt an, zur Häresie verführt werde man häufig durch Streitsucht, vor allem aber durch die Lust[39]. Daß tatsächlich häretische Sophisten gemeint sind, zeigt auch das parallele Dreierschema in § 47,2. Der letzte Satz schließlich ist handschriftlich völlig unsicher. Wenn man ihn so lesen darf, wie ihn O. Stählin hergestellt hat, so enthält er einen Ausblick auf die fest und sicher gegründete kirchliche Gnosis, die durch die unfreiwilligen Meinungsänderungen nicht bedroht werden kann. Clemens hat also nicht nur vor sophistischen Umtrieben gewarnt, sondern zugleich auch ein Ziel aller geistigen Anstrengungen aufgewiesen, wo das Leben in der Wahrheit unangreifbar und unverlierbar ist.

4. Die Anleitung zur eigenen Mitarbeit

Aus der eigentümlichen Form der «Teppiche» erklärt es sich auch, daß Clemens Ermunterungen zur eigenen Forschung nicht unterlassen darf, ist doch seine Schrift ein unfertiges, offenes Werk, das erst durch die eigene, vom göttlichen Beistand getragene Mitarbeit des Lesers in der Erlangung der Gnosis zur lebendigen Vollendung gelangt. So kompensieren entsprechende Ermunterungen die formalen Schwächen und sachlichen Aussparungen in der Darstellung. Auch in dieser Hinsicht weiß sich Clemens auf Platon zu berufen, und zwar können drei Passagen hier genannt werden. An einer Stelle läßt sich eine allgemeine Anleitung zu höheren philosophischen Studien mehr indirekt herausheben. Ein zweites Mal, wo Clemens Propädeutik und Philosophie aufeinander bezieht, ist der auffordernde Charakter deutlicher an den Formulierungen greifbar. Und an der dritten hier zu nennenden Stelle richtet sich die Anregung zur Mitarbeit des Lesers auf die geistige Erforschung der Bibel sowie auf die Durchdringung der «Teppiche» selbst.

---

désormais emporté à sa ruine'. Quand il s'agit de ceux qui sont ,privés de la vérité', Clément pense en effet aux hérétiques, et il sait que certains le sont devenus volontairement». Fraglich erscheint mir, ob man diesen Gedanken griechisch einfach mit καὶ μὴ πιστεύσαντες ausdrücken kann. Im Sinne eines bloßen unbegründeten Fürwahrhaltens faßte M. Pohlenz das πιστεύσαντες auf und konjizierte καὶ εἰκῇ πιστεύσαντες, was L. Früchtel in den Text aufgenommen hat. In dieser Linie ließe sich der Text vielleicht noch ungezwungener mit ἢ καὶ πιστεύσαντες (sc. δόξαις wie oben p. 28,6f) herstellen, und der Fehler wäre dadurch zu erklären, daß ein Abschreiber dabei irrtümlich an den christlichen Glauben dachte und entsprechend korrigieren zu müssen glaubte.

[38] P. Nautin, Notes sur le Stromate I de Clément d'Alexandrie, RHE 47 1952 S. 623ff.
[39] Vgl. Strom VII § 97,1 – § 98,4.

Die erste hier zu interpretierende Passage, § 92,3 — § 93,5, illustriert dem strikten Wortlaut nach an Hand von Platonzitationen, welche Philosophie Clemens billigt. Aber die volle Intention ist kaum getroffen, wenn man sich mit dem vordergründig Konstatierbaren begnügt. Der Kontext ist von der Auseinandersetzung mit den Wortführern des schlichten Glaubens geprägt, die die Philosophie für überflüssig und gefährlich halten und insofern verurteilen[1]. Wenn Clemens gegen sie Stellung bezieht, so legt es sich nahe, daß er auch seinen eigenen Gebrauch der platonischen Philosophie rechtfertigen will. Daß man aber in den Ausführungen indirekt auch einen Appell an den Leser, sich höherer philosophischer Studien zu befleißigen, mithören soll, das dürfte sich aus der inhaltlichen Bestimmung der gutgeheißenen Philosophie ergeben, denn sie besteht darin, sich nicht mit den vorbereitenden enzyklopädischen Disziplinen zu begnügen, sondern in äußerster Anstrengung nach der Erkenntnis des Guten selbst und der Wahrheit zu streben.

Der Text enthält die Zitationen von Phaid 69 c8f, Mt 22,14, Phaid 69 d1—6, Pseud.-Platon, Erast 137 b2—5, Heraklit B 40 und Pol V 475 d8 — e4. Der Schluß basiert in freierer Weise auf Pol VII 521 c1 — 535 a2. Die ganze Passage lautet: «Fürwahr, wir billigen nicht einfach jede Philosophie, sondern diejenige, von der Sokrates bei Platon sagt: ‚Es sind nämlich in der Tat, wie die Kenner der Weihen sagen, Thyrsosträger viele, doch Bakchen nur wenige‘, womit er dunkel andeutet, daß es viele Berufene, aber wenig Auserwählte gibt. Wenigstens fährt er deutlich fort: ‚Diese sind nach meiner Meinung niemand anderes als diejenigen, die in der rechten Weise Philosophie getrieben haben. Einer von ihnen zu werden, ließ auch ich nach Vermögen im Leben nichts unversucht, sondern bemühte mich auf alle Weise. Ob ich mich aber recht bemühte und ob wir etwas erreicht haben, darüber werden wir, dort angekommen, etwas Gewisses erfahren, wenn Gott will, binnen kurzem‘[2]. Scheint er dir nicht auf Grund der hebräischen Schriften deutlich auf die Hoffnung des Gerechten nach dem Tode hinzuweisen? Und im Demodokos, wenn die Schrift wirklich von Platon stammt, sagt er: ‚Schwerlich besteht die Philosophie darin, daß man sich sein ganzes Leben lang mit den Künsten plagt und Vielwisserei lernt, sondern sie besteht in etwas anderem, denn ich meinte immer, daß jenes sogar eine Schande sei‘[3]. Er wußte nämlich, meine ich, daß nach Heraklit nicht schon Vielwissen Verstand haben lehrt. Und im fünften Buch der Politeia sagt er: ‚Sollen wir alle

---

[1] Zum Kontext s.o. S. 26.

[2] Clemens hat einige geringfügige Varianten. Er liest δέ εἰσι p. 59,16 statt δ᾿εἰσίν 69 d1, κἀγώ p. 59,17 statt καὶ ἐγώ 69 d3, εἰ δέ p. 59,18f statt εἰ δ᾿69 d4 und ἐὰν θεὸς θέλῃ p. 59,20 statt ἂν θεὸς ἐθέλῃ 69 d6.

[3] Das Zitat ist leicht gekürzt, so am Anfang, wo Clemens statt ἀλλὰ μὴ οὐχ οὕτως, ὦ φίλε, ἔχωσι, μηδ᾿ 137 b1f lediglich μὴ οὐκ p. 5923 liest. Ausgelassen hat er ἐσπουδακέναι, οὐδὲ πολυπραγμονοῦντα 137 b3. Statt ἐγώ 137 b4 liest er ἔγωγε p. 59,24.

diese Leute und andere, die in derartigen (niederen) Dingen und die in kleinen Künsten erfahren sind, als Philosophen ansetzen? Niemals, sagte ich, sondern den Philosophen nur ähnlich. Aber welche, sagte er, nennst du die wahren? Diejenigen, erwiderte ich, welche die Wahrheit zu schauen begierig sind'[4]. Denn nicht in der Geometrie, die es mit Postulaten und Hypothesen zu tun hat, und nicht in der Musik, die eine auf Vermutungen basierende Disziplin ist, und auch nicht in der Astronomie, die mit natürlichen, fließenden und wahrscheinlichen Erklärungen vollgestopft ist, besteht die Philosophie, sondern sie ist die Erkenntnis des Guten selbst und der Wahrheit, während jene Fächer zwar vom Guten verschieden, aber Wege gleichsam zum Guten sind. Daher gibt Platon selbst auch nicht zu, daß die enzyklopädische Bildung zum Guten gehört, sondern nur, daß sie mitwirkt, die Seele aufzuwecken und für das Geistige einzuüben» (§ 92,3 — § 93,5).

Wie es scheint, hat Clemens die ursprünglichen Ausagen in ihrem wesentlichen Gehalt aufgenommen. Wenn Sokrates im Phaidon das von den Stiftern dionysischer Weihen geprägte Wort von den vielen Thyrsosträgern und den wenigen Bakchen[5] auf die wahrhaften Philosophen, die sich von der Körperwelt abwendend, dem wahren Sein der Ideen widmen, bezieht, dann beabsichtigt er nicht, sich anmaßend überheblich von den Vielen abzusetzen. Er selbst ist sich ja noch keineswegs sicher, ob seinem Bemühen Erfolg beschieden war und er wirklich zu den wenigen gehört. Was er vielmehr damit zum Ausdruck bringt, ist jene äußerste religiöse Anspannung des Philosophierens, welche im Drang nach der Erkenntnis der Wahrheit alle Maße des von den Menschen üblicherweise geführten konventionellen Lebens sprengt. Offenbar hat Clemens diesen Grundgedanken im Blick, denn das anschließende Logion von den vielen Berufenen, aber nur wenigen Auserwählten (Mt 22,14) ist ganz analog ein «Wort, das von der Energie des Bußrufes getragen ist»[6]. — Was sodann die Jenseitshoffnung betrifft, so erwähnt sie Clemens offenbar nur in einem Nebengedanken, den er, veranlaßt durch Phaid 69 c5f, stichwortartig assoziiert. In der Tat hat freilich Sokrates bei seiner Verteidigung vor Simmias und Kebes (63 b4 — 69 e5) seine heitere Gelassenheit angesichts des Todes aus der Hoffnung verständlich zu machen gesucht, daß er im Jenseits zu Göttern als zu guten Herrschern gelangen und dort die sein ganzes Leben lang angestrebte Ideenerkenntnis voll verwirklichen werde. Seine Hoffnung ist also sowohl philosophisch im Sinn der Ideenlehre als auch religiös begründet. Daß er damit von den hebräischen

---

[4] Clemens hat mit einem Teil der Platonüberlieferung μαθηματικοίς p. 60,1, während die bessere Leseart μαθητικούς 475 e1 lautet. Er liest ferner θήσομεν p. 60,2 statt φήσομεν 475 e1.

[5] So K. Ziegler, Art. Orphische Dichtung, RECA Hlbd. 36 Sp. 1377. Das Zitat haben auch Jamblich, Protr. XIII p. 67,13ff, Theodoret, Graec. affect.cur. XII § 35, und Stobaios III p. 255,4ff.

[6] R. Bultmann, Die Geschichte der synoptischen Tradition S. 110.

Schriften abhängig sei, ist natürlich eine irrige Annahme; Clemens wird sie jedoch noch mehrmals vortragen. — Dem leitenden Gesichtspunkt, daß die Philosophie nicht im Vielwissen besteht, dienen dann wieder ganz sachgemäß das Erastaizitat[7] und das Heraklitwort. — Die Bestimmung des Philosophen, die Sokrates und Glaukon in der Politeia zu entfalten für nötig erachten, nachdem die dritte und größte Woge, das Paradoxon der Philosophenherrscher, herangerollt ist (ab Pol V 473 b3), bildet das Ziel des clementinischen Gedankenganges. Dazu ist Folgendes festzuhalten. Der Philosoph wird von Sokrates als ein Liebender beschrieben, als einer, dessen Verlangen auf die Weisheit im ganzen gerichtet ist (475 b8f). Das bereits bekannte Moment des äußerst intensiven Hindrängens zur Erkenntnis des Höchsten ist also auch hier gegenwärtig. Des näheren muß Sokrates das Liebesbestreben des wahren Philosophen abgrenzen von den ähnlich scheinenden Zerrbildern der Neugierde bei den Schaulustigen und Hörfreudigen. Diese hängen, von bloßer Meinung umfangen, dem vielen abkünftig Schönen an und gleichen darin Träumern, die Ähnliches für das Gleiche halten, während der Philosoph das Wahre und Schöne selbst erkennt. Daß in diesem Zusammenhang das Schauen eine ausgezeichnete, mit dem noetischen Charakter der Erkenntnis zusammenhängende Rolle spielt, sei im Moment nur erwähnt. Auf jeden Fall bestimmt auch Clemens zutreffend die Philosophie von der Erkenntnis des Höchsten, der Wahrheit, her[8]. — Die abschließenden Bemerkungen über den bloß vorbereitenden Rang der Geometrie, der Musik und der Astronomie sind en passant herausgegriffene Beispiele, ohne das System des Studienganges für die künftigen Philosophenherrscher (Pol VII 521 c1 — 535 a2) im ganzen zu reproduzieren. Die Musik[9] ersetzt hierbei offenbar die Harmonik (530 c4 — 531 c8). Eine gewisse Gewichtsverschiebung ist lediglich damit gegeben, daß Clemens den Nachdruck darauf legt, daß jene Fächer von der Erkenntnis des Guten verschieden sind, während Platon gerade herauszuarbeiten bemüht ist, inwiefern sie auf die Erkenntnis des Guten bezogen und für sie nützlich sein können. Möglicherweise erklärt sich diese veränderte Akzentsetzung daraus, daß Clemens einschärfen möchte, wie unzureichend die enzyklopädischen Disziplinen an sich noch sind, und gleichzeitig dazu auffordern möchte, alle Anstrengungen auf die höchste Erkenntnis zu richten. Diese spezifische Abzweckung gibt sich auch bei dem Heraklitfragment zu erkennen, wenn man es aus dem Blickwinkel von Strom I § 20,4 und Strom IV § 4,1 betrachtet[10].

---

[7] Clemens hat Erastai mit dem Demodokos verwechselt. Erastai ist sehr wahrscheinlich unecht, der Demodokos wäre es mit Gewißheit, weil er schon in der Antike aus den echten Schriften ausgeschieden wurde, vgl. A. Lesky, Geschichte der griechischen Literatur S. 575.

[8] Aus Clemens schreibt Theodoret, Graec.affect.cur. I § 33, ab. Eine Anspielung an die Stelle hat auch Jamblich, Protr. XX p. 94,13f.

[9] Anspielungen an Phileb 56 a3f. 62 c1f hat L. Früchtel in den Nachträgen und Berichtigungen S. 521 genannt.

[10] S.o. S. 45f Anm. 52.

Eine weitere Passage, die die geistige Tätigkeit des Lesers anregen möchte, ist § 32,4 — § 33,6, wo Clemens die in der Propädeutik zusammengefaßten, vorbereitenden Studien zur Philosophie in Beziehung setzt und ihren Nutzen mit Anspielungen an Pol VII 527 d7 — e3 und einem Zitat von Pol IV 424 a5 — b1 beschreibt. Hier liegt der auffordernde Ton des Ganzen dank der Imperative der abschließenden Schriftbelege Prov 6,6.8, ἴθι[11] p. 22,10, γενοῦ p. 22,11 und πορεύθητι p. 22,13, klar zutage[12].

Der entscheidende Punkt bei der Verhältnisbestimmung von Propädeutik und Philosophie liegt darin, daß zwischen beiden ein Hiat klafft. Die Philosophie ist mit der Erforschung der Wahrheit und der Natur des Seienden befaßt, welches mit der christlichen Offenbarung in eins zu sehen ist[13]. Die Propädeutik übt den Geist und weckt das Verständnis, indem sie jenen Scharfsinn erzeugt, der die Erforschung vermittels der wahren Philosophie durchzuführen fähig ist. Während jedoch die Propädeutik, so wichtig und nützlich sie auch immer sein mag, eine menschliche Möglichkeit darstellt, ist das Ziel, die wahre Philosophie, von anderer, für den Menschen nicht mehr von sich aus erreichbarer Qualität. Sie ist eine Gabe; man empfängt sie von der Wahrheit selbst; wer sie besitzt, ist schon Myste (§ 32,4). Zur Propädeutik führt Clemens unbeschadet des konstatierten Hiates aus, daß sie die Übung des Geistes im Geistigen bewirkt, wobei die dreifache Klassifizierung der ἀσώματα durch die Stoiker aufgenommen sein dürfte[14]. Nützlich ist ferner die aus einer pünktlichen Beweisführung resultierende vollkommene Gewißheit von der Richtigkeit des Bewiesenen (§ 33,1f). Darauf folgt die Doppelzitation Platons mit Anspielungen an Pol VII 527 d7 — e3 und einem vollen Zitat von Pol IV 424 a5 — b1: «In diesen Kenntnissen wird die Seele vom sinnlich Wahrnehmbaren gereinigt und zu neuem Feuer entfacht, damit sie endlich die Warhheit erblicken kann. ‚Denn (geistige) Nahrung und rechte Bildung schafft, wenn sie bewahrt wird, gute Naturen, und die rechten Naturen gedeihen, wenn sie an solcher Bildung festhal-

---

[11] Unverständlicherweise lautet das Zitat von Prov 6,6 im edierten Text: ἴσθι πρὸς τὸν μύρμηκα ... p. 22,10.

[12] Die Stelle nur im Sinne der Auseinandersetzung mit bildungsfeindlichen Gemeindechristen zu interpretieren, ist zu eng, vgl. beispielsweise E. de Faye, Clément d'Alexandrie S. 150ff, und andererseits W. Völker, Der wahre Gnostiker S. 335f mit Anm. 3.4.

[13] Clemens erläutert § 32,4: ἀλήθεια δὲ αὕτη, περὶ ἧς ὁ κύριος αὐτὸς εἶπεν ἐγώ εἰμι ἡ ἀλήθεια ʼ p. 21,18f, vgl. auch J. Munck, Untersuchungen über Klemens von Alexandria S. 145f, J. Daniélou, Message évangélique et culture hellénistique S. 288, und S.R.C. Lilla, Clement of Alexandria S. 56ff.

[14] So A. Méhat, Étude sur les ‚Stromates' S. 446 mit Anm. 130. P. Nautin, Notes sur le Stromates I de Clément d'Alexandrie, RHE 47 1952 S. 622, schlägt die Konjektur μικτοῖς anstelle von λεκτοῖς vor und erklärt dazu: «Clément entend par contemplation des Intelligibles celle du platonicien qui cherche à établir la hiérarchie des ‚Idées' et qui pour cela doit considérer d'une part combien elles sont nombreuses, d'autre part combien elles sont grandes, enfin (pour les mettre en hiérarchie) les deux choses ensemble».

ten, noch besser als die früheren, sowohl zu anderen Dingen als auch zum Wei-
terzeugen, wie es auch bei den anderen Lebewesen der Fall ist[15]» (§ 33,3f).
Die Schriftbelege Prov 6,6.8 bilden dann den Abschluß.

Zur Doppelzitation Platons ist zunächst festzustellen, daß Clemens damit
Stellen verbunden hat, die nicht aufeinander bezogen werden sollten. Die erste
Stelle stammt aus der systematischen Darlegung des zum höchsten Wissen führenden Studienganges, dem sich die künftigen Philosophenherrscher unterziehen müssen und der Arithmetik, Geometrie, Stereometrie, Astronomie, Harmonik und als Krönung die Dialektik umfaßt (522 b8 — 535 a2). Die Anspielungen beziehen sich speziell auf die Astronomie (527 d1 — 528 a6. e3 — 530
c5). Wichtig ist, daß bei diesem Unterrichtsgang Gymnastik, Musik und banau-
sische Handwerkskünste ausdrücklich ausgeklammert werden (521 c1 — 522 b7).
Die zweite Stelle gehört zu den ergänzenden Bemerkungen, die Sokrates über die
Sicherung des Fortbestandes des Staates vorträgt und mit denen er die Staats-
gründung in organisatorischer, noch unphilosophischer Hinsicht zum Abschluß
bringt (424 a4 — 427 d1). Um zu zeigen, wie für zukünftige Generationen das
Wohl des Staates sich sogar noch vergrößert, wenn nur die Grundordnungen der
Erziehung gewahrt bleiben, spricht er von dem wechselseitigen Aufeinanderwir-
ken der Naturanlage (φύσις) und der Erziehung (τροφή) des Menschen. Unter
der Erziehung können hier nur Musik und Gymnastik gemeint sein, denn nur
sie sind bisher behandelt worden (376 c7 — 412 b8), und bei ihnen allein kann
verständlich werden, daß die zur Erziehung gehörige Übung sich auf die Naturanlage auswirkt und sich sogar vererben läßt[16]. Platon rechnet damit, daß beide
Erziehungsarten auf die Formung der Seele zielen[17], aber sie haben keine Einwirkung auf die Vernunft. Es ist ersichtlich, daß die kontaminierten Stellen
keine Gemeinsamkeit haben. Bald geht es unter ausdrücklichem Ausschluß von
Musik und Gymnastik um die Astronomie, die die Vernunft zum höchsten Wissen führen soll, bald geht es nun gerade um Musik und Gymnastik, wobei die
Vernunft außerhalb der Betrachtung bleibt.

Aus der ersten Stelle lassen sich aber noch nähere Auskünfte über die Metaphern von der Reinigung der Seele und ihrer Entfachung zu neuem Feuer ein-
holen. Der wahre Nutzen der Astronomie liegt nicht in der Zeitmessung, sondern Sokrates erklärt dazu positiv: «Das aber ist die Sache, nichts Geringes, je-

---

[15] Die Anspielungen betreffen folgenden Wortlaut: ἐν τούτοις ... τοῖς μαθήμασιν ... ἐκκαθ-
αίρεταί τε ... καὶ ἀναζωπυρεῖται (ἡ ψυχή), ... (ἀλήθειαν ἰδεῖν) p. 22,5f = Pol VII
527 d7 — e3. Clemens' Zitat der zweiten Stelle weist einige minimale Abweichungen
auf: er setzt den Artikel bei παίδευσις, φύσεις und deren Attributen p. 22,7.8, und läßt
αὖ Pol IV 424 a6 weg, er liest ποιεῖ p. 22,7 statt ἐμποιεῖ 424 a6 und τῶν πρότερον
p. 22,9 statt τῶν προτέρων 424 a8. Dieselbe Stelle ist im größeren Umfang von Pol IV
423 d8 — 425 a2 bei Stobaios, IV p. 112,15 — p. 114,17, ausgeschrieben.
[16] Vgl. dazu O. Gigon, Gegenwärtigkeit und Utopie S. 441—444.
[17] S.u. Kap. VI S. 231.

doch schwer zu glauben, daß in diesen Kenntnissen von einem jeden ein Werkzeug der Seele gereinigt und zu neuem Feuer entfacht wird, das unter anderen Beschäftigungen verloren geht und erblindet, obgleich an dessen Erhaltung mehr gelegen ist, als an tausend Augen, denn durch dieses allein wird die Wahrheit geschaut» (527 d4 − e3)[18]. Die Astronomie erbringt diese Leistung, indem sie die Seele auf den wahrhaften, bunten Himmelsschmuck, d. h. auf die seiende Geschwindigkeit und Langsamkeit in der wahren, intelligiblen Zahl und in allen wahren, intelligiblen Umlaufsbahnen richtet[19]. Sie setzt der Seele nicht etwas Neues ein, sondern richtet vielmehr die ihr immer schon einwohnende Vernunft auf das ihr Gemäße, auf das wahre Sein hin aus. Impliziert ist also bei den Metaphern von der Reinigung der Seele, bzw. von ihrer Entfachung zu neuem Feuer grundsätzlich die ontologische Vorgängigkeit der Vernunft[20] sowie die Möglichkeit, daß sie denaturiert oder restituiert und aktiviert werden kann, je nachdem ob man sich an den Bereich des Werdens und Scheins oder an den Bereich des Seins und der Wahrheit hält. Die Restituierung und Aktivierung der Vernunft aber erbringen die sachgerecht durchgeführten, d. h. den Blick auf das Sein selbst öffnenden dianoetischen Wissenschaften der Propädeutik und die Dialektik.

Diesen Grundgedanken hat Clemens offenbar als solchen stimmig wiedergegeben und von daher auch die abwegige Verknüpfung zur zweiten Stelle vorgenommen, insofern er die Nahrung und Bildung, von der dort die Rede war, nicht auf Musik und Gymnastik bezogen hat, sondern auf die Propädeutik, die die guten Naturen gut, bzw. noch besser macht. Inwieweit bei den näheren Einzelheiten eine Christianisierung beabsichtigt ist, läßt sich nicht erkennen. Zu fragen wäre, ob die erwähnte Zeugung als geistige Zeugung im Sinne einer christlichen Heranbildung von Schülern zu verstehen sei und was mit dem von Generation zu Generation weitergehenden Fortschritt gemeint sein könnte. Eine christliche Deutung ist auf jeden Fall nicht explizit gemacht. Es ist jedoch zu beachten, daß der von Clemens konstatierte Hiat zwischen Propädeutik und Philosophie das Bildungsprogramm im ganzen verändert, insofern nun am entscheidenden Punkte eine gegenläufige Bewegung auftritt. Bei Platon gehen ja die propädeutischen Fächer vergleichsweise bruchlos in die Dialektik über, denn die Dialektik entfaltet, was schon in den propädeutischen Disziplinen als Fragestellung nach der höchsten Idee des Guten und der Wahrheit gegenwärtig ist. Daß in Clemens' Augen die Propädeutik, darin eine natürliche Möglichkeit des Menschen verwirklichend, die Seele vom sinnlich wahrnehmbaren Bereich weg zum Intelligiblen lenkt, ist mit Platon ganz konform. Der Überschritt zur

---

[18] Zu dem im Hintergrund stehenden Bild vom Auge der Seele s.u. S. 65ff.
[19] Zu Pol VII 529 c7 − d6 vgl. J. Adam, The Republic of Plato Bd. 2 S. 128f.
[20] S.u. S. 67 Kap. VI S. 239f. Man könnte bei der ontologischen Vorgängigkeit auch an die Anamnesislehre denken, aber sie kommt in der Politeia nicht zur Geltung.

Wahrheit selbst jedoch kann Clemens zufolge nicht mehr vom Menschen aus vollzogen werden, sondern ereignet sich im Entgegenkommen der Wahrheit als Geschenk, welches der Mensch empfängt. Die Bewegung geht nun von Gott aus. Indirekt ist damit auch gesagt, daß die Wahrheit kein Teil des κόσμος νοητός ist; Clemens wird ihr in anderem Zusammenhang eine über dem noetischen Bereich liegende, pneumatische Realität zuschreiben[21].

Eine letzte, hier anzuführende Passage, wo Clemens den Leser zur Mitarbeit auffordert und dabei besonders die Erforschung der Bibel und das eindringliche Studium der «Teppiche» im Auge hat, ist § 10,1–5, ein Text, der u. a. eine Anordnung aus den platonischen Nomoi referiert. Platon, der hier erstmals in den «Teppichen» namentlich erwähnt wird, gilt als ὁ ἐξ Ἑβραίων φιλόσοφος p. 8.5f, und diese Vorstellung rechtfertigt, warum er an zweiter Stelle nach den biblischen Aufforderungen Jes 55,1 und Prov 5,15 bruchlos zu Wort kommen kann. Dazu heißt es: «In den Nomoi befiehlt Platon, der von den Hebräern beeinflußte Philosoph, daß die Landwirte weder Bewässerungskanäle von anderen Landwirten her anlegen, noch Wasser sonstwie von ihnen nehmen dürfen, wenn sie nicht zuvor bei sich selbst bis zur sogenannten jungfräulichen Schicht gegraben und die Erde wasserlos gefunden haben. Denn dem Mangel abzuhelfen sei gerecht, die Trägheit zu unterstützen aber nicht gut». Die Grundlage für den ersten Satz ist Nom VIII 844 b1 – c1, der zweite Satz ist traditionelle Interpretation, und die hebräische Beeinflussung Platons könnte aus Nom VIII 844 a2 entnommen sein.

Der Athener der Nomoi trägt unter den die einzelnen Lebensbereiche konkret erfassenden Anordnungen für die neu zu gründende Stadt der Magneten auch Bestimmungen zur Wasserversorgung vor. Er nennt einmal die Bedingungen, unter denen aus öffentlichen Quellen Wasser abgeleitet werden darf (844 a3–7). Er regelt sodann die Frage, unter welchen Bedingungen und in welchen Mengen man sich bei seinen Nachbarn versorgen darf und welche Maßnahmen zu ergreifen sind, wenn auch bei ihnen Wasserknappheit herrscht (844 b1 – c1). Das Referat gibt mit seinen beiden Gliedern, μὴ ἐπαρδεῦσαι μηδὲ λαμβάνειν p. 8,6f, offenbar diese beiden letzteren Fälle verkürzt, aber im ganzen zutreffend wieder, vgl. ὑδρευέσθω 844 b5 und κοινωνείτω 844 b8. Einleitend zum ganzen Komplex hat der Athener an alte und schöne Gesetze dieses Inhalts erinnert (844 a2), und in seinen Ausführung spiegelt sich tatsächlich die Gesetzgebung Solons[22], aber nicht das hebräische Gesetz wider.

An dieser Stelle ist noch eine Bemerkung zur literarischen Form der Paraphrase nötig, denn dieselbe Platonstelle wird ebenfalls von Plutarch, De vitando

---

[21] S.u. Kap. III S. 129f, Kap. IV S. 153f.
[22] Plutarch, Solon 23,6, vit. par. 91 CD. Vgl. E.B. England, The Laws of Plato Bd. 2 S. 361f.

aere alieno 1, paraphrasiert[23]. Auffällig ist nun, daß beide bei gemeinsamer Übereinstimmung untereinander in der Satzstruktur deutlich von Platon abweichen[24]. Darüber hinaus bietet Plutarch im Anschluß an die Paraphrase ebenfalls eine durch Platon nicht motivierte Erklärung, die sich mit dem positiven Teil derjenigen bei Clemens berührt: ἀπορίᾳ γὰρ βοηθεῖν τὸν νόμον[25]. Eine volle Übereinstimmung mit der clementinischen Erklärung aber zeigt ein Satz, der sich wiederum bei Plutarch findet. Plutarch, Solon, 23,6, berichtet von der Gesetzgebung Solons zur Wasserversorgung, auf der ja Platons Anordnungen basieren, und umschreibt zum Abschluß dessen Absicht dabei folgendermaßen: ἀπορίᾳ γὰρ ᾤετο δεῖν βοηθεῖν, οὐκ ἀργίαν ἐφοδιάζειν[26]. Daß hier Zusammenhänge greifbar sind, ist ganz offensichtlich. Clemens ist mit der Paraphrase und der anschließenden Interpretation sehr wahrscheinlich von einer Vorlage abhängig. Man könnte dagegen allenfalls einwenden, daß die Paraphrase bei ihm wie bei Plutarch sozusagen den — an Platon gemessen — ‚textus facilior‘ darstellt, daß die Übereinstimmungen der Satzstruktur daher naheliegend, aber zufällig wären und daß der Wortlaut nur an wenigen Stellen wirklich identisch ist. Allein, solcher Auskunft wird man nicht zustimmen können, hauptsächlich auf Grund der gemeinsamen, durch Platon nicht motivierten Erklärung zur Absicht des Gesetzes. Offenbar hat es tatsächlich eine gemeinsame Quelle gegeben, aus der Clemens ungesondert wiedergibt, was Plutarch auf zwei verschiedene

---

[23] Diese Parallele und die ebenfalls belangvolle Stelle, Plutarch, Solon 23, hat schon J. Potter, PG VIII col. 697 n. 27f., beigebracht.

[24] Bei Platon liest man zwei hypothetische Satzgefüge, bei Plutarch wie bei Clemens nur eins. Platon läßt beide Male die Protase vorangehen, Plutarch und Clemens stellen beide die Apodosis voran, die Protase formulieren sie durch ein Participium coniunctum zweigliedrig. Bei Platon sind die Verben der Hauptsätze Imperative der 3. Pers. Sing., bei Plutarch und bei Clemens sind es von einem Verb des Befehlens, bzw. Nichtwollens abhängige Infinitive. Beide Referate seien hier im Wortlaut mitgeteilt:

Strom I § 10,2	Plutarch, Mor. 827 D.E
ἐν γοῦν τοῖς Νόμοις ὁ ... Πλάτων κελεύει	ὁ Πλάτων ἐν τοῖς Νόμοις οὐκ ἐᾷ μεταλαμβάνειν ὕδατος ἀλλοτρίου τοὺς γείτονας
τοὺς γεωργοὺς μὴ ἐπαρδεῦσαι μηδὲ λαμβάνειν ὕδωρ παρ' ἐτέρων	
ἐὰν μὴ πρότερον ὀρύξαντες παρ' αὐτοῖς	ἂν μὴ παρ' αὐτοῖς ὀρύξαντες
ἄχρι τῆς παρθενίου καλουμένης ἄνυδρον εὕρωσιν τὴν γῆν.	ἄχρι τῆς κεραμίτιδος καλουμένης γῆς ἄγονον εὕρωσιν νάματος τὸ χωρίον.

Folgende Gemeinsamkeiten in Abweichung von platonischen Wortlaut sind zu nennen: (ὀρύξαντες) παρ' αὐτοῖς statt ἐν τῷ αὐτοῦ χωρίῳ 844 b3, ἄχρι statt μέχρι 844 b5 und εὕρωσιν statt προστυγχάνῃ 844 b4.

[25] Plutarch, Mor. 827 E.

[26] Plutarch, Vit. par. 91 D.

Schriften seines Gesamtwerkes verteilt. Im Wortlaut aber sind beide frei[27]. Dazu fügt sich eine an späterer Stelle zu erhebende Vermutung. Auf Grund von Strom I § 165,1 spricht sehr vieles dafür, daß Clemens die platonischen Nomoi in einer kommentierten und mit einer Einleitung versehenen Ausgabe zur Hand hatte.

Der Athener der Nomoi beschäftigt sich mit Fragen der realen Wasserwirtschaft, und in diesem Sinne greift auch Plutarch die Paraphrase der Stelle auf. Anders allerdings Clemens, er spricht metaphorisch. Das Wasser ist für ihn die Wahrheit, die in der Gnosis ergriffen werden soll[28], und das Graben nach Wasser auf dem eigenen Grundstück bedeutet für ihn die eigene, auf die Schrift, d. h. die Bibel und die «Teppiche» gerichtete Forschung, die zur Erkenntnis der Wahrheit führen soll. Er leitet ja die Zitationsreihe mit den Worten ein: ... βαδιζέτω ἐπὶ τὴν ἀλήθειαν τὴν ἐγγράφως τὰ ἄγραφα δηλοῦσαν p. 8,2f und nimmt dabei zweifellos an, daß seine «Teppiche» in Ergänzung zur Bibel stehen[29]. Dieser allegorischen Auffassung kommt seine Formulierung auch sonst entgegen. Daß er nicht wie bei der unmittelbaren Bezugsstelle 844 b5ff. c1 von Nachbaren, sondern dem übergreifenden Thema entsprechend[30] wie in 844 a2 von Landwirten spricht, begünstigt ein übertragenes Verständnis, denn sehr gern hat er den Gnostiker mit einem Landwirt verglichen[31]. Und daß er nicht wie Platon von Tonschicht, sondern von sogenannter jungfräulicher Erde spricht, weist in dieselbe Richtung. Die Bibel nennt er jungfräulich, weil sie die Wahrheit nur unter Verhüllung zur Welt bringt[32]. Ob er die übrigen Aussagen der Paraphrase ebenfalls allegorisch verstanden hat, läßt sich nicht sicher entscheiden.

Für diese Umdeutung eine spezifische Tradition verantwortlich zu machen dürfte nicht ratsam sein. Die Zuspitzung auf die Erkenntnis der Wahrheit, die Gnosis, ist natürlich Clemens' eigenstes Anliegen. Aber ermöglicht und vorbe-

---

[27]   Plutarch hält sich an zwei Stellen näher an Platon und damit wohl auch näher an die Vorlage, wenn er von γείτονας und nicht von γεωργούς und wenn er von τῆς κεραμίτιδος καλουμένης γῆς und nicht von τῆς παρθενίου καλουμένης (sc. γῆς) spricht. Clemens seinerseits steht Platon und damit wohl auch der Vorlage näher, wenn er zwei Fälle, den der Anlage von Bewässerungskanälen und den der sonstigen Wasserbeschaffung, berücksichtigt.

[28]   Vgl. auch Strom VII § 104,4: der Wille des Vaters, den die Menschen tun sollen, ist ἡ διδασκαλία τοῦ σωτῆρος, ἥτις ἐστὶ βρῶμα ἡμῶν πνευματικὸν καὶ πόμα δίψαν οὐκ ἐπιστάμενον, ὕδωρ ζωῆς γνωστικῆς. Hier ist Apk 21,6. 22,17 zitiert.

[29]   S.o. S.67, vgl. S.45.

[30]   Vgl. Nom VIII 842 e6: νόμοι γεωργικοί.

[31]   Beispielsweise seien genannt Strom I § 7,1. § 18,1. § 56,3, vgl. auch § 10,4, Strom VI § 119,1−4, Strom VII § 3,5. § 74.1.

[32]   Strom VII § 94,1: τοιαῦται (sc. παρθένοι) δ᾽ ἡμῶ αἱ κυριακαὶ γραφαί, τὴν ἀλήθειαν ἀποτίκτουσαι καὶ μένουσαι παρθένοι μετὰ τῆς ἐπικρύψεως τῶν τῆς ἀληθείας μυστηρίων.

reitet ist die Umdeutung durch die weite Verbreitung eines übertragenen Sprachgebrauches, der mit Wasser in der einen oder anderen Weise eine religiöse Offenbarung oder Lehre bezeichnet[33]. Solche Ausdrucksweise geht weit über die umschreibbaren Grenzen einer bestimmten Einzeltradition hinaus. Man könnte an einen Einfluß von Joh 4,10—15 oder von Apk 21,6. 22,17 denken, weil Clemens diese Stellen selbst zitiert[34], auch ein Einfluß Philons[35] oder Justins[36] wäre möglich. Aber es bleibt zu berücksichtigen, daß die Wassermetaphorik auch in philosophischer Literatur begegnet[37], so konnte Clemens auch von daher angeregt sein.

Nachzutragen sind noch einige Bemerkungen zum Anfang und zur Fortsetzung dieser Zitation, denn beidemal spielt Clemens noch zusätzlich an Platon an. Er formuliert eingangs: ὅτῳ δὲ ἀπήμβλυται κακῇ τροφῇ τε καὶ διδασκαλία 'τὸ τῆς ψυχῆς ὄμμα' πρὸς τὸ οἰκεῖον φῶς, βαδιζέτω ἐπὶ τὴν ἀλήθειαν ... p. 8,1ff. In dieser Einleitung gebraucht Clemens die Symbolik vom Licht, die im Anschluß in den biblischen Zitaten Jes 55,1 und Prov 5,15 und in der Paraphrase der Nomoi durch diejenige vom Wasser ersetzt wird. Beides sind für ihn offenbar Äquivalente zur Bezeichnung der religiösen Wahrheit[38]. Dahinter steht natürlich Platon, es sei nur an das Sonnengleichnis Pol VI 506 d6 — 509 b10 und an Epist VII 341 d1. 344 b7 erinnert. Aber auch bei der Wortwahl im einzelnen hat Clemens Anleihen bei Platon gemacht. Das Verb ἀπαμβλύνω stammt aus Pol IV 442 d7. Das Hendiadyoin τροφὴ καὶ διδασκαλία erinnert an die stehende Wendung παιδεία καὶ τροφή[39], und der Ausdruck τὸ τῆς ψυχῆς ὄμμα stammt aus Pol VII 533 d2, bzw. aus Soph 254 a10. Platon bezeichnet mit dem Bild das Erkenntnisvermögen, die Vernunft. Darüber hinaus ist festzuhalten, daß sich darin dieselbe Vorstellung auswirkt wie in den vom Verb ἰδεῖν abgeleiteten philosophischen Begriffen εἶδος und ἰδέα. Beidemal hat eine Übertra-

---

[33] Das religionsgeschichtliche Material hat R. Bultmann, Das Evangelium des Johannes S. 130—137, zusammengetragen. Bei Platon kommt die griechische Vorstellung von der mantischen Kraft des Wassers nur noch in Relikten im Phaidros zum Durchschein, vgl. A. Kambylis, Die Dichterweihe und ihre Symbolik S. 43ff.

[34] Er zitiert in Strom II § 7,4 das τὸ ὕδωρ τὸ ζῶν von Joh 4,11.10 und in Strom VII § 104,4 das ὕδωρ ζωῆς aus Apk 21,6. 22,17.

[35] Philon spricht von Wasser in Bezug auf die ἐπιστῆμαι in Fug § 187 und auf die σοφία in All II § 86f, Post § 125 und Fug § 176.

[36] Justin, Dial. 69,4—6.

[37] Cicero, De nat. deor. I § 120: «Democritus ... cuius fontibus Epicurus hortulos suos irrigavit ...»; Apuleius, De Platone I § 211 p. 99,3f; Maximus Tyrius, Or. XI 1d; vgl. weiter A.S. Pease, M.T. Ciceronis De natura deorum libri Bd. 1 S. 524.

[38] Zum ganzen Komplex vgl. R. Bultmann, Zur Geschichte der Lichtsymbolik im Altertum, Ph. 97 1948 S. 1—36.

[39] Vgl. z.B. Pol IV 423 e4. VIII 552 e5, Polit 275 c3f, Phileb 55 d2f, Nom VI 783 b3. IX 854 e5. 874 d2. XI 926 e2.

gung vom sinnlich Anschaulichen zum noetisch Geistigen stattgefunden[40], und beidemal ist die etymologisch ursprüngliche Bedeutung voll gewahrt. Es geht, wie K. von Fritz[41] herausgearbeitet hat, jeweils um «die Bezeichnung des Auf-einmal-sehens oder des Auf-einmal-gegebenseins des ganzen Gegenstandes in der Fülle seiner sichtbaren Eigenschaften». Daß die Ideenschau keine diskursive Denkoperation, sondern ein noetisches Gewahrwerden ist, das schlägt sich auch im Bild vom Auge der Seele nieder. Im Laufe einer beinahe sprichwörtlichen Verbreitung[42] wurde diese Metapher formelhaft. Daß der spezifische Gehalt der übertragenen Redeweise dabei stark verblaßte und z. T. nicht mehr verstanden wurde, ist nicht anders zu erwarten. Was Clemens' Gebrauch betrifft, so ist deutlich, daß er die Metapher im Sinne des Organs für die Aufnahme der geistig religiösen Wahrheit auffaßt. Insofern kann zur Erläuterung des bildlichen Ausdrucks nicht nur der νοῦς, sondern auch τὸ ἴδιον τοῦ ἀνθρώπου oder τοῦ κεκρυμμένου αἱ ὄψεις ἀνθρώπου treten[43]. Der Gedanke, daß die Schau der Ideen die vorfindliche Welt auf einmal und im ganzen erschließt, kehrt bei dieser Metaphorik nicht wieder, sondern ihre Intention richtet sich auf eine höhere pneumatische Ebene, auf welcher Gott dem Menschen entgegenkommt. Der Heilige Geist[44] bei der Taufe ist es und natürlich der Logos-Christus[45], der das Auge der Seele öffnet und erleuchtet, indem er den Vater offenbart. Im hiesigen Zusammenhang ist speziell an die Schrift, d. h. an die Bibel und an die «Teppiche» gedacht. Daß die Wahrheit dabei pointiert in einem kirchlichen Blickwinkel steht, dürfte daran ablesbar sein, daß in der Formulierung τροφῇ τε καὶ

---

[40] Analog dazu heißt es Symp 219 a3: ἡ τῆς διανοίας ὄψις, vgl. auch Theait 164 b1f und Pol VII 527 d7ff. Vorbereitet ist die Metapher bei Empedokles B 17,21.

[41] K. von Fritz, Philosophie und sprachlicher Ausdruck S. 52.

[42] Besonders häufig findet sich das Bild bei Philon: Abr § 57f. § 70, Conf § 92. § 100, Congr § 135, Decal § 68, Det § 22, Ebr § 44. § 158, Her § 89, Imm § 46, Jos § 106, Migr § 39. § 48. § 165. § 191, Post § 8. § 167, Prov II § 17, Sacr § 36. § 78, Som I § 164. § 199, Som II § 2. § 160, SpecLeg I § 37, SpecLeg III § 4, SpecLeg IV § 140, VitCont § 10, VitMos I § 289, VitMos II § 51 u.ö. Aus der philosophischen Literatur seien genannt Cicero, De nat. deor. I § 19 (vgl. A.S. Pease, M.T. Ciceronis De natura deorum libri Bd. 1 S. 179), ähnlich auch Cicero, De leg. I § 60, und Cicero nach Quintilian IX 2,41; Albinos, Didask. XXVII p. 180,20f; Celsus, Frg. VII 36; Maximus Tyrius, Or. IX 6e; Pseud. Aristoteles, De mundo 391 a15; Apuleius, De Platone I § 193 p. 88,4. § 200 p. 92,16. II § 236 p. 114,15f, Apuleius, De mundo § 288 p. 136,12. § 357 p. 166,11; Marcus Antoninus, In semet ipsum IV 29; Sextus Empiricus, Advers. math. I 306; Plotin, Enn. VI 8,19,10; Iamblich, Vita Pyth. § 31. § 70, Protr. XXI p. 120,25; Corp. Hermet., Traktat V § 2. X § 4. XIII § 14. § 17. Unter den Christen gebrauchen die Metapher Clemens Romanus, I Epist 19,3; Theophilos, Ad Autolyc. I 2; Justin, Dial. 4,1; vgl. auch Eph 1,18.

[43] Protr § 68,4. § 113,2 (hier beidemal νοῦς), Paid II § 1,2. § 80,4f.

[44] Paid I § 28,1.

[45] Protr § 68,4. § 113,2, Strom V § 19,2. Besonders an den Belegen Strom I § 178,1 und Strom V § 73,2 läßt sich ablesen, daß die gemeinte religiöse Erkenntnis die Ideenwelt überragt, s.u. Kap. III S. 129f und Kap. VII S. 273f.276f.

διδασκαλία p. 8,1f das von Platon her zu erwartende Wort παιδεία durch διδασκαλία ersetzt ist, d. h. die kirchliche Lehre[46] ist das Maß dafür, inwiefern jemandes Seelenauge durch schlechte Nahrung und Lehre abgestumpft und verschattet ist. Zu denken ist dabei im weitesten Sinne etwa an Ergebenheit an die sinnlich wahrnehmbare Körperwelt, wobei eine im Lebensgenuß zufriedene Gleichgültigkeit mitgemeint sein kann, an das Heidentum oder an Häresie. – In der Fortsetzung der Nomoiparaphrase zur Wasserbeschaffung folgt nach einem Akusma des Pythagoras[47] noch ein weiteres Kephalaion mit Platonreminiszenzen: «Die Schrift (d. h. die Bibel und die «Teppiche») facht den Funken der Seele an und lenkt deren eigenes Auge auf die theoretische Schau hin, vielleicht setzt sie ihr dabei gleichsam wie ein veredelnder Landwirt etwas ein, sie bringt aber zum Aufleben, was in ihr vorhanden ist» (§ 10,4). Hier erscheinen nun die beiden Metaphern von der Entfachung des Glutfunkens und von dem Auge der Seele in Verbindung miteinander. Das begegnet bereits im Ansatz bei Platon in Pol VII 527 d4 – e3[48]. Daß Clemens bei diesem Satz tatsächlich an die Bibel und an die «Teppiche» zugleich denkt, läßt sich noch durch Motivverknüpfungen absichern. Ausschließlich auf die «Teppiche» bezogen wiederholt er das Bild von der Entfachung des Glutfunkens in § 14,3 und ausschließlich auf das göttliche Gebot, d. h. auf die Bibel bezogen in § 35,1. Sachlich hervorzuheben ist die Unterscheidung einer zweifachen Wirkungsweise der Schrift. Einmal bringt sie zum Aufleben, was in der Seele vorhanden ist, d. h. hier handelt es sich um die Verwirklichung der natürlichen Möglichkeit des Menschen, was ja auch von der Propädeutik geleistet wird, indem sie die Seele von der Körperwelt weg zum Intelligiblen lenkt. Sodann pflanzt sie der Seele vielleicht etwas ein, d. h. hier handelt es sich um das Gnadengeschenk der Erkenntnis Gottes, wobei mit τάχα p. 8,12 auf die Unverfügbarkeit der Gnade abgehoben ist.

* * *

Blickt man von hier aus noch einmal zurück auf die literarische Eigentümlichkeit der «Teppiche» und auf Clemens' diesbezügliche Selbstbezeugungen, dann erhebt sich die Frage, inwieweit er sich an Vorbilder anschließen konnte. Daß solche unter der Gattung der Buntschriftstellerei, zu der ja die «Teppiche» schon durch ihren Titel gehören, nicht zu suchen sind, hat J. Munck[49] gezeigt. Davon unterscheidet sich das clementinische Werk durch die

---

[46] Vgl. die Belege bei O. Stählin im Register s.v. διδασκαλία.

[47] Dasselbe Symbol bei Diogenes Laertios VIII § 17, Porphyrios, Vita Pyth. § 42, Jamblich, Protr. XXI p. 113,19f, Vita Pyth. § 84, vgl. dazu W. Burkert, Weisheit und Wissenschaft S. 150ff. 156 Anm. 44, und B.L. van der Waerden, Die Pythagoreer S. 78 ff.

[48] Dieselbe Verbindung findet sich auch bei Albinos, Didask. XXVII p. 180,20f.

[49] J. Munck, Untersuchungen über Klemens von Alexandria S. 43ff. 76ff, er rechnet mit Vorbildern aus der verlorenen gnostischen Literatur.

ernst gemeinte verborgene Tendenz wesentlich. Tatsächlich finden sich aber
einige Berührungen mit dem Schulplatonismus. Das betrifft die kritische Zurückhaltung, wenn es darum geht, die höchsten Erkenntnisse mündlich oder
schriftlich mitzuteilen. Kalbenos Tauros hat unter Berufung auf Pythagoras
die Studienanfänger sorgfältig gemustert, ob sie die Voraussetzungen mitbrach-
ten, daß sie zu den Erörterungen der höchsten philosophischen Fragen im
engen Schülerkreis aufgenommen werden durften[50]. Plotin hat zehn Jahre
lang überhaupt nichts geschrieben[51] und danach auch nur zögernd seine Schriften aus der Hand gegeben[52]. So vertraute auch Celsus seine Lehre vom höchsten Göttlichen nur verschlüsselt und unter gewissen Vorsichtsmaßnahmen einer
Schrift an[53]. Berührungen zeigen sich aber auch in der Abgrenzung gegen die
Sophistik bei Albinos[54] und in der Aufforderung zur eigenen Forschung bei
Plotin, der feststellt, daß des Namens eines Platonikers nur würdig sei, wer
selbständig Platons Meinung (anläßlich der Stelle Phaidr 247 d7 − e1) sucht
und findet[55]. Und doch treffen alle diese Beobachtungen, so wichtig sie im
einzelnen zweifellos sind, nicht das wesentliche Merkmal der «Teppiche». Denn
die Werke des Schulplatonismus sind Bücher für Wissende, für die ja nach Platons Urteil die Schrift auch allein gut ist, sie wenden sich aber gerade nicht an
ein breiteres, unphilosophisches Publikum. Die Reden des Maximus Tyrius sind
die «lehrreiche Ausnahme von der Regel, daß die Platoniker jener Zeit sich von
der Öffentlichkeit fern hielten»[56]. Die schulphilosophischen Schriften brauchen keine unberufenen Leser abzuschrecken, sie wollen auch keine befähigten
Leser anspornen, denn sie verfolgen überhaupt keine werbende und anleitende
Absicht. Insofern hat das für die «Teppiche» so bezeichnende Konzept der verhüllenden Andeutung bei ihnen keine Entsprechung.

Hält man jedoch nach strukturell verwandten Schriften Umschau, dann wird
man zwangsläufig auf Platons Dialoge gewiesen. So zieht E.L. Fortin[57] diesen

[50] A. Gellius, Noctes Atticae I 9, vgl. dazu H. Dörrie, L. Kalbenos Tauros, in: ders., Plato-
      nica Minora S. 310−323. Neben die Stelle I 9,2: «Iam a principio adulescentes, qui sese
      ad discendum obtulerant, ἐφυσιογνωμόνει. Id verbum significat mores naturasque ho-
      minum coniectatione quadam de oris et vultus ingenio deque totius corporis filo atque
      habitu sciscitari», stelle man Strom I § 9,1. Weniger besorgt zeigt sich Plotin, vgl. Por-
      phyrios, Vita Plotini 1,13f: ἐξῆν γὰρ τῷ βουλομένῳ φοιτᾶν εἰς τὰς συνουσίας.
[51] Porphyrios, Vita Plotini 3,32−35.
[52] Porphyrios, Vita Plotini 4,14−16.
[53] Celsus, Frg. VI 3.8.12, VII 42−45, vgl. dazu H. Dörrie, Die platonische Theologie des
      Kelsos, in: ders., Platonica Minora S. 227−262.
[54] Albinos, Isag. VI p. 150,29f. p. 151,10, vgl. Didask. VI p. 158,25. p. 159,32. Didask.
      XXXV p. 189,10ff, Maximus Tyrius, Or. XIV 8i.
[55] Plotin, Enn. V 8,4,52−56, vgl. Maximus Tyrius, Or. IV 6a.
[56] H. Dörrie, Der Platonismus in der Kultur- und Geistesgeschichte der frühen Kaiserzeit,
      in: ders., Platonica Minora S. 189.
[57] E.L. Fortin, Clement of Alexandria and the Esoteric Tradition, StPatr IX,3 = TU 94
      1966 S. 41−56.

Vergleich und hebt hervor, daß sich Clemens selbst in diesem Zusammenhang auf Platon beruft und daß sich beide Autoren, Platon und Clemens, flüchtiger Andeutungen als eines wesentlichen Stilmittels bedienen[58]. Doch sind die entscheidenden Elemente E.L. Fortin noch entgangen. Was er als stilistische Gemeinsamkeit der «Teppiche» mit der Bibel konstatiert, daß sie sich nämlich auf mehreren Sprachebenen zugleich bewegen, das kann auch für die platonischen Dialoge gelten und wäre insofern auch in diesem Zusammenhang zu nennen. Vor allem aber gehören die platonischen Gespräche der protreptischen Gattung an. Sie wollen nicht anders als die «Teppiche» des Clemens den Leser ansprechen, ihn ins Gespräch miteinbeziehen, zur Rede stellen und zum Mitdenken veranlassen. Von daher erklärt sich auch in beiden Fällen die sachliche Unabgeschlossenheit und systematische Offenheit. Daß man aus den platonischen Dialogen das Philosophieren, aber nicht die Philosophie lernen kann, das gilt in entsprechender Weise auch für Clemens' «Teppiche». Die «Teppiche» führen kein dogmatisches System vor Augen, weil solches Unterfangen sinnlos und gefährlich wäre, sie tun aber alles, um den geeigneten Leser auf den Weg zu bringen, daß er sich die geistliche Wahrheit innerlich aneignet. Daß sich an diesem Punkt auch ein Gegensatz zu Platon entwickelt, wurde bereits angesprochen. Das gilt auch für die Schriften im ganzen. Man braucht gar nicht das Rätsel der Form der platonischen Gespräche zu lösen, um zu erkennen, daß sie als philosophische Kunstwerke die Verbindlichkeit im ironisch Spielerischen suchen, daß sie selbst zugestandenermaßen bloßes scherzhaftes Spiel sein wollen. Nun kann man auch bei Clemens «un certain atticisme souriant dans le jeu de l'erudition» anerkennen, wie es A. Méhat[59] getan hat. Aber dieser Eindruck trifft nur für einen ganz begrenzten Bereich zu. Im ganzen sind die «Teppiche» als Schriftwerk kein scherzhaftes Spiel. Das verbietet die Heiligkeit der Wahrheit.

---

[58] Was E.L. Fortin, ebd. S. 53f, allerdings zu den Motiven der Verhüllung anführt, ist abwegig.

[59] A. Méhat, Étude sur les ,Stromates' S. 340. Den gleichen Eindruck hat bei gewissen Partien des «Paidagogos» H.I. Marrou, Humanisme et Christianisme chez Clément d'Alexandrie d'après le 'Pédagogue', Fondation Hardt Entretien III 1955 S. 187ff.

KAPITEL II:
BUNTSCHRIFTSTELLERISCHE BEMERKUNGEN

Neben den mehr systematisch orientierten Darlegungen, auf die sich das vorangegangene Kapitel bezog, enthält das erste Buch historisch-chronologische Passagen in § 59 — § 80,4 und § 101 — § 182, die wiederum mehrmals auf Platon Rekurs nehmen. Unter den hier anzutreffenden Zitationen heben sich auf Grund von Kriterien der Disposition und der Thematik zwei Gruppen heraus. Eine Gruppe steht in einem festen, bewußt gestalteten Gefüge; sie soll im folgenden Kapitel behandelt werden. Bei der anderen, hier zu erörternden Gruppe handelt es sich um verstreute Notizen, die untereinander keine kompositionelle Verbindung aufweisen. Auch thematisch zeichnet sie eine gewisse Beliebigkeit aus. Platons Geltung erstreckt sich nicht nur auf den philosophisch-theologischen Bereich, sondern schließt Geschichte, Sprachwissenschaft und sogar Biologie ein. Augenscheinlich nutzt Clemens die von der Gattung der Buntschriftstellerei gewährten Freiheiten und unterbreitet Mitteilungen aus den verschiedensten Wissensgebieten in abwechslungsreicher Form. Zusammengehalten werden diese Partien in lockerer Weise durch das Motiv des höheren Alters und der daraus resultierenden Überlegenheit der barbarischen Hebräer über die Griechen.

Allerdings ist damit die Bedeutung dieser Ausführungen noch nicht voll bestimmt. Der Beweis für die Überlegenheit der Hebräer hätte, so zentral er für die christliche Werbung und Apologetik auch sein mag, sehr viel kürzer geführt werden können. Statt dessen läßt Clemens immer wieder neue Exkurse einfließen, die für dieses Ziel wenig oder gar nichts austragen. Um diesen Sachverhalt recht zu würdigen, muß man einen Blick auf den zeitgenössischen Platonismus werfen. Vorzüglich an den Schriften Plutarchs[1], aber auch an den durch A. Gellius[2] übermittelten Nachrichten über den Schulplatoniker Kalbenos Tauros läßt sich das Bestreben ablesen, im Aufspüren der die ganze Welt durchwaltenden Sinnhaftigkeit den Rahmen der Schuldogmatik zu überschreiten und sich das gesamte enzyklopädische Wissen der Zeit anzueignen. So tritt in einem um-

---

[1] Vgl. dazu H. Dörrie, Der Platonismus in der Kultur- und Geistesgeschichte der frühen Kaiserzeit, in: ders., Platonica Minora S. 183ff, und H. Dörrie, Die Schultradition im Mittelplatonismus und Porphyrios, in: ders., Platonica Minora S. 416ff.
[2] A. Gellius, Noctes Atticae XVII 8. XVIII 10. XIX 6. XX 4, vgl. zum Ganzen H. Dörrie, L. Kalbenos Tauros, in: ders., Platonica Minora S. 313 ff.

fassenden Bildungsprogramm zu der Beschäftigung mit Philosophie, Literatur und Geschichte auch die Beobachtung der Natur, sowohl der des Menschen als auch der im Tier- und Pflanzenreich. Offenbar empfand Clemens die Notwendigkeit, auch seinerseits im breiten Umfang das enzyklopädische Wissen aufzunehmen und einzuarbeiten, wollte er bei den philosophisch Gebildeten ernst genommen werden. In die Bewertung der buntschriftstellerischen Passagen spielt sodann auch die spezielle Frage hinein, ob Clemens die gegen das Christentum gerichtete Streitschrift des Celsus gekannt hat[3]. Eine gewisse formale Analogie ist nicht zu übersehen, wenn man sich vergegenwärtigt, daß schon Origenes den Ἀληθὴς Λόγος als das Werk eines Polyhistoren empfunden hat[4]. Natürlich kann aus solcher Ähnlichkeit noch kein Beweis für die Bekanntschaft geführt werden, und auch die Berührungen im einzelnen[5] zwingen nicht zu diesem Schluß. Aussagekräftigere Indizien werden freilich spätere Kapitel noch beibringen können. So soll hier wenigstens festgehalten werden, daß es auf alle Fälle denkbar ist, daß Clemens mit den historisch-chronologischen Darlegungen indirekt auf Celsus antworten wollte, indem er dem polemisch gegen das Christentum gerichteten Aufgebot des gesamten enzyklopädischen Wissens eine Polyhistorie im Dienst des Christentums entgegenstellte.

Es ist angesichts dieser dem zeitgenössischen Platonismus allgemein eigentümlichen Neigung von vornherein zu erwarten, daß dort auch wesentliche Vorarbeit geleistet wurde und Clemens in hohem Maße mit vorgegebenem Material umgehen kann. Diese Vermutung bestätigt auch tatsächlich die stupende Gelehrsamkeit, mit der sich Clemens immer wieder auf Gewährsmänner zu berufen weiß. Sie läßt sich aber auch dort absichern, wo er auf Quellenangaben ganz verzichtet oder wo er, wie bei den χρόνοι (vgl. p. 41,22) der griechischen Geistesgeschichte § 59 — § 65, nur allgemein die Griechen nennt p. 37,16. Wenn er in diesem Fall drei Perioden ansetzt, und zwar die Periode der Archegeten, die der Sieben Weisen und schließlich die der Diadochai der Philosophenschulen, dann stimmt das trotz abweichender Namen an mancher Einzelstelle mit dem Aufriß bei Diogenes Laertios überein[6].

---

[3] Schon den Protr als Antwort auf Celsus zu interpretieren versucht J.M. Vermander, De quelques répliques à Celse dans le Protreptique de Clément d'Alexandrie, REAug 23 1977, S. 2—17.

[4] Origenes, Contra Celsum VI 22, vgl. C. Andresen, Logos und Nomos S. 31f: «Schon rein äußerlich muß das Werk den Eindruck eines Geschichtslesebuches gemacht haben. So versteht man auch den Anwurf des Origenes gegen die πολυμάθεια seines Gegners. Kelsos ist in der schweren Rüstung alter, durch die Geschichte und religiöse Tradition ehrwürdig gewordener Weisheit gegen die Christen zu Felde gezogen».

[5] Soweit sie die Platonrezeption betreffen, werden sie im Folgenden aufgeführt.

[6] Diogenes Laertios I § 3. § 12f. E. Schwartz, Art. Diogenes 40) RECA Hlbd. 9 Sp. 751ff, urteilt auf Grund von 21 zusammengetragenen Parallelstellen: «Clemens muß Bücher über Philosophengeschichte benutzt haben, die denen, welche Diogenes zu Gebot standen, ausserordentlich ähnlich waren; sie repräsentieren beide die gleiche Stufe der Tradition».

Als Archegeten nimmt Clemens Orpheus, Linos und die ältesten Dichter in
Anspruch p. 37,16f, während Diogenes Laertios Musaios und Linos nennt, aber
Orpheus als Barbaren ausdrücklich ausschließt[7]. Eine längere Liste mit den Na-
men Linos, Musaios, Orpheus, Pherekydes, Zoroaster und Pythagoras bietet
Celsus[8].

Auf die Sieben Weisen kommt Clemens in § 59 — § 61 zu sprechen, um
ihren möglichen Anspruch auf Überlegenheit gegenüber der barbarischen Weisheit abzuweisen. Er behandelt sie teils mit distanzierender Ironie, teils mit be-
dingter Anerkennung. Kritisch hebt er hervor, daß gar nicht alle Griechen waren. Einige von ihnen waren Asiaten und einer ein Skythe. Ironisch vermerkt er
weiter, daß über die Namen keine Einigkeit besteht. Bei mehreren Persönlichkeiten ist die Zugehörigkeit zu diesem Ehrenkreis strittig. So hat Platon — und
damit schließt die Erörterung — an des Perianders Stelle Myson von Chen gesetzt, weil jener durch seine Tyrannenherrschaft den Anspruch auf Weisheit
verwirkt habe. Sodann wird noch ein Beweis dafür in Aussicht gestellt, daß die
griechischen Weisen jünger als Mose sind. Er folgt später in § 101 — § 107. Bemerkenswert ist in diesem Zusammenhang, daß die Nachricht von Platons Än-
derung der Liste der Sieben Weisen nicht direkt aus den platonischen Schriften,
sondern aus einer exegetischen Tradition stammt. Platons Verachtung des
Machtmenschen Periander spricht aus Pol I 336 a5, und entsprechend urteilt
der pseudoplatonische[9] Theages 124 c9. e2. Andererseits zählt Prot 343 a1ff
die Sieben Weisen unter Einschluß des Myson von Chen auf. Von einer Auswechslung der beiden spricht Platon allerdings nicht. Daß Clemens mit der
gegenteiligen Ansicht in einer älteren, aus dem Dialog Protagoras erschlossenen
Tradition steht, ergibt sich aus Diogenes Laertios I § 30. § 41, wo es heißt:
Πλάτων δὲ ἐν Πρωταγόρᾳ Μύσωνα ἀντὶ Περιάνδρου[10].

In anerkennender Weise spricht Clemens über die Form der Weisheit bei den
Sieben Weisen. Schon bei der Erwähnung des Kreters Epimenides nutzt er die
Gelegenheit, um in einem Exkurs in § 59,2—4 zu zeigen, daß auch Paulus in
Tit 1,12f und 1 Kor 15,32f griechische geflügelte Worte geschätzt hat. Ausführ-
lich stellt er die Form dar in § 60,1 — § 61,4. Die besagte Weisheit sei eine
Philosophie, der hebräischen verwandt und rätselartig, deren Charakteristik in
einer höchst nützlichen βραχυλογία παραινετική liege p. 38,12f. Und ehe
Clemens beispielhaft sieben Gnomen[11] zitiert, teilweise interpretiert und
ihre Zuschreibungen aufzählt, belegt er aus Platon das hohe Alter und die weite
Verbreitung dieser Sentenzenweisheit. Dazu ist noch festzustellen, daß die An-

---

[7]   Diogenes Laertios I § 5.
[8]   Celsus, Frg I 16.
[9]   Vgl. A. Lesky, Geschichte der griechischen Literatur S. 575.
[10] Ohne auf Platon Bezug zu nehmen, spricht von der Auswechslung Diodor IX 7.
[11] Clemens spricht unterminologisch von ἀπόφθεγμα p. 38,24. 39,8.

sicht, die Sieben Weisen hätten sich gerade der Kürze besonders befleißigt, traditionell ist. Dem einen oder anderen von ihnen schreiben die Kurzform der Rede ebenfalls Diogenes Laertios[12], Maximus Tyrius[13] und Diodor[14] zu. Natürlich ist hier aber auch Clemens' eigenes Interesse spürbar, setzt er sie doch in Beziehung zur hebräischen Art. Zweifellos zielt das auf seine Vorliebe für das Rätselhafte und das Verkürzte, welches beides ja eine große Bedeutung für sein schriftstellerisches Konzept der verhüllenden Andeutung hat[15].

Von Platon referiert er nun in § 60,2 Folgendes: «Übrigens sagt Platon, daß diese Redeweise schon seit alters eifrig bei allen Griechen gemeinsam, besonders aber bei den Lakedämoniern und Kretern gepflegt wurde, die die besten Gesetze hatten». Dazu wird seit J. Potter[16] Prot 343 ab und Nom I 641 e notiert. Tatsächlich entwirft Sokrates im Dialog Prot 342 a6 — 343 b3 als Voraussetzung für die Interpretation des Simonidesgedichtes ironisch eine Ahnenreihe der ältesten Philosophie und illustriert ihr Wissen. Er behauptet, die Philosophie habe in Kreta und Sparta ihren Anfang genommen, wo es auch die meisten ‚Sophisten' gebe, nur verheimliche man das, um die Verbreitung der Weisheit zu verhindern. Erkennbar sei jedoch diese älteste Philosophie an der lakonischen Kürze. Abgesehen von anderen seien auch die Sieben Weisen Nacheiferer, Verehrer und Schüler der spartanischen Paideia gewesen. Es ist offensichtlich, daß das nicht ernst gemeint ist. Sokrates parodiert hier die von den Sophisten beanspruchte Ahnenreihe[17].

Die zweite genannte Stelle, Nom I 641 e, hat zur Frage nach der ältesten Weisheit und zu den Sieben Weisen keine Beziehung, sondern spricht von allgemein notorischen Eigenschaften der Athener, Spartaner und Kreter. Der athenische Gast will bei seinen ausführlichen Regelungen der Weingelage nicht in den Anschein geraten, über geringe Dinge endlose Worte zu machen, wofür ja Athen als φιλόλογός τε ... καὶ πολύλογος (sc. πόλις) im Unterschied zur βραχύλογος (sc. πόλις) der Spartaner und zur πολύνοιαν μᾶλλον ἢ πολυλογίαν ἀσκοῦσα (sc. πόλις) der Kreter bekannt sei (641 e4—7). Dieser Verweis kann also höchstens sekundäre Bedeutung haben, besser würde er ganz gestrichen.

Die Aussage des Referates, daß Sparta und Kreta die besten Gesetze haben, wird von keiner der beiden genannten Stellen gedeckt, vielleicht hat sie sich aus der Erinnerung an Krit 52 e5f ergeben, an Nom I 632 d1—7 kann ja wohl nicht gedacht sein. Grundlegend für das Referat ist also die ironische Geschichtskonstruktion, die Platon in der Auseinandersetzung mit der Sophistik im Dialog Protagoras vorgetragen hat. Sie wurde der Ironie entkleidet, ihre Frontstellung wurde unterdrückt. So dient sie als Quelle für philosophiegeschichtliches Wissen über die noch vor den Diadochai liegende Periode der griechischen Geistes-

---

[12] Diogenes Laertios I § 72 zu Chilon.
[13] Maximus Tyrius, Or.XXV 1e von Myson, Or.XXV 2a von Pythagoras.
[14] Diodor IX 26,2f von Anacharsis, Bias, Solon und Pittakos.
[15] Vgl. oben Kap. I S. 45f. Berührungen ergeben sich auch zu Strom V 21,4 — § 24,3.
[16] PG VIII col. 759.
[17] Vgl. H. Gundert, Die Simonides-Interpretation in Platons Protagoras, in: Festschrift O. Regenbogen S. 78.

geschichte. Es spricht recht viel dafür, daß Clemens diese Umdeutung schon vorgefunden hat. Eine exegetische Tradition zum Protagoras konnte bereits genannt werden, und traditionell ist ja auch die Auskunft zur Form der ältesten Weisheit. Allerdings können wir eine direkte Parallele nicht vorweisen. Die Sukzessionen der Philosophenschulen und ihre Zeiten behandelt Clemens in § 62 — § 65. Sokrates und Platon gehören demnach in die von Thales begründete ionische Traditionslinie. Von Sokrates hängen Platon und die kynische Schule des Antisthenes ab, und von Platon gehen die Alte Akademie und der Peripatos aus § 63,2—6. Dieselbe philosophiegeschichtliche Zuweisung zur ionischen Linie vertritt Diogenes Laertios[18] und Pseudo-Galen[19], sie wird üblicherweise Sotion von Alexandrien zugeschrieben[20]. Jedoch ist sein System nicht rein gewahrt. Aus seiner zweiten Traditionslinie, der italischen, die mit Pythagoras beginnt, ist bei Clemens noch eine dritte, die eleatische mit Xenophanes an der Spitze, ausgegliedert. Auch das ist nicht seine eigene Erfindung, dasselbe steht bei Pseudo-Galen[21].

Mit § 101 beginnend will Clemens den Altersbeweis für die hebräische Philosophie führen. Daß er dieses Thema aufgreift, obwohl er auf Tatian, der es sogar ἀκριβῶς p. 64,22 behandelt hat, und auf Cassian als seine Vorgänger verweisen kann, läßt eine besondere Absicht vermuten. Der Aufriß seines Beweises in § 101,3 — § 104,1 auf jeden Fall stammt aus Tatians «Oratio ad Graecos» § 38f. Er ist teils gekürzt, teils erweitert, teils ist er wörtlich übernommen und teils umformuliert. Das Eigentum des Cassian läßt sich nicht ausmachen[22]. Genaueres soll folgende Tabelle zeigen.

Tatian	Clemens
§ 31 p. 31,4—11. § 36 p. 37,19—25	
These: Mose ist älter als Homer	
und Troia	
§ 36 p. 37,25 — p. 38,15	
Chaldäischer Beleg	
§ 37 p. 38,16 — p. 39,6	
Phönizischer Beleg	

[18] Diogenes Laertios I § 14.
[19] Doxographi Graeci, p. 598,22 — p. 599,14.
[20] J. Stenzel, Art. Sotion 1) RECA Reihe 2. Hlbd. 5 Sp. 1236, K. Praechter, in: F. Ueberwegs Grundriß der Geschichte der Philosophie S. 18—23. Allerdings warnt O. Gigon, Das Prooemium des Diogenes Laertios: Struktur und Probleme, in: Festschrift W. Wili S. 57, vor einer Überschätzung des Sotion. Er könne die Aufteilung höchstens modifiziert und ergänzt haben.
[21] Doxographi Graeci, p. 601,3—12, vgl. p. 243ff.
[22] Vgl. N. Walter, Der angebliche Chronograph Julius Cassianus, in: Festschrift E. Klostermann S. 177—192.

§ 38 p. 39,7–17	§ 101,3–5 p. 65,1–13 (umgearbeitet)

Ägyptischer Beleg: Mose ist Zeitgenosse des Amosis und Inachos

§ 102,1–3 p. 65,13–19
Altersliste griechischer Landschaften

§ 38 p. 39,18f	§ 102,3 p. 65,19–21 (umformuliert)

Summarium: 20, bzw. 21 Generationen von Inachos bis Troia

§ 39 p. 39,20–24
Argivische Königsliste

§ 39 p. 39,24 – p. 40,11
Der unkultivierte Anfang der
griechischen Geschichte
Mose lebte 400 Jahre vor Troia

§ 102,4 p. 65,21 – p. 66,5
Assyrischer Synchronismus

§ 39 p. 40,11–13	§ 102,5 p. 66,5f (umformuliert)

Bedeutsames aus der Zeit des Phoroneus

§ 102,5 p. 66,6ff
Exkurs zu Sikyon und Kreta

§ 102,6 – § 103,1 p. 66,8–14
Exkurs zu Phoroneus

§ 39 p. 40,13–20	§ 103,2f p. 66,14–21 (wörtlich[23])

Bedeutsames aus der Zeit von Phorbas bis Sthenelos

§ 103,3 p. 66,19f
Exkurs zu Dardanos

§ 39 p. 40,20–26	§ 103,4f p. 66,21 – 67,4 (wörtlich[23])

Bedeutsames aus der Zeit von Lynkeus bis Akrisios

§ 39 p. 40,26f	§ 104,1 p. 67,4f (umformuliert)

Troias Fall unter Agamemnon

Der Exkurs zum Namen Phoroneus § 102,6 – § 103,1 enthält Hinweise auf den Historiker Akusilaos und auf das Epos Phoronis, sowie, worauf sich ja das Interesse richtet, ein Platonzitat aus Tim 22 a4–7. Alle drei Instanzen bekräftigen, daß Phoroneus der erste Mensch gewesen ist. Gleichzeitig behauptet Cle-

---

[23] Von ganz geringfügigen «variae lectiones» ist dabei abzusehen.

mens, daß Akusilaos die Quelle für die beiden anderen Bezeugungen gewesen sei. Das Epos schöpfe mit der Bezeichnung des Phoroneus als πατέρα θνητῶν ἀνθρώπων p. 66,9f aus Akusilaos und ebenso Platon im Timaios, wo es heißt: «Und einmal machte er (sc. Solon) sich in der Absicht, sie (sc. die ägyptischen Priester) zum Reden über die alten Zeiten zu veranlassen, daran, über die ältesten Dinge von dieser Stadt zu sprechen, sowohl über Phoroneus, der der erste Mensch genannt wird, als auch über Niobe und die Dinge nach der Flut»[24].

Was nun das Timaioszitat betrifft, so erzählt Kritias die berühmte Episode, wie Solon bei seinem Besuch im ägyptischen Sais die dortigen Priester nach der ältesten Geschichtskunde ausfragte, um vorbereitend für den Mythos von Urathen und Atlantis eine glaubhafte Überlieferung aufzuweisen. Die von Solon erwähnten Namen, Phoroneus, Niobe und nach der Flut Deukalion und Pyrrha, sind gleichsam en passant herausgegriffene Beispiele aus den für Griechen anerkanntermaßen ältesten Zeiten. Der Mythos, den die Priester zu erzählen wissen, zeigt hingegen, daß diese Kunde noch längst nicht an die frühesten Ereignisse, an den Kampf zwischen Urathen und Atlantis, heranreicht. Vor Phoroneus liegt also noch eine ältere Menschheitsgeschichte. Wenn Kritias in diesem Zusammenhang die Wendung, περὶ Φορωνέως τε τοῦ πρώτου λεχθέντος 22 a6, formuliert, dann ist damit wohl tatsächlich an Akusilaos angespielt[25]. In dieser Hinsicht hat Clemens recht, daß er Platon von Akusiloas abhängig sein läßt. Er hat aber außer acht gelassen, daß der Mythos die Nachricht des Akusilaos von Phoroneus als dem ersten Menschen kritisiert und berichtigt.

Was sodann die behauptete Abhängigkeit des Epos Phoronis betrifft, so liegt ein Irrtum vor. Akusilaos ist vom Epos abhängig, nicht umgekehrt[26].

Fraglich ist, ob die Zusammenstellung der drei Zeugen auf Clemens selbst zurückgeht. An und für sich könnte hier das Werk des Cassian greifbar sein, aber auch Clemens' Urheberschaft ist nicht ausgeschlossen. Er zeigt sich auch sonst über Akusilaos informiert[27], er zitiert ein weiteres Mal aus dem Epos Pho-

---

[24] Clemens hat minimale Textvarianten: statt τῶν τῇδε 22 a5 τῶν τῇδε τῇ πόλει in p. 66,12 und statt καὶ μετὰ τὸν κατακλυσμόν 22 a7 καὶ τὰ μετὰ τὸν κατακλυσμόν in p. 66,14. Letzteres macht den Eindruck einer absichtlichen Zusammenfassung. Außerdem liest er ἐπιχειρεῖ p. 66,12f statt des Infinitivs 22 a6. In derselben Gestalt zitiert das Wort Euseb, Praep. Evang. X 12,11.

[25] So E. Schwartz, Art. Akusilaos 3) RECA Bd. 1 Sp. 1222: «... die auf Akusilaos zielende Stelle Plat. Tim. 22a ...».

[26] Vgl. E. Schwartz, Art. Akusilaos 3) RECA Bd. 1 Sp. 1222: «Natürlich zog Akusilaos neben Hesiod auch andere Epen heran (Phoronis ...)», und F. Stoessl, Art. Phoronis 2) RECA Hlbd. 39 Sp. 646: «... der von dem Epos Phoronis abhängige Akusilaos ...».

[27] Er weiß, daß manche ihn zu den Sieben Weisen rechnen, Strom I § 59,5, und daß er eine Prosafassung des Hesiod angefertigt hat, Strom VI § 26,7.

ronis[28] und die Solonepisode ist ihm wohlvertraut[29]. Ganz zweifellos aber ist, daß er persönlich die Sammlung in den Tatianzusammenhang eingefügt hat. Hier muß sich dann auch sein eigentümliches Motiv aufspüren lassen. Und tatsächlich gibt dieser Zusatz eine Tendenz zu erkennen, die auch bei den übrigen Erweiterungen und Exkursen zu Tatian wiederkehrt. Nur der assyrische Synchronismus § 102,4 muß von dieser Betrachtung ausgeschlossen bleiben. Sonst geht es auffälligerweise immer um die ersten Anfänge in Griechenland. Inachos herrscht über Argos, Argos ist aber die älteste aller griechischen Landschaften, wie die Altersliste § 102,1−3 ergibt. Der Exkurs zu Sikyon und Kreta § 102,5 teilt mit, daß Aigialos der erste Herrscher über Sikyon und Kres der erste über Kreta war. Und in Analogie zum Exkurs zu Phoroneus belegt der Exkurs zu Dardanos § 103,3 mit dem Homervers Y 215, daß Dardanos der erste Mensch gewesen ist. Diese Zusätze sind kaum so zu verstehen, als sammelte Clemens verschiedene rivalisierende und sich gegenseitig ausschließende Zeugnisse. Die Nachrichten behandelt er als glaubwürdig, von Kritik oder Ironie ist nichts zu spüren. Man wird deshalb in seinem Sinn eher an jeweils lokal begrenzte erste Anfänge zu denken haben, in Argos, in Sikyon, auf Kreta und in Dardania. Problematisch bleibt aber immer noch die Altersbestimmung für Argos, genauer das Verhältnis von Inachos und Phoroneus in Argos. Eine Klärung ergibt sich, wenn man sich den mythologischen Zusammenhang vergegenwärtigt und annimmt, daß Clemens diesbezügliche Kenntnisse bei seinen Lesern stillschweigend voraussetzt. Danach war Inachos der Stammvater der argivischen Helden. Er war König von Argos, aber er war kein Mensch, sondern ein Fluß. Erst sein Sohn und Nachfolger Phoroneus war Mensch, und zwar der erste[30]. Der kundige Leser weiß sich also mit Inachos in die dunkle, vorgeschichtliche Zeit gewiesen, noch ehe Menschen lebten. Mit Akusilaos, der Phoronis und Platon wird ihm dann ausdrücklich zum Bewußtsein gebracht, daß zum ersten Mal in Griechenland mit Phoroneus ein Mensch in das Licht der Geschichte tritt. Daß die Zeugen voneinander abhängig sind, schmälert nicht den Wert ihres Zeugnisses, sondern erhöht eher die Glaubwürdigkeit des Gewährsmannes. Damit sind die entscheidenden Argumente für den Altersbeweis zusammen. Daß Mose Zeitgenosse des Inachos war, hat der ägyptische Beleg § 101,3−5 ergeben. Mose stand also schon in der Blüte seines Lebens, als Griechenland noch geschichtliches Dunkel umfing. Von diesem Ausgangspunkt wird Clemens dann den Gang der Geschichte bis zur Gegenwart nach dem Tod des Commodus abschreiten, § 144,5.

[28] Von den insgesamt fünf überkommenen Fragmenten bietet Clemens zwei, Frg. 1 hier, Strom I § 102,6, und Frg. 4 in Strom I § 164,2. Möglicherweise enthält Strom I § 75,4 einen Anklang an Frg. 2. Vgl. zum Ganzen F. Stoessl, Art. Phoronis 2) RECA Hlbd. 39 Sp. 646ff.

[29] Zitate aus der Solonepisode bietet er noch in Strom I § 69,3, Strom I § 180,1−5 und Strom V § 9,5ff.

[30] Vgl. W. Kroll, Art. Inachos 1) RECA Hlbd. 18 Sp. 1218ff und J. Schmidt, Art. Phoroneus RECA Hlbd. 39 Sp. 645.

Hat man sich einmal diese in den Abweichungen von Tatian erkennbare Tendenz vergegenwärtigt, dann wird auch deutlich, daß Clemens eine ganz andere Geschichtssicht als Tatian verfolgt. Tatian hatte sich bei dem Altersbeweis, obwohl er das Material zu Größerem in den Händen hatte, mit einem relativen Zeitvergleich begnügt. Er wollte beweisen, daß Mose älter als Homer ist, und als er bei der Datierung Homers auf Schwierigkeiten stieß, wich er auf den Fall Troias aus. So kam er zu dem Ergebnis, daß Mose 400 Jahre vor dem troianischen Krieg lebte. Von dieser relativen Betrachtungsweise findet man bei Clemens nur noch die Restspuren. Er orientiert alles auf den absoluten Anfang der griechischen Geschichte hin. Das mag zum einen als versteckte Antwort auf Celsus zu bewerten sein, denn offenbar hat Celsus mit einem absoluten Anfang der Geschichte nichts anfangen können. Celsus polemisiert gegen den biblischen Schöpfungsbericht[31] und verficht in Anlehnung an Tim 22 c1 — e5 die Annahme von vielen periodischen Überflutungen und Feuerverwüstungen der Erde[32]. Dem entspricht, was man von einem orthodoxen Schulplatoniker des 2. Jahrhunderts ohnehin zu erwarten hat[33], daß er eine Entstehung der Welt der Zeit nach im wörtlichen Sinne von Tim 27 c5 ablehnt[34], auch wenn er sich darüber nicht explizit äußern will[35]. So kann Clemens im Gegenzug dazu Position bezogen haben. Aber es scheint nicht so, daß die kritische Auseinandersetzung mit Celsus das Entscheidende wäre, denn bei Clemens geht mit der Orientierung auf den ersten Anfang das andere Bestreben einher, die griechisch-römische Geschichte in ihrer Gesamtheit bis zur Gegenwart einzuschließen. Man kann das, wie es A. von Harnack[36] getan hat, eine universalhistorische Anschauung nennen. Es muß aber hier vorweggenommen werden, was erst der systematische Ausblick erbringen kann, daß nämlich die universalhistorische Anschauung eingebettet ist in einen schöpfungstheologischen Gesamtaufriß. Solche schöpfungstheologisch begründete Universalgeschichte ist offenbar das leitende Interesse. In ihrem Dienst steht auch der das Platonzitat enthaltende Exkurs zu Phoroneus, der den relativen Altersbeweis zu einem universalhistorischen umzudeuten beiträgt. Um ihretwillen hat Clemens offenbar die als unzureichend empfundene Argumentation Tatians überhaupt erneut aufgerollt.

Vom Daimonion des Sokrates spricht Clemens in § 133,3. Im Kontext zeigt er den Gegensatz zwischen den Propheten der Hebräer, die δυνάμει θεοῦ καὶ ἐπιπνοίᾳ p. 84,6 weissagten, § 135,3 — § 136,1, und den Heiden, denen die Fähigkeit zu übernatürlicher Erkenntnis zukünftiger Dinge nachgesagt wird, denen

---

[31] Celsus, Frg. VI 49f.
[32] Celsus, Frg. I 19f. IV 11, vgl. Origenes, Contra Celsum I 19 p. 70,31f.
[33] Vgl. H. Dörrie, Der Platonismus in der Kultur- und Geistesgeschichte der frühen Kaiserzeit, in: ders., Platonica Minora S. 186.
[34] Celsus, Frg. IV 79, vgl. C. Andresen, Logos und Nomos S. 80ff.
[35] Celsus, Frg. VI 52.
[36] A. von Harnack, Lehrbuch der Dogmengeschichte Bd. 1 S. 646.

er aber wahre, göttliche Zukunftserkenntnis abspricht, § 135,2. Dazu zählt er in § 132,1 — § 135,1 Chresmologen[37], Sibyllen, Leute mit eigenem Vorherwissen und Manteis auf. Unter den Leuten mit eigenem Vorherwissen ragt besonders Sokrates auf Grund seines Daimonion hervor, was Clemens mit einem recht freien Zitat[38] aus dem pseudo-platonischen, aber von ihm zweifellos für echt gehaltenen[39] Theages 128 d2—5 belegt: «Ich habe von Kindheit an ein sich durch göttliche Fügung einstellendes dämonisches Zeichen. Dieses ist eine Stimme, die, sooft sie sich vernehmen läßt, das, was ich zu tun im Begriff bin, verhindert, niemals aber zu etwas antreibt».

Möglicherweise wollte Clemens mit diesen Paragraphen über die Weissagungen dem Interesse, das Celsus an heidnischen Wundermännern und ihrem Zukunftswissen bezeugte[40], ein Gegenstück aus christlicher Sicht entgegenstellen. Insbesondere hat er mit dem Daimonion des Sokrates, auf das allerdings Celsus in den erhaltenen Fragmenten nicht zu sprechen kommt[41], ein die Aufmerksamkeit der Gebildeten weckendes Thema berührt, haben ihm doch Plutrach[42], Maximus Tyrius[43] und Apuleius[44] eigene Schriften gewidmet.

Festzustellen bleibt schließlich noch, daß Clemens zum Daimonion des Sokrates keine schlüssige Erklärung gegeben hat, sondern verschiedene Traditionen unausgeglichen nebeneinander laufen läßt. In Strom V § 91,5 kommt er erneut auf dieses merkwürdige Phänomen zu sprechen. Mit den ἄγγελοι τῶν μικρῶν τούτων von Mt 18,10 (vielleicht ist auch an Hebr 1,14 gedacht) stellt er Pol X 620 d6 — e1 zusammen, wo es um den Dämon geht, der einem jeden nach der Wahl des Lebensmusters von der Moira Lachesis als Hüter und Vollstrecker zugeteilt wird. Dazu erklärt Clemens, daß vielleicht auch für Sokrates das Daimonion etwas derartiges bedeutete. Die Divergenzen zu der Vorstellung des Theageszitates liegen offen zutage. Einmal ist das Daimonion ein Zeichen, und zwar eine Stimme, das andere Mal ein Dämon, also ein Mittelwesen. Einmal ist es eine dem Sokrates allein und bevorzugt erwiesene Gabe, das andere Mal ist es allen Menschen nicht anders als ihm mitgegeben. Und schließlich wird es einmal verworfen, das andere Mal unter Vorbehalt als Engel anerkannt. Offenbar war für Clemens diese Frage nicht zentral.

---

[37] In einer langen Praeteritio § 132,3 fallen 26 Namen.
[38] Verzichtet sei darauf, die Abweichungen im einzelnen zu notieren. Der Ausspruch könnte aus dem Gedächtnis zitiert sein.
[39] Die Echtheit ist in der Antike allem Anschein nach vorausgesetzt worden, vgl. P. Friedländer, Platon Bd. 2 S. 311 Anm. 15.
[40] Celsus, Frg. II 55. III 3.24.26.31—34. VII 35. VIII 45.
[41] Sokrates wird erwähnt in Frg. I 3. VI 12. VII 58.
[42] Plutarch, De genio Socratis, mor. 575 A — 598 F.
[43] Maximus Tyrius, Or. VIII. IX.
[44] Apuleius, De deo Socratis, § 115 — § 178.

Die letzten aus der buntschriftstellerischen Anlage des Werkes zu erklären-
den Zitationen Platons finden sich in einem Einschub, der verschiedenen Fragen bezüglich der Sprache nachgeht, § 142,1 − § 143,7. Clemens referiert in
§ 143,1, Platon habe den Göttern eine eigene Sprache zugesprochen, er habe
sie aus Träumen, aus Orakeln und aus Verlautungen von Besessenen erschlossen. Dazu bemerkt O. Stählin, daß sich entsprechende Äußerungen bei Platon
nicht finden, «Clem(ens) überträgt es auf ihn durch nachlässiges Excerpieren»[45].
Vielleicht läßt sich aber eine andere, nicht mit einem mechanischen Versehen
rechnende Erklärung wahrscheinlicher machen. Die von Clemens erwähnte
Dreiergruppe, Träume − Orakel − Besessenheit, erinnert nämlich an die bei
Cicero, De divinatione I, vorgetragene Klassifizierung der «divinatio naturalis»
in «oracula» (De div. I § 37 − § 41), «somnia» (De div. I § 42 − § 65) und
«furor» (De div. I § 66 − § 67). Darüber hinaus betont Cicero die Zustimmung
der Philosophen zur Weissagung nicht nur allgemein (De div. I 5ff. § 87),
sondern belegt sie auch jeweils mit Zitaten. Dreimal nennt er dabei Platon. Für
die Weissagung durch Träume steht Krit 44 a5 − b2, paraphrasiert in De div. I
§ 52, und Pol IX 571 c3 − 572 b1, zitiert in De div. I § 60f. Zum «furor»
findet sich die Anspielung an Phaidr 244 b6 − c5 in De div. I § 1. Lediglich zu
Orakeln führt er keinen platonischen Beleg an, obwohl solcher leicht zur Hand
wäre, es sei nur an Apol 20 e6 − 21 a7 erinnert. Entscheidend ist nun, und
darüber besteht kein Zweifel[46], daß Cicero diese Klassifizierung aus einer Vorlage übernommen hat. Somit ist die Möglichkeit für die Annahme gegeben, daß
Clemens mit seiner stark verkürzenden Andeutung auf derselben Tradition
fußt, die Cicero etwas breiter ausgeschrieben hat.

Allerdings erklärt diese Parallele das clementinische Referat noch nicht vollständig, denn auf eine Sprache der Götter heben Ciceros Ausführungen ja
nicht ab. Dieser Gedanke wird erst verständlich, wenn man die beiden für die
Dämonologie des Platonismus grundlegenden Texte, Symp 202 e3 − 203 a8
und Epinom 984 d8 − 985 c5 mit heranzieht[47]. Im Symposion belehrt Diotima, durch den Eros πᾶσά ἐστιν ἡ ὁμιλία καὶ ἡ διάλεκτος θεοῖς πρὸς ἀνθρώπους, καὶ ἐγρηγορόσι καὶ καθεύδουσι 203 a2ff, unmittelbar vorher wurde die
Mantik genannt 202 e7 und 203 a1 zusammen mit der γοητεία. Hier ist also
von der Sprache der Götter die Rede, die durch den Dämon Eros an die Men-

---

[45] So im Apparat zur Stelle p. 88,18−23. Auch W. Theiler, Die Sprache des Geistes in der
Antike, in: ders., Forschungen zum Neuplatonismus S. 303 Anm. 4, setzt zur Rückfüh-
rung auf Platon ein Fragezeichen.

[46] So R. Philippson, Art. M. Tullius Cicero. Die philosophischen Schriften, RECA Reihe 2
Hlbd. 13 Sp. 1156−1161, und ebenso K. Reinhardt, Art. Poseidonios von Apameia.
RECA Hlbd. 43 Sp. 792−805. Auf das verwickelte Problem, welchem Namen man die
Quelle Ciceros zurückgeben soll, kann hier nicht eingegangen werden.

[47] Vgl. Plutarch, De Iside 26, mor. 361 Bf, De defectu oracul. 13, mor. 416 Ef; Albinos,
Didask. XXXIII p. 187,28−32; Maximus Tyrius, Or. VIII 8d; Apuleius, De deo Socratis
§ 128 p. 11,10ff; § 132ff p. 13,13 − p. 14,14; De Platone I § 206 p. 96,13ff.

schen vermittelt wird, hier konnte auch ohne weiteres ein Dreierschema von Orakeln, göttlicher Begeisterung und von Träumen herausgelesen werden. Und in der Epinomis heißt es von dem ἀέριον γένος der Dämonen τῆς ἑρμηνείας αἴτιον 984 e1f, bzw. von den Äther- und Luftdämonen ἑρμηνεύεσθαι πρὸς ἀλλήλους τε καὶ τοὺς ἀκροτάτους θεοὺς πάντας τε καὶ πάντα 985 b1ff. Auch hier ist also eine Sprache der Götter und Dämonen zum Ausdruck gebracht, und wiederum werden verschiedene Arten der Übermittlung an die Menschen aufgezählt: ἢ καθ' ὕπνον ἐν ὀνειροπολίᾳ προστυχόντες, ἢ κατὰ φήμας τε καὶ μαντείας λεχθέν τισιν ἐν ἀκοαῖς ὑγιαίνουσιν ἢ καὶ κάμνουσιν, ἢ καὶ τελευτῇ βίου προστυχέσι γενομένοις 985 c2—5. Mag diese Aufzählung auch offen formuliert sein, die besagte Dreiergruppe findet auch in ihr Anhalt[48]. So ergibt das clementinische Referat eine sinnvolle Aussage, wenn man voraussetzt, daß es sich dabei um die starke Verkürzung einer Vorlage handelt, die gestützt auf die beiden ausgeschriebenen Grundtexte ein System der Dämonen- und Weissagungslehre unter Einschluß der Göttersprache entwickelt und mit weiteren, bei Cicero wiederkehrenden Platonbelegen abgesichert habe.

Daß ein solches dogmatisiertes System nicht in Platons Absicht lag, bedarf keines langen Beweises. Im Symposion ist das Dämonische eine auf das philosophische Streben abzielende Konstruktion der Phantasie. An der Göttersprache haftet überhaupt kein Interesse. Systematisiert schon ist die Dämonologie in der Epinomis des Philipp von Opus[49], der allerdings ihre Geltung noch einschränkt. Der Staatskult darf nicht auf ihr basieren, sondern nur auf der Astronomie. Und auch hier steht die Göttersprache nicht im Vordergrund. Was Clemens mit dieser Bemerkung bezwecken will, sagt er nicht. Vielleicht darf man aber auch hier annehmen, daß er eine Gegenposition zu Celsus zum Ausdruck bringen will, denn Celsus hat eine Stimme Gottes in Abrede gestellt[50].

Ebenfalls auf Platon führt Clemens die Ansicht zurück, es gebe jeweils nur für die Artangehörigen verständliche Tiersprachen. Nicht mehr auf Platon beruft er sich, wenn er anschließend Beispiele dafür anhand einer Elephanten-, einer Skorpion- und einer Fischgeschichte erzählt, § 143,3—5, hier heißt es: φασὶ p. 88,26 und φασὶ δὲ καὶ ἄλλοι τινές p. 89,2. Unklar ist, ob überhaupt mit der Behauptung der Tiersprache an eine bestimmte Textstelle, bzw. an welche gedacht sein könnte. Sollte z. B. Phaidr 258 e7f im Hintergrund stehen: οἱ τέττιγες ᾄδοντες καὶ ἀλλήλοις διαλεγόμενοι? Daß Clemens damit keine eigenen Forschungsergebnisse vorträgt, ist von vornherein zu erwarten. Bekanntlich wurde zu dieser Frage eine heftige Kontroverse zwischen der Akademie des

---

[48] Vgl. L. Tarán, Academica: Plato, Philip of Opus and the Pseudo-Platonic Epinomis S. 289f. Man könnte auch schon Apol 33 c5ff. nennen: ... ἐκ μαντείων καὶ ἐξ ἐνυπνίων καὶ παντὶ τρόπῳ ᾧπέρ τίς ποτε καὶ ἄλλη θεία μοῖρα ἀνθρώπῳ καὶ ὁτιοῦν προσέταξε πράττειν.
[49] Vgl. zur Verfasserfrage L. Tarán, ebd. S. 3—167.
[50] Celsus, Frg. VI 62.

Karneades und den Stoikern geführt[51], vielleicht stützt sich Clemens auf Unterlagen aus diesem Streit. Zu bemerken bleibt noch, daß auch hier eine Berührung zu Celsus vorhanden ist, denn er spricht von einer Ameisensprache und von Tiersprachen im allgemeinen[52].

Den Exkurs zum Stichwort Sprache beschließt eine besondere Würdigung der barbarischen Sprachen. Sie sind, wie er in § 143,6 ausführt, αἱ ... πρῶται καὶ γενικαὶ διάλεκτοι, sie haben ihre Wörter φύσει p. 89,5f, was durch die allgemeine Übereinstimmung bestätigt werde, daß Gebete in Barbarensprache wirksamer seien. Auf diesen letzten Punkt ist auch Celsus eingegangen[53]. Sodann erwähnt er den platonischen Dialog Kratylos. Platon stelle bei der Deutung des Wortes πῦρ fest, daß es barbarisch sei, er bezeuge, daß die Phryger es mit einer geringen Abweichung so nennen, § 143,7. Mit dieser Paraphrase ist der Abschnitt 409 c10 − 410 a5 wiedergegeben, wobei (σ) μικρόν τι παρακλίνοντες p. 89,9f wörtlich aus 410 a4 übernommen ist.

Was den großen etymologischen Mittelteil des Dialoges Kratylos betrifft, so kann außer acht bleiben, inwiefern die Etymologien trotz ihrer scherzhaften und ungesicherten Unverbindlichkeit einen philosophisch ernstzunehmenden Kern haben[54], denn das herausgegriffene Beispiel gehört zu einer Gruppe mit einer Sonderstellung. Tatsächlich hat Platon hier nicht nur, wie es bei einer Behandlung sprachphilosophischer Fragen natürlich ist, die Barbaren in seinen Gesichtskreis eingeschlossen, sondern er hat auch für Wörter, die keine griechische Ableitung erkennen ließen, barbarischen Ursprung angenommen. Dazu gehören πῦρ, ὕδωρ, κύνες 410 a1−5. Ein fremdländisches Wort ist ἀλγηδών 419 c4. Ferner wird barbarischer Ursprung erwogen bei κακόν 416 a1−6 und bei ἴον, ῥέον, δοῦν 421 c3 − d6. Unvermeidlich stellt sich dann auch die Frage, ob nicht die Barbaren älter als die Griechen seien (425 d8 − e3). Aber es handelt sich in allen diesen Fällen deutlich um eine ironische Ausflucht. Wiederholt wird die barbarische Worterklärung eine μηχανή, vergleichbar den Maschinengöttern der Tragödiendichter, genannt[55]. So brauchte man nur die Ironie zu überhören, um Platon als Zeugen für das höhere Alter barbarischer Sprachen zu gewinnen. Ob Clemens selbst diesen Schritt vollzog und dabei direkt aus dem Kratylos schöpfte, oder ob er dafür bereits Vorgänger hatte, läßt sich, solange einschlägige Parallelen nicht vorhanden sind, nicht mit Sicherheit entscheiden.

---

[51] M. Pohlenz, Die Stoa Bd. 1 S. 39.
[52] Celsus, Frg. IV 84. 88. Auch die Anekdoten scheinen dem Geschmack der Zeit zu entsprechen. Vergleichbare Geschichten von Kranichen und Hirschen erzählt Maximus Tyrius, Or. VI 3.
[53] Celsus, Frg. VIII 37. Origenes behandelt die Frage in Contra Celsum I 25. V 45 und Exhortatio ad mart. 46. Weitere Belege bei W. Theiler, Die Sprache des Geistes in der Antike, in: ders., Forschungen zum Neuplatonismus S. 302−312. W. Theiler urteilt ebd. S. 303: «Eng gehen Glaube an die Magie des Wortes und rational berechtigte Überlegungen zusammen».
[54] S.o. Kap. V S. 211f.
[55] Krat 409 d3. 416 a4. vgl. 425 d6.

KAPITEL III:
WERBUNG FÜR DAS CHRISTENTUM

Von den im letzten Kapitel besprochenen Rekursen auf Platon hebt sich in den historisch-chronologisch orientierten Passagen des ersten Buches eine zweite Gruppe ab. Bei dieser Gruppe stehen die Zitationen nicht vereinzelt, sondern in Nestern oder Ketten an zwei Stellen, in § 66,3 — § 69,3 und in § 165,1 — § 182,3. Sie treten in solcher Häufung auch nicht planlos und zufällig auf, sondern sind durch ein erkennbares Band kompositionell verklammert. Schließlich ist hier auch die thematische Mannigfaltigkeit reduziert. Es sind lediglich zwei Komplexe, zu denen platonische Beiträge aufgenommen sind: Gesetzgebung und Philosophie. Auf diese Weise ist mit ausschließlich platonischem Material ein schrittweise vorangehender Gedankengang erzielt, der einen heidnischen Leser zum Christentum zu führen geeignet ist. Hierin ist Platons Bedeutung für die christliche Werbung zu sehen. Die angedeutete Eigenart dieser zweiten Gruppe macht es erforderlich, daß zunächst die Disposition des Materials geklärt und dessen Verklammerung aufgezeigt werden muß, ehe die Behandlung Platons im Einzelfall erörtert werden kann.

1. Analyse der kompositorischen Bezüge

Der erste hier zu betrachtende Abschnitt § 66,3 — § 69,3 ist in eine mit § 66,1 beginnende Abhandlung eingefügt, die möglichen Verbindungen der griechischen Philosophie mit dem Barbarentum nachspürt. Nachdem zuvor die Zeiten der ältesten Weisen und Philosophen in Griechenland (οἱ χρόνοι p. 41,22f) besprochen worden sind, sollen nun die einzelnen Philosophen persönlich auf ihr Verhältnis zu den Barbaren unter dem Gesichtspunkt ihrer Abstammung und ihrer Erziehung hin befragt werden. In § 66,3 kommt die Rede auf Platon. Eine doppelte These ist vorangestellt. Platon habe nach eigenem Eingeständnis das Beste für die Philosophie von Barbaren übernommen und sei nach Ägypten gereist. Das wird im einzelnen mit folgenden Aussagen gestützt:

§ 66,3 — § 67,1   Platons Anerkennung der barbarischen Philosophie
§ 67,2 — § 67,3   Platons Anerkennung der barbarischen Gesetzgebung
§ 67,4   Platons Wiedergabe barbarischer Lehre über Ursprung und Bedeutung von Gesetzgebern und Philosophen
                 § 68,1 Liste von Barbarenvölkern, die ihre Gesetzgeber verehren und von Staats wegen philosophieren

§ 68,2 — § 68,3   Platon preist die Barbaren im Gedenken an sein eigenes (und des Pythagoras) Studium bei Barbaren

§ 69,1   Die ägyptischen Lehrer von Pythagoras, Platon und Eudoxos von Knidos

§ 69,2   Platons Kenntnis der Prophetie

§ 69,3   Platon zeigt in Tim 22, wie Solon von Barbaren lernt.

Hier lassen sich zwei Gedankenschritte erkennen. Der erste konstatiert in § 66,3 — § 67,4 Platons Anerkennung der Barbaren, der zweite konzentriert sich in § 68,2 — § 69,3 auf sein Studium und seine Lehrer bei Barbaren. Inhaltlich geht es im ersten Schritt um die beiden Größen Philosophie und Gesetzgebung. Sie werden auch für den zweiten gelten, jedoch fügt § 69,2 noch die Prophetie als zusätzliches Thema hinzu. So sind hier zunächst die drei Stichpunkte Philosophie, Gesetzgebung und Prophetie gegeben.

Die Musterung weiterer Philosophen verläuft im Kontext bis § 71,2. Eingerückt erscheint in obiger Tabelle § 68,1, was als Vorgriff auf § 71,3 — § 73,6 aufzufassen ist. Dort werden ausführlich die philosophischen Leistungen barbarischer Völker gewürdigt. Anschließend zählt Clemens in § 74,1 — § 80,4 barbarische Erfindungen in fast allen Kunstfertigkeiten auf. In allen diesen Ausführungen spielt Platon keine Rolle mehr.

Die zweite hier zu betrachtende Ansammlung von Platonzitationen steht in dem Abschnitt über Mose, § 148,1 — § 182,3. Auch er blickt auf vorangegangene Abhandlungen über Zeiten (περὶ τῶν χρόνων p. 92,4) zurück, in diesem Fall auf Abhandlungen über die Zeiten der hebräisch-jüdischen Geschichte bis zur Geburt des Herrn. Das Hauptthema ist dann Mose. Doch davor hat Clemens noch zwei Rahmenstücke eingeschoben. § 148,1 — § 149,3 erzählt die Geschichte von der Entstehung der Septuaginta. Als Rahmenerzählung ist sie schon in jüdischer Missionsliteratur verwendet worden[1]. Ferner bezeugt § 150,1 — § 150,4 mit zwei namentlich nachgewiesenen Zitaten die Abhängigkeit Platons von Mose, wobei im ersteren Fall Pythagoras noch nachträglich eingeschlossen wird. Auf diese Weise ist schon im Vorfeld der Darlegungen über Mose Platons Abhängigkeit nicht mehr allgemein von Barbaren, sondern im besonderen von Mose festgestellt. Zugleich wird damit die Frage nach einer eigenständigen Wahrheitserkenntnis der Griechen an Platon entschieden. Mit Bedacht sind fer-

---

[1] Vgl. N. Walter, Der Thoraausleger Aristobulos S. 88—103. Das gilt schon für den Aristeasbrief. Dort ist die Erzählung zerlegt in die Vorgeschichte der Übersetzung (§ 1 — § 82), in den Bericht von der Gesandtschaft der Übersetzer (§ 121 — § 127) und von ihrem Empfang (§ 172 — § 183) sowie in den Bericht von der Übersetzung und der feierlichen Anerkennung (§ 301 — § 317). Diese Erzählung bildet das Band, das die Beschreibung Jerusalems und seiner Umgebung (§ 83 — § 120), die Verteidigung des Gesetzes durch Eleazar (§ 128 — § 171) und das Symposion mit den 72 Dicta περὶ βασιλείας (§ 184 — § 300) verbindet und rahmt. Philon, VitMos II § 25 — § 44, plaziert die Erzählung vor die eigentliche Behandlung des mosaischen Gesetzgebungsamtes. Auch Justin, Apol. I 31,1—5, erzählt die Legende, ehe er sich erstmalig auf das Alte Testament bezieht. Zur weiteren Ausgestaltung des Stoffes vgl. A. Pelletier in der Einleitung zu «Lettre d'Aristée à Philocrate» S. 78—98.

ner die Zeugen, Aristobul und Numenios, ausgewählt. Aristobul wird zwar nicht eigens vorgestellt, aber er gibt sich selbst im Zitat durch καθ' ἡμᾶς p. 93,1, durch ἐξαγωγὴ τῶν Ἑβραίων τῶν ἡμετέρων πολιτῶν p. 93,5 und durch παρ' ἡμῖν p. 93,9 klar als Juden zu erkennen. Und Numenios, über dessen Herkunft das Zitat keine Auskunft erteilt, wird als Πυθαγόρειος φιλόσοφος p. 93,10 charakterisiert. Nun wird man diese Bezeichnung nicht pressen dürfen. Sie besagt ja zunächst nur die Gefolgschaft in einer philosophischen Richtung, und insofern wird auch Philon zweimal Pythagoreer genannt[2]. Trotzdem liegt es hier aber nahe, in dem Pythagoreer zugleich einen Vertreter des Heidentums zu sehen. So ist durch die Wahl der Zeugen eine Bestätigung von zwei Seiten gewonnen. Sowohl auf jüdischer wie auch auf heidnischer Seite ist die Erkenntnis von der Priorität und Überlegenheit Moses ausgesprochen[3].

Innerhalb der Darlegungen über Mose in § 150,4 — § 180 findet sich eine Zäsur in § 158. Bis dahin berichtet Clemens vorwiegend in Auszügen aus Philon, De vita Mosis[4], vom Lebenslauf des Mose bis zum Exodus aus Ägypten und der dabei erfolgten Beutenahme. Ab § 158 sind die Ämter Moses thematisch. Hinsichtlich dieser Abfolge von βίος und ἐγκώμιον folgt Clemens wieder Philon[5]. Er widersetzt sich aber, dessen geschlossenes Schema der Ämter zu reproduzieren[6], sondern bietet in § 158,1 eine aufgefächerte Liste: Ἔστιν οὖν ὁ Μωυσῆς ἡμῖν προφητικός, νομοθετικός, τακτικός, στρατηγικός, πολιτικός, φιλόσοφος p. 99,16f. Anschließend werden diese Ämter teils einander subsumiert, teils weiter differenziert, so daß sich folgende Aufstellung ergibt:

1) προφητικός

2) νομοθετικός   νομοθετικόν

3) τακτικός   στρατηγικόν   ⎫

4) στρατηγικός   ⎬ βασιλικόν

                    δικαστικόν   ⎭

5) πολιτικός

6) φιλόσοφος

---

[2] Strom I § 72,4; Strom II § 100,3.

[3] Über einen möglichen Einfluß beider Autoren auf Clemens wird später zu sprechen sein.

[4] Vgl. die Nachweise von O. Stählin im Apparat.

[5] Auf die Darstellung des Lebenslaufes in VitMos I folgt die systematisierende Aufzählung der Ämter in VitMos II § 3. Danach ist Mose βασιλεύς (auf Grund von § 2 gleichzeitig auch Philosoph), νομοθέτης, ἀρχιερεύς und προφήτης. Daran orientiert sich die Gliederung grundsätzlich. Allerdings ist der Aufbau insofern vermischt, als das erste, den βίος erzählende Buch auch schon die Darstellung des Königsamtes ist, vgl. I. Heinemann, Art. Moses RECA Hlbd. 31 Sp. 369ff. Von Mose als Gesetzgeber handelt dann Buch II § 8 — § 65. § 66 leitet über zum Amt des Oberpriesters. Dieser Abschnitt erstreckt sich bis § 186. Von Mose als Prophet handeln § 187 — § 287, sein Abscheiden bildet den Abschluß, § 288 — § 292.

[6] Clemens liegt einerseits an der Variation. Jeweils abweichende Aufzählungen stehen in

Diese Aufzählung ist nun wenigstens im Ansatz die Grundlage für die Disposition der folgenden Paragraphen.

Die Behandlung Moses als eines Propheten wird § 158,1 zurückgestellt für einen Abschnitt, der sich eigens mit der Prophetie beschäftigen soll[7]. Damit ist das zuerst genannte Amt berücksichtigt. Durch das Stichwort βασιλικόν sind § 158,2 — § 159,6 zusammengehalten. Sie liefern zunächst eine an psychologischen Kriterien vollzogene vierfache Unterscheidung des βασιλικόν, dem sich eine allegorische Deutung des τακτικόν p. 100,18 anschließt. Der Name Moses wird hierbei nicht genannt. Daß an ihn nicht mehr in erster Linie gedacht ist, zeigt § 159,5f, wo als βασιλεύς Christus erscheint. Und doch schließt sich diese Aussagereihe wenigstens nominell an das dritte Amt und seinen übergeordneten Allgemeinbegriff an. Der Abschnitt § 160,1 — § 164,4 widmet sich dem στρατήγημα. Der in § 157,4 fallen gelassene Faden der Lebensbeschreibung wird wieder aufgenommen und über die Stationen der nächtlichen Flucht vor der nachsetzenden ägyptischen Streitmacht, des Schilfmeerwunders und der göttlichen Führung durch die Feuersäule bis zur Landnahme fortgeführt. Daran schließt sich ein ausführlicher Nachweis an, inwiefern die Griechen von Moses Leistungen als Heerführer lernten und ihn nachahmten, sowie ein Exkurs ad vocem στῦλος in § 163,6 — § 164,4. So ist einerseits die Erzählung des Lebenslaufes weitergeführt, und andererseits ist das vierte, das strategische Amt, behandelt. Hier überlagern sich βίος und ἐγκώμιον. Mit dem nächsten Komplex § 165,1 — § 179,4 tritt eine Akzentverschiebung von der Person Moses auf das mosaische Gesetz ein. Angekündigt unter dem Stichwort νομοθεσία p. 103,9 kommt das Gesetz zuerst unter dem Gesichtspunkt des praktischen Lebens in § 165,1 — § 175,2 zur Sprache, und angekündigt unter dem Stichwort φιλοσοφία p. 108,24 kommt das Gesetz sodann unter dem Gesichtspunkt des theoretischen Lebens in § 176,1 — § 179,4 zur Sprache. Im ersten Fall ist noch eine Erweiterung des Begriffsfeldes zu beobachten. Dem Stichwort νομοθεσία p. 103,9 entspricht anschließend der Begriff πολιτεία p. 103, 10 und analog dazu wird der Begriff τὸ νομικόν p. 103,16 dem übergreifenden Oberbegriff des πολιτικόν p. 103,15ff unterstellt. Damit ist trotz der veränderten Akzentuierung eine Korrespondenz zu dem zweiten und fünften Amt des Mose hergestellt. Daß die Entfaltung des Gesetzes als Philosophie auf sein noch offenes, an sechster Stelle aufgezähltes Philosophenamt zurückweist, ist unmittelbar einleuchtend. So ergibt die Analyse, daß unter z.t. starken Modifikationen die panegyrische Liste der Ämter des Mose von § 158,1 für die Auswahl und Anordnung der folgenden Gedankengänge von § 158,1 — § 179,4 zugrunde gelegt ist[8].

Höchst bemerkenswert ist, daß Platon allein in den beiden letzten Passagen zu den Stichworten πολιτικός und φιλόσοφος erwähnt wird, in ihnen aber eine herausgehobene Rolle spielt. Denn beide bringen namentlich bezeichnete Referate gleich am Anfang, d.h. an exponierter Stelle. Die Darlegungen zur praktischen Seite des Gesetzes als νομοθεσία nennen Platons Namen in § 165,1 — § 166,5 zweimal und fünf Dialogtitel. Eine weitere Erwähnung folgt in § 170,3. Die Darlegungen zur theoretischen Seite des Gesetzes als φιλοσοφία nennen Platons

---

Strom I § 150,4; Strom I § 168,3f und Strom II § 21,1. Andererseits übergeht er überall das Amt des Oberpriesters.

[7]   Aus Strom IV § 2,2 ergibt sich, daß unter diesem Titel nur ein Abschnitt in der beabsichtigten Fortsetzung der «Teppiche» gemeint ist, vgl. O. Stählin, Deutsches Übersetzungswerk Bd. 1 S. 40.

[8]   Damit ist die Disposition pünktlicher angegeben als bei W. Bousset, Jüdisch-christlicher Schulbetrieb S. 213 Anm. 1.

Namen in § 176,1—3 zweimal und einen Dialogtitel. Hier wird Platon auch in einem Mischzitat wörtlich aufgenommen, ansonsten sind für beide Abschnitte noch Anspielungen zu verzeichnen.

Im Fortgang folgt in § 180 ein Zitat von Tim 22 mit detaillierter Exegese zum Nachweis, daß Platon selbst dem barbarischen Wissen höchstes Alter und Wahrheit zugesprochen hat. Ein kurzer anthologischer Beweisgang zum Abschluß in § 181,1 — § 182,3 sammelt weit gestreute Aussprüche zum Thema des einen Gottes und seiner Satzung. So beschließen die Heilige Schrift (Prov 6,23), Pindar, Hesiod, Platon, Mose (Gen 17,4.2) und das Kerygma Petri das erste Buch der «Teppiche».

Zusammenfassend lassen sich nun aus den beiden analysierten Abschnitten § 66,3 — § 69,3 und § 165,1 — § 182,3 die Verklammerungen innerhalb der Platonanleihen nennen. Der erste Abschnitt spricht aus dem Blickpunkt der Geschichte der griechischen Philosophie von Platons positivem Verhältnis zu Barbaren, wobei die Stichworte Philosophie, Gesetzgebung und zuletzt auch noch Prophetie leitend sind. Ihn krönt das Zitat aus Tim 22. Der zweite Abschnitt geht aus von Mose und nimmt bei der Behandlung seiner Ämter als Gesetzgeber, bzw. Staatsmann und als Philosoph auf Platon Rekurs. Wiederum schließt sich dasselbe Zitat aus Tim 22 an, diesmal mit ausführlicher Exegese. Der anthologische Appendix wiederholt mit zwei Referaten zu Platon auf seine Weise die Themen Gesetzgebung und Philosophie. So liegt der Zusammenschluß in der dreimaligen Wiederholung der Motive Gesetzgebung und Philosophie und in dem zweimal wiederkehrenden Zitat von Tim 22. Es zeigt sich aber, daß die Verknüpfungen noch enger sind, wenn man berücksichtigt, daß das Thema Prophetie zusätzlich in beiden Darlegungen angesprochen, aber schließlich für einen eigenen Abschnitt zurückgestellt wird. Grenzt man diesem Hinweis zufolge die Prophetie noch aus, dann steht man vor einem in seinen Bestandteilen vollständig geschlossenen Gefüge von Platonzitationen. Daß es sich dabei nicht um zufällige Doubletten, sondern um eine absichtsvolle Gedankenentwicklung handelt, läßt sich schon von der Anlage her vermuten. Die folgende Einzelinterpretation wird die protreptische Gedankenführung noch näher herausarbeiten.

2. Die Barbaren

Die einleitende These in § 66,3 lautet: «Platon leugnet nicht, das Beste zur Philosophie von den Barbaren einzuführen, und gesteht, nach Ägypten gekommen zu sein». Hier besteht die wichtigste Aufgabe darin, sich über die Sprechhaltung Klarheit zu verschaffen. Es gibt keine Anzeichen von Kritik. Auch die Vokabel ἐμπορεύεσθαι p. 42,3 hat hier im Unterschied zu Strom II § 7,3 keinen abschätzigen Klang. Sie kommt dem Wunsch nach Ausdrucksvariation

entgegen[1] und konnte sich besonders dadurch empfehlen, daß sie in Epist II
313 d7f. e4 im Zusammenhang mit den von Clemens geschätzten[2] rätselhaften
Andeutungen betreffs der Natur des Ersten in der übertragenen Bedeutung von
«Erklärungen einführen», «Aufschlüsse importieren» begegnet[3]. Auch die
folgenden Zitationen, die ja diese These belegen wollen[4], lassen keine Kritik
spüren. Offenbar handelt es sich in diesem Passus um ganz sachliche Feststellungen.

Damit weicht Clemens von seiner in Protr § 70,1 ausgesprochenen Meinung ab. Auch dort behandelt er Platon als Schüler von Barbaren. Er apostro-
phiert Platon, fragt ihn, woher er seine Ahnung der Wahrheit und Gottesfurcht
habe, und zählt selbst, ohne Reisen zu erwähnen, die Lehrvölker je nach den
Unterrichtsfächern auf. Er habe Mathematik bei den Ägyptern, Astronomie bei
den Babyloniern, Zaubergesänge bei den Thrakern, vieles andere bei den Assy-
rern und schließlich die wahren Gesetze und die Herrlichkeit Gottes bei den
Hebräern gelernt. Allerdings muß Clemens auch einräumen, daß Platon diese
seine Schülerschaft zu verschweigen sucht. Die Tatsache, daß Platon bei Barbaren gelernt hat, hat als solche nichts Unstatthaftes und Unrechtmäßiges an sich,
sie muß allerdings auch eingestanden werden. Deshalb fällt Clemens, wie er es
sieht, die Aufgabe zu, die barbarischen Lehrvölker ins rechte Licht zu stellen.

In Strom § 66,3 ist die Sicht gewandelt. Jetzt verschweigt Platon nichts mehr,
sondern bekennt von sich aus, bei den Barbaren gelernt zu haben. Man kann
darin kaum das Ergebnis eines intensiven Textstudiums erblicken, in dessen
Verlauf Clemens auf Eingeständnisse Platons von seiner Abhängigkeit gestoßen
und dadurch zu einer Revision seines Urteils gedrängt worden wäre. Der Protreptikos bezeugt nicht nur allgemein[5], sondern gerade im Umkreis der aufgeführten Stelle durch eine Fülle von Anspielungen[6] eine Platonkenntnis im weitesten Umfang. Dabei kommt der Anspielung an Phaid 78 a in Protr § 70,1
insofern eine besondere Bedeutung zu, als gerade auch mit dieser Stelle in
Strom I § 66,3 argumentiert wird. Ebenso spielt Charm 156 d1 − 157 b6 beidemal eine Rolle, vgl. § 68,3. Der Wechsel muß dann mit der eigentümlichen
Zielsetzung in diesem Zitationsgefüge zusammenhängen. Es ist geradezu auffällig,

---

[1] So παιδευθέντες p. 41,24, ἐκμάθοι p. 41,30, ἐμπορεύεσθαι p. 42,3, ὠφελεῖσθαι p. 42,5,
   μαθόντος p. 42,28, μαθητεῦσαι p. 43,6.
[2] S.o. Kap. I S. 27.
[3] Vgl. LSJ s.v. ἐμπορεύομαι II 3).
[4] Den Gedankengang bestimmt in der gleichen Weise J. Daniélou, Message évangélique
   et culture hellénistique S. 57.
[5] Zusätzlich zu den von O. Stählin genannten Belegen ist zu verweisen auf G.W. Butterworth, Clement of Alexandria's Protrepticus and the Phaedrus of Plato, CQ 10 1916
   S. 198−205.
[6] Vgl. G.J. de Vries, Ad Clementis Alex. Protrept. VI 67,1 Adnotatiuncula, Mn. 4. Ser.
   11 1958 S. 254f.

wie jegliche Polemik vermieden wird[7]. Der Nachweis der Priorität der Barbaren schließt in keiner Weise eine Abwertung Platons ein. Man hat den Eindruck, daß in Clemens' Augen Platon nicht Autorität besitzt, obwohl, sondern gerade weil er von Barbaren gelernt hat. Daß Clemens auf Stellen verweisen zu können glaubt, mit denen Platon seine Schülerschaft bei Barbaren selbst bekennt, dient im Gegensatz zur früheren Position jetzt offenbar der Versicherung, daß seine Geltung unangetastet bleibt. Vielleicht kann man sogar noch weitergehen und in dem Sinne interpretieren, daß Clemens schon mit dieser einleitenden These Platons Einstellung zu den Barbaren als vorbildlich beurteilen möchte.

Die beiden ersten Belege dazu stammen aus Phaid 78 a3f und Symp 209 d7. e1.3f: «So sagt er im Phaidon, daß der Philosoph von überall her Nutzen ziehen kann, und schreibt: ,Groß ist Griechenland, Kebes, sagte er, wo es sehr viele treffliche Männer gibt. Zahlreich sind aber auch die Völker der Barbaren'[8]. So meint Platon, daß es auch unter Barbaren einige Philosophen gibt, umgekehrt nimmt Epikur an, daß nur Griechen philosophieren können. Und im Symposion lobt Platon die Barbaren, weil sie sich besonders um wahre Gesetze bemühten[9], und sagt: ,Auch anderswo, an vielen Orten sowohl bei Griechen als auch bei Barbaren sind ihnen um solcher Kinder willen auch schon viele Heiligtümer errichtet worden'[10]. Es ist aber offenbar, daß die Barbaren ihre Gesetzgeber und Lehrer hoch achteten, weil sie sie Götter nannten» (§ 66,3 – § 67,3).

Was nun die barbarischen «Philosophen» im Phaidon betrifft, so weist Sokrates seine Gesprächspartner Simmias und Kebes an, nach seinem Abscheiden überall in Griechenland und auch bei den Barbaren nach einem solchen Beschwörer zu suchen, der die Todesfurcht, dieses sich ängstigende Kind in ihnen, mit zauberhaften Gesängen beruhigen kann. Er appelliert darüber hinaus an sie selbst, im gemeinsamen Forschen mit den Mitteln des reinen Denkens zur Bewältigung der Todeserfahrung vorzustoßen (77 d5 – 78 b3). Gleichwohl bleibt die Aner-

---

[7] Insbesondere ist festzuhalten, daß die Theorie vom Diebstahl der Hellenen mit dem ihr anhaftenden Akzent der Widerrechtlichkeit hier nicht aufgenommen ist.

[8] Eine geringfügige Textvariante ist εἰσι πάμπαν p. 42,6 statt ἔνεισί που 78 a3. An einer weiteren Stelle versagt die Handschrift, sie liest zwei Verba dicendi, ἔφη und ἦ δ ' ὅς p. 42,6, wo Platon ἔφη schreibt.

[9] Der überlieferte Text ist korrupt, denn zu ἀσκήσαντας p. 42,10 fehlt ein Objekt. Zusätzlich zu den von O. Stählin verzeichneten Konjekturen, die im wesentlichen aus dem Symp auffüllen und dabei eine starke Verderbnis voraussetzen, muß noch genannt werden C. del Grande, Brevi note al testo del primo Stromate di Clemente Alessandrino, RIGI 18 1934, S. 157f. Als einfachste Lösung bietet es sich an, statt des überlieferten μόνους ἀληθῶς in p. 42,11 νόμους ἀληθεῖς zu konjizieren und mit einer graphischen Unleserlichkeit in der Vorlage zu rechnen. Gestützt kann diese Vermutung durch die oben schon herangezogene Stelle Protr § 70,1 werden, wo Clemens Platon mit den Worten anspricht: νόμους δὲ τοὺς ὅσοι ἀληθεῖς ... παρ ' αὐτῶν ὠφέλησαι τῶν Ἑβραίων p. 53,15f.

[10] Angesichts der starken Kürzung ist ein Vergleich mit dem originalen Wortlaut nicht sinnvoll.

kennung und Empfehlung der Barbaren bedeutsam genug. Sie ist allerdings nicht auf eine spezifische philosophische Lehre zu beziehen. Platon meint nicht, daß bei einigen, von ihm selbst besuchten oder vom Hörensagen bekannten Barbarenvölkern die Lehre von der Unsterblichkeit der Seele angetroffen werden kann, wie R. Hackforth[11] diese Stelle interpretiert hat. Vielmehr ist es, wie H.G. Gadamer[12] gezeigt hat, gerade die Universalität der Todeserfahrung, die den Blick über Griechenland ausweiten und die Barbaren einschließen läßt. Angesichts dieser allgemein menschlichen Grunderfahrung der Todesangst ist es nur natürlich, daß man auch unter den Barbaren jemanden suchen soll, der dem Kind im Manne einen wie auch immer gearteten Zuspruch leisten kann. Eine Erinnerung an eigene Reisen oder fremde Berichte ist dabei nicht notwendig herauszuhören.

Für Clemens seinerseits ist bezeichnend, daß der Hintergrund der vom Tod ausgehenden Bedrohung des Menschen nicht mehr gegenwärtig ist. Dem entspricht, daß er die barbarischen Philosophen nicht auf Grund der allgemeinen, natürlichen Beschaffenheit des menschlichen Lebens einbezieht, sondern daß er sie, wie sich aus § 67,3f zweifelsfrei ergibt, auf Grund ihrer besonderen Auszeichnung als Offenbarungskünder heraushebt.

Was sodann die barbarischen Gesetzgeber des Symposions betrifft, so schließt sie Diotima auf einer zweiten Stufe ein, als sie zeigt, wie das erotische Streben nach Eudaimonie im Gebären im Schönen Erfüllung findet. Das geschieht auf einer körperlichen Stufe in der Kinderzeugung und auf der höheren seelischen Stufe im Gebären von Einsicht und Tugend. Dafür nennt Diotima die Dichter Homer und Hesiod und die Gesetzgeber Lykurg in Sparta, Solon in Athen und viele andere Männer an vielen Orten, sowohl bei Griechen als auch bei Barbaren. Zuhöchst wirkt sich der Eros jedoch erst aus im Überschritt über das jeweils Schöne hinauf zum Anblick des Schönen selbst und zur dadurch verliehenen Teilhabe an der Unsterblichkeit (204 c8 − 212 a7). So ist die Wertschätzung der Barbaren zwar auch wieder relativiert, sie bleibt aber trotzdem beachtlich. Vielleicht hat Platon bei den barbarischen Gesetzgebern wenigstens als ein Beispiel Darius im Auge gehabt, denn in Phaidr 258 c1 nennt er Lykurg, Solon und Dareios zusammen[13]. Aber es ist in Erinnerung zu behalten, daß Diotima die gesetzgeberische Tätigkeit als eine Form des liebenden Strebens, das allen Menschen gemeinsam ist, deutet. Ausdrücklich hat sie sich in 205 a5−8 der Zustimmung versichert, daß das erotische Wollen als allgemein menschlich und für alle Zeit gültig anzusehen ist. Von daher ist also die Würdigung der barbarischen Gesetzgeber ermöglicht.

---

[11] R. Hackforth, Plato's Phaedo S. 80.
[12] H.G. Gadamer, Die Unsterblichkeitsbeweise in Platons ‚Phaidon', in: Festschrift W. Schulz S. 150.159f.
[13] J. Kerschensteiner, Platon und der Orient S. 62.

Clemens' Auffassung zeigt nun hier dieselben Züge, die schon bei der letzten Stelle erkennbar waren. Der mit der Erosdeutung gegebene Zusammenhang ist unterdrückt, und gewandelt hat sich auch der Charakter der Gesetzgeber. Sie verwirklichen nicht eine allgemein menschliche Anlage in besonderer Weise, sondern sind göttliche Offenbarungsträger. Offenbar glaubte Clemens auch, daß solches Verständnis am Platontext Anhalt findet, denn seine Bemerkung θεοὺς προσειπόντες p. 42,14 bezieht sich doch wohl interpretierend zurück auf die ἱερὰ πολλά des Zitates (p.42,12). Hier fand er Tempel erwähnt, woraus die Göttlichkeit der Gesetzgeber belegt schien. Doch befindet er sich damit im Irrtum. Bei ἱερὰ πολλά ist nicht an Tempel für göttliche Kulte zu denken, sondern gemeint sind Opferstätten für heroischen Totenkult[14]. Der Rahmen bleibt trotz der äußersten Steigerung der Berühmtheit und Verehrung noch der einer menschlichen Möglichkeit.

Man muß sich natürlich fragen, ob die beobachteten Umdeutungen Clemens' eigenes Werk sind. Eine Entscheidung darüber ist kaum möglich, denn beide Stellen gehören nicht zu den berühmten und beliebten Wanderzitaten. Wenn man sich trotzdem nach möglichen Anhaltspunkten umsehen will, dann könnte man die enge Verknüpfung mit dem folgenden Referat in § 67,4 als ein gewisses Indiz bewerten. Da das Referat aller Wahrscheinlichkeit nach aus einer Vorlage entnommen ist, könnte man argumentieren, daß Gleiches dann auch für die mit ihm verbundenen Zitate gelte. Allein dagegen spricht, daß die Phaidonstelle schon früher in Protr § 70,1 unabhängig von diesem Gedankengang eine Rolle spielt. So muß die Frage hier offenbleiben.

Der Zusammenhang dieser Darlegungen mit dem folgenden Referat in § 67,4 ist dadurch gegeben, daß es immer noch um barbarische Gesetzgeber und Philosophen geht, und zwar um die barbarische Lehre über ihren Ursprung und ihre Bedeutung, wie sie Platon mitteile. Offenbar soll Platons Anerkennung der Barbaren nicht nur mit Zitaten illustriert, sondern auch aus ihrer objektiven Gegebenheit begründet werden. Der Text lautet folgendermaßen: «Platon zufolge[15] nehmen sie (sc. die Barbaren) an, daß gute Seelen den überhimmlischen Ort verlassen und sich in diesen Tartaros zu kommen getraut hätten, daß sie einen Körper angenommen und an allen Übeln des irdischen Lebens Anteil ge-

---

[14] So U. von Wilamowitz-Möllendorf, Platon Bd. 2 S. 173 Anm. 1.
[15] Gelegentlich wird auch eine davon abweichende Beziehung von κατὰ Πλάτωνα p. 42,15 vertreten. J. Hering, Étude sur la doctrine de la chute et de la préexistence des âmes chez Clément d'Alexandrie S. 29, möchte in dem Sinne interpretieren, daß Barbaren, gestützt auf Platon, lehrten. Das ist angesichts der mehrfach betonten Abhängigkeit Platons nicht haltbar. Einen anderen Weg schlägt J. Daniélou, Message évangélique et culture hellénistique S. 60, ein, wenn er κατὰ Πλάτωνα auf τὸν ὑπερουράνιον τόπον p. 42,15 bezieht. Ebenso verfährt O. Stählin, Deutsches Übersetzungswerk Bd. 3 S. 63. Aber das ist sehr gezwungen, und J. Daniélou gibt diese Interpretation anläßlich einer wiederholten Übersetzung (ebd. S. 120) selbst auf.

nommen hätten aus Fürsorge für das Menschengeschlecht. Diese hätten Gesetze erlassen und Philosophie verkündet, ein Gut, über welches hinaus kein größeres dem Menschengeschlecht jemals von den Göttern zuteil geworden ist noch zuteil werden wird».

Diesen Gedanken im ganzen sucht man als Wiedergabe barbarischer Anschauungen bei Platon vergebens, aber tatsächlich ist platonisches Gut im einzelnen verwertet. Der Ausdruck ὑπερουράνιος τόπος, mit dem p.42,15 der Ursprungsort der Gesetzgeber und Philosophen bezeichnet wird, stammt aus Phaidr 247 c3, und der Relativsatz, οὗ μεῖζον ἀγαθὸν τῷ τῶν ἀνθρώπων γένει οὔτ᾽ ἦλθέν ποτε ἐκ θεῶν οὔτ᾽ ἀφίξεται, mit dem p. 42,18ff die Größe der Wohltat an den Menschen durch Gesetzgebung und Philosophie gepriesen wird, ist aus Tim 47 b1f übernommen[16]. Freilich ist in beiden Fällen der Aussagegehalt nicht voll gewahrt.

In der Palinodie des Phaidros ist der überhimmlische Ort ein Stück aus der großartigen bildlichen Staffage des Mythos. Der in den nächtlichen Gestirnbewegungen sich abspiegelnde Umzug der Seelen in einer Art Wagenfahrt gelangt unter der Führung des Zeus und der olympischen Götter an die Spitze des Himmelsgewölbes, von wo aus sie die reinen Wesenheiten im überhimmlischen Ort erblicken, sich an ihnen nähren und danach wieder in den Himmel zurücktauchen (246 e4 − 247 e6). Bei Clemens ist diese mythische Raumvorstellung abgestreift, die Bezeichnung vom überhimmlischen Ort will nun nur die Transzendenz zum Ausdruck bringen, aus der die Heilbringer stammen. Auch das generelle Inkarnationsschema des Referates zeigt charakteristische Divergenzen zu dem des Phaidros. Bei Platon ist die Inkarnation die Folge einer Schwäche und Unfähigkeit der Seele. Inkarniert werden ja diejenigen Seelen, deren Lenker durch die Rosse an der Schau der reinen Wesenheiten gehindert werden und die ihr Gefieder verlieren, weil sie angefüllt sind mit Vergessen und Schlechtigkeit und dadurch schwer geworden sind (248 a1 − e3). Clemens dagegen betont gerade, und zwar notwendigerweise, daß gute Seelen das Jenseits verlassen. Auch fallen sie nicht, sondern sie getrauen sich, in diese Welt zu kommen, d.h. es handelt sich nicht um ein Verhängnis, sondern um einen willentlichen Entschluß. Und schließlich liegt das Ziel der Inkarnation nicht darin, daß die Seelen im philosophischen Eros die Rückkehr zu ihrem himmlischen Herkunftsort anstreben, sondern darin, aus Sorge für die Menschen die Offenbarung in Gesetzen und Philosophie zu bringen. Damit hängt auch zusammen, daß für Platon alle Menschen schwergewordene, gefallene und inkarnierte Seelen sind, während Clemens die Inkarnation der guten Seelen vom ganzen Menschenge-

---

[16] Der Relativsatz könnte gut aus dem Gedächtnis zitiert worden sein. Ausgelassen ist δωρηθέν 47 b2. Zweimal sind Wörter ersetzt: τῷ τῶν ἀνθρώπων γένει p. 42,19 statt τῷ θνητῷ γένει 47 b2 und οὔτ᾽ ἀφίξεται p. 42,20 statt οὔτε ἥξει 47 b2. Zwei Wortgruppen sind umgestellt. Allerdings spielt das Problem einer Vorlage hier mit hinein. Wieder anders ist der Wortlaut in Protr § 89,3.

schlecht deutlich abhebt. Es handelt sich mithin um zwei Inkarnationskonzepte, die zwar nebeneinander bestehen können und sich insofern nicht unbedingt gegenseitig ausschließen, die aber sonst nichts miteinander zu tun haben.

Was sodann das Timaioszitat betrifft, so ist in der Tat ein auffälliges Kennzeichen die religiöse Feierlichkeit, mit der Timaios im hymnischen Stil die Philosophie als das größte Geschenk von den Göttern an die Menschen preist. Diese religiöse Stimmung darf auch dann nicht gering geachtet werden, wenn man sich vergegenwärtigt, daß die Gabe der Philosophie eine natürliche Möglichkeit des Menschen ist. Timaios denkt bei den schenkenden Göttern[17] an die Untergötter, die vom Demiurgen 41 a7ff mit der Hervorbringung der sterblichen Wesen beauftragt werden und die ihrer Aufgabe mit der in 44 d3 — 47 c4 beschriebenen Einbindung der zwei göttlichen Umläufe in den menschlichen Kopf und der Ausstattung mit Sehvermögen nachkommen. Hier wird die natürliche Ermöglichung der Philosophie nun völlig deutlich. Sie basiert auf dem Sehvermögen und verwirklicht sich in den Stufen der Erfindung der Zahlen, des Zeitbewußtseins und der Naturerforschung. Platon sieht offenbar natürliche Befähigung und göttliches Geschenk in eins, wo Clemens allein Offenbarung annimmt[18].

Damit sind zwei Bezugnahmen auf Platon innerhalb des Referates behandelt. Die Deutungen entfernen sich zwar von Platon merklich, aber die Rekurse als solche sind völlig klar. Es fragt sich nun jedoch, ob man noch andere Platontexte zur Erklärung heranziehen kann. Es ist ja in jedem Fall geboten, alle denkbaren Möglichkeiten einschließlich der befremdlichsten Gewaltsamkeit im Umgang mit einem Text zu prüfen, ehe man eine ganz unmotivierte Unterstellung annimmt. So soll hier versuchsweise die Vermutung vorgetragen werden, das Referat beruhe auf einer Interpretation des Mythos von Pol X. Sokrates beendet dort (614 b2 — 621 d3) das Gespräch über den Staat mit dem ἀπόλογος des Er, des Sohnes des Armenios. Dieser Er ist Pamphylier, sein Bericht führt also in den Bereich der Barbaren, und das stimmt mit dem Referat überein. Im einzelnen erfährt man 614 b2 — d3, daß Er, obwohl im Felde gefallen, von der Verwesung verschont blieb. Seine Seele gelangte an einen gewissen dämonischen

---

[17] Eine andere Deutung vertritt A.E. Taylor, A Commentary on Plato's Timaeus S. 294. Er denkt, gestützt auf Phileb 16 c5 und auf Aischylos, Prometheus 454—460, an Prometheus.

[18] In der Nachwirkung der Stelle scheint die so bezeichnende Verbindung meistens aufgelöst worden zu sein. Entweder man übernimmt nur die natürliche Erklärung wie Philon, Op § 53f und Apuleius, De Platone I § 211 p. 99,3f, oder man hält sich ausschließlich an die religiöse Seite wie Seneca, Epist XC 1; Jamblich, Vita Pyth. § 30. In diesem Sinne spielt auch Cicero häufig an die Stelle an: De leg. I § 58; Acad. I § 7; Tusc. I § 64; Laelius § 47; Cato maior § 40; De off. II § 5; Epist XV 4,16; vgl. dazu W. Burkert, Cicero als Platoniker und Skeptiker, Gym. 72 1965, S. 177 Anm. 7. Nach einer Vermutung von H. Dörrie, Von Platon zum Platonismus S. 32 Anm. 83, hat Cicero seine Übersetzung des Timaios auch bewußt mit diesem religiösen Preis der Philosophie ausklingen lassen.

Ort (τόπος τις δαιμόνιος 614 c1), wo sie das jenseitige Gericht an den Abgeschiedenen zum Teil selbst miterlebte und zum Teil berichtet bekam, um zu erfahren, daß sie bestimmt sei, als Bote den verbliebenen Menschen Kunde von
den dortigen Vorgängen zu bringen: ὅτι δέοι αὐτὸν ἄγγελον ἀνθρώποις γενέσθαι
τῶν ἐκεῖ 614 d1f. Das könnte nun durchaus die Quelle für die Aussage des Referates gewesen sein, daß gute Seelen zur Offenbarung an die Menschen den
überhimmlischen Ort verlassen. Im Mythos wird dann die Wiedereinkörperung
der Seele des Er nur flüchtig angedeutet. Nach der Wahl der neuen Lebenslose
(617 d1 — 621 a1) kommt es allgemein zur Inkarnation der Seelen (621 a1 —
b4), und Er erwacht, auf einem Scheiterhaufen liegend, wieder zum Leben
(621 b5—7).

Sollte nun dieser Mythos für das Referat die Grundlage abgegeben haben,
dann sind auch hier die Unstimmigkeiten aufzuweisen. Das betrifft einmal die
Mißachtung des mythologischen Charakters. Im Zentrum des Mythos steht die
metaphysische Verantwortung des Menschen für sein Leben, und in dieser Hinsicht ist der Mythos von äußerstem Ernst. Sokrates unterbricht in 618 b6 —
619 b1 den Ablauf der Erzählung eigens, um die Bedeutung dieser Verantwortung einzuschärfen. Ironisch freilich gibt sich der volkstümliche Wunderbericht
mit seinen detaillierten Nachrichten, und ironisch ist auch die Konstruktion des
Boten aus dem Jenseits. Bezeichnend dafür ist, daß es dem Er, damit er die
Kunde bewahrt, verwehrt war, aus dem Strome des Vergessens wie die anderen
Seelen zu trinken (621 b4f). Damit hängt auch die weitere Unstimmigkeit zusammen, daß das Referat auf eine generelle Lehre ausgeweitet hätte, was der
Mythos in einem singulären Fall erzählt. Schließlich ist auch darin eine Abweichung festzuhalten, daß Er das Wissen um Gericht und Lebenswahl, die Offen-
barer des Referates aber Gesetzgebung und Philosophie bringen.

Zuletzt ist noch unabhängig von allen genannten Stellen ein grundsätzlicher
Gegensatz anzusprechen. Das Referat geht von einem radikalen Gegensatz zwischen dem Jenseits und der irdischen Welt aus. Dem ὑπερουράνιος τόπος p.
42,15 steht ὅδε ὁ τάρταρος p. 42,16 gegenüber, entsprechend nehmen die
ψυχαὶ ἀγαθαί p. 42,14 Anteil an τὰ ἐν γενέσει κακὰ ἅπαντα p. 42,16f. Damit
ist ein kosmologisch-ontologischer Dualismus markiert, der Platon fremd ist.
Bezeichnend ist schon, daß Platon die Bezeichnung τάρταρος für die irdische
Welt nicht gebraucht, ebensowenig begegnet bei ihm die Formulierung τὰ ἐν
γενέσει κακά. Aber auch Clemens spicht Platon einen solchen Dualismus ab.
Im Kampf gegen Markioniten in Strom III § 13 behandelt er die Inkarnations-
und Seelenwanderungslehre Platons und der Pythagoreer. Um zu zeigen, daß
die Weltverachtung der Markioniten in Platon keinen Gewährsmann finden
kann, grenzt er seine Lehre von einem kosmologisch-ontologischen Dualismus
ab und präzisiert sie als einen relativen, an der Erkenntnis der Seele bemessenen
Pessimismus[19].

[19] S.o. Kap. V. S. 205—216.

So stellt sich die Frage, welche Tradition oder welche Traditionen die Deutung der Platonstellen beeinflußt haben, bzw. welcher Geistesströmung die in Platon hineingelesene Ansicht des Referates entstammt. Ausgeschlossen werden kann, daß christliches Gedankengut für die eigentümliche Ausprägung verantwortlich zu machen ist. Dazu ist nur eine ganz oberflächliche Affinität gegeben, und auch Clemens zieht ja eine entsprechende Verbindungslinie nicht.

Daß das Referat unabhängig von christlichen Einflüssen ist, betont auch R.B. Tollinton[20]. Doch hat es nicht an Versuchen einer positiven Identifizierung gefehlt. So hat A.C. Outler[21] vermutet, dem Referat liege eine pythagoreische Auslegung zu Phaidr 248 c — 249 c zugrunde. Wenn man diesen Passus wirklich in Rechnung stellen will, dann muß man zugleich einräumen, daß er grundlegende Umdeutungen erfahren hat. Die früheren Darstellungen haben ja die Unstimmigkeiten mit dem Phaidrosmythos herausgearbeitet. Aber es gibt immerhin vergleichbare pythagoreische Äußerungen aus dem Umkreis der theologisierenden Verherrlichung des Königs. So begegnet in den einem Ekphantos zugeschriebenen Fragmenten[22] die Vorstellung, daß der König, selbst wesentlich vor den Untertanen ausgezeichnet, als Fremder vom Himmel herabgekommen ist. Er bringt Gesetze; und Philosophie wird man vielleicht einschließen dürfen, ist doch der König ὁ σοφός[23]. Von den Barbaren ist allerdings nicht die Rede, und der Dualismus des Referates findet keinen Anhalt. Erwähnt sei in diesem Zusammenhang auch Ciceros Zitat von Tim 47 b1f in De Legibus I § 57f. Er bezieht die Gabe der Götter nicht nur auf die Philosophie, sondern schließt Gesetzgebung mit ein. Kurz vorher nennt er die griechischen Gesetzgeber Lykurg und Solon, die römischen Zwölftafelgesetze und Volksbeschlüsse und die pythagoreischen Gesetzgeber Charondas und Zaleukos. Auch diese Verbindung weist in pythagoreische Richtung, jedoch fehlt hier die Vorstellung, daß die Vermittler aus dem Jenseits herabkommen. Diese Texte weisen also zwar Berührungen mit dem Referat auf, und insofern ist es nicht völlig abwegig, wenn man an pythagoreischen Einfluß denkt, aber sie erklären es doch nicht völlig.

Andererseits hat W. Bousset[24] das «falsche Platonzitat» — demnach in seinen Augen eine Unterstellung ohne textlichen Anhalt — aus hermetischen Traditionen erklären wollen. Man könnte tatsächlich an den letzten Abschnitt des Exzerptes Κόρη Κόσμου denken. Hier wird die Ankunft der Götter Osiris und Isis in Ägypten gepriesen, weil sie der hilfsbedürftigen Welt die Segnungen menschlicher Gesittung unter anderem durch Gesetze, Philosophie und Magie gebracht haben[25]. Dazu paßt noch eine Einzelheit aus dem Traktat Asclepius, wonach Ägypten dadurch ausgezeichnet ist, daß es als einziges Land der Aufenthaltsort von Göttern gewesen ist[26]. Es erheben sich aber gegen diese Ableitung zweierlei Beden-

---

[20] R.B. Tollinton, Clement of Alexandria, Vol. 2 S. 4: «Apart from all Christian influences, Clement is thus familiar with the idea of God coming down to share in the life of man».

[21] A.C. Outler, The «Platonism» of Clement of Alexandria, JR 20 1940, S. 224 Anm. 32.

[22] Die Datierungsfragen erledigen sich in diesem Falle rasch, weil Clemens selbst aus den Fragmenten — allerdings unter anderem Namen — in Strom V § 29,1f zitiert, vgl. H. Thesleff, An Introduction to the Pythagorean Writings of the Hellenistic Period, S. 13.69.

[23] The Pythagorean Texts, ed. H. Thesleff, S. 81,9—13 zur Herabkunft, vgl. auch ebd. S. 80,1ff. Zur Gesetzgebung vgl. ebd. S. 81,21—26; zur Weisheit des Königs vgl. ebd. S. 188,8—13 u.ö.

[24] W. Bousset, Jüdisch-christlicher Schulbetrieb S. 198 Anm. 1.

[25] Exzerpt XXIII § 64 — § 70.

[26] Asclepius § 25 (hier auch Anspielung an Tim 47b).

ken. Zum einen steht der Dualismus im Corpus Hermeticum nicht so eindeutig im Vordergrund wie im fraglichen Referat. Es fehlt nicht an Stellen, wo die κακία der Materie und des menschlichen Körpers beklagt wird[27], aber die irdische Welt heißt nicht Tartaros, und dann wird der Kosmos eben doch wieder ob seiner Harmonie und Ordnung gepriesen[28], er ist εἰκὼν θεοῦ[29] und wird δεύτερος θεός[30] oder gut platonisch «sensibilis deus» = θεὸς αἰσθητός (Tim 92 c7) genannt[31]. Der andere Einwand betrifft die Frage nach der traditionsstiftenden Bedeutung der Hermetik überhaupt. Die unausgesprochene Voraussetzung für W. Boussets Erklärung ist die, daß er das ägyptische Element im Exzerpt Κόρη Κόσμου für konstitutiv hält[32]. Erst dadurch wird ja der Bezug des Referates auf die Barbaren berührt. Diese Auffassung läßt sich aber auf Grund der Analyse von A.J. Festugière nicht halten. Das Ägyptische stellt nur eine oberflächliche Übermalung dar, dem Wesen nach ist die Hermetik ein Sammelbecken griechischer Traditionen[34]. So führt auch diese Ableitung zu keinem voll befriedigenden Ergebnis.

Bemerkenswert ist ferner eine Parallele aus der valentinianischen Gnosis. Hier wird ähnlich wie bei Clemens diese Welt als Unterwelt bezeichnet und jenem überhimmlischen Ort entgegengestellt[35]. Hier ist auch die Offenbarergestalt grundlegend[36]. Aber natürlich bringt in dem antinomistischen Denken der Gnosis der Offenbarer nicht Gesetze, und ethnologische Fragen sind ganz gleichgültig. Deshalb reicht auch diese Erklärung nicht aus.

Man kann schließlich noch einen Einfluß aus hellenistischem Okkultismus in Rechnung stellen, und in diesem Zusammenhang kann die Vermutung, daß dem Referat eine Interpretation des Er-Mythos zugrunde liege, fruchtbar werden. Porphyrios, der unmittelbare Gewährsmann des Proklos[37], erwähnt, daß es eine Auslegung des Er-Mythos der Politeia

---

[27] Dieser Seite ist W. Theiler, Gott und Seele im kaiserzeitlichen Denken, in: ders., Forschungen zum Neuplatonismus S. 113f, besonders nachgegangen.

[28] Traktat XII § 21; XIII § 17.

[29] Traktat V § 2; VIII § 2; XI § 15; XII § 15; Asclepius § 10. § 31.

[30] Traktat VIII § 1.

[31] Asclepius § 8. § 16. In § 3 ist der Ausdruck auf den Himmel bezogen.

[32] Vgl. W. Bousset, Art. Kore Kosmu, RECA Hlbd. 22 Sp. 1386—1391. Er glaubt, eine ägyptische Grundschrift erkennen zu können. Die Verherrlichung von Osiris und Isis erscheint ihm «spezifisch (spät-)ägyptisch» (ebd. Sp. 1389).

[33] Corpus Hermeticum, Tom. III, Introduction S. CXXVIII — CCXIX. Grundlegend ist A.J. Festugière, La Révélation d'Hermès Trismégiste, B. 1 — 4.

[34] Die Hermetik ist nach O. Gigon, Art. Corpus Hermeticum, LAW Sp. 669f, «zerfaserte griechische Literatur», oder nach W. Theiler, Gott und Seele im kaiserzeitlichen Denken, in: ders., Forschungen zum Neuplatonismus S. 113, «Proletarierplatonismus».

[35] Irenaeus, Advers. haer. V 31,2, bekämpft die Valentinianer, «qui dicunt inferos quidem esse hunc mundum, qui sit secundum nos; interiorem autem hominem ipsorum dereliquentem hic corpus, in supercoelestem ascendere locum». Die Bezeichnung Tartarus für die irdische Welt kennt Apuleius, De deo Socratis § 129 p. 12,7. Sonst scheint dieser Gebrauch ausgesprochen selten zu sein, LSJ, s.v. τάρταρος, hat keinen Beleg, Lampe, s.v. τάρταρος, einen, den die Clemensstelle.

[36] Vgl. W. Bousset, Hauptprobleme der Gnosis S. 238—276. Es sei hier auch daran erinnert, daß die Vorstellung von der Herabkunft eines Boten aus dem Himmel im römisch-hellenistischen Bereich ein durchaus verbreiteter Topos ist, für den A.S. Pease, M.T. Ciceronis De natura deorum libri Bd. 1 S. 173f zahlreiche Belege gesammelt hat. Vgl. beispielsweise die ironische Bemerkung von Pseud.-Justin, Cohortatio ad Graecos § 5: Πλάτων μὲν γάρ, ὡς ἄνωθεν κατεληλυθὼς καὶ τὰ ἐν οὐρανοῖς ἅπαντα ἀκριβῶς ἑωρακώς, ... λέγει, vgl. dazu Celsus, Frg. VI 10.

[37] Proklos, In Plat. rem publ. commentarii II p. 96,11—15.

gibt, die den Er mit Zoroaster identifiziert, bzw. den Er als Lehrer des Zoroaster ausgibt. Als einen Vertreter der ersten Version nennt er den Epikureer Kolotes[38], als einen Vertreter der zweiten Kronios[39]. Höchst bemerkenswert ist nun, daß Clemens selbst von seiner Kenntnis der Identifizierung Kunde gibt und daß er diese Anschauung offenbar teilt[40]. Wie Proklos kennt er auch Literatur von ihm, natürlich pseudonyme. Beide zitieren den ersten Satz aus dem Proömium der vier Bücher umfassenden Schrift περὶ φύσεως[41], wo Zoroaster alias Er folgenden Inhalt ankündigt: ὅσα ἐν Ἅιδῃ[42] γενόμενος ἐδάην παρὰ θεῶν nach Clemens p. 395,21, oder: ὅσα τε ἐν πολέμῳ τελευτήσας παρὰ θεῶν ἐδάη καὶ ὅσα ἐκ τῆς ἄλλης ἱστορίας nach Proklos p. 109,15f. Beidemal beansprucht Zoroaster, der im Er-Mythos gemeinte göttliche Bote zu sein. Es paßt ganz zu der Vorstellung, die man sich von solcher Produktion machen kann[43], wenn Proklos dazu bemerkt: ἀστρολογικῶν δέ ἐστι θεαμάτων τὰ βιβλία γέμοντα p. 109,20f. Gesetze sind in diesem Zusammenhang zweifellos astrologische Gesetze, und Magie meint dann Magie, wie ja schon im Exzerpt Κόρη Κόσμου beides zusammengehörte. Freilich macht Clemens einen Bezug des Referates zu Zoroaster nicht ausdrücklich[44], und so ist auch diese Traditionslinie nicht ungebrochen präsent.

Nach Lage der Dinge wird man das Referat am ehesten aus einer Verschmelzung von platonischen, pythagoreischen und gnostisch-okkultistischen Traditionsströmen zu erklären haben. Daß Clemens persönlich der Urheber solcher Verschmelzung gewesen sei, ist freilich nicht wahrscheinlich. Dagegen spricht nicht nur, daß eine christliche Beeinflussung fehlt, dagegen spricht auch, daß er einen Dualismus, wie ihn das Referat zum Ausdruck bringt, Platon gerade abspricht. Vielleicht darf man den engeren Herkunftsbereich des Referates in Kreisen um Numenios suchen. Hier wurden Diskussionen zur Identität des Er geführt. Der von Proklos erwähnte Kronios war ἑταῖρος des Numenios, d.h. wohl dessen Schüler[45]. Numenios selbst hat eine Auslegung des Er-Mythos verfaßt[46]. Auch die anderen Züge des Referates würden gut in diese Umgebung

---

[38] Kolotes hat offenbar eine rationalistische Kritik am platonischen Mythos beabsichtigt, vgl. Cicero, De re publ. VI § 7.

[39] Proklos, In Plat. rem publ. comm. II p. 109,7–12. p. 110,2ff.

[40] Strom V § 103,2.

[41] Das ist ganz im Stil der Vorsokratiker.

[42] Den Hades hat Herakleides Pontikos, der übrigens auch über Zoroaster schrieb, in den astralen Bereich verlegt, vgl.: Die Schule des Aristoteles Bd. VII Herakleides Pontikos, Frg. 93–96 mit Kommentar S. 91–93. Von Zoroaster handeln die Frg. 68–70. In der Luft hat Xenokrates, Frg. 15, den Hades angesiedelt. Hier scheinen alte Diskussionen durch, vgl. auch Numenios, Frg. 35,26f.

[43] Vgl. das grundlegende Werk J. Bidez – F. Cumont, Les mages hellénisés S. 106–127.

[44] Daß Clemens noch im Umkreis des Referates von § 67,4 auf den Er-Mythos in § 69,2 und auf Zoroaster in § 69,6 zu sprechen kommt, ist zwar auffällig, reicht aber für einen Beweis nicht hin.

[45] Numenios, Frg. 31,2. So K. Praechter, in: Überwegs Grundriss der Geschichte der Philosophie Bd. 1 S. 522. Zurückhaltender ist É. des Places in seiner Edition, Anm. 1 zu Frg. 31, S. 118.

[46] Proklos, In Plat. rem publ. comm. II p. 96,11. Nach R. Beutler, Art. Numenios 9) RECA Splbd. 7 Sp. 676, gehören dazu Frg. 31.32.34 und 35. Bei Frg. 60, das Zoroaster erwähnt, ist zweifelhaft, ob es Numenios zuzuschreiben ist.

passen. Zu nennen ist vor allem die Hochschätzung der barbarischen Weisheit[47]. Auch der radikale Dualismus hat hier einen Anhalt[48]. Und bemerkenswert ist auch die Verschmelzung von Platonischem und Pythagoreischem[49]. Die Möglichkeit für diese Vermutung ist also gegeben, und Clemens hat selbst Numenios in anderem Zusammenhang in § 150,4 zitiert.

Auf diesen Gedankengang, der Platons Anerkennung der Barbaren mit zwei Zitaten veranschaulicht und abschließend mit einem Referat aus der objektiven Gegebenheit begründet, läßt Clemens sodann den Nachweis folgen, daß Platon ebenso wie Pythagoras[50] bei Barbaren in die Schule gegangen sei.

Der erste Beleg in § 68,3 ist Phaid 78 a4, diejenige Stelle, die Clemens schon in § 66,3 ausgeschrieben hat und an die er nun mit dem Stichwort γένη βαρβάρων p. 42,29 erinnert. Daß entgegen Clemens' Meinung aus ihr eine persönliche Bekanntschaft Platons mit Barbarenvölkern nicht entnommen werden kann, ergab sich schon.

Der zweite Beleg bezieht sich auf Phaidr 274 c5 — 275 b4. Clemens sagt: «Platon zeigt uns, daß der ägyptische König weiser als Thoyth ist, der mit Hermes, wie er weiß, identisch ist». Auch diese Stelle kann keinen Beweis in Clemens' Sinne liefern. Zwar deutet die Lokalisierung der Geschichte, wie Thamus die Gefährlichkeit der Schrifterfindung des Theuth durchschaut, auf ein gewisses Interesse Platons für Ägypten, aber sie ist seine freie Erfindung, vgl. 275 b3f. Ein ägyptischer Aufenthalt Platons läßt sich aus ihr nicht entnehmen. Auch liegt es nicht in Platons Absicht zu zeigen, daß ein barbarischer König weiser ist als der griechische Gott. Die Gleichsetzung des Theuth mit Hermes hat Platon nicht vollzogen. Sie ließ sich auch nicht erschließen, denn im griechischen Mythos ist Erfinder der Buchstaben nicht Hermes, sondern Prometheus[51]. Clemens hat hier offenbar die zu seiner Zeit ganz gängige

---

[47] Numenios, Frg. 1. Vgl. J.H. Waszink, Porphyrios und Numenios, Fondation Hardt Entretiens XII 1965, S. 37ff. 45ff.
[48] Numenios, Frg. 34,1f, spricht von «huius vitae inferna», Frg. 30,50 erwähnt den ὑπερουράνιος τόπος der Glückseligen. Vgl. auch H.Ch. Puech, Numénius d'Apamée et les théologies orientales au second siècle, in: Mélanges J. Bidez, S. 755—759.
[49] Es ist bis heute keine Einigung darüber erreicht, ob er als Mittelplatoniker oder als Pythagoreer zu gelten habe, vgl. H.J. Krämer, Der Ursprung der Geistmetaphysik S. 64ff. Proklos, In Plat. rem publ. comm. II p. 129,12f, polemisiert auch gegen seine Vermischung von Platonischem mit Astrologie.
[50] Wenn Clemens hier das Studium Platons und Pythagoras' bei Barbarenvölkern und anschließend die Forschungsreisen Demokrits in § 69,4—6 erwähnt, so kehrt damit eine Zusammenstellung wieder, die auch Cicero, Tusc. IV § 44; De finibus V § 50. § 87, vorgenommen hat.
[51] Hauptbeleg ist Aischylos, Prometheus 460, vgl. W. Kraus, Art. Prometheus, RECA Hlbd. 45 Sp. 694. Andere, nicht auf dem Mythos fußende Zuschreibungen der Buchstabenerfindung sammelt Clemens in Strom I § 75,1.

Identifizierung des Thoyth mit Hermes[52] von außen eingetragen und als kritische Spitze gegen den griechischen Gott bewertet.

Ein dritter Beleg folgt aus Charm 156 d5f, wenn Clemens feststellt: «Aber auch im Charmides zeigt sich, daß er einige Thraker kennt, die angeblich die Seele für unsterblich halten». In der Einleitung dieses Dialoges berichtet Sokrates tatsächlich, daß er von einem thrakischen Arzt aus der Genossenschaft des Zalmoxis die Kenntnis von einem doppelten Heilmittel, einem Kraut für den Körper und Zaubergesängen für die Seele, empfangen habe und er sich eidlich habe verpflichten müssen, den von den thrakischen Ärzten geforderten Vorrang der Seelenbehandlung vor der Körperheilung bei der Anwendung des Mittels zu respektieren (156 d1 — 157 c6). Nun ist allerdings der Vorrang des Seelischen ganz aus sokratisch-platonischen Voraussetzungen zu verstehen. Sokrates bezeichnet diesen Grundsatz in Apol 30 a8 — b4 als sein eigentliches Anliegen, er war dafür schwerlich auf Belehrung durch thrakische Ärzte angewiesen. Aus sokratisch-platonischen Voraussetzungen erklärt es sich auch, wenn es von den Ärzten heißt, οἱ λέγονται καὶ ἀπαθανατίζειν 156 d5f. Denn unter dem Vorbehalt des λέγονται streben sie nach Unsterblichkeit, indem sie in der Seele die Tugend der Besonnenheit erwachsen lassen. Alles spricht dafür, daß es sich auch hier um eine freie Erfindung Platons handelt. Die einleitende Erzählung von dem doppelten Heilmittel der Thraker ist ein kunstvolles Mittel, um den von Kopfschmerzen geplagten Charmides in ein Gespräch über die Besonnenheit zu verwickeln. Clemens hat nun aus diesem Zusammenhang nicht nur die Erwähnung der barbarischen Thraker hervorgehoben, sondern hat ihnen zugleich auch eine dogmatische Lehre, die Lehre von der Unsterblichkeit der Seele, zugeschrieben und sie in den Text hineingelesen. Bei ihm lautet der Relativsatz, οἱ λέγονται ἀθανατίζειν τὴν ψυχήν p. 43,3f. Davon war natürlich bei Platon überhaupt nicht die Rede. So kann auch diese Stelle Platons Schülerschaft bei Barbaren nicht beweisen.

Zu den vermeintlichen Selbstbekundungen tritt ferner in § 69,1 die indirekte Überlieferung, wonach sogar Namen ägyptischer Lehrer bekannt sind. So sollen Pythagoras bei Sonchis, Platon bei Sechnuphis, einem Priester in Heliopolis, und Eudoxos von Knidos bei Konuphis studiert haben. Das gehört alles in den Bereich der Legende[53]. Man muß aber einräumen, daß die Zeitgenossen das anders beurteilt haben. Daß Platon sich während seiner Reisejahre längere Zeit in Ägypten zu Studienzwecken aufgehalten hat, galt ihnen im Gegenteil als unbe-

---

[52] Zahlreiche Belege hat A.S. Pease, M.T. Ciceronis De natura deorum libri Bd. 2 S. 1112ff, gesammelt. Es ist angesichts der allgemeinen Verbreitung dieser Gleichsetzung nicht nötig, hier eine spezifisch hermetische Tradition anzusetzen, wie es W. Bousset, Jüdisch-christlicher Schulbetrieb S. 198 Anm. 1, tut. Es ist aber das auch gar nicht möglich, denn die Kritik am Gott Thoyth verbietet es.

[53] Vgl. H. Kees, Art. Sechnuphis, RECA Reihe 2 Hlbd. 3 Sp. 976.

strittene Tatsache[54]. Um so wertvoller mag ihnen eine Nachricht gewesen sein, die mit genauen Namen aufwarten konnte. Von daher erscheinen auch die von Clemens beanspruchten drei Belege in einem etwas anderen Licht. Er hätte mit ihnen auf Zustimmung zu stoßen kaum hoffen dürfen, wenn nicht ohnehin darüber weitgehend Einverständnis geherrscht hätte. So dürfte Clemens mit den Zitationen nur eine Erinnerung an bereits mehr oder weniger Bekanntes beabsichtigt haben.

Zu der isolierten Bemerkung über Platons Kenntnis der Prophetie, die sich auf die Prophetengestalt im Er-Mythos von Pol X 617 d2f. 619 b2f. c4 bezieht, wurde bereits in der Analyse der Disposition das Nötigste gesagt[55].

Dieses erste Zitationsnest schließt ein Ausspruch ab, der nun tatsächlich wie kein anderer Platons Achtung vor der altehrwürdigen Weisheit der Ägypter zum Ausdruck bringt. Es ist das Wort des ägyptischen Priesters zu Solon in Tim 22 b4f.8: «O Solon, Solon, ihr Griechen bleibt doch immer Kinder, und kein Grieche ist ein Greis, denn altersgraues Wissen habt ihr nicht»[56]. Clemens wird später in § 180 eine ausführliche Exegese dieses Wortes vortragen, dort soll auch seine Deutung behandelt werden.

Es lassen sich noch im hiesigen Zusammenhang einige Beobachtungen und Erwägungen zur Tendenz dieser Aussagereihe anschließen. Von vornherein ist ja wahrscheinlich, daß diese Darlegungen nicht um ihrer reinen, historischen Dokumentation willen, sondern zu einem bestimmten weiterführenden Zweck erfolgen. Darauf deutet auch die Auswahl. Widersprechendes Material, das eine

---

[54] Es ist zu nennen: Anonyme Prolegomena IV p. 199,28−31 (Hermann); Apuleius, De Platone I § 186 p. 84,17f; Augustin, Civ. Dei VIII § 4; Cicero, De re publ. I § 16, De finibus V § 87; Diogenes Laertios III § 6; Diodor I § 98; Pseud.-Justin, Cohort. ad Graec. § 14. § 20; Lactantius, Inst. div. IV 2,3−5; Lucan, De bello civile X 181ff; Philostrat, Vita Apollonii I § 2; Plutarch, De Iside 10, mor. 354 DE; Quintilian I 12,15; Strabon XVII 1,29. Zur Interpretation der Stellen vgl. H. Dörrie, Platons Reisen zu fremden Völkern, in: Festschrift J.H. Waszink S. 99−118.

[55] Ein Problem bereitet noch das Lemma ἐν δὲ τῷ περὶ ψυχῆς p. 43,7f zur Anspielung an die Politeiastelle, denn in der nach Thrasyllos benannten Ausgabe, die Clemens übrigens bekannt war (s.u.), gehört der Untertitel περὶ ψυχῆς zum Phaidon, vgl. Diogenes Laertios III § 58. Eine schlüssige Erklärung ist nicht leicht. Man kann textkritisch mit der Annahme einer Verderbnis, einer Lücke oder einer Glosse operieren. Man kann einen Irrtum auf Clemens' Seite annehmen. In Strom V § 90,5. § 103,2 und § 106,2 weiß er aber den Er-Mythos richtig zu plazieren. Oder man bezieht das Lemma nicht auf den besagten Untertitel. In Strom V § 53,1 leitet dasselbe Lemma Ausführungen zum Phaidros ein! Es gab ja auch eine Ausgabe ohne Untertitel, die dem Aristophanes von Byzanz zugeschrieben wird, vgl. Diogenes Laertios III § 61f. Auffällig ist auch, daß Stobaios I p. 359,19 − p. 360,8 und p. 451,4 − p. 454,9 ebenfalls Pol X 610 e10 − 611 b10 und 614 b2 − 616 c2 unter dem Caput XLIX περὶ ψυχῆς aufführt.

[56] Der Ausspruch ist sehr geschickt komprimiert, in § 180 steht eine längere Version. Aus dieser Zitatwiederholung in unterschiedlicher Gestalt kann entnommen werden, daß Clemens selbst seine Platonzitate präpariert. Eine ähnliche Kurzfassung hat Euseb, Praep. Ev. X 4,19.

ablehnende Haltung zu den Barbaren an den Tag legt, wird übergangen. Bezeichnend ist in dieser Hinsicht, daß die Passage Pol V 469 bff[57] mit keinem Wort
erwähnt wird. Zu erinnern ist auch an die schon früher erkennbar gewordene
Unterdrückung aller Kritik an Platon. Man kann das nur so verstehen, daß Platon in seiner Einstellung zu den Barbaren eine vorbildhafte Bedeutung zuge-
messen ist. Unter diesen Umständen darf man damit rechnen, daß Clemens mit
seinen Darlegungen einen indirekten Appell an den heidnisch-griechischen Leser bezweckt. Er will ihn unausgesprochen, aber trotzdem deutlich spürbar
ermuntern, dem Vorbild Platons nachzueifern. Aus diesem Blickwinkel läßt
sich nun in diesem Zitatennest eine etappenweise Führung des Lesers erkennen.
Wenn ihm Platons Autorität etwas gilt und er sich der Erkenntnis seiner Hoch-
achtung der Barbaren nicht verschließt, dann wird er seinem Beispiel folgen. Er
wird, sofern er als Grieche Voreingenommenheit gegen Barbaren hegt, sein
Vorurteil aufgeben und ihre Überlegenheit anerkennen. So gehört er wenigstens
nicht mehr zu denen, die Clemens schon am Anfang der «Teppiche», in § 22,1,
tadeln mußte, weil sie sich über das Barbarische lustig machen, τὸ βάρβαρον ἐν
παιδιᾷ τιθέμενοι p. 14,22[58]. Soweit führt ihn der erste Gedankenschritt bis
§ 67,4. Er wird dann aber auch bereit sein, sich im zweiten Gedankenschritt
von § 68,2 — § 69,1 der weiteren Führung Platons anzuvertrauen. Er wird sich
wie dieser seine Lehrer unter den Barbaren suchen. Das Timaioszitat § 69,3
schließlich bekräftigt noch einmal die durch Platon ausgesprochene Legitimität
der barbarischen Lehrer und erleichtert dem Leser den eigenen ersten Schritt
zu ihnen.

3. Die mosaische Gesetzgebung

Der behandelte Gedankengang wird aufgenommen und weitergeführt in den
Darlegungen zum mosaischen Gesetz innerhalb des Abschnittes über Mose, in
§ 165 — § 179. Zu erinnern ist an die oben durchgeführte Analyse des Aufbaus,
die die Verklammerung der beiden Abschnitte deutlich machte. In § 165,1 —
§ 166,1 geht es nun darum, Platons Abhängigkeit speziell von Mose zu erweisen. Da nach den chronologischen Erörterungen, § 101 — § 107, eine persönliche Begegnung beider nicht in Betracht kommen kann, behauptet Clemens,
daß sich das Schülerverhältnis Platons mittelbar durch die mosaischen Schriften
ausgewirkt habe. So erklärt sich die Wortwahl, Πλάτων ... ἐκ τῶν Μωυσέως ...
ὠφεληθείς ... p. 103,8f und p. 103,26. Das Verb ὠφελεῖσθαι hat hier ebensowenig wie in p. 42,5 einen negativen Klang. Diesen Nachweis führt Clemens
nicht mit platonischen Selbstzeugnissen oder einer indirekten Überlieferung,
sondern mit inneren Übereinstimmungen, bzw. mit Ansätzen dazu zwischen

---

[57] Vgl. J. Kerschensteiner, Platon und der Orient S. 60f.
[58] Vgl. auch Strom VI § 67,1.

der platonischen Lehre und dem mosaischen Gesetz. Unter drei verschiedenen Aspekten zeigt Clemens, daß für beide das Gesetz sich nicht darin erschöpft, Regelungen für das irdische Zusammenleben aufzuerlegen, sondern daß es auf die Betrachtung der himmlischen, d. h. göttlichen Ordnung abzielt. Hier spielen vielfältige Gegenüberstellungen und Konzeptionen hinein. Daß das Gesetz zur Höhe empor zu Gott führt, das ist das letztlich von Clemens Intendierte. Der erste Aspekt berücksichtigt die platonischen Nomoi. Der zweite geht aus von einer dichotomischen Diairesenreihe zum Begriff τὸ πολιτικόν, und der dritte stützt sich auf die Zuordnung gewisser Dialoge zu Dialogpaaren.

Da das unter dem ersten Aspekt gebotene Referat zu den Nomoi sowohl für das allgemeine Verständnis als auch für die Frage nach der platonischen Grundlage erhebliche Probleme aufwirft, soll zunächst versucht werden, den Wortlaut der syntaktischen Struktur nach zu gliedern, um auf diese Weise einer Klärung der Schwierigkeiten näher zu kommen. Subjekt des Satzes ist Platon:

(A) ἐπετίμησε μὲν τῇ Μίνωος καὶ Λυκούργου πολιτείᾳ πρὸς ἀνδρείαν μόνην ἀποβλεπομέναις

(B) ἐπήνεσε δὲ ὡς σεμνοτέραν τὴν

   (a) ἔν τι λέγουσαν καὶ

   (b) πρὸς δόγμα ἓν νεύουσαν αἰεί (sc. πολιτείαν)·

(C) καὶ γὰρ ἰσχύι καὶ σεμνότητι καὶ φρονήσει πρέπειν ἂν μᾶλλον
       (sc. als ausschließlich auf Tapferkeit zu achten) φιλοσοφεῖν ἡμᾶς λέγει

   (b) πρὸς τὸ ἀξίωμα τοῦ οὐρανοῦ

   (a) ἀμετανοήτως χρωμένους γνώμῃ τῇ αὐτῇ περὶ τῶν αὐτῶν.

Versucht man demgemäß die Aussage des Referates zu bestimmen, dann läßt sich folgende schematische Inhaltsangabe machen:

(A) Negativer Teil

(B) Positiver Teil (staatlich): formal

   (a) Beständigkeit der Anordnungen des Staates

   (b) Ziel der Staatsausrichtung

(C) Explikation (individuell): Tugend und Philosophie

   (b) Astronomie

   (a) Beständigkeit der Meinung

Dazu sind noch zwei Bemerkungen nötig. Diese Gliederung weicht im positiven Teil von der Auffassung L. Früchtels[1] ab, der, ohne sich explizit zu äußern, ἔν τι λέγουσαν καὶ πρὸς δόγμα ἓν νεύουσαν αἰεί p. 103,11 offenbar als Hendiadyoin verstanden hat. Er konnte damit aber nichts anfangen. Die Mög-

---

[1] L. Früchtel zu p. 103,11 in den Nachträgen und Berichtigungen zur Edition p. 523.

lichkeit, die fraglichen Wörter als zweigliedrige Aussage aufzufassen, wird durch den Explikationsteil nahegelegt. Daß ferner τὸ ἀξίωμα τοῦ οὐρανοῦ p. 103,13 die Gestirngötter meint, läßt sich aus Porphyrios[2] absichern.

Die nächste Aufgabe besteht darin, die platonische Grundlage für das Referat zu klären. Da wörtliche Anspielungen fast ganz fehlen, ist man auf sachliche Übereinstimmungen und Ähnlichkeiten angewiesen. O. Stählin hat erkannt, daß der erste, negative Teil sich auf das Einleitungsgespräch (I 624 a1 — 632 d7) und dessen zweifache Rekapitulation (III 688 a1 — b4 und IV 705 d3 — e1) bezieht. Weiter ist die Klärung bisher noch nicht gediehen, es läßt sich aber für das erste Glied des positiven Teiles die Stelle IV 719 d1ff nennen: τῷ δὲ νομοθέτῃ τοῦτο οὐκ ἔστι ποιεῖν ἐν τῷ νόμῳ, δύο περὶ ἑνός, ἀλλὰ ἕνα περὶ ἑνὸς ἀεὶ δεῖ λόγον ἀποφαίνεσθαι[3]. Und das zweite Glied des positiven Teiles erinnert an den Grundsatz, der schon im Eingangsgespräch gegenwärtig ist (I 625 c6ff, 626 d5ff, 630 d9 — 632 d7), dann mehrfach berührt (III 688 a4 — b4, 693 b5 — c5, IV 705 d3 — e1, 714 b3 — c4, V 743 c5 — 744 a7, VIII 836 a2 — e4), besonders aber in der Behandlung der nächtlichen Versammlung immer wieder geltend gemacht wird (XII 961 c3ff, 962 b4—9. d1—5, 963 a1 — 968 a4), daß nämlich der Staat und die Gesetze nur in der festen Verankerung in einem einzigen Ziel Bestand haben können. In der Explikation bleibt die Dreiergruppe von ἰσχύς, σεμνότης und φρόνησις aus den Nomoi unerklärlich. Die astronomische Philosophie dagegen kann aus der Theologie (XII 966 c1 — 968 a4) abgeleitet werden, die zusammen mit der Dialektik die Unterrichtsfächer für die zukünftigen Wächter im nächtlichen Rat darstellt und die ihrerseits auf den theologischen Ausführungen von Buch X basiert. Im ganzen fällt auf, daß das Referat bevorzugt auf Anfang und Ende der Nomoi eingeht. Da sich hier die philosophisch-theologische Grundlegung findet, die die Einzelanordnungen, angefangen bei Eheschließung und Kinderzeugung bis zu Begräbnis und Totenehrung (I 631 d6 — XII 960 b5) umspannt, so liegt die Vermutung nahe, daß das Referat eine Zusammenfassung des philosophisch-theologischen Gehaltes des Gesamtwerkes anstrebt.

Was nun die Einstellung des Atheners zur dorischen Staatsordnung betrifft, so ist das Referat gewiß im Recht, wenn es die Kritik an der ausschließlichen Orientierung auf die kriegerische Tapferkeit betont[4]. Das Gesamtwerk markiert den Gegensatz deutlich genug[5], und wenn es in 628 e2 — 629 a3 und 630 c1—4. d2—7 so scheint, als wollte der Athener weder Minos und Lykurg noch ihre Ge-

[2] Porphyrios, Gegen die Christen, Nr. 75,8.
[3] Der Zusammenhang grenzt diese Aussage eigentümlich ab, vgl. aber Gorg 490 e9—11, Symp 221 e5f und Pseud. Platon, Minos 315 a4ff. 317 b2ff. Immer dasselbe über dasselbe zu sagen, ist sokratisch. Kosmologisch bezogen ist der Gedanke in Tim 40 a8f.
[4] Schon Aristoteles, Pol. II 9, 1271 a41—b7, hat Platon so verstanden, vgl. auch Maximus Tyrius, Or. XXXVII 1c—2e.
[5] Vgl. W. Jaeger, Paideia Bd. 3 S. 296ff, und P. Friedländer, Platon Bd. 3 S. 365ff.

setze angreifen, sondern eine unzureichende Interpretation dieser an sich lobenswerten Nomothesien beanstanden[6], dann ist das, wie auch die Bemerkung über den ἔμπειρος 632 d1−7 lehrt, eine durch gastliche Höflichkeit bedingte Ironie.

Was andererseits die vom athenischen Gast positiv entworfene Staatsordnung und ihre Fundierung betrifft, so äußert er sich dazu in I 630 d9 − 631 d6. Er erhebt die Forderung, daß die isolierte Ausrichtung an der Tapferkeit vermieden, und daß statt dessen die Tugend in ihrer Gesamtheit in den Blick genommen werden muß. Dabei setzt er eine rangmäßige Abstufung unter den Kardinaltugenden in der Reihenfolge von Einsicht, Besonnenheit, Gerechtigkeit und schließlich Tapferkeit an. Eine zweite Forderung geht dahin, daß die auf die Gesamttugend ausgerichteten Gesetze in systematischer Ordnung untereinander in die Hierarchie der Werte, an deren Spitze der ἡγεμὼν νοῦς steht, eingefügt werden. So entsteht der vom Führer Geist gelenkte Tugendstaat. Diese Richtlinien bleiben im weiteren Gespräch in Geltung[7], aber unvermutet behauptet der Athener in Buch XII 963 a1 − c2, daß sie der weiteren Begründung aus einem höchsten ἕν bedürftig seien. Im Anschluß sagt er, daß jenes höchste Ziel auf dem Wege des Erschauens des Einen im Vielen erkannt und sodann erklärt werden muß (963 c3 − 964 d2), und er führt aus, daß dazu die zukünftigen Wächter der nächtlichen Versammlung durch die gründlichere Erziehung in der Dialektik und der Theologie befähigt werden müssen (964 d3 − 968 b2).

Da eine ausdrückliche Belehrung, was denn nun dieses höchste ἕν sei, unterbleibt, richtet sich natürlich alles Interesse auf die Darlegungen der höheren Erziehung. Aber gerade dieser Abschnitt wirft gewichtige Probleme auf. Bei den Bemerkungen zur Dialektik ist die Frage strittig, ob die aus dem Vokabular der Ideenlehre übernommenen Bezeichnungen hier noch die Idee als je an sich existierendes, wahrhaftes Seiendes meinen. Im wesentlichen haben sich in der Beantwortung dieser Frage drei Positionen herausgebildet. G. Müller[8] verficht die These, daß die Lehre vom intelligiblen Sein preisgegeben sei, die hiesige Dialektik sei lediglich «Begriffswissenschaft». Die Auffassung, daß die Ideenlehre unausgesprochen vorausgesetzt sei, daß sie hinter der Dialektik stehe, haben u. a. U. von Wilamowitz-Möllendorf[9] und H. Görgemanns[10] vertreten und diese Zurückhaltung aus dem Gesamtcharakter des Gespräches erklärt. Die Interpreta-

---

[6]　Darauf weisen O. Gigon, Das Einleitungsgespräch der Gesetze Platons, in: ders., Studien zur antiken Philosophie S. 173f. 178f, und L. Strauss, The Argument and the Action of Plato's Laws S. 6ff.

[7]　Zusätzlich zur früheren Stellensammlung ist zu nennen: 707 d1−7, 742 c6 − e6, 770 b4 − 771 a4.

[8]　G. Müller, Studien zu den Platonischen Nomoi S. 22−32, vgl. P. Friedländer, Platon Bd. 3 S. 515 Anm. 100.

[9]　U. von Wilamowitz-Möllendorf, Platon Bd. 1 S. 552.

[10]　H. Görgemanns, Beiträge zur Interpretation von Platons Nomoi S. 224−226.

tionen von W. Jaeger[11] und A.J. Festugière[12] etwa markieren eine dritte Möglichkeit. Sie finden hier die Idee des Guten, bzw. das höchste Eine klar ausgesprochen. Wenn nun auch nicht die Überprüfung der strittigen Argumente hier durchgeführt werden kann, so sei doch immerhin soviel angemerkt, daß diejenige Auffassung sich am zwanglosesten in das Gesamtbild einpaßt, nach welcher die Ideenlehre nicht ausgesprochen, aber vorausgesetzt sei.

Auch die theologischen Ausführungen sind nicht problemlos. Es erhebt sich die Frage, was die beiden Dinge, die zum Glauben an die Götter führen, ψυχή und νοῦς 966 d9 — e4, sind. W. Jaeger[13] deutet die Seele individuell als «die innere Erfahrung des seelischen Lebens» und hebt sie vom Geist im gestirnten Himmel ab. Das ist m. E. nicht gut möglich. So entstünde ein Widerspruch zu 966 d9: ὃ περὶ τὴν ψυχὴν ἐλέγομεν, womit auf die Behandlung der göttlichen Weltseele in Buch X zurückgegriffen wird. Von inneren Seelenerlebnissen ist nicht gesprochen worden. Der Kontext und deutlicher noch der Exkurs 966 e4 — 967 d2 zeigen, daß beides, ψυχή und νοῦς, die Weltseele unter verschiedenen Aspekten bezeichnet. ψυχή meint den Ursprung von Bewegung und Leben, νοῦς meint ihre Ordnung und Genauigkeit. Außerdem ist mit ψυχή auch die Unkörperlichkeit zum Ausdruck gebracht. Die von der Weltseele bewegten Bahnen der Gestirngötter sind also der Gegenstand der Theologie, sie sind nach einer Konjektur von A. Diès zu 967 d8f[14] auch die höchste Manifestation des ἡγεμὼν νοῦς.

Und schließlich läßt das gegenseitige Verhältnis von Dialektik und Theologie unterschiedliche Beurteilungen zu. Wer das Vorhandensein der Ideenlehre wie G. Müller bestreitet, der muß der Gestirntheologie den höchsten Rang zuschreiben[15]. Das scheint aber eher eine Verkürzung der platonischen Aussagen zu sein. Andere Forscher wie etwa H. Görgemanns[16], F. Solmsen[17] und W. Theiler[18] nehmen ein gleichwertiges Nebeneinander von Dialektik und Theologie an, während bei der von W. Jaeger[19] und A.J. Festugière[20] vertretenen dritten Position die Astronomie lediglich eine stützende oder vorbereitende Bedeutung für die entscheidende Erkenntnis der Idee des Guten, bzw. der Kontemplation des

---

[11] W. Jaeger, Paideia Bd. 3 S. 341f.
[12] A.J. Festugière, La Révélation d' Hermès Trismégiste Bd. 2 S. 143f.
[13] W. Jaeger, Paideia Bd. 3 S. 454 Anm. 331.
[14] A. Diès liest in seiner Teiledition der Nomoi S. 86 mit Anm. 3 statt τόν τε εἰρημένον, was bei einigen obelisiert ist, ⟨τόν τε ἡγεμόνα⟩ ἐν τοῖς ἄστροις νοῦν τῶν ὄντων.
[15] G. Müller, Studien zu den Platonischen Nomoi S. 27f.
[16] H. Görgemanns, Beiträge zur Interpretation von Platons Nomoi S. 221f.
[17] F. Solmsen, Plato's Theology S. 92f.
[18] W. Theiler, Die bewahrenden Kräfte im Gesetzesstaat Platos, in: ders., Untersuchungen zur antiken Literatur S. 260f.
[19] W. Jaeger, Paideia Bd. 3 S. 338f. 341. 455 Anm. 354.
[20] A.J. Festugière, La Révélation d'Hermès Trismégiste Bd. 2 S. 144.

Einen hat. In solcher Uneinigkeit macht sich bemerkbar, daß der athenische Gast seinen Zuhörern — und seinen Lesern ja nicht minder — das Letzte vorenthält.

Schon diese raffende und sehr summarische Vergegenwärtigung des philosophisch-theologischen Gehaltes der Nomoi reicht hin, um die eigentümliche Deutung durch das Referat in ein klares Licht zu stellen. Ein höchst auffälliger Zug ist die Verschiebung des Blickwinkels, die die Explikation gegenüber dem formalen positiven Teil des Referates mit sich bringt. Der positive Referatteil bezieht sich auf $\pi o \lambda \iota \tau \epsilon i a$ p. 103,10, die Explikation spricht statt dessen von $\dot{\eta} \mu \tilde{a} \varsigma$ p. 103,12. Damit ist der Mensch schlechthin gemeint. Der Gesichtspunkt wechselt also vom Staat zum Individuum über. Die Nomoi gelten nun nicht mehr als philosophische Fundierung der Gesetzgebung des Staates der Magneten, sondern sie bieten im Sinne des Referates allgemein gültige Lebensmaximen für das Individuum. Darin verrät sich eine spezifisch hellenistische Geisteshaltung.

Eine weitere Besonderheit ist mit der instrumentalen Näherbestimmung, $i\sigma\chi\dot{v}\iota$ $\kappa a i$ $\sigma\epsilon\mu\nu\dot{o}\tau\eta\tau\iota$ $\kappa a i$ $\phi\rho o\nu\dot{\eta}\sigma\epsilon\iota$ p. 103,12, gegeben. Eindeutig ist, daß mit $\phi\rho\dot{o}\nu\eta\sigma\iota\varsigma$ die von Platon an höchster Stelle angesetzte Tugend der Einsicht aufgenommen ist. Daß die übrigen drei nicht genannt werden, kann kaum bedeuten, daß sie eliminiert werden sollen. Eher wird man hier das von Zenon geprägte Konzept der $\phi\rho\dot{o}\nu\eta\sigma\iota\varsigma$ vorauszusetzen haben, wonach sie als «praktische Lebensweisheit»[21] sich in allen vier Kardinaltugenden betätigt und von der speziellen und im engeren Sinne so genannten $\phi\rho\dot{o}\nu\eta\sigma\iota\varsigma$ zu unterscheiden ist[22]. Es geht also um die praktische Lebensführung. Die Kardinaltugenden sind voll aufgenommen, aber in die Formulierung wirkt stoisches Gut hinein. Stoischer Einfluß zeigt sich auch bei dem Begriff $i\sigma\chi\dot{v}\varsigma$, der im Sinne von Seelenkraft Platon unbekannt ist. Offenbar steht hinter der erweiterten Dreiergruppe von $i\sigma\chi\dot{v}\varsigma$, $\sigma\epsilon\mu\nu\dot{o}\tau\eta\varsigma$ und $\phi\rho\dot{o}\nu\eta\sigma\iota\varsigma$ die Vorstellung, daß die Tugenden an sich noch unvermögend und unzureichend sind. Eine entsprechende Theorie ist aus der Stoa bekannt. Daß die Seele auf physiologischer Seite zur Verwirklichung der Tugenden einer reinen Energie bedarf, haben Kleanthes und Chrysipp vertreten. Sie haben in diesem Zusammenhang von der seelischen Stärke ($i\sigma\chi\dot{v}\varsigma$ $\kappa a i$ $\kappa\rho\dot{a}\tau o\varsigma$) gesprochen und damit die Spannkraft bezeichnet, die die Seele allererst zur Erfüllung ihrer Aufgabe befähigt[23]. Und $\sigma\epsilon\mu\nu\dot{o}\tau\eta\varsigma$ betont nachdrücklich den religiösen Aspekt. Trifft ein solches Verständnis des Referates zu, dann ist damit zugleich gegeben, daß es das Wesen der Tugenden anders faßt als Platon, der ja auch in den Nomoi den Satz: «Tugend ist Wissen», nicht außer Kraft ge-

---

[21] M. Pohlenz, Die Stoa Bd. 1 S. 126.
[22] Der grundlegende Text, Zenon Frg. 200, ist mit der Konjektur von M. Pohlenz abgedruckt in: M. Pohlenz, Die Stoa Bd. 2 S. 72.
[23] Hauptbeleg ist Kleanthes, Frg. 563, SVF I p. 128,32 — p. 129,5; ferner Chrysipp, Frg. mor. 95, SVF III p. 23,22—35, und Frg. mor. 278, SVF III p. 68,22—34. Zum Ganzen vgl. M. Pohlenz, Die Stoa Bd. 1 S. 125f. 147f.

setzt hat. Das Referat kann offenbar die Qualität des Wissens nicht mehr im platonischen Sinn festhalten und muß deshalb den Tugendbegriff ändern.

Das bestätigt sich sogleich, wenn man die Hauptaussage der Explikation, φιλοσοφεῖν πρὸς τὸ ἀξίωμα τοῦ οὐρανοῦ p. 103,12f, mitberücksichtigt. Zusätzlich zur Erwähnung des praktischen Lebensideals ist damit die theoretische Lebensführung genannt und beides in unlösliche Verbindung gebracht. Entscheidend ist nun jedoch, daß schon die Betrachtung der göttlichen Gestirne und ihrer von der Weltseele angetriebenen Bewegungen allein als die legitime Form der Philosophie gilt. Die Dialektik und die hinter ihr stehende Ideenlehre sind übergangen. Damit ist der Gehalt der Nomoi auf jeden Fall um Entscheidendes verkürzt. Und wer der Astronomie nur eine der Dialektik dienende Rolle zuerkennen will, der wird urteilen müssen, daß gerade das Höchste fehlt. Hier zeigt sich, daß in der Tat das Wissen nicht mehr die platonische Qualität haben kann. Die Philosophie, die die höchste Begründung der Lebensmaximen der Nomoi bringen soll, ist gedeutet aus einer Tradition, die A.J. Festugière als «religion cosmique» gekennzeichnet hat[24]. Sie läßt sich bis auf die Jugendschriften des Aristoteles und auf Philipp von Opus zurückverfolgen, sie begegnet aber in ausgeprägter Weise auch in der Stoa.

Nach allem läßt sich das Referat verstehen, ohne daß man auf Clemens zurückgreifen müßte. Es gibt keine Anzeichen, die die Annahme clementinischer Abfassung fordern würden. Statt dessen gibt es positive Indizien, die die literarische Eigenständigkeit des Referates wahrscheinlich machen. Die ionisch-archaisierende Adverbsform αἰεί[25] p. 103,11 wird man freilich nicht dazu rechnen dürfen, denn Clemens benutzt sie — wenn auch ohne Vorliebe — gelegentlich selbst und trägt sie auch in Platonzitate hinein[26]. Wohl aber ist sein Kommentar in § 165,2 in dieser Hinsicht aufschlußreich, denn das Referat ist nicht auf dieses Ergebnis hin angelegt. Einerseits enthält es mehr, als für Clemens' Zwecke nötig ist. Der negative Teil spielt im Folgenden gar keine Rolle, auch die zweifache Erwähnung der Beständigkeit der Einstellung wird nicht mehr aufgenommen. Und andererseits kann, wie sich sogleich zeigen wird, Clemens nur unter massiven Umdeutungen zu seinem Ergebnis gelangen. Zu erinnern ist schließlich auch daran, daß schon eine frühere Paraphrase zu Nom VIII 844 b1

---

[24] A.J. Festugière, La Révélation d'Hermès Trismégiste Bd. 2, S. XII—XV. Teil 2, ebd. S. 153—259, behandelt des näheren die Phase «de Platon aux Stoïciens», Teil 3, ebd. S. 260—340, behandelt «l'ancien Stoïcisme».

[25] In der Koine ist ἀεί durchgedrungen, vgl. F. Blass — A. Debrunner, Grammatik des neutestamentlichen Griechisch § 30,1.

[26] In Platonzitaten steht die Form in Strom I § 69,3. § 180,1 (Tim 22 b4) und in Strom II § 132,2 (Nom IV 716 a2). Ansonsten gebraucht Clemens sie außerhalb direkter Zitate nur zehnmal: Paid I § 54,3; Strom I § 12,3 (zweimal). § 40,4. § 68,2. § 133,2. § 165,1 (hier); Strom II § 52,3. § 55,1 und Strom VII § 12,3. Damit unterscheidet sich Clemens von Philon, der eine deutliche Neigung für die ungewöhnliche Form zeigt. Das Verhältnis von ἀεί und αἰεί ist bei ihm etwa 5 : 1.

— c1 in § 10,2 durch die Annahme einer Vorlage erklärt werden mußte. Das wird aller Wahrscheinlichkeit nach auch hier zutreffen. Dabei könnte die erkennbar gewordene Absicht, den philosophisch-theologischen Gehalt der Nomoi im ganzen abzustecken, darauf deuten, daß die Formulierungen aus einer an einer Gesamtwürdigung interessierten Einleitung zu einer Nomoiausgabe stammen[27].

Seinen Kommentar hat Clemens in eine rhetorische Frage gekleidet: ἆρ' οὐ τὰ κατὰ τὸν νόμον ἑρμηνεύει πρὸς ἕνα θεὸν ἀφορᾶν καὶ δικαιοπραγεῖν ἐντελλόμενος; p. 103,14f. Damit hat Clemens zwei Gesichtspunkte zur Einheit zusammengeschlossen. Das eine betrifft das πρὸς ἕνα θεὸν ἀφορᾶν. Die Majestät des Sternenhimmels hat er als den transzendenten Gott interpretiert. Wodurch er sich zu solcher Umdeutung berechtigt glaubte, sagt er nicht, ermöglicht ist sein Vorgehen in einer mehr äußerlichen Hinsicht zweifellos durch die biblisch-jüdischen Umschreibungen des Gottesnamens, die bevorzugt den Himmel nennen, wie «Herr des Himmels», «Gott des Himmels», «der himmlische Gott» oder auch die Bezeichnung «Himmel» allein[28]. Das andere betrifft das δικαιοπραγεῖν. Mit diesem Stichwort hat er den in der Näherbestimmung «mit Kraft, Heiligkeit und Lebensklugheit» angesprochenen Komplex zum tugendhaften praktischen Leben aufgenommen, ohne allerdings sein Verständnis auch hier eindeutig anzugeben. Daß aber überhaupt das mosaische Gesetz sich in zwei Hauptpunkten zusammenfassen läßt, wußte Clemens natürlich aus den Synoptikern, Mk 12,28—34, Mt 22,34—40, Lk 10,25—28. Diese Ansicht teilt er auch mit Philon, De spec. legibus II § 63: ἔστι δ' ὡς ἔπος εἰπεῖν τῶν κατὰ μέρος ἀμυθήτων λόγων καὶ δογμάτων δύο τὰ ἀνωτάτω κεφάλαια, τό τε πρὸς θεὸν δι' εὐσεβείας καὶ ὁσιότητος καὶ τὸ πρὸς ἀνθρώπους διὰ φιλανθρωπίας καὶ δικαιοσύνης. Die Unterstreichungen weisen auf formale Anklänge bei Clemens, so daß hier ein Zusammenhang angenommen werden darf. Allerdings tritt nun auch eine beachtliche Unstimmigkeit zutage, denn Philon und die Synoptiker sprechen von der Gottes- und Nächstenliebe, während das Nomoireferat die «vita activa» und die «vita contemplativa» meint. Vielleicht darf man Clemens so verstehen, daß er beides verbinden wollte. Er hätte dann die Zusammenfassung des Gesetzes in der Liebe zu Gott und zum Nächsten in eins gesehen mit der Verbindung von theoretischer und praktischer Lebenskunst. Und die Klammer für beides wäre darin zu erblicken, daß die Liebe zu Gott und der kontemplative Aufstieg zur Erkenntnis Gottes nur zwei Seiten derselben Sache sind.

---

[27] Diese Vermutung basiert auf einer Bemerkung von O. Gigon, Rez. H. Hagendahl, in: ders., Studien zur antiken Philosophie S. 392. Eine solche Möglichkeit werde seinen Ausführungen zufolge «meist viel zu wenig in Rechnung gestellt . . . Schon ein Cicero hat zweifellos den platonischen Phaidon und Timaios in einer Ausgabe gelesen, die mit Einleitung und einer Art von Kommentar (den man sich natürlich nicht wie die spätkaiserzeitlichen Kommentare vorstellen darf) ausgestattet war».

[28] Belege dafür sind gesammelt bei W. Bousset — W. Gressmann, Die Religion des Judentums S. 310—314.

Um die Abhängigkeit Platons vom mosaischen Gesetz unter einem zweiten Aspekt zu erweisen, stützt sich Clemens in § 165,3f auf eine Diairesenreihe zum Begriff τὸ πολιτικόν. Sie sei der Einfachheit halber stemmatisch vorangestellt.

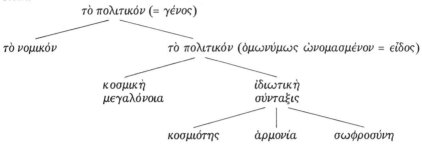

In diese Begriffszerlegung ist zwischenhinein noch in p. 103,17—20 eine nähere Erläuterung zur Person des Politikers eingeschoben, derzufolge Platon im Dialog Politikos als Politiker den Demiurgen und auch irdische Politiker bestimmt habe.

Diese Reihe findet sich bei Platon nicht. Allerdings sind Diairesen nicht nur aus seinen Dialogen bekannt. Diogenes Laertios hat das Platon gewidmete dritte Buch mit einer Sammlung von platonischen Diairesen abgeschlossen, die Aristoteles überliefert haben soll (§ 80 − § 109)[29]. Damit berührt sich zum Teil eine andere Sammlung im Codex Marcianus[30]. Die hiesige Begriffszerlegung kehrt aber in keiner der beiden Sammlungen wieder. Auch weicht sie formal in zwei Einzelheiten ab. Die übrigen Diairesen sind fast immer mehrgliedrig, die hiesige ist abgesehen von der letzten Subdivision dichotomisch, so wie es Platon selbst gefordert hat. Außerdem bezieht sich die hiesige auf einen Dialog, nämlich für die Bestimmung zur Person des Politikers auf den Dialog Politikos, was in keiner der anderen geschieht. Trotzdem drängt sich natürlich die Vermutung auf, daß Clemens mit vorgegebenem Material arbeitet. Es ist nicht einzusehen, warum er die ausgefallene Form von sich aus hätte imitieren sollen. Auch die später noch aufzuweisende Tatsache, daß die hiesige Deutung des Politikos mit derjenigen in Strom I § 182,1 konkurriert, weist in diese Richtung. Und vielleicht erklärt sich die z. T. recht unklare Ausdrucksweise am einfachsten, wenn man annimmt, Clemens habe mit einer Vorlage gearbeitet und diese modifiziert, bzw. erheblich gekürzt.

Denn in ihrer vorliegenden Gestalt ist die Reihe nicht voll verständlich. Schon was die oberste Unterteilung des Politischen in ein νομικὸν εἶδος einerseits und

---

[29] O. Gigon, Art. Diogenes Laertios LAW Sp. 742, beurteilt die Sammlung als ein «durch den Peripatos tradiertes altakademisches Handbuch».

[30] Beide sind einleitend besprochen und herausgegeben worden von H. Mutschmann, Divisiones quae vulgo dicuntur Aristoteleae.

ein πολιτικὸν εἶδος andererseits meint, ist nicht recht ersichtlich. Sollen damit einfach Gesetz und Amt unterschieden werden[31], oder steht vielleicht der Gegensatz einer schriftlich fixierten, unbeseelten Form und einer schriftlosen, beseelten Form der Politik dahinter? Geläufig scheint die Unterscheidung in der schulplatonischen Tradition auf jeden Fall nicht zu sein[32]. Die Bestimmung des Politikers hinsichtlich des Demiurgen und der irdischen Politiker bereitet keine Schwierigkeiten. Dagegen widersetzt sich die Zerlegung des πολιτικὸν εἶδος einer klaren Deutung. Auch der Eingriff in den überlieferten Text von J. Potter[33] hat zu keinem anerkannten Ergebnis geführt. Nun sind schon die sich gegenüberstehenden Begriffe κοσμικὴ μεγαλόνοια und ἰδιωτικὴ σύνταξις inkommensurabel[34]. Ersterer muß irgendwie eine konkrete Seelenhaltung oder Seelentätigkeit meinen, der letztere ist ein Oberbegriff, er bezeichnet eine Struktur, und erst in der nächst niederen Unterteilung finden sich die gleichrangigen Begriffe κοσμιότης, ἁρμονία und σωφροσύνη. Das heißt aber «partem in genere numerare»[35] und darf in einer Diairese nicht vorkommen[36]. Und ganz unklar ist der Ausdruck κοσμικὴ μεγαλόνοια. Er könnte auf Gott bezogen sein. Philon spricht einmal von der μεγαλόνοια Gottes[37]. Sachliche Parallelen dazu, die auch

---

[31] Vgl. H. Thesleff, The Pythagorean Texts S. 81,23f: εἰς δὲ ταύταν (nämlich zur Staatsordnung) νόμων τε δεῖται καὶ τινὸς προστασίας πολιτικᾶς τό τε ἄρχον καὶ τὸ ἀρχόμενον (so Pseud. Ekphantos). Pythagoreischer Einfluß wird sich bei der Erläuterung zum Begriff Politiker nachweisen lassen.

[32] Was Albinos zur Politik zu sagen hat, unterbreitet er in Didask. XXXIV p. 188,7 — p. 189,8. Zu fragen wäre, ob vielleicht nicht aristotelische Gedanken, so seine Unterscheidung von τὸ πολιτικὸν δίκαιον in φυσικὸν δίκαιον und νομικὸν δίκαιον, d. h. in Naturrecht und positives Recht (EN V 1134 b18ff) und seine Unterteilung von ἡ πολιτική in ἡ μὲν ὡς ἀρχιτεκτονικὴ φρόνησις νομοθετική, ἡ δὲ ὡς τὸ καθ' ἕκαστα τὸ κοινὸν ἔχει ὄνομα, πολιτική, d. h. in eine allgemeine, grundlegende Form und eine auf das Einzelne gehende, sich in der Volksversammlung und im Gericht auswirkende Form der Politik (EN VI 1141 b23ff), ob also nicht diese aristotelischen Gedanken auf Umwegen und unter Umdeutungen nachwirken. Vom Schöpfungsgesetz und einem späteren Gesetz spricht Clemens in § 182,1. Ist dabei an das Naturgesetz und das Sinaigesetz oder an das Paradiesverbot Gen 2,16f gedacht, oder spielt die Gegenüberstellung von Naturgesetz, bzw. Dekalog und Deuterosis (vgl. H. Bietenhard, Art. Deuterosis, RAC Bd. 3 Sp. 842–849) hinein?

[33] J. Potter will statt κοσμικήν p. 103,21 lieber κοσμητικήν oder κομητικήν lesen und erläutert seine Auffassung wie folgt: «Huius loci sensus est, hanc politicae speciem ad duo hominum genera spectare: 1° ad imperantes, quibus aliorum regendorum cura incubit, 2° ad subditos, ἰδιωτικὴν τάξιν, quorum est imperantibus parere», PG VIII col. 912 adn. 45.46. Mit dieser Konjektur — um von der stillschweigenden Ersetzung von σύνταξις durch τάξις nicht weiter zu reden — beseitigt J. Potter gerade die in diesem Satz allein klare Gegenüberstellung von κοσμικήν und ἰδιωτικήν.

[34] Irgendwie ist dabei wohl an den Makro- und Mikrokosmos gedacht.

[35] Cicero, De finibus II § 26.

[36] So Pol V 454 a4 – d6; Phaidr 265 e1 – 266 b2; Polit 262 a8 – 263 b11.

[37] Philon, Mut § 141.

das in der Profangräzität nicht sehr häufige Wort κοσμικός[38] gebrauchen, bieten Arius Didymus[39] und Sextus Empiricus[40]. So übersetzt auch O. Stählin[41]: «die auf die ganze Welt sich beziehende hochherzige Fürsorge». Der Ausdruck könnte aber auch auf Menschen bezogen sein. Nur in dieser Beziehung gebraucht Clemens sonst das Wort[42]. Eine sachliche Parallele ohne wörtlichen Anklang bietet das pseudonyme Gesetzesproömium des Zaleukos[43], wobei die Orientierung am Gesetz besonders wichtig ist. Gemeint wäre die kontemplative Erhebung in kosmische Höhe. M. Caster[44] übersetzt: «ampleur d'esprit cosmique». Hier ist also vorerst keine Klarheit zu gewinnen, und unter diesen Umständen ist es auch nicht sinnvoll, nach möglichen Bezugsstellen bei Platon zu fragen.

So kann allein die Näherbestimmung des Politikers behandelt und auf ihr Platonverständnis hin befragt werden. Der besagte Passus lautet: «Als Politiker im eigentlichen Sinn gibt er in dem gleichnamigen Buch den Demiurgen andeutungsweise zu verstehen, aber er nennt auch diejenigen Politiker, die auf ihn blicken und tätig und gerecht leben unter Einschluß der Kontemplation» (p. 103,17—20). Diese beiden Aussagen, daß der göttliche Weltschöpfer Politiker sei und daß für die irdischen Politiker die Orientierung auf ihn in Praxis und Theorie konstitutiv sei, sind zu überprüfen.

Die Erwähnung des Demiurgen bezieht sich eindeutig auf den Mythos des Politikos (268 d5 — 274 e1). Ferner dürfte die Unterscheidung in den göttlichen und die menschlichen Politiker nahegelegt sein durch eine Formulierung, die den Mythos in 276 d5f auswertet: Ἧι (sc. τμήσει) τε τὸν θεῖον ἂν που διειλόμεθα νομέα χωρὶς καὶ τὸν ἀνθρώπινον ἐπιμελητήν. Was aber die sachlichen Behauptungen betrifft, so gibt es keine unmittelbare, vordergründige Absicherung. Der Demiurg wird nirgends Politiker genannt, und der gesuchte Politiker wird schließlich nicht aus der Orientierung am Demiurgen, sondern am Modell der Weberkunst bestimmt (305 e2 — 311 c8). Da sich der Text aber ausdrücklich auf Andeutungen beruft (αἰνίττεται p. 103,17), so ist natürlich zu fragen, ob er vielleicht in einem tieferen Sinn recht hat. Eine genauere Betrachtung zeigt aber, daß weder der Mythos selbst, noch seine Rolle im Gang des Dialoges solche Annahme rechtfertigen.

---

[38]   Vgl. LSJ s.v. κοσμικός. Die beiden ersten Belege müssen ausscheiden. Aristoteles, Physik 196 a25, ist sekundäre Leseart, Philolaos B 23 ist apokryph, vgl. W. Burkert, Weisheit und Wissenschaft S. 231f. Nennen ließe sich noch Philon, Aet § 53, was mit Sextus Empiricus, Advers. Math. X § 170 zusammengeht.

[39]   Stobaios II p. 49,17f: Gott ist τῆς κοσμικῆς εὐταξίας ἁρμονικός.

[40]   Sextus Empiricus, Advers. Math. IX § 60: aus der κοσμικὴ διάταξις läßt sich ein Gottesbeweis führen.

[41]   O. Stählin, Deutsches Übersetzungswerk Bd. 3 S. 137.

[42]   Strom II § 84,5 (im Anschluß an Philon, Virt § 84), Strom VII § 86,6 vom Gnostiker.

[43]   The Pythagorean Texts, ed. H. Thesleff S. 226,24ff.

[44]   M. Caster, in: Clément d'Alexandrie, Stromate I S. 164.

Grundlegend ist nicht, wie P. Friedländer[45] meint, die «kosmische Bestimmtheit der Politeia», dergegenüber andere Momente «nur Rohstoff» wären, sondern grundlegend ist der Gegensatz zweier Seinsweisen. Das ist beim Mythos,
der den Wechsel der Kronosherrschaft zur Zeusherrschaft beschreibt, völlig
evident. So wechselt die Phase der göttlichen Weltregierung über zur Phase der
göttlichen Zurückgezogenheit von der Welt. Dem entspricht die kosmische
Rückwärtsbewegung früher und die kosmische Vorwärtsbewegung heute. Die
gleiche Entgegensetzung zeigt sich in der biologischen Entwicklung des Menschen, von seiner Geburt, seinem Altern und seinem Tod. Die frühere Geord-
netheit des Kosmos spiegelt sich in der paradiesischen Sorglosigkeit im Zusammenleben der Menschen wider, dem heutigen Durchbruch elementarer Verwirrung entspricht der Kampf der Menschen um das Dasein. Und auch in der exi-
stentiellen Grundbefindlichkeit des Menschen wirkt sich der Gegensatz aus, insofern er bald von göttlicher Fürsorge getragen und bald auf sich selbst gestellt
ist. Dabei sind einige Einzelzüge besonders zu beachten. Während der Kronosherrschaft geht der göttliche Werkmeister neben seiner kosmischen Tätigkeit
auch der Fürsorge für die Menschen nach. Göttliche Dämonen teilen mit dem
höchsten Gott die örtlich begrenzte Herrschaft und tragen gleichsam wie Hirten
für die Lebewesen Sorge (271 d4 – e1. 272 e6ff), ja, Gott selbst weidet die
Menschen 271 e5f. Er ist der ποιμήν 275 a1 und θεῖος νομεύς 275 c1. 276 d5.
Es ist aber kein Zufall, daß er gerade nicht Politiker genannt wird, denn wenn
die göttliche Fürsorge waltet, gibt es keine πολιτεῖαι 271 e8. Andererseits erinnert sich die Welt unter der Zeusherrschaft anfangs noch der Lehre ihres göttlichen Urhebers (273 b1f). Das heißt aber nicht, daß sich die Menschen jenes
frühere Leben zum Vorbild nehmen könnten, denn ob es damals Philosophie
gegeben habe, wird ironisch offen gelassen (272 b8 – d4). Vielmehr müssen sie,
mit einigen wenigen Gaben ausgestattet, aus eigener Kraft ihr Leben meistern.
Unter diesen Gaben wird die πολιτικὴ τέχνη bezeichnenderweise nicht erwähnt.

Zu demselben Ergebnis führt die Überlegung, welche Bedeutung der Mythos
im Verlauf des Dialoges hat. In einem ersten Anlauf wurde der Politiker diaire-
tisch zu bestimmen versucht als ein Wissender, der ein selbstbefehlendes Herden-
zuchtwissen vom Menschen als eines auf dem Trockenen lebenden, ungeflügel-
ten, ungehörnten, zehenbegabten, zweifüßigen Wesens hat. Im ironischen Rätsel kam dabei der Mensch von der Seite des Schweines, dem dümmsten aller
Tiere, in den Blick (258 b3 – 267 c4)[46]. Darauf folgt der Mythos, der den Politiker von der Seite Gottes aus in den Blick nimmt. Damit ist der weiteste Rahmen abgesteckt, innerhalb dessen sich die Untersuchung bewegen muß. Die den
Mythos auswertenden Feststellungen zeigen sodann, daß seine Aufgabe in der

---

[45] P. Friedländer, Platon Bd. 1 S. 217f. Bd. 3 S. 264: Platon binde «die Ordnung des Staa-
     tes und damit den Staatsmann an die Weltordnung, das heißt aber zugleich an die Idee
     und den Gott».
[46] H. Gundert, Dialog und Dialektik S. 148.

Korrektur liegt. Auf die Frage nach dem Politiker heute wurde der Menschen-hirt aus der früheren Umlaufsperiode genannt. Und die Art seiner Herrschaft wurde mit der Bezeichnung Herdenzucht nicht getroffen, denn der gesuchte Politiker — weit entfernt davon, allmächtig und allwissend zu sein — ist seinen Untertanen viel ähnlicher als dem Gott (274 e1 — 277 a2). So treffen die Inter-preten das Richtige, die wie etwa E.M. Manasse[47] und J.B. Skemp[48] die Unter-scheidung in θεῖος νομεύς und ἀνθρώπινος ἐπιμελητής (276 d5f) disjunktiv und eben nicht zuordnend verstehen.

Gemessen an Platon verfolgt die Diairese eine Theologisierung des politi-schen Bereiches. Damit dürfte sich pythagoreischer Einfluß geltend machen, denn die Aussage, daß der irdische König von Gott her zu bestimmen sei als Nachahmer Gottes, begegnet in pythagoreischen Fragmenten wiederholt, so in den pseudonymen Stücken unter dem Namen eines Sthenidas von Lokri[49], eines Diotogenes[50], eines Ekphantos[51] oder eines Hippodamos[52]. Damit hängt auch eine weitere Besonderheit der Diairese zusammen. Platon hat die Untersu-chung nach dem wissenden Politiker, bzw. König in 258 b3 — 259 c5 ausdrück-lich von der Rücksicht auf Besitz und Gebrauch der tatsächlichen Macht losge-löst. Ihn interessierte nur das Wissen, der Begriff des Politikers, bzw. Königs war insofern vergeistigt. Da die pythagoreischen Parallelen ihrerseits im Dienst der hellenistischen Herrschertheologie stehen[53], ist klar, daß sie von einem wirklichen König sprechen, der in einem realen Staat die Macht innehat. Damit stimmt nun auch der Wortlaut überein. Wenn von ἄρχοντες und ἀρχόμενοι p. 103,22f die Rede ist, dann sind tatsächliche Machtverhältnisse vorausgesetzt. Den hiermit postulierten pythagoreischen Einschlag können schließlich noch zwei äußere Argumente weiter absichern. Einmal ist daran zu erinnern, daß Clemens den eleatischen Gast schon früher in § 48,1 als Pythagoreer angespro-chen hat. Und zum anderen ist darauf aufmerksam zu machen, daß auch ander-weitig pythagoreische Diairesen bekannt sind. Sowohl der pseudoplatonische Brief XIII[54] als auch Jamblich[55] sprechen davon.

Clemens' Kommentar zu dieser Diairesenreihe, ὅπερ ἡ κατὰ Μωυσέα πραγ-ματεία διὰ σπουδῆς ἔχει γενέσθαι p. 103,24f, läßt nicht erkennen, ob er be-stimmte Bibelstellen im Auge hat.

[47] E.M. Manasse, Platons Sophistes und Politikos S. 194—198.
[48] J.B. Skemp, Plato's Statesman S. 82.
[49] The Pythagorean Texts, ed. H. Thesleff, S. 187,10—188,13.
[50] The Pythagorean Texts, S. 72,20—23.
[51] The Pythagorean Texts, S. 81,4f.9f. S. 82,26.
[52] The Pythagorean Texts, S. 102,11f, vgl. auch Plutarch, Ad principem inerud. 3, mor. 780 EF.
[53] Vgl. E.R. Goodenough, The Political Philosophy of Hellenistic Kingship, YCS 1 1928, S. 55—102.
[54] Pseud.-Platon, Epist XIII 360 b7f, vgl. dazu U. von Wilamowitz-Möllendorf, Platon Bd. 2 S. 278f.
[55] Jamblich, Protr. V, p. 24,14 — p. 36,26.

Als dritten und letzten Aspekt im Beweis der Abhängigkeit Platons vom mosaischen Gesetz führt Clemens die Zuordnung gewisser Dialoge zu Dialogpaaren
in § 166,1 an. Er schreibt: *ἔτι τὸ μὲν νομικὸν πρὸς γενέσεως εἶναι, τὸ πολιτικὸν
δὲ πρὸς φιλίας καὶ ὁμονοίας ὁ Πλάτων ὠφεληθείς, τοῖς μὲν Νόμοις τὸν φιλόσοφον τὸν ἐν τῇ Ἐπινομίδι συνέταξεν, τὸν τὴν διέξοδον πάσης γενέσεως τῆς διὰ
τῶν πλανωμένων εἰδότα. φιλόσοφον δὲ ἄλλον τὸν Τίμαιον, ὄντα ἀστρονομικὸν
καὶ θεωρητικὸν τῆς ἐκείνων φορᾶς συμπαθείας τε καὶ κοινωνίας τῆς πρὸς
ἄλληλα, ἑπομένως τῇ Πολιτείᾳ συνάπτει* p. 103,25 — p. 104,1. Der Sinn dieser
wenigen Worte ist recht dunkel. Man erkennt, daß die beiden Begriffe *τὸ μὲν
νομικόν* und *τὸ πολιτικὸν δέ* p. 103,25 an das vorangegange Kephalaion an-
knüpfen, ansonsten aber hat man den Eindruck, daß, wenn der Text nicht etwa
verderbt ist, der Gedanke bis an die Grenze des Verstehbaren verkürzt sein muß.

Versucht man gleichwohl, von der syntaktischen Struktur ausgehend, sich
wenigstens der Grundintention zu vergewissern, dann läßt sich die Beobachtung
machen, daß der Partizipialsatz jene zweigliedrige Gegenüberstellung, *τὸ μὲν
νομικόν* einerseits und *τὸ δὲ πολιτικόν* andererseits, enthält und daß in beiden
Hauptsätzen eine zweigliedrige Gegenüberstellung mit *τοῖς μὲν Νόμοις* und
φιλόσοφον δὲ ἄλλον wiederkehrt. Darf man beides aufeinander beziehen, dann
ergibt sich unter Auflösung des Chiasmus folgendes Schema:

νομικόν / *γένεσις* — Nomoi / Epinomis

πολιτικόν / *φιλία καὶ ὁμόνοια* — Politeia / Timaios.

Auffällig ist sodann, daß die Dialoge Epinomis und Timaios eine knappe In-
haltsbestimmung bei sich haben, die beidemal auf die Astronomie hinausläuft.
Die Charakterisierung des Philosophen in der Epinomis dürfte die Übersetzung
von M. Caster[56] am besten treffen: «qui sait le déroulement de tout le devenir
sous l'influence des planètes»[57]. Das geht auf die konstitutive Bedeutung der
Ekliptik für alles Werden und Entstehen. Die Charakterisierung des Timaios als
eines Astronomen und Betrachters der Bewegungen der Planeten und ihrer
συμπάθειά τε καὶ κοινωνία zueinander ist im ganzen unproblematisch, der letztere Ausdruck ist wohl so zu verstehen, daß damit die Aspekte, d. h. die Stel-
lungen der Gestirne zueinander gemeint sind. Die Wortwahl ist allerdings eigentümlich. Platon hat sie nicht gebraucht[58]. Eine Stelle bei Philon zeigt, daß sie

---

[56] M. Caster, in: Clément d'Alexandrie, Stromate I S. 165.
[57] Unbefriedigend ist die Übersetzung von O. Stählin, Deutsches Übersetzungswerk, Bd. 3
      S. 137: . . . der Philosoph in der Epinomis, «der von dem Kreislauf der ganzen Schöp-
      fung durch die Wandelsterne weiß». Im Register s.v. *διέξοδος* schwankt er zwischen der
      Bedeutung «Umlauf» und «Ende». Auch ist das *τῆς* bei *πάσης γενέσεως τῆς διὰ τῶν
      πλανωμένων* auf Grund von R. Kühner — B. Gerth, Ausführliche Grammatik der grie-
      chischen Sprache, Teil 2 Bd. 1 S. 607 § 462 k), nicht zu tilgen.
[58] Platon stehen folgende Ausdrücke zu Gebot: *τῶν ὀκτὼ περιόδων τὰ πρὸς ἄλληλα
      συμπερανθέντα τάχη* 39 d5, *παραβολαί* 40 c4, *ἐπανακυκλήσεις καὶ προχωρήσεις* 40 c5
      sowie *σύναψις κατ'ἀλλήλους* und *σύναψις καταντικρύ* 40 c6f.

aus der stoischen Lehre zur Heimarmene und Mantik stammt, wo sie die Verbindung der Welt zu einem Gesamtorganismus bezeichnet, der trotz der räumlichen Entfernungen Wechselwirkungen zwischen dem Sternenbereich und der Erde kennt[59]. Davon weicht freilich die hiesige Aussage ab. Es ist nicht von der συμπάθειά τε καὶ κοινωνία der Sterne mit der Erde, sondern der Planeten untereinander die Rede. Daß Clemens trotzdem diese Terminologie im abgewandelten Sinn aufnimmt, könnte so zu verstehen sein, daß er damit eine Korrespondenz zu φιλία καὶ ὁμόνοια p. 103,26 beabsichtigt. Entsprechend nimmt ja auch die Näherbestimmung der Epinomis den Begriff γένεσις wieder auf. Das skizzierte Schema ließe sich also noch etwas erweitern:

νομικόν / γένεσις − Nomoi / Epinomis (γένεσις ἡ διὰ τῶν πλανωμένων)

πολιτικόν / φιλία καὶ ὁμόνοια − Politeia / Timaios (sc. τῶν πλανωμένων ...
συμπάθειά τε καὶ κοινωνία)

Im Verständnis des einleitenden Partizipialsatzes haben sich O. Stählin[60] und M. Caster[61] der Paraphrase von J. Potter[62] angeschlossen: «praeterea a Moyse edoctus Plato, legalem quidem scientiam ad humanae societatis generationem et institutionem, politicam vero ad eiusdem amorem et concordiam spectare, ...». Dieses Verständnis verdient zwar gegenüber der Übersetzung von F. Overbeck[63] den Vorzug, aber ob damit die Aussage wirklich getroffen ist, ist m. E. nicht gewiß. Man könnte die Wendung τὸ μὲν νομικὸν πρὸς γενέσεως εἶναι p. 103,25 vielleicht besser von § 182,1 her erklären, wonach Gott ein Gesetz zugleich mit der Entstehung der Welt gegeben habe[64]. Aber auch dann ist der Gedankengang nicht voll einleuchtend. Ein verbindendes Zwischenglied bleibt offenbar unausgesprochen, und man kann nur noch mit Vermutungen weiterkommen. In der Tat bietet sich jenes Grundmuster an, daß ein und derselbe Ordnungsfaktor in einer Stufenfolge auf mehreren Ebenen wiederkehrt. Daß etwa Gleichheit, Gerechtigkeit, Frieden oder Eintracht in gleicher Weise auf individueller, häuslicher, staatlicher und kosmischer Ebene bedeutsam sind, ist eine gängige popularphilosophische Anschauungsweise, die H. Fuchs[65] eingehend untersucht hat. Sollte sie hier zugrunde liegen, dann wäre

---

[59] Philon, Migr § 178. H. von Arnim, SVF II p. 170,7−18, hat die Stelle als Nr.532 unter die physikalischen Fragmente Chrysipps eingeordnet. K. Reinhardt, Kosmos und Sympathie S. 52f, beansprucht sie für Poseidonios. Zum Lehrgehalt ist zu verweisen auf M. Pohlenz, Die Stoa Bd. 1 S. 102.217.
[60] O. Stählin, Deutsches Übersetzungswerk Bd. 3 S. 137.
[61] M. Caster, in: Clément d'Alexandrie, Stromate I S. 164f.
[62] PG VIII col. 913 adn. 47.
[63] F. Overbeck, Deutscher Text S. 240: «Die Tätigkeit des Gesetzgebers ... bezieht sich auf Erzeugung, die des Politikers auf Freundschaft und Einheit der Gesinnung, ...».
[64] Daß die Politik in der Kaiserzeit nur noch Eintracht und Freundschaft zur Aufgabe hat, sagt Plutarch, Praecepta gerend. rei publ. 32, mor. 824 CD.
[65] H. Fuchs, Augustin und der antike Friedensgedanke S. 96−138.

die intendierte Aussage die, daß Platon sowohl im Bereich des Gesetzlichen als auch im Bereich des Politischen jeweils von der staatlichen zur nächst höheren kosmischen, im engeren Sinne astronomischen Ebene aufgestiegen sei. Daß er darin Anregungen des mosaischen Gesetzes folge, ist zwar zunächst eine überraschende Feststellung, die sich auch gar nicht Punkt für Punkt verifizieren läßt[66], die sich aber in allgemeinerer Weise aus der in Clemens' Augen engen Beziehung der Astronomie zur mosaischen Religion erklärt[67].

Was nun die paarweise Zusammengehörigkeit der genannten Dialoge betrifft, so konnte sie in der Tat aus der Einleitung der Epinomis (973 a1 − b6, vgl. auch 980 c7 − 981 b2) und des Timaios (17 a1 − 19 b2) entnommen werden. Als authentische Meinung Platons wird man das allerdings nicht ansprechen dürfen. Die Echtheit der Epinomis ist schon im Altertum angefochten worden. Diogenes Laertios[68] weiß zu berichten, daß einige sie für ein Werk des Philipp von Opus halten, und diese Auskunft hat die moderne Forschung überwiegend bestätigt[69]. Es kann also von einer von Platon beabsichtigten Ergänzung der Nomoi nicht die Rede sein. Aber auch mit dem Timaios beabsichtigt Platon nicht, die Politeia kosmologisch zu überhöhen. Wenn einleitend ein Gespräch vom Vortage über den Staat erwähnt und rekapituliert wird, dann ist das, wie die genauere Untersuchung von P. Friedländer[70] und F.M. Cornford[71] erbracht hat, freie Fiktion und hat mit der Szenerie der Politeia nichts zu tun.

Clemens am nächsten steht in dieser Frage die Zuordnung in der dem Thrasyllos zugeschriebenen Ausgabe, die die Dialoge in Tetralogien anordnet[72]. Die neunte und letzte Tetralogie enthält Minos, Nomoi, Epinomis, Briefe, die achte umfaßt Kleitophon, Politeia, Timaios, Kritias[73]. Daß Clemens von dieser Ausgabe abhängt, d. h. daß er sie kennt und gebraucht, läßt sich sogar an einer Ein-

---

[66] Besondere Erwartungen richten sich auf Philon, VitMos II § 45 − § 52, Jos § 28 − § 36, Praem § 153f. Sie werden aber enttäuscht.

[67] S.u. S. 118f.

[68] Diogenes Laertios III § 37.

[69] Vgl. die umfassende Diskussion von L. Tarán, Academica: Plato, Philip of Opus and the Pseudo-Platonic Epinomis S. 3−167.

[70] P. Friedländer, Platon Bd. 3 S. 330f. U. von Wilamowitz-Möllendorf, Platon Bd. 1 S. 446ff, Bd. 2 S. 255ff, hatte von hier aus eine zweite, gekürzte Bearbeitung der Politeia erschließen wollen.

[71] F.M. Cornford, Plato's Cosmology S. 4ff.11.

[72] Von der Tätigkeit des Thrasyllos berichtet Diogenes Laertios III § 56 − § 61. Darüber daß Thrasyllos nicht der Urheber dieser Ausgabe gewesen ist, herrscht Einigkeit, vgl. A. Lesky, Geschichte der Griechischen Literatur S. 611.

[73] Die antiken Leselisten, Albinos, Isag. III p. 148,34, und Diogenes Laertios III § 50f, und die unter dem Namen des Aristophanes von Byzanz laufende Ausgabe, die die Dialoge zumindest teilweise in Trilogien anordnet, so Diogenes Laertios III § 61f, weichen davon ab. Strittig ist, ob Aristophanes die Edition selbst veranstaltet hat. U. von Wilamowitz-Möllendorf, Platon Bd. 2 S. 325, verneint das, H. Dörrie, Von Platon zum Platonismus S. 23, bejaht es.

zelheit beweisen. Er nennt die in der Epinomis gesuchte und dann auch entworfene Gestalt einen Philosophen. Tatsächlich hat aber diese Schrift Höheres im Sinn, sie sucht nicht den φιλόσοφος, sondern den σοφός, bzw. das Wissen, das weise macht. So formuliert Kleinias das Thema (973 b2—4), und so wird es im ganzen Dialog durchgehalten. Die Wörter φιλόσοφος, φιλοσοφία und φιλοσοφεῖν fallen überhaupt nicht. Wie Clemens zur gegenteiligen Ansicht gelangt, erklärt sich nur aus der «Thrasyllos»-Edition, denn in ihr haben die Dialoge Untertitel, wonach die Epinomis heißt: Ἐπινομὶς ἢ νυκτερινὸς σύλλογος ἢ φιλόσοφος. Clemens hat also die Zusammengehörigkeit der Dialogpaare aus der tetralogischen Ordnung dieser Ausgabe entnommen.

Zeigt sich außerdem schon an diesem Einzelpunkt, wie arglos Clemens dem Untertitel gefolgt ist, so muß allgemein festgehalten werden, daß seine näheren Angaben zur Epinomis und zum Timaios nur ganz ungefähr den Inhalt treffen. So gewiß richtig ist, daß für die Epinomis die Astronomie wesentlich ist, so will sie doch nicht die in dieser Hinsicht lückenhaften Nomoi bloß vervollständigen, sondern sie will, wie es A.J. Festugière[74] ausgedrückt hat, das Evangelium einer neuen Religion, der Gestirnreligion, verkünden. Andererseits wird im Dialog Timaios der gleichnamige Hauptredner zwar Astronom genannt (27 a3f), aber er ist doch in einem umfassenderen Sinne Naturphilosoph. Das zeigt sein Vortrag im ganzen, das geht aber auch schon aus den Worten hervor, mit denen Kritias seinen Vortrag ankündigt (27 a3—6, vgl. auch 20 a4f). Darüber hinaus läßt gerade diese Ankündigung erkennen, daß Platon eine Trilogie (vgl. auch Kritias 108 a5ff) ursprünglich geplant, aber nicht zur Ausführung gebracht hat. Der naturphilosophische Teil gilt nach allem, was sich dazu ausmachen läßt, nicht als Überhöhung der Politik, sondern er steht innerhalb einer Gedankenbewegung von der theoretischen Politik (das Gespräch vom Vortage) zur konkret historischen Politik (der Vortrag des Kritias).

Soweit also der dreifache Beweis für die Behauptung, daß Platon in seiner Auffassung von Gesetzgebung und Politik vom mosaischen Gesetz beeinflußt sei! Nun wird man den clementinischen Ausführungen kaum gerecht, wenn man sich mit der Konstatierung dieses Faktums begnügt. Aber nicht einmal das ist durchweg mit der gebührenden Klarheit geschehen. Statt dessen haben A. von Harnack[75], W. Bousset[76], A. Méhat[77] und H. Chadwick[78] die Stelle im Sinn der Diebstahlstheorie interpretiert. Das geht zweifellos in die Irre, denn von Diebstahl steht nichts im Text, und ὠφεληθείς p. 103,9.26 hat keinerlei ab-

---

[74] A.J. Festugière, La Révélation d'Hermès Trismégiste Bd. 2 S. 202.
[75] A. von Harnack, Geschichte der altchristlichen Literatur bis Eusebius, Teil 1 Bd. 2 S. 877.
[76] W. Bousset, Jüdisch-christlicher Schulbetrieb S. 213.
[77] A. Méhat, Étude sur les ‚Stromates' S. 358 Anm. 73.
[78] H. Chadwick, Early Christian Thought and the Classical Tradition, S. 43 mit Anm. 52.

wertende Nebengedanken. W. Völker[79] vermeidet denn auch solches Mißverständnis, indem er lediglich von einer behaupteten Abhängigkeit spricht. Daß aber hinter den Ausführungen eine eigentümliche, empfehlende Tendenz steht, dafür zeigt S.R.C. Lilla[80] das richtige Gespür, ohne freilich die Zusammenhänge im einzelnen namhaft machen zu können. Diesen Punkt aufzuhellen bemüht sich nun gerade die Untersuchung im vorliegenden Kapitel. Dabei hat sich früher ergeben, daß Clemens mit der Würdigung von Platons vorbildhaftem Verhalten gegenüber Barbaren einen indirekten Appell an den Leser verbindet, um ihn schrittweise der barbarischen Weisheit näherzuführen. Die aufgezeigten Verklammerungen in Aufbau und Inhalt der einschlägigen Paragraphen machen es zweifelsfrei, daß diese Absicht auch und gerade bei dem Beweis der Abhängigkeit speziell vom mosaischen Gesetz vorherrscht. Clemens will den Leser dazu veranlassen, Platons Beispiel zu folgen und seinerseits aus dem mosaischen Gesetz Nutzen zu ziehen.

Diese Interpretation wird durch ein Kephalaion im unmittelbaren Anschluß gestützt. In § 166,3 heißt es in Anspielung an Pol IX 591 c1—3[81]: ὁ γὰρ νοῦν ἔχων πάντα τὰ αὐτοῦ εἰς γνῶσιν συντείνας βιώσειεν, κατευθύνας μὲν τὸν βίον ἔργοις ἀγαθοῖς, ἀτιμάσας δὲ τὰ ἐναντία τά τε πρὸς ἀλήθειαν συλλαμβανόμενα μεθέπων μαθήματα p. 104,3—6. Der Satz bereitet an und für sich keine Schwierigkeiten. Mit κατευθύνας μέν ... ἀτιμάσας δέ ... ist die Vortrefflichkeit im praktischen Lebensvollzug gemeint, τὰ δέ ... μεθέπων μαθήματα geht auf die theoretische Beschäftigung mit den vorbereitenden Wissenschaften, das Ziel aber ist mit der religiösen Gotteserkenntnis, der γνῶσις, bezeichnet. Schließlich ist ὁ νοῦν ἔχων eine ganz abgeschliffene, nicht einmal intellektualistisch zu nennende Umschreibung für ‚vernünftig sein‘[82]. Und doch hat der Optativ ohne ἄν, βιώσειεν, Anstoß erregt[83]. Dabei ist hier nun einmal wirklich mit Händen zu greifen, daß Clemens einen an den Leser gerichteten Wunsch ausspricht.

Erst aus dieser den Leser schrittweise führenden Tendenz des Abhängigkeitsbeweises läßt sich auch die überraschende Rolle verstehen, die Clemens in diesem Zusammenhang der Astronomie einräumt. Aus anderen Stellen geht hervor, daß er ihr nicht nur für die Heiden vor der Zeit des Glaubens (Strom VI § 110,3; § 111,1), sondern auch für den kirchlichen Gnostiker eine relative Be-

---

[79] W. Völker, Der wahre Gnostiker S. 344 Anm. 4.
[80] S.R.C. Lilla, Clement of Alexandria S. 42.
[81] Die Platonanspielung scheint bisher noch nicht bemerkt worden zu sein. An dieselbe Stelle spielt an Jamblich, Protr. V p. 33,7—11.
[82] LSJ s.v. νοῦς I 2a).
[83] W. Dindorf hat in seiner Ausgabe (Bd. 2 S. 132,27) ein ἄν konjiziert. O. Stählin bleibt beim überlieferten Text, bringt aber den Optativ in der Übersetzung nicht zum Ausdruck, vgl. ders., Deutsches Übersetzungswerk Bd. 3 S. 138: «Wer Verstand hat, führt sein Leben so, daß er . . .».

deutung beimißt[84]. Abraham ist dafür Vorbild (Strom V § 8,6—7; Strom VI § 84,1)[85]. Ihre Leistung liegt darin, daß sie im räumlichen Sinn (?) den menschlichen Geist von der Erde emporhebt und mit dem Umschwung des Himmels mitführt, sie vermittelt die Kenntnis des Alls und bringt die Seele näher an die schöpferische Macht heran (Strom VI § 80,3; § 90,3). Freilich ist der dann notwendige[86] Überschritt zur Erkenntnis des Schöpfers nicht mehr ihr Werk, sondern beruht auf Gottes Entgegenkommen[87]. Aber sie ist doch immerhin vorbereitend und behilflich, συνεργός p. 472,25; p. 477,20 oder πρόσφορος τῇ ἀληθείᾳ p. 471,20, sie zählt zu den Wissenschaften, die συναίτια προγυμνάσματα p. 473,6 oder βοηθήματα p. 476,22 sind[88]. Es entspricht deshalb ganz dieser Einschätzung, wenn Clemens in einer etappenweise voranschreitenden Gedankenentwicklung die Astronomie mit einschließt.

Auf ihre Weise paßt sich auch die letzte zum Komplex der Gesetzgebung gehörige Zitation aus dem pseudoplatonischen[89] Dialog Minos in die protreptische Ausrichtung der Erörterungen ein. Zunächst ist bei dieser Zitation noch eine formale Eigentümlichkeit hervorzuheben. Der Dialog besteht aus zwei Teilen, einem definitorischen (313 a1 — 317 d2) und einem historischen Teil (317 d3 — 321 c2) mit einer abschließenden Frage nach der gegenwärtigen Realisierung (321 c3 — d10)[90]. Diese Verbindung löst Clemens auf. In § 166,4 stützt er sich auf den ersten, definitorischen Dialogteil und in § 170,3 auf den zweiten, historischen. Das ist, da zwischen beiden Stellen gewichtige Platonanleihen fehlen, ein starkes Indiz dafür, daß Clemens den fortlaufenden Minostext vor Augen hatte.

Die erste Stelle lautet nun: «Gesetz ist nicht das durch Herkommen Gesetzte (denn auch Sehen ist nicht das Gesehene), auch nicht jede Meinung (denn nicht auch die schlechte), sondern Gesetz ist die gute Meinung, gut aber ist die wahre, und wahr ist diejenige, welche das Seiende findet und seiner teilhaftig wird: ,der Seiende hat mich gesandt', sagt Mose» (§ 166,4). Damit sind die entscheidenden Schritte im definitorischen Teil des Dialoges zutreffend resümiert. Dar-

---

[84] Vgl. zum Ganzen P. Camelot, Les idées de Clément d'Alexandrie sur l'utilisation des sciences et de la littérature profane, RSR 21 1931, S. 47ff.

[85] Darin folgt Clemens Philon, Abr § 68 — § 88, Migr § 176 — § 195, Quaest in Gn III § 43, u.ö.

[86] Strom II § 51,1; Strom VI § 68,1. § 111,1.

[87] Bemerkenswert ist die Formulierung in Strom VI § 80,3. Hier bringt der Relativsatz, ἀφ' ὧν ὁρμώμενος Ἀβραὰμ εἰς τὴν τοῦ κτίσαντος ὑπεξανέβη γνῶσιν p. 471,29f, eine «syntaxis obliqua» mit sich, die Astronomie und Erkenntnis Gottes trennt. Aus der Erklärung zu Abrahams Namensänderung, Strom V § 8,6, geht hervor, daß Clemens auf eine Offenbarung Gottes hinauswill.

[88] Weiteres Parallelmaterial bei S.R.C. Lilla, Clement of Alexandria S. 169—173.

[89] Vgl. A. Lesky, Geschichte der Griechischen Literatur S. 576.

[90] Vgl. zum Ganzen W. Jaeger, The Origin of Legal Philosophy and the Greeks, in: ders., Scripta Minora Bd. 2 S. 346ff.

auf braucht nicht näher eingegangen zu werden. Ausschlaggebend ist das letzte Kolon, womit Clemens das Zitat von Ex 3,14 anschließt. Dadurch deutet er die im ersten Teil definierte ideale Norm des Gesetzes grundlegend um. Als solche gilt nicht mehr das Seiende (τὸ ὄν p. 104,8), sondern der persönliche Gott (ὁ ὤν p. 104,9)[91]. Ferner ist die Bewegung gegenläufig. Die höchste Begründung des Gesetzes muß nicht erst gefunden werden, sondern Gott selbst wendet sich zu, er sendet Mose mit dem Gesetz aus. Und schließlich gibt Clemens damit auch eine Antwort auf die im Dialog offen bleibende Frage nach der gegenwärtigen Realisierung wahrer Gesetzgebung. Das wahre Gesetz ist eben das durch Mose gegebene Gesetz Gottes.

Die zweite Stelle lautet: «Worin also besteht der Unglaube der Griechen? Darin, daß sie der Wahrheit nicht glauben wollen, die sagt, daß das Gesetz von Gott durch Mose gegeben ist, während sie selbst auf Grund ihrer eigenen Anschauungen Mose ehren müßten. Platon, Aristoteles und Ephoros erzählen, daß Minos alle neun Jahre in die Grotte des Zeus gegangen sei und von ihm die Gesetze erhalten habe und daß Lykurg häufig nach Delphi zu Apollon gekommen sei und von ihm in der Gesetzgebung unterwiesen worden sei». Es folgen Ausführungen zu Zaleukos, der die Gesetze von Athene empfangen haben soll, dann fährt der Text fort: «Wer so die Glaubwürdigkeit der griechischen Gesetzgebung nach dem Vorbild der Prophetie des Mose möglichst bis zur Göttlichkeit steigert, der ist undankbar, weil er nicht offen die Wahrheit und das Vorbild der eigenen Anschauung bekennt» (§ 170,2f.4).

Den historischen Teil des Dialoges hat Clemens hier nicht ganz zutreffend wiedergegeben, denn danach empfing Minos im Umgang mit Zeus seine Erziehung, nicht die Gesetze. Wenn Clemens die Gesetze herausliest, dann erinnert er sich vielleicht noch an das Einleitungsgespräch der Nomoi (I 624 a1 — b4. 632 d1—4), das ja außerdem auch die beiden Namen Minos und Lykurg miteinander verbindet[92]. Auch Maximus Tyrius[93] läßt Minos bei Zeus τὰ πολιτικά lernen. Ganz abweichend ist aber Clemens' Bewertung der Gesetzgebung des Minos. Er deklariert den Anspruch ihrer göttlichen Herkunft als Nachahmung der Gesetzesübermittlung durch Mose[94], d. h. in seinen Augen ist die Episode von der Begegnung des Minos mit Zeus ein Mythos, der die dorischen Gesetze

---

[91] Darauf hat W. Völker, Der wahre Gnostiker S. 94 Anm. 4, hingewiesen, doch die Terminologie bleibt schwankend, vgl. ὑπὸ τοῦ θεοῦ p. 104,15 mit εἰς τὸ θεῖον p. 104,16.
[92] Die Alternative, daß Clemens ausschließlich oder wenigstens vorrangig an die Nomoi denkt, kann nicht in Betracht kommen. Aus den Nomoi läßt sich die Nachricht, daß die Begegnung in der Grotte des Zeus stattgefunden habe, nicht entnehmen. Außerdem spielt Clemens mit der Formulierung, ... Μίνω παρὰ Διὸς δι' ἐνάτου ἔτους ... φοιτῶντα εἰς τὸ τοῦ Διὸς ἄντρον p. 106,1ff, an Minos 319 e2f an: ἐφοίτα οὖν δι' ἐνάτου ἔτους εἰς τὸ τοῦ Διὸς ἄντρον ὁ Μίνως.
[93] Maximus Tyrius, Or. XXXVIII 2c; vgl. auch Or. VI 7a und Plutarch, De sera numinis vind. 5, mor. 550 A, und Maxime cum princ. phil. diss. 1, mor. 776 E.
[94] Dieselbe Auffassung in Strom II § 20,3, vgl. auch Josephus, App II § 165.

sanktionieren soll. Das hat natürlich am Dialog Minos keinen Anhalt. Schließlich verbindet er diese Bewertung zugleich mit einer Kritik an den Griechen, indem er den paradoxen Kontrast aufzeigt, daß sie einer Legende anhangen, aber der Wahrheit den Glauben verweigern[95]. Und er steigert seine Kritik noch, indem er ausführt, daß ihr Verhalten sie auch moralisch diskreditiert.

Solch scharfer Ton scheint freilich einer Deutung, die auch diesen Passus aus einem protreptischen Zusammenhang heraus verstehen will, nicht gerade günstig zu sein, bzw. sie sogar direkt zu widerlegen. Jedoch kann der weitere Kontext lehren, daß diese Kritik nur eine äußerste Ausformung der werbenden Grundintention ist. Die Disposition sieht folgendermaßen aus: Nachdem Clemens den dreigliedrigen Beweis für die Abhängigkeit Platons geführt und mit dem Resümee des definitorischen Dialogteiles des Minos eine protreptische Überleitung zur positiven Entfaltung des mosaischen Gesetzes gewonnen hat, betont er zunächst, daß das Gesetz bedeutsam ist für das praktische Leben. Es ist προστακτικὸς μὲν ὧν ποιητέον, ἀπαγορευτικὸς δὲ ὧν οὐ ποιητέον p. 104,11f, bzw. κανών ... δικαίων τε καὶ ἀδίκων p. 104,14. Zugleich hebt er hervor, daß das Gesetz von Gott durch Mose gegeben ist und daß es zu Gott hinführt. Ehe der Glaube kam, war das Mittel dazu die Furcht. Das alles belegt Clemens mit Gal 3,19.23f. (§ 167,1f). Anschließend verbreitet er sich über die mit der Gesetzgebung zusammenhängenden Tätigkeiten des Mose, wobei er kaum merklich übergeht zu Christus, dem guten Hirten, dem Gesetzgeber, dem Gesetzesdeuter, dem Wort Gottes, das Kraft und Weisheit ist (§ 167,3 — § 170,1). An dieser Stelle hält Clemens nun inne. Er bricht die theologische Entfaltung der Gesetzesthematik ab und sichert statt dessen, was sich bisher ergeben hat, in einer dreifachen Frontstellung ab. Gegen Griechen hält er fest, daß das Gesetz von Gott stammt (§ 170,2—4). Gegen gnostische, bzw. markionitische Häretiker betont er, daß das Gesetz gut ist und zu Gott führt (§ 171,1 — § 173,6), und gegen Juden wendet er ein, daß das Gesetz mit dem Evangelium zur Einheit verbunden ist (§ 174,1 — § 175,2)[96]. Alle drei Abgrenzungen stehen also komplementär zu den vorangegangen, zum Gesetz hinführenden Aussagen, sie verfolgen keine selbständigen, polemischen Ziele. Von daher verstehen sich auch die kritischen Bemerkungen zu Minos in der Adresse gegen die Griechen. Sie sind nur die negative Kehrseite eines grundsätzlich protreptischen Gedankenganges.

[95] Diesen Kontrast hat Clemens schon in Protr § 112,2 hervorgehoben. Daß hier beide Gesichtspunkte kombiniert sind, ist J. Daniélou, Message évangélique et culture hellénistique S. 90, entgangen.

[96] W. Bousset, Jüdisch-christlicher Schulbetrieb S. 213 Anm. 1. S. 252 Anm. 1, scheint diese Disposition nicht erkannt zu haben. Er spricht von «der antimarcionitischen Ausführung, welche das große Enkomion auf Mose unterbricht I 171 — 175». Dabei springt die Kritik an den Griechen in die Augen, und daß § 174,1 — § 175,2 an Juden gerichtet ist, dürfte in § 174,1 aus dem Zitat Röm 2,17—20 und aus Clemens' anschließender Exegese hervorgehen: (ὁ ἀπόστολος) ταῦτα (sc. die Wohltaten des Gesetzes) γὰρ δύνασθαι τὸν νόμον ὁμολογεῖται (vgl. LSJ s.v. ὁμολογέω B.) Med. in sense of Act.,

4. Die mosaische Philosophie

Der Komplex, dem sich Clemens als nächstes zuwendet und den er am Anfang wiederum mit Platonzitationen begleitet, ist in § 176,1 — § 179,4 die Darstellung des mosaischen Gesetzes als Philosophie, bzw. das Philosophenamt des Mose. Es ist hier nochmals an die eingangs durchgeführte Analyse der Disposition zu erinnern. Von daher ergibt sich auch, daß die Vorstellung, Platon habe von den mosaischen Schriften gelernt und aus ihnen Nutzen gezogen, grundsätzlich weiterhin vorauszusetzen ist[1]. Daß Clemens eine ausdrückliche Erklärung der Abhängigkeit Platons unterläßt und sich damit begnügt, der mosaischen Philosophie Platonisches zur Seite zu stellen, erklärt sich aus dem Bestreben nach Kürze, bedeutet aber nicht, daß diese Betrachtungsweise aufgegeben wäre.

Das erste Kephalaion lautet: «Die von Mose gelehrte Philosophie teilt sich vierfach auf, in den historischen Teil und den im eigentlichen Sinn sogenannten gesetzgeberischen Teil, was beides in den Zuständigkeitsbereich der ethischen Disziplin fällt, drittens dann in den hierurgischen Teil, was zur physikalischen Theorie gehört, und viertens schließlich[2], der theologische Teil, die Epoptie, die Platon zu den wahrhaft großen Mysterien zählt. Aristoteles aber nennt diesen Teil Metaphysik» (§ 176,1 f).

Mit dieser Aufzählung kombiniert Clemens zwei verschiedene Gesichtspunkte. Daß er für die Vierteilung der mosaischen Philosophie in den historischen, gesetzgeberischen, hierurgischen und theologischen Teil Anregungen aus Philon, De vita Mosis II, aufgenommen hat, hat A. Méhat[3] gezeigt. Damit ver-

---

anders O. Stählin, Deutsches Übersetzungswerk Bd. 3 S. 143: «. . . wird allgemein zugestanden . . .»), κἂν οἱ κατὰ νόμον μὴ πολιτευόμενοι (insofern sie das zum Gesetz gehörige Evangelium verschmähen oder weil sie das Gesetz nicht halten) ὡς ἐν νόμῳ ἀλαζονεύωνται βιοῦντες p. 108,6ff. Wie Paulus rügt also Clemens den Zwiespalt der Juden zwischen Anspruch und Existenz, wenn es um das Gesetz geht.

[1] Ebenso M. Caster, in: Clément d'Alexandrie, Stromate I S. 173, der diesen Abschnitt überschreibt: «Moïse maître de Platon en dialectique».

[2] So ἐπὶ πᾶσι p. 108,27 nach LSJ s.v. πᾶς IV.

[3] A. Méhat, Clément d'Alexandrie et les sens de l'Ecriture, in: Mélanges J. Daniélou S. 355—361. Die beiden ersten Teile, der historische und der im engeren Sinn gesetzgeberische, entsprechen Philons literarischer Gliederung des mosaischen Gesetzes in VitMos II § 45 — § 47:

1.) ἱστορικὸν μέρος   a.) περὶ τῆς τοῦ κόσμου γενέσεως
                      b.) γενεαλογικὸν μέρος   α.) κόλασις ἀσεβῶν
                                              β.) τιμὴ δικαίων
2.) προστάξεις καὶ ἀπαγορεύσεις.

Der dritte Teil knüpft an Moses Amt des Oberpriesters an, vgl. VitMos II § 66: τὸ περὶ ἱερωσύνης. Problematisch bleibt der theologische Teil, für den bei Philon nur das Prophetenamt, VitMos II § 187 — § 287, Muster gewesen sein könnte. A. Méhat räumt bindet er die systematische Einteilung der Philosophie in die drei Disziplinen Ethik, Physik und Theologie, die W. Theiler[4] auch anderweitig nachgewiesen hat.

Die Behauptung zu Platon nun, daß er den letzten, den theologischen Teil der mosaischen Philosophie, bzw. die Epoptie zu den großen Mysterien gerechnet habe, ist genau genommen falsch. An eine wörtliche Anspielung ist nicht zu denken, aber auch sachlich ist die doxographische Nachricht unzutreffend, denn Platon hat weder daran gedacht, die Philosophie in Teile zu gliedern, noch hat er einen entsprechenden Terminus geprägt. Was allerdings zugrunde liegt, ist die Tatsache, daß er die Mysteriensprache[5] gelegentlich auch im übertragenen Sinn aufgenommen hat, so τὰ ἐποπτικά (Symp 210 a1), ἐποπτεύειν und μυεῖν bzw. μυεῖσθαι (Gorg 497 c3, Phaidr 250 c4, Epist VII 333 e4, u. ö.), μυστήρια (Men 76 e9, Theait 156 a3), τελετή (Phaid 69 c3.8, u. ö). Einen einheitlichen Hintergrund hat dieser Sprachgebrauch in der negativen Abgrenzung. Nicht eingeweiht sein heißt, den Körpern anhangen und ihnen allein Sein zuschreiben (Theait 155 e3 — 156 a3, vgl. 152 c9f. 155 d10). Entsprechend bedeutet die Weihe den Zutritt zu dem im weitesten Sinn zu verstehenden intelligiblen Bereich. Das kann ethisch (Gorg 497 c3f) oder mathematisch (Men 76 e2ff) akzentuiert sein, es können darunter die Ideen in der Mehrzahl (Phaid 69 c3 — d2, Phaidr 250 b5 — c6. 251 a2. 253 c2f) gemeint sein oder die höchste Idee des Schönen (Symp 210 a1). Zum Ausdruck gebracht werden auf diese Weise jeweils bestimmte Analogien zu den Mysterienkulten, so die in Etappen stufenweise einzuhaltende Reihenfolge des Erkenntnisweges (Gorgias, Symposion), die in der Schau wahrgenommene beglückende Schönheit der Erkenntnis (Symposion, Phaidros) und die der vulgären Profanität entzogene geheimnisvolle Feierlichkeit (Phaidon).

selbst Bedenken ein, schließt aber (ebd. S. 360): «mais on aurait tort ... de nier toute correspondance entre les deux».

[4] W. Theiler, Ammonios der Lehrer des Origenes, in: ders., Forschungen zum Neuplatonismus S. 26 Anm. 45. So hat den Clemenstext schon Ch. Bigg, The Christian Platonists of Alexandria S. 86 Anm. 2, verstanden. A. Méhat, Clément d'Alexandrie et les sens de l'Ecriture, in: Mélanges J. Daniélou S. 357, hat sich von der Idee verführen lassen, hier die seit Xenokrates, Frg 1, gängige Dreiteilung der Philosophie in Ethik, Physik und Logik einzutragen. Aus der Physik habe Clemens die Theologie ausgegliedert und mit der Dialektik in § 176,3 meine er die Logik. Letzterem muß widersprochen werden. Die Dialektik in § 176,3 ist nicht diejenige im aristotelisch-stoischen Sinn. Die formale Logik kann Clemens durchaus empfehlen (Strom IV § 162,5. § 163,3), aber sie ist auf die Propädeutik beschränkt (Strom VI § 80,1.4 — § 83,3; Strom I § 26,4f. § 99,4). Sie ist kein Teil der mosaischen Philosophie. Vgl. P. Camelot, Les idées de Clément d'Alexandrie sur l'utilisation des sciences et de la litterature profane, RSR 21 1931, S. 51ff, und J. Pépin, La vraie dialectique selon Clément d'Alexandrie, in: Mélanges J. Daniélou S. 375—379.

[5] Zum Einfluß der Mysterienreligionen auf Platon vgl. F. Solmsen, Plato's Theology S. 123—127.

Während Platon die Mysteriensprache also noch deutlich im vollen bildlichen Sinn gebraucht, ändert sich das in der Folgezeit im Laufe einer starken Verbreitung. Wo man den metaphorischen Gehalt nicht beibehält[6], da macht sich zum einen die Tendenz spürbar, daß aus dem Bild Realität wird[7]. Das trifft vor allem dort zu, wo der ganze Apparat der Mysterienkulte aufgenommen und auf eine geheime, unsagbare Lehre bezogen wird[8]. Eine andere Tendenz geht dahin, daß der Sprachgebrauch stereotyp wird. Wenn er nicht schon völlig abgeblaßt ist[9], dann bezeichnet er den herausgehobenen Rang eines Lehrgegenstandes und schließt dabei den Gedanken an notwendige Vorstufen ein[10]. In diesem Sinne muß auch Clemens' Auskunft verstanden werden. Zu den Mysterien, genauer zu den großen Mysterien gehört der theologische Teil der Philosophie, weil er den höchsten Rang einnimmt und andere Disziplinen voraussetzt. Sein Gegenstand dürfte mit dem Bereich der unkörperlichen Wesenheiten unter Einschluß des höchsten Seins anzusetzen sein. Eine direkte Parallele dazu bietet denn auch Plutarch[11].

Das Zweite, Wesentliche und zugleich Abschließende, was Clemens zum Stichwort Philosophie vorträgt, ist in § 176,3 — § 179,4 eine Gegenüberstellung der platonischen und der wahren, d. h. der christlichen Dialektik. Der Zusammenhang mit dem vorangegangen Kephalaion ist dabei nicht so zu bestimmen, daß Dialektik ein Wechselbegriff für Epoptie sei, d. h. daß sie ebenfalls den höchsten, theologischen Teil der Philosophie darstelle[12], und auch nicht so, daß sie die noch ausstehende Logik meine[13]. Die Dialektik ist nicht ein Teil, sondern die ganze Philosophie unter einem spezifischen Gesichtspunkt. Die voran-

---

6   Das gelingt noch Attikos, Frg 9,10—16. Auch Plotin, Enn. I 6,8,25ff; III 6,19,26; VI 9,9,46ff; VI 9,11,1—5 u.ö., wird man hier zu nennen haben. Plutarch, Quaestiones conviv. VIII 2, mor. 718 CD, formuliert zwar im Vergleich, aber der Sache nach liegt schon ein stereotyper Gebrauch vor. Ein Vergleich mit wirklichen Mysterien ist De defectu oraculorum 22, mor. 422 C.

7   G. Bornkamm, Art. μυστήριον ThWNT Bd. IV S. 816, charakterisiert diese Entwicklung folgendermaßen: «Die Begriffe μυστικά und μυστήρια sind damit aus kultischen zu ontologischen Begriffen geworden. Sie bezeichnen das, was nicht nur nicht ausgesprochen werden darf, sondern auch wesensmäßig nicht ausgesprochen werden kann». Die zweite zu nennende Tendenz läßt er außer acht.

8   Ansatzweise ist dafür Philon ein Beispiel, vgl.: All III § 71. § 100. § 219; Cher § 42. § 48. § 49; Decal § 41; Imm § 61; Quod omnis probus § 14; Quaest in Gn IV § 8; Sacr § 60. § 62; Som I § 164. § 191; SpecLeg III § 100; VitCont § 25.

9   So Seneca, Epist. mor. XC 28f, und Albinos, Didask. XXVIII p. 182,8. Daß Albinos dem ganzen Sprachgebrauch abgeneigt ist, geht aus Didask. V p. 157,14—18 und Didask. X p. 165,24—29 hervor, wo die Metaphorik auf Grund von Symp 209 e5 — 212 a7 an und für sich zu erwarten wäre, aber unterdrückt wird.

10   Chrysipp, Frg 42, SVF II p. 16,34 — p. 17,2.

11   Plutarch, De Iside 77, mor. 382 D, vgl. auch Jamblich, Protr. II p. 10,4ff.

12   So Ch. Bigg, The Christian Platonists of Alexandria S. 86 Anm. 2.

13   So A. Méhat, Clément d'Alexandrie et les sens de l'Ecriture, in: Mélanges J. Daniélou S. 357, vgl. dagegen oben S. 123 Anm. 4.

gegangene Aufgliederung basiert auf der an den Bedürfnissen der Lehrbarkeit ausgerichteten schulischen Darbietung, die Dialektik dagegen ist die Philosophie im Vollzug. Sie ist das Philosophieren über die Welt hinaus zum Höchsten hin und die anschließende Rückwendung vom Höchsten her wieder zur Welt zurück. Diese doppelte Bewegung des Aufstiegs und des anschließenden Abstiegs ist in Clemens' Augen beidemal, für die platonische Dialektik und für die wahre Dialektik, ausschlaggebend.

Die platonische Dialektik stellt Clemens in § 176,3 mit einer Mischzitation aus Polit 287 a3f und Phaidr 273 e5ff[14] vor. Die Texte seien wiederum nebeneinander gestellt.

Strom I § 176,3	Polit 287 a2ff
καὶ ἥ γε κατὰ Πλάτωνα διαλεκτική, ὥς φησιν ἐν τῷ Πολιτικῷ,	
	(τὰ λεχθέντα) τοὺς συνόντας ἀπηργάζετο διαλεκτικωτέρους καὶ
τῆς τῶν ὄντων δηλώσεως εὑρετική τίς ἐστι ἐπιστήμη,	τῆς τῶν ὄντων λόγῳ δηλώσεως εὑρετικωτέρους ...

Phaidr 273 e5ff

| κτητὴ δὲ αὕτη τῷ σώφρονι οὐχ ἕνεκα τοῦ λέγειν τε καὶ πράττειν τι τῶν πρὸς τοὺς ἀνθρώπους, | (πολλὴ πραγματεία), ἣν οὐχ ἕνεκα τοῦ λέγειν καὶ πράττειν πρὸς ἀνθρώπους δεῖ διαπονεῖσθαι τὸν σώφρονα, |
| ὥσπερ οἱ νῦν διαλεκτικοὶ περὶ τὰ σοφιστικὰ ἀσχολούμενοι ποιοῦσιν, ἀλλὰ τοῦ τῷ θεῷ κεχαρισμένα μὲν λέγειν δύνασθαι, κεχαρισμένα δὲ πράττειν, τὸ πᾶν εἰς δύναμιν. | ἀλλὰ τοῦ θεοῖς κεχαρισμένα μὲν λέγειν δύνασθαι, κεχαρισμένως δὲ πράττειν τὸ πᾶν εἰς δύναμιν. |

Der Hinweis auf den Politikos gilt einer Stelle am Ende des Maßexkurses (283 b1 − 287 b2), wo der eleatische Gast noch einmal abschließend die umfangreichen Abschweifungen im Verlauf des Gespräches rechtfertigt und einen bloß formalen Tadel an der Länge der Erörterungen abweist: «Wer in solchen Zusammenkünften die Länge der Reden tadeln und sich das Umhergehen im Kreise nicht gefallen lassen will, der darf keineswegs das Verfahren kurzerhand

---

[14] J. Pépin, La vraie dialectique selon Clément d'Alexandrie, in: Mélanges J. Daniélou S. 381, ist die Phaidroszitation, die L. Früchtel z. St. bereits notiert hat, entgangen. Zu Unrecht sieht er deshalb in diesem Satz «une nette disqualification de la dialectique comme technique de raisonnement».

angreifen und nur deshalb tadeln, weil die Unterredung lang ist, sondern man
muß davon ausgehen, daß er zusätzlich auch zeigen muß, daß eine kürzere Unterredung die Beteiligten dialektischer und findiger in der im Denken sich vollziehenden Erklärung des Seienden machen würde; um andere und auf anderes
gerichtete Tadel- oder Lobessprüche braucht man sich nicht zu kümmern und
auf solche Reden überhaupt nicht zu hören» (286 e4 — 287 a6). Während der
Eleat am Anfang des Exkurses die Prinzipienlehre als die grundlegende Voraussetzung der Dialektik andeutungsweise herausgestellt (283 b1 — 284 e10)[15]
und sodann die Arbeitsweisen der Zusammenschau und Zerlegung als die Methode der Dialektik angegeben hat (284 e11 — 285 c3), stellt er hiermit das
dialektischer Werden als das Ziel aller Anstrengung dar. Die methodische Durch-
bildung hat Vorrang vor dem konkreten Resultat (vgl. 286 d8f). Gemeint ist
damit nicht eine formale Schulung, sondern die Erkenntnis selbst. Wie Kinder
Schriftzeichen nicht für den Einzelfall lernen, sondern um für alle Fälle gram-
matischer zu werden, so dient die Zerlegung des Begriffes der Weberei und die
Suche nach dem Politiker nicht diesem speziellen Einzelfall, sondern dem weiteren Ziel, daß man dialektischer wird, d. h. daß man im dialektischen Zusammensehen und Zerlegen jeweils das ganze Seinsgeflecht durchläuft. Dazu macht
der Eleat einige kurze Andeutungen. Es gibt Seiendes mit αἰσθηταί τινες
ὁμοιότητες, wozu auch die Weberkunst gehört, was sich leicht, ohne Schwierigkeit, auch χωρὶς λόγου aufzeigen läßt. Eines solchen sinnlich wahrnehmbaren
Abbildes entbehren aber die unkörperlichen, die größten und ehrwürdigsten
Wesenheiten, sie lassen sich λόγῳ μόνον aufzeigen, und gerade ihnen gilt die
besondere Aufmerksamkeit, alles andere ist Vorübung (285 c8 — 286 b3). Auf
diese Wesenheiten zielt auch das dialektischer und findiger Werden in der sich
im Denken vollziehenden Erklärung des Seienden. Man wird darunter die Ideen
überhaupt, insbesondere aber die Allgemeinbegriffe wie «Sein, Nichtsein, Bewegung, Ruhe, Gleichheit und Ungleichheit, Identität und Andersheit» zu verstehen haben[16], aber in ihnen auch andeutungsweise die Prinzipien sehen können[17].

    Die zweite zur Darstellung der platonischen Dialektik von Clemens aufge-
nommene Passage stammt aus dem Phaidros, und zwar aus der Grundlegung
einer philosophischen Rhetorik (260 d3 — 274 b5). Sokrates muß sein Konzept
der Rhetorik, das einen langen und mühsamen Weg erfordert, gegen den kürze-
ren Weg des Teisias verteidigen. Für Sokrates gehört zum τέχνη-Charakter der
Rhetorik einerseits, daß der Redner die Wahrheit seines Gegenstandes mit Hilfe
der Dialektik in den Schritten der Zusammenschau und Zerlegung erkannt haben muß, und zum anderen, daß er die Seelen seiner Hörer berücksichtigt, daß
er sich über die Auswirkung verschiedener Redegattungen auf verschiedene See-

[15] H. Gundert, Dialog und Dialektik S. 152f.
[16] J. Stenzel, Zahl und Gestalt bei Platon und Aristoteles S. 154f.
[17] H.J. Krämer, Arete bei Platon und Aristoteles S. 396ff.

len Rechenschaft gibt und daß er seine Auswahl auf die konkreten Gegebenheiten abstimmt (264 e4 — 272 b6). Der mühelose Weg des Teisias, der sich nicht auf die Wahrheit, sondern auf Wahrscheinlichkeit gründen will, ist in zweifacher Hinsicht nicht gangbar. Zum einen setzt das Wahrscheinliche wegen seiner notwendigen Ähnlichkeit mit der Wahrheit die Kenntnis der Wahrheit voraus. Dialektik und Seelenkunde sind also schon von daher unumgänglich. Zum anderen bestreitet Sokrates dem Teisias, daß sich der für die Rhetorik erforderliche Aufwand überhaupt an Menschen auszurichten habe. Er weist ihm statt dessen im Geist orphischer Religiosität[18] den Orientierungspunkt für die Rückwendung ins praktische Leben bei den Göttern auf. Damit ist eine charakteristische Verbindung von logischer und religiöser Argumentation gegeben. Sokrates führt zum letzten Punkt aus: «Dieser Mühe muß der Besonnene sich nicht um des Redens und Handelns mit Menschen willen unterziehen, sondern deshalb, daß er Göttern Wohlgefälliges reden und ihnen Wohlgefälliges tun kann, in allem nach Vermögen. Denn, Teisias, ja nicht, sagen diejenigen, die weiser sind als wir, darf der Vernünftige seinen Mitknechten sich gefällig zu zeigen bestrebt sein, außer in Nebensächlichkeiten, sondern seinen durch und durch guten Herren» (273 e5 — 274 a2).

Die von Clemens vorgenommene Kontamination der beiden Stellen[19] ist recht geschickt. Auch wenn er den Zusammenhang jeweils nicht ausdrücklich macht, so ist doch schon ursprünglich eine Gemeinsamkeit vorhanden. Beidemal geht es darum, die aufwendige und umständliche Arbeit der dialektischen Methode in der Zusammenschau und Zerlegung zu rechtfertigen. Sachlich angemessen ist es ferner auch, wenn Clemens mit der Politikosstelle den Aufstieg der Dialektik und mit dem Phaidroszitat die Rückwendung ins praktische Leben belegt. Als Abweichung dagegen muß die ausschließliche Übernahme der religiösen Begründung angesprochen werden. Im Phaidros, der mit der religiösen Betrachtung der Dialektik übrigens nicht allein steht (vgl. Phileb 16 c5—8), kommt ja daneben gleichrangig eine logische Argumentation zum Zuge. Diese läßt Clemens beiseite, und insofern ist seine Darbietung einseitig.

Zu klären bleibt noch ein schwieriger Punkt. Der dialektische Aufstieg bringt ἡ τῶν ὄντων δήλωσις p. 109,1, wobei Clemens das λόγῳ des Platontextes 287 a3 ausläßt. Das interpretiert J. Pépin[20] folgendermaßen: Clemens meine mit τὰ ὄντα «la personne même de Dieu et l'expression de sa volonté», infolgedessen habe er die Näherbestimmung λόγῳ als eine Überschätzung der menschlichen Vernunft unterdrückt. Diese Erklärung ist m. E. nicht möglich.

---

[18] Vgl. Phaid 62 b7f. 63 c2. 69 d8. e2; Nom IV 713 a4. 727 a1, dazu Kap. I S. 56f und Kap. V S. 210f. 214. P. Friedländer, Platon Bd. 3 S. 220, spricht von «orphisch-pythagoreischen Worten».

[19] Eine Parallele ist mir nicht bekannt geworden.

[20] J. Pépin, La vraie dialectique selon Clément d'Alexandrie, in: Mélanges J. Daniélou S. 381.

J. Pépin hat auch keinen Beleg beigebracht, wo Clemens pluralisch τὰ ὄντα als Umschreibung für den persönlichen Gott gebraucht hat. Wenn Clemens das gemeint hätte, hätte er leicht in den Platontext ändernd eingreifen können, wovor er sich drei Zeilen weiter auch nicht gescheut hat. Mit τὰ ὄντα kann Clemens nur im weitesten Sinn an die intelligible Sphäre gedacht haben, wahrscheinlich hat er gemeint, daß darunter das höchste Sein eingeschlossen ist, aber der Ausdruck bleibt wie schon bei Platon vage und mehrdeutig. Offenbar hat er gerade darin die Pointe erblickt, daß Platons dialektischer Aufstieg zu keiner genauen, fest bestimmten Erkenntnis des Höchsten gelange. Daß er das λόγῳ ausläßt, könnte als Kürzung von etwas Selbstverständlichem zu bewerten sein. Keine Schwierigkeiten bereitet sein Einschub gegen die zeitgenössischen Sophisten in p. 109,3f. Das geht früheren Angriffen in Strom I § 39,2. § 47,2 und § 51,2 parallel. Schließlich gibt er dem Phaidroszitat eine monotheistische Aussage, wenn er statt θεοῖς κεχαρισμένα 273 e7 τῷ θεῷ κεχαρισμένα p. 109,4 schreibt. Das kommt der Vergleichbarkeit mit dem Christentum entgegen.

Mit der platonischen Dialektik konfrontiert Clemens in § 177,1 − § 179,4 die wahre, die christliche Dialektik. Dieser Abschnitt läßt sich in zwei Teile gliedern. § 177,1f enthält das Programm mit einem kurzen vermeintlichen Schriftbeweis (Agraphon 87[21] mit Anspielung an 1 Thess 5,21), in § 177,3 − § 179,4 folgen Erläuterungen dazu. Das Programm lautet: «Vermischt mit der wahren Philosophie untersucht die wahre Dialektik die Dinge, prüft die Mächte und Gewalten und steigt auf zum allerbesten Wesen, ja sie wagt sich noch jenseits darüber hinaus zu dem Gott des Alls. Sie erbietet sich, nicht Erfahrung von Sterblichem, sondern ein Wissen von Göttlichem und Himmlischem zu bringen, dem auch das richtige Verhalten in menschlichen Angelegenheiten in Worten und Werken folgt. Mit Recht mahnt die Schrift, weil sie will, daß wir solche Dialektiker werden: ‚Werdet erfahrene Geldwechsler', das Schlechte verwerfend, das Gute behaltend».

Clemens beschreibt hier den Aufstieg der wahren Dialektik, der durch eine Hierarchie von gestuften Seinsrängen hindurchgeht. Ihren Ausgang nimmt die Dialektik auf der untersten Stufe der πράγματα p. 109,7. Der erläuternde Teil kennt für diese Etappe zwei Definitionen (§ 177,3). Sie zerlegt die geistigen Wesenheiten (περὶ τὰ νοητά p. 109,15) und zeigt das einzelne Seiende unvermischt und rein, bzw. sie zerlegt die Arten der Dinge (περὶ τὰ τῶν πραγμάτων γένη p. 109,17) und zeigt das individuelle Seiende rein, wie es ist. Damit ist offenbar die Ideenwelt gemeint[22]. Auf der nächsthöheren Stufe prüft die Dialektik die Mächte und Gewalten. P. Nautin[23] hat erkannt, daß der Ausdruck

---

[21]   Vgl. J. Ruwet, Les ‚Agrapha' dans les œuvres de Clément d'Alexandrie, Bib. 30 1949, S. 146ff.

[22]   Ebenso E.F. Osborn, The Philosophy of Clement of Alexandria S. 155.

[23]   P. Nautin, Notes sur le Stromate I de Clément d'Alexandrie, RHE 47 1952, S. 631.

τὰς δυνάμεις καὶ τὰς ἐξουσίας δοκιμάζουσα p. 109,7 nicht aus philosophischer Terminologie, sondern aus der Sprache der Bibel zu verstehen ist. Er hat 1 Kor 15,24; Eph 1,21. 3,10 und Kol 1,16 zur Erklärung von den Mächten und Gewalten, und für das Prüfen 1 Joh 4,1 genannt. Clemens meint damit die Engelwelt. Die Dialektik lehrt, die Engel vom Reich der bösen Geister zu unterscheiden. Der erläuternde Teil geht auf diesen Punkt nicht mehr eigens ein. Auf der dritten Stufe steigt die Dialektik zum allerbesten Wesen[24] auf, es handelt sich um die Erkenntnis des Sohnes. Der Erläuterungsteil geht darauf ebenfalls, in Litotes, ein: «... nicht ohne den Heiland, der durch das göttliche Wort von der Sehkraft unserer Seele die aus schlechtem Lebenswandel ausgeschüttete, neblige Unwissenheit wegnimmt und uns die beste Sehkraft gibt, damit wir Gott und den Menschen klar erkennen» (§ 178,1). Schließlich wagt[25] sich die Dialektik darüber hinaus zu dem Gott des Alls. Der zweite Teil erläutert das dadurch, daß der Sohn den Vater offenbart, und belegt diese Aussage mit Mt 11,27 (§ 178,2). Damit hat der dialektische Aufstieg sein Ziel erreicht, es folgt die Rückwendung ins irdische Leben in Wort und Tat. Der Erläuterungsteil hebt dazu besonders hervor, daß sich die Erkenntnis in der Auslegung der Bibel bewähren muß, und unterscheidet dazu einen vierfachen Schriftsinn, wonach sie als τύπος[26], als σημεῖον, als ἐντολή und als προφητεία p. 110,5ff auszulegen ist (§ 179,1—4)[27].

Zwei Bemerkungen sind hier noch nötig. Die eine betrifft die Bedeutung des intelligiblen Bereiches, der νοητά. Die Darlegungen zur ersten Stufe des dialektischen Aufstieges zeigen, daß Clemens die Ideen in sein Konzept integriert hat. Natürlich spielen sie keine eigenständige oder auch nur herausgehobene Rolle, aber es ist nicht richtig, wenn E. de Faye[28] die Ideenlehre bei Clemens gänzlich

---

Diese Interpretation ist weiter abgesichert worden von A. Méhat, Étude sur les ‚Stromates‘ S. 434ff.

[24] Ob mit der Formulierung ἐπὶ τὴν πάντων κρατίστην οὐσίαν p. 109,8 eine Anspielung an die christologisch gedeutete Stelle Apk 1,8 gemeint ist, wie P. Nautin, ebd. S. 631 annimmt, muß fraglich bleiben. Auf jeden Fall hat Clemens auch das Attribut παντοκράτωρ in Paid I § 84,1. Paid III § 39,4 auf den Logos bezogen.

[25] In diesem Zusammenhang scheint τολμᾶν p. 109,8 literarische Konvention zu sein, vgl. Philon, SpecLeg II § 6; Maximus Tyrius, Or. XI 6 b; Lukian, Icaromenippus § 23. Dahinter steht vermutungsweise Phaidr 247 c4f.

[26] Die Handschrift weist hier eine Lacuna auf, der Text ist aus den Psalmenscholien wiederherzustellen, vgl. den Apparat z.St.

[27] Vgl. A. Méhat, Clément d'Alexandrie et les sens de l'Ecriture, in: Mélanges J. Daniélou S. 361—365. Zweifelhaft ist allerdings, ob man τύπος, σημεῖον und ἐντολή zusammenfassen kann als «pour la conduite» und der προφητεία als Gnosis gegenüberstellen kann. εἰς πολιτείαν ὀρθήν p. 110,6 bezieht sich auf jeden Fall nur auf die ἐντολή.

[28] E. de Faye, Clément d'Alexandrie S. 288: «Les Idées platoniciennes sont absolument absentes des Stromates; il n'y en a pas trace dans la pensée de notre auteur. Ses νοητά ne sont qu'une formule qui ne répond à rien de réel dans ses idées».

leugnet. Andererseits lehrt dieser Passus, daß für Clemens die noetische Sphäre nicht die höchste Realität ist. Zwar gibt es eine Reihe von Stellen, wo τὰ νοητά das höchste Gut, das himmlische Leben bezeichnen könnte, wo τὰ νοητά kaum von der Engelwelt zu unterscheiden ist[29] und wo der göttliche Logos als Inbegriff des κόσμος νοητός erscheint[30]. Insofern wird dann auch Gott νοῦς genannt[31]. Aber mit dieser Ausdrucksweise liegt sozusagen eine perspektivische Verzerrung vor[32]. Vom Standpunkt der sinnlich wahrnehmbaren Welt aus kann alles Unsichtbare auch als das Intelligible erscheinen. Streng genommen aber gibt es über der sinnlich wahrnehmbaren Welt einen vierfachen Stufenbau von τὰ νοητά, nämlich der Ideenwelt, ferner dem Engelreich, dem göttlichen Logos und Gott. Damit stimmt überein, daß an einigen Stellen Gott ausdrücklich ein Rang jenseits des intelligiblen Bereiches zugewiesen wird[33]. Und dem entspricht ferner, daß Clemens gelegentlich über den νοητά eine pneumatische Realität ansiedelt[34]. Eine zweite Bemerkung betrifft die Stellung Gottes in dieser Hierarchie. Clemens hat durch das ἐπέκεινα p. 109,8 die Transzendenz Gottes auch gegenüber dem Logos mit Nachdruck zur Geltung gebracht. J. Pépin[35] hat die Anspielung an Pol VI 509 b9, ἔτι ἐπέκεινα τῆς οὐσίας πρεσβείᾳ καὶ δυνάμει bezüglich der Idee des Guten, erkannt. Für Clemens ist Gott nicht- und überseiend, und das entspricht seiner auch sonst vertretenen negativen philosophischen Theologie[36].

---

[29] J. Wytzes, The Twofold Way II, VigChr 14 1960, S. 129−133, stellt drei Thesen auf: Erkenntnis der νοητά ist Erkenntnis Gottes, τὰ νοητά bezeichnet himmlisches Leben, und τὰ νοητά sind die Engel. Dagegen hat A. Méhat, Étude sur les ,Stromates' S. 448, berechtigten Einspruch erhoben.

[30] Strom V § 16,3. § 34,7, vgl. auch Strom VI § 72,2, Strom VII § 2,2.

[31] So Protr § 98,4; Strom IV § 155,2. § 162,5; Strom V § 73,1−3. S.R.C. Lilla, Clement of Alexandria S. 222, betrachtet diese Aussage als Clemens' positive Lehre.

[32] Der Grund für die divergierenden Aussagen liegt darin, daß jeweils verschiedene Traditionsströme unausgeglichen zu Wort kommen, besonders auffällig ist in dieser Hinsicht Strom IV § 162,5.

[33] Strom V § 38,6. § 82,1f, vgl. Strom VII § 2,3.

[34] Strom VI § 68,1; Exc § 8,1f, vgl. Strom VI § 41,7. § 86,1. Darauf hat schon M. Pohlenz, Klemens von Alexandreia und sein hellenisches Christentum S. 156, hingewiesen.

[35] J. Pépin, La vraie dialectique selon Clément d'Alexandrie, in: Mélanges J. Daniélou S. 382. Dem steht eine Formulierung in Paid I § 71,1 zur Seite: ἐπέκεινα τοῦ ἑνὸς καὶ ὑπὲρ αὐτὴν μονάδα, vgl. auch Strom V § 82,1 und nochmals Strom VII § 2,3. Das entspricht mittelplatonischer Lehre, vgl. J. Whittaker, ΕΠΕΚΕΙΝΑ ΝΟΥ ΚΑΙ ΟΥΣΙΑΣ, VigChr 23 1969 S. 91−104. Clemens ist allerdings nicht konsequent, denn die Formulierung ἐπέκεινα τῆς οὐσίας hat er direkt nicht gebraucht, und sonst hat, bzw. ist Gott durchaus οὐσία, ist er doch nach Ex 3,14 ὁ ὤν, vgl. auch Protr § 56,2 und Frg 39. Zur ganzen Problematik vgl. Ch. Bigg, The Christian Platonists of Alexandria S. 93 Anm. 1, und R.P. Casey, Clement of Alexandria and the Beginnings of Christian Platonism, HThR 18 1925, S. 74−78. Dieselbe Schwierigkeit liegt vor bei Justin, Dial. 4,1, vgl. J.C.M. van Winden, An Early Christian Philosopher S. 72ff.

[36] S.u. Kap. VII S. 268−272. 277−281.

Schließlich bleibt noch, den Ertrag des Vergleiches zwischen der platonischen und der wahren Dialektik einzubringen[37]. Es scheint, daß Clemens den Hauptunterschied in der Klarheit der Wahrheitserfassung erblickt hat. Während die platonische Dialektik eine Erhellung des Seienden bedeutet, dabei aber nur sehr unbestimmt das höchste Sein mit einschließt, gelangt erst die wahre Dialektik zur vollen Erkenntnis der übersinnlichen Welt und Gottes. Das gelingt ihr, weil sie auf der Offenbarung Gottes selbst durch den Heiland beruht und weil sie an die Bibel gebunden ist. Nach solchem Verständnis ist dann auch die protreptische Anlage des Abschnittes, auf die W. Völker[38] schon aufmerksam gemacht hat, völlig einsichtig. Der Leser soll eben von der Vorstufe einer nur ungefähren Erahnung der Wahrheit zur Wahrheit selbst geführt werden.

Im Anschluß, in § 180, zitiert und exegesiert Clemens den Ausspruch eines ägyptischen Priesters zu Solon aus Tim 22 b4—8. Die tragende Bedeutung dieser Zitation für die Komposition der protreptischen Partien des ersten Buches wurde schon früher herausgearbeitet, hier muß noch die clementinische Deutung erhellt werden. Bei Platon entwickelt sich, nachdem Solon herausfordernd von den ältesten Dingen bei den Griechen gesprochen hat, eine Unterredung, wobei der ägyptische Priester den Griechen ein Wissen von wirklich alter Geschichte rundheraus abspricht. Zur Begründung führt er aus, daß Griechenland von periodischen Feuer- und Flutkatastrophen heimgesucht worden sei, die auch jede geschichtliche Überlieferung ausgelöscht hätten, während allein Ägypten, durch die geographische Lage begünstigt, das kulturelle Erbe habe bewahren können. Zweifellos ist diese Episode eine Konstruktion Platons, mit deren Hilfe er den Mythos von Atlantis und Urathen historisch absichern möchte. Aber dazu hätten auch andere Wege offen gestanden, wenn ihm nicht die ehrfurchtsvolle Erwähnung Ägyptens besonders am Herzen gelegen hätte[39]. Diese Episode ist eine in dichterischer Freiheit geäußerte Reverenz vor dem ehrwürdigen Alter Ägyptens[40], eine Geringschätzung der griechischen Kultur hingegen meint sie gewiß nicht.

Clemens seinerseits überbietet die Aussage des Priesters und verabsolutiert eine in sie hineingelesene Abwertung der Griechen, was sich schon an der Ge-

---

[37] J. Pépin, La vraie dialectique selon Clément d'Alexandrie, in: Mélanges J. Daniélou S. 381, resümiert: «Clément en retient l'élan ascendant et la structure étagée; il en conserve sans grande modification le point de départ et le point d'arrivée; mais, aux intermédiaires platoniciens, il substitue deux étapes proprement chrétiennes, le monde angélique et le Fils de Dieu». Wenn das tatsächlich alles wäre, müßte sich Clemens die Frage gefallen lassen, warum er dem umständlicheren christlichen Weg den Vorzug gibt vor dem einfacheren, direkten, platonischen Weg.

[38] W. Völker, Der wahre Gnostiker S. 323: «Der Abschnitt ist von hohem Interesse, seine Tendenz propagandistisch».

[39] Vgl. U. von Wilamowitz-Möllendorf, Platon Bd. 1 S. 469f, und J. Kerschensteiner, Platon und der Orient S. 50—55.

[40] A.E. Taylor, A Commentary on Plato's Timaeus S. 53, glaubt in der Episode Ironie erkennen zu können.

stalt des Zitates abzeichnet. Der erste Teil lautet bei ihm: «O Solon, Solon, ihr Griechen seid und bleibt immer Kinder, weil ihr in euren Seelen nicht einmal eine durch überkommene Kunde altehrwürdige Meinung habt, greisenalt aber ist von euch Griechen niemand»[41] (§ 180,1). Die Steigerung der Negation hat erst Clemens hergestellt. Noch deutlicher wird er bei seiner Interpretation: «Greise nennt er, wie ich meine, diejenigen, die das Ältere, d. h. das Unsrige, kennen, wie umgekehrt Junge[42] er diejenigen nennt, die das Neuere und von den Griechen Bewerkstelligte, das, was gestern und vorgestern geschehen ist, als alt und ursprünglich ausgeben» (§ 180,2). Damit liest Clemens einen faktischen Altersvorsprung der barbarischen, d. h. für ihn letztlich christlichen Geschichte in den Text hinein, der so nicht dasteht. Der Priester hatte nur behauptet, daß es bei den Griechen kein Wissen über die ältesten Begebenheiten gibt, nicht aber, daß die Griechen überhaupt keine alte Geschichte hätten. Er will ja gerade mit der Erzählung vom Kampf zwischen Atlantis und Urathen die älteste griechische Geschichte zur Kenntnis bringen. Bei Clemens dagegen haben die Griechen nicht nur kein altes Wissen, sondern sie sind faktisch von der alten Geschichte ausgeschlossen. Das ist eine deutliche Überbietung, die zudem auch einen durchaus abwertenden Ton hat. Der zweite Teil seiner Interpretation bezieht sich auf die Ausdrücke μάθημα χρόνῳ πολιόν 22 b8 und παίδων βραχύ τι διαφέρει μύθων 23 b5. Er versteht die Worte allegorisch, wobei er seine Auslegung durch den Hinweis auf den metaphorischen, bzw. dunklen Charakter beider Formulierungen legitimiert p. 110,19ff.24f[43]. Dazu erklärt er: «Man darf den Ausdruck (sc. παίδων ... μύθων) nicht als Märchen von Kindern oder als Märchen für Kinder auffassen. Vielmehr hat er die Märchen selbst Kinder genannt . . . . Und mit dem grauen Wissen deutet er auf die bei den Barbaren vorfindliche uralte Weisheit. Diesem Wort (sc. dem vom altersgrauen Wissen) setzte er das Märchenkind entgegen. Damit deckt er das Märchenhafte in dem nach Art von Kindern nichts Älteres enthaltenden Bestreben der Jüngeren auf und

---

[41] Das Zitat enthält Tim 22 b4f.7f.5. Damit ist die dialogische Wechselrede beseitigt. Der Satz Tim 22 b7f ist frei in eine Partizipialkonstruktion überführt. Das Kolon, γέρων δὲ Ἕλλην οὐκ ἔστι Tim 22 b5, steht mit gehäufter Negation οὐκ ἔστι οὐδείς p. 110,14f betont am Ende.

[42] Damit interpretiert Clemens das νέοι von 22 b6, das im Zitat ausgelassen ist. Man kann daraus schließen, daß Clemens vom vollständigen Text ausgegangen ist. Dasselbe ergibt sich aus dem παίδων βραχύ τι διαφέρει μύθων 23 b5. Sein Zitat reicht nicht so weit, er nimmt es aber für die Exegese in p. 110,22 auf.

[43] Aus Proklos, In Plat. Tim. I p. 340,23ff, geht hervor, daß Albinos und Gaios eine doppelte Lehrweise Platons, ἢ ἐπιστημονικῶς ἢ εἰκοτολογικῶς, ansetzten und forderten, daß auch die Platonauslegung der verschiedenen Form gerecht werden müsse. Damit sind Ansätze für eine Methodenreflexion greifbar, deren Ausmaß allerdings schwer abzuschätzen ist, vgl. H. Dörrie, Art. Albinos, RECA Suplbd. 12 Sp. 18: «Es ist die Frage, ob sich Gaios und Albinos mit solchem Postulat bereits gegen eine Tendenz wendeten, jedes Wort Platons symbolisch, allegorisch oder übertragen zu verstehen». Clemens selbst hat jedoch schon ein geschärftes Bewußtsein für die Problematik allegorischer Platonexegese, vgl. Strom V § 58,6. Das wirkt sich hier aus.

bezeichnet so beides, ihre Märchen und ihre Lehren[44], gleicherweise als kindisch» (§ 180,4f). Der barbarischen, d. h. christlichen Wahrheit, dem altersgrauen Wissen, steht so auf seiten der Griechen die Allegorie des Märchenkindes gegenüber. Dieses ist, wie der Name schon sagt, objektiv von Alter und Wahrheit ausgeschlossen. Die Solonepisode bedeutet nach diesem Verständnis eine Abwertung der griechischen Kultur zugunsten des barbarischen Anspruchs auf Alter und Wahrheit.

Ob Clemens mit dieser Ausdeutung völlig eigenständig ist, läßt sich nicht mit letzter Sicherheit entscheiden. Ein griechisch-heidnischer Autor kommt dafür zwar nicht in Betracht[45]. Aber formal besteht natürlich die Möglichkeit, an jüdischen Ursprung zu denken, τὰ ἡμέτερα p. 110,16 und παρὰ βαρβάροις p. 110,26 sind ja offene Formulierungen. Und daß die Geschichte unter Juden bekannt war, beweist Philon[46]. Aber nähere Anhaltspunkte liegen nicht vor, während andererseits vieles für Clemens spricht[47]. So wird man ihn hier wohl persönlich am Werke sehen dürfen. Als letztes Wort in einem protreptischen Argumentationsgang ist auch der Absolutheitsanspruch durchaus verständlich[48].

5. Der Beweis aus der Polymathie

Das erste Buch der «Teppiche» schließen einige Kephalaia, unter ihnen auch ein Platonkephalaion in § 182,1, ab, die W. Bousset[1] als «Gerölle» charakterisiert hat. Der Text ist tatsächlich besonders problematisch, aber vielleicht läßt sich ihm auch ein günstigeres Verständnis in dem Sinne abgewinnen, daß er Beweise aus der Polymathie sammelt. Der Schlüssel zur Erklärung muß in dem schwierigen Satz § 181,2 liegen. Zunächst zitiert Clemens aus dem Hirten des

---

[44] Das Wortspiel mit dem Gegensatzpaar μῦθος — λόγος ist aus Platon aufgegriffen, Prot 324 d6f, Gorg 523 a2, Pol II 376 d9f, Tim 26 e4f, vgl. auch U. von Wilamowitz-Möllendorf, Der Glaube der Hellenen, Bd. 1 S. 40f.

[45] Bemerkenswert ist schon, daß Stobaios in den erhaltenen Teilen seines Werkes die Solonepisode nicht ausbeutet. Plutarch kommt auf sie zu sprechen, zitiert aber nicht, Solon 26, vit. par. 92 E, und Solon 31, vit. par. 96 D.

[46] Philon, Sacr § 79, spielt im Zusammenhang mit Lev 26,10 an das μάθημα χρόνῳ πολιόν an. Eine Spitze gegen die Griechen verbindet er damit nicht.

[47] Auffällig ist die Dichte der clementinischen Rückgriffe auf das Vorgespräch des Timaios: Tim 22 a4—7 in Strom I § 103,1; Tim 22 b4f.8 in Strom I § 69,3; Tim 22 b4—8. 23 b5 hier, in Strom I § 180; Tim 22 c1—3. c7 — d3. d6 — e2 in Strom V § 9,5 —7. Das läßt sich voll befriedigend nur mit der Annahme erklären, daß Clemens vom orginalen Platontext ausgegangen ist. Was speziell die Auslegung betrifft, so paßt die umsichtige Allegorisierung vielleicht überhaupt erst in seine Zeit, auf jeden Fall aber gut zu ihm, s.o. Anm. 42.43.

[48] Er kehrt wieder bei Theodoret, Graec. affect. cur. I § 51. Lediglich zum Beweis der Abhängigkeit der Griechen zitieren die Stelle Euseb, Praep. Ev. X 4,19 und Pseud. Justin, Cohortatio ad Graec. § 12.

[1] W. Bousset, Jüdisch-christlicher Schulbetrieb S. 213 Anm. 1.

Hermas, Visio III 4,3, die Greisin, die erklärt, daß die Gesichte und Offenbarungen (d. h. die dem Hermas zuteil gewordene Vision vom Turmbau und deren allegorischer Deutung durch die Alte) nicht auf Grund seiner Würdigkeit,
sondern zur Rettung der Zweifler ergangen sind: «τὰ ὁράμματα» (= p.
11,17 Whittaker) φησὶ καὶ τὰ ἀποκαλύμματα «διὰ τοὺς διψύχους, τοὺς διαλογιζομέ-
νους ἐν ταῖς καρδίαις αὐτῶν, εἰ ἄρα ἔστι ταῦτα ἢ οὐκ ἔστι» (= p. 11,19f Whittaker) p. 111,1ff. Darauf folgt der problematische Satz: ὁμοίως δὲ καὶ ἐκ τῆς
πολυμαθοῦς περιουσίας ἀποδείξεις ἰσχυροποιοῦσι καὶ βεβαιοῦσι καὶ θεμελιοῦσι
τοὺς λόγους τοὺς ἀποδεικτικούς, ὅσον ἔτι αἱ αὐτῶν ὡς νέων «φρένες ἠερέ-
θονται» (= Homer, Γ 108) p. 111,4—6. J. Potter[2] und, ihm folgend, die neueren Übersetzer[3] haben als Subjekt des Satzes die Zweifler aus dem vorangegangenen Zitat angenommen: Die Zweifler überlegen hin und her und suchen, aus
dem Vorrat ihrer Vielwisserei Beweise zu stützen und Argumente zu begründen
mit dem flatternden Sinn der Jugend. Der Vergleichspunkt wäre das unent-
schiedene Zaudern angesichts der Wahrheit. Das gibt m. E. keinen befriedigenden Sinn. Nun hatte allerdings O. Stählin selbst schon in der 1. Auflage der
Ausgabe einen anderen Weg gewiesen, denn er hatte ⟨αἱ⟩ ἐκ τῆς πολυμαθοῦς
περιουσίας ἀποδείξεις p. 111,4 konjiziert. Nach diesem Verständnis werden
zwei Arten von Beweisen unterschieden, die Beweise aus der Polymathie und
die beweisenden Argumente (τοὺς λόγους τοὺς ἀποδεικτικούς), erstere, die Beweise aus dem Bildungswissen, sind Subjekt, sie bekräftigen die beweisenden
Argumente. M. E. hatte O. Stählin damit den Sachverhalt getroffen, die Konjektur von αἱ wäre vielleicht gar nicht nötig[4]. Verglichen (ὁμοίως δε καὶ) werden also mit diesen Sätzen die Gesichte und Offenbarungen einerseits und die
Beweise aus der Polymathie andererseits. Worin das «tertium comparationis»
liegt, tritt klar heraus, wenn man sich, was bisher übersehen worden zu sein
scheint, vergegenwärtigt, daß die Verben des clementinischen Satzes eine Anspielung an die nicht übernommene Fortsetzung des Hermaszitates enthalten.
Dort nämlich ergeht an Hermas die Aufforderung: λέγε αὐτοῖς (sc. den Zweif-
lern) ὅτι ταῦτα πάντα ἐστὶν ἀληθῆ, καὶ οὐθὲν ἔξωθέν ἐστιν τῆς ἀληθείας, ἀλλὰ
πάντα ἰσχυρὰ καὶ βέβαια καὶ τεθεμελιωμένα ἐστίν. p. 11,20ff Whittaker. Und
bei Clemens heißt es: ... ἀποδείξεις ἰσχυροποιοῦσι καὶ βεβαιοῦσι καὶ θεμελιοῦσι
τοὺς λόγους ... p. 111,4f. Der Sinn ist offenbar der: So wie die Gesichte und
Offenbarungen für die Zweifler bestimmt sind und sie überzeugen sollen, daß

---

[2] J. Potter, PG VIII col. 927.
[3] F. Overbeck, Deutscher Text S. 246, O. Stählin, Deutsches Übersetzungswerk Bd. 3
   S. 147 (er erklärt ebd. S. 147 Anm. 6. ausdrücklich: «Subjekt sind die ‚Zweifler'
   (181,1)»), M. Caster, in: Clément d'Alexandrie, Stromate I S. 176.
[4] Vielleicht darf man das Fehlen des Artikels erklären in Analogie zu R. Kühner — B.
   Gerth, Ausführliche Grammatik der griechischen Sprache, Teil 2 Bd. 1 S. 607 § 462 k):
   «Wenn ein mit einem attributiven Genetive verbundenes Substantiv einen Gesamtbe-
   griff darstellt, so wird der Artikel gemeiniglich bei dem regierenden Substantive wegge-
   lassen, dem Genetive aber hinzugefügt».

alles sicher, zuverlässig und begründet ist, so richten sich die Beweise aus dem Bildungswissen an die flatternden Sinne der Jungen, d. h. an die noch nicht überzeugten, des wirklichen Alters noch nicht teilhaftigen Griechen, und bestärken, bekräftigen und befestigen die beweisenden Argumente der christlichen Protreptik. Der Vergleichspunkt liegt in der Vergewisserung noch Unschlüssiger.

Von daher sind einige Rückschlüsse auf den Stellenwert, den Clemens seinen Ausführungen beimißt, möglich. Die ἐκ τῆς πολυμαθοῦς περιουσίας ἀποδείξεις behandelt er offenbar nicht gleichwertig mit den λόγοι ἀποδεικτικοί. Unter letzterem sind vornehmlich die Ausführungen zu Moses Gesetzgebung und seiner Philosophie, § 165 — § 179, zu verstehen. Sie stellen die Substanz dar, der Nachdruck liegt offenbar auf der argumentativen Durchdringung. Dagegen sind die Beweise aus dem polymathischen Vorrat in § 181f zu suchen. Sie sind subsidiäres Beiwerk. Das entspricht Clemens' sonstiger Bewertung der Chrestomathie oder Polymathie[5]. Die bunte Häufung berühmter Zitate soll zusätzlich beeindruckend wirken und den Leser zur Überzeugung führen. Auch hier wird also noch einmal die protreptische Ausrichtung aller Ausführungen deutlich. Hinzuweisen ist schließlich noch darauf, daß Clemens mit dieser Praxis, ein Buch zu beenden, nicht allein steht. Auch Cicero[6] hat gelegentlich ein Buch mit einem zur Bekräftigung dienenden Epilog von Exempla und Dicta abgeschlossen.

Das Platonkephalaion in § 182,1 lautet folgendermaßen: «. . . auch Platon sagt im Politikos, daß ein einziger der Gesetzgeber sei, und in den Nomoi, daß ein einziger auf die Musik verständnisvoll hören werde, womit er lehrt, daß es einen einzigen Logos und einen einzigen Gott gibt». Die Deutung im letzten Kolon erfordert selbst eine Erklärung, denn es ist zweifelhaft, ob sich Clemens allein auf den göttlichen Logos (dafür würde die Fortsetzung sprechen[7]) oder auf zwei göttliche Personen, den Logos und Gott, bezieht. Für diese Auffassung spricht die Formulierung, und dann sollte man die Anordnung chiastisch fassen. Die Deutung auf Gott bezieht sich zurück auf den Gesetzgeber, die Deutung auf den Logos gilt dem Musikverständigen.

Was nun den einen Gesetzgeber des Politikos betrifft, so möchte man zunächst ganz unwillkürlich an den Demiurgen des Mythos denken. Wenn im Diairesenkephalaion § 165,3 der Demiurg als Staatsmann gilt, so möchte man schließen, sei er damit auch Gesetzgeber. Allein, der Fall liegt doch wohl anders, denn Platon hat in diesem Dialog selbst viermal von νομοθέτης (294 e8. 305 b5.

---

[5] Strom I § 16,1. § 19,4: ἡ πολυμαθία διασυστατικὴ τυγχάνει τοῦ παρατιθεμένου τὰ κυριώτατα τῶν δογμάτων πρὸς πειθὼ τῶν ἀκρωμένων, θαυμασμὸν ἐγγεννῶσα τοῖς κατηχουμένοις, ...

[6] Cicero, Tusc. I § 112 — § 119; «fecit etiam iste me epilogus firmiorem» (§ 119).

[7] Vgl. M. Gigante, Νόμος Βασιλεύς S. 108: «Il νόμος de Zeus e agevolmente divenuto, in Clemente, il λόγος del dio cristiano».

c2. 309 d1) gesprochen, und zwar immer mit Bezug auf denjenigen Politiker, dessen Wissen den ganzen Dialog hindurch gesucht wird. Da aber Clemens diesen Begriff übernimmt, erscheint es geboten, daß die Erklärung von diesen Passagen ausgeht. Auch O. Stählin hat die beiden Stellen 301 c und 309 cd, aber nicht den Mythos genannt.

Tatsächlich hat der eleatische Gast dargelegt, inwiefern der gesuchte Staatsmann bei seiner Herrschaft auch Gesetze zu Hilfe nehmen wird. Er äußert sich über die einschlägigen Fragen in 293 e6 — 297 b4 und erwähnt die gesetzgeberische Tätigkeit noch einmal in der abschließenden Definition, 305 e8 — 311 c8, speziell in 309 d1—5. Der Staatsmann und gute Gesetzgeber ist durch die Muse der königlichen Kunst (d. h. durch Gesetzgebung[8]) allein fähig, den Bürgern das göttliche Band der wahren Meinung einzuwirken, welches ebenso wie das menschliche Band der Eheschließungen die polaren Tugenden der Besonnenheit und der Tapferkeit zum Gewebe der staatlichen Gemeinschaft zusammenflicht. Problematischer ist die Exklusivität, die Clemens dem Gesetzgeber zuspricht. Daß viele das allein ausschlaggebende Wissen eines Staatsmannes haben könnten, schließt der Eleat allerdings aufs Bestimmteste aus (292 d2 — 293 a1). Statt dessen rechnet er damit, es bei einem oder zweien, auf jeden Fall nur bei ganz wenigen anzutreffen (293 a2ff). Daß ihm aber faktisch doch nur ein Alleinherrscher vor Augen schwebt, zeigt seine Konstruktion von dem Konflikt, in den der wissende Herrscher mit der Menge gerät (301 c6 — d6). Wenn Clemens schließlich den Gesetzgeber mit Gott identifiziert, so hat das am Dialog keinen Anhalt. In Betracht kommen könnte überhaupt nur 303 b3ff. Dort sondert der Gast die Herrschaft des wissenden Staatsmannes als das Urbild von dessen Nachahmungen in den sechs möglichen empirischen Staatsformen ab wie einen Gott von den Menschen. Wenn Clemens an diese Stelle gedacht hat, dann hat er in den Vergleich eine positive Identifizierung hineingelesen[9].

Man wird für diese Umdeutung einerseits zweifellos christlichen Einfluß verantwortlich zu machen haben. Es war ja in § 167 — § 175 u. a. Clemens' Absicht zu zeigen, daß Gott das mosaische Gesetz gegeben hat. Und vor allem liegt hier eine bislang übersehene direkte Anspielung an Jak 4,12 vor. Allerdings ist andererseits zu berücksichtigen, daß auch in der philosophischen Tradition des Platonismus Gott als Gesetzgeber angesprochen wird. Gemeint sein können

---

[8] So J.B. Skemp, Plato's Statesman S. 230 Anm. 2.
[9] Eine Bemerkung erfordert die Frage, wie sich die hiesige Politikosdeutung zu derjenigen in § 165,3 verhält. Grundsätzlich besteht ja die Möglichkeit, daß der Demiurg als mythische Figur für die Bestimmung des gesuchten Politikers beiseite bleibt. Insofern könnte dann natürlich der gesuchte Politiker mit Gott identifiziert werden. Es ist aber nicht möglich, daß beide, sowohl der Demiurg als auch der gesuchte Politiker, mit Gott identifiziert werden, denn Platon unterscheidet beide (276 d5f). Problematisch für die hier, in § 182,1, betont vorgetragene monotheistische Interpretation des Politikers ist auch die Tatsache, daß in § 165,3 der Begriff Politiker keineswegs exklusiv gefaßt ist. Beide Deutungen konkurrieren also miteinander.

dabei sowohl die staatlichen und kosmischen Gesetze[10] als auch die Inkarnationsgesetze[11] und das Vernunftgesetz[12]. Die Umdeutung kann also ebenso von dieser Seite her erfolgt oder zumindest angeregt sein.

Was sodann aus den Nomoi den einen, der auf die Musik hören wird[13], betrifft, so ist damit keine Anspielung gegeben, aber eine gewisse Ähnlichkeit von der Sache her hat O. Stählin zu Nom II 658 e8 — 659 a1 erkannt. Dort geht es im Zuge der Erörterung der Kindererziehung darum, nach welchen Kriterien die Tanz und Gesang verbindenden Chorreigen zu bewerten sind. Der Athener räumt dabei der Menge ein, daß das ästhetische Vergnügen ausschlaggebend sei, aber er widerspricht, wenn es das Vergnügen beliebiger Leute sein soll. Das entscheidende Wort haben vielmehr die hinlänglich Gebildeten und Alten, insbesondere der eine, der an Vollkommenheit und Bildung alle anderen übertrifft. Später in VI 765 d4 — 766 c1 ergibt sich, daß der Athener für diesen außergewöhnlichen Menschen auch ein besonderes Amt, das Amt des Erziehungsministers, zu vergeben hat[14]. Zu erwähnen bleibt noch, daß die musikalischen Festaufführungen natürlich eine kultisch-religiöse Bedeutung haben[15], daß aber der eine überragende Aufseher zu Lebzeiten keine göttlichen Ehren empfängt.

Clemens jedoch bezieht diesen einen Musikverständigen nicht auf den Erziehungsminister der Stadt der Magneten, sondern auf den göttlichen Logos. Hat er in diesem Punkt die konkrete, polisbezogene Ausrichtung abgestreift, so ist nicht zu erwarten, daß er bei den Musikern an die Jugendlichen denkt, die an Festtagen ihre Chorreigen zur Aufführung bringen. Ganz offenbar liegt ein übertragener Sprachgebrauch vor, der seinerseits wiederum auf Platon fußt. Denn Platon hat mehrmals die Philosophie als die wahre Musik und die Musen

---

[10] Cicero, De leg. II § 8 — § 11. Dahinter steht Nom I 644 d1–3. 645 a1f. b 1–8. IV 714 a1f, vgl. W. Theiler, Die Vorbereitung des Neuplatonismus S. 47ff.

[11] Albinos, Didask. XVI p. 172,8; Numenios, Frg. 13,6; vgl. Apuleius, De Platone I § 206 p. 96,8. Dahinter steht Tim 41 e2f. 42 d2f, vgl. M. Baltes, Numenios von Apamea und der platonische Timaios, VigChr 29 1975, S. 262f.

[12] Maximus Tyrius, Or. VI 5e; Plotin; Enn. V 9,5,28.

[13] Der Ausdruck τὸν συνήσοντα τῶν μουσικῶν p. 111,21 bedarf einer Erklärung. J. Potter, PG VIII col. 930, übersetzt: «ea quae ad musicam pertinent intellecturum», ebenso F. Overbeck, Deutscher Text S. 247, O. Stählin, Deutsches Übersetzungswerk Bd. 3 S. 148, und M. Caster, in: Clément d'Alexandrie, Stromate I S. 176. Allerdings hat O. Stählin die Stelle im Register s.v. μουσικός unter maskuline Belege eingereiht. Es wären demnach οἱ μουσικοί, die den Logos hört, und man könnte sich auf LSJ s.v. συνίημι II 1.) berufen. J. Potter dürfte aber im Recht sein aufgrund von R. Kühner-B. Gerth, Ausführliche Grammatik der griechischen Sprache Teil 2 Bd. 1 S. 359 § 417 Anm. 6.

[14] Vgl. P. Friedländer, Platon Bd. 3 S. 509 Anm. 46, H. Görgemanns, Beiträge zur Interpretation von Platons Nomoi S. 188.

[15] Belege sind Nom II 653 c9 — d5. 653 e5 — 654 a1. 659 a7f. 664 c6 — d4. 665 a3–6. 672 c8 — d3. VI 766 b1ff, vgl. O. Reverdin, La religion de la cité platonicienne S. 69–88.

als ihre Göttinnen ausgegeben, vgl. Lach 188 c6 — d8, Phaid 61 a3, Pol VI
499 d3f. VIII 548 b8 — c2, Krat 405 c6 — 406 a5, Phaidr 248 d3, Phileb 67
b6[16]. Diese Ausdrucksweise hat in der platonischen Tradition weitergewirkt[17],
und von daher ist es nicht ausgeschlossen, daß auch schon die Nomoistelle
entsprechend verstanden wurde. Was Clemens allerdings meint, kann dem Zusammenhang nach nicht zweifelhaft sein. Die Musik ist die Philosophie im
Sinne des mosaischen Gesetzes, d. h. letztlich des Christentums. Auf diese
wird, wo sie erklingt, der göttliche Logos verständnisvoll hören[18]. Das ist eine
christliche Umdeutung Platons.

6. Zusammenfassung

Zum Abschluß dieses Kapitels soll die Gelegenheit genutzt werden, noch
einmal die Hauptgesichtspunkte des erörterten clementinischen Gedankenganges zu rekapitulieren und in einer traditionsgeschichtlichen Fragestellung noch
etwas weiterzuführen. Grundlegend für die ganze Argumentation ist die Überzeugung, daß Platon ein positives Verhältnis zu den Barbaren an den Tag gelegt
habe. Man könnte das die formale Anschauungsweise nennen. So hat Clemens
einmal von seiner Anerkennung der Barbaren allgemein, von seiner Schülerschaft
bei Barbaren und von seinem ägyptischen Lehrer gesprochen. Es hat sich gezeigt,
daß das eine ganz konventionelle Meinung ist. Zum anderen wollte Clemens
Platons Abhängigkeit von den mosaischen Schriften nachweisen. Und auch mit
dieser Ansicht ist Clemens kein bahnbrechender Neuerer. Er erhebt darauf auch
gar keinen Anspruch, sondern macht ausdrücklich auf Aristobul und Numenios
als seine Vorläufer aufmerksam.

Ferner, und das könnte man den finalen Aspekt nennen, hat sich ergeben,
daß Platons Einstellung zu den Barbaren als vorbildhaft bewertet wird. Der Leser wird indirekt aufgefordert, Platons Vorbild nachzuahmen und Schüler der
mosaischen Schriften zu werden. Diesem protreptischen Ziel ordnen sich alle
Zitationen unter. Doch auch mit dieser Wertung steht Clemens nicht allein.
Man darf sie freilich nicht bei dem genuinen Schulplatonismus suchen, denn

---

[16] Diesen Komplex hat grundlegend untersucht P. Boyancé, Le culte des Muses chez les
philosophes grecs S. 155—184.

[17] So Strabon X 3,10: ... μουσικὴν ἐκάλεσε Πλάτων καὶ ἔτι πρότερον οἱ Πυθαγόρειοι τὴν
φιλοσοφίαν ... (den ganzen Abschnitt, Strabon, X 3,9—18, führt K. Reinhardt, Art. Poseidonios von Apameia, RECA Hlbd. 18 Sp. 814, auf Poseidonios zurück), Philon, Her
§ 15; Maximus Tyrius, Or. XXXVII 7c; Apuleius, De Platone I § 211 p. 99,4—7; Plotin,
Enn. II 9,16,39; Iamblich, Protr. V p. 33,15—18; Corpus Hermeticum, Asclepius § 13,
p. 312,11—16, vgl. ferner P. Boyancé, Le culte des Muses chez les philosophes grecs
S. 249—347.

[18] Vgl. Strom VI § 88,3. Auf Verbindungen von hier zu Strom I § 49,1 und Strom IV
§ 4,2 wurde in Kap. I S. 42 Anm. 40 hingewiesen.

dort gilt die seit der Epinomis[1] bekannte Auskunft, daß barbarische Anregungen erst bei den Griechen zur Vollendung gelangt sind. Besonders pronociert hat diese Haltung Celsus[2] eingenommen. Man darf sie freilich auch nicht von Aristobul erwarten. Die Tendenz seiner beiden diesbezüglichen Äußerungen[3] erhellt das Zeugnis über ihn in Strom I § 72,4. Er bezweckt einen Nachweis der Inferiorität der griechischen Philosophie, empfehlend ist die Erwähnung Platons nicht[4]. Aristobul wendet sich auch kaum an ein heidnisches Publikum, sondern will vermutlich innerhalb der jüdischen Gemeinde Gewißheit und Stolz in verunsicherter Zeit wecken. Seine eigentliche Aufgabe hat er in der allegorischen Bibelauslegung gesehen[5]. Auch die christlichen Schriftsteller vor Clemens haben mit der These von Platons Abhängigkeit nichts Positives zu verbinden gewußt[6]. Der Name aber, der hier genannt werden muß, ist Numenios. In einem berühmten Fragment[7] erhebt Numenios die Forderung, daß man in theologischen Belangen hinter Platon zurückgehen und Pythagoras einschließen müsse. Dann soll noch ein weiterer Schritt zurück zu den angesehenen Völkern folgen. Als solche gelten die Brahmanen, Juden, Magoi, d. h. Perser und Ägypter. Erst bei ihnen ist nach der Sicherung des gemeinsamen Gutes in der platonischen Philosophie und der Lehre des Pythagoras die älteste und reinste Weisheit auffindbar. In dieses Programm gehört auch sein Diktum von Platon als einem attisierenden, d. h. attisch sprechenden Mose[8]. Die Nähe zu Clemens ist unverkennbar. Beide meinen, man solle von Platon aus zu den Barbaren zurückgehen. Allerdings trennt beide die exklusive Geltung des mosaischen Gesetzes. Numenios kann Mose keine Ausschließlichkeit zugestehen. In seinem Konzept rangieren die Brahmanen, Juden, Perser und Ägypter gleichwertig nebeneinander, und das, obwohl er weiß, daß der biblische Gott ein eifernder Gott ist, der sich mit niemandem die Ehre teilt[9]. Der Anschein, daß er faktisch doch die mosai-

---

[1] Epinom 987 d9f.

[2] Celsus, Frg I 2.

[3] Strom I § 150,1—3, Strom V § 99,3. Das deutet wohl auch auf eine nur beiläufige Beschäftigung mit Platon, was im 2. vorchristlichen Jahrhundert ohnehin nicht verwunderlich wäre. In Strom V § 97,7 berichtet Clemens, daß Aristobul den Abhängigkeitsbeweis für die peripatetische Philosophie geführt habe. Auf Aristobul wird in Kap. VIII zurückzukommen sein.

[4] Ebenso W. Bousset — H. Gressmann, Die Religion des Judentums S. 73.

[5] Vgl. N. Walter, Der Thoraausleger Aristobul S. 26—33. 43—51.

[6] So Justin, Apol. I 44.59f; Tatian, Oratio ad Graecos § 40; Theophilos, Ad Autolyc. III 16f.

[7] Numenios, Frg 1a). Besonders verfolgt hat diese Thematik J.H. Waszink, Porphyrios und Numenios, Fondation Hardt Entretiens XII 1966, S. 33—84, und ders., Some Observations on the Appreciation of the ‚Philosophy of the Barbarians' in Early Christian Literature, in: Mélanges Ch. Mohrmann, S. 41—56.

[8] Numenios, Frg 8, das erstmals in der Literatur von Clemens, Strom I § 150,4, erwähnt wird.

[9] Numenios, Frg 56. Damit erledigen sich auch alle Versuche, ihn als Juden auszugeben, vgl. E.R. Dodds, Numenius and Ammonius, Fondation Hardt Entretiens V 1960, S. 6f.

schen Schriften vorrangig heranziehe[10], führt unstreitig in die Irre. Er erklärt sich
daraus, daß die Autoren, denen wir die Überlieferung der Fragmente verdanken,
zum großen Teil Christen waren, die gerade dafür ein besonderes Interesse hatten[11]. Zu erinnern ist an die erkennbar gewordene Beschäftigung, die der Kreis
um Numenios Zoroaster mitsamt seiner apokryphen Literatur zuteil werden
ließ. Für Clemens dagegen hat natürlich das mit dem Evangelium zur Einheit
verbundene mosaische Gesetz die alleinige Geltung.

Schließlich lassen sich die Themen Gesetzgebung und Philosophie als die
materiale Seite des clementinischen Gedankenganges ansprechen. Dabei erhebt
sich die Frage, ob ihm auch darin etwa Aristobul und Numenios vorangegangen
sind. Von Aristobul hat Clemens ein Fragment aufbewahrt, wo Platons Abhängigkeit von Gen 1,3, εἶπεν, καὶ ἐγένετο, behauptet wird[12]. Mose zufolge ist
Gottes Wort zugleich auch Tat, und das habe sich Platon angeeignet. Hier ist
offenbar die These mit einem singulären Punkt zur Schöpfungslehre belegt, nichts
deutet auf einen detailliert durchgeführten Beweis mit den Leitbegriffen Gesetzgebung und Philosophie. Und was Numenios betrifft, so mag er zwar die barbarische Gesetzgebung und Philosophie hoch geschätzt haben, aber Ph. Merlan[13]
hat mit Recht vermutet, daß er die Übereinstimmung von Mose und Platon im
wesentlichen anhand der Einzelstelle Ex 3,14, ἐγώ εἰμι ὁ ὤν, behauptet hat.
Damit dürfte der Gedanke entfallen, daß diese beiden Gewährsmänner Clemens
auch das Material für seinen Beweis geliefert hätten, und es spricht kaum etwas
ernstlich dagegen, daß die Auswahl der Leitbegriffe Gesetzgebung und Philosophie auf ihn persönlich zurückgeht. Hervorzuheben und von allergrößter Bedeutung ist aber, daß er so eine Vielzahl von Traditionen angesprochen hat. Das
gilt für den heidnisch-griechischen Bereich. Seit Platon die Paradoxie aufstellte,
daß die Herrscher Philosophen oder die Philosophen Herrscher sein müßten,
damit die Mißstände in den Staaten sich bessern könnten, konvergieren in der
theoretischen Begründung Politik und Philosophie immer wieder. Insbesondere
führte, wiederum an Platon anknüpfend, im Hellenismus die Reflexion zum Begriff des Gesetzes zu einer Ausweitung und Intensivierung, die den Νόμος als
gleichrangigen Begriff neben Λόγος und Φύσις erwies[14]. Dem entspricht eine
weite Verbreitung des Begriffspaares Gesetzgebung und Philosophie. Pythagoreische und platonische Belege wurden schon an früherer Stelle genannt, Belege

---

[10] Außer den erwähnten Frgg 1 und 56 sind anzuführen seine Erwähnungen Moses in
      Frgg 8.9.10a, sowie seine Anspielung an Gen 1,2 in Frg 30,5f und an Ex 3,14 in Frg 13,4.
[11] Das ist gegen J.H. Waszink, Porphyrios und Numenios, Fondation Hardt Entretiens XII
      1966, S. 49, ins Feld zu führen.
[12] Strom V § 99,3.
[13] Ph. Merlan, Greek Philosophy from Plato to Plotinus, in: A.H. Armstrong, The Cam-
      bridge History of Later Greek and Early Medieval Philosophy S. 100. Zustimmend no-
      tiert die Bemerkung É. des Places in seiner Edition: Numénius, Fragments S. 52 Anm. 4.
[14] Hier müssen wenige Bemerkungen genügen. Grundlegend und reich an Belegmaterial
      ist H. Kleinknecht, Art. νόμος A) ThWNT Bd. IV S. 1016–1029.

aus dem Platonismus lassen sich anschließen[15]. Man wird auch an das verwandte Begriffspaar von Νόμος und Λόγος erinnern dürfen, dem Celsus durch die an ihm entwickelte antichristliche Polemik eine brisante Aktualität verliehen hat[16]. Und in einem weiteren Sinn gehört auch das stoische Paradoxon, daß allein der Weise König sei, zu dieser Thematik[17]. Aber das ist nicht alles. Bei Clemens ist außerdem aus der hellenistisch-jüdischen Apologetik die Identifizierung speziell des mosaischen Gesetzes mit Philosophie eingeflossen. Diese Gleichsetzung bei Philon[18] und ihr Weiterwirken bei Clemens wurden schon berührt, sie begegnet aber auch sonst, im Aristeasbrief und bei Josephus[19]. Und schließlich hat Clemens die Tradition der christlichen Apologeten aufgenommen, die ihrerseits das jüdische Erbe angetreten und das Christentum als die wahre Philosophie dargestellt haben[20]. So markieren die beiden Leitbegriffe Gesetzgebung und Philosophie denjenigen Schnittpunkt, in welchem sich Christentum, Judentum und die in sich reichhaltige philosophische Strömung des zeitgenössischen Platonismus treffen. So wird von daher die hervorragende Eignung gerade dieses Begriffspaares erkennbar, den heidnischen Leser, und einen jüdischen nicht minder, anzusprechen und zum Christentum zu führen. Andererseits bezeugt aber auch dessen Wahl Clemens' klaren Blick für die allgemeinen Erfordernisse der christlichen Werbung und für ihre konkret gegebenen Möglichkeiten.

---

[15] Xenokrates, Frg 3 (mit Plutarch, Advers. Colot. 30, mor. 1124 DE); Cicero, De leg. I § 17; Plutarch, Maxime cum princ. 4, mor. 779 B; An seni gerend. 26, mor. 796 D; Praecepta 1, mor. 798 B; vgl. De Iside 45, mor. 369 B; Maximus Tyrius, Or XXXVII 3a; Albinos, Didask. II p. 153,17, III p. 153,32−36. Ein spätes aber aufschlußreiches Zeugnis ist Justinians Edikt von 529, das untersagt, ἐν 'Αθήναις μηδένα διδάσκειν φιλοσοφίαν μήτε νόμμα ἐξηγεῖσθαι, zitiert nach H. Dörrie, Der Platonismus in der Kultur- und Geistesgeschichte der frühen Kaiserzeit, in: ders., Platonica Minora S. 210.

[16] Vgl. C. Andresen, Logos und Nomos S. 108−238. Einige Belege sind: Plutarch, De Stoic. repug. 1, mor. 1033 B; Albinos, Didask. XXIX p. 183,5; Maximus Tyrius, Or. XI 5a (vgl. C. Andresen, ebd. S. 189f Anm. 1), ferner Maximus Tyrius, Or. XXV 2a, Or. XXVII6d, Or. XXXIII 5b.

[17] Chrysipp, Frg. mor. 611−624, SVF III p. 157,39 − p. 160,11, ohne Anlehnung an die Paradoxien: Musonius, Reliquiae VIII p. 40,6−10.

[18] Vgl. noch Philon, LegGai § 156. § 245, Quod omnis probus § 43, Som II § 127, Virt § 65, VitCont § 26. § 28.

[19] Epist. Aristeae § 31; Josephus, Ant I 25; Ap I 54, II 47, vgl. Ap I 176−179, II 169−175.

[20] Belege im einzelnen zu nennen, ist nicht nötig, vgl. zum Ganzen A. von Harnack, Lehrbuch der Dogmengeschichte Bd. 1 S. 496−525.

KAPITEL IV:
VERTEIDIGUNG DES CHRISTENSTANDES

Im zweiten Buch der «Teppiche» häuft Clemens die Platonzitationen im wesentlichen an zwei Stellen wiederum zu Nestern oder Ketten. So findet sich eine große Zahl von Rekursen auf Platon in der Abhandlung περὶ τῆς πίστεως § 8,4 – § 31 einerseits und in der Abhandlung περὶ τέλους § 127 – § 136 andererseits. Zu denselben Themenkreisen gehören weiter noch ein Einzelstück in § 45 und eine Reihe von Zitationen mit sehr unterschiedlichem Gewicht in dem Abschnitt περὶ ἀρετῶν § 80,5 – § 104. Daß Clemens diese Stellen nicht als zufällige, disparate und isolierte Anleihen bei Platon betrachtet hat, sondern sie kompositionell aufeinander bezogen und in eine innere Konvergenz gebracht hat, um mit ihnen heidnische Angriffe auf die vermeintliche Nichtigkeit des christlichen Glaubens abzuweisen, soll das vorliegende Kapitel zeigen. Daraus wird Platons Beitrag für die christliche Apologetik ersichtlich werden. Die drei verbleibenden namentlich ausgewiesenen Zitationen Platons in den Abschnitten § 105 – § 126 und § 137 – § 147 können hier noch zurückgestellt werden. Da es sich bei ihnen um Vorbereitungen für die im dritten Buch thematische Bestimmung der christlichen Enthaltsamkeit handelt, sollen sie entsprechend dem sachlichen Zusammenhang im folgenden Kapitel behandelt werden.

1. Analyse und Auswertung der kompositorischen Bezüge

Angesichts der hohen Bedeutung, die dem formalen Zusammenspiel der Platonzitationen innerhalb der apologetischen Ausführungen zukommt, ist es geboten, zunächst die Frage nach der Anordnung und Verknüpfung des platonischen Materials zu klären. Betrachtet man unter diesem Gesichtspunkt den Abschnitt περὶ τῆς πίστεως § 8,4 – § 31[1], dann ist davon auszugehen, daß mitten in diese Erörterung ein Exkurs zum Stichwort σοφία, bzw. ὁ σοφός in § 18,2 – § 22 eingebettet ist[2].

---

[1] Geringfügig weicht diese Abgrenzung ab teils von den Zäsuren, die W. Bousset, Jüdisch-christlicher Schulbetrieb S. 259, angesetzt hat, und teils von den Zäsuren, die A. Méhat, Étude sur les ‚Stromates' S. 277, vorgeschlagen hat.

[2] Den Schlüssel liefert § 23,1. Zum Stichwort σοφία, bzw. ὁ σοφός vgl. p. 122,3.9.10.11, p. 123,1.5.9.17, p. 124,4.7.26, p. 125,3. Die Abgrenzung nimmt ebenso vor A. Méhat, Étude sur les ‚Stromates' S. 262f, allerdings geht er von den Stichworten ἀμαθής und βασιλικός aus.

Dieser Exkurs ist dreigliedrig. Im ersten Teil (§ 18,2 — § 19,4) liegt eine Abfolge freier Assoziationen vor, die auf das Lehrstück von den «paradoxa Stoicorum» hinausläuft. Unter den Stichpunkten der königlichen Weisheit, des Königs, des beseelten Gesetzes und des rechten Logos versammelt Clemens vielfältiges Gut (Platon, Euthydem, Politikos, Minos; Mt 7,21; die spartanischen Skytalen; Pindar; Speusipp und ein Referat zu den «paradoxa Stoicorum»)[3] und bezieht die Aussagen bald auf die Christen und bald auf Christus, bzw. läßt, wie im Fall der «paradoxa Stoicorum», die Identifizierung ganz offen. Der zweite Teil des Exkurses (§ 20,1 — § 22,1) deckt den biblischen Ursprung der «paradoxa Stoicorum» auf. Diese Lehre vertritt Mose in Gen 33,11. Ex 3,16 und Gen 32,29ff. Ja, Mose selbst war ein solcher paradox ausgezeichneter Weiser. Vor allem aber zeichnen den Heiland die paradoxen Wesenszüge aus, so seine Schönheit (Joh 1,9), seine Königswürde (Lk 19,38), sein Reichtum (Mt 4,8—10, Lk 4,5—7), sein hohepriesterliches und gesetzgeberisches Amt (Hebr 7,2) und sein Adel (Joh 5,18). Der dritte Teil (§ 22,1—8) zeigt, daß auch bei Platon diese Lehre anzutreffen ist. Die Belege dafür (Phaidros, Nomoi V, Alkibiades I, Nomoi IX) stellt Clemens mit biblischen Zitaten zusammen, so mit Prov 17,6a, Lk 18,25, Lk 6,20 zu Reichtum und Armut, mit Mt 11,29, Röm 7,14, Joh 8,24—36.32 zu Freiheit und Knechtschaft und mit Jes 53,3 in christologischer Interpretation zur Schönheit. Der letzte platonische Beleg zum Königtum des Weisen bezieht sich zurück auf das Eingangszitat aus dem Politikos und schließt so den Exkurs zu einer äußeren Einheit zusammen.

Prüft man nun die Platonzitationen des Exkurses auf ihre Gemeinsamkeit hin, dann stellt sich heraus, daß solche nicht in Clemens' Gebrauch liegt, denn seine Bezugnahme schwankt zwischen Mose, Christus und den Christen, und auch die biblischen Parallelen stiften keine Einheitlichkeit. Dagegen läßt sich eine Gemeinsamkeit darin erkennen, daß die überwiegende Mehrzahl der Zitationen auf die «paradoxa Stoicorum» gemünzt ist, während lediglich die Aussagen zum beseelten Gesetz und zum rechten Logos nicht reibungslos dazu passen. Sieht man von diesen Fällen ab, so ist offenbar das Schema von den «paradoxa Stoicorum» das verbindende Element, das den Zitationen eine noch vor der clementinischen Behandlung liegende Einheitlichkeit gibt.

Die den besprochenen Exkurs umschließende Abhandlung περὶ τῆς πίστεως § 8,4 — § 31 enthält einige weitere Platonzitate, deren auffälligstes Merkmal darin besteht, daß sie in unmittelbarer Nähe vor und nach dem Exkurs plaziert sind. Deshalb hat sich J. Munck[4] gefragt, ob sich nicht in dieser Häufung eine gemeinsame Quelle für alle Platonzitate verrate. Das ist allerdings ganz unwahrscheinlich, und zwar deshalb, weil die Zitate außerhalb des Exkurses das stoisierende Gepräge derjenigen innerhalb des Exkurses nicht aufweisen, sondern unberührt davon auf den christlichen Glauben Bezug nehmen. Aber gerade weil diese mit mechanischen Faktoren rechnende Erklärung nicht ausreicht, muß man die Frage stellen, warum die Zitationen zum Glauben in so unmittelbarer Nähe bei dem Exkurs zum Weisen arrangiert sind, bzw. warum die Abschweifung zum Weisen überhaupt in den Abschnitt zum Glauben hineingestellt ist. Gewisse Anhaltspunkte dafür werden sich sogleich im Fortgang herausstellen.

---

[3] Die genauen Belege und Parallelen folgen an späterer Stelle.
[4] J. Munck, Untersuchungen über Klemens von Alexandria S. 52 Anm. 3.

Das zweite Hauptnest von Platonzitationen befindet sich in dem Abschnitt περὶ τέλους § 127 — § 136. Diese Darlegungen tragen kein neutrales Wissen in sachlicher Form vor, sondern geben den Bestimmungen des höchsten Zieles zugleich mittels der Gruppierung eine Bewertung.

Der erste Teil dieser doxographischen Durchsicht (§ 127 — § 131,1) beginnt mit Epikur, wendet sich Peripatetikern, Stoikern und Vorsokratikern zu, um von Demokrit ausgehend über Kyrenaiker zur Schule Epikurs zurückzukehren. Sokrates, Platon und die Alte Akademie sind ausgespart. Es kann nicht zweifelhaft sein, daß damit eine Abwertung zum Ausdruck kommt. Ein Kommentar in § 127,1 (ἀσεβῶς p. 182,1) und wörtliche Zitate in § 130,4 und § 131,1 sprechen eine deutliche Sprache. Offenbar meint Clemens, daß alle diese Autoren sich nicht vom Körperlich-Fleischlichen zu lösen vermocht haben. Der zweite Teil (§ 131,2 — § 133,7) widmet sich Sokrates, Platon und der Alten Akademie. Platon ist der einzige, der den Titel «Philosoph» trägt. Das ist gewiß als Ehrenprädikat gemeint. Der dritte Teil schließlich (§ 134,1 — § 136,6) handelt von der christlichen Bestimmung des höchsten Zieles. Die Hauptbelege sind Röm 6,22. 5,4f; Ez 18,4—9; Jes 55,6—9; Gal 5,5f; Hebr 6,11—20 und 1 Kor 11,1. Von hier aus ergibt sich nun doch noch ein gewisser, nicht näher spezifizierter Vorbehalt an Platon, denn in § 134,1 kündigt Clemens gegen die philosophischen τέλος-Bestimmungen Einwände an, von denen Platon auszunehmen man keinen Grund hat. Allerdings ist dieser Plan nicht zur Ausführung gelangt[5], und bezeichnend ist, daß sie hier zurückgestellt werden.

Unter den Philosophen genießt Platon hier eine Ehrenstellung, die darin begründet ist, daß er die τέλος-Frage von Gott her mit der ὁμοίωσις θεῷ beantwortet hat.

Wenn man, ausgehend von dem Abschnitt περὶ τέλους, Umschau hält nach vorbereitenden Anklängen an die ὁμοίωσις-θεῷ-Formel, dann stößt man auf zwei stillschweigende Vorbereitungen in § 80,5f und in § 97,1f und auf eine explizite Vorwegnahme in § 100,3 — § 101,1. Nun hat es mit diesen Stellen eine besondere Bewandtnis, denn Clemens nimmt in § 81 — § 99 aus Philons Schrift «De virtutibus» Auszüge in authentischer Reihenfolge auf[6].

Philon hat in besagter Schrift zweimal von der πρὸς θεὸν ἐξομοίωσις gesprochen, in § 8 und in § 168. Clemens nimmt beidemal die Anregung auf, zuerst in § 80,5f als Einstieg, um fortan an der philonischen Schrift entlangzuschreiten und dabei die Darlegungen seines Vorgängers zum Thema, wie das Gesetz zur Tugend erzieht, in gekürzter Form zu reproduzieren. Und seine zweite Erwähnung in § 97,1f entspricht in ihrer Stellung ganz der zweiten bei Philon in § 168. Was bei Clemens in § 97,3 — § 99,2 folgt, sind kurze Übernahmen aus derselben philonischen Schrift § 183 — § 209. Danach reißt der Faden ab. Unabhängig von Philon nimmt Clemens in § 100,3 die ὁμοίωσις-θεῷ-Thematik erneut auf und verfolgt sie bis § 104,3. Der erste Befund ist also der, daß Clemens dem ganzen Komplex der philonischen Anleihen am Anfang und am Ende einen zusammenschließenden Rahmen durch den Gedanken der Angleichung an Gott gibt.

---

[5] Die angekündigte Widerlegung findet sich nicht in der Behandlung der τέλος-Thematik anläßlich des Diebstahls der Hellenen, Strom V § 95,1 — § 96,3. J. Munck, Untersuchungen über Klemens von Alexandrien S. 100 Anm. 1, bezieht die Ankündigung auf eine eigenständige Schrift περὶ ἀρχῶν. Dagegen betont A. Méhat, Étude sur les ,Stromates' S. 165, zu Recht, daß das Thema in die Ethik gehört.

[6] Das hat P. Wendland, Philo und Clemens Alexandrinus, Hermes 31 1896 S. 435—456,

Ein zweiter Befund tritt hervor, wenn man die entsprechenden Stellen näher vergleicht. Dann zeigt sich, daß Clemens seine Vorlage in der ὁμοίωσις-θεῷ-Thematik nachdrücklich pointiert. Im ersten Fall, in § 80,5f = De virt. § 8f, hat er die philonische Anregung der ὁμοίωσις θεῷ in den Gedanken der Antakoluthie der Tugenden transponiert, dabei in vierfacher Umschreibung wiederholt und christlich gedeutet. Er hat ferner den platonischen Vorbehalt κατὰ τὸ δυνατόν eingeflochten und begründet, und er hat schließlich die derartig erweiterte Aussage zu den Tugenden mit dem namenlosen Zitat Theait 176 b2f, τοῦτο δέ ἐστι «δίκαιον καὶ ὅσιον μετὰ φρονήσεως γενέσθαι» p. 155,12f, identifiziert. Das alles bedeutet gegenüber der eher beiläufigen Bemerkung bei Philon einen außerordentlichen Nachdruck[7]. Dasselbe geht aus der zweiten Stelle, § 97,1f = De virt. § 168, hervor. Hier hat Clemens die philonische Anregung zu einem selbständigen Portrait des Gnostikers, d. h. des christlichen Vollkommmenen im rechtgläubigen Sinn erweitert, indem er die Tugenden der Enthaltsamkeit, Ausdauer, Gerechtigkeit und Beherrschtheit aufgenommen hat und die ursprünglich zentrale Wohltätigkeit[8] zur reicheren Ausgestaltung noch weiter nach der Wohltätigkeit in Wort und Werk, in Lehre und Leben, differenziert und mit Mt 5,19 belegt hat. Daß er dabei die Angleichung an Gott mit besonderem Nachdruck versieht, geht aus dem Zitat von Gen 1,26 hervor, das betont am Anfang steht: οὗτός ἐστιν ὁ «κατ᾽ εἰκόνα καὶ ὁμοίωσιν», ὁ γνωστικός, ... p. 166,1. Auch das bedeutet gegenüber Philon eine markante Pointierung.

Bei der Untersuchung, wie Clemens mit seiner philonischen Vorlage umgegangen ist, fördert der Vergleich der anschließenden Kephalaia, § 98,3 – § 99,2 = De virt. § 201f. § 207. § 208f, einen dritten Befund zutage. Philon hat in diesen Passagen περὶ εὐγενείας gehandelt und gezeigt, daß nicht vornehme Abkunft, sondern Tugend für Adel entscheidend ist. Dazu hat er Adam, Noah, Abraham und Isaak sowie Jakob und Esau genannt. Clemens übernimmt den Gedanken ohne Beanstandung, gibt ihm jedoch eine besondere Akzentuierung, indem er das wörtliche Schriftverständnis ausdrücklich übersteigt: ἡ δὲ οἰκονομία αὕτη καὶ προφητικὴ καὶ τυπική p. 167,12f. Die Aussage zum Adel steht jetzt in einer Linie mit dem Paradoxon, daß dem Weisen alles gehört, wofür Clemens Gen 33,11 zitiert, und mit dem Paradoxon, daß der Weise allein König ist, wofür Clemens Gen 23,6 zitiert. Das heißt, Clemens hat die bei Philon vorgefundene Adelsthematik in den Bezugsrahmen der «paradoxa Stoicorum» überführt (§ 98,3 – § 100,2).

Mit § 100,3 schließen sich, nunmehr nicht durch Philon motiviert, wiederum Darlegungen zur ὁμοίωσις θεῷ an, die bis zum Homerzitat β 406, bzw. ε 193 in § 104,3, μετ᾽ ἴχνιον ὥστε θεοῖο p. 170,15, reichen[9]. Unter ihnen ist von besonderem Belang § 100,3f,

---

nachgewiesen. Tabellarisch erschlossen ist der Komplex bei A. Méhat, Étude sur les ‚Stromates' S. 238.

[7] Philon erwähnt die πρὸς θεὸν ἐξομοίωσις in § 8, insofern der Weise die Bedürfnislosigkeit Gottes nachahmt.

[8] Philon, Virt § 168, zufolge ahmt der Weise Gott nach, indem er an seine Mitmenschen weitergibt, was er von Gott an Wohltaten empfangen hat. So macht der φρόνιμος seine Nächsten ἀγχίνους, der σώφρων macht sie ἐγκρατεῖς, der ἀνδρεῖος macht sie γενναίους, der δίκαιος macht sie δικαίους, und der ἀγαθός macht sie allgemein ἀγαθούς (§ 167). Das geht zurück auf Nom V 730 d2 – 731 a2.

[9] Die Abgrenzung an dieser Stelle ergibt sich aus Arius Didymus, bei Stobaios II p. 49, 8–16, der die platonische ὁμοίωσις θεῷ mit dem pythagoreischen ἕπου θεῷ und eben jenem homerischen κατ᾽ (bzw. μετ᾽) ἴχνια βαῖνε θεοῖο zusammengestellt hat. Nach W. Theiler, Philo von Alexandrien und der Beginn des kaiserzeitlichen Platonismus, in: Festschrift J. Hirschberger S. 214, basiert Arius' Aufstellung auf Eudor von Alexandrien. M. Pohlenz, Die Stoa Bd. 2 S. 133, führt sie auf Poseidonios zurück. Näheres dazu unten S. 176f Anm. 21.

denn in diesem Stück kommt Clemens explizit auf Platons τέλος-Lehre zu sprechen. Platon habe als τέλος die εὐδαιμονία genannt und sie als ὁμοίωσις θεῷ κατὰ τὸ δυνατόν bestimmt. Zwei mögliche Erklärungen, wie er zu dieser Lehre gelangt sei, werden bereitgestellt, aber eine Entscheidung erfolgt nicht. Daneben zitiert Clemens Dtr 13,4 und Lk 6,36. Bemerkenswert ist nun vor allem, daß dadurch die vorangegangen «paradoxa Stoicorum» in § 98,3 — § 100,2 umklammert werden durch das Motiv der ὁμοίωσις θεῷ in § 97,1 und in § 100,3f.

Faßt man zusammen, wie Clemens mit Philon verfahren ist, so ist festzustellen 1.) eine Rahmung der Philonauszüge durch die ὁμοίωσις θεῷ, 2.) eine gemessen an der Vorlage sehr nachdrückliche Betonung der ὁμοίωσις θεῷ, 3.) eine thematische Umformung der Vorlage zu den «paradoxa Stoicorum», und 4.) eine Einbettung, bzw. Umklammerung dieser Paradoxien durch die ὁμοίωσις θεῷ. Daß dieser eigentümliche Befund auf eine kompositorische Absicht von hohem Rang zurückzuführen ist, kann nicht zweifelhaft sein. Folgt man den Motivverbindungen, dann ergeben sich innerhalb des zweiten Buches Beziehungen nach vorn und nach hinten. Die Aussagen zur ὁμοίωσις θεῷ weisen voraus auf die Behandlung der τέλος-Problematik, speziell auf den Teil, der Platon gewidmet ist, § 131,2 — § 133,3. Sodann weist der Abschnitt zu den Paradoxien des Weisen auf den Exkurs von § 18,2 — § 22,8 innerhalb des περὶ τῆς πίστεως λόγος zurück. Die Wiederaufnahme desselben Zitates Gen 33,11 (p. 123,9f und p. 167,14) unterstreicht diesen Rückbezug. Das Entscheidende aber ist, daß Clemens diese beiden Motivkomplexe gleichsam ineinander geschoben und verklammert hat, indem er an die philonische Vorlage die Themenabfolge, ὁμοίωσις θεῷ, «paradoxa Stoicorum», ὁμοίωσις θεῷ, herangetragen hat. Auf diese Motivverkettung wirken alle seine Eingriffe hin.

Clemens hat es also verstanden, mit rein kompositorischen Mitteln zum Ausdruck zu bringen, was man sonst ohne solchen Fingerzeig gern vermutet hätte, daß nämlich Platons Bezeugung der Paradoxien des Weisen mit dessen τέλος-Lehre der ὁμοίωσις θεῷ sachlich aufs engste zusammengehört. Unter dem Vorbehalt, daß der Exkurs zum Weisen jenen nicht einheitlich identifizierte, läßt sich sagen, daß es in beiden Fällen der vollkommene Christ ist, der rechtgläubige Gnostiker, wie es § 97,1 gelehrt hat, der unter der platonischen Terminologie verborgen ist.

Diese Interpretation läßt sich insofern noch weiter absichern, als Clemens in der Abhandlung zum Diebstahl der Hellenen die beiden Themen der Angleichung an Gott und der Paradoxien wiederholt und diesmal in relativer Nähe beieinander plaziert (Strom V § 94,6 — § 96,3 und § 96,5 — § 97,6). Die Zusammengehörigkeit geht aber auch aus Apuleius[10] und ansatzweise aus Albinos[11] hervor.

---

[10] Apuleius, De Platone II, cap. XX—XXII, preist den vollkommenen Weisen nach stoischer Manier unter Einschluß der Paradoxien und wendet sich anschließend, cap. XXIII, der «aemulatio ad deorum actus» zu.

[11] Albinos, Didask. XXVII, behandelt das höchste Gut unter Einschluß der zu den Para-

Schließlich bleibt noch die Stellung der alleinstehenden Zitation in § 45,4, daß das Wundern der Anfang einer geistlichen Entwicklung sei, zu klären. Da die Formulierung extrem vage ist, stellt sich die Frage, ob schon dieser Anfang christlich zu verstehen ist, d. h. ob schon dieser Anfang den Glauben voraussetzt oder doch irgendwie mit ihm in eins zu sehen ist[12]. Diese Frage ist unterschiedlich beantwortet worden[13], aber der Kontext scheint eine christliche Deutung nahezulegen. Parallel zu dem Platonwort stehen Aussprüche aus der Matthiastradition und aus dem Hebräerevangelium (§ 45,5f), wo das Staunen gewiß keine heidnische Qualifizierung ist[14]. Diese drei Zitate unterbrechen einen Gedankengang, wonach die Weisheit Gott vorbehalten und der Mensch als Weisheitsfreund beschrieben wird. Es sei unmöglich, daß ein gänzlich Unwissender, einer, der keinen Begriff von der Weisheit hat, nach ihr strebt. Aber jede Beziehung des Menschen zu Gott bleibt an den Heiland, den hohepriesterlichen Logos, gebunden (§ 45,2f.6f). Auch in diesem Gedankengang ist also der christliche Glaube vorausgesetzt. Und schließlich ist auf den Anfang des Paragraphen hinzuweisen. Hier spricht Clemens von der Antakoluthie der christlichen Tugenden, Buße, Hoffnung, Glaube und Vorsicht und stellt sie als Ausgangspunkt für die höhere Entwicklung zur Liebe und Gnosis dar (§ 45,1)[15]. Wiederum steht hier der Glaube am Anfang. Ohne nun die Interpretation des Wortes, daß das Wundern ein Anfang sei, vorwegnehmen zu wollen, kann auf Grund des Kontextes auf jeden Fall die Wahrscheinlichkeit in Anspruch genommen werden, daß dieser Anfang den christlichen Glauben bereits voraussetzt. Die Zitation gehört also demnach sachlich zu den Platonstellen, mit denen Clemens den christlichen Glauben im περὶ τῆς πίστεως λόγος § 8,4 − § 31 abstützt. Und noch eine zweite Verbindungslinie ergibt sich durch den Kontext der Antakoluthie. Dieses Thema kommt im zweiten Buch überhaupt nur an zwei Stellen vor, nämlich hier in § 45 und in § 80 bei der ersten stillschweigenden Vorbereitung der ὁμοίωσις θεῷ. Folgt man diesem Hinweis, dann stellt sich auch eine Beziehung

---

doxien gehörigen These αὐτὸ μόνον εἶναι τὸ καλὸν ἀγαθόν p. 180,34 (vgl. Cicero, Paradoxa Stoicorum I, wo sie sogar an erster Stelle steht) und behandelt im folgenden Kap. XXVIII die Angleichung an Gott.

[12] So spricht A. Méhat, Étude sur les ‚Stromates' S. 352, von «l'itinéraire d'un philosophe dont on ne sait s'il est au départ chrétien ou païen».

[13] Sie wird bejaht von J. Moingt, La gnose de Clément d'Alexandrie dans ses rapports avec la foi et la philosophie, RSR 37 1950 S. 222f, und K. Prümm, Glaube und Erkenntnis im zweiten Buch der Stromata, Schol. 12 1937 S. 35. Die Frage wird verneint von A. Méhat, Étude sur les ‚Stromates' S. 352f. Näheres dazu unten S. 160f.

[14] Vgl. dazu E. Hennecke − W. Schneemelcher, Neutestamentliche Apokryphen Bd. 1 S. 104−108.224−228.

[15] Infolge der Antakoluthie kann Clemens die Abfolge der Tugenden großzügig behandeln, vgl. § 31,1. § 41,1. E. de Faye, Clément d'Alexandrie S. 212, urteilt: «Il ne s'explique pas clairement sur les rapports des vertus chrétiennes les unes avec les autres; il n'établit pas entre elles de progression vraiment organique, encore moins montre-t-il clairement le lien qui les unit à la foi».

zu dem Komplex der Angleichung an Gott heraus. Das Wundern und die Angleichung an Gott, ἀρχή und τέλος sind so spannungsreich aufeinander bezogen.

Die freigelegte Architektonik der Platonzitationen innerhalb des zweiten Buches läßt sich graphisch etwa folgendermaßen darstellen:

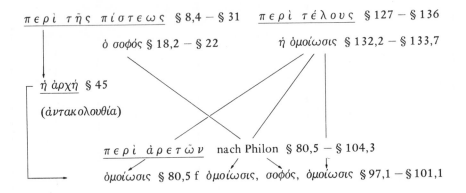

So wird ersichtlich, daß Clemens mit den Platonzitationen ein abgeschlossenes Gesamtbild des Christen zusammensetzt. Es ist derjenige, der vom Anfang ausgehend eine Entwicklung bis zum höchsten Ziel zurücklegt. Er beginnt im Glauben und Staunen und gelangt bis zur Angleichung an Gott. Dieser vollkommene Christ und rechtgläubige Gnostiker ist zugleich der in paradoxen Wesenszügen ausgezeichnete Weise. Offenbar aber ist dieses höchste Ziel auch schon keimhaft im Anfang der Entwicklung angelegt. Darauf deutet die spannungsvolle Verbindung zwischen ἀρχή und τέλος, und darauf deutet ebenso die Tatsache, daß der Exkurs zum Weisen in die Mitte der Abhandlung über den Glauben gestellt ist, sowie umgekehrt, daß die Platonzitationen zum Glauben in die engste Nähe des Exkurses über den Weisen gerückt sind. Beides erhellt sich gegenseitig und zielt auf eine dialektische Verknüpfung von Glaube und Gnosis.

Nachdem in dieser Weise die Frage der kompositionellen Bezüge im platonischen Material des zweiten Buches geklärt ist, sollen sogleich einige Erwägungen zur Funktion der Zitationen angeschlossen werden. Zurückgewiesen werden kann die Interpretation, die mehrere Forscher wie etwa A. von Harnack[16], J. Munck[17] und A. Méhat[18] vertreten, daß nämlich Clemens mit Hilfe der Pla-

---

[16]　A. von Harnack, Geschichte der altchristlichen Literatur bis Eusebius Bd. I, 2 S. 877.
[17]　J. Munck, Untersuchungen über Klemens von Alexandria S. 70.136f.
[18]　A. Méhat, Étude sur les ‚Stromates' S. 361ff.

tonzitate im zweiten Buch die These vom Diebstahl der Hellenen zu beweisen suche. Da für diese Interpretation das Proömium des zweiten Buches, insofern es den einschlägigen Nachweis für den Diebstahl der Hellenen ankündigt, von besonderem Gewicht ist, bedürfen diese Ankündigungen einer eigenen Überprüfung.

Das Proömium beginnt damit, daß unter Berufung auf Joh 10,8 ein Nachweis der hellenischen Nachäffung und des hellenischen Diebstahls in Aussicht gestellt wird (§ 1,1). Nach der Satzgliederung, die O. Stählin seiner Übersetzung zugrunde gelegt hat[19] und die auch von A. Méhat[20] vorgeschlagen wird, daß nämlich ἔν τε τοῖς περὶ πίστεως p. 113,9 bis περιληφθήσεται p. 113,13 als neue Einheit zu gelten hat, folgt als zweiter Punkt in diesem Programm die Behandlung der Tugenden, also πίστις, σοφία, γνῶσις, ἐπιστήμη, ἐλπίς, ἀγάπη, μετάνοια, ἐγκράτεια und der φόβος θεοῦ. Als drittes Thema wird τὸ συμβολικὸν καὶ αἰνιγματῶδες εἶδος der barbarischen Philosophie, d. h. des Christentums genannt (§ 1,2). Dann soll eine Verteidigung gegen Angriffe der Griechen angeschlossen werden, wobei gleichzeitig auf die Bekehrung der Juden gehofft wird (§ 2,1). Fünftens steht ein ἔλεγχος ἀγαπητικός gegen die achtenswerten Philosophen aus, der ihr Leben und ihre Lehren berücksichtigt. Der Sinn dieser Zurechtweisung ist nicht Vergeltung, sondern Beschämung und letztlich ihre Bekehrung. Dabei wird nochmals die These vom Diebstahl der Griechen wichtig, außerdem muß die enzyklische Erziehung gestreift werden (§ 2,2–4). Abschließend folgen Bemerkungen zur literarischen Form der «Teppiche» (§ 3).

Wenn man die Angaben des Proömiums zu verifizieren sucht, so zeigt sich rasch, daß hier nicht die detaillierte Disposition für das zweite Buch unterbreitet wird, sondern daß nur mehr oder weniger vage Pläne für das weitere Vorgehen angekündigt werden[21]. Die enzyklische Bildung, um mit dem letzten Themenpunkt zu beginnen, kommt überhaupt erst wieder in Strom VI zur Sprache, und dort ausgesprochen kurz. Die Zurechtweisung der Philosophen findet sich in der Tat in Buch II. Die symbolische und rätselhafte Form dagegen wird nicht hier, sondern erst in Strom V behandelt, während die Verteidigung gegen die Griechen in Buch II enthalten ist. Die Tugenden sind thematisch in Strom II, aber auch in Strom III. Und zum Diebstahl der Hellenen liest man die große Darstellung in Strom V und VI, sie ansatzweise schon in Buch II zu suchen, fordert das Proömium auf jeden Fall nicht.

Dazu kommt noch eine andere Erwägung bezüglich der Terminologie. Selbstverständlich geht Clemens davon aus und sagt es auch ausdrücklich, daß Platon von der biblischen Tradition abhängig sei. Es ist dabei aber zu beachten, daß er die Abhängigkeit nicht mit einem Diebstahl gleichsetzt. Das lehrt ein Blick auf seine Formulierungen. Vom Diebstahl spricht er folgendermaßen: τὰ παράδοξα τῶν παρ' ἡμῖν ἱστορουμένων ἀπομιμουμένους ἀναγραφεῖν αὐτοὺς (sc. Ἕλληνας) p. 113,5f und weiter: τὰ κυριώτατα τῶν δογμάτων σκευωρουμένους καὶ παραχαράσσοντας[22] p. 113,7. Ganz anders dagegen, nämlich wertneutral bis

---

[19] O. Stählin, Deutsches Übersetzungswerk Bd. 3 S. 150.
[20] A. Méhat, Étude sur les ‚Stromates' S. 153 Anm. 13.
[21] Vgl. A. Méhat, Étude sur les ‚Stromates' S. 153.
[22] Dasselbe Verb bei Tatian, Oratio ad Graecos § 40, p. 41,7, und bei Porphyrios, Vita Plotini 17,39.

anerkennend spricht er, wenn es um Platons Abhängigkeit geht. Hier seien die Stellen gesammelt: πάντα τοίνυν τὰ προειρημένα φαίνεται παρὰ Μωυσέως τοῦ μεγάλου ἐπὶ τοὺς Ἕλληνας διαδεδόσθαι δόγματα p. 123,7f; Πλάτωνα τοῖς αὐτοῖς ἐπιβάλλοντα ... δόγμασιν p. 124,2f; ὡς συνῆκεν Πλάτων λέγων p. 124,15f; εἴτε συνδραμών πως τῷ δόγματι τοῦ νόμου (...) εἴτε καὶ παρά τινων τότε λογίων ἀναδιδαχθεὶς ἅτε μαθήσεως ἀεὶ διψῶν p. 167,24—p. 168,4; τὴν ἐκ τοῦ νόμου εἰς αὐτὸν ἤκουσαν διδασκαλίαν ἠνίξατο p. 186,14f; ἐκ τούτων οὖν αἱ πηγαὶ τῶν περὶ τέλους δογματισάντων ἃς προειρήκαμεν βλύζουσιν p. 188,23f. Daraus ergibt sich, daß die Diebstahlsthese in diesen Passagen nicht in Betracht kommen kann. W. Bousset[23] behält also mit seiner Feststellung recht, daß dieses Thema drei Bücher hindurch zurückgestellt wird.

Man kann aber noch einen Schritt weitergehen und behaupten, daß nicht einmal die neutral oder positiv bewertete Abhängigkeit Platons im Zentrum des Interesses steht. Für diese Einschätzung ist, wenn auch in zweiter Linie, schon von Belang, daß der Leser das alles ja bereits kennt. Vor allem aber, und das ist das Entscheidende, kann Clemens in einem Fall in § 100,3 völlig unbesorgt auch eine ganz andere Erklärung zur Wahl stellen. Hier kann die Übereinstimmung hinsichtlich der ὁμοίωσις-θεῷ-Formel entweder auf Zufall beruhen — und Clemens zitiert zur Unterstützung Philon, der sagt, daß die großen und von Affekten freien Naturen die Wahrheit glücklich erraten —, oder sie geht auf eine entsprechende Belehrung zurück[24], aber die Sache bleibt offen. Wenn jedoch die Absicht der Platonzitationen darin liegen sollte, daß Platons Abhängigkeit nachgewiesen würde, dann hätte hier unbedingt eine Entscheidung fallen müssen. So zeigt die Unentschiedenheit nur, daß es nicht um die Frage nach Wert und Herkunft der Philosophie geht.

Worin die wirkliche Absicht der Platonzitationen aber liegt, das kann ihre beziehungsreiche Verteilung und Zuordnung, die die Analyse der Komposition freigelegt hat, erkennbar werden lassen. Denn in dem Maße, wie deutlich wurde, daß Clemens mit platonischen Zitaten das christliche Leben von seinem Anfang bis zu seiner Vollendung zu einem Gesamtbild zusammensetzt, in dem Maße darf man vermuten, daß er mit dem Rückgriff auf Platon eine Absicherung des Christenstandes im Auge hat. Tatsächlich stimmt damit das im Proömium angesprochene apologetische Vorhaben überein, welches auch zusammen mit der Behandlung der Tugenden allein als sicher thematisch für das zweite Buch zu gelten hat: Es geht um die Verteidigung gegen heidnischerseits geführte Angriffe auf den Glauben und um die liebevolle Zurechtweisung der Philosophen zum Ziel ihrer Bekehrung.

---

[23] W. Bousset, Jüdisch-christlicher Schulbetrieb S. 213f.
[24] Vgl. E. Molland, Clement of Alexandria an the Origins of Greek Philosophie, in: ders., Opuscula Patristica S. 131.

Diese Interpretation läßt sich durch innere und äußere Kriterien weiter absichern. Die inneren Kriterien sind damit gegeben, daß Clemens ausdrücklich auf diesbezügliche Kontroversen Bezug nimmt. Schon in Strom I § 88,5 erwähnt er den heidnischen Vorwurf, daß das christologische Kerygma μυθῶδες sei, aber vor allem eröffnet er den περὶ τῆς πίστεως λόγος in Strom II § 8,4 direkt aus dieser Frontstellung heraus: πίστις δέ, ἣν διαβάλλουσιν κενὴν καὶ βάρβαρον νομίζοντες Ἕλληνες ... p. 117,8f. Und die äußeren Kriterien sind damit gegeben, daß sich die Zuspitzung der heidnischen Polemik auf die unvernünftige, autoritätshörige und zur Rechenschaft unfähige Glaubenshaltung der Christen auch in der außerchristlichen Literatur greifen läßt. Es ist hiermit eine neue Ebene im Kampf des Heidentums gegen die Christen erreicht. Der Vorwurf richtet sich jetzt nicht mehr in pauschaler Weise gegen das «odium humani generis»[25] und auch nicht mehr in der groben und phantastischen Weise gegen thyesteische Mahlzeiten, bzw. gegen das «sacramentum infanticidii»[26] und ödipodeische Mischungen[27], sondern gegen den Glauben selbst. In dieser Hinsicht haben Lukian[28] und Galen[29] die unkritische Leichtgläubigkeit der Christen angeprangert. Überboten hat diese Einwände durch massive Häufung und schneidende Schärfe schließlich Celsus[30], der die Haltlosigkeit des Glaubens als ein zentrales Stück in seinem antichristlichen Kampf betrachtete. Generell läßt sich also sagen, daß Clemens dem fortgeschrittenen Stadium der Feindseligkeit der Heiden Rechnung getragen hat. Erneut stellt sich jedoch hier die Frage, ob Clemens die Streitschrift des Celsus, den Ἀληθὴς Λόγος, gekannt und ob er seine apologetischen Ausführungen nicht vielleicht sogar als still-

---

[25] Tacitus, Annales XV 44,4; Sueton, Nero § 16,2. Vgl. weiter A. von Harnack, Die Mission und Ausbreitung des Christentums Bd. 1 S. 281—289.

[26] F. J. Dölger, Sacramentum infanticidii, AuC 4 1934, S. 188—228.

[27] Athenagoras, Legatio 3,1; Die lugdunensischen Märtyrer 14, vgl. auch J. Geffcken, Zwei griechische Apologeten S. 167f.

[28] Lukian, De morte Peregrini 13: ... καταφρονοῦσιν οὖν ἁπάντων ἐξ ἴσης καὶ κοινὰ ἡγοῦνται ἄνευ τινὸς ἀκριβοῦς πίστεως (= Beweis) τὰ τοιαῦτα παραδεξάμενοι, vgl. auch Caecilius bei Minucius Felix, Octavius 5,4.

[29] Galen kritisiert Mose als einen unphilosophischen Gesetzgeber: «Man vergleicht diejenigen, die ohne wissenschaftliche Ausbildung als Mediziner praktizieren mit Mose, der für das jüdische Volk Gesetze entwarf, weil dieser in seinen Büchern es vorzog zu schreiben, ohne Beweise zu erbringen, indem er sagte: ‚Gott befahl, Gott sprach'» (arabisches Fragment in der Übersetzung von R. Walzer, Art. Galenos, RAC Bd. 8 Sp. 780). Er polemisiert gegen die νόμοι ἀναπόδεικτοι der Juden und Christen (De puls. diff. II 4, Vol. VIII p. 579,15). Er wendet sich gegen die Leichtgläubigkeit der Juden und Christen: «Wenn ich an Leute dächte, die ihre Schüler auf dieselbe Art und Weise lehren, wie die Anhänger von Mose und Christus die ihrigen (denn sie befehlen ihnen, alles auf guten Glauben hinzunehmen), hätte ich euch keine Definition gegeben» (arabisches Fragment in der Übersetzung von R. Walzer, Art. Galenos, RAC Bd. 8 Sp. 782).

[30] Frg. I 9.12.27; Frg. III 38f.44; Frg. IV 10; Frg. VI 8.10—14; u. ö., vgl. zum Ganzen C. Andresen, Logos und Nomos S. 167—174.

schweigende Antwort darauf gemeint hat. Da diese Möglichkeit nicht grundsätzlich von der Hand zu weisen ist, verdient sie besondere Aufmerksamkeit,
und es wird sich im Folgenden zeigen, daß zwei Einzelbelege tatsächlich als
Replik auf Celsus verstanden werden müssen.

2. Der Glaube

Im Gegenzug zur heidnischen Bestreitung des Glaubens[1] versucht Clemens,
indem er schulphilosophische Erörterungen zu erkenntnistheoretischen Fragen
aufnimmt, in § 8,4 − § 31 die Grundthese zu verfechten, daß der christliche
Glaube dem natürlichen Wissen überlegen ist, weil nur er zu Gott führt[2]. In formaler Hinsicht zeigt er, daß dem Glauben bei jedem Beweis der höhere Rang
zukommt. Jeder Beweis muß von einem ersten unbewiesenen, aber unmittelbar
gewissen Ausgangspunkt ausgehen. Dieser Ausgangspunkt ist Gegenstand des
Glaubens. Glaube ist also immer die unabdingbare Voraussetzung. Andererseits
hat die aus einem Beweis resultierende Gewißheit über die Wahrheit des Bewiesenen eine höhere Qualität als die einzelnen Beweisschritte. Auch diese Gewißheit ist ein Glaube, und insofern ist Glaube das Kriterium des Wissens[3]. Inhaltlich zeigt Clemens, daß allein der christliche Glaube den Zugang zum ersten Ursprung von allem, zu dem transzendenten Schöpfer gewährt, weil er nicht auf
menschlichem Wissen, sondern auf göttlicher Offenbarung beruht, und er insofern die Zustimmung zur göttlichen Autorität ist. Andererseits ist der Glaube,
der die Wahrheit ergriffen hat, auch der sichere und feste Ausgangspunkt für
die theologische Arbeit im Lernen, Forschen und Beweisen, wodurch er auf der
höheren Ebene der Gnosis zum vollen Verständnis entfaltet wird[4].

Zu dieser erkenntnistheoretischen Bestimmung des Glaubens bietet Clemens
nun in § 15,1f und in § 18,1 zwei Platonzitate auf. Die dritte Zitation in § 23,1
−5 hat demgegenüber weniger technischen Charakter, sie gehört mehr zu einer
ethisch-praktisch orientierten Bestimmung des Glaubens.

---

[1] Eine andere Frontstellung zeichnet sich in § 10,1 − § 13,1 ab, wo Clemens die Mißachtung des Glaubens bei Häretikern, namentlich bei den Anhängern des Basilides und
   Valentin, bekämpft.
[2] Eine gerechte Würdigung vertritt H. Chadwick, Early Christian Thought and the Classical Tradition S. 51f: «Clement seeks to relate the act of faith to the epistemological
   debates of the philosophical schools about the nature of proof and ground of assent.
   ... although he was not able to work out a completely consistent position with precise
   terminology ... at least his efforts have the high interest of a pioneer attempt».
[3] Die Herkunft der philosophischen Theorien und ihre Vermittlung behandelt S.R.C.
   Lilla, Clement of Alexandria S. 118−142.
[4] Vgl. P.Th. Camelot, Foi et gnose S. 32−42, und J. Daniélou, Message évangélique et
   culture hellénistique S. 284−296.

Für das Verständnis des ersten Zitates aus dem Sophistes kann möglicherweise schon der Kontext einige wichtige Aufschlüsse geben. An der materialistischen Lehre des Thales und der übrigen Vorsokratiker und an der νοῦς-Philosophie des Anaxagoras[5] zeigt Clemens, daß das natürliche, mit Beweisen operierende Wissen der Griechen nicht zu Gott gelangt ist. Er warnt davor, sich an Lehrer im Irdischen zu halten, und stellt dem den Glauben gegenüber: «Der Glaube dagegen ist Gnade, die aus Unbeweisbarem zum vollkommen Einfachen[6] hinaufführt, das weder mit Materie zusammen[7], noch selbst Materie, noch von Materie abhängig ist» (§ 14,2f). Clemens berücksichtigt also hier drei Positionen, eine materialistische, eine am νοῦς ausgerichtete und schließlich die christliche des Glaubens.

Darauf folgen die Zitate von Soph 246 a7 — b1.6—8, von Jes 43,19 und 1 Kor 2,9, sowie eine selbständige Weiterführung: «Die Ungläubigen aber, wie es scheint, ,ziehen alles aus dem Himmel und Unsichtbaren auf die Erde herab und umklammern mit ihren Händen geradezu Felsen und Eichen', wie Platon sagt. ,Sie halten sich an alles dergleichen und behaupten, daß allein dasjenige sei, was irgendeinen Anstoß und irgendeine Berührung gewährt, indem sie Körper und Sein als dasselbe bestimmen'. ,Die aber[8] gegen sie anstreiten, verteidigen sich ganz vorsichtig von oben her, aus dem Unsichtbaren, irgendwoher, und erzwingen, daß gewisse geistige und unkörperliche Ideen das wahre Sein sind'[9]. ,Doch siehe, ich mache Neues', sagt der Logos, ,was kein Auge gesehen und kein Ohr gehört und in keines Menschen Herz aufgestiegen ist', wobei mit neuem Auge, mit neuem Ohr und mit neuem Herzen das, was sichtbar, was hörbar und was durch Glaube und Verstehen ergreifbar ist, die Jünger des Herrn auf pneumatische Weise sehen[10], hören und tun» (§ 15,1—3).

Das Sophisteszitat spricht von zwei Gruppen, von den Materialisten und von den Ideenfreunden. Mit Jes 43,13 und 1 Kor 2,9 folgen die Jünger des Herrn. Die sich hier erhebende Frage, ob Clemens die Ideenfreunde mit den Jüngern

---

[5] Die Kritik an Anaxagoras geht letztlich auf Phaid 97 b8 — 99 d3 zurück.
[6] Zum Verständnis und zur Textgestaltung, daß das τό p. 120,7 zu tilgen ist, vgl. P. Nautin, Notes critiques sur le Stromate II, RHE 49 1954 S. 836.
[7] Schon daraus geht hervor, daß Clemens die Annahme einer Materie als eines eigenständigen Prinzips neben Gott ablehnt, vgl. Kap. V S. 222f und Kap. VIII S. 306f.
[8] Der Text ist am Anfang des Satzteiles korrupt. Die Konjektur von H. Jackson, z. St. p. 120,13, οἱ πιστοὶ δ' οἱ, aufgenommen von P.Th. Camelot, Foi et gnose S. 37, präjudiziert in ganz unzulässiger Weise die Frage, ob es sich bei den Ideenfreunden überhaupt um Gläubige handelt oder nicht.
[9] Das gekürzte Zitat, das die dialogische Wechselrede unterdrückt und die Einwände ausläßt, ist wörtlich. Lediglich die Umstellung von εἰς γῆν 246 a7 an das Ende des Kolons ist zu notieren.
[10] Es scheint bisher noch nicht bemerkt worden zu sein, daß hier βλεπόντων statt des überlieferten λεγόντων p. 120,19 zu konjizieren ist. Bei Majuskeln liegt dieses Versehen nahe.

des Herrn gleichsetzen oder wenigstens ihre Gleichsetzung nahelegen wollte[11], muß von mehreren Überlegungen her abschlägig beantwortet werden. Auffällig ist ja schon, daß Clemens die Gleichsetzung nicht ausdrücklich vollzieht. Ferner ist zu beachten, daß die Jünger des Herrn eine pneumatische, d. h. aber, keine noetische Wahrnehmung befolgen[12]. In anderem Zusammenhang entspricht dem, daß die wahre Dialektik in Strom I § 177f den Bereich der νοητά übersteigt[13]. Das Parallelzitat von 1 Kor 2,9 in Strom VI § 68,1 belegt ebenfalls die Übersteigung der noetischen Sphäre. Und schließlich spricht auch der Kontext gegen eine Identifizierung, denn die νοῦς-Philosophie des Anaxagoras ist von der Position des Glaubens deutlich getrennt. Dann ist also auch hier ein Dreierschema der materialistischen, der idealistischen und schließlich der pneumatischen, den Glauben auszeichnenden Geisteshaltung festzustellen. Die spezifische Eigentümlichkeit des Glaubens besteht, wie die Zitate von Jes 43,13 und 1 Kor 2,9 zeigen, darin, daß er auf der Offenbarung Gottes, des Logos, beruht.

Es ist indessen ein falscher Eindruck, wenn sich Platons Bedeutung darin zu erschöpfen scheint, daß er eine negative Folie bereitstellt, von der sich der Glaube abhebt und die er überbietet. Tatsächlich ist das, was sich im Hintergrund abgespielt hat, sehr viel komplexer. Denn die beiden sich in einer Gigantomachie befehdenden Lager der Materialisten und der Ideenfreunde, mit denen nicht konkrete Persönlichkeiten der Philosophiegeschichte, sondern grundsätzliche Möglichkeiten der Theoriebildung gemeint sind (vgl. ἀεί 246 c3)[14], hat schon Platon gleichermaßen als unzureichende Versuche in der Bestimmung von Sein empfunden. Schon bei der Darstellung ihrer Lehren klingt in der Formulierung eine gewisse Reserviertheit durch, so bei den Materialisten durch die Anspielung an Homer τ 163: πέτρας καὶ δρῦς (246 a8), wodurch wie in Apol 34 d5, Pol VIII 544 d8 und Phaidr 275 b8 das Fremde, wie aus der Luft Gefal-

---

[11] Unbedacht geht J. Meifort, Der Platonismus bei Clemens Alexandrinus S. 14f, von der Identität aus.

[12] Über den grundsätzlichen Unterschied von νοῦς und πνεῦμα belehrt H. Kleinknecht, Art. πνεῦμα A) ThWNT Bd. 9 S. 335.

[13] Vgl. Kap. III S. 129f.

[14] So lautet die übereinstimmende Meinung von F.M. Cornford, Plato's Theory of Knowledge S. 229–232, von P. Friedländer, Platon Bd. 3 S. 476 Anm. 44, und von A. Diès, im Vorwort seiner Ausgabe S. 291ff. A. Diès , ebd. S. 291f Anm. 1, hat die vermuteten Zuschreibungen gesammelt. Unter den Materialisten werden vermutet: a) Antisthenes und Kyniker, b) Antisthenes und Atomisten, von Platon zurechtgestutzt, c) Atomisten und Aristipp, d) Atomisten unter Ausschluß des Antisthenes, e) Melissos. Die Ideenfreunde werden bezogen auf a) Platon selbst, b) die Akademie, c) der Teil der Schule um Speusipp, d) Megariker, e) Pythagoreer, f) Eleaten. Auffällig sind in der Tat die sachlichen und wörtlichen Berührungen mit der Ideenlehre der mittleren Dialoge, vgl. P. Friedländer, Platon Bd. 3 S. 476 Anm. 44, (Soph 248 a11f – Phaid 78 de, Phaidr 247 de), und F.M. Cornford, Plato's Theory of Knowledge S. 243ff. Bei den Ideenfreunden steht also eine Ideenlehre in Geltung, die sich von derjenigen der platonischen Mitteldialoge nicht erkennbar unterscheidet.

lene zum Ausdruck kommt, und bei den Ideenfreunden durch die unbestimmte Ausdrucksweise von ἄνωθεν ἐξ ἀοράτου ποθέν, sowie durch das βιαζόμενοι (246 b7f).

Vor allem aber werden beide Positionen im weiteren Verlauf des Gespräches erschüttert. Die Materialisten müssen, wenn sie erst einmal besser gemacht sind, auf Grund des Hinweises auf die Seele, auf Einsicht und die anderen Tugenden auch unkörperliches Sein anerkennen, und der Eleat bietet ihnen als umfassende Seinsbestimmung den Begriff δύναμις, bzw. τοῦ πάσχειν καὶ ποιεῖν δύναμις an (246 c9 — 248 a3). Andererseits akzeptieren die Ideenfreunde, die Sein und Werden grundsätzlich trennen, die neu gewonnene Seinsbestimmung nur für den Bereich des Werdens, und selbst den Einwand lassen sie nicht gelten, daß auf Seiten des Seins, insofern ψυχή je οὐσία erkennt, die Relation von Erkennen und Erkannt-Werden, von Tun und Erleiden, mithin Bewegung statthat (248 a4 — e5). Um aber die Notwendigkeit der Verbindung von Sein und Bewegung deutlich werden zu lassen, verweist der Eleat auf das παντελῶς ὄν, mit dessen Begriff gegeben ist, daß ihm Bewegung, Leben, Seele und Denken eignet (248 e6 — 249 b7). Damit ist die Stellung der Ideenfreunde aufgebrochen, der die Lebendigkeit und Geistigkeit ausschließende Seinsbegriff ist widerlegt, und das Gespräch eilt der vollständigen Entfaltung der Aporie des Seins entgegen.

Es ist freilich sehr problematisch, was unter diesem παντελῶς ὄν zu verstehen ist[15]. Hinweise dafür können vielleicht drei mehr formale Beobachtungen geben. Wiederholt ist festgestellt worden, daß sich das Gespräch an dieser Stelle auf eine andere Ebene erhebt und dadurch das παντελῶς ὄν auszeichnet[16]. Sonderbar ist auch, daß der Ausdruck selbst, insofern durch das παντελῶς das Sein gesteigert werden soll, widersprüchlich zu sein scheint. H.G. Gadamer[17] spricht von einem «ontologischen Komparativ». Und schließlich kann die Art, wie das παντελῶς ὄν unvermittelt und unerläutert bleibt, nur als absichtliche Rätselhaftigkeit verstanden werden[18]. Das alles deutet darauf, daß Platon allererst die Frage nach einem mit Geist, Seele, Leben und Bewegung begabten Grund des Seins anregen will[19].

---

[15] Zur Forschungslage vgl. H.J. Krämer, Der Ursprung der Geistmetaphysik S. 193—198.

[16] So E.M. Manasse, Platons Sophistes und Politikos S. 12ff, mit weiteren Verweisen.

[17] H.G. Gadamer, Über das Göttliche im frühen Denken der Griechen, in: Festschrift W. Schadewaldt S. 406. H.G. Gadamer versucht zu zeigen, daß die Lebendigkeit und Geistigkeit des vollkommen Seienden kein Relikt eines naiven, mythischen Weltbildes ist, sondern die «Fortführung der ‚eleatischen' Denkanstrengung» (ebd. S. 405).

[18] So H. Gundert, Dialog und Dialektik S. 140.

[19] Vgl. H. Gundert, Dialog und Dialektik S. 140: «Aber ist das noch ein Seiendes wie andre, dem Geist und Leben so ‚zukommt' (παρεῖναι 249 a1), wie die einzelnen Seienden das, was sie sind, durch ‚Teilhabe' an anderen sind? oder kann das ‚ganz vollendet Seiende' nur als der Grund gedacht werden, durch den das Sein von Seienden und das Denken von Lebenden erst ermöglicht wird und der darum selbst noch ‚jenseits' von beidem zu denken ist? Die Frage kann hier nur gestellt werden».

Von hier aus läßt sich nun ermessen, welche Umformung Clemens an Platon vornehmen mußte, ehe er das Sophisteszitat zur Verteidigung des christlichen Glaubens einsetzen konnte. Gemeinsam ist beiden die Kritik an den Materialisten und an den Idealisten, wobei Clemens jeweils überbietet, was Platon dialektisch widerlegt hat. Jedoch die für diese Widerlegung bei Platon tragende Instanz des παντελῶς ὄν, diese rätselhaft angedeutete Frage nach dem lebendigen, beseelten und geistigen Seinsgrund, deutet er christlich auf den transzendenten, persönlich konzipierten Logos, der nicht erst erfragt und gesucht zu werden braucht, sondern der selbst die Offenbarung bringt. Dahinter steht die sich in dem Begriffspaar von κατὰ περίφρασιν und κατ᾽ ἐπίγνωσιν mehrfach aussprechende Vorstellung[20], daß einer ungefähren Ahnung der Wahrheit bei den Heiden die geoffenbarte Erkenntnis bei den Christen gegenübersteht. Und insofern die Glaubenserkenntnis auf Offenbarung beruht, ist der Glaube als eine besondere, eigenständige und dem natürlichen Wissen überlegene Geisteshaltung erwiesen[21].

Ein weiteres Platonzitat aus Nom V 730 c2—6 stützt in § 18,1 den Glauben unter dem Gesichtspunkt ab, daß er allein das Leben in der Wahrheit, d. h. Gemeinschaft mit Gott gewährt und insofern den sicheren und festen Ausgangspunkt für die höhere geistliche Entwicklung darstellt. Das Kephalaion lautet folgendermaßen: «Aber auch der Philosoph Platon sagt in den Nomoi, ‚daß jeder, der ein seliges und glückliches Dasein führen wolle, sogleich von Anfang an der Wahrheit teilhaftig sein müsse, damit er möglichst lange Zeit in der Wahrheit lebt; dann ist er gläubig. Der aber glaubt nicht, dem die absichtliche Lüge freund ist, und wem die unbeabsichtigte Lüge freund ist, der ist unverständig. Keines von beidem aber ist erstrebenswert, denn sowohl jeder Ungläubige als auch jeder Unwissende ist ohne Freund'»[22].

Mit diesen Worten will der Athener in der Verkündigung der Vorsprüche zu den Gesetzen einen Anreiz zu den Bestrebungen göttlicher Art geben. Indem er zeigt, welche Ehrungen hervorragende persönliche Eigenschaften im gesell-

---

[20] Strom I § 91,5. § 181,5. Strom V § 134,1. Strom VI § 39,1, vgl. auch Kap. VIII S. 304.

[21] Die Interpretation beweist auch, daß Clemens nicht nur die direkt zitierten Zeilen der Gigantomachie, sondern den ganzen Passus der Entfaltung der Aporie des Seins kennt. Übrigens gehört die Gigantomachie nicht zu den philosophischen Wanderzitaten. Sie fehlt bei Johannes Stobaios. Plotin spielt an sie an, Enn. III 6,6,33—38. Enn. VI 5,8,5, zu προσβολὴ καὶ ἐπαφή 246 a10 vgl. Enn. V 8,10,32. Er bezieht das παντελῶς ὄν auf die zweite Hypostase, auf den νοῦς, Enn. VI 7,39 und Enn. V 6,6. Durch Clemens vermutlich veranlaßt dürfte es sein, daß Euseb, Praep.Ev. XIV 4,9—11 (unter dem Lemma: ὅπως ὁ Πλάτων τοὺς πρὸ αὐτοῦ διαβέβληκεν), und Theodoret, Graec.affect.cur. II § 18, die Stelle zitieren.

[22] Das Zitat ist am Anfang frei umgestaltet. In der zweiten Hälfte ist der korrupte Text der Clemenshandschrift auf Grund der Platonüberlieferung korrigiert.

schaftlichen Bereich erwarten dürfen²³, behandelt er die Wahrheit, d. h. streng
genommen die Wahrhaftigkeit und die übrigen Kardinaltugenden. Er zeigt, daß
die Wahrhaftigkeit einen Menschen vertrauenswürdig (πιστός 730 c4) macht,
während die Lüge, drastisch ausgemalt durch den Hinweis auf das Alter (730 c7
— d2), ihn vereinsamt. Diese Argumentation bleibt ganz an der gesellschaftlichen Ebene orientiert, eine höhere philosophische oder religiöse Aussage steht
nicht dahinter²⁴.

Clemens hat diese Stelle nicht kommentiert, aber auf Grund dessen, was er
im Vorangehenden vorgetragen hat, darf man annehmen, daß er die Mehrdeutigkeit der Hauptbegriffe ausnutzen und eine christliche Deutung nahelegen,
bzw. vielleicht sogar suggerieren wollte. So klingt nun in dem platonischen
μακάριός τε καὶ εὐδαίμων p. 121,27 die Seligpreisung von Sir 25,9: μακάριος
δὲ ὁ λέγων εἰς ὦτα ἀκουόντων p. 121,17 und wiederaufgenommen in p.
121,18 nach. Unter der ἀλήθεια p. 121,27 hat er nicht die Wahrhaftigkeit, sondern die im Logos hypostasierte Wahrheit verstanden, denn darauf deutet die
Vorwegnahme in p. 121,17. Natürlich ist der πιστός nicht der im zwischen-
menschlichen Sinn Zuverlässige und Treue, sondern, wie der Abschnitt zweifelsfrei ergibt, derjenige, der dem Logos gehorcht, der ihm glaubt, indem er sich
nicht im geringsten widersetzt p. 121,5ff. Es ist derjenige, dessen Ohren auf die
Wahrheit zu hören bereit sind p. 121,15ff, wie umgekehrt der ἄπιστος p. 122,1.3
der Ungläubige ist, der objektiv vom ψεῦδος umfangen ist. Wie ferner die höhere Entfaltung des Glaubens auf dem Wege des Lernens und Forschens zum
Zuge kommt (vgl. μανθάνειν p. 121,14.15.16.21), so ist der ἀμαθής und ἄνους
p 122,2.3 nicht der Törichte, sondern derjenige, der, weil er den Glauben
verweigert, nicht zur Gnosis gelangen kann, der bar an Einsicht und Verstand
ist. Und schließlich ist zu vermuten, daß Clemens das ἄφιλος p. 122,2 nicht,
bzw. nicht in erster Linie im Hinblick auf die Mitmenschen, sondern im Hinblick auf Gott verstanden hat. Der Ungläubige hat keine Freundschaft mit
Gott, während der vollkommene Christ auf Grund der Liebe zu Gott auch der
Freund Gottes ist²⁵.

---

²³ Nom V 730 b5ff, vgl. zum Ganzen H. Görgemanns, Beiträge zur Interpretation von Platons Nomoi S. 169f.

²⁴ Fraglich ist, ob der vorangegangene Satz 730 c1f: «Wahrheit ist von allen Gütern das
erste, im Himmel und auf Erden» (so die Übersetzung von U. von Wilamowitz-Möllendorf, Platon Bd. 1 S. 554), einen höheren Gesichtspunkt andeuten will, wie das P.
Friedländer, Platon Bd. 3 S. 399, annimmt. Dagegen spricht die Parallele Pol II 382 a1
— c5, wo die Aussage als nichts Besonderes (σεμνόν 382 b1) eingestuft wird. θεοί τε
καὶ ἄνθρωποι begegnet häufiger zur Umschreibung allgemeiner Gültigkeit, vgl. Lach
199 d9, Krat 405 d4f, Pol II 365 a5. 366 e6f. 367 e4. IV 427 d6f. IX 580 c7. X 612
c2.9, Theait 153 d2f.

²⁵ Vgl. Protr § 122,3. Strom I § 173,6. Strom II § 45,3. Strom VI § 76,3. Strom VII
§ 21,2. § 42,3. § 57,4. § 62,7. § 79,1.

Festzustellen bleibt zuletzt noch, daß diese Platonstelle schon bei Plutarch[26] und Pseudo-Aristoteles[27] aus ihrem strikt gesellschaftlichen Bezugsrahmen gelöst und religiös verstanden worden ist. Damit ist Clemens' latente Christianisierung bereits vorbereitet.

Nach der erkenntnistheoretisch orientierten Abstützung des Glaubens durch die beiden behandelten Platonzitate tritt die mehr ethisch-praktische Seite des Glaubens mit der freien Zitation von Nom I 630 b2 — c5. 628 c9—11 in § 23,1 —5 in den Vordergrund. Es ist kaum möglich, diesen Abschnitt angemessen zu übersetzen, denn die Hauptbegriffe πίστις, πιστότης, εἰρήνη, φιλοφροσύνη und ἀρεταί schillern zwischen der religiös-christlichen und der konventionellen Bedeutung in unauflöslicher Doppelsinnigkeit. Was hier geboten werden kann, ist nur ein Behelf: «Ja fürwahr, mit vollem Beweis zeigt Platon etwa auf folgende Weise, daß der Glaube (πίστις) überall nötig ist, wobei er zugleich den Frieden preist: ,Zuverlässig (πιστός) nämlich und bei Sinnen kann sich beim Aufruhr niemand ohne die Gesamttugend erweisen. Kampfesmutig und sterbensbereit sind im Krieg viele unter den Söldnern, von denen sich die meisten als verwegen und ungerecht, frevelhaft und unverständig erweisen, sehr wenige nur ausgenommen'. Wenn diese Behauptung richtig ist, ,dann wird jeder Gesetzgeber, der nur überhaupt etwas taugt, die Gesetze vornehmlich mit Rücksicht auf die höchste Tugend erlassen. Dies ist die Treue (πιστότης)'[28], die wir zu aller Zeit nötig haben, im Frieden, in jeder Art von Krieg und im ganzen übrigen Leben. Sie scheint die übrigen Tugenden zu umfassen und in sich zu enthalten. ,Das Beste ist aber weder der Krieg noch der Aufruhr, denn es ist nicht zu wünschen, daß man ihrer bedarf, sondern der Friede untereinander (εἰρήνη πρὸς ἀλλήλους) zugleich mit Freundlichkeit (φιλοφροσύνη)'[29] ist das Trefflichste. Daraus wird ersichtlich, daß nach Platon die höchste Bitte[30] die ist, Frieden (εἰρήνη) zu haben, und daß der höchste Ursprung der Tugenden (ἀρετῶν μήτηρ) der Glaube (ἡ πίστις) ist» (§ 23,1—5).

Was nun zunächst die beiden Nomoistellen betrifft, so ist aus dem schwierigen Text[31] soviel zu entnehmen, daß der Athener sich auch auf ein Distichon von Theognis beruft, um im Gegensatz zu den beiden Dorern Kleinias und Me-

---

[26] Plutarch, De adulatore et amico 1, mor. 49 A. Beachtlich ist das θεοῖς ἐχθρός, das dem platonischen ἄφιλος zur Seite steht und daher den Bezug zur ganzen Platonpassage sichert. Eine Anspielung im ursprünglichen Sinn bietet Plutarch auch in Frg. 87,7ff.

[27] Pseudo-Aristoteles, De mundo 7, 401 b28f. Weitere Bezeugungen der Stelle finden sich bei Theodoret, Graec.affect.cur. I § 117; Stobaios III p. 155,3 — p. 159,3. p. 434,15 — p. 435,4. E.B. England, The Laws of Plato Bd. 1 S. 483, rechnet auch Porphyrios, Vita Pyth. § 41, hierher, vgl. auch Jamblich, Protr. XX p. 94,9ff.

[28] Das Zitat ist stark verkürzt und so frei, daß ein pünktlicher Vergleich nicht sinnvoll ist.

[29] Die Abweichungen des Zitates betreffen nur die Partikeln, sie brauchen hier nicht aufgeführt zu werden.

[30] εὐχή p. 125,18 auf Grund von ἀπευκτόν im Platonzitat I 628 c10 = p. 125,16.

[31] O. Gigon, Das Einleitungsgespräch der Gesetze Platons, in: ders., Studien zur antiken

gillos, die sich auf ein Tyrtaiosgedicht stützen, nachzuweisen, daß die Gesetzgebung nicht auf kriegerische Tapferkeit, sondern auf die Gesamttugend mit der φρόνησις, bzw. dem νοῦς an der Spitze ausgerichtet sein muß. Aus den Versen:

πιστὸς ἀνὴρ χρυσοῦ τε καὶ ἀργύρου ἀντερύσασθαι
ἄξιος ἐν χαλεπῇ, Κύρνε, διχοστασίῃ[32],

entnimmt er der Wendung ἐν χαλεπῇ διχοστασίη, daß die Bewährung im Bürgerkrieg ein größeres Verdienst ist als die im äußeren Krieg. Und den Ausdruck πιστὸς ἀνήρ interpretiert er von der πιστότης ἐν τοῖς δεινοῖς her, die als δικαιοσύνη τελέα (630 c5f) mit der Gesamtheit der Tugenden identisch ist[33]. Zuverlässig und loyal ist also nicht der die Stellung haltende Söldner im Krieg, sondern der Mann im Bürgerkrieg, der die Gesamttugend verwirklicht und bewährt. In solcher Zuverlässigkeit, d. h. in der Gesamttugend muß auch das Ziel der Gesetzgebung liegen. Noch wünschenswerter aber als der Sieg im Krieg und als die Überwindung des Aufruhrs ist der von vornherein gesicherte Zustand des inneren Friedens. Das ist der Grundgedanke des an zweiter Stelle aufgenommenen Zitates, womit der Athener schon etwas früher die von den beiden Dorern für die Gesetzgebung des Minos beanspruchte Sachgemäßheit, daß der Krieg als höchste Orientierungsinstanz für die Gesetzgebung gelten müsse, erschüttert hat.

Mit seiner Zitation unterschlägt Clemens im hiesigen Zusammenhang das orts- und zeitgebundene Kolorit, so die Auseinandersetzung unter den Gesprächspartnern über die Gesetzgebung des von Zeus unterrichteten Minos und ihre Berufung auf die Dichter Tyrtaios und Theognis. Er will auf den ethisch-praktisch akzentuierten Gedanken hinaus, daß der Glaube der Ursprung aller Tugenden ist. Dabei hat es schon den Anschein, er habe den profan-politischen Bezug von πόλεμος und στάσις und von εἰρήνη und φιλοφροσύνη unausgesprochen übersteigen und auf eine religiös-christliche Bedeutung hin öffnen wollen. Diese Tendenz ist ganz unverkennbar bei den Begriffen πιστότης, πιστός und πίστις. Natürlich befindet sich Clemens dabei nicht im Einklang mit Platon[34], aber man muß sich fragen, ob er nur äußerlich mit der Doppeldeutigkeit der Wörter spielt oder ob er auch einen tiefer begründeten Gesichtspunkt verfolgt. Letzteres ist nun in der Tat sehr wahrscheinlich, denn die Treue ist für ihn ein Strukturmoment des christlichen Glaubens. Treu ist der Gläubige insofern, als er gegenüber dem anvertrauten Gut, dem Gesetz Gottes, treu ist, d. h. insofern

---

Philosophie S. 176, spricht in diesem Zusammenhang von einer «beinahe ungeheuerlich» zu nennenden «Flüchtigkeit und Oberflächlichkeit». H. Görgemanns, Beiträge zur Interpretation von Platons Nomoi S. 97 Anm. 1, mildert dieses Urteil.

[32] Theognis, 77f.

[33] So H. Görgemanns, Beiträge zur Interpretation von Platons Nomoi S. 98, mit Verweis auf Theait 176 c4ff und Aristoteles, EN V 3, 1129 b14—30.

[34] Das ist bereits mehrfach kritisch festgehalten worden, so von O. Stählin, Deutsches Übersetzungswerk Bd. 3 S. 166 Anm. 10, J. Meifort, Der Platonismus bei Clemens Alexandrinus S. 18 Anm. 1, W. Völker, Der wahre Gnostiker S. 235 Anm. 4.

er die Gebote erfüllt[35]. In einem tieferen Sinn zeigt sich also bei Clemens eine durchaus analoge Konstellation auf der ethisch-praktischen Ebene zwischen Gesetz, Treue und Tugenden wie bei Platon[36].

Es bleibt im hiesigen Zusammenhang, wo Clemens' Abstützung des Glaubens mit Hilfe von Platonzitationen behandelt werden soll, noch jenes Wort in § 45,4, daß das Wundern der Anfang einer geistlichen Entwicklung sei, näher zu interpretieren, jenes Wort, dessen Zugehörigkeit zur Glaubensthematik an früherer Stelle durch Erwägungen bezüglich des Kontextes wahrscheinlich gemacht wurde. Clemens paraphrasiert: «Dazu ist der Anfang das Wundern über die Dinge, wie Platon im Theaitet sagt». Mit zwei Gesichtspunkten soll die Interpretation weitergeführt werden. Der Formulierung τὸ θαυμάσαι τὰ πράγματα p. 137,1f entspricht im anschließenden Zitat aus der Matthiastradition θαύμασον τὰ παρόντα p. 137,3. Wie sich aus weiteren Parallelstellen zweifelsfrei ergibt[37], ist damit der Kosmos, und zwar als göttliche Schöpfung unter dem Gesichtspunkt seiner Schönheit gemeint[38]. Das θαυμάζειν ist daher als ein Bewundern zu verstehen. Einen zweiten Hinweis liefert die Frage, worauf ταύτης (ἀρχή) präzise zu beziehen ist. J. Potter[39] erklärt dazu: «scilicet ἀληθείας, vel γνώσεως». Beides ist nicht ausgeschlossen[40], und auf die Gnosis zielt auch das Parallelstück aus der Matthiastradition p. 137,4. Aber ein unmittelbar vorangehendes Wort, das mit ταύτης ebenfalls aufgenommen sein kann, ist ἀγάπη p. 137,1[41]. Da Clemens nicht scharf geschieden hat, soll man offenbar das alles zusammensehen. Wenn aber die Bewunderung der Schönheit der Schöpfung auch und gerade als Anfang der Liebe zu ihrem Schöpfer gilt[42], dann ist ersichtlich, daß sich der Ge-

---

[35]   Strom II § 27,2f. Strom IV § 42,1f. Strom VII § 21,2.
[36]   Auch Apuleius, De Platone I § 229 p. 109,16ff, spielt an Nom I 630 c (iustitia = universa virtus = fidelitas) an.
[37]   Strom IV § 148,1 (vgl. auch § 147,1f). Strom VI § 71,5. Strom VII § 60,1. § 83,3.
[38]   Eine andere Erklärung von K. Prümm, Glaube und Erkenntnis im zweiten Buch der Stromata, Schol. 12 1937 S. 35, entbehrt der genaueren Begründung: «Es ist somit eine und dieselbe Seelenbewegung, die in die Wissenschaft des Glaubens und der Natur einführt. Auch die Welt der nur im Glauben faßbaren Erkenntnisse will also durch den Anreiz des Wunderbaren die empfänglichen Gemüter anlocken».
[39]   J. Potter, PG VIII col. 980 adn. 84.
[40]   Die entsprechenden Begriffe stehen p. 136,29 (γνῶσις). 30 (ἀλήθεια). C. Mondésert, in: Clément d'Alexandrie, Stromate II S. 69, übersetzt: «le commencement de la gnose», O. Stählin, Deutsches Übersetzungswerk Bd. 3 S. 184, übersetzt: «der Anfang der Philosophie».
[41]   Entsprechend übersetzt J. Moingt, La gnose de Clément d'Alexandrie dans ses rapports avec la foi et la philosophie, RSR 37 1950 S. 223 Anm. 26: «le commencement de l'amour».
[42]   Neben den genannten Belegen, Strom IV § 147,1f. § 148,1. Strom VII § 83,3, vgl. auch Strom IV § 139,1. Strom VII § 86,2.

danke aus dem Gegensatz gegen die gnostische Kosmosverachtung erklärt[43].
Auch von daher bestätigt sich, daß das anfängliche Wundern den Glauben bereits einschließt[44].

Damit hat sich Clemens von dem Gedanken, den Platon in Theait 155 d1−5
zum Ausdruck bringt, erheblich entfernt. Denn mit θαυμάζειν meint Platon
nicht ein Bewundern, sondern eine Verwirrung, ein irritiertes Verwundern. Und
der Anlaß dazu ist nicht, wie Clemens meint, die Schönheit der Schöpfung,
sondern die grenzenlose Relativität der sinnlichen Gegenstände und der sinnlichen Wahrnehmung. Um die von Theatit vorgeschlagene Definition, ἐπιστήμη
sei αἴσθησις, voll auszuschöpfen, zeigt Sokrates, daß ihr zufolge auf seiten des
Subjektes der Homo-mensura-Satz des Protagoras (151 d7 − 152 c6) und auf
seiten des Objektes die Fluß- und Bewegungslehre Heraklits und aller Weiser
außer Parmenides (152 c7 − 155 d8) gilt. Insbesondere führt Sokrates vor, wie
bei Zahlen (6 Würfel im Verhältnis zu 4 oder 12) und Größen (Vergleich von
Sokrates' und Theaitets Größe heute und in einem Jahr) die Relativität auch
das Gebiet der Mathematik berührt[45] und im Gegensatz zu gewissen Grundaxio-
men (1. nichts wird größer oder kleiner, solange es sich gleich ist, 2. ohne Hin-
zufügung oder Wegnahme nimmt nichts zu oder ab, sondern bleibt sich gleich,
3. ohne Werden kann nichts ins Dasein treten, was vorher nicht war) steht. Es
ist nun gerade hier, auf dem Gebiet der Mathematik, wo Theatit, der so erfolg-
reiche Mathematikschüler, in Verwunderung und Verwirrung gerät, wo er angesichts der Relativität seinen festen Halt verliert und ihm schwindlig wird (σκο-
τοδινιᾶν 155 c10)[46]. Da sagt Sokrates zu ihm: «Theodoros, mein Lieber, scheint
ja nicht verkehrt von deiner Natur zu vermuten. Dieser Zustand nämlich, das
Verwundern, ist gar sehr der eines Philosophen. Denn es gibt keinen anderen
Anfang der Philosophie als diesen, und wer gesagt hat, Iris sei die Tochter des
Thaumas[47], scheint nicht schlecht Genealogien aufzustellen» (155 d1−5). Inwiefern nun freilich das Wundern der Anfang gerade der Philosophie sein soll,
geht aus dem Gespräch nicht direkt hervor, aber gewiß wird man in Theaitets

---

[43] Anders nuanciert ist in Strom VII § 60,1 das ἀρξάμενος γοῦν ἐκ τοῦ θαυμάζειν τὴν
κτίσιν ... p. 43,30f, wo es im Sinne eines kosmologischen Gottesbeweises gebraucht ist.
Auf diese Stelle stützt sich A. Méhat, Étude sur les ‚Stromates' S. 352, wenn er folgendes Schema herausstellt: «contemplation du monde, menant au monothéisme, et pro-
grès par la foi dans la gnose et la charité chrétiennes». Aber bei solcher Abfolge wäre
die Katechese stärker zu betonen, vgl. ἀκούσας θεόν τε καὶ πρόνοιαν p. 44,1f und Ecl
§ 28,3. In dieser Form kann das Schema keinesfalls überall, wo von θαυμάζειν die Rede
ist, vorausgesetzt werden.
[44] In Protr § 106,2−5 ist θαυμάζειν gleichrangig mit πιστεύειν gebraucht.
[45] Zu Theait 154 b − 155 d bemerkt F.M. Cornford, Plato's Theory of Knowledge S. 41:
«some alleged puzzles about what we call ‚relations' of size and number, whose rele-
vance to their context is by no means obvious».
[46] Analog ist das ταράττειν in Phaid 103 c3−6.
[47] Hesiod, Theogonie 780.

Beteiligung an der weiteren, angestrengten Forschungsarbeit schon eine Auswirkung dieser seiner Verwunderung sehen dürfen. Zu erinnern wäre auch an
Sokrates' Wissen um das eigene Unwissen, denn auch darin liegt nicht nur eine
irritierend negative Erfahrung, sondern auch ein eminent dynamisches Moment.
Und schon die Apologie beschreibt die aus dem Wissen um die Unwissenheit
entspringende Tätigkeit des Sokrates umfassend mit φιλοσοφεῖν (Apol 28 e5.
29 c8. d5).

Ist damit die Abweichung der clementinischen Aussage vom ursprünglichen
Sinn in ein helles Licht getreten, so muß doch eingeräumt werden, daß die Umdeutung nicht Clemens allein zu verantworten hat. Bereits Aristoteles[48] hat, um
zu zeigen, wie theoretisch schon die ersten Anfänge des Wissens waren, den Ausspruch historisiert und, was das Wirkungsvollere werden sollte, ihm eine kosmologische Deutung gegeben. θαυμάζειν heißt bei ihm soviel wie «sich keinen
Rat wissen». Anlaß sind die erklärungsbedürftigen Phänomene dieser Welt,
angefangen bei geringen Dingen bis hin zu den Himmelserscheinungen und der
Frage nach der Entstehung des gesamten Kosmos. Diese Deutung wird bei Cicero[49], Philon[50] und im Corpus Hermeticum[51] zu einer fortlaufenden, aber
nicht allein herrschenden[52] Traditionslinie in dem Sinne weitergeführt, daß das
Staunen und Wundern über die Ordnung und Schönheit der Welt der Ausgangspunkt für den kosmologischen Gottesbeweis ist. Auch Clemens hat sich unter
gewissen Modifikationen, wozu der Bezug auf die Liebe zu Gott und die antignostische Unterströmung gehören, im Grundsätzlichen dieser kosmologischen
Deutung angeschlossen.

3. Die Paradoxie des Vollkommenen

Daß innerhalb des Exkurses zum Weisen § 18,2 — § 22 die Platonzitationen
im ersten Teil eine freie, auf die «paradoxa Stoicorum» hinauslaufende Asso-
ziationsabfolge darstellen und diejenigen im dritten Teil selbst unter die «paradoxa Stoicorum» fallen, wurde in der vorgelegten Analyse zum zweiten Buch
bereits festgestellt. Hier müssen noch detailliertere Aufstellungen folgen, die zugleich ein besonderes Augenmerk auf die christliche Deutung der Zitate werfen
und ihre apologetische Ausrichtung weiter absichern sollen.

Das erste Zitationsnest lautet folgendermaßen: «Und vielleicht nennt er
diese Weisheit im Euthydem andeutungsweise eine königliche Weisheit. Im Poli-

---

[48]   Aristoteles, Metaphysik A 982 b12—19, vgl. auch Epinom 986 c5f.
[49]   Cicero, De nat. deor. II § 90, vgl. auch De nat. deor. I § 1.
[50]   Philon, Praem § 41f.
[51]   Corpus Hermeticum, Traktat IV § 2, XIV § 4.
[52]   Von der kosmologischen Auslegung weicht Plutarch, De E apud Delphos 2, mor. 385 C,
       und Quaest. conviv. V 7,1, mor. 680 CD, ab.

tikos wenigstens sagt er wörtlich: 'Daher ist das Wissen des wahren Königs ein
königliches, und wer sich dieses erworben hat, mag er nun Herrscher oder Privat-
mann sein, wird gerade mit Rücksicht auf diese Kunst selbst zu Recht königlich
genannt'. So sind und heißen also gerade die, die an Christus glauben, Edle
(χρηστοί) als die wahrhaft Königlichen[1], weil sie einem König lieb[2] sind. Denn
wie 'die Weisen durch Weisheit weise und die Gesetzestreuen auf Grund eines
Gesetzes gesetzestreu sind', so sind die Edlen (χρηστοί) durch einen König königlich und durch Christus christlich[3]. Dann fügt er im Fortgang deutlich hinzu:
'Das Rechte ist wohl auch das Gesetzmäßige, und der rechte Logos ist Gesetz,
und zwar von Natur gültig und nicht auf Grund schriftlicher Fixierung oder
etwas anderem'. Und der eleatische Gast bezeichnet den königlichen und politischen Mann ein beseeltes Gesetz. So beschaffen aber ist, wer das Gesetz erfüllt,
'indem er den Willen des Vaters tut'. Geradezu aufgeschrieben auf ein hohes
Holz ist er so als Beispiel für göttliche Tugend denen zur Schau gestellt, die
klar sehen können» (§ 18,2 — § 19,1).

Hier läßt sich ein doppelter Gedankengang herausheben. Zunächst betreffen
die Aussagen die Christen, sodann sind sie auf Christus persönlich bezogen. Seinen Ausgang nimmt der Gedanke bei der königlichen Weisheit, die allein als
Kriterium für die Königswürde entscheidend ist. Clemens identifiziert den Glauben der Christen mit der königlichen Weisheit und kommt zu dem Ergebnis, daß
die Christen infolgedessen edel (χρηστοί)[4] und königlich sind. In einem Analo-
gieschluß entfaltet und begründet er das Prädikat der Edlen (χρηστοί) näher. So
wie für die persönliche Befindlichkeit, weise und gesetzestreu zu sein, ein
objektiver Grund vorhanden ist, so ist der König Christus der objektive Grund
dafür, daß die Edlen (χρηστοί) sowohl königlich als auch christlich sind. Soweit
geht der erste Gedankengang. Veranlaßt durch den Gedanken, daß Christus der
objektive Grund für den besonderen Rang der Christen ist, und vorbereitet
durch die Vokabel νόμιμος p. 122,10.12 wendet sich Clemens nun Christus zu.
Zunächst stellt er noch ohne ausdrückliche Identifizierung fest, daß der rechte
Logos von Natur gültiges Gesetz sei und daß der königliche und politische

---

[1] Daß der Text der Handschrift, ὡς οἱ τῷ ὄντι βασιλικοὶ βασιλεῖ μεμελημένοι p. 122,9
    (mit App.), in Ordnung ist, hat P. Nautin, Notes critiques sur le Stromate II, RHE 49
    1954 S. 837, gezeigt.
[2] Der Ausdruck βασιλεῖ μεμελημένοι p. 122,9 ist nicht ohne weiteres einleuchtend. J.
    Potter, PG VIII col. 951 übersetzt: «ii (regales) ... regi curae sunt». Dem folgen F.
    Overbeck, Deutscher Text S. 255, C. Mondésert, in: Clément d'Alexandrie, Stromate II
    S. 46, und P. Nautin, Notes critiques sur le Stromate II, RHE 49 1954 S. 837. O. Stäh-
    lin, Deutsches Übersetzungswerk Bd. 3 S. 162, übersetzt: «die einem König Nahheste-
    henden». Die oben gebotene Übersetzung basiert auf Lampe, s. v. μέλω 2.).
[3] Die Übersetzung des letzten Kolons folgt der Textherstellung von P. Nautin, Notes cri-
    tiques sur le Stromate II, RHE 49 1954 S. 837ff: οὕτως οἱ χρηστοὶ βασιλεῖ βασιλικοί,
    Χριστῷ χριστιανοί.
[4] Das Wortspiel mit χρηστός ist schon vor Clemens geläufig, vgl. Justin, Apol. I 4,5;
    Theophilos, Ad Autolyc. I 1.

Mann ein beseeltes Gesetz sei. Daß nun das mosaische Gesetz in den Gedanken hineinspielt, zeigt die Fortsetzung, wonach diese Aussage für den gelte, der das Gesetz erfüllt und den Willen des Vaters tut[5]. Doch schließlich macht Clemens mit einer paradoxen Formulierung (vgl. οὐκ ἐν γράμμασιν p. 122,13 mit ἀνα- γεγραμμένος δὲ ἄντικρυς p. 122,16) die christologische Deutung durch die An- spielung an das Kreuz (ἐπὶ ξύλου τινὸς ὑψηλοῦ p. 122,16) zweifelsfrei. Der chri- stologisch verstandene rechte Logos und beseelte Nomos findet im Kreuzestod Christi, insofern damit das mosaische Gesetz erfüllt und der Wille Gottes getan wird, eine sichtbare Fixierung als Beispiel für göttliche Tugend.

Blickt man nun auf das eingearbeitete Zitationsmaterial und vergleicht die clementinischen Aussagen mit dem jeweils ursprünglichen Sinn, dann läßt sich wiederholt feststellen, daß die christliche Deutung in der einen oder anderen Weise bereits vorbereitet ist durch heidnisch-philosophische Traditionen.

Wenngleich auch nicht eindeutig, so gilt das möglicherweise schon für die erste Zitation, die auf Euthyd 291 b4 – 292 e7 fußt. Im Laufe des Gespräches führt die Suche nach dem höchsten Gut, jener Weisheit, die die Glückseligkeit gewährt, auf Dialektik und Politik, die sich in der königlichen Kunst zu ver- binden scheinen. Aber dieser Gedanke führt in ein ausweglöses Labyrinth, weil die königliche Kunst nur ein Wissen übermittelt, dem als einem Wissen des Wissens kein eigenes Objekt zugewiesen werden kann. So ist für diese Erörte- rung der aporetische Ausgang bezeichnend. Clemens dagegen macht aus der Aporie eine dunkle und geheimnisvolle Andeutung (ἐπικεκρυμμένως p. 122,4), wonach die königliche Weisheit ein Ehrenprädikat sei.

Klarer noch tritt die Umdeutung bei dem Zitat von Polit 259 b1. 3 – 5[6] her- vor. Der eleatische Gast will den Politiker nach seiner rein theoretischen Seite hin fassen und grenzt deshalb die Frage nach seiner realen Macht und Zustän- digkeit aus. Insofern es in der Untersuchung nur um das herrschaftliche Wissen gehen soll, können ein König, ein Politiker, ein Hausverwalter und ein Hausherr gleich behandelt werden. Clemens dagegen geht einen Schritt weiter. Ihm zufol- ge ist die tatsächliche Herrschaft nicht nur ausgeklammert, sondern grundsätz- lich vom Königstitel abgelöst. Der Begriff ist jetzt vergeistigt, er behält dem Wissenden die Königswürde vor. Dahinter steht das stoische Paradoxon, daß der Weise allein König ist[7].

---

[5] W. Völker, Der wahre Gnostiker S. 498 mit Anm. 2, sieht hierin einen Aufruf an die Leser. Das würde den Gedankengang sprengen.

[6] Das Zitat ist recht frei, weil Clemens die dialogische Wechselrede beseitigt hat. Als auf- fällige Abweichung ist sonst noch zu notieren: προσαγορευθήσεται p. 122,7 statt προσρηθήσεται 259 b5.

[7] So Zenon, Frg. 216 SVF I p. 53,10; Chrysipp, Frg. mor. 617–622 SVF III p. 158,34 – p. 159,37; vgl. auch Strom II § 22,8.

In der Fortsetzung hat Clemens, ohne darauf aufmerksam zu machen, Formulierungen des pseudoplatonischen Minos aufgenommen, die O. Stählin erkannt hat. Die Texte mögen hier gegenübergestellt sein:

Strom II § 18,3f	Minos 314 c5—8
ὡς γὰρ οἱ σοφοὶ σοφίᾳ εἰσὶ σοφοὶ	λέγεις τινὰς σοφούς; — ET. Ἔγωγε. ΣΩ. Οὐκοῦν οἱ σοφοὶ εἰσιν σοφίᾳ σοφοί[8] ; — ET. Ναί. — ΣΩ. Τί δέ;
καὶ οἱ νόμιμοι νόμῳ νόμιμοι,	οἱ δίκαιοι δικαιοσύνῃ δίκαιοι; — ET. Πάνυ γε. — ΣΩ. Οὐκοῦν καὶ οἱ νόμιμοι νόμῳ νόμιμοι[9] ; — ET. Ναί.
οὕτως οἱ χρῆστοι βασιλεῖ βασιλικοί, Χριστῷ χριστιανοί. εἶθ᾽ ὑποβὰς ἐπιφέρει σαφῶς · τὸ μὲν ὀρθὸν ἂν εἴη νόμιμον	Minos 317 b8f
καὶ νόμος φύσει ὢν ὁ λόγος ὁ ὀρθὸς καὶ	ΣΩ. Οὐκοῦν καὶ ὃ μὲν ἂν ὀρθὸν ᾖ, νόμιμον αὐτὸ φήσομεν ἑκάστῳ εἶναι, ... ET. Ναί.
οὐκ ἐν γράμμασιν οὐδὲ ἑτέροις.	Minos 317 c3—7
	ΣΩ. Οὐκοῦν καὶ ἐν τοῖς συγγράμμασι τοῖς περὶ τῶν δικαίων καὶ ἀδίκων ..., τὸ μὲν ὀρθὸν νόμος ἐστὶ βασιλικός, τὸ δὲ μὴ ὀρθὸν οὔ, ὃ δοκεῖ νόμος εἶναι τοῖς μὴ εἰδόσιν · ἔστιν γὰρ ἄνομον. — ET. Ναί.

Das erste Textstück aus Minos 314 c5—8 leitet die subjektiven Eigenschaften, weise und gesetzestreu zu sein, aus dem objektiven Grund der Weisheit und des Gesetzes ab. Clemens gebraucht den Gedanken ganz entsprechend. Mit dem zweiten Passus, Minos 317 b8f. c3—7, erklärt Sokrates, nachdem er zuvor die ideale Norm des Gesetzes in dem immer und für alle Zeit als richtig Erkannten bestimmt hat, daß auch bei der schriftlichen Gestalt der Gesetze ihre Gültigkeit sich nur aus dem als richtig Erkannten herleitet, und versichert sich der Zustimmung seines Schülers. Auch diesen Gedanken referiert Clemens in jenem Punkt zutreffend, daß das Gesetz nicht auf Grund seiner schriftlichen Form als solcher gültig ist, während er sich in der positiven Begründung merklich davon entfernt. Daß das Gesetz der ὀρθὸς λόγος sei, der φύσει gelte, geht nicht nur über die Terminologie und über die Aussagen des Minos, sondern über Platon über-

---

8 Vgl. Theait 145 d11.
9 Vgl. Gorg 504 d2.

haupt[10] hinaus. Untergründig wirkt sich darin ein Einfluß der stoischen Lehre aus, wonach das Gesetz in der Weltvernunft metaphysisch verankert ist[11]. So bleibt zwar eine höhere Begründung des Gesetzes gewahrt, aber verloren geht dabei die spezifische Eingrenzung des Begriffes auf die staatlichen Gesetze.

Die letzte Erwähnung Platons in diesem Zusammenhang, daß der Eleat den königlichen und politischen Mann ein beseeltes Gesetz genannt habe, ist in dieser Weise falsch, denn die Formulierung νόμος ἔμψυχος hat Platon wörtlich nicht gebraucht[12]. Clemens dürfte aber an den Abschnitt Polit 293 e6 − 297 b4 gedacht haben, wo die normative Souveränität des idealen, nicht als empirische Person verstandenen[13] wissenden Politikers zum Ausdruck kommt. Zwar wird dieser, wie es heißt, bei seiner Herrschaft auch Gesetze zu Hilfe nehmen, aber angesichts ihrer grundsätzlichen Unfähigkeit, der Wandelhaftigkeit des Lebens nachzukommen und ihr gerecht zu werden, wird er in den Gesetzen keine minutiösen Regelungen treffen, sondern nur allgemeine Grundsätze formulieren. Und vor allen Dingen steht sein Wissen souverän über den Gesetzen. Ohne an frühere Erlasse und an die Zustimmung der Bürger gebunden zu sein, ist er frei, jede bessere Erkenntnis in die Tat umzusetzen. Wenn Clemens nun den gesuchten Politiker mit dem Begriff νόμος ἔμψυχος charakterisiert, dann drängt sich eine fremde Tradition in die Platonauslegung ein, derzufolge der Politiker als empirische Person verstanden wird. Ihn zeichnet jetzt nicht mehr die Souveränität gegenüber dem fixierten Gesetz aus, sondern die vollkommene Repräsentation der ewigen Gesetze der Natur, bzw. des Kosmos. In diesem Sinn hat bereits Philon[14] die frommen Männer der Frühzeit, als das mosaische Gesetz noch nicht offenbart war, wie Enos, Enoch, Noah, die Patriarchen und Mose selbst als νόμος ἔμψυχος bezeichnet. Dahinter steht eine in den Bereich der Herrscher-

---

[10] Allerdings sind terminologische Vorbildungen bei Platon zu notieren, so für das Oxymoron νόμος φύσει ὢν Pol V 456 c1. Nom III 690 b4 − c4, für die unter verschiedenen Gesichtspunkten vollzogene Annäherung der Begriffe νόμος und λόγος Pol IX 587 a10. c2. X 604 a10. 607 a7f, Phaidr 278 c3f. Tim 27 b1f (vgl. 60 e1f). Nom II 659 d2 (vgl. I 644 d2f) und für den Ausdruck ὁ ὀρθὸς λόγος Phaid 73 a10. Pol IV 431 c5−7. Nom I 644 c6 − 645 b8. II 659 d2, u. ö.

[11] Zenon, Frg. 162 SVF I p. 43,1ff; Chrysipp, Frg. mor. 308 SVF III p. 76,4ff.

[12] In Phaidr 276 a8f spricht Platon vom ἔμψυχος λόγος im Gegensatz zum γεγραμμένος λόγος.

[13] Vgl. 297 b5 − 303 d2, wo die realen Staatsformen in der Weise behandelt werden, daß sie von der Herrschaft des idealen Politikers als seine Nachahmungen abgeschieden werden. Bei der Bewertung der realen Verfassungen kommt es in der Tat neben der Frage nach der Anzahl der an der Macht Beteiligten entscheidend darauf an, ob das Gesetz herrscht oder nicht. Ohne die Geltung des Gesetzes ist im empirischen Bereich keine Verfassungsform werthaft.

[14] Philon, Abr § 5, VitMos I § 162, VitMos II § 4, vgl. dazu W. Richardson, The Philonic Patriarchs as Νόμος Ἔμψυχος, StPatr I = TU 63 1957 S. 515−525.

theologie[15] weisende pythagoreische Tradition, die bei Pseudo-Diotogenes[16] und Pseudo-Archytas[17] faßbar wird[18].

Die Untersuchung des ersten Zitationsnestes im Exkurs zum Weisen hat also erbracht, daß stoische und im letzten Fall auch pythagoreische Elemente in die Platonauslegung hineinwirken, die das Bindeglied für die beobachtete Christianisierung der Aussagen darstellen. Das zweite Zitationsnest folgt nun ganz dem Schema der «paradoxa Stoicorum».

Dabei konzentriert sich ein Komplex um die Stichworte Reichtum und Armut: «Reich hat er (d. h. Platon) den Weisen im Phaidros genannt, indem er sagt: ,Lieber Pan und wieviele Götter sonst noch hier sein mögen, möget ihr mir geben, daß ich im Inneren schön werde und daß die äußeren Güter, die ich habe, mir den inneren befreundet seien. Für reich möchte ich den Weisen halten'. Der athenische Gast tadelt aber diejenigen, die meinen, reich seien die, die viel Geld besitzen, mit folgenden Worten: ,Sehr reich zu sein und zugleich gut ist unmöglich, wenigstens bei denen, die die Menge zu den Reichen rechnet. So bezeichnen sie nämlich die, die sich Besitztümer von größtem Geldwert, wie es nur bei wenigen Menschen möglich ist, erworben haben. Solche Güter dürfte sich aber gerade ein schlechter Mensch beschaffen'. ,Dem Gläubigen gehört die ganze Welt der Reichtümer', sagt Salomon, ,dem Ungläubigen aber nicht einmal ein Obolos'. Noch vielmehr muß man also der Schrift glauben, die sagt, eher werde ,ein Kamel durch ein Nadelöhr hindurchgehen', als daß ein Reicher philosophiere. Sie preist umgekehrt die Armen glückselig, wie Platon verstanden hat, wenn er sagt: ,Man muß für Armut nicht die Verminderung des Besitzes halten, sondern die Vermehrung der Unersättlichkeit'. Denn niemals ist es der Mangel an Besitz, sondern die Unersättlichkeit, von welcher geschieden, wer schon gut ist, auch reich sein dürfte» (§ 22,1—4).

Auch hier soll der Gedankengang zunächst noch einmal rekapituliert werden. Clemens erklärt, daß Platon den Weisen in Phaidr 279 b8 — c1 reich genannt habe. Das entspricht dem stoischen Paradoxon, daß der Weise allein reich sei[19], wobei der Reichtum übertragen als innerer Reichtum verstanden ist. Anhand von Nom V 742 e6 — 743 a1 stellt Clemens fest, daß Platon das gewöhnliche, das wörtliche Verständnis von Reichtum kritisiert habe. Diesen beiden Aussagen stehen christlicherseits das Zitat Prov 17,6a mit einem über-

---

[15] Vgl. zum Ganzen E.R. Goodenough, The Political Philosophy of Hellenistic Kingship, YCS 1 1928 S. 55—102.

[16] The Pythagorean Texts, ed. H. Thesleff, S. 72,19—23.

[17] The Pythagorean Texts, ed. H. Thesleff, S. 33,8—11.

[18] Weiteres Vergleichsmaterial ist Xenophon, Cyropaedia VIII § 22; Aristoteles, EN V 4, 1132 a22; Cicero, De leg. III § 2; Musonius, Reliquiae VIII p. 37,1f; Plutarch, Ad princ. inerud. 3, mor. 780 C.

[19] So Zenon, Frg. 220 SVF I p. 53,33 f; Chrysipp, Frg. mor. 589—600 SVF III p. 154,15 — p. 156,25.

tragenen Begriff von Reichtum und die Anspielung an Mk 10,25 = Lk 18,25 = Mt 19,24 mit der Kritik am wörtlich verstandenen Reichtum parallel, bzw. überbieten sie. Daß damit der christliche Standpunkt gemeint ist, geht aus den Zitaten eindeutig hervor, zu berücksichtigen ist insbesondere ὁ πιστός p. 124,12 und der Ausdruck φιλοσοφεῖν p. 124,15, womit einfach das Christsein umschrieben ist[20]. Nun wendet sich Clemens dem Gegensatz, der Armut, zu. Er erwähnt die Seligpreisung der Armen Mt 5,3 = Lk 6,20, wodurch das Christentum repräsentiert ist. Seine auffällige Formulierung μακαρίζει ... τοὺς πένητας p. 124,15 ist abzugrenzen gegen ὁ πτωχός, den Bettelarmen, einerseits und gegen ὁ ἐνδεής, den Hilfsbedürftigen, andererseits, sie meint den materiell Minderbemittelten, der sparsam leben muß[21]. Die Seligpreisung der Christen ergeht also nicht auf Grund der spiritualisierten Armut des Matthäus und auch nicht auf Grund der krassen, im realen Sinn bedrängenden Armut des Lukas, sondern auf Grund einer zwar wörtlich verstandenen, aber gemäßigten Armut. Daneben tritt Platon, der mit Nom V 736 e2–4 von der biblischen Seligpreisung abhängig sei. In diesem Zitat ist die Armut übertragen als Unersättlichkeit verstanden. Und mit eigenen Worten wiederholt Clemens die übertragene Deutung der Armut. Die Abwesenheit dieser Armut bezieht er auf ὁ ἀγαθός p. 124,18, d. h. zweifellos auf den Christen, und setzt sie mit der übertragenen Version des Reichtums gleich. Clemens hat also zum Christenstand vier Aussagen gemacht. Der Christ ist reich, und er ist arm, wenn der Reichtum übertragen und die Armut wörtlich gemeint sind. Der Christ ist aber nicht reich, und er ist nicht arm, wenn der Reichtum wörtlich und die Armut übertragen verstanden sind[22].

Der stoische Einschlag in der Auslegung der Platonzitate läßt sich nun noch weiter absichern. Bei der Phaidrosstelle, Phaidr 279 b8 – c1[23], geht er vor allem daraus hervor, daß das Interesse auf den letzten Satz isoliert ist. Daß Sokrates das Gespräch mit Phaidros mit einem Gebet beschließt, daß dieses Gebet an Pan und die übrigen Ortsgötter am Ilissos gerichtet ist und daß Sokrates im weitesten Sinn um Tugend bittet[24], das alles ist gleichgültig angesichts der einen Aussage, daß Sokrates den Weisen für reich halten möchte.

Was das zweite Zitat, Nom V 742 e6 – 743 a1[25], betrifft, so ist es genau genommen falsch, wenn Clemens behauptet, der Athener kritisiere das wörtliche

---

[20] Vgl. E. de Faye, Clément d'Alexandrie S. 171f.

[21] Vgl. F. Hauck, Art. πένης ThWNT Bd. 6 S. 37–40, und F. Hauck – E. Bammel, Art. πτωχός ThWNT Bd. 6 S. 885–915. Besonders aufschlußreich ist der Beleg aus Aristophanes, Plutum 552ff.

[22] Vgl. auch QDS § 15 – § 19. Der Christ ist dort reich an Tugend und arm an Leidenschaften, der äußere Besitz wird nicht negiert.

[23] Folgende Abweichungen sind zu notieren: Πάν ... καὶ ὅσοι ἄλλοι p. 124,4f statt Πάν τε καὶ ἄλλοι ὅσοι 279 b8 und φίλα p. 124,6 statt φίλια 278 c1.

[24] Vgl. B.D. Jackson, The Prayers of Socrates, Phron. 16 1971 S. 27–30.

[25] Clemens bietet ein zusätzliches εἶναι p. 124,9 und κέκτηται p. 124,11f statt κεκτῆτ' ἄν 742 e9f.

Verständnis von Reichtum. Richtig ist vielmehr, daß er bei dem gewöhnlichen Verständnis bleibt, daß er die Unvereinbarkeit solchen Reichtums mit Tugend zeigt und daß er deshalb der neu zu gründenden Kolonie restriktive Einschränkungen auferlegt, um die Ansammlung von Reichtümern zu verhindern (V 742 c6 — 744 a3). Clemens' Mißverständnis erklärt sich daraus, daß ihm durchgängig der übertragene Reichtumsbegriff, der allein dem Weisen, bzw. dem Christen angemessen ist, vor Augen schwebt.

Die dritte Stelle schließlich, Nom V 736 e2—4[26], stammt aus den exkursartigen Erwägungen zu Bodenreform und Schuldenerlaß (V 736 c5 — 737 b9). Die Forderung des Atheners in diesem Zusammenhang geht dahin, daß diejenigen, die reichlich Land besitzen und viele Schuldner haben, den Verarmten entgegenkommen müssen, indem sie aus Milde Schulden erlassen und Land abgeben. Sie halten sich dabei, so erklärt er, in gewissem Sinn an die Maßhaftigkeit und gehen von der Überzeugung aus, daß Armut nicht in der Verminderung des Vermögens, sondern in der Vermehrung der Unersättlichkeit bestehe. Grundlegend ist also einmal der Gesichtspunkt, daß Armut aus einer seelischen Haltung bestimmt wird, und zum anderen der Gedanke der Maßhaftigkeit, bzw. der rechten Mitte[27]. Die Seele muß das rechte Maß zwischen Unersättlichkeit und Zerknirschtheit halten[28], dann stellt sich auch in den äußeren Gütern das rechte Maß zwischen Reichtum und Armut ein. Für Clemens' Verständnis dieser Stelle ist dagegen entscheidend, daß der mit stoischem Verständnis unvereinbare Gesichtspunkt der Maßhaftigkeit und der rechten Mitte unterdrückt ist.

Neben den Stichworten Reichtum und Armut ist ein weiteres Begriffspaar, dem sich eine Platonzitation und mehrere Bibelstellen zuordnen, dasjenige von Freiheit und Knechtschaft. Der Text lautet folgendermaßen: «Und im Alkibiades nennt er die Schlechtigkeit für Sklaven passend, die Tugend aber einem Freigeborenen anständig. ,Legt von euch', heißt es, ,das schwere Joch ab und nehmt das sanfte'. So spricht die Schrift, wie auch die Dichter von einem Sklavenjoch reden. Und das Wort, ihr wurdet an eure ,Sünden verkauft', stimmt mit dem Vorhergehenden überein. ,Jeder, der die Sünde tut, ist Sklave. Der Sklave bleibt aber nicht im Haus bis in Ewigkeit'. ,Wenn der Sohn euch befreit, werdet ihr frei sein', ,und die Wahrheit wird euch befreien'» (§ 22,5f).

Die Eingangsparaphrase zu Alk I 135 c4—7[29] löst die These vom sklavischen, bzw. freiheitlichen Charakter der Schlechtigkeit oder der Tugend aus dem konkreten Gesprächszusammenhang, wonach Alkibiades daran, daß ihm Selbster-

---

[26] Clemens macht aus einem Partizipalsatz mit AcI einen selbständigen Satz, also aus πενίαν ἡγουμένους εἶναι μὴ τό ... 736 e2f πενίαν δὲ ἡγητέον οὐ τό ... p. 124,16.

[27] Vgl. H.J. Krämer, Arete bei Platon und Aristoteles S. 194—201.

[28] Vgl. Nom III 679 b3 — c7. IV 705 a8 — b6. V 728 e5 — 729 a2. XI 918 c9 — d6. XI 919 b4 — c1.

[29] Die Frage der Echtheit des Dialoges muß hier auf sich beruhen, in der Antike wurde die platonische Verfasserschaft nicht angezweifelt, vgl. P. Friedländer, Platon Bd. 2 S. 214.

kenntnis, d. h. überhaupt Tugend fehlt, erkennt, daß er seine Herrschaftspläne fahren lassen, daß er, ehe er an eigene Herrschaft denken kann, seinem knechtischen Zustand entlaufen und daß er Sokrates anhangen und sich von ihm zur Tugend leiten lassen muß (134 b11 — 135 e8). In der jetzigen, abstrahierten Gestalt entspricht die Paraphrase dem stoischen Paradoxon, daß der Weise allein frei und jeder Tor Knecht sei[30].

Damit befinden sich, wie Clemens erklärt, drei frei zitierte Bibelstellen, Mt 11,29, Röm 7,14 und Joh 8,34—36.32, in Übereinstimmung. Das Verbindende ist in der Tat die Polarität von Knechtschaft und Freiheit. Zur Knechtschaft gehört das schwere Joch von Mt 11,29. Zur Knechtschaft gehören auch das paulinische «an die Sünde(n) verkauft» von Röm 7,14 und der Sklave, der die Sünde tut, nach Joh 8,34. Den Gegensatz dazu markieren das leichte Joch von Mt 11,29 und die Freiheit, die der Sohn, bzw. die Wahrheit schenkt, nach Joh 8,36.32. Gemeint ist damit offensichtlich die Gegenüberstellung des Ungläubigen und des Christen.

Ein letztes Paar von einem Platon- und einem Bibelzitat knüpft sich an das Stichwort der Schönheit: «Daß wiederum der Weise schön ist, sagt der athenische Gast so: ‚Daher dürfte wohl niemand verfehlt zu reden scheinen, wenn einer mit Bestimmtheit behaupten möchte, daß die gerechten Menschen, auch wenn sie dem Körper nach zufällig häßlich sein sollten, gerade auf Grund ihres höchst gerechten Charakters eben in dieser Hinsicht sehr schön sind'. Und ‚seine Erscheinung war mangelhaft verglichen mit allen Menschensöhnen', hat die Prophetie vorhergesagt» (§ 22,7).

In der Einleitung zu einem Exkurs über das Wesen des Unrechts und über den Sinn von Strafen (Nom IX 857 b4 — 864 c9) formuliert der Athener den Grundsatz, daß das Gerechte auch das Schöne ist, und weitet im pointierten Gegensatz zur Ansicht der Menge dessen Geltung über das gerechte Handeln hinaus auch auf das gerechte Erleiden von Strafen aus. Von diesem rechtsphilosophischen Hintergrund gibt das ·Zitat Nom IX 859 d5 — e1[31] nun nichts mehr zu erkennen, es steht für das stoische Paradoxon, daß der Weise allein schön ist[32]. Clemens führt den Gedanken aber noch weiter zu einer christologischen Aussage, indem er Jes 53,3 anschließt. Den Gottesknecht, dessen Erniedrigung

---

[30] So Zenon, Frg. 219 SVF I p. 53,25ff. Frg. 222 SVF I p. 54,3ff; Chrysipp, Frg. mor. 544 SVF III p. 146,7ff. Frg. mor. 591 SVF III p. 154,29f. Frg. mor. 593 SVF III p. 155,16. Frg. mor. 597 SVF III p. 155,45f. Frg. mor. 599 SVF III p. 156,14f. Frg. mor. 603 SVF III p. 156,43f.

[31] Clemens hat drei geringfügige Varianten: ὡς p. 124,27 statt ὥστε οὐδ'859 d5f, δικαίους p. 124,27 statt δικαίους ἀνθρώπους 859 d6 und κατά γε p. 124,28 statt κατ' αὐτό γε 859 d7.

[32] Chrysipp, Frg. mor. 591 SVF III p. 154,27f. Frg. mor. 592 SVF III p. 154,32ff. Frg. mor. 594 SVF III p. 155,20f. Frg. mor. 597 SVF III p. 155,39ff. Frg. mor. 598 SVF III p. 156,3.

der zitierte Vers des vierten Gottesknechtsliedes beschreibt, deutet Clemens anderweitig christologisch[33]. Hier bewertet er die äußere Unansehnlichkeit des Gottessohnes komplementär zu seiner wahren Schönheit.

Wenn man sich abschließend fragt, wie die Platonzitationen im Exkurs zum Weisen im ganzen zu beurteilen sind, dann drängt sich die Vermutung auf, Clemens habe sie als solche in einer Schrift zu den «paradoxa Stoicorum» bereits gesammelt vorgefunden. Zwar könnte man dagegen einwenden, daß die ganz oder wenigstens teilweise erhaltenen Abhandlungen zu diesem Thema keine einschlägigen Platonbelege enthalten[34], und man könnte weiter einwenden, daß die von Clemens aufgebotenen Platonzitate abgesehen von den beiden Stellen zur Unvereinbarkeit von Reichtum und Tugend (Nom V 742 e)[35] und zur seelischen Herleitung der Armut (Nom V 736 e)[36] nicht zu den berühmten Wanderzitaten gehören. Aber der eigentümliche Duktus dieser Sammlung, der den Aussagen noch vor der clementinischen Verwertung ein einheitliches Gepräge gibt, bleibt ja bestehen und läßt sich anders kaum befriedigend erklären.

Dazu kommen drei äußere Indizien. Apuleius[37] zeigt, daß Platon den vollkommenen Weisen ganz nach stoischer Manier ausgezeichnet habe. Er stützt sich dabei auch auf die «paradoxa Stoicorum» und paraphrasiert in diesem Zusammenhang Nom V 736 e, jene Stelle zur seelischen Herleitung der Armut, die auch Clemens aufgenommen hat. Aufschlußreich ist ferner Cicero, der die Paradoxa nicht für genuin stoisch hält, sondern sie auf Sokrates zurückführt[38], aber andererseits erklärt, daß die Alte Akademie, d. h. genauer Xenokrates und Aristoteles sie nicht vertreten hätten[39]. Warum, so muß man sich fragen, übergeht Cicero hier Platon? Soll man daraus schließen, daß ihm nicht nur die sokratische Herkunft, sondern auch die platonische Billigung und Übernahme der Paradoxa geläufig war? Und schließlich gibt den entscheidenden Wink Clemens selbst. Anläßlich einer wiederholten Behandlung der «paradoxa Stoicorum» in

<hr>

[33] Protr § 110,1. Strom III § 103,3.

[34] Das gilt für Cicero, Paradoxa Stoicorum, für Seneca, De constantia sapientis (mit dem Untertitel: nec iniuriam nec contumeliam accipere sapientem), und für Philon, Quod omnis probus liber sit, wo die Platonzitationen nicht zur Thematik der Paradoxa gehören (so § 8 zur Zikadengeschichte, Phaidr 259 c, und § 13 gegen Neid, Phaidr 247 a).

[35] Nom V 742 e wird zitiert von Stobaios V p. 760,4ff, Nom V 743 a von Celsus, Frg. VI 16. Apuleius, De Platone II § 257 p. 129,13f, kommt wohl nicht in Betracht.

[36] Nom V 736 e zitiert Stobaios III p. 425,10ff. Eine Paraphrase oder Anspielung bieten Plutarch, Demetrios 32, vit.par. 904 C; Apuleius, De Platone II § 250 p. 124,11f; und Maximus Tyrius, Or. XXXIII 4c.

[37] Apuleius, De Platone II § 247 – § 252 p. 122,9 – p. 126,4. Die Anspielung an Nom V 736 e findet sich in § 250 p. 124,11f.

[38] Cicero, Paradoxa Stoicorum § 4. § 23, Tusc. III § 10, Luc. § 136.

[39] Cicero, Luc. § 136: «Atrocitas quidem ista tua quo modo in veterem Academiam inruperit nescio. Illa vero ferre non possum-non quo mihi displiceant, sunt enim Socratica pleraque mirabilia Stoicorum, quae παράδοξα nominantur; sed ubi Xenokrates, ubi Aristoteles ista tetigit (hos enim quasi eosdem esse vultis)».

Strom V § 96,5 — § 97,6, wo auch Phaidr 279 b8f erneut aufgenommen ist, nennt Clemens einen Gewährsmann, nämlich Antipater von Tarsos: Ἀντίπατρος μὲν οὖν ὁ Στωϊκός, τρία συγγραψάμενος βιβλία περὶ τοῦ «ὅτι κατὰ Πλάτωνα μόνον τὸ καλὸν ἀγαθόν», ἀποδείκνυσιν ὅτι καὶ κατ᾽ αὐτὸν αὐτάρκης ἡ ἀρετὴ πρὸς εὐδαιμονίαν, καὶ ἄλλα πλείω παρατίθεται δόγματα σύμφωνα τοῖς Στωϊκοῖς (§ 97,6). Auch wenn nun über diese Angaben hinaus keine näheren Nachrichten über den Inhalt der Schrift des Antipater vorliegen[40] und sich ihr von den erhaltenen Fragmenten[41] keines mit Sicherheit zuweisen läßt, so hat man doch Grund zu der Annahme, Antipater habe in den drei Büchern nicht nur das im Titel genannte Paradoxon, sondern auch die übrigen behandelt und für Platon nachgewiesen. Clemens' Formulierung läßt für solche Vermutung durchaus Raum. Dann darf man aber auch weitergehen und damit rechnen, daß Clemens das Werk des Antipater, bzw. eines in dessen Nachfolge kannte und sich darin mit dem platonischen Material zu den «paradoxa Stoicorum» vertraut gemacht hat.

Ein Vergleich mit der Vorlage, der Clemens' eigentümliche Absicht und Leistung im vollen Umfang anschaulich machen könnte, ist angesichts der Überlieferungssituation nicht durchführbar. Jedoch ist es auch auf Grund innerer Beobachtungen möglich, die Eigenart der Platonanleihen näher zu bestimmen. Das betrifft zum einen ihren apologetischen Charakter. An einem ganz konkreten Einzelpunkt läßt sich nämlich zeigen, daß Clemens in die Auseinandersetzung mit Celsus eingetreten ist und dessen Kritik an der epigonenhaften Haltlosigkeit des Christentums zurückweist, indem er der christlichen Tradition die höhere Autorität zuspricht. Celsus[42] hatte behauptet, daß Jesus das Logion, leichter werde ein Kamel durch ein Nadelöhr, als ein Reicher in das Gottesreich eingehen (Mk 10,25 = Lk 18,25 = Mt 19,24), in verfälschender Weise von Platon übernommen habe. Als vermeintliche Quelle gibt er Nom V 743 a3f an: «Unmöglich ist es, daß ein hervorragend guter Mensch zugleich auch hervorragend reich sei». Wenn Clemens nun die unmittelbar vorangehende und den nämlichen Gedanken ausdrückende Stelle Nom V 742 e6 — 743 a1 zitiert und dazu erklärt, viel mehr als dieser Ausspruch verdiene die Schrift mit dem Vergleich des Reichen und dem Kamel im Nadelöhr Glauben (§ 22,2f), so kann überhaupt kein Zweifel daran bestehen, daß sich Clemens damit gegen Celsus wendet und in dieser Frontstellung die heidnische Tradition durch die christliche Autorität überbietet. Ob um die übrigen Stellen ein vergleichbarer Kampf ge-

---

[40] Zu dieser Schrift bemerkt M. Pohlenz, Die Stoa Bd. 1 S. 190, lediglich: «Den Satz, daß das Sittlichgute das einzige Gut sei, betrachtete Antipater mit solcher Selbstverständlichkeit als das Fundament der Ethik, daß er ein besonderes Werk verfaßte, um ihn auch für Platon nachzuweisen».

[41] Die erhaltenen Fragmente finden sich in SVF III p. 244 — p. 258.

[42] Celsus, Frg. VI 16.

führt wurde, läßt sich nicht mehr erkennen[43]. Unstreitig aber gilt dieselbe apologetische Ausrichtung durchgängig. An heidnische Gegner gewendet, führt ihnen Clemens die überlegene Größe des Christen vor Augen und illustriert ihnen dessen paradoxe Wesenszüge gerade mit Worten Platons, ihres eigenen Helden.

Und schließlich läßt sich auch darin eine besondere Eigenart der Platonanleihen beobachten, daß Clemens mit ihnen auch eine theologische Begründung für die herausragende Stellung des Christen zum Ausdruck bringt. Denn das stoische Ideal des Weisen[44], an dessen geschichtlicher Verwirklichung ohnehin nicht gelegen war und das so konzipiert wurde, daß der Weise aus eigener Vollkommenheit sich dazu machen mußte, erscheint nun in doppelter Hinsicht gebrochen. Der ideale Weise ist mit dem Christen tatsächlich Wirklichkeit geworden, aber sein Ehrenrang entspringt nicht der eigenen Vollkommenheit, sondern dem objektiven Grund in Christus[45].

4. Die Angleichung an Gott

Bezüglich des zweiten Hauptzitationsnestes im Abschnitt περὶ τέλους § 127 — § 136 hat R. Hoyer[1] auf Grund eines Vergleiches von § 127 — § 133 mit Theodoret, Graecarum affectionum curatio XI § 6 — § 16 und unter Berücksichtigung von Arius Didymus die Meinung vertreten, daß Clemens den ganzen Abschnitt, auf jeden Fall aber die Kephalaia zu Platon, Sokrates und der Alten Akademie § 131,2 — § 133,7 aus einer auf Antiochos von Askalon zurückgehenden Vorlage übernommen habe. Zwar muß dieser Zuschreibung widersprochen werden, weil Antiochos der ὁμοίωσις θεῷ keine Beachtung geschenkt hat, sondern als τέλος-Bestimmung eine näher präzisierte Form des «secundum naturam vivere» angesehen hat[2], aber gleichwohl kann als gesichert gelten, daß Clemens in starkem Maße von vorgegebenem Traditionsgut abhängig ist. Für die doxographischen Nachrichten in § 131,2—6 beweisen das, ohne daß deshalb auf einen bestimmten Autor geschlossen werden könnte, zahlreiche Parallelen[3].

---

[43] Clemens hat wie Horaz, Epist. I 1,106ff, die berühmtesten Paradoxa berücksichtigt.

[44] Vgl. M. Pohlenz, Die Stoa Bd. 1 S. 157f.

[45] Daß der Christ die Hoheitstitel nicht aus sich heraus erwirbt, sondern daß sie außerhalb seiner in Christus begründet sind, das deutet Clemens wohl auch dadurch an, daß er die Platonzitationen teils auf Christus und teils auf die Christen bezieht.

[1] R. Hoyer, De Antiocho Ascalonita S. 26—39.

[2] Cicero, De fin. IV § 27: «secundum naturam vivere, quod est, ut dixi, habere ea quae secundum naturam sint, vel omnia vel plurima et maxima», vgl. G. Luck, Der Akademiker Antiochos S. 62f, H. Dörrie, Eudoros von Alexandreia, in: ders. Platonica Minora S. 303f, und J. Dillon, The Middle Platonists S. 70—75. Gegensätzlich dazu hat sich W. Theiler, Die Vorbereitung des Neuplatonismus S. 53, geäußert.

[3] Auch G. Luck, Der Akademiker Antiochos S. 22f, spricht sich gegen eine direkte Herleitung von Antiochos aus, er denkt allgemeiner an Handbücher.

Der doxographische Teil lautet folgendermaßen: «Ja, Platon, der Philosoph, erklärt, daß zweifach das höchste Ziel sei, eines Anteil gebend, das erste, welches in den Ideen selbst vorhanden sei, was er auch das Gute nennt, und eines an jenem Anteil nehmend[4] und von ihm die Ähnlichkeit empfangend, welches bei den Menschen, die nach Tugend und wahrer Philosophie streben, sich verwirklicht[5]. Deshalb sagt auch Kleanthes im zweiten Buch «Über die Lust», Sokrates habe bei jeder Gelegenheit gelehrt, daß derselbe Mann gerecht und glückselig sei, und er habe den verflucht, der als erster das Gerechte vom Nützlichen getrennt habe, weil er damit eine gottlose Tat begangen habe[6]. Denn tatsächlich sind die gottlos, die das Nützliche von dem nach dem Gesetz Gerechten trennen. Platon sagt aber selbst, Glückseligkeit ($\varepsilon\dot{v}\delta\alpha\mu\omega\nu\dot{\iota}\alpha$) bestehe darin, daß sich sein eigener Dämon wohl befinde ($\tau\dot{o}$ $\varepsilon\dot{v}$ $\tau\dot{o}\nu$ $\delta\alpha\dot{\iota}\mu\omega\nu\alpha$ $\check{\varepsilon}\chi\varepsilon\iota\nu$)[7], wobei mit Dämon der höchste und leitende Teil unserer Seele ($\tau\dot{o}$ $\dot{\eta}\gamma\varepsilon\mu\omega\nu\iota\kappa\dot{o}\nu$) gemeint sei[8], und er nennt die Glückseligkeit das vollkommenste und vollständigste Gut. Bisweilen nennt er sie auch ein mit sich übereinstimmendes und harmonisches Leben[9] und manchmal die höchste Vollkommenheit in der Tugend[10]. Diese setzt er in der Erkenntnis des Guten[11] und in der Angleichung an Gott[12] an, indem er als

---

[4] Die Gegenüberstellung von $\mu\varepsilon\theta\varepsilon\kappa\tau\dot{o}\nu$ und $\mu\varepsilon\tau\dot{\varepsilon}\chi\omega\nu$ p. 185,10f benutzt auch Plutarch, Advers. Colotem 15, mor. 1115 D, zur Platonerklärung.

[5] Dazu hat L. Früchtel, z. St., Albinos, Didask. XXVII p. 179,30 – p. 180,8, genannt, so auch Apuleius, De Platone II § 219f p. 104,1–11.

[6] Kleanthes, Frg. 558 SVF I p. 127,20–25. Das Sokrateswort findet sich auch bei Cicero, De off. III § 11, und De leg. I § 33, bei Plutarch, Quaest. conviv. IV 1, mor. 662 B, und bei Theodoret, Graec. affect. cur. XI § 11. Für die Identifizierung des Gerechten mit dem Glückseligen kann Gorg 470 c4 – 471 a3. 507 a4 – e3. 508 a8 – b3 und Pol I 353 d2 – 354 c3 genannt werden. Der Fluch hat m. W. weder bei Platon noch in den sokratischen Schriften des Xenophon einen Anhalt.

[7] Die etymologisierende Definition von $\varepsilon\dot{v}\delta\alpha\iota\mu\omega\nu\dot{\iota}\alpha$ ebenso bei Xenokrates, Frg. 81; Poseidonios, Frg. 187, 4–9 (in Anspielung); Arius Didymus bei Stobaios II p. 53,1–4; Sextus Empiricus, Advers. Math. IX § 47; Marcus Antoninus, In semet ipsum V 27. VII 17; Albinos Didask. XXVIII p. 181,37 – p. 182,2; Apuleius, De deo Socratis XV § 150 p. 23,9–12; Porphyrios, Ad Marcellam § 19ff; Jamblich, Protr. V p. 31,6ff. Zugrunde liegt Tim 90 a2 – c6, eine Stelle, die auch Galen, Scripta Minora II p. 26,9 – p. 27,12, zitiert hat.

[8] In Tim 89 d3 heißt der Seelenteil $\delta\iota\alpha\pi\alpha\iota\delta\alpha\gamma\omega\gamma\tilde{\omega}\nu$ $\mu\dot{\varepsilon}\rho\sigma\varsigma$, vgl. auch Jamblich, Protr. V p. 30,20ff.

[9] Zu $\beta\dot{\iota}\sigma\varsigma$ $\dot{o}\mu\omega\lambda\omega\gamma\omega\dot{v}\mu\varepsilon\nu\sigma\varsigma$ $\kappa\alpha\dot{\iota}$ $\sigma\dot{v}\mu\phi\omega\nu\sigma\varsigma$ p.185,21f vgl. Albinos, Didask. XIX p.182,15.33f, und Apuleius, De Platone II § 227 p. 107,20: «concors sibi» und p. 108,2: «congruens». Ansätze für diese Aussage könnten in Pol VIII 554 e4, Nom V 741 a8. 746 c8 und Lach 188 d5, worauf schon O. Stählin, z.St., aufmerksam gemacht hat, zu suchen sein.

[10] Zu $\tau\dot{o}$ $\kappa\alpha\tau'$ $\dot{\alpha}\rho\varepsilon\tau\dot{\eta}\nu$ $\tau\varepsilon\lambda\varepsilon\iota\dot{o}\tau\alpha\tau\sigma\nu$ p. 185,22 vgl. G. Luck, Der Akademiker Antiochos S. 62f. Ausgangspunkt dafür dürfte Nom I 630 d9 – 632 d7 sein, vgl. vor allem $\mu\varepsilon\gamma\dot{\iota}\sigma\tau\eta$ $\dot{\alpha}\rho\varepsilon\tau\dot{\eta}$ 630 c3f und $\delta\iota\kappa\alpha\iota\sigma\sigma\dot{v}\nu\eta$ $\tau\varepsilon\lambda\dot{\varepsilon}\alpha$ 630 c6.

[11] Zu $\dot{\varepsilon}\pi\iota\sigma\tau\dot{\eta}\mu\eta$ $\tau\sigma\tilde{v}$ $\dot{\alpha}\gamma\alpha\theta\sigma\tilde{v}$ p. 185,23 sei nur genannt Albinos, Didask. XXVII p. 179,34–37. p. 180,35f. p. 181,8f, und Apuleius, De Platone II § 221 p. 104,17–20: «bonum primum adpetere», bzw. «adipisci». Grundlage ist Pol VII 517 b7 – c5.

[12] Die $\dot{o}\mu\sigma\dot{\iota}\omega\sigma\iota\varsigma$ $\theta\varepsilon\tilde{\omega}$ p. 185,23f ist die zentrale Lehre der Ethik des kaiserzeitlichen Pla-

Angleichung ,gerecht und fromm mit Einsicht' zu sein bezeichnet[13]. Nehmen nicht auch unter uns einige an, daß der Mensch das ,nach dem Bilde' (κατ' εἰκόνα) sofort bei seiner Geburt empfangen habe, das ,nach der Ähnlichkeit' (καθ' ὁμοίωσιν) aber erst später bei der Vollendung erhalten soll?» (§ 131,2—6).

Offenbar sammelt Clemens hier in lockerer Form mannigfach variierte τέλος-Bestimmungen nach einem Grundsatz der schulischen Platonexegese[14]. Für ihn persönlich ist dabei bemerkenswert, daß er in einem Fall (p. 185,17f) seine ausdrückliche Billigung einfließen läßt und daß er zuletzt (§ 131,6) die Beziehung zu einer unter Christen auf Grund von Gen 1,26 vollzogenen Lehrunterscheidung von κατ' εἰκόνα und καθ' ὁμοίωσιν[15] herstellt, ohne sich freilich selbst damit zu identifizieren[16].

tonismus, entsprechend häufig ist ihre Erwähnung: Arius Didymus bei Stobaios II p. 49,8 — p. 50,10; Philon, Fug § 62ff, dann auch Decal § 73f. § 107, Imm § 48, Op § 144. § 151, Post § 23, SpecLeg IV § 188, Virt § 8. § 168, u.ö.; Plutarch, De sera num. vindicta 5, mor. 550 D, Ad princ. inerud. 3, mor. 780 EF, Frg. 143,5; Albinos, Isag. VI p. 151,4, Didask. II p. 153,7, XXVIII p. 181,16 — p. 182,12; Apuleius, De Platone II § 252 — § 255 p. 126,4 — p. 127,20; Anonymer Theaitetkommentar, col. 7,14—20; Maximus Tyrius, Or. XXVI 9h; Diogenes Laertios III § 78; Hippolyt, Refutatio I 19,17; Pseud.Longin, De sublimitate 1,2; Plotin, Enn. I 2 u.ö.; Porphyrios, Sent.ad. intell. duc. 32 p. 25,9. p. 28,3, Ad Marcellam § 16; Jamblich, Protr. V p. 35,14—18. XIV p. 76,5—11, De virtute bei Stobaios V p. 907,6—9. Das Motiv begegnet schon bei Cicero, Tusc. IV § 57, De leg. I § 25, De nat. deor. II § 153, und in den mittleren Stoa, so Seneca, Epist. 48,11. 95,50, De prov. I 5, De const. sap. VIII 2; Musonius, Reliquiae XVII p. 90,4—17; Epiktet, Diss. II 14,11f; Marcus Antoninus, In semet ipsum X 8,6. Das scheint eine eigenständige Traditionslinie zu sein, vgl. zum Ganzen auch H. Merki, ΟΜΟΙΩΣΙΣ ΘΕΩ S. 1—44.

[13] Theait 176 b2f, auf die Platonbelege ist sogleich einzugehen.

[14] Die Formel lautet: τὸ δέ γε πολύφωνον τοῦ Πλάτωνος οὐ πολύδοξον, bei Stobaios II p. 49,25f. p. 55,5f, vgl. Diogenes Laertios III § 63: ὀνόμασι δὲ κέχρηται ποικίλοις; Albinos, Didask. XXVIII p. 181,17: ποικίλως δὲ τοῦτο (sc. τὸ τέλος) χειρίζει. Zu dem entgegengesetzten Befund waren Epikureer gelangt und hatten Platon daraus einen Vorwurf gemacht, so bei Cicero, De nat. deor. I § 30: «iam de Platonis inconstantia longum est dicere», vgl. H. Dörrie, Von Platon zum Platonismus S. 40f.

[15] Umstritten ist, an wen Clemens bei den τινὲς τῶν ἡμετέρων p. 185,25 denkt. J. Daniélou, Message évangélique et culture hellénistique S. 115.375, bezieht die Anspielung auf Irenaeus, vgl. Irenaeus, Advers. Haeres. V 6,1—2. Bei aller Vorsicht hat auch P.Th. Camelot, in: Clément d'Alexandrie, Stromate II S. 133 Anm. 6, eine entsprechende Vermutung vorgetragen. Gegen Irenaeus hat sich A. Mayer, Das Gottesbild im Menschen nach Clemens von Alexandrien S. 77f, ausgesprochen. Ebenfalls kritisch äußert sich A. Méhat, Étude sur les ,Stromates' S. 376f mit Anm. 193. An Clemens' Lehrer, besonders an Pantänus, denkt S.R.C. Lilla, Clement of Alexandria S. 108 Anm. 3. Die Frage kann hier nicht weiter verfolgt werden.

[16] Clemens' Zurückhaltung dürfte darin begründet sein, daß er, wie A. Mayer, Das Gottesbild im Menschen nach Clemens von Alexandrien S. 5—32, gezeigt hat, einen freieren Sprachgebrauch befolgt, wonach εἰκών und ὁμοίωσις sowohl streng geschiedene Begriffe sein als auch beide gleichgesetzt werden können, und zwar gleichgesetzt entweder als erschaffene νοῦς-Ausstattung des Menschen oder als höhere gnadenhafte Gottesebenbildlichkeit.

Nach dem doxographischen Teil wendet sich Clemens in § 132,1 — § 133,3
den Texten über die ὁμοίωσις θεῷ zu und versieht sie mit einigen kommentierenden Bemerkungen. In diesem Zusammenhang hat er zwei Stellen zur Hand,
Nom IV 715 e7 — 716 a4. c1—4.6 — d3 und Theait 176 a7 — b3, er kennt aber
noch eine dritte, die er in der Abhandlung zum Diebstahl der Hellenen ausschreibt. Dort kommt er in Strom V § 94,6 — § 96,3 erneut auf die Anglei-
chungsthematik in Verbindung mit Aussagen zur Freundschaft zu sprechen,
wobei die Verknüpfung offenbar durch das Sprichwort ὅμοιον ὁμοίῳ φίλον[17]
zustande gekommen ist. Er weist ausdrücklich auf seine einschlägige Behandlung der platonischen ὁμοίωσις θεῷ im zweiten Buch zurück, wiederholt Nom
IV 716 c1—5, läßt eine Zusammenfassung von Nom IV 716 c6 — d4 folgen und
schließt in § 96,2 Tim 90 d4—7 mit der Floskel an: «An diesem Punkt erinnere
ich mich auch an jene Stelle. Am Ende des Timaios sagt er (d. h. Platon)...».
Der zufällige Charakter, den Clemens der Aufzählung der Belege zu geben
scheint, darf aber nicht in die Irre führen. Diese Zusammenstellung ist keineswegs zufällig, sondern basiert, was bereits mehrfach festgestellt worden ist[18],
auf einer vorgegebenen Tradition, die ebenso bei Arius Didymus und bei Albinos greifbar wird. Diese beiden Autoren kennen auch noch weitere Belege. Zusätzlich zu den drei von Clemens zitierten Stellen nennt Arius Didymus[19] Pol
X 613 ab, vielleicht denkt er außerdem an Pol VI 500 cd, und Albinos[20] erweitert die Sammlung um Phaid 82 ab und Phaidr 248 a, übergeht aber Tim 90 d.
Es herrscht in der neueren Forschung Einigkeit darüber, daß diese Tradition auf
die philologische Arbeit des Eudor von Alexandrien zurückgeht[21]. Er hat die
zeitgemäße und als bedrängend empfundene Frage nach dem Ziel des menschlichen Lebens an Platon herangetragen, hat dessen Dialoge systematisch auf
eine würdige und kohärente Antwort hin befragt und ist zu dem Ergebnis gelangt, daß Platon dem Menschen mehrfach die Angleichung an Gott als Ziel ge-
steckt habe.

[17] So Homer, ρ 217f; Pseud. Xenophon, Athen. Politeia III 10; Platon Lysis 214 a2 —
216 b9, Gorg 510 b4, Symp 195 b5, Phaidr 255 b1f; Aristoteles, EN VIII 1155a32ff;
Cicero, Laelius § 50; Albinos, Didask. XXXIII p. 187,11ff; Apuleius, De Platone II
§ 238 p. 116,9ff.

[18] H. Dörrie, Der Platoniker Eudoros von Alexandreia, in: ders., Platonica Minora S. 303f;
H. Merki, ΟΜΟΙΩΣΙΣ ΘΕΩ S. 2 mit Anm. 2; A. Méhat, Étude sur les ‚Stromates'
S. 375.

[19] Arius Didymus bei Stobaios II p. 49,18—25 und p. 50,6—10.

[20] Albinos, Didask. XXVIII p. 181,17—33.

[21] K. Praechter, in: Überwegs Grundriß der Geschichte der Philosophie, Teil 1, S. 531;
H. Dörrie, Der Platoniker Eudoros von Alexandreia, in: ders., Platonica Minora S. 303f;
ders., Von Platon zum Platonismus S. 40ff; Ph. Merlan, in: The Cambridge History of
Later Greek and Early Medieval Philosophy S. 82; W. Theiler, Philo von Alexandria
und der Beginn des kaiserzeitlichen Platonismus, in: Festschrift J. Hirschberger S. 214;
J. Dillon, The Middle Platonists S. 122f. Es scheint neben und unabhängig von dieser
Tradition noch eine zweite Linie gegeben zu haben (s.o. S. 174f Anm. 12), in der die
Platonbelege keine ausgezeichnete Bedeutung hatten. Sie wird auf Poseidonios zurück-

Was nun die authentische Aussage betrifft, so läßt sich feststellen, daß Platon, wenn er den Gedanken der ὁμοίωσις θεῷ mehrmals aufnimmt, sich nicht einfach wiederholt, sondern jeweils verschieden akzentuierte, ganz spezifische Variationen des einen Grundmotivs vorträgt[22]. Es läßt sich zeigen, daß sein Konzept, um die Untersuchung auf die von Clemens übernommenen Stellen zu beschränken[23], im Theaitet in einem traditionell religiösen Rahmen mit einer gewissen Ausrichtung auf die Idee der Gerechtigkeit hin steht, daß es im Timaios einen eindeutig astronomischen Charakter hat und daß es in den Nomoi von orphischer und delphischer Theologie geprägt ist.

Die Theaitetstelle befindet sich im zweiten Teil der in mehr als einer Hinsicht merkwürdigen Episode (172 c3 − 177 c5)[24] des Dialoges, wo Sokrates, nachdem er im ersten Teil den scharfen Kontrast zwischen dem Philosophen und dem weltläufig, d. h. sophistisch gebildeten Rhetoren nachgezeichnet hat, nun die Frage nach einer möglichen Befriedung unter den Gegnern aufnimmt. Er erklärt dazu: «Das Böse, Theodoros, kann weder ausgerottet werden, denn es muß immer etwas dem Guten Entgegengesetzes geben, noch kann es unter den Göttern seinen Sitz haben. Es umwandelt aber die sterbliche Natur und diesen Ort mit Notwendigkeit. Deshalb muß man versuchen, von hier weg dorthin so schnell wie möglich zu fliehen. Flucht ist Angleichung an Gott, soweit es möglich ist. Angleichung aber heißt, gerecht und fromm werden mit Einsicht» (176 a5 − b3). Sokrates weist den Irrtum der Menge zurück, daß es auf den äußeren Schein ankomme, man also das Schlechte zu meiden und der Tugend nachzustreben nur scheinen müsse, und fährt fort: «Gott ist niemals und auf keine Weise ungerecht, sondern im höchsten Sinne vollkommen gerecht, und nichts ist ihm ähnlicher, als wer unter uns gleichfalls so gerecht wie möglich ist» (176 b8 − c3).

Die Frage nach der Eigenart des hier vorliegenden Konzepts der Angleichung an Gott entscheidet sich vorrangig am Gottesbegriff. Sie ist zunächst negativ damit zu beantworten, daß der Gott, dem sich der Mensch angleichen soll, nicht mit der Idee der Gerechtigkeit identisch ist. Zwar wird die Idee der Gerechtigkeit im ersten Teil der Episode als dasjenige genannt, dem im höchsten Grade die Aufmerksamkeit des Philosophen gilt (175 c2f), aber die naive Zwischenbemerkung des in der Dialektik ungeübten Mathematikers Theodoros (176 a3f, vgl. auch 177 c3ff) markiert einen deutlichen Wechsel des Gesprächs-

---

geführt von M. Pohlenz, Die Stoa Bd. 2 S. 133, und W. Theiler, Die Vorbereitung des Neuplatonismus S. 106f, ders., Philo von Alexandria, ebd. S. 214.

[22] Das ist J. Meifort, Der Platonismus bei Clemens Alexandrinus S. 69−83, und H. Merki, ʹΟΜΟΙΩΣΙΣ ΘΕΩ S. 3−7, der sich eng an J. Meifort anlehnt, entgangen.

[23] Dasselbe ließe sich auch für die übrigen Belege nachweisen.

[24] Vgl. U. von Wilamowitz-Möllendorf, Platon Bd. 2 S. 230ff. Züge der Ironie und der Karikatur sehen in der Episode P. Friedländer, Platon Bd. 3 S. 151−156, und W. Jaeger, Paideia Bd. 2 S. 356ff.

niveaus. Auch fällt im ersten Teil das Wort φιλοσοφία, bzw. φιλόσοφος mehrmals (172 c9. 173 c8. 174 b1. 175 e2), während es im zweiten Teil gar nicht
mehr erscheint. Ebenso hat die Aussage, daß das Schlechte notwendig bei den
Menschen seinen Platz haben muß, eine enge Parallele in der Politeia, deren unphilosophischer Charakter eindeutig ist[25]. Dem entspricht positiv, daß das wesentliche Charaktermerkmal Gottes, seine Gerechtigkeit, zur traditionell religiösen Gottesvorstellung gehört. Daß ein Gott der Hüter der Gerechtigkeit ist
unter Göttern und Menschen, ist seit Hesiod[26] die geläufige Meinung. Da Platon
nun gleichwohl den Übergang von der Idee der Gerechtigkeit zur traditionell
religiösen Gottesvorstellung vollziehen konnte, ohne beides gleichzusetzen oder
systematisch einander zuzuordnen, so wird man urteilen dürfen, daß der Gott,
dem der Mensch sich angleichen soll, derjenige einer philosophisch gereinigten
und letztlich auf die Idee der Gerechtigkeit hin ausgerichteten, im Kern aber
stärker traditionell religiösen Gottesvorstellung ist.

Das wirkt sich auf die weitere Interpretation dahin aus, daß die Angleichung
an Gott wesentlich nicht im Eintritt in die Ideensphäre, bzw. im erkenntnis-
mäßigen Aufstieg zur Idee der Gerechtigkeit anzusiedeln ist. Zwar könnte die
Ausdruckweise, ἐνθένδε ἐκεῖσε φεύγειν 176 a8f, zu solchem Mißverständnis führen[27], allein dagegen spricht einmal, daß das Ziel der Flucht ja eben nicht die
Gerechtigkeit selbst, sondern Gott ist, und zum anderen, daß die Flucht näher
bezeichnet wird als δίκαιον καὶ ὅσιον μετὰ φρονήσεως γενέσθαι 176 b2f. Die
Wendung δίκαιον καὶ ὅσιον ist wiederum traditionell. In der Verbindung des tugendhaften Verhaltens gegenüber den Mitmenschen (δίκαιον) und gegenüber
den Göttern (ὅσιον) bezeichnet sie «die vollkommene Tadelsfreiheit einer
Handlung oder einer Person»[28]. Sodann erklärt sich die Erwähnung der Einsicht aus dem anschließend ausgesprochenen sokratischen Grundsatz, daß Tugend Wissen sei (176 c4f), sie ist aber ebenso abgedeckt durch ihre Zugehörig-

---

[25] Pol II 379 c4—7: πολὺ γὰρ ἐλάττω τἀγαθὰ τῶν κακῶν ἡμῖν, καὶ τῶν μὲν ἀγαθῶν
οὐδένα ἄλλον αἰτιατέον, τῶν δὲ κακῶν ἀλλ' ἄττα δεῖ ζητεῖν τὰ αἴτια, ἀλλ' οὐ τὸν θεόν.
Gott handelt nicht ungerecht (378 b8ff), er ist ἀγαθός (380 b6f). Beachtlich ist diese
Passage deshalb, weil die Ausbildung der Krieger, die hier im Hintergrund steht, keine
philosophische ist.

[26] Hesiod, Erga 248—273, vgl. A. Dihle, Art. Gerechtigkeit, RAC Bd. 10 Sp. 234—258.

[27] Dieses Mißverständnis liegt nahe, weil φεύγουσα αὐτό (sc. τὸ σῶμα) in Phaid 80 e4 tatsächlich von der Seele des Philosophen gesagt wird und den Aufstieg zu den Ideen
meint, vgl. auch Phaid 81 a4f. In diesem Sinne versteht J. Meifort, Der Platonismus
bei Clemens von Alexandrinus S. 71f, den Gedanken, weil er Theait 176 a nach Pol VI
500 cd interpretiert. Zutreffend dagegen J. van Camp — P. Canart, Le sens du mot
ΘΕΙΟΣ chez Platon S. 193: «Platon ne demande pas à l'homme de devenir dieu, mais
d'agir comme un dieu. 'La divinité' ou les dieux ne sont pas la justice, mais la prati-
quent de façon exemplaire».

[28] A. Dihle, Art. Gerechtigkeit, RAC Bd. 10 Sp. 240, der darauf aufmerksam macht, daß
dieser Sprachgebrauch allgemein verbreitet ist, aber auch in der Sprache des Rechts in
außerliterarischen Texten wie Gerichtsdokumenten und Ehreninschriften begegnet.

keit zu den traditionellen Kardinaltugenden. Schließlich ist aus diesem noch vorphilosophischen und stärker traditionell religiösem Gesamtduktus auch die Einschränkung κατὰ τὸ δυνατόν 176 b1f zu verstehen. Auch sie hat keine eindeutige oder auch nur überwiegend philosophische Pointe, sondern weist den Menschen auf seine Begrenztheit gegenüber Gott[29].

Von diesem Konzept der ὁμοίωσις θεῷ weicht dasjenige im Timaios deutlich ab. Die einschlägige Stelle befindet sich am Ende des Werkes, wo zum letzten Mal die Notwendigkeit der Seelenpflege hervorgehoben und ihre Vollzugsweise beschrieben wird (89 d2 − 90 d7). Der Mensch, dieses himmlische Gewächs, muß den in ihm wohnenden Dämon in wohlgeschmücktem Zustand halten, indem er der Vernunft die ihr angemessenen Nahrungsgüter und Bewegungen gewährt. Das sind die Gedanken und Kreisläufe des Alls, von denen es heißt: «Ihnen muß jeder folgen und, indem er unsere bei der Geburt im Kopf beschädigten Kreisbahnen wiederherstellt, durch Erforschung der Harmonien und Kreisläufe des Alls so sein Denkendes, gemäß seiner alten (d. h. vorgeburtlichen) Natur, an das Gedachte angleichen. Mit dieser Angleichung erreicht er das Ziel des besten, den Menschen von den Göttern abgesteckten Lebens für die gegenwärtige und alle spätere Zeit» (90 d1−7).

Zwar wird hier nicht ausdrücklich von der Gottesangleichung gesprochen, daß es aber genau um diese Thematik geht, machen die parallelen Ausführungen 47 b5 − c4 zweifelsfrei. Der Gott ist nach diesem Konzept die Weltseele (47 c3), deren Herstellung und Einkörperung 34 b10 − 39 e2 beschrieben wurde und die für die Angleichung eine doppelte Bedeutung hat, und zwar in Form von Gedanken und Kreisläufen. Für beides sind die Umschwünge des Selben und des Anderen konstitutiv. Als Kreisläufe bewirken die beiden Umschwünge die Bewegungen des Himmelsäquators und des Tierkreises und führen damit die ununterbrochenen und geordneten Bewegungen am gestirnten Himmel herauf. Als Gedanken bewirkt der Umschwung des Anderen in Hinsicht auf Veränderliches sichere und richtige Vorstellungen und Meinungen (δόξαι καὶ πίστεις βέβαιοι καὶ ἀληθεῖς 37 b8) und der Umschwung des Selben in Hinsicht auf Unveränderliches Verstand und Wissen (νοῦς ἐπιστήμη τε 37 c2). Diese beiden Umschwünge binden die Untergötter auch in das kugelförmige Gebilde ein, das später der menschliche Kopf heißen wird (44 d3−6), wo sie bei der Geburt, d. h. bei Eintritt in die Körperwelt in Verwirrung geraten (43 a6 − 44 b1), dann allmählich sich beruhigen und durch geistige Ausbildung gefördert werden müssen (44 b1 − c4). Konkret geschieht nun die Angleichung an Gott dadurch, daß man im Blick auf die Gestirnbewegungen die Umschwünge des Selben und des Anderen der Weltseele erkennt und auf diese Weise die Umschwünge des Selben und des Anderen im eigenen Kopf befestigt und kräftigt. Astronomi-

---

[29] Man fühlt sich erinnert an Aristoteles, Περὶ τἀγαθοῦ 1: δεῖ μεμνῆσθαι ἄνθρωπον ὄντα οὐ μόνον τὸν εὐτυχοῦντα ἀλλὰ καὶ τὸν ἀποδεικνύντα.

sche Studien — das ist hier der reale Sinn der Angleichung an Gott. Und auch in
diesem Kontext stößt man auf die Einschränkung καθ' ὅσον δυνατόν 90 b4f.
c2f. Sie ist hier psychologisch begründet, d. h. der Körper und die ihm zunei-
genden Seelenformen der Begierde und des Willens setzen der Vernunfttätigkeit
Grenzen[30].

Wiederum von diesen beiden Konzepten deutlich abgehoben ist der Vor-
stellungsgehalt an der dritten Stelle aus den Nomoi. Es handelt sich dabei um
den Anfang der Rede, die der Athener an die fingierte Versammlung der Neusiedler als Vorspruch zu den Gesetzen verkündet (IV 715 e7 — 718 b5). Er erklärt: «Männer, . . . der Gott ist es, der, wie auch ein altes Wort sagt, Anfang,
Ende und Mitte aller Dinge in seiner Hand hält, er vollführt gerade und der Natur gemäß seine Bahn. Recht folgt ihm allezeit als Rächer an denen, die das
göttliche Gesetz verfehlen. Am Recht festhaltend, folgt ihm demütig und gesittet, wer glückselig werden will. Wer aber in hoffärtigem Wesen aufgeblasen,
sich, sei es auf Grund seines Reichtums, sei es auf Grund seiner Ehrungen über-
hebt und durch Körperwohlgestalt, Jugend und Unverstand in seiner Seele zu
Frevelhaftigkeit entflammt und meint, er bedürfe keines Herrschers noch eines
Führers, sondern sei sogar fähig, andere zu leiten, der macht sich jeder Gemeinschaft mit Gott verlustig» (IV 715 e7 — 716 b1). Im Anschluß führt der Athener die zerstörerischen Folgen dieser Ruchlosigkeit noch weiter aus und wendet
sich dann der entgegengesetzten Einstellung zu, derjenigen, die in der Angleichung, bzw. in der Nachfolge Gottes besteht (συνακολουθεῖν τῷ θεῷ 716 b8f):
«Und welches Verhalten ist nun Gott wohlgefällig und ihm angemessen? Ein
einziges, dem gleichfalls ein einziges altes Wort zur Seite steht, daß nämlich
Gleiches dem Gleichen, wenn es das rechte Maß hat, freund sei, während das
Maßlose weder untereinander noch mit dem Maßhaften befreundet sein kann.
Natürlich dürfte uns Gott am meisten aller Dinge Maß sein und viel mehr als
irgendein Mensch, wie man sagt. Wer nun einem solchen wohlgefällig werden
will, der muß nach Kräften soweit wie möglich auch selbst notwendigerweise
so beschaffen werden. Und nach diesem Grundsatz ist der Besonnene unter uns
Gott freund, weil er ihm ähnlich ist, der Unbesonnene aber und Ungerechte ist
ihm unähnlich und mit ihm entzweit. Und so verhält es sich auch in den anderen Stücken nach diesem Grundsatz» (716 c1 — d4).

Auch für das Verständnis dieser Ansprache ist es wichtig sich klarzumachen,
daß der Athener keinen philosophischen Gottesbegriff übernimmt oder voraussetzt[31]. Seine Rede ist an die Neusiedler gerichtet, und das bedingt schon von

---

[30] Die Einschränkung interpretiert ebenso A.E. Taylor, A Commentary on Plato's Timaeus S. 633.
[31] Das ist auch gegen W. Jaeger, Paideia Bd. 3 S. 320f mit Anm. 204, einzuwenden, der
von der Wesensgleichheit des Gottes der Nomoi mit der Idee des Guten spricht. Ein
philosophischer Gottesbegriff wird in Buch X behandelt, und das geschieht ohne Berücksichtigung der Ideenlehre. Zur Frage des höchsten ἕν und der Dialektik vgl. oben

vornherein ein volkstümlicheres Niveau. Bezeichnend ist auch der bruchlose Übergang von dem ersten und höchsten Gott zu den olympischen Göttern, den Polisgöttern und chthonischen Gottheiten bis hin zu Dämonen, Heroen und väterlichen Göttern (717 a6 — b5). Andererseits haben die beiden hauptsächlichen Wesensbestimmungen, nämlich die erhabene und allumfassende Gewalt Gottes und die Maßhaftigkeit Gottes, eine herausragende religiöse Bedeutung. Für beides beruft sich der Athener auf alte Sprüche. Daß Gott Anfang, Ende und Mitte aller Dinge in seiner Hand hält, bezeichnet die allumfassende Gewalt Gottes. Dabei tragen der moralische und der kosmologische Aspekt besonderes Gewicht, denn daß Gott gerade und der Natur gemäß seine Bahn vollführt, bezieht sich einerseits auf das göttliche, von δίκη begleitete Walten in Gerechtigkeit und andererseits auf das göttliche Walten in der Bewegung der Himmelskörper[32]. Platon fußt damit, wie die Scholien schon feststellen und die neuere Forschung bestätigt hat[33], auf einem orphischen Hymnus auf Zeus. So ist mithin dieser Wesenszug Gottes von orphischer Theologie geprägt. Den zweiten Wesenszug Gottes, seine Maßhaftigkeit, entwickelt der Athener zunächst an dem anderen alten Spruch, jenem Sprichwort[34], daß das Gleiche dem Gleichen freund sei, in der Weise, daß er dessen Geltung ausdrücklich auf den Bereich des Maßhaften beschränkt[35]. Auf die Maßhaftigkeit als eine wesensmäßige Auszeichnung Gottes zielt sodann auch die Umkehr des homo-mensura-Satzes des Protagoras ab[36]. Aber natürlich erklärt die vordergründige Polemik diesen Gedanken nicht hinreichend, in ihm schlägt sich vielmehr, wie W. Schadewaldt[37] erkannt hat, eine Nachwirkung delphischer Theologie nieder.

An die delphische Tempelinschrift ἕπου θεῷ erinnert es auch, wenn der Athener neben Angleichung und Freundschaft auch von der Nachfolge Gottes spricht. Des näheren macht er dazu zwei Bemerkungen. Aus der Maßhaftigkeit

---

Kap. III S. 104ff. Ganz abwegig ist die Auskunft der Scholien (p. 317,16 Greene), der Gott sei mit dem Demiurgen identisch. Dafür gibt es nirgends einen Hinweis.

[32] So E.B. England, The Laws of Plato Bd. 1 S. 447f, und P. Friedländer, Platon Bd. 3 S. 394.

[33] So die Scholien (p. 317,16ff Greene), weiteres Belegmaterial bei Pseud. Aristoteles, De mundo 7, 401 a28 — b7, Porphyrios bei Euseb, Praep. Ev. III 9,2 (vgl. dazu K. Ziegler, Art. Orphische Dichtung, RECA Hlbd. 36 Sp. 1359f) und vor allem der neuentdeckte Papyrus aus dem 4. Jhrdt. v. Chr. nach W. Burkert, Orpheus und die Vorsokratiker, AuA 14 1968 S. 94.96.

[34] S. o. S. 176 Anm. 17.

[35] E.B. England, The Laws of Plato Bd. 1 S. 448: «The addition of ὄντι μετρίῳ shows that the speaker is not so much adapting the old proverb as limiting its scope».

[36] Vgl. auch H.J. Krämer, Arete bei Platon und Aristoteles S. 195ff. Es überschreitet allerdings den immanenten Sinn der Ansprache, wenn H.J. Krämer das «Maß» aus dem Horizont des Politikos, des Philebos und der Prinzipienlehre interpretiert. Das hätte der Athener nicht einmal selbst verstanden.

[37] W. Schadewaldt, Der Gott von Delphi und die Humanitätsidee S. 34. Die Bedeutung Apollons und Delphis für die Nomoi im weiteren Sinn arbeitet O. Reverdin, La religion de la cité platonicienne S. 89—106, heraus.

Gottes ergibt sich, daß der Mensch dann Gott folgt und ihm sich angleicht,
wenn er selbst maßvoll, d. h. besonnen ist. Eine umfassendere Bestimmung ist
aber schon zuvor gefallen: Der Mensch muß dem dem Gott anhangenden Recht
($\delta i\kappa\eta$) folgen, demütig und gesittet. Daß Platon hier in singulärer Weise die Demut anempfiehlt, ist gelegentlich mit skeptischem Unbehagen notiert wor-
den[38], es erklärt sich jedoch aus dem Zusammenhang ganz zwanglos. Demut
meint soviel wie Unterordnung, bzw. Gehorsam gegenüber dem Gesetz. Während der Frevler glaubt, er bedürfe keines Herrschers und keines Führers, ist
derjenige, der glückselig werden will, vom Gegenteil überzeugt und unterwirft
sich dem Recht, d. h. konkret dem Gesetz, das der Athener zu verkünden im
Begriff ist[39]. Etwas vorgreifend kann schon hier darauf hingewiesen werden,
daß dem Athener noch eine weitere, der Demut benachbarte Seelenhaltung
wichtig ist, die Furcht. Zwar stuft er sie als eine vernunftslose Seelenregung
ein[40], aber er schätzt sie doch als $a\dot{\iota}\sigma\chi\dot{\upsilon}\nu\eta$, als $a\dot{\iota}\delta\dot{\omega}\varsigma$ und insbesondere als die
Furcht vor dem Gesetz sehr hoch[41], ja die Furcht heißt geradezu $\theta\epsilon\tilde{\iota}o\varsigma$ $\phi\dot{o}\beta o\varsigma$[42].
Daß in diesem von orphischer und delphischer Theologie geprägten Aussage-
gehalt die Einschränkung $\epsilon\dot{\iota}\varsigma$ $\delta\dot{\upsilon}\nu\alpha\mu\iota\nu$ $\ddot{o}\tau\iota$ $\mu\dot{\alpha}\lambda\iota\sigma\tau\alpha$ 716 c6f ebenfalls religiös motiviert ist, ergibt sich von selbst. Die geforderte höchste Anstrengung des Men-
schen findet eine unüberwindbare Schranke vor der Hoheit des unsterblichen
Gottes.

Blickt man, nachdem man sich auf diese Weise die verschiedenen Nuancierungen des Grundgedankens der Angleichung an Gott einmal vergegenwärtigt hat, auf die mit Eudor von Alexandrien einsetzende Schulauslegung, dann
stellt man fest, daß die jeweils variierenden, spezifischen Akzente verschwinden
und der Gedankengehalt allgemein nivelliert wird. Eudor[43] zielt denn auch ausdrücklich darauf ab zu zeigen, daß Platon mit verschiedenen Formulierungen
doch nur die eine Meinung habe vortragen wollen, daß das Ziel im tugendhaften Leben bestehe. Die Variationen dagegen erklärten sich in Entsprechung
zur Dreiteilung der Philosophie[44]: Im Timaios sei das Ziel physikalisch, in der
Politeia ethisch und im Theaitet logisch gefaßt, die Nomoi brächten eine reichhaltige Umschreibung. Das ist natürlich ganz äußerlich an die Texte herangetragen, dem ursprünglichen Sinn wird das nicht gerecht. Noch einen Schritt weiter

---

[38] A. Dihle, Art. Demut, RAC Bd. 3 Sp. 742.754, spricht von einem «beinahe paradox
      zu nennenden Ausdruck», vgl. auch L. Strauss, The Argument and the Action of Pla-
      to's Laws S. 60.
[39] W. Jaeger, Paideia Bd. 3 S. 320: «Der Gehorsam gegen das Gesetz . . . ist nichts anderes
      als der Gehorsam gegen Gott».
[40] Nom I 644 b6 — 645 c6. Zur Psychologie des Marionettengleichnisses vgl. H. Görge-
      manns, Beiträge zur Interpretation von Platons Nomoi S. 119—123.
[41] Nom I 646 e4 — 647 d7. III 698 b5f. 699 c1—4. VI 783 a6. VIII 839 c5. X 887 a6.
[42] Nom II 671 d2.
[43] Stobaios II p. 49,8 — p. 50,10.
[44] Die Dreiteilung ist seit Xenokrates, Frg. 1, gängig.

in der Nivellierung geht Albinos[45]. Für ihn sind die Unterschiede nur noch solche des Vokabulars. Dieser einebnenden Tendenz fallen natürlich in erster Linie die verschiedenen Nuancierungen in der Gottesvorstellung zum Opfer. Für Eudor heißt Gott folgen: δῆλον ὡς οὐχ ὁρατῷ καὶ προηγουμένῳ, νοητῷ δὲ καὶ τῆς κοσμικῆς εὐταξίας ἁρμονικῷ p. 49,16ff. Angleichung an Gott beziehe sich also einheitlich nicht auf die Weltseele[46], sondern auf den intelligiblen Gott, den Füger der kosmischen Wohlordnung. Und ebenfalls einheitlich, aber in Frontstellung gegen Eudors Auffassung[47] heißt für Albinos Angleichung an Gott: θεῷ δηλονότι τῷ ἐπουρανίῳ, μὴ τῷ μὰ Δία ὑπερουρανίῳ, ὃς οὐκ ἀρετὴν ἔχει, ἀμείνων δ' ἐστὶ ταύτης p. 181,36f[48]. Zu dem hier angesprochenen metaphysischen Problem sollte erst Plotin[49] die endgültige Lösung vortragen und begründen, daß der Mensch vermöge der Tugend dem gleich wird, was keine Tugend hat, dem νοῦς. Alle diese Auslegungen werden ganz offensichtlich der Vielfalt der platonischen Gottesvorstellung nicht gerecht. Insbesondere haben alle Autoren die religiöse Akzentuierung unterschlagen, während sich allein auf den Timaios immerhin Albinos[50] berufen könnte, was Eudor und Plotin nicht möglich ist. Und schließlich werden auch die verschiedenen Nuancen der Einschränkung des κατὰ τὸ δυνατόν eingeebnet. Sowohl Eudor als auch Albinos nehmen beide für sie die psychologische Begründung, also die des Timaios, in Anspruch, womit sie wiederum die religiösen Nuancen des Theaitet und der Nomoi ausschalten.

Was nun Clemens betrifft, so läßt sich feststellen, daß er erstens grundsätzlich ein entsprechend schematisiertes Verständnis der Platonstellen voraussetzt, daß er zweitens aber in einer bei seinen schulplatonischen Vorgängern ganz unbekannten Weise auf gewisse Einzelheiten des Textes vor allem der Nomoipassage eingeht und sie eigenständig interpretiert und daß er drittens zu einem Er-

---

[45] Albinos, Didask. XXVIII p. 181,16 − p. 182,12.
[46] Das abgewiesene Mißverständnis, οὐχ ὁρατῷ καὶ προηγουμένῳ p. 49,17, lautet bei W. Theiler, Philo von Alexandria und der Beginn des kaiserzeitlichen Platonismus, in: Festschrift J. Hirschberger S. 214, «nicht dem Sichtbaren und Zuhandenen». Er erklärt: «Das Wort ,zuhanden', προηγούμενος, versteht sich, wenn es nicht verdorben ist, nur dann, wenn an den Aufstieg von der naheliegenden sichtbaren Welt aus zur unsichtbaren gedacht ist». Aber eine andere Möglichkeit, die oben aufgenommen ist, besteht doch auch darin, θεῷ zu ergänzen und zu übersetzen: «nicht dem sichtbaren und (im astronomischen Sinn) vorangehenden Gott». Das scheint auch die Auffassung von H. Dörrie, Art. Albinos, RECA Supplbd. 12 Sp. 19, zu sein.
[47] So H. Dörrie, Art. Albinos, RECA Supplbd. 12 Sp. 19.
[48] H. Dörrie, Art. Albinos, RECA Supplbd. 12 S. 19, nimmt an, daß diese Lehrentscheidung gegen eine Theologisierung Platons gerichtet ist. Diese Auskunft ist problematisch. Plotin hätte dann für die Rückkehr zur Theologisierung votiert. Einleuchtender ist die Erklärung von J. Dillon, The Middle Platonists S. 300, daß damit die Transzendenz des höchsten Gottes gewahrt bleiben soll.
[49] Plotin, Enn. I 2 (περὶ ἀρετῶν).
[50] Vgl. auch Jamblich, Protr. V p. 31,12−19.

gebnis gelangt, das wiederum in sich vereinheitlicht und verfestigt ist, das aber sowohl von der Schulauslegung als auch von Platon selbst völlig abweicht. Bei seiner Behandlung der Nomoistelle läßt sich auch die Zurückweisung eines von Celsus erhobenen Vorwurfs ablesen, die die apologetische Ausrichtung des ganzen Gedankenganges absichert.

Daß Clemens die schulische Schematisierung voraussetzt[51], zeigt sich schon und vor allem an der undifferenzierten Zusammenstellung der Quellen, d. h. der Nomoi- und Theaitetstelle in Strom II § 132,1 — 133,3 und der Nomoi- und der Timaiosstelle in Strom V § 95,4 — § 96,2. Auf denselben Tatbestand weist aber auch, daß Clemens generell das tugendhafte Leben mit der Angleichung an Gott in Verbindung bringt, so in Strom II § 80,5. § 97,1f und § 132,1.

Im Zusammenhang mit dem Abschnitt aus den Nomoi führt Clemens aus: «Indem nun Platon lehrt, daß diese Angleichung sich bei dem Tugendhaften mit Demut vollziehen werde, interpretiert er jenes Schriftwort: ,Jeder, der sich selbst erniedrigt, wird erhöht werden'. Er sagt jedenfalls in den Gesetzen: ,Gott hält, wie auch ein alter Spruch sagt, Anfang und Mitte und Ende von allem in seiner Hand und vollführt einen geraden Weg, indem er der Natur gemäß auf seiner Bahn wandelt. Recht folgt ihm allezeit als Rächer an denen, die das göttliche Gesetz verfehlen'. Siehst du, wie auch er dem göttlichen Gesetz die Scheu beigibt? Wenigstens fährt er fort: ,Am Recht festhaltend folgt ihm demütig und gesittet, wer glückselig werden will'. Nachdem er darauf das Folgende daran angeschlossen hat und mittels der Furcht gewarnt hat, fügt er hinzu: ,Welches Verhalten ist nun Gott wohlgefällig und ihm angemessen? Ein einziges, dem gleichfalls ein einziges altes Wort zur Seite steht, daß nämlich Gleiches dem Gleichen, wenn es das rechte Maß hat, freund sei, während das Maßlose weder untereinander noch mit dem Maßhaften befreundet sein kann'. ,Wer nun Gott wohlgefällig werden will, der muß nach Kräften soweit wie möglich auch selbst notwendigerweise so beschaffen werden. Und nach diesem Grundsatz ist der Besonnene unter uns Gott freund, weil er ihm ähnlich ist, und der Unbesonnene ist ihm unähnlich und mit ihm entzweit'. Wenn er sagt, dieser Satz sei alt, so hat er damit dunkel die aus dem Gesetz zu ihm gekommene Lehre angedeutet» (§ 132,1 — § 133,2).

---

[51] Eine eigene, von der ὁμοίωσις-θεῷ-Thematik unabhängige Wirkungsgeschichte hat der Anfang der Ansprache des Atheners, Nom IV 715 e7 — 716 a3. Clemens zitiert diesen Passus in Protr § 69,4 als Beweis für Platons von den Hebräern übernommenes Wissen um den allmächtigen Gott: θεὸς τῆς τῶν ὄντων ἀληθείας τὸ μέτρον (§ 69,1). Der Gott der Nomoi ist ihm also der monotheistische, biblische Gott. In demselben Sinne verwertet die Stelle Pseud. Justin, Cohort. ad Graec. § 25. Ein entsprechender, überwiegend kosmologischer Auslegungstypus findet sich auf heidnischer Seite bei Plutarch, De exilio 5, mor. 601 B, Advers. Colotem 30, mor. 1124 F; Attikos, Frg. 3,16ff; Pseud. Aristoteles, De mundo 7, 401 b24—28, und analog in der Übersetzung des Apuleius, De mundo § 374 p. 175,3—9; im Abriß der platonischen Philosophie bei Hippolyt, Refutatio I 19,6; und bei Plotin, Enn. II 9,17,12.

Am Rande sei bemerkt, daß sich anhand dieser Stelle kein Beweis dafür führen läßt, daß Clemens den Platontext aus sekundären Quellen geschöpft habe. Die Abweichungen von originalen Wortlaut sind geringfügig und rechtfertigen solche Annahme nicht[52]. Auch die Auswahl, die Nom IV 715 e7 — 716 a4. c1—4.6 — d3 umfaßt, hat als solche keine Parallele[53]. Da Clemens aber andererseits einen Teil des Übergangenen wenigstens kurz paraphrasiert (p. 186,6f), wird man annehmen können, daß er den vollständigen und originalen Wortlaut vor Augen hatte.

Clemens' Interpretation, für die übrigens die Auslassungen unerheblich sind, geht aus seiner Einleitung und aus den Zwischenbemerkungen hervor. Grundlegend ist, daß er Platons Erwähnung des alten Spruches nicht als Rekurs auf den orphischen Zeushymnus, sondern als einen auf das Alte Testament versteht. Demzufolge kann er ganz unbedenklich Platon für die biblische Tradition beanspruchen. Im einzelnen betont er, daß Platon die Angleichung an Gott mit

---

[52] Die indirekte Überlieferung hat É. des Places, La tradition indirecte des Lois de Platon (Livres I—VI), in: Mélanges J. Saunier S. 34f, gesammelt. Der Vergleich im einzelnen läßt aber nirgends auf eine Quellengemeinschaft schließen. Clemens' auffälligste Lesart ist ἀρχήν τε καὶ μέσα καὶ τελευτὴν τῶν πάντων p. 186,1f statt ἀρχήν τε καὶ τελευτὴν καὶ μέσα τῶν ὄντων ἁπάντων 715 e8f. Dieselbe abweichende Reihenfolge haben Plutarch, De exil. 5, mor. 601 B, Advers. Colotem 30, mor. 1124 F (beide Male τοῦ παντός); Euseb, Praep. Ev. XV 5,2 (in freier Paraphrase) und Hermias, In Phaedrum p. 206,1. Das ist eine naheliegende Verwechslung, sozusagen die «lectio facilior».Eine gemeinsame Quelle steht nicht dahinter. Auffällig ist auch αἰεὶ ξυνέπεται p. 186,3.5 statt ἀεὶ συνέπεται 716 a 2.4. Dasselbe findet sich bei Euseb, Praep. Ev. XI 13,7. Auch ist ξυνέπεται weit verbreitet, bei Pseud. Aristoteles, De mundo 7. 401 b27; Origenes, Contra Celsum VI 15 p. 85,12; Theodoret, Graec. affect. cur. VI § 26; und Stobaios I p. 64,18. Es handelt sich hierbei eher um orthographische Differenzen. Mit τὸν οὖν τῷ θεῷ προσφιλῆ p. 186,10 statt τὸν οὖν τοιούτῳ προσφιλῆ 716 c6 stellt Clemens im Neueinsatz den Bezug eindeutig her, ebenso Theodoret, Graec. affec. cur. XII § 19. Ohne Parallele sind εὐθεῖαν p. 186,2 statt εὐθείᾳ 716 a1, τὰ δὲ ἄμετρα p. 186,9 statt τὰ δ' ἄμετρα 716 c3 und ὅ τε μὴ σώφρων p. 186,13 statt ὁ δὲ μὴ σώφρων 716 d2.

[53] Die gegenteilige Behauptung von J. Daniélou, Message évangélique et culture hellénistique S. 108, ist falsch. J. Daniélou zitiert Protr § 69,4 mit Nom IV 715 e7 — 716 a3 und erklärt dazu: «Sous cette forme, qui contient une longue omission, le texte reparaît dans Strom., II, 22, 132,2—4. Mais il se trouve déjà auparavant chez Irénée, Adv. haer., III, 25,5 (= III 41 Harvey). Ceci donne à penser que ce texte existait sous une forme résumée dans les florilèges, car il n' y a aucune chance que Clément l' ait emprunté à Irénée». Dazu ist folgendes zu sagen. Das Zitat in Protr § 69,4 läßt nichts aus. Abgesehen von zwei Abweichungen (εὐθεῖαν p. 53,8 und ξυνέπεται p. 53,9) bietet es originalen Platonwortlaut. Auch das Zitat bei Irenäus ist keine Kürzung, sondern eine wörtliche Übersetzung, die sehr viel genauer ist als beispielsweise die von Apuleius, De mundo § 374 p. 175,3—5, vgl. auch W.C. van Unnik, Two Notes on Irenaeus, VigChr 30 1976, S. 201—213. Clemens' Abweichungen lassen sich in der Übersetzung bei Irenäus nicht wiedererkennen. Eine Auslassung enthält erst die Passage Strom II § 132,2— 4. In dieser Form gibt es aber nicht nur keine Beziehungen zu Irenäus, sondern überhaupt keine Parallele in der indirekten Überlieferung.

der Demut[54] verbunden habe, stellt daneben Lk 14,11 (Lk 18,14; Mt 23,12) und nennt die von Platon beschriebene Haltung gegenüber dem göttlichen Gesetz, d. h. doch offenbar gegenüber dem Alten Testament, Scheu, εὐλάβεια p. 186,4, und Furcht, φόβος p. 186,7. Das ist zwar sehr pointiert und geht so aus dem unmittelbaren Kontext der Ansprache an die Siedler auch nicht hervor, es hat sich jedoch früher gezeigt, daß es durchaus der von dem Athener sonst vertretenen Meinung entspricht.

Diese Aussage, die mit Hilfe eines Platonzitates die christliche Demut nicht nur rechtfertigt, sondern sogar mit dem höchsten Ziel, der Angleichung an Gott, in Verbindung bringt, führt in eine auffällige Nähe zu Celsus. Celsus hatte behauptet, daß die christliche Demut ein Mißverständnis eben jener Nomoistelle IV 715 e7 − 716 a4 sei, insofern die Christen, wie an der Gestalt der Büßer ersichtlich werde, der Demut eine unanständige und unglückverheißende Form gäben[55]. Daß Clemens diesen Vorwurf pariert, daß er die Legitimität und Würde der christlichen Demut aus der Nomoistelle im direkten Gegensatz zu Celsus ableitet, kann nicht im Ernst strittig sein[56]. Zugleich rechtfertigt er mit derselben Stelle die Scheu und die Furcht, welche beide für ihn zwar nicht zur höchsten Ausprägung des Christen gehören, welche aber doch wichtige Strukturmomente für die Haltung gegenüber dem von Gott gegebenen Gesetz, dem Alten Testament, darstellen[57]. Die apologetische Tendenz ist hier mit Händen zu greifen. So bringt die Auseinandersetzung mit Celsus ans Tageslicht, daß Clemens den Nomoitext sehr viel sorgfältiger und mit einem viel stärker auf das Einzelne gerichteten Blick gelesen hat als die Vertreter der Schulphilosophie, wenn sie den Passus lediglich im Sinne der ὁμοίωσις-θεῷ-Formel schematisieren.

Zum clementinischen Verständnis der Theaitetstelle läßt sich aus der in § 133,3 folgenden Zitation Theait 176 a7 − b3[58] nichts entnehmen, weil sie kommentarlos erfolgt. In früherem Zusammenhang jedoch, in § 80,5, wo Clemens allgemein die Angleichung an Gott an den christlichen Tugenden erläu-

---

[54] μετὰ ταπεινοφροσύνης p. 185,28f bezieht sich natürlich auf Nom IV 716 a4. Das hat A. Dihle, Art. Demut RAC Bd. 3 Sp. 754, verkannt, wenn er glaubt, Clemens korrigieren zu müssen, weil Platon ja μετὰ φρονήσεως schreibe.

[55] Celsus, Frg. VI 15.

[56] Auffällig ist auch, daß sowohl Celsus wie Clemens die Vokabel ταπεινοφροσύνη gebrauchen. Schon angesichts Protr § 69,4 hat J. Daniélou, Message évangélique et culture hellénistique S. 108, erwogen, ob das Nomoizitat nicht auf Celsus Bezug nimmt. A. Dihle, Art. Demut RAC Bd. 3 Sp. 754, rechnet nicht damit, obwohl er einräumt, daß «strom. 2,132,1ff und 3,48,3 wie eine Replik aussehen». Solche Skepsis ist unbegründet.

[57] Haupttext ist Strom II § 32 − § 40, weiter Strom I § 167,2. § 172,3. § 174,3. Strom II § 29,4 − § 30,2. § 120,1f. § 122,1, vgl. auch A. Méhat, Étude sur les ‚Stromates' S. 312−321.

[58] Abgesehen von der syntaktisch bedingten Infinitivform περιπολεῖν p. 186,16 ist das Zitat wörtlich.

tert, liefert er zur Theaitetstelle eine Erklärung hinsichtlich der Einschränkung
‚nach Möglichkeit'. Dazu führt er aus: ἐξομοιούμενοι τῷ κυρίῳ κατὰ τὸ δυνατὸν
ἡμῖν, ἐπικήροις τὴν φύσιν ὑπάρχουσιν p. 155,11f. Die Gebrechlichkeit, d. h.
die Sterblichkeit, die der Angleichung an Gott eine natürlich nicht zeitlich zu
verstehende Grenze setzt, bestimmt den Menschen wesensmäßig als Geschöpf.
Als Geschöpf kann er nicht vollkommen Gott gleich werden. Das ist eine christliche Aussage, christlich ist der Gedankengang auch dadurch, daß die Angleichung dem Kyrios gilt. Und auch hier ist festzustellen, daß Clemens der religiösen Motivierung, die Platon im Theaitet der Einschränkung gegeben hat,
näher steht als die Schulplatoniker, die sie durchgängig psychologisch gedeutet
haben.

Die entscheidende Ausdeutung der Angleichung an Gott, mit der sich Clemens nicht nur vom Schulplatonismus, sondern ebenso von Platon selbst grundsätzlich entfernt, ist damit noch nicht berührt. Sie findet sich anschließend in
§ 134,1 — § 136,6[59]. Die Angleichung an Gott ist demnach ein eschatologisches
Geschehen, was Clemens mit dem Oxymoron τέλος ἀτελεύτητον p. 187,4 wirkungsvoll zum Ausdruck bringt[60]. Sie setzt als solche den erkennenden Gehorsam gegen die Weisungen Gottes, d. h. also das, was auch mit dem tugendhaften
Leben umschrieben werden kann, voraus. Sie ereignet sich ferner nicht auf
Grund eigener Vollkommenheit, sondern durch die Vermittlung durch den
Sohn, der auch der große Hohepriester und das rechte Wort heißt. Und sie besteht schließlich in dem doxologischen Lobpreis des Vaters durch den Sohn,
was auch als die eschatologische Ruhe bezeichnet werden kann. In diesem
Sinn erklärt Clemens: «Uns aber liegt es ob, zu einem Ziel, das ohne Ende ist,
zu gelangen, indem wir den Geboten, d. h. Gott gehorchen und ihnen gemäß
untadelig und verständig durch die Erkenntnis des göttlichen Willens leben. Die
Angleichung an das rechte Wort soweit wie möglich ist das Ziel und die Einset-
zung zur vollkommenen Sohnschaft durch den Sohn, welche immer den Vater
durch den großen Hohepriester preist, der uns des Namens ‚Brüder' und ‚Mit-
erben' gewürdigt hat» (§ 134,1f).

Mit der eschatologischen Deutung erhebt sich natürlich zugleich die Frage,
welche Beziehung Clemens zwischen der eschatologischen Angleichung an Gott
und dem in gleicher Weise ausgezeichneten gegenwärtigen tugendhaften Leben
angesetzt hat. Aus seinen kommentierenden Bemerkungen zu den anschließenden biblischen Belegen, von denen die hauptsächlichsten Röm 6,22. 5,4f;
Ez 18,4—9; Jes 55,6—9; Gal 5,5f; Hebr 6,11—20 und 1 Kor 11,1 sind, lassen

---

[59] Zur ganzen Passage vgl. auch K. Prümm, Glaube und Erkenntnis im zweiten Buch der
Stromata, Schol. 12 1937 S. 53ff.
[60] Ebenso Strom VII § 56,3, vgl. auch A.J. Festugière, La Révélation d' Hermès Trismégiste Bd. 3 S. 98ff.

sich zwei Vermittlungen entnehmen, die er beide auf Paulus zurückführt. So lehre Paulus eine doppelte ἐλπίς, indem er unter ἐλπίς sowohl das eschatologische Hoffnungsgut als auch die gegenwärtige Hoffnungsgewißheit verstehe (§ 134,4. § 136,3). In der Hoffnung des tugendhaft Lebenden wirkt also die eschatologische Vollendung proleptisch schon in die Gegenwart hinein. Und zum anderen macht sich Clemens die stoische Unterscheidung[61] von σκοπός und τέλος, die er bei Paulus in Phil 3,12−21[62] wiedergefunden haben dürfte, zunutze: «Er (d. h. Paulus, auf Grund des ausgeschriebenen Zitates 1 Kor 11,1, aber wohl auch auf Grund von Phil 3,12−21) setzt somit die Angleichung an Gott, soweit es möglich ist, gerecht und fromm mit Einsicht zu werden, als die Absicht des Glaubens (σκοπός) an, als das Ziel (τέλος) aber die Erfüllung der Verheißung auf Grund des Glaubens» (§ 136,6). Damit will Clemens sagen, daß das gegenwärtige tugendhafte Leben schon angelegt ist auf die eschatologische Vollendung hin[63]. Alle beiden von Clemens genannten Vermittlungen verschränken also Gegenwart und Eschaton wechselseitig. Es ist klar, daß hiermit Platon und die platonische Tradition grundsätzlich verlassen sind.

Und noch einmal kommt die eschatologische Deutung der Angleichung an Gott in der Abhandlung zum Diebstahl der Hellenen in Strom V § 95,4 − § 96,3 zur Sprache. Dort stellt Clemens neben die Nomoistelle den Timaios (90 d4−7) und ein Fragment aus dem Hebräerevangelium (Frg. 4b): «Am Ende des Timaios sagt er (d. h. Platon): ‚Man muß an das Gedachte sein Denkendes gemäß seiner alten Natur angleichen. Mit dieser Angleichung erreicht man das Ziel des besten, dem Menschen von den Göttern abgesteckten Lebens für die

---

[61] M. Pohlenz, Die Stoa Bd. 1 S. 188f, Bd. 2 S. 96, führt die Unterscheidung auf Antipater von Tarsos zurück, vgl. auch Arius Didymus bei Stobaios II p. 43,1ff. p. 47,7−11. Der Sinn dieser Unterscheidung des Objektes des Handelns (σκοπός) vom Ziel der Tätigkeit (τέλος) ist es, das vernunftgemäße Handeln (τέλος) vom äußeren Erfolg unabhängig zu machen.

[62] Es fallen die Stichworte σκοπός in Phil 3,14, τέλος in Phil 3,19 und συμμιμηταί μου γίνεσθε in Phil 3,17.

[63] Clemens hat in diesem Zusammenhang fünfmal von ἀποκατάστασις gesprochen p. 187,9.16.19, p. 188,13.22f. Er meint damit nicht die vollkommene Wiederherstellung der Schöpfung in ihrem ursprünglichen Zustand und die endzeitliche Beseitigung alles Bösen, sondern einfach die vollständige und endgültige Erfüllung, s. A. Méhat, «Apocatastase», Origène, Clément d'Alexandrie, Act. 3,21, VigChr 10 1956 S. 196−214, vgl. auch A. Méhat ΑΠΟΚΑΤΑΣΤΑΣΙΣ chez Basilide, in: Mélanges H.Ch. Puech S. 365−373. Daß Lampe, s.v. ἀποκατάστασις von den hiesigen Belegen einen, § 134,2, unter B. «restoration, restitution, re-instatement» und die übrigen unter E. «fulfilment» aufführt, ist sehr gezwungen. Im übrigen wird sich noch mehrmals zeigen, daß Clemens überhaupt kein zu einem Ursprung zyklisch zurückkehrendes, sondern ein zu einem Ziel linear aufsteigendes Geschichtsverständnis lehrt.

gegenwärtige und für alle spätere Zeit'[64]. Vielleicht sagt das soviel aus wie jenes: ‚Nicht ruhen wird, wer sucht. Wer gefunden hat, wird verblüfft sein. Wer verblüfft ist, wird herrschen. Wer aber geherrscht hat, wird sich der Ruhe hingeben'». Mit diesem Kettenspruch sind die Etappen des Heilsweges genannt, der zur eschatologischen Vollendung führt[65]. Es ist ganz unerfindlich, welche konkreten Gemeinsamkeiten Clemens bei diesen beiden Zitaten erblickt haben könnte, wenn nicht eben die, daß beide auf die eschatologische Vollendung hinauslaufen.

---

[64] Clemens fügt in das Zitat ein syntaktisch bedingtes δεῖν p. 389,11 ein und liest ἀνθρώπῳ p. 389,12 statt ἀνθρώποις 90 d6.

[65] Vgl. E. Hennecke — W. Schneemelcher, Neutestamentliche Apokryphen Bd. 1 S. 104—108. Eine Kurzform des Fragmentes hat Clemens schon früher in Strom II § 45,5 geboten.

KAPITEL V:
KAMPF GEGEN HÄRETIKER

Den Kampf gegen Häretiker führt Clemens im dritten Buch einem Höhepunkt zu. Er konzentriert dabei die Auseinandersetzung auf die Frage nach der rechtgläubigen Bestimmung der Enthaltsamkeit und gibt, insofern er im weiten Spektrum der häretischen Gruppierungen zwei Verfehlungen immer wiederkehren sieht, dem ganzen Buch eine doppelte Frontstellung[1]. Auf der einen Seite schließen sich Häretiker in einer libertinistischen Verfehlung der Enthaltsamkeit zusammen. Hierzu rechnet er die Karpokratianer, die Nikolaiten und die Anhänger des Prodikos. Ihnen gegenüber muß die Notwendigkeit eingeschärft werden, die Lust zu verschmähen und die Leidenschaften auszurotten. Auf der anderen Seite schließen sich Häretiker in einer rigoristischen Verfehlung zusammen. Hierzu rechnet er Markion und die Markioniten, Tatian und Julius Cassian. Ihnen gegenüber muß die Anerkennung der Ehe und die Zustimmung zur Schöpfungsordnung der Kinderzeugung durchgesetzt werden. Bei dieser Zuspitzung der Auseinandersetzung werden die Valentinianer nicht berührt, weil Clemens an ihrer Billigung der Ehe nichts auszusetzen hat, während Basilides und seine Anhänger eine Zwitterstellung innehaben. Mit Basilides selbst und mit Isidor befindet sich Clemens in Einklang, während er die Basilidianer wegen ihres libertinistischen Verhaltens kritisiert und ihnen ihr Gründungshaupt zur Beschämung vorhält[2]. Platon spielt nun in diesen Auseinandersetzungen, namentlich genannt und mit Zitaten oder Referaten dokumentiert, im Kampf gegen die Karpokratianer (§ 5 — § 11), im Kampf gegen die Markioniten (§ 12 — § 21) und mit einer kurzen doxographischen Erwähnung in der Bestreitung des Julius Cassian (§ 93,3) eine Rolle.

Der Gedanke der Enthaltsamkeit ist allerdings schon im zweiten Buch gegenwärtig, und Clemens macht mit einem Rückverweis[3] ausdrücklich auf die Zu-

---

[1] Hauptbeleg ist § 40 und § 45. Ebenso urteilt J. Munck, Untersuchungen über Klemens von Alexandria S. 46.56f.73.

[2] Vgl. zum Ganzen die tabellarische Inhaltsangabe des dritten Buches bei A. Méhat, Étude sur les ‚Stromates' S. 277f.

[3] Hervorstechend ist die chiastische Rückbindung in § 25: ... ἐπεμνήσθημεν p. 207,7 (das geht auf die Markioniten § 12 — 21) ... ἐπεμνήσθημεν p. 207,17 (das geht auf die Karpokratianer § 5 — § 11) ... παρελίπομεν p. 207,19 (das geht auf den Ausspruch des Nikolaos, δεῖ παραχρῆσθαι τῇ σαρκί, Strom II § 118,3—5, vgl. zur Sache A. von Harnack, The Sects of the Nicolaitans and Nicolaus, JR 3 1923, S. 413—422), vgl. J.

sammengehörigkeit aufmerksam[4]. So spricht er in Strom II § 105 — § 126 davon, daß die Leidenschaften bekämpft werden müssen, und entwickelt in § 137 — § 147 die Ehethematik. Diese Passagen intendieren bereits die doppelte Eingrenzung der Enthaltsamkeit und bilden insofern die Grundlage und Vorbereitung für den offenen antihäretischen Kampf im dritten Buch, auch wenn sie selbst im wesentlichen noch unpolemisch gehalten sind.

1. Die Verurteilung der Preisgabe an die Lüste

Im Zusammenhang dieser unpolemischen Erörterungen des zweiten Buches ruft Clemens zur Enthaltsamkeit auf, indem er eindrücklich vor Begierden und Lüsten warnt. Er versteht darunter solche des Bauches (γαστρός ... κρατητέον p. 171,6) und beruft sich auf Lev 11,7; Dtr 14,8 (§ 105,1 — § 106,1). Er versteht darunter ebenfalls geschlechtliche Begierden und Lüste (τῶν ὑπὸ γαστέρα κρατητέον p. 171,6) und beruft sich auf Ex 20,17; Dtr 5,21. Außerdem weiß er sich in Übereinstimmung mit Euripides und Antisthenes (§ 106,2 — § 107,3). Zur Warnung vor den Lüsten im weitesten Sinne zitiert er Xenophon und Ariston (§ 107,4 — § 108,1). Und schließlich spricht er von der Ausrottung der Leidenschaften. Schon aus dieser Abfolge kann entnommen werden, daß ἐπιθυμίαι, ἡδοναί und πάθη für ihn offenbar aufs engste zusammengehören. Die Bekämpfung der Leidenschaften behandelt ein längerer Abschnitt unter anderem auch mit Platonzitaten, der hier ganz ausgeschrieben werden muß.

«‚Denn auch die Herzen derer, die sich für ehrbar halten, macht' nach Platon ‚die Lust wächsern, weil jede einzelne Lust und jedes einzelne Leid die Seele an den Körper annagelt', wenigstens bei dem, der sich nicht von den Leidenschaften abgrenzt und sich ihnen kreuzigt. ‚Wer seine Seele verliert', sagt der Herr,

---

Munck, Untersuchungen über Klemens von Alexandria S. 56f Anm. 3. Ferner kommen die Klagen der Griechen über die durch Kinder hervorgerufenen Mühsale in Strom II § 138,3 und § 141,1 sowie in Strom III § 22,1 vor, vgl. auch § 22,2 — § 23,3.
[4] Einen übergreifenden Gesamtkomplex zum Thema Enthaltsamkeit hat schon P. Wendland, Rez. E. de Faye, Clément d'Alexandrie, ThLZ 23 1898 Sp. 653, angenommen. Er spricht von der «Erörterung über ἐγκράτεια, die von Strom. II, 103 bis zum Ende von Buch III reicht, aber auch ins vierte übergreift». Ebenso urteilt C. Heussi, Die Stromateis des Clemens Alexandrinus und ihr Verhältnis zum Protreptikos und Pädagogos, ZWTh 45 1902, S. 474. Die davon abweichende Zäsur in Strom II § 104,3 ist oben Kap. IV S. 145 anhand von Homer β 406 begründet worden, vgl. auch A. Méhat, Étude sur les ‚Stromates' S. 277. Ein besonderes Problem ist die Frage, ob diese Abhandlung über die Enthaltsamkeit in Paid II § 94. § 52 und Paid III § 41 gemeint und als geschriebene und publizierte Schrift vorausgesetzt ist, wie es P. Wendland, ebd., C. Heussi, ebd. und A. von Harnack, Geschichte der altchristlichen Literatur bis Eusebius Bd. II,2 S. 9f, annehmen. Das wird heute im allgemeinen in Abrede gestellt, so O. Stählin, Deutsches Übersetzungswerk Bd. 1 S. 31—34, und A. Méhat, Étude sur les ‚Stromates' S. 50ff.

‚wird sie erretten', sei es, daß er sich in Gefahren stürzend, sie für den Herrn hingibt, wie er es selbst für uns getan hat, oder daß er sie aus der Gemeinschaft mit dem gewohnten Leben herauslöst. Denn wenn du die Seele von dem Ergötzen und der Lust an diesem Leben lösen, entfernen und absondern willst — dies nämlich bezeichnet das Kreuz —, so wirst du sie behalten, wenn sie in der erwarteten Hoffnung erfunden und zur Ruhe gekommen ist. Dies dürfte ‚Einübung in den Tod' sein, wenn wir uns nur mit den der Natur entsprechend bemessenen Bestrebungen, welche nicht das Naturgemäße überschreiten in das Übermäßige oder Widernatürliche hinein, wo die Sünde entsteht, begnügen wollen. ‚Man muß die Waffenrüstung Gottes anziehen, daß wir uns gegen des Teufels Schliche halten können', denn ‚die Waffen unseres Kampfes sind nicht fleischlich, sondern mächtig für Gott zur Zerstörung von Bollwerken, indem wir Vernünfteleien und alles Hochgetürmte, das sich gegen die Erkenntnis Gottes erhebt, beseitigen und jeden Anschlag gefangen nehmen in den Gehorsam Christi', sagt der göttliche Apostel. Es bedarf freilich eines Mannes, der ohne Anstaunen und ohne Verwirrung die Dinge gebrauchen wird, von denen die Leidenschaften ausgehen, wie Reichtum und Armut, Ruhm und Ruhmlosigkeit, Gesundheit und Krankheit, Leben und Tod, Mühsal und Freude. Denn damit wir unterschiedslos von den sittlich indifferenten Dingen Gebrauch machen können, brauchen wir großes Differenzierungsvermögen, weil wir durch große Schwachheit und Verdrehtheit zuvor schlecht geworden sind und schlechten Wandel und schlechte Bildung mit Unwissenheit zuvor genossen haben» (§ 108,2 — § 109,4).

Es ist deutlich, daß dieser Abschnitt keine Entwicklung und keinen Fortschritt des Gedankens bringt, sondern daß er eine gewisse Grundidee unter verschiedenen Gesichtspunkten wiederholt umschreibt. So enthält er:

1.) eine Kontamination von Nom I 633 d2f und Phaid 83 d4f, wobei beide Stellen auf die Absage an die Leidenschaften bezogen werden (§ 108,2).

2.) das zweigliedrige Wort vom Verlieren und Gewinnen des Lebens (Mt 10,39. Mk 8,35). Es wird sowohl auf das Martyrium als auch auf die Lösung aus dem gewohnten Leben, d. h. als die Verschmähung von Ergötzen und Lust an diesem Leben gedeutet. Dahinter steht die Vorstellung vom gnostischen Martyrium (§ 108,3f).

3.) das Wort vom Einüben in den Tod, Phaid 81 a1f. Dieses wird hier, genauso wie in Strom V § 67,2, als Einübung in die Leidenschaftslosigkeit verstanden[5] (§ 109,1).

---

[5] Da S.R.C. Lilla, Clement of Alexandria S. 99, diesen Text als Hauptstütze für die These betrachtet, daß Clemens auf einer niederen Stufe die μετριοπάθεια als ausreichend angesehen habe, so ist der Wortlaut hier genau zu prüfen. Es ergibt sich, daß von μετριοπάθεια nicht die Rede ist. Der Text spricht von an sich neutralen ὀρέξεις, die sich entweder im natürlichen Maß befinden oder das natürliche Maß überschreiten, bzw.

4.) die Zitate von Eph 6,11 und 2 Kor 10,4f, die den Kampf der Christen gegen des Teufels Schliche illustrieren[6]. Auch hier steht der Kampf gegen die Leidenschaften im Hintergrund, denn die πάθη sind Eindrücke der bösen Geister von Eph 6,12 in der menschlichen Seele[7] (§ 109,2).

5.) ein stoisierendes Kephalaion, das die notwendige Aufmerksamkeit beim Gebrauch der indifferenten Güter betont, damit die Leidenschaften vermieden werden. Die Ursache für die Anfälligkeit des Menschen wird zweifach mit allerdings sehr undeutlichen Worten als etwas Vorgegebenes, Vorhergegangenes oder Vorausliegendes bezeichnet: (ἡμῖν) προκεκακωμένοις ἀσθενείᾳ πολλῇ καὶ προδιαστροφῇ κακῆς ἀγωγῆς τε καὶ τροφῆς μετὰ ἀμαθίας προαπολελαυκόσιν p. 173,5f (§ 109,3f).

Ehe versucht werden soll, die Interpretation dieses Abschnittes noch ein Stück weiterzuführen, können schon hier die Platonzitationen mit ihrem ursprünglichen Sinn verglichen werden. Alle drei Stellen dienen Clemens der Forderung nach Leidenschaftslosigkeit. Das ist aber in dieser Form nicht die authentische Aussage. Dazu kommt, daß die Verschmelzung der Metaphern vom wächsernen Herzen aus Nom I 633 d2f und von der Annagelung der Seele an den Körper aus Phaid 83 d4f, die in der überlieferten Literatur ohne Parallele zu sein scheint[8] und insofern gut Clemens' eigenes Werk sein könnte[9], zwei gegensätzliche Grundanschauungen vermengt.

---

gänzlich gegen die Natur gerichtet sind. Diese ὀρέξεις an sich sind aber keinesfalls mit den πάθη gleichzusetzen, sondern πάθη sind erst deren Verkehrungen. Clemens gibt in einem «stoischen Capitulum», das den Abschnitt über die Leidenschaften in Strom II § 59,6 präludiert (vgl. A. Méhat, Étude sur les ‚Stromates' S. 265) zu erkennen, daß er ὄρεξις im gleichen Sinne wie ὁρμή gebraucht, vgl. zum ganzen Problemkreis M. Pohlenz, Die Stoa Bd. 1 S. 141–153, für Clemens außerdem: Strom II § 119,3; Strom IV § 117,5 = SVF III p. 108,17–20; Paid I § 101,1. In Strom II § 39,4 ist allerdings von der Furcht Gottes als μετριοπάθεια zunächst neutral die Rede, aber die Aussage wird sofort korrigiert, § 40,1: ὁ τοῦ ἀπαθοῦς θεοῦ φόβος ἀπαθής p. 134,10. Auch die übrigen, von A. Méhat, Étude sur les ‚Stromates' S. 368 Anm. 143, beigebrachten Stellen zeigen zwar, daß Clemens die Lehre von der μετριοπάθεια kennt, sie belegen aber nicht, daß er sie positiv vertreten hätte. Sie sind teils polemisch, so Strom VI § 74,1, teils überbietend, so Strom VI § 105,1 (vgl. M. Pohlenz, Klemens von Alexandreia und sein hellenisches Christentum S. 128 Anm. 2) und teils verbal in ganz abgeblaßtem Sinn (vgl. Lampe, s.v. μετριοπαθέω = be humble), wofür auch Hebr 5,2 ein Beispiel ist, so Strom IV § 106,1 und Strom IV § 107,4. Im Grunde überrascht das nicht, denn wenn die πάθη mit der Sünde zusammengesehen sind (s.u.), dann gilt eben nicht die Mäßigung, sondern die Ausrottung.

[6] Mit der στρατεία 2 Kor 10,4f meint Paulus sein apostolisches Wirken, nicht den Kampf gegen die Leidenschaften, vgl. R. Bultmann, Der zweite Brief an die Korinther S. 186.

[7] So gleich anschließend § 110,1ff.

[8] Das Material ist gesammelt worden von P. Courcelle, La colle et le clou de l'âme dans la tradition néo-platonicienne et chrétienne, RBelge 36 1958, S. 72–95. Eine Interpretation der Clemensstelle hat P. Courcelle nicht vorgelegt.

[9] Clemens schaltet mit dem platonischen Wortlaut recht frei. Von den drei Beziehungs-

In den Nomoi räumt Megillos dem athenischen Gast ein, daß die Tapferkeit sich nicht nur kriegerisch bewähren muß, sondern daß sie auch gegen die Begierden und Lüste, die die Herzen wächsern machen, nötig ist, ja daß es schimpflicher ist, den Lüsten zu unterliegen als den Schmerzen (633 d4 — 634 c4). Der Athener beabsichtigt jedoch nicht die völlige Ausschaltung der Begierden und Lüste, vielmehr rechnet er durchaus mit dem natürlichen Tatbestand des menschlichen Trieblebens, wozu Essen, Trinken und der Geschlechtstrieb gehören (vgl. I 636 d5 — e3. VI 782 d10 — 783 b1). Worauf er aber drängt, das ist die richtige Leitung der Begierden und Lüste nach Maßgabe der Vernunft. Insofern legt der hedonistische Abschnitt V 732 d8 — 734 e2 eine Lustaufrechnung vor, die zu dem Ergebnis führt, daß das tugendhafte Leben im Vergleich mit dem zügellosen auch das lustvollere und angenehmere ist[10].

Im Gegensatz dazu steht die radikale Abweisung aller körperlichen Begierden und aller Bestrebungen nach äußeren Gütern und Ehren bei dem Bild der Annagelung der Seele im Phaidon. Jede Regung, die nicht die Sammlung der mit dem Noetischen verwandten Seele in sich selbst[11] zur Erkenntnis der Ideen befördert, ist eine Behinderung und wird deshalb verurteilt (78 a10 — 81 a11. 82 b10 — 84 b8). Das Gefährliche speziell der Affekte[12] erkennt Sokrates darin, daß man ihre Objekte für das Wirklichste und Wahrste hält, obwohl sie es — zumeist sichtbare Dinge — nicht sind. Der Fehler liegt auch hier im Unwissen. Wenn jede Lust und jedes Leid die Seele an den Körper festnagelt (83 d4ff), dann sind diese Affekte das Mittel, wodurch sich die Seele in dieser ihrer Fehleinschätzung selbst an den Körper festbindet und als Gefangener zur eigenen Gefangenschaft mitwirkt (vgl. 82 e5ff). Die Ausmerzung der Leidenschaften hat demzufolge im Interesse des wahren Wissens, der Ideenschau, zu erfolgen.

Das Wort von der Einübung in den Tod, Phaid 81 a1f (vgl. 64 a4ff. 67 d8f), ist ebenfalls aus dem skizzierten Grundgedanken zu verstehen. Sokrates deutet das philosophische Leben als eine Vorbereitung auf den Tod. Wie der Tod die Seele vom Körper trennt und sie zu dem ihr Verwandten, dem unsichtbaren

wörtern in Nom I 633 d1f, πόθους, ἡδονάς und θωπείας, nimmt er p. 172,10 nur die ἡδονή auf, und das Bild vom Nagel verkürzt er in eigenständiger Paraphrase durch προσπασσαλοῖ p. 172,11. Wie wenig daraus eine mangelhafte Textgrundlage erschlossen werden darf, zeigt aber gerade das Nomoizitat mit dem korrekten κηρίνους, das die Hauptkodizes für Platon nur am Rande nachtragen, vgl. E.B. England, The Laws of Plato, Bd. 1 S. 223.

[10] Für alle Einzelprobleme ist zu verweisen auf H. Görgemanns, Beiträge zur Interpretation von Platons Nomoi S. 165—176.

[11] Von einem Aufstieg der Erkenntnis auf der Stufenleiter des Schönen ist also nicht die Rede.

[12] Die Affekte sind 83 b5 — c1 in einem Vierersystem von ἡδοναί, ἐπιθυμίαι, λῦπαι und φόβοι zusammengefaßt, zum Text vgl. P. Friedländer, Platon Bd. 3 S. 438.

und reinen Ort, dem Hades[13], gelangen und sie am Glück teilhaben läßt, so sondert schon zu Lebzeiten der Philosoph die Seele vom Körper, läßt sie sich in sich selbst sammeln und schaut die Ideen. Diese Deutung des philosophischen Lebens läßt nun auch den Grund erkennen, warum Platon im Phaidon eine so extreme Einstellung bezieht. Offenbar sind die Äußerungen nicht von der besonderen Gesprächssituation ablösbar, sondern erklären sich erst aus ihr. Ist es doch die Todesstunde des Sokrates, in der er an seiner Person und in seinen Worten die Erkenntnis aufgehen läßt, was Seele in ihrem wahren Wesen ist, wo er vorlebt, daß der Tod die glückbringende Lösung von den körperlichen Banden bedeutet, und wo er ein letztes Mal dazu ermahnt, die Sorge um den Tod ein ganzes Leben lang in der Erkenntnis der Ideen zu üben[14].

Wenn also Clemens die Metapher vom wächsernen Herzen aus Nom I 633 d2f mit der von der Annagelung der Seele aus Phaid 83 d4f verschmilzt und beide von der Forderung nach der Leidenschaftslosigkeit her auslegt, dann widerspricht das auf jeden Fall der Aussage der Nomoi und gibt dem Gedankengang des Phaidon eine zwar nicht gänzlich sachfremde, aber doch abweichende und von der Gesprächssituation gelöste Nuancierung, die mit den Zitationen bei Plutarch[15], Porphyrios[16] und Jamblich[17] kontrastiert. Das gleiche gilt für die zweite Phaidonstelle, insofern Clemens die Einübung in den Tod ebenfalls nicht mit der Ideenschau, sondern mit der Leidenschaftslosigkeit begründet. Allerdings muß in diesem Fall eingeräumt werden, daß die Aussage auch schon vor Clemens aus ihrem Zusammenhang gelöst worden und für neue Ausdeutungen gleichsam frei geworden ist[18]. Cicero[19] meint dabei die «vita contemplativa», Seneca[20] behandelt die Stelle als Trostwort, Apuleius[21] belegt damit die Autarkie des Philosophen, während Plutarch[22] und Jamblich[23] getreuer sind.

---

[13] Zugrunde liegt 80 d5f ein etymologisches Wortspiel von τὸ ἀιδές und εἰς Ἅιδου (vgl. auch Krat 404 b1f), das offenbar volkstümlich ist. Nach LSJ s.v. ᾅδης ist die Etymologie vielleicht richtig.

[14] Darüber hinaus haben U. von Wilamowitz-Möllendorf, Platon Bd. 1 S. 250f.278f, und P. Friedländer, Platon Bd. 1 S. 69.94. Bd. 2 S. 2f, darauf aufmerksam gemacht, daß die weltverneinende Stimmung des Phaidon grundsätzlich durch das komplementäre Symposion relativiert wird, wo ja auch Sokrates fordert, daß derselbe Dichter sowohl Tragödien als auch Komödien zu schreiben imstande sein müsse.

[15] Plutarch, Quaestiones convivales VIII 2, mor. 718 D.

[16] Porphyrios, De abstinentia I § 32. § 38 (wo nicht die ἡδονή, sondern die αἴσθησις der Nagel ist).

[17] Jamblich, Protr. XIII p. 69,6—15.

[18] Vielleicht ist das der Grund, warum die μελέτη θανάτου bei Albinos, Celsus und Plotin nicht vorkommt.

[19] Cicero, Tusc. I § 74f: «Tota enim philosophorum vita, ut ait idem, commentatio mortis est», vgl. Tusc. I § 44f.

[20] Seneca, Ad Marciam XXIII 2, vgl. auch Epist. XXVI 9f.

[21] Apuleius, De Platone II § 250f p. 124,12—18.

[22] Plutarch, Non posse suaviter vivi sec. Epic. 28, mor. 1105 D.

[23] Jamblich, Protr. III p. 13,8—12.

Wenn man sich nun fragt, wie die clementinische Umdeutung Platons zu beurteilen ist, dann kann man auf jeden Fall die Möglichkeit ausschließen, daß sie einen schulplatonischen Einfluß widerspiegelt. Albinos[24] und Kalbenos Tauros[25] verurteilen nicht die Affekte schlechthin, sondern nur die wilden, maßlosen und wider die Natur gerichteten Übersteigerungen. Ihr Programm ist nicht die ἀπάθεια, sondern die μετριοπάθεια. Clemens' Platonauslegung steht also im Gegensatz zum Schulplatonismus, was an sich schon höchst bemerkenswert ist. Grundsätzlich besteht dagegen die Möglichkeit, an eine direkte, bzw. eine durch Philon vermittelte Auswirkung der Stoa oder an eine christliche Beeinflussung zu denken. Zwischen diesen Möglichkeiten bewegt sich ja auch die Interpretation der clementinischen Apathielehre im ganzen[26], und wenn man alle drei Faktoren in Rechnung stellen will, dann muß man sich gleichwohl über ihr gegenseitiges Verhältnis Klarheit verschaffen.

Nun sollen hier freilich nicht allgemeine Erwägungen vorgetragen werden. Der fragliche Abschnitt bietet durchaus noch nähere Anhaltspunkte, wobei die Frage, wie der Kampf gegen die Leidenschaften motiviert wird, von besonderer Wichtigkeit ist. Hervorzuheben ist einmal, daß neben die stoischen Kephalaia § 109,1, wo Clemens allerdings den Ausdruck τὸ ἀμαρτητικόν p. 172,22 nicht bloß als Verfehlung, sondern prägnanter als Sünde verstanden haben dürfte[27], und § 109,3f, wo wiederum die Betonung einer vorgegebenen Disposition zum Schlechten (προκεκακωμένοις ἀσθενείᾳ πολλῇ καὶ προδιαστροφῇ κακῆς ἀγωγῆς τε καὶ τροφῆς μετὰ ἀμαθίας προαπολελαυκόσιν p. 173,5f) nicht zum typischen Repertoire der stoischen Affektenlehre gehört, daß also neben jene stoischen Sätze die jüdisch-christliche Vorstellung von der Tätigkeit der bösen Dämonen tritt, die durch Vorgaukelung verlockender Vorstellungen die Seele zur Zustimmung dazu veranlassen, ihr das eigene Wesen als Affekte einprägen und sie so in ihre Gewalt bringen möchten (§ 109,2. § 110,1–3. § 111,3f)[28]. Der Kampf gegen die Leidenschaften ist also auf jeden Fall nicht nur dadurch motiviert, daß die Affekte wie für die Stoiker die Selbstbestimmung des Menschen vereiteln, sondern mindestens ebenso dadurch, daß sie in die Knechtschaft der Dämonen führen.

---

[24] Albinos, Didask. XXXII p. 186,12–16, vgl. auch XXX p. 184,27–30.

[25] Tauros bei Aulus Gellius, Noctes Atticae I 26 (besonders 26,11) und XII 5 (besonders 5,10), wo sich Tauros für die Zurückweisung der Apathieforderung sogar auf Panaitios beruft, vgl. auch Maximus Tyrius, Or. XXVII 7b.

[26] Rein stoisch ist die Apathielehre für E. de Faye, Clément d' Alexandrie S. 293ff, J. Patrick, Clement of Alexandria S. 162ff, Ch. Bigg, The Christian Platonists of Alexandria S. 126, F.J.A. Hort – J.B. Mayor, Clement of Alexandria, Miscellanies S. xliii. Die Bedeutung Philons betont S.R.C. Lilla, Clement of Alexandria S. 103 auch für die Apathielehre, während W. Völker, Der wahre Gnostiker S. 128f. 131f, Philons Einfluß auf die Bestimmung der πάθη beschränkt. Christlich durchdrungen und empfunden ist die Apathielehre für P.Th. Camelot, Foi et gnose S. 133, J. Moingt, La gnose de Clément d'Alexandrie dans ses rapports avec la foi et la philosophie, RSR 37 1950, S. 340ff, Th. Rüther, Die sittliche Forderung der Apathie S. 53ff, und W. Völker, Der wahre Gnostiker S. 524–540. Das Hellenische und das Christliche macht M. Pohlenz, Klemens von Alexandreia und sein hellenisches Christentum S. 125ff, geltend.

[27] Vgl. M. Pohlenz, Klemens von Alexandreia und sein hellenisches Christentum S. 163.

[28] A. Méhat, Étude sur les ,Stromates' S. 368: «issues de l'apocalyptique judéo-chrétienne».

Eine weitere Nuancierung tritt hervor, wenn man die Formulierung betrachtet, die Clemens bei der Auslegung von Mt 10,39 auf das gnostische Martyrium wählt (§ 108,3f). Das gnostische Martyrium ist die Loslösung ἐκ τῆς πρὸς τὸν συνήθη βίον κοινωνίας p. 172, 15f, was anschließend mit den Worten τῆς ἐν τούτῳ τῷ ξῆν τέρψεώς τε καὶ ἡδονῆς p. 172,18 näher bestimmt wird. Denn die Wendung τέρψις τε καὶ ἡδονή erinnert einerseits an Philon[29], wie sie andererseits auch wieder in charakteristischer Weise von ihm abweicht. τέρψις als ein engerer Wechselbegriff zu ἡδονή erhält bei Philon gern attributive Näherbestimmungen, die durchweg auf die Körperlichkeit, bzw. auf die sinnlichen Wahrnehmungen zielen[30]. Das Entscheidende bei Clemens ist nun gerade darin zu sehen, daß er die Beziehung auf den Körper und auf die sinnlichen Wahrnehmungen unterläßt und von ἡ ἐν τούτῳ τῷ ξῆν τέρψις τε καὶ ἡδονή spricht. Gemeint ist ein sich Verlieren an das gegenwärtige, an das irdische Leben. So ist der Kampf gegen die Leidenschaften auch dadurch motiviert, daß die Affekte die Verfallenheit an die irdische Welt bedeuten.

Und schließlich ist der übertragene Sprachgebrauch von σταυρός p. 172,17 und ἀποσταυροῦν p. 172,12 besonders bemerkenswert, weil er weder in der Stoa noch bei Philon begegnet. P.Th. Camelot − C. Mondésert[31] haben darin eine Reminiszenz an valentinianisches Vokabular wiedererkennen wollen und das Kolon, τοῦ γε μὴ ἀφορίζοντος καὶ ἀποσταυροῦντος ἑαυτὸν τῶν παθῶν p. 172,12f, folgendermaßen übersetzt: «de celui du moins qui ne sépare pas des passions et ne se défend pas d'elles par une clôture». Tatsächlich beschränkt sich jedoch die Übereinstimmung in ganz äußerlicher Weise auf die Wortwahl[32]. Bei den valentinianischen Texten handelt es sich um die beiden Bezeichnungen Ὅρος und Σταυρός für den Äon, der das Pleroma von der Ἐνθύμησις und ihren innewohnenden Leidenschaften abgrenzt. Bei Clemens verlautet von alledem nichts, bei ihm handelt es sich um eine individuell menschliche Abgrenzung. Allerdings geben die terminologischen Berührungen einen anderen wichtigen Hinweis. Die Valentinianer haben sich für ihren Sprachgebrauch auch auf neutestamentliche Stellen berufen. So steht für σταυρός Lk 14,27 (Mt 10,38), Mk 8,34 (Mt 16,24. Lk 9,23) und Paulus, 1 Kor 1,18 und Gal 6,14. Darüberhinaus hat F.M.M. Sagnard[33] erkannt, daß der entsprechende verbale Ausdruck ἀποσταυροῦν eine gnostische Umsetzung von Gal 5,24 ist: οἱ δὲ τοῦ Χριστοῦ Ἰησοῦ τὴν σάρκα ἐσταύρωσαν σὺν τοῖς παθήμασιν καὶ ταῖς ἐπιθυμίαις. Nun wird aber unmittelbar evident, daß die clementinische Formulierung τοῦ ... ἀποσταυροῦντος ἑαυτὸν τῶν παθῶν p. 172,12f eine Anspielung an Gal 5,24 ist. Ein valentinianischer Einfluß kann, weil die

---

[29] Bei seinen 22 Belegen für τέρψις fehlt nur an 6 Stellen eine irgendwie geartete Verbindung zu ἡδονή. Das ist bemerkenswert, weil diese Zusammenstellung beispielsweise bei Plutarch, Lukian, Marc Aurel, Epiktet (Frg. 33 enthält das Verb τέρπω) und Plotin fehlt. Vgl. zum sonstigen stoischen Sprachgebrauch SVF III p. 97,36−40.44. p. 105,16 −24.36.

[30] Vgl. Philon, Agr § 91; Her § 48; Jos § 61; LegGai § 12. § 46; Op § 54; Post § 155.

[31] P.Th. Camelot − C. Mondésert, Clément d'Alexandrie, Stromate II S. 117. Die Belege sind folgende: Irenaeus, Advers. Haer. I 2,4; I 3,5; I 4,1 (= I 1,3. I 1,6. I 1,7 Harvey). Dort ist auch auf die Behandlung der valentinianischen Texte bei F.M.M. Sagnard, La gnose valentinienne et le témoignage de Saint Irénée S. 239.255, aufmerksam gemacht. Wenn O. Stählin, Deutsches Übersetzungswerk Bd. 3 S. 228, das ἀποσταυροῦν mit «Pallisaden aufrichten» wiedergibt, dann hält er sich wohl einfach an die lexikalisch ausgewiesene Bedeutung, vgl. LSJ s.v. ἀποσταυρόω.

[32] Besonders eindrucksvoll ist Advers. Haer. I 1,3: χωρισθείσης γὰρ τῆς Ἐνθυμήσεως ἀπ' αὐτῆς (sc. der Sophia) σὺν τῷ ἐπιγενομένῳ πάθει, αὐτὴν μὲν ἐντὸς πληρώματος μεῖναι· τὴν δὲ ἐνθύμησιν αὐτῆς σὺν τῷ πάθει ὑπὸ τοῦ Ὅρου ἀφορισθῆναι καὶ ἀποσταυρωθῆναι, καὶ ἐκτὸς αὐτοῦ γενομένην, εἶναι μὲν πνευματικὴν οὐσίαν, ...

[33] F.M.M. Sagnard, La gnose valentinienne et le témoignage de Saint Irénée, S. 248.

ganze Äonen- und Pleromaspekulation fehlt, allerhöchstens sekundär in Betracht kommen, und nicht einmal diese Annahme ist zwangsläufig[34]. Dagegen ist die Anlehnung an Paulus eindeutig[35]. Gemeint ist die Selbstdistanzierung von den Leidenschaften[36], und als Begründung wird daraus klar erkennbar, daß die Affekte die Gemeinschaft mit der Sünde bedeuten[37].

Der Abschnitt gibt zu erkennen, daß der die Freiheit realisierende Kampf gegen die Leidenschaften aus dem Horizont der Absage an die Knechtschaft der Dämonen, der Absage an die Verfallenheit an die irdische Welt und der Absage an die Gemeinschaft mit der Sünde zu verstehen ist. Darüber hinaus wird die offene antihäretische Bestreitung zeigen, daß entsprechend das sich den Lüsten Preisgeben als Ungehorsam gegen den Willen Gottes gilt. Die dergestalt christliche Beurteilung der Leidenschaften prägt also unverkennbar auch Clemens' Platonverständnis.

Damit ist die Grundlage für den Kampf gegen libertinistische Häretiker abgesteckt. Zur offenen Polemik gegen die Karpokratianer geht Clemens in Strom

---

[34] Wer die übertragene Bedeutung von σταυρός und ἀποσταυροῦν hat, kommt auf die begrifflichen Termini ὅρος und ἀφορίζειν von selbst. Wie geläufig Clemens alle metaphorischen Variationen dieses Vorstellungskreises, immer als Ausdruck für die Freiheit von den Sünden, sind, zeigt Paid III § 85,3: ὅρον ἔχομεν τὸν σταυρὸν τοῦ κυρίου, ᾧ περισταυρούμεθα καὶ περιθριγκούμεθα τῶν προτέρων ἁμαρτιῶν. ἀναγεννηθέντες τοίνυν προσηλωθῶμεν τῇ ἀληθείᾳ καὶ ἀνανήψωμέν τε καὶ ἁγιασθῶμεν, ὅτι οἱ ὀφθαλμοί κυρίου ἐπὶ δικαίους ... etc, es folgt 1 Petr 3,12f (= Ps 33,16f). An kleinliche Abhängigkeit von Valentinianern zu denken, wäre ganz verfehlt.

[35] Dasselbe Verständnis von Gal 5,24 geht aus Strom IV § 60,4 − § 61,1 hervor. Clemens fordert den Kampf gegen die ἡδοναί, zitiert dazu ausschnittsweise Gal 5,16−23 und kommentiert: «σάρκα», οἶμαι, τοὺς ἁμαρτωλούς, ὡς «πνεῦμα» τοὺς δικαίους εἴρηκεν p. 276,13f. Auch in Hypot., Frg. 7, wo zwei syntaktische Alternativen erwogen werden, ist in jedem Fall der Kampf gegen die Leidenschaften der Sinn von Gal 5,24. Besonders bemerkenswert ist schließlich noch die Aufnahme von Gal 5,24 in Strom IV § 43,4, wo der Gedanke wiederum auf den Gegensatz von σάρξ und πνεῦμα hinausläuft, weil diese Stelle der zweite Hauptbeleg für das gnostische Martyrium ist (vgl. W. Völker, Der wahre Gnostiker S. 575 Anm. 2), und insofern in enger Beziehung zur hiesigen Auslegung des Spruches vom Verlieren und Gewinnen des Lebens (Mt 10,39. Mk 8,35 = Strom II § 108,3f) steht. Vgl. auch M. Pohlenz, Klemens von Alexandreia und sein hellenisches Christentum S. 126, bei der Behandlung der clementinischen Affektenlehre: «Maßgebend ist für ihn Paulus' Wort: ,Das Fleisch gelüstet wider den Geist', ...».

[36] Entsprechend übersetzt J. Potter, PG VIII col. 1054: «qui non se separat ab affectionibus eosque cruci affigit», und F. Overbeck, Deutscher Text: «... bei dem, der sich nicht absondert und kreuzigt von den Affekten».

[37] Vgl. H. Karpp, Probleme altchristlicher Anthropologie S. 99−104, und ders., Die Bußlehre des Klemens von Alexandrien, ZNW 43 1950/51 S. 228: «In der psychologischen Deutung machen die Affekte die Sünde aus; theologisch betrachtet, entspringt diese aber stets der menschlichen Selbstliebe (6,56,2)». Ähnlich urteilt W. Völker, Der wahre Gnostiker S. 127−143, der allerdings die Selbstliebe bei Clemens nicht für zentral hält.

III § 5 — § 11 über. Epiphanes, der früh verstorbene Sohn des Karpokrates[38], hatte eine Schrift Περὶ δικαιοσύνης verfaßt, aus der Clemens ein umfangreiches Stück zitiert. Darin entwickelt jener aus dem Begriff der Gerechtigkeit Gottes als einer κοινωνία μετ' ἰσότητος die Legitimation zu genereller Promiscuität (§ 6,1 — § 8,3. § 9,3). Außerdem weiß Clemens Nachrichten über das Treiben der Karpokratianer und ihrer Sympathisanten weiterzugeben (φασὶ p. 200,6), wonach sie die sakramentalen Agapefeiern zu ausschweifenden Orgien pervertieren (§ 10,1).

Dieser Libertinismus trägt, soviel aus den Fragmenten des Epiphanes ersichtlich ist, nicht das Gepräge eines gnostischen Dualismus an sich[39]. Der Libertinismus wird vielmehr gerade aus der Schöpfungsordnung abgeleitet und freilich in scharfer Frontstellung gegen das alttestamentliche Gesetz entfaltet, denn das Gesetz hat die Schöpfungsordnung der κοινωνία μετ' ἰσότητος zerstört. Die geschlechtliche Zügellosigkeit dient keinem vermeintlich höheren Ziel, etwa der Überwindung böser kosmischer Mächte, sondern soll einfach als natürliche Ordnung zur Geltung kommen.

Dagegen führt Clemens in erster Linie die biblische Autorität ins Feld. Gesetz (Ex 20,13) und Evangelium (Mt 5,28) stimmen in dem οὐκ ἐπιθυμήσεις überein (§ 8,4 — § 9,2). Hier zeigt sich deutlich, daß er die Hingabe an die Lüste als Ungehorsam gegen Gottes Willen versteht. In zweiter Linie kommt Clemens auf Platon zu sprechen (§ 10,2). Seiner Meinung nach (δοκεῖ δέ μοι p. 200,16) liegt bei den Karpokratianern auch ein Mißverständnis des platonischen Satzes aus der Politeia, κοινὰς εἶναι τὰς γυναῖκας πάντων p. 200,17, vor. Daran zu denken, war naheliegend, wußte er doch, daß Karpokrates persönlich seinen Sohn nicht nur in der enzyklischen Bildung, sondern auch in der platonischen Philosophie unterrichtet hat (§ 5,3). Wenn Clemens diesem Mißverständnis Platons wirkliche Meinung entgegenstellt, dann beabsichtigt er einerseits, Platon vor Verunstaltungen in Schutz zu nehmen, und andererseits, den Libertinisten eine Rechtfertigungsgrundlage zu entziehen.

Was Platons Forderung nach der Frauen- und Kindergemeinschaft in der Politeia[40] betrifft, so ist die entscheidende Frage die, ob sie Platon als eine wört-

---

[38] Grundlegend zu Karpokrates und Epiphanes A. von Harnack, Geschichte der altchristlichen Literatur bis Eusebius Bd. I,1 S. 161f. Bd. II,1 S. 296f, vgl. auch H. Liboron, Die karpokratianische Gnosis S. 7—18. Demgegenüber bedeutet es einen Rückschritt, wenn H. Kraft, Gab es einen Gnostiker Karpokrates?, ThZ 8 1952 S. 434—443, die Historizität wieder in Zweifel zieht. Eine ausführliche Erörterung der Probleme, die Clemens' Glaubwürdigkeit bestätigt, hat H. Chadwick, in: The Library of Christian Classics II, Alexandrian Christianity, by J.E.L. Oulton — H. Chadwick, S. 24—29, vorgelegt.

[39] Von einem dualistischen Grundansatz her interpretiert H. Liboron, Die karpokratianische Gnosis S. 19—32. Allerdings übergeht er ebd. S. 17 in nicht überzeugender Weise die Schwierigkeiten, das Fragment des Epiphanes in ein solches System einzupassen.

[40] Die Forderung kehrt wieder im Vorspann zum Timaios, Tim 18 c7f. Auch zur Kronoszeit gab es keine κτήσεις γυναικῶν καὶ παίδων, Polit 271 e8f. In den Nomoi V 739 a1

lich zu befolgende Anordnung, sozusagen als gebrauchsfertiges Reformpro-
gramm gemeint hat oder nicht. Gegen solche Auffassung sprechen vor allem
drei Indizien. Da ist einmal die kompositionelle Verknüpfung der drei heranbre-
chenden Wogen, nämlich des Grundsatzes, daß im Wächterstand die Frauen
den Männern in Erziehung und Beruf gleichgestellt sein müssen (V 451 b9 —
457 b5), sodann der Forderung nach der Frauen- und Kindergemeinschaft
(V 458 b9 — 466 d5) und schließlich des Satzes, daß die Mißstände in den
Staaten nur beseitigt werden können, wenn entweder die Philosophen Herrscher oder die sogenannten Herrscher wirklich echte Philosophen werden
(V 473 b4 — e5). Die Verknüpfung dieser drei Wogen, die spannungsreich auf
die höchste Begründung des Staatsbaues hinleiten, basiert aber auf dem nachdrücklich herausgestrichenen paradoxen und unglaubwürdigen Charakter aller
drei Ansichten[41]. Zweitens sagt Sokrates klar, daß die Suche nach der Gerechtigkeit nicht auf ihre vollkommene Repräsentation in der vorfindlichen Welt,
sondern nur auf ein $\pi\alpha\rho\acute{\alpha}\delta\epsilon\iota\gamma\mu\alpha$ und die Annäherung daran zielt, und daß insofern die $\tau\tilde{\omega}$ $\lambda\acute{o}\gamma\omega$ entworfene Staatsordnung nicht in allen Punkten $\tau\tilde{\omega}$
$\acute{\epsilon}\rho\gamma\omega$ verwirklicht werden kann (V 472 a1 — 473 b3). Und drittens ist die
Tatsache, daß der Übergang vom Idealstaat in die geschichtliche Wirklichkeit
gerade bei der Hochzeitszahl einsetzt (VIII 546 a1 — 547 c4), aufschlußreich[42]. Das scheinbar so perfekt ausgeklügelte System der Geschlechtermi-
schung birgt schon in sich den Keim der Auflösung und des Verfalls des Ideal-
staates, weil die Menschen nicht danach sind. Kann demnach die Forderung der
Frauen- und Kindergemeinschaft nicht als Anleitung zur unmittelbaren Realisierung verstanden werden[43], dann erübrigt es sich, auch die Regulierungen
im einzelnen zu betrachten. Weit davon entfernt, moralische Laxheit zu begün-
stigen, ist das peinlich geregelte, aber von den Herrschern nach Wunsch mani-
pulierbare System der $\acute{\iota}\epsilon\rho o\iota$ $\gamma\acute{\alpha}\mu o\iota$ mit W. Jaeger[44] als ein «unpersönliches Institut der Rassenzüchtung» zu beschreiben. Was freilich Platon mit dieser Erfin-
dung sagen will, läßt sich V 461 e5 — 466 d5 ablesen. Als das höchste Gut gilt
die Einheit des Staates. Da der Staat als ein Gesamtorganismus vorgestellt wird,
der mit dem menschlichen Körper vergleichbar ist, gibt zu seiner Einheit die

---

— e5 heißt es von der besten Staatsform, nach der wohl nur Götter und Götterkinder
    leben könnten, $\kappa o\iota v\grave{\alpha}\varsigma$ $\mu\grave{\epsilon}v$ $\gamma v v\alpha\tilde{\iota}\kappa\alpha\varsigma$, $\kappa o\iota v o\grave{v}\varsigma$ $\delta\grave{\epsilon}$ $\epsilon\tilde{\iota}v\alpha\iota$ $\pi\alpha\tilde{\iota}\delta\alpha\varsigma$, $\kappa o\iota v\grave{\alpha}$ $\delta\grave{\epsilon}$ $\chi\rho\acute{\eta}\mu\alpha\tau\alpha$ $\sigma\acute{\upsilon}\mu$-
    $\pi\alpha v\tau\alpha$ (739 c4f), ja, sogar $\tau\grave{\alpha}$ $\phi\acute{\upsilon}\sigma\epsilon\iota$ $\acute{\iota}\delta\iota\alpha$ wie Augen, Ohren und Hände sollen gemeinsam
    sein, worauf jedoch der Staat der Nomoi verzichtet.
[41] Vgl. $\pi\rho\grave{o}\varsigma$ $\acute{\alpha}\pi\iota\sigma\tau\acute{\iota}\alpha v$ 457 d4, $\acute{\alpha}\delta o\xi\acute{\iota}\alpha$ 473 c8, $\pi\alpha\rho\grave{\alpha}$ $\delta\acute{o}\xi\alpha v$ 473 e4, $\acute{\alpha}\mu\phi\iota\sigma\beta\acute{\eta}\tau\eta\sigma\iota\varsigma$ 457 d9
    (vgl. 457 e1), $\acute{o}\kappa v o\varsigma$ 473 e3.
[42] Dieses Argument betont H.G. Gadamer, Die Idee des Guten zwischen Plato und Aristo-
    teles S. 46f.
[43] Ebenso H. Gundert, Dialog und Dialektik S. 75ff, und H.G. Gadamer, Die Idee des Gu-
    ten zwischen Plato und Aristoteles S. 45, während W. Jaeger, Paideia Bd. 2 S. 319—
    330, und O. Gigon, Gegenwärtigkeit und Utopie S. 436—441, Platon beim Wort zu
    nehmen scheinen.
[44] W. Jaeger, Paideia Bd. 2 S. 326.

κοινωνία ἡδονῆς τε καὶ λύπης den entscheidenden Ausschlag, die ihrerseits die Übereinstimmung aller Glieder in der Beurteilung von τὸ ἐμόν und τὸ οὐκ ἐμόν voraussetzt. Von hieraus ergibt sich nun die wohltätige Wirksamkeit des Modells, denn die Frauen- und Kindergemeinschaft bewirkt familiäre Bindungen unter allen Mitgliedern des Wächterstandes, so daß alle in gleicher Weise überall ihnen selbst Zugehöriges und Eigenes erkennen und daran einmütig Freude oder Leid empfinden. So sind Parteiungen, Rechtshändel und viele geringfügigere Übel gleichsam organisch verhindert. Gerade die Annäherung an das Organische scheint dabei die Pointe zu sein.

Wie erklärt Clemens die Forderung nach der Frauengemeinschaft? Er sagt, Platon meine, «daß zwar die Unverheirateten für die, die um sie werben wollen, gemeinsam seien, so wie auch das Theater für alle, die zuschauen wollen, gemeinsam ist, daß dagegen jede einzelne nur dem gehöre, der sie zuerst für sich gewonnen hat, und daß die Verheiratete kein Gemeingut mehr sei» (§ 10,2). Die Frauengemeinschaft bezieht Clemens also auf die Brautwerbung, und zwangsläufig läßt er die Kindergemeinschaft einfach weg. Aber eine Begründung für seine Auffassung gibt er nicht. Auch hat der Theatervergleich am Platontext keinen Anhalt. So könnte nicht einmal zwingend widerlegt werden, wer Clemens eine bloße, unverbindliche Ausrede unterstellen wollte. Eine andere Möglichkeit besteht freilich in der Vermutung, daß Clemens die platonischen Ausführungen nicht wörtlich verstehen zu dürfen glaubte. Die These der Frauengemeinschaft hätte dann in seinen Augen ihren positiven Sinn etwa in der Überwindung von ständischen, ökonomischen oder anderen eine Eheschließung behindernden Schranken. Das träfe zwar nicht die Intention Platons im ganzen, die ja auf eine möglichst organische Einswerdung des Staates und nicht auf eine Liberalisierung der Heiratsgebräuche gerichtet ist, käme ihr aber doch in der Beseitigung von dynastischer Familienpolitik und Nepotismus recht nahe.

Diese Vermutung ist in der Tat wohl zutreffend, denn ebenso versteht Epiktet[45] Platons Ausführungen. Er sagt, daß sie keineswegs ein ausschweifendes Leben rechtfertigen, daß man sie nicht wörtlich nehmen dürfe und daß Platon eine andere Art von Ehestand einführe. Und auch Epiktet wendet den Theatervergleich auf die These von der Frauengemeinschaft an.

So zeigt sich, daß Clemens in dieser Frage derselben Tradition folgt, die auch Epiktet vertritt. Die Platonauslegung ist mithin von christlichen Gedanken unbeeinflußt, aber, und das ist das Entscheidende, nach ihr ist Platon mit dem rechtgläubigen Christentum im Einklang. Dafür, daß sich libertinistische Häretiker auf Platon berufen, gibt es keine legitime Grundlage. Insofern ist es von

---

[45] Epiktet, Frg. XV. Diss. II 4,8–10.

besonderem Interesse, daß sich Clemens nicht, wie es Theophilos[46], Euseb[47] und Theodoret[48] tun, der schon von Aristoteles[49] geäußerten und von Cicero[50] wiederholten Kritik gegen die wörtlich verstandene These der Frauen- und Kindergemeinschaft anschließt[51].

2. Die Verurteilung der Schöpfungsfeindschaft

In der Intention auf die im dritten Buch einzunehmende doppelte Frontstellung gegen eine libertinistische Verfehlung der Enthaltsamkeit einerseits und gegen eine rigoristische Überspannung andererseits kommt schon im zweiten Buch neben der Warnung vor den Begierden und Lüsten und der Ermahnung zur Ausrottung der Leidenschaften auch die Anerkennung der Ehe und die Zustimmung zur Kinderzeugung zur Sprache. Wenn Clemens in diesem Zusammenhang Platons Einstellung zu Ehe und Kinderzeugung mit Billigung anführt, dann hält er seine Darstellung von polemischen Abzweckungen frei, bereitet aber schon den antihäretischen Kampf vor.

Platons Befürwortung der Ehe und der Kinderzeugung belegt Clemens in § 138,2 folgendermaßen: «Gehen wir kurz die Geschichte (der Ansichten über die Ehe) durch! Platon reiht die Ehe unter die äußeren Güter ein, indem er durch sie die Unsterblichkeit unseres Geschlechts hergestellt sein läßt[1], die wie

---

[46] Theophilos, Ad Autolyc. III 6.
[47] Euseb, Praep. Ev. XIII 19,14−16. Er räumt aber ein, daß Libertinismus nicht im Spiel ist.
[48] Theodoret, Graec. affect. cur. IX § 44. XII § 77.
[49] Aristoteles, Politik II 1−4, 1260 b27 − 1262 b36.
[50] Cicero, De re publ. IV § 5.
[51] Zur Wirkungsgeschichte ist noch Folgendes nachzutragen: Daß man die These als interpretationsbedürftig empfand, geht aus dem Bericht des Aulus Gellius, Noctes Atticae XVIII 2,8, hervor, daß bei einem studentischen Preiskampf u.a. auch die Erklärung dieses ζήτημα aufgegeben war. Albinos, Didask. XXXIV p. 189,2f, beschränkt sich auf die Feststellung, daß im Staat der Nomoi die Frauen nicht gemeinsam sind. Billigung der These setzt Zenon, nach Diogenes Laertios VII § 33. § 131, voraus, der denselben Satz in seiner ebenfalls Politeia benannten Schrift aufgestellt hat. Seine Begründung ist aber unbekannt. Und Apuleius, De Platone II § 257 p. 129,19 − p. 130,3, der die Äußerungen buchstäblich versteht, sieht ihren Sinn darin, daß Verbindungen unter ungleichen Partnern durch die Behörden verhindert werden.
[1] K. Praechter, Zu Clem. Alex. strom. II 23, PhW 31 1911, Sp. 30ff, und L. Früchtel, z.St. in den Nachträgen und Berichtigungen S. 527, halten den Ausdruck, (Πλάτων) ἐπισκευάσας τὴν ἀθανασίαν p. 189,13, für verderbt, weil sie dahinter ein wörtliches Zitat von Polit 270 a4: ἀθανασίαν ἐπισκευαστήν, vermuten. Deshalb setzen sie ἐπισκευαστὴν ἀθανασίαν in den Clemenstext und sind dann allerdings noch zu weiteren Konjekturen gezwungen, damit sich ein vollständiger Satz ergibt. Dazu ist zu sagen, daß sich der überlieferte Text mit O. Stählin und P.Th. Camelot − C. Mondésert halten läßt, und daß man gleichwohl eine freie Anspielung an Polit 270 a4 annehmen darf. Nichts hätte Clemens zur wortgetreuen Aufnahme verpflichten können.

eine gewisse Fortdauer den Kindeskindern im Fackellauf übergeben wird». Was die hiesige Güterklassifizierung betrifft, so liegt vermutlich doxographische Tradition vor. Nach Diogenes Laertios[2] rechnet Platon die Ehe zwar nicht direkt zu den äußeren Gütern, sie wird aber daran anschließend erwähnt. Eine besondere Textstelle steht wohl nicht im Hintergrund. Ansonsten ist festzuhalten, daß Platon von der Unsterblichkeit dank der Kinderzeugung in Symp 206 c6—8. 207 c9 — d3. 208 b2—6. e1—5, ferner bei den Ehegesetzen in Nom IV 721 c2—6 und in Nom VI 773 e5 — 774 a1 gesprochen hat. Derselbe Gedanke erscheint noch einmal in Nom VI 776 b2—4, wo er mit dem Vergleich von der Übergabe einer Fackel verbunden und anschaulich gemacht ist[3]. Die Formulierung, (Πλάτων) ἐπισκευάσας τὴν ἀθανασίαν p. 189,13, enthält eine Anspielung an Polit 270 a4.

Clemens ist also in der Tat im Recht, wenn er erklärt, Platon billige Ehe und Kinderzeugung. Er hätte auch noch einen Schritt darüber hinausgehen und sagen können, daß Platon sogar beides aus religiösen Gründen in den Nomoi fordert[4]. Eine Bemerkung ist allerdings noch zur Erwähnung der Unsterblichkeit erforderlich. Daß die durch die Kinderzeugung erlangte Unsterblichkeit eine gattungsmäßige ist und nicht den philosophischen Vollsinn der Unsterblichkeit impliziert, wird bei Platon jeweils durch den Zusammenhang deutlich, im Symposion dadurch, daß Diotima die bezeichnende Einschränkung ὡς οἴονται (208 e4f) macht und die körperliche Zeugung nur als eine niedere Stufe des erotischen Verlangens gelten läßt (212 a2—7), und in den Nomoi dadurch, daß die Aussagen in den Gesetzestexten und ihren Proömien (IV 720 e10 — 721 d6. VI 772 d5 — 785 b9) stehen und insofern schon von vornherein ein volkstümlicheres Niveau bedingen. Es scheint nun, daß auch Clemens diesem eingeschränkten Begriff der gattungsmäßigen Unsterblichkeit Rechnung getragen hat, und zwar durch die Anspielung an Polit 270 a4. Dort wird die Unsterblichkeit dem Weltall vom Demiurgen sozusagen nachträglich und sekundär verliehen. Dem Weltall kann Unsterblichkeit nicht von seinem eigenen Wesen her eignen, weil es nicht zum Bereich des Göttlichen, des κατὰ ταὐτὰ καὶ ὡσαύτως ἔχειν ἀεὶ καὶ ταὐτὸν εἶναι (269 d5f) gehört, sondern auf Grund seiner Verbindung mit dem Körper notwendigerweise Anteil an der μεταβολή (269 e1) haben muß. Es empfängt sie aber vom Demiurgen zur Zeit der göttlichen Regentschaft, und es zehrt von ihr in der Zeit der Zurückgezogenheit Gottes. Diese Vorstellung einer nicht wesensmäßigen, sondern sekundären Unsterblichkeit, ausgedrückt in der Wendung ἀθανασία ἐπισκευαστή, hat Clemens frei vom Weltall

---

[2] Diogenes Laertios III § 78. Dieselbe lokale Güterklassifizierung auch bei Arius Didymus (Stobaios II p. 55,10—13) und Hippolyt, Refutatio I 19,15.
[3] Vgl. N. Wecklein, Der Fackelwettlauf, Hermes 7 1873 S. 442f.
[4] Nom IV 721 c7. VI 773 e5 — 774 a1. 776 b4. Als pythagoreisch erscheint die religiöse Begründung, daß man Gott an eigener Stelle neue Diener hinterlassen müsse, bei Jamblich, Vita Pythag. § 83. § 86.

auf das Menschengeschlecht übertragen. Ein an Platon gemessen unabdingbarer
Vorbehalt kommt so auch ohne breite Explikation in dieser Anspielung zur
Geltung.

Daß Platon aber nicht nur Ehe und Kinderzeugung gutheißt, sondern den
Unverheirateten sogar besondere Abgaben auferlegt, referiert Clemens in
§ 141,5: «Der edle Platon aber befiehlt, daß der Unverheiratete sowohl den
Unterhalt einer Frau an den Staat bezahle als auch die entsprechenden Kosten
an die Behörden abliefere. Denn wenn sie nicht heiraten und keine Kinder zeugen, dann werden sie, soviel an ihnen liegt, Mangel an Männern verursachen und
die Städte und die Welt, die ja aus ihnen besteht, zugrunde richten. Das ist aber
gottlos, weil es die Handlungsweise derer ist, die die göttliche Schöpfung auflö-
sen». Im ersten Teil dieses Kephalaion stützt sich Clemens noch einmal auf die
Ehegesetze der Nomoi (IV 721 b1–3. d1–6. VI 774 a3 – c2), im zweiten Teil
redet er in eigener Person[5].

Was nun das Referat zu den Bestimmungen der Nomoi betrifft, so liegt eine
weiterführende, möglicherweise aktualisierte Interpretation vor. Platon hat die
Abgaben damit motiviert, daß keiner glauben solle, sein Junggesellenleben
bringe ihm Gewinn und Annehmlichkeiten. Er hat die Höhe der Abgaben, die
dem Heiligtum der Ehegöttin Hera zugute kommen sollen, nach den vier Ver-
mögensklassen zwischen 100 und 30 Drachmen abgestuft und außerdem den
Ausschluß von den Ehrenrechten angeordnet. Clemens dagegen spricht vom
Ausschluß von den Ehrenrechten gar nicht. Außerdem hat er das starre Straf-
maß nach Steuerklassen beseitigt und durch die Berechnung des Lebensunter-
haltes für eine Frau ersetzt. So kommt er zu einer doppelten Abgabe. Der eine
Betrag schafft den Ausgleich für die Einsparungen des Junggesellen, der zweite,
entsprechende (= gleich hohe?) ist vielleicht eine Bearbeitungsgebühr[6], aber
wohl eher eine Strafe. Und Empfänger ist nicht das Heraheiligtum, sondern der
Staat mit seinen Organen. Man wird annehmen dürfen, daß Clemens mit dieser
Auslegung einer zu seiner Zeit gängigen Auffassung folgt[7]. Spezifisch christlich
ist daran nichts.

Mit der anschließenden Erläuterung wendet sich Clemens in einer Klimax
von gesellschaftlich-sozialen und kosmologischen Gesichtspunkten der religiös-
christlichen Begründung zu. Während der gesellschaftlich-soziale Gesichtspunkt
ganz konventionell ist[8], zeigt das letzte Argument Clemens' höchst persönliche

---

[5] Ebenso J.P. Broudéhoux, Mariage et famille chez Clément d'Alexandrie S. 100.
[6] E.B. England, The Laws of Plato Bd. 1 S. 611, erklärt: «Clem. Alex. Strom II. 423 a,
   in describing this law, calls the sum paid τροφὴν γυναικός, and seems to say that there
   were magistrates' fees to be paid as well».
[7] Zu den Ehegesetzen des Augustus, von denen Sueton, Augustus § 34, spricht, ergeben
   sich keine Berührungen.
[8] Vgl. Philon, VitCont § 62; Cicero, De off. I § 54; Antipater von Tarsos, SVF III p.
   254,31 – p. 255,5; Musonius, Frg. XIV p. 73,10–15.

Einstellung. Sowohl die Hochschätzung von Ehe und Kinderzeugung als auch der um sie geführte antihäretische Kampf um die rechte Bestimmung der Enthaltsamkeit sind für ihn schöpfungstheologisch fundiert. Θεία γένεσις p. 191,15 ist das Stichwort für die offene Auseinandersetzung mit den rigoristischen Häretikern im dritten Buch[9].

Der antirigoristische Kampf in Strom III § 12 − § 21 richtet sich gegen Markion (p. 204,8.23, p. 205,15) und die Markioniten (p. 200,29.30f, p. 201,14. 19, pl 205,13.18f, p. 207.6) in einem. Es ist ein Kampf um Platon. Clemens will, wie er in § 13,1. § 19,4. § 21,2f wiederholt darlegt, nachweisen, daß Markion und seine Anhänger bei ihrer Verachtung der γένεσις einen illegitimen Gebrauch von Platon gemacht haben und daß sie kein Recht haben, ihre Lehre als eine eigene, originale Leistung auszugeben. Aufschlußreich für den polemischen Stil sind die Adverbien: ἀσεβῶς (p. 201,14), ἀχαρίστως τε καὶ ἀμαθῶς (p. 205,15), ἀθέως ... ἐκδεξαμένους ... ἀχαριστεῖν (p. 205,18f).

Die Verfälschung Platons bei Markion und seinen Anhängern liegt in Clemens' Augen darin, daß sie die pessimistische Einstellung Platons zur Welt und zum menschlichen Leben zu einem kosmologisch-ontologischen Dualismus radikalisiert haben. Clemens stellt die Positionen referierend gegenüber: «Wenn aber auch Platon selbst und die Pythagoreer wie nun später auch die Markioniten die gewordene Welt[10] als schlecht aufgefaßt hatten, . . . so lehren die Markioniten, daß die Natur schlecht ist, weil sie aus einer schlechten Materie und von einem gerechten Schöpfer geschaffen ist» (§ 12,1). «Die Philosophen dagegen, die wir erwähnten, von denen die Markioniten in gottloser Weise entnommen haben, daß die gewordene Welt schlecht sei, und sich damit wie mit einem eigenen Lehrsatz brüsten, meinen nicht, daß diese von Natur schlecht sei, sondern nur für die Seele, die das Wahre gesehen habe. Sie lassen nämlich die Seele, die göttlich sei, hierher in die Welt wie in ein Gefängnis herabkommen. Nach ihnen müssen sich die eingekörperten Seelen reinigen. Aber das ist nicht mehr die Lehre der Markioniten . . .» (§ 13,1−3).

---

[9] Die Vokabel fällt bis p. 200,29 nur noch unakzentuiert in den Auszügen aus Epiphanes dreimal, p. 198,20. p. 199,7. p. 200,2.

[10] Eine schier heillose Verwirrung hat das Wort γένεσις p. 200,29. p. 201,14 und das darauf bezügliche ταύτην p. 201,15 hervorgerufen. A. von Harnack, Marcion S. 97. 273*. 276*. 322*, umschreibt p. 200,29 mit «Welt-Physis», «Schöpfung» oder «Erzeugung». F. Overbeck, Deutscher Text S. 315f, und O. Stählin, Deutsches Übersetzungswerk Bd. 3 S. 264f, übersetzen γένεσις mit «Zeugung», O. Stählin gibt das ταύτην mit «Geburt» wieder. H. Chadwick, in: The Library of Christian Classics II, Alexandrian Christianity, by J.E.L. Oulton and H. Chadwick S. 45f, übersetzt hier wie im ganzen Abschnitt § 12 − § 21 stets mit «birth». Das hier vorgeschlagene Verständnis im Sinne von γένεσις = «gewordene Welt, Schöpfung» muß sich durch die Stringenz im ganzen rechtfertigen, hingewiesen werden kann noch speziell auf die Synonyme φύσις p. 200,31, κόσμος p. 201,11.17. p. 204,24 und δημιουργία p. 268,25f. Dabei braucht man nicht auszuschließen, daß ein Nebengedanke an die geschlechtliche Sphäre mitklingt, insofern die γένεσις gerade durch ihren sexuell vermittelten Fortbestand für die Markioniten suspekt ist, vgl. auch § 46,5.

Die gewordene Welt also, die Platon zwar im Hinblick auf das Geschick der
präexistenten Seele als schlecht, d. h. pessimistisch, aber gerade nicht substanziell (οὐ φύσει p. 201,15) als schlecht, d. h. gerade nicht dualistisch betrachtet,
gilt bei Markion in ihrer Substanz als schlecht (φύσιν κακήν p. 200,31), weil sie
aus schlechter Materie von einem gerechten Schöpfer hervorgebracht sei. Dieser
so gearteten Welt steht der gute Gott gegenüber, der sie, die Markioniten, berufen habe, womit der Dualismus vollständig ausgebildet ist. Dazu ist nun festzustellen, daß das Referat zur markionitischen Lehre zutreffend ist. Die Trennung
des gerechten Gottes und Weltschöpfers einerseits vom guten Gott und Vater
Jesu Christi andererseits durchzieht alle wichtigeren Quellen[11]. Daß ferner dem
gerechten Demiurgen eine schlechte Materie vorgegeben sei, diese Nachricht
bestätigt auch Tertullian[12]. Und daß erwartungsgemäß die Schöpfung dann
auch nur schlecht sein kann, wiederholt ebenfalls Tertullian[13]. Andererseits
darf auch die Aussage, daß die Markioniten nicht den Fall präexistenter Seelen
lehren, als verläßlich gelten. Diese Auffassung wird gelegentlich nur Apelles zugeschrieben[14], einem Schüler Markions, der auch sonst eigene Wege ging und
von dem Clemens keine Notiz nahm.

Aus dieser dualistischen Grundeinstellung zur geschaffenen Welt ergeben
sich für Markion Konsequenzen zu den Fragen nach Ehe, Kinderzeugung und
Enthaltsamkeit. Clemens führt aus: «Aus diesem Grund, daß sie nicht die von
dem Schöpfer hervorgebrachte Welt anfüllen wollen, sind sie entschlossen, sich
der Ehe zu enthalten. Dabei stellen sie sich ihrem Schöpfer entgegen und eilen
zu dem guten Gott, der sie berufen hat, aber nicht zu dem, wie sie sagen,
andersgearteten Gott. Da sie nichts Eigenes hier zurücklassen wollen, werden
sie nicht aus eigener freier Wahl, sondern aus Haß gegen den Schöpfer enthalt-
sam, weil sie die von ihm geschaffenen Dinge nicht gebrauchen wollen» (§12,2).
Den letzten Gedanken wiederholt Clemens später noch einmal: «. . . Markion,
der aus Widerstand gegen den Schöpfer den Gebrauch der irdischen Dinge ver-
wirft. Ihm wird zum Anlaß der Enthaltsamkeit, wenn man das überhaupt Enthaltsamkeit nennen soll, der Schöpfer selbst. Indem dieser Gott bestreitende
Gigant glaubt, gegen ihn sich zu widersetzen, ist er ohne seine freie Wahl ent-
haltsam, weil er die Schöpfung und die Menschenbildung angreift» (§ 25,1f).

---

[11] Vgl. die Sammlung der Belege bei A. von Harnack, Marcion S. 262*ff.
[12] Tertullian, Advers. Marc. I 15,4, vgl. auch die übrigen Belege bei A. von Harnack, Mar-
      cion S. 276*.
[13] Tertullian, Advers. Marc. I 2,2, vgl. auch Irenaeus, Aders. Haer. I 25,1. III 12,15:
      «malorum factorem», bzw. «malorum fabricatorem», und nochmals Clemens, Strom
      IV § 45,5. Wenn B. Aland, Marcion ZThK 70 1973 S. 427, davon spricht, daß Markion
      Welt und Gesetz des Schöpfergottes «nur für armselig, kleinlich und verächtlich, wenn
      auch nicht unmittelbar für schlecht halten kann», dann hätten die genannten Stellen
      einer Diskussion bedurft.
[14] Tertullian, De anima 23,3, 36,3, De carne 8; vgl. A. von Harnack, Marcion S. 188f.
      191.

Auch diese in sich folgerichtigen Aussagen lassen sich anderweitig bestätigen. Von Markions rigoroser Askese berichten alle Hauptzeugen. Geradezu mit Ekel muß er sich über die natürlichen Vorgänge der Zeugung, Schwangerschaft und Geburt verbreitet haben[15]. Der Christ ist für ihn und seine Anhänger zur Kinderlosigkeit verpflichtet. Es scheint darüber hinaus, daß Clemens hiermit in der Tat eines der entscheidenden Motive für Markions gesamte Theologie getroffen hat. Sein Staunen und Wundern über die Fremdheit und Einzigartigkeit des erlösenden Evangeliums[16] bleibt offenbar im Negativen fixiert. Markion kommt über einen protestierenden Widerspruch, sei es nun gegen das Alte Testament oder sei es gegen die Schöpfung, nicht wesentlich hinaus[17].

Die grundsätzliche Bestreitung Markions und seiner Anhänger stellt Clemens für ein andermal in Aussicht (§ 13,1. § 21,2). Hier begnügt er sich einerseits damit, kurz gewisse logische Inkonsequenzen aufzudecken (§ 12,3), und bemüht sich andererseits darum, sowohl die Abhängigkeit von Platon als auch die Verfälschungen an Hand von Zitaten nachzuweisen.

Der größte Teil der Belege veranschaulicht Platons Pessimismus[18]. Aus diesen Stellen, die zeigen, daß Platon das irdische Leben des Menschen als schlecht und beklagenswert angesehen habe, geht hervor, daß Markion von Platon abhängig sei und daß er kein Recht habe, dafür Eigenständigkeit zu beanspruchen. Zu diesem Gesichtspunkt gehören die Abschnitte § 17,4 — § 18,1

[15] Vgl. die Belege bei.A. von Harnack, Marcion S. 103f.273*.
[16] Darin sieht A. von Harnack, Marcion S. 18ff 30—35.94ff, den Ausgangspunkt Markions. Indem Markion an der großen Christenheit eine judaistische Verfälschung des Evangeliums bekämpft, ist er «ein Jünger des Paulus, der das Werk und den Kampf des Apostels wiederaufgenommen hat als ein wirklicher Reformator» (ebd. S. 198). «Keine zweite religiöse Persönlichkeit kann ihm zur Seite gestellt werden, die im Altertum nach Paulus und vor Augustin an Bedeutung mit ihm rivalisieren könnte» (ebd. S. 20). Gegen dieses Bild ist wiederholt Einspruch erhoben worden. U. Bianchi, Marcion: théologien biblique ou docteur gnostique? VigChr 21 1967 S. 141—149, erklärt Markion aus dem Bezugsrahmen eines gnostischen Dualismus her. Daß Markion ohne die Gnosis nicht zu verstehen ist, betont auch K. Rudolph, Stand und Aufgaben in der Erforschung des Gnostizismus, in: WdF 262 S. 550. Andererseits konstatiert B. Aland, Marcion, ZThK 70 1973 S. 420—447, bei voller Anerkennung der gnostischen Anteile «eine betont antignostische Tendenz» (ebd. S. 434) darin, daß die Lehre von einem göttlichen Wesenskern des Menschen fehlt.
[17] Das ist auch die Beurteilung von H. Frhr. von Campenhausen, Die Entstehung der christlichen Bibel S. 176: «Markion ist Antinomist und gleichzeitig ein die Welt verachtender Asket. Sein Christentum ist polemisch . . . die Spannung von Gesetz und Glaube . . . ist bei ihm zum reinen Widerspruch geworden, und die Rettung des in der Welt Verlorenen wird zum Haß gegen die Schöpfung . . .». H. Frhr. von Campenhausen, ebd. S. 176, räumt ein, daß die Position Markions «als nihilistische ,Radikalisierung' gemeingnostischer Tendenzen» interpretiert werden kann, gibt aber zu bedenken, «daß kein Gnostiker vor Markion jemals so weit gegangen ist wie gerade er» (ebd. S. 176).
[18] Vorbereitend ist § 14,1 — § 16,2, wo im bunten Stil eines Florilegiums Aussprüche zusammengestellt sind, die die γένεσις beklagen. Zur Analyse vgl. A. Peretti, Teognide nella traditione gnomologica S. 61—69.

mit Phaid 66 b5–7. 64 a4–6. 65 c11 – d2, Röm 7,24 und § 20,2 – § 21,1 mit
Nom II 653 c9 – d3, Epinom 973 d2 – 974 a1, einem Referat zu Pythagoras,
einem Verweis auf Gorg 492 e7 – 493 a1 und Heraklit, B 21.

Der erste Abschnitt lautet: «Was aber, wenn er (sc. Platon) sagt: ‚Solange
wir den Körper haben und unsere Seele mit solchem Übel vermischt ist, werden
wir niemals jenes hinreichend erlangen, wonach wir streben'[19]? Deutet er damit
nicht auf das irdische Dasein[20] als die Ursache der größten Übel? Und im Phaidon bezeugt er: ‚Denn alle, die sich in der rechten Weise mit der Philosophie
abgeben, scheinen, ohne daß es die anderen merken, sich um nichts anderes zu
bemühen als zu sterben und tot zu sein'. Und wiederum: ‚Also verachtet auch
hier die Seele des Philosophen am meisten den Körper und flieht von ihm weg
und sucht, ganz für sich zu sein'. Stimmt das nicht irgendwie mit dem göttlichen Apostel überein, der sagt: ‚Ich armseliger Mensch, wer wird mich aus diesem Todesleib erlösen?', wenn er nicht von ‚Todesleib' übertragen in Beziehung
auf die Gesinnungsgemeinschaft derer spricht, die zum Bösen verführt worden
sind?» (§ 17,4 – § 18,1).

Im zweiten Abschnitt führt Clemens aus: «Um nichts weniger beklagt er
auch in den Nomoi das Menschengeschlecht mit folgenden Worten: ‚Die Götter
erbarmten sich des von Natur aus mit Mühsal beladenen Menschengeschlechts
und richteten ihnen zur Erholung von ihren Mühen die regelmäßig wiederkehrenden Feste ein'[21]. Und in der Epinomis geht er auch die Ursachen für den
jammernswerten Zustand durch und sagt: ‚Denn für jedes Lebewesen ist das
Existieren[22] von Anbeginn an beschwerlich, zuerst der Zustand im Mutter-
leib, dann die Geburt, die Aufziehung und Bildung; das alles geschieht mit
tausenderlei Mühen, wie wir alle zugeben'[23]. Wie ferner? Nennt nicht auch
Heraklit das Leben[24] Tod, ähnlich wie Pythagoras und Sokrates im Gorgias,

---

[19] Verglichen mit dem originalen Wortlaut ist das Prädikat ἤ umgestellt und ἐκεῖνο p. 203,23 dazugesetzt.

[20] So dürfte γένεσις p. 203,24 nach W. Bauer, WbNT s.v. γένεσις 2.), zu übersetzen sein. Die Wiedergabe mit «Geburt» von O. Stählin, Deutsches Übersetzungswerk Bd. 3 S. 267, ist zu eng, die mit «die Welt des Geschaffenen» von F. Overbeck, Deutscher Text S. 318, ist zu weit. Wie wenig man mit der Bedeutung «Geburt» durchkommt, zeigt eindrücklich Strom III § 101,3.

[21] Mit οἰκτείραντες p. 205,1 gleicht Clemens an die gängige Schreibweise an, sonst ist das Zitat wörtlich. Zu dem Abbruch vor θεοῖς vgl. E.B. England, The Laws of Plato Bd. 1 S. 275.

[22] L. Tarán, Academica: Plato, Philip of Opus and the Pseudo-Platonic Epinomis S. 211, zu 973 d3: «τὸ γενέσθαι … must mean ‚to exist', ‚to live' (Lamb, des Places), not ‚to be born' (Harward, Taylor)». Das ist auch die Bedeutung bei Clemens.

[23] Es finden sich nur minimale Textabweichungen. Am auffälligsten ist das γίγνεται p. 205,7 statt γίγνεσθαι 974 a1 und, daß der Artikel von τὸ τρέφεσθαι 973 e5 und ταῦτα 974 a1 ausgelassen sind.

[24] Auch hier ist die Übersetzung mit «Geburt», so F. Overbeck, Deutscher Text S. 319,

wenn er sagt: ,Tod ist, was wir sehen, wenn wir wach sind, und was wir im Schlafe sehen, ist Schlaf'[25]» (§ 20,2 — § 21,1).

Eine schwierige Frage, die sich bei diesen Texten erhebt, ist die, wie der Pessimismus Platons motivert sein soll. Ausdrückliche Erklärungen unterbleiben ja. Mustert man die einzelnen Aussagen durch, dann ergibt sich kein einheitliches Bild. Die Zitate von Nomoi II und Epinomis machen einen ganz volkstümlichen Eindruck[26]. Die Anspielung an den Gorgias meint folgende orphisch geprägten Euripidesverse:

$$\tau i\varsigma \ \delta\,' \ o\hat{i}\delta\varepsilon\nu, \ \varepsilon i \ \tau\dot{o} \ \zeta\hat{\eta}\nu \ \mu\dot{\varepsilon}\nu \ \kappa\alpha\tau\theta\alpha\nu\varepsilon\hat{i}\nu$$
$$\tau\dot{o} \ \kappa\alpha\tau\theta\alpha\nu\varepsilon\hat{i}\nu \ \delta\dot{\varepsilon} \ \zeta\hat{\eta}\nu^{27}.$$

Hier ist der Pessimismus religiös aus einer vorauszusetzenden Seelenwanderungslehre begründet. Besonders problematisch stellt sich die Beurteilung der Phaidonstellen dar, wo die Verachtung des Körpers so betont zum Ausdruck kommt. Es bleibt aber zu berücksichtigen, daß auch im Phaidon der Körper nicht als die Ursache alles Schlechten und Bösen angesehen wird. Der Körper bedeutet eine Behinderung des reinen Denkens und ist insofern gefährlich, aber er ist nicht ursächlich schlecht. Das behauptet nun Clemens auch nicht, sondern nur soviel, daß das irdische Dasein, das vorfindliche Leben schlecht ist. Man muß sich fragen, ob dahinter überhaupt eine prägnante philosophische Platonexegese steht. Es ist ja bekannt, daß man den Phaidon auch in einer nicht spezifisch fachphilosophischen Weise[28] lesen konnte. So bezeugt Cicero[29] ein allgemein lebensfeindliches Verständnis, aus Lukian[30] geht die Lektüre im Sinne eines Trostbuches hervor, und Seneca[31] berichtet, wie Cato aus ihm Kraft schöpfte,

---

und O. Stählin, Deutsches Übersetzungswerk Bd. 3 S. 269, zu eng. Daß γένεσις «Leben» heißt, zeigen das Heraklitfragment (vgl. die Paraphrase von K. Reinhardt, f. Anm. 25) und die Euripidesverse, an die angespielt ist.

[25] K. Reinhardt, Parmenides S. 216 Anm. 1, paraphrasiert das Heraklitwort B 21 folgendermaßen: «So wie Schlaf das ist, was wir im Schlafen sehen (d.i. ein subjektives Trugbild, ἴδιος κόσμος), so ist das, was wir im Wachen sehen, in Wirklichkeit nicht Leben, sondern der Tod».

[26] L. Tarán, Academica: Plato, Philip of Opus and the Pseudo-Platonic Epinomis S. 210: «a commonplace in antiquity» (mit zahlreichen Belegen in Anm. 724).

[27] Euripides, Frg. 639 (Nauck). Vgl. dazu E.R. Dodds, Plato Gorgias S. 135.300. Allerdings überzeugt die Bestreitung des orphischen Charakters der beiden Verse nicht, vgl. K. Ziegler, Art. Orphische Dichtung, RECA Hlbd. 36 Sp. 1378ff.

[28] Als sachgemäße fachphilosophische Aufnahme darf man die Phaidonzitationen bei Jamblich beurteilen, Phaid 66 b = Protr. XIII p. 63,22 ff, Phaid 64 a = Protr. XIII p. 61,7ff, Phaid 65 cd = Protr. XIII p. 62,26ff.

[29] Cicero, Tusc. I § 84: «Cleombrotum . . ., cum ei nihil accidisset adversi, e muro se in mare abiecisse lecto Platonis libro», vgl. U. von Wilamowitz-Möllendorf, Platon Bd. 2 S. 56f.

[30] Lukian, Philospeudeis 27.

[31] Seneca, Epist. XXIV 6: «Quidni ego narrem ultima illa nocte Platonis librum legentem (sc. Catonem) posito ad caput gladio? Duo haec in rebus extremis instrumenta pro-

den Weg des Weisen zu wählen, obwohl Sokrates gerade den Selbstmord darin verbietet. Clemens seinerseits hat offenbar die Phaidonzitate nur als allgemeinen Ausdruck einer pessimistischen Grundhaltung angesehen. Und schließlich zitiert er überraschenderweise Paulus (Röm 7,24), und zwar deshalb überraschenderweise, weil die eingeschlagene Argumentation Paulusbelege überhaupt nicht erforderlich macht. Die Paulusstelle bringt aus dem Blick des Christen die Verfallenheit des unerlösten Menschen an Sünde und Tod zum Ausdruck[32]. Clemens erkennt richtig, daß für Paulus nicht der Körper an sich, nicht dessen Materialität schlecht und böse ist, sondern die vorgegebene Ausrichtung des ganzen Menschen zur Sünde hin (τὴν ὁμοφροσύνην τῶν εἰς κακίαν ὑποσεσυρμένων p. 204,6f). Das Platon mit Paulus Verbindende ist insoweit in Clemens' Augen zunächst nur die pessimistische Anthropologie, insofern beide von der Erlösungsbedürftigkeit des vorfindlichen, natürlichen Menschen überzeugt sind[33].

Clemens hatte im einleitenden Referat festgestellt, daß Platon im Unterschied zu Markion die γένεσις nicht substanziell für schlecht halte, daß er also keine dualistische Lehre vertrete, sondern daß er die γένεσις nur relativ im Hinblick auf das Geschick der präexistenten Seele, die das Wahre gesehen habe, für schlecht halte, daß er also eine pessimistische Anthropologie lehre. Er hat in diesem Zusammenhang auch davon gesprochen, daß Platon und die Pythagoreer die Seele in die Welt wie in ein Gefängnis herabkommen lassen, wo sie sich reinigen müsse. Diesen Punkt belegt er in zwei weiteren Abschnitten in § 16,3 – § 17,3 und in § 19,1–2. Bemerkenswert ist dabei, daß er beidemal den Gedanken des irdischen Strafaufenthaltes der Seele mit einem Ausblick auf das jenseitige, selige Leben verbindet. So folgt einmal in § 16,3 – § 17,3 auf Krat 400 c1–6 und Philolaos B14 – formal durch die Orientierung an göttlichen Offenbarungen angeschlossen – Pindar, Frg. 137, und Phaid 69 c3f.7 und zum anderen folgt in § 19,1–2 auf Phaid 62 b2–4 Phaid 114 b6 – c2.

Der erste Passus lautet: «Im Kratylos aber schreibt Platon dem Orpheus die Lehre zu, daß die Seele im Körper Strafe erleide, und sagt folgendes: ‚Denn einige sagen auch, er (sc. der Körper) sei ein Grabmal der Seele, als wäre sie im gegenwärtigen Leben begraben. Weil andererseits durch ihn die Seele zeige, was sie zeigt, werde er deshalb auch zurecht Zeichen genannt. Allerdings in erster Linie scheinen die Gefolgsleute des Orpheus diesen Namen angesetzt zu haben, weil die Seele Buße leistet für das, weswegen sie büßt'[34]. Erwähnenswert ist

---

spexerat, alterum ut vellet mori, alterum ut posset», vgl. auch Plutarch, Cato minor 68, vit. par. 792 E.

[32] Vgl. W.G. Kümmel, Römer 7 und die Bekehrung des Paulus S. 23f. 63f. 74–138.

[33] Verständnislos stehen dem Zitat gegenüber E. Aleith, Das Paulusverständnis in der Alten Kirche S. 96, und F. Buri, Clemens Alexandrinus und der paulinische Freiheitsbegriff S. 78.

[34] Bei Clemens fehlt das αὖ von 400 c3, das μοὶ von 400 c4 und das τῆς ψυχῆς von 400 c6.

auch der Ausspruch des Philolaos. Der Pythagoreer sagt nämlich: ‚Es bezeugen auch die alten Theologen und Seher, daß die Seele wegen gewisser Strafen mit dem Körper fest verbunden ist und in ihm wie in einem Grab bestattet ist'[35]. Aber auch Pindar spricht über die Eleusinischen Mysterien und fügt hinzu: ‚Selig, wer jene Dinge gesehen hat, ehe er in die Erde hinabsteigt, denn er kennt das Ende des Lebens und er kennt seinen gottgegebenen Anfang'[36]. Und Platon zögert nicht, entsprechend im Phaidon zu schreiben: ‚Und diese Männer, die uns die Weihen stifteten, nicht schlechte Leute ...'[37], bis zu den Worten: ‚und bei den Göttern wohnen wird'» (§ 16,3 – § 17,3).

Und der zweite Passus besagt: «Wiederum erklärt er im Phaidon das irdische Leben[38] für ein Übel und schreibt: ‚Denn die in den Geheimlehren gegebene Begründung, daß wir, die Menschen, in einer Art von Wache[39] sind, ...'. Und wiederum: ‚Die aber, die sich in frommem Lebenswandel ausgezeichnet zu haben scheinen, die sind es, die von diesen Orten auf der Erde wie aus Gefängnissen befreit und losgelöst werden und hinauf in die reine Behausung gelangen'»[40] (§ 19,1–2).

Mit Krat 400 c1–6, Phaid 62 b2–4 und auch mit Phaid 114 b8f kommt also noch einmal allgemein der Pessimismus Platons zum Ausdruck, wodurch der Nachweis von Markions Epigonentum weiter erhärtet wird. Speziell aber den Seelenfall dokumentiert die bei der Kratylosstelle und bei Phaid 62 b2–4 vorausgesetzte orphische Vorstellung[41], wonach eine präexistente Seele zur Strafe in einen ihr wesensfremden Körper (unter Einschluß von Tierkörpern) gelangt. In diesem Sinn wertet Clemens aus dem Kratylos die ersten beiden der drei dort vorgetragenen Etymologien zu σῶμα, nämlich 1.) σῶμα – σῆμα, 2.) σῶμα – σῆμα – σημαίνειν, und aus dem Phaidon die Geheimlehre von dem Aufenthalt der Menschen in einer φρουρά aus. Freilich ist ihm damit eine gewisse Ungenauigkeit und Akzentverschiebung unterlaufen. Im Kraylos

---

[35] Die Unechtheit des Fragmentes hält W. Burkert, Weisheit und Wissenschaft S. 230.252 Anm. 187, für sicher, während sich K. Ziegler, Art. Orphische Dichtung, RECA Hlbd. 36 Sp. 1380, zurückhaltender äußert.

[36] Zur Sache vgl. U. von Wilamowitz-Möllendorf, Der Glaube der Hellenen Bd. 2 S. 56.

[37] Clemens fügt zusätzlich ein δέ p. 203,20 ein.

[38] Die Übersetzung von γένεσις p. 204,15 mit «Geburt» (so O. Stählin, Deutsches Übersetzungswerk Bd. 3 S. 268) ist zu eng, die mit «geschaffene Welt» (so F. Overbeck, Deutscher Text S. 318) ist zu weit.

[39] Daß φρουρά 62 b4 passivisch zu verstehen ist (vgl. auch εἱργμός 82 e3, und 82 e2.7. 83 a1), betonen J. Burnet, Plato's Phaedo S. 22f und J. Hackforth, Plato's Phaedo S. 38. Nicht recht einleuchtend ist die Erklärung von P. Friedländer, Platon Bd. 3 S. 436 Anm. 7. Die aktivische Interpretation findet sich bei J. et G. Roux, A propos de Platon, Réflexion en marge du Phédon 62b et du Banquet, RPh 3. Ser. 35 1961 S. 207–210.

[40] Clemens läßt den Artikel bei τῶν ἐν τῇ γῇ 114 b8 weg.

[41] So K. Ziegler, Art. Orphische Dichtung, RECA Hlbd. 36 Sp. 1378ff.

macht sich Sokrates nur die dritte Etymologie, σῶμα – σῷζεσθαι (δεσμωτή-
ριον), voll zu eigen. Die in dieser Weise etymologisch ausgewertete Lautgestalt
des Namens σῶμα bildet insofern den bezeichneten Sachverhalt aus der Per-
spektive des wahrhaft Seienden ab, als das körperliche Dasein für die Seele eine
Bewahrung bedeutet, wo sie sich reinigen, bewähren und von wo aus sie in den
Bereich des reinen Seienden zurückkehren kann. Diese Etymologie ist also
gerade an einem ‚Heilssinn' interessiert[42], und Clemens hat sie auch ganz konsequent unterdrückt. Er bietet dagegen, was Sokrates nur als fremde Meinung
referiert. Ebensowenig kann die Aussage von der φρουρά die volle Beweislast
tragen, denn sie steht nicht für sich selbst, sondern dient der religiösen Rechtfertigung des Suizidverbotes. Kann man also diese Stellen nur mit gewissen
Vorbehalten gelten lassen, so stellt sich darüber hinaus erst recht die Frage nach
der sachlichen Begründung für den Fall der präexistenten Seele. Wieso, so fragt
man sich, gelangt überhaupt eine Seele, die das Wahre gesehen hat, zur Reinigung in einen Strafort hinab? Wie wenig irgendeine bestimmte Erklärung mit
Selbstverständlichkeit vorausgesetzt werden kann, zeigt die Tatsache, daß im
Schulplatonismus mehrere Antworten diskutiert und erwogen wurden[43]. Offenbar hat Clemens ganz bewußt den entscheidenden Begründungszusammenhang
ausgespart[44].

Was sodann den Ausblick auf das jenseitige, selige Leben betrifft, so hat Clemens bei den Weihen von Phaid 69 c3f, die vor gräßlichen Strafen schützen
und den zukünftigen Wohnsitz bei den Göttern garantieren, nicht zum Ausdruck gebracht, daß Platon diese dionysischen Weihen[45] auf das ὀρθῶς φιλοσοφεῖν in der Ideenschau deutet. Und noch freier ist er mit Phaid 114 b6 – c2,
der Stelle, umgegangen, die von der Befreiung aus den Gefängnissen und dem
Aufstieg in die reinen Behausungen spricht. Sie stammt aus der auf eigentümliche Weise wissenschaftliche Geographie mit der philosophischen Höhlensymbo-
lik und mit den Erfordernissen der eschatologischen Mythologie verbinden-

---

[42] Daß der große etymologische Mittelteil (396 d2 – 421 c2) keine gezielte Widerlegung
des etymologischen Verfahrens überhaupt und auch nicht bloße Ironie ist, wie P. Friedländer, Platon Bd. 2 S. 189, annimmt, sondern trotz seines vagen, unkontrollierten und
ungesicherten Charakters einen philosophisch ernstzunehmenden Kern enthält, hat K.
Gaiser, Name und Sache in Platons ‚Kratylos' S. 54–80, herausgearbeitet. Auf seiner
Untersuchung basiert auch die hiesige Interpretation.
[43] Zwei Möglichkeiten werden im Kreis um Kalbenos Tauros erörtert, τελείωσις τοῦ
παντός oder θείας ζωῆς ἐπίδειξις, nach Jamblich, De anima, bei Stobaios I p. 378,25–
p. 379,6. Drei Möglichkeiten erwägt Celsus, Frg. VIII 53, εἴτ' οἰκονομίας τῶν ὅλων
ἕνεκεν εἴτε ποινὰς ἁμαρτίας ἀποτίνοντες, εἴθ' ὑπὸ παθημάτων τινῶν τῆς ψυχῆς βαρυν-
θείσης, ... Vier Möglichkeiten schließlich kennt Albinos, Didask. XXV p. 178,29ff,
ἢ ἀριθμοὺς μενούσας ἢ βουλήσει θεῶν ἢ δι' ἀκολασίαν ἢ διὰ φιλοσωματίαν.
[44] Dabei kann auch eine Rolle gespielt haben, daß die markionitische Lehre in diesem
Punkt keine Berührungen zu Platon aufweist, vgl. § 13,3.
[45] So K. Ziegler, Art. Orphische Dichtung, RECA Hlbd. 36 Sp. 1376f.

den Erdbeschreibung (108 d1 — 115 a2)[46]. Dieses dichterische Kunstgebilde hat Clemens zerstört. Er verlegt die Gefängnisse, den gegenwärtigen Wohnsitz der Menschen, aus der Höhle heraus, hinauf auf die Erdoberfläche, wo dem Mythos zufolge die Frommen erst im zukünftigen Leben wohnen sollten, und verheißt ihnen für ihre Zukunft die reinen Behausungen, d. h. jetzt nicht mehr die Wohnungen auf der Erdoberfläche, sondern die himmlischen Wohnungen bei den Göttern[47]. Aber unabhängig von den Freiheiten in der konkreten Textbehandlung ist festzustellen, daß sachlich der Ausblick auf das jenseitige Glück aus dem Argumentationszusammenhang herausfällt. Während die Seeleninkarnation ein notwendiger Bestandteil zur Erläuterung des platonischen Pessimismus ist und insofern berücksichtigt werden muß, auch wenn Markion in diesem Punkt keine Berührungen zu Platon aufweist, so läßt sich der Ausblick auf das jenseitige Leben nicht mehr aus diesem Zusammenhang verstehen. Für die zwischen Platon und Markion strittige Frage, ob die γένεσις pessimistisch oder dualistisch zu beurteilen sei, trägt er nichts aus, und es ist bezeichnend, daß ihn Clemens im einleitenden Referat auch mit keinem Wort erwähnt hat[48].

Daß Platon aber bei aller pessimistischen Beurteilung des menschlichen Lebens die Güte der Schöpfung nicht angetastet hat, daß also Markions Radikalisierung zu einem dualistischen System illegitim ist, das belegt der Abschnitt § 19,3 — § 20,1 mit Phaid 62 b4f, Polit 273 b6 — c2 und Polit 273 b4—6: «Aber gleichwohl so gesonnen, nimmt er das göttliche Walten[49] wahr, daß es gut ist, und sagt: ‚Man darf sich nicht selbst aus diesem lösen und entlaufen'. Und um es kurz zu sagen, er hat Markion keinen Anlaß gegeben, die Materie für schlecht zu halten, da er selbst in frommer Weise über die Welt folgendes sagt: ‚Denn von dem Ordner stammt alles, was die Welt Schönes hat. Das aber, was Widriges und Unrechtes unter dem Himmel geschieht, hat sie selbst von ihrer früheren Beschaffenheit und bewirkt es in ihren Lebewesen'. Noch deutlicher aber fährt er fort: ‚Schuld daran trägt die Körperlichkeit der Mischung, das zusammen mit der Vornatur Aufgezogene und von daher mit ihr Verbundene, weil es mit großer Unordnung behaftet war, ehe es zur jetzigen Weltordnung einging'».

Auch hier sind allerdings Clemens' Belege problematisch. Die Aussage des Phaidon, daß man sich nicht selbst aus der Wache lösen und entlaufen dürfe,

---

[46] Zur Erdbeschreibung vgl. P. Friedländer, Platon Bd. 1 S. 276—299.
[47] Clemens wiederholt das Zitat in Strom IV § 37,2—4, vgl. auch die Behandlung in Kap. VI S. 237f.
[48] Daß Clemens nicht einfach dem Duktus der platonischen Gedankenführung folgt, geht zum einen daraus hervor, daß er die Strafen des Phaidon unerwähnt läßt, und zum anderen daraus, daß er die den ‚Heilssinn' andeutende Etymologie σῶμα — σῴξεσθαι des Kratylos ausgemerzt hat.
[49] Bei Platon bezieht sich διοίκησις in der Regel auf die Polis, in kosmologischer Hinsicht findet sich διοικεῖν in Nom X 896 d10.905 e3. Terminologisch ist der Begriff in der Stoa geworden, vgl. SVF II p. 272,38ff. SVF III p. 4,3ff u.ö.

entlastet keineswegs die Weltverwaltung, so gewiß auch die Götter Hüter der Menschen und die Menschen Besitztümer der Götter heißen, sondern sie bietet im Gegenteil die auch von Philolaos beanspruchte orphisch-religiöse Autorität auf, um das Verbot des Selbstmordes aufrecht zu erhalten, und zwar gerade trotz der grundsätzlichen Sterbensbereitschaft des Philosophen und trotz der Grenzfälle im Leben, wo es besser wäre zu sterben als elend weiterzuleben und zu warten (61 d3 − 62 c8).

Und völlig unklar ist der Gebrauch, den Clemens von den beiden Stellen aus dem Mythos des Politikos macht. In dem schwer befrachteten Mythos kommt neben den theologischen, mythologischen, astronomischen, anthropologisch-biologischen und soziologischen Komponenten auch eine kosmologisch-ontologische Aussage zur Sprache, wonach die empirische Welt als Mischung von Ideenhaftem und etwas anderem, etwas Körperlichem zu erklären ist. Der Kosmos hat an dem Göttlichen, an dem κατὰ ταὐτὰ καὶ ὡσαύτως ἔχειν ἀεὶ καὶ ταὐτὸν εἶναι einen gewissen Anteil, aber er hat auch Anteil am σῶμα (269 d5 − c1). Er ist die Mischung (σύγκρασις 273 b4) aus dem Ideenhaften, allem, was die Welt Schönes hat, und jenem anderen, welches σωματοειδές (273 b4), ἔμπροσθεν ἕξις (273 b7f), τὸ τῆς πάλαι ποτὲ φύσεως σύντροφον ... πολλῆς ... μετέχον ἀταξίας (273 b4ff) heißt, welches durch ἀταξία (273 b6) und τῆς παλαιᾶς ἀναρμοστίας πάθος (273 c7f) gekennzeichnet ist und welches εἱμαρμένη τε καὶ σύμφυτος ἐπιθυμία (272 e6) bewegen. Da die Ursache des Schlechten unmöglich bei dem Demiurgen und auch nicht bei dem ideenhaften Mischungsanteil der Welt liegen kann, so bleibt keine andere Möglichkeit, als sie in diesem anderen, diesem Körperlichen zu suchen, und insofern spricht Platon eine deutliche Sprache (vgl. 273 b4 − c2). Was aber meint er mit jenem anderen, jenem Körperlichen? Hinweise dafür kann man sowohl dem Phaidon als auch dem Timaios entnehmen. Im Phaidon entspricht dem Mischungscharakter der Welt die doppelte Fragestellung nach dem αἴτιον und nach dem ἐκεῖνο, ἄνευ οὗ τὸ αἴτιον οὐκ ἂν ποτ᾿ εἴη αἴτιον, was Sokrates am νοῦς, an der Einsicht und Wahl des Gerechten und Guten einerseits und an den Knochen, Sehnen und Gelenken andererseits expliziert (95 e7 − 99 d2). Daraus ist zu entnehmen, daß jenes andere, jenes Körperliche, die notwendige Bedingung für die Gestaltwerdung des Ideenhaften in der empirischen Welt ist. Und im Timaios ist der Mischungsgedanke (vgl. 47 e5f) aufgenommen und vertieft durch die Lehre von den beiden Ursachen νοῦς und ἀνάγκη (47 e3 − 48 e1), bzw. durch die Lehre von den drei Genera, Sein, Werden und Raum (48 e2 − 49 a6. 51 e6 − 52 d1). In diesem Fall ist die Tatsache, daß Platon bei der Erklärung der ἀνάγκη, bzw. der χώρα mit ungeheueren Schwierigkeiten rechnet (51 a7ff. 52 b1f), zunächst negativ bedeutsam. Sie warnt davor, das σῶμα des Politikosmythos einfach mit dem real Körperlichen oder mit der Materie gleichzusetzen[50]. Daß das nicht ohne

---

[50] Es ist unbesonnen, wenn F.P. Hager, Die Materie und das Böse im antiken Platonismus,

weiteres möglich ist, zeigt ja auch der Mythos selbst, wenn er von σύμφυτος ἐπιθυμία, einer eher seelischen Regung, spricht (272 e6). Positiv treten vom Timaios her die Bezugspunkte deutlicher heraus. Das Körperliche meint das räumlich erstreckte, sich ziel- und planlos bewegende Andere, das zur Aufnahme des Ideenhaften befähigt ist. Dieses, das Körperliche, ist, wie schon aus dem Phaidon hervorgeht, die notwendige Bedingung dafür, daß das Ideenhafte in der empirischen Welt sinnlich wahrnehmbar wird. Insofern es als die notwendige Bedingung jeder Verwirklichung vorausliegt, kann es auch als vorkosmisch vorgestellt werden. Und es bringt zugleich, da es die vollkommene Abbildung des Ideenhaften, sozusagen die Verdoppelung der Ideen verhindert, das Moment der Einschränkung, der Wertminderung und des Schlechten mit sich. Das Widrige ist der Preis dafür, daß die Idee sinnfällig wird[51].

Was nun Clemens dazu sagt, ist völlig unzureichend. Zwar ist er formal im Recht, wenn er die beiden Zitate mit den Worten kommentiert, daß Platon Markion keinen Anlaß geboten habe, die Materie für schlecht zu halten, denn Platon hat in der Tat nicht terminologisch von ὕλη = Materie gesprochen, aber er ist jedwede nähere Erklärung schuldig geblieben. Daß er die Zitate umstellt, könnte so zu verstehen sein, daß die Aussage, von dem Schöpfer stamme alles Schöne der Welt, pointiert an die erste Stelle gerückt werden sollte. Inwiefern aber bringt das zweite Zitat eine deutlichere Aussage als das erste? Soll die Pointe auf der Überwindung der vorkosmischen Unordnung liegen? Lehrt Platon überhaupt keine Materie, oder nur keine schlechte? Wie ist aber das Körperliche zu verstehen? Das alles läßt Clemens offen.

Auch die aus der Verachtung des Schöpfers und seiner Schöpfung entspringende rigoristische Verfehlung der Enthaltsamkeit, die Markion und seine Anhänger zum strikten Verbot der Kinderzeugung führt, konfrontiert Clemens mit Platon. Und auch hier kommt er zu dem Ergebnis, daß Markion Ansätze zur Mißachtung der Geschlechtslust von Platon übernommen und illegitimerweise radikalisiert hat. Die Abhängigkeit belegt er in § 18,3—5 mit Pol I 328 d2—4. 329 c2—4: «Und daß Platon die geschlechtliche Verbindung, die den Anfang für die Entstehung neuen Lebens bildet, schon vor Markion verabscheut, zeigt sich im ersten Buch der Politeia. Denn er lobt das Greisenalter und fährt fort: ‚Wisse wohl, in demselben Maße, wie mir die anderen, die körperlichen Lüste dahinwelken, wachsen die Begierden und Freuden an Gesprächen'. Und bei der Erwähnung des Liebesgenusses sagt er: ‚Still doch, Mensch, bin ich doch äußerst gern davon losgekommen, als wäre ich einem tollen und wilden Herrn entlaufen'[52]».

MH 19 1962 S. 74, «in 273 b4 — c2 die deutlichste Belegstelle für die Materie als Prinzip des Bösen» sieht.

[51] Vgl. K. Alt, Die Überredung der Ananke zur Erklärung der sichtbaren Welt in Platons Timaios, Hermes 106 1978 S. 446ff.

[52] Bei Clemens fehlt das ὦ von 329 c2, und statt ἀποδράς 329 c4 hat er ἀποφυγών p. 204,14.

Beide Aussagen, die letzte ein geflügeltes Wort des alten Sophokles, trägt Kephalos in der angeregt freundlichen Plauderei am Anfang der Politeia (I 328 c5 – 331 d9)[53] vor, und Sokrates hat seine Freude daran. Daß er damit aber nicht einer generellen Verurteilung des Geschlechtstriebes zustimmen und dessen Abtötung fordern will, zeigt sich in Pol IX 580 d3 – 588 a11, wo er entsprechend den drei Seelenteilen auch drei an sich berechtigte Arten von Lust unterscheidet und sie der höchsten, reinen, wahren und allein im emphatischen Sinn notwendigen Lust des λογιστικόν unterordnet. Sein Beifall zu Kephalos' Äußerungen gilt also gezielt den beiden Punkten, daß Kephalos die Begierden und Freuden an Gesprächen von den körperlichen Lüsten unterscheidet und ihnen Vorrang gibt, sowie daß er der Geschlechtslust die Herrschaft über die Seele verweigert. Für Clemens hingegen sind die beiden Aussagen zu einer Abwertung und Verurteilung der Geschlechtslust schlechthin erstarrt. Speziell für das Apophthegma des Sophokles geht dieses sein Verständnis auch aus Paid II § 95,1 hervor[54].

Wie ist nun das Platonbild, das Clemens Markion und den Markioniten als das wahre, als das authentische entgegenhält, zu beurteilen? So einfach sein Grundsatz, Platon vertrete keinen Dualismus, sondern einen Pessimismus, zu sein scheint, so problematisch ist doch die Position im einzelnen. Er hat für den Pessimismus eine eindeutige Erklärung unterlassen und hat die Frage, warum eine Seele, die das Wahre gesehen hat, in einen Strafort hinabfalle, wie es den Anschein hat, bewußt offen gelassen. Andererseits hat er die notwendige Abgrenzung gegen ein dualistisches System gar nicht versucht, weil er die strittige Frage nach der Materie nicht expliziert hat. Dazu kommen die beobachteten Freiheiten im Umgang mit den Einzelbelegen, so daß der ganze Entwurf fragwürdig wird.

In dieser Situation ist es ratsam, Clemens' Platondeutung mit dem im weitesten Sinne gefaßten zeitgenössischen Platonismus im Hinblick auf die Begründung des Schlechten in der Welt zu vergleichen. Sollten sich dort gewisse parallele Argumentationen und Übereinstimmungen im Belegmaterial auffinden lassen, dann wäre Clemens' Platonverständnis in diesem Licht zu interpretieren. Ebenso bemerkenswert wäre das Ergebnis, wenn dieser Weg zu keinem Ziel führt. Dann wäre Clemens' Eigenständigkeit wahrscheinlich geworden, und die Mängel seiner Darbietung könnten nicht als Aussparungen vom etwas Selbstverständlichem, sondern nur aus inneren Kriterien erklärt werden. In jedem Fall aber wird sich auch zeigen, ob, bzw. wieweit die markionitische Lehre sich gegenüber dem Platonismus verträglich erweist.

---

[53] Vgl. J.Th. Kakridis, The Part of Cephalus in Plato's Republic, Er 46 1948 S. 35–41.
[54] Deutlich ist der Kontrast zu dem Gebrauch, den Plutarch, An seni sit ger. res pub. 8, mor. 788 E, von dem Apophthegma macht; vgl. auch Cicero, Cato maior § 47.

Innerhalb der platonischen Tradition scheidet die Möglichkeit, daß der göttliche Schöpfer für das Schlechte in der Welt verantwortlich sei, selbstverständlich von vornherein aus. Gott ist ausschließlich Urheber des Guten[55]. Woher dann aber das Schlechte und Böse seinen Ursprung habe, wird im Platonismus recht verschieden beurteilt. Im wesentlichen lassen sich fünf Erklärungen unterscheiden, wonach das Schlechte und Böse seine Wurzel habe in

a) einer schlechten Bewegungsseele
b) einer schlechten Bewegungsseele und der Materie
c) der Materie
d) der Materie und der Menschenseele
e) der Menschenseele.

Die Position c) nimmt Plotin, Enn. I 8, ein.

Das Wesen des κακόν setzt Plotin unter das Nichtseiende als οἷον εἶδός τι τοῦ μὴ ὄντος ὄν (I 8,3,4f) gegenüber dem Seienden, als Maßlosigkeit gegenüber dem Maß, als Unbegrenztheit gegenüber der Grenze, als Ungestaltetheit gegenüber der gestaltenden Kraft und findet dieses so bestimmt wesentliche Übel in der Materie (I 8,3,12—20. 35—40). Sie ist das erste Übel; insofern etwas an ihr teilhat und in sich aufnimmt, erweist es sich als ein Übel abgeleiteten Grades[56]. Gegenüber dem Einwand, daß die Materie qualitätslos sei und insofern nicht schlecht sein könne, rechtfertigt sich Plotin mit der Unterscheidung der akzidentiellen Qualität von dem zugrundeliegenden Substrat. Gerade weil die φύσις der qualitätslosen Materie im Fehlen von Form und Qualität besteht, ist sie schlecht (I 8,10). Plotin hat diese Lehre nicht direkt als Exegese eines Platontextes vorgetragen, aber Platonanspielungen begleiten seine Darlegungen ständig, von denen einige besonders markante erwähnt werden sollen. Das μὴ ὄν als ἕτερον τοῦ ὄντος (I 8,3,7) bezieht sich auf Soph 244 d14. Für die Gegensatzpaare ἀμετρία — μέτρον, ἄπειρον — πέρας (I 8,3,13f) ist an Soph 227 e13 — 228 c6, Phileb 23 b5 — 27 c1 zu erinnern. Bemerkenswert ist, daß Plotin die Notwendigkeit des Schlechten auch im menschlichen Bereich aus Theait 176 a erweist (I 8,6,1—5.9.11f). Und schließlich ist auch eine Textberührung mit Clemens festzustellen. Der Ausdruck ἐκ τῆς ἀρχαίας φύσεως (I 8,7,6) ist eine Variation zu Polit 273 b5 und bezieht sich in Abweichung von Clemens' Auffassung auf die Materie.

Dieselbe Auffassung, daß die Materie die Ursache des Schlechten ist, ist auch schon im Mittelplatonismus, und zwar von Celsus, Frg. IV 65 und Frg. VI 42, vertreten worden.

[55] So Albinos, Didask. XVI p. 172,8; Apuleius, De Platone I § 205 p. 95,16f; Celsus, Frg. IV 65; Diogenes Laertios III § 72; das doxographische Referat bei Hippolyt, Refutatio I 19,23; Plutarch, De Iside 45, mor. 369 A, De Stoic. repugn. 33, mor. 1049 DE, De audiend. poetis 6, mor. 24 AB (wo Platons Auseinandersetzung mit Homer Ω, 527f in Pol II 379 d im Hintergrund steht), Non posse suav. viv. 22. mor. 1102 D (mit Anspielung an Tim 29 b und Pol I 335 d). Auf dieselbe Stelle der Politeia hat sich der Stoiker Hierokles berufen, Stobaios II p. 181,8 — p. 182,7. Maximus Tyrius zitiert in diesem Zusammenhang Phaidr 247 a in Or. XLI 3a und Pol X 617 e in Or. XLI 5a, vgl. auch Or. V 3a, Or. XXXVIII 7ab. Plotin, Enn. I 8,2, stützt sich auf Epist II 312 e, vgl. auch den Titel von Plotin, Enn. II 9, nach Porphyrios, Vita Plotini 24,56ff. Vgl. weiter Numenios, Frg. 52,38f; Philon, Conf § 180, Op § 75, SpecLeg IV § 187, Prov II § 82; Corpus Hermeticum, Tract. IV 8, Frg. XI 2.18ff.
[56] Vgl. zum Ganzen F.P. Hager, Die Materie und das Böse im antiken Platonismus, MH 19 1962 S. 85—92.

Schon Celsus hat sich im ersten Fragment auf Theait 176 a berufen, woraus hervorgeht, daß mit τοῖς θνητοῖς ἐμπολιτεύεται nicht etwa eine zweite Ursache des Übels gemeint ist. περίοδος und ἀνακυκλήσεις sind Anspielungen an den Mythos des Politikos, 269 c – 270 a. Im zweiten Fragment spielt Celsus an Tim 30 a. 31 c und 37 a an.

Einen doppelten Ursprung des Schlechten in der Materie und in einer schlechten Bewegungsseele, also die Position b) des Schemas, lehrt Numenios, von dessen Fragmenten vor allem Nr. 3, Nr. 4a und Nr. 52 in Betracht kommen.

Die Materie, «silva» (Frg. 52,6), gilt als die Gott gegenüberstehende, ihm gleichewige «duitas indeterminata» (Z.6f), sie gilt als «aequaevum deo» (Z. 13f) gegenüber der «singularitas» (Z.5). Sie ist kein ὄν, ist in ständigem, ungeordnetem Fluß und daher unerkennbar (Frg. 3,11f. Frg. 4a,1–7). Zwei weitere Aussagen stehen nun unvermittelt nebeneinander[57]. Einerseits ist die Materie qualitätslos, sie ist «fluida et sine qualitate» (Frg.52,34), «silva . . . carens qualitate» (Z.44f). Anderseits ist sie völlig schlecht, «plane noxia» (Z.37), «malitia praedita» (Z.58). So ist die Materie die Ursache des Schlechten in der Welt, «silva, quae malorum fons est» (Z.63,f, vgl. 38f). Numenios hat diese für das Schlechte verantwortliche Materie mit der vorkosmischen Unordnung und Körperlichkeit identifiziert. Er beruft sich auf Tim 30 a (Z.87ff), und spielt mit «de existente olim natura maligna» (Z.59) an Polit 273 b, die Stelle, die Clemens gerade im entgegengesetzten Sinn auswertet, an. Die Materie ist zugleich die ἀνάγκη, die «necessitas» (Z.42) von Tim 47 e – 48 a, und in gewissen einzelnen Epitheta klingt die Beschreibung der χώρα, bzw. τιθήνη von Tim 50 b – e. 52 a – 53 a nach[58]. Aber Numenios kennt auch noch eine zweite Ursache des Schlechten, nämlich die in der Materie wirkende schlechte Bewegungsseele. So lobt er Platon, «quod duas mundi animas autumet, unam beneficentissimam, malignam alteram, scilicet silvae (konj. W. Theiler[59], silvam HSS), quae, licet incondite fluctuet, tamen, quia intimo proprioque motu movetur, vivat et anima convegetur necesse est» (Z.65–69). Diese schlechte Bewegungsseele ist ein aktiver, sich dem Göttlichen widersetzender Faktor, «silvae anima neque sine ulla est substantia . . . et adversatur providentiae consulta eius impugnare gestiens malitiae suae viribus» (Z.92ff). Damit nimmt Numenios die Erörterung über die Möglichkeit einer bösen Weltseele in Nom X 896 e. 897 d positiv auf. Die doppelte Begründung für das Schlechte entspringt also einfach der Verknüpfung der Aussagen des Timaios mit denen von Nomoi X[60].

Ein Vertreter der Auffassung, daß das Schlechte aus der schlechten Bewegungsseele herstamme, also der Position a) des Schemas, ist Plutarch. Eine ausführliche Behandlung der anstehenden Probleme liefert er in «De animae procreatione in Timaeo» (cap. 5–10), dem bestätigend und ergänzend «De Iside et Osiride» (cap. 45–64) zur Seite tritt.

---

[57] Dazu M. Baltes, Numenios von Apamea und der platonische Timaios, VigChr 29 1975 S. 256: «Es sieht so aus, als seien hier bei Numenios zwei verschiedene Schuldogmen verknüpft, die nicht fugenlos zusammenpassen».

[58] Vgl. É. des Places, La matiere dans le platonisme moyen, in: Festschrift E. de Strycker S. 218.

[59] W. Theiler, Gott und Seele im kaiserzeitlichen Denken, in: ders., Forschungen zum Neuplatonismus S. 110. Schon R. Beutler, Art. Numenios 9) RECA Suplbd. 7 Sp. 673, hat die Möglichkeit dieser Konjektur erwogen. Sie wird bestätigt durch den Kontext, der auf die Seele als ἀρχὴ κινήσεως zielt, und durch «silvae anima» (Z. 92).

[60] Harmonisierungsversuche sind fehl am Platz, weil Seele und Materie nicht identisch sein können. Und wenn es die Schlechtigkeit der Bewegungsseele ist, die in der Materie wirkt, dann ist die Materie selbst eben nicht schlecht.

Die Materie ist für Plutarch ungeworden (mor. 1016 D) und mit Gott gleichewig (mor. 1014 B). Sie ist kein μὴ ὄν, sondern als μὴ καλῶς μηδ' ἱκανῶς ἔχον zu bezeichnen (mor. 1014 B). Aber auch Plutarch kämpft mit dem Lehrsatz von der Qualitätslosigkeit der Materie. In einer Aussagereihe ist die Materie qualitätslos (mor. 1014 F. 1015 AD). Daß unter dieser Bedingung die Materie nicht die Ursache des Schlechten sein kann, betont Plutarch nachdrücklich und wiederholt (mor. 1015 ABD). In einer zweiten Aussagereihe wird dann die Qualitätslosigkeit der Materie gerade als Irrtum gebranntmarkt. In diesem Gedankengang figuriert Isis als die Materie (mor. 374 EF). Isis ist nicht qualitätslos, aber auch keinesfalls in Beziehung zum Schlechten, sondern sie hat eine Neigung zum Guten, zu Osiris, und es heißt von ihr, ῥέπουσα δ' ἀεὶ πρὸς τὸ βέλτιον (mor. 372 EF, ähnlich mor. 374 EF. 375 A). Für das Schlechte jedoch hat Platon Plutarch zufolge noch eine dritte ἀρχὴ καὶ δύναμις (mor. 1015 B) angenommen, und zwar die sich schädlich auswirkende vorkosmische Seele, die schlechte Bewegungsseele, αἰτίαν δὲ κακοῦ τὴν κινητικὴν τῆς ὕλης καὶ περὶ τὰ σώματα γινομένην μεριστὴν ἄτακτον καὶ ἄλογον οὐκ ἄψυχον δὲ κίνησιν (mor. 1015 E). Diese Lehre hat Plutarch von allen Seiten aus mit platonischen Belegen abzusichern gesucht. Die Schrift «De animae procreatione in Timaeo» ist selbst ein Kommentar zu Tim 35 a — 36 b. Die dort erwähnte μερίστη οὐσία und θατέρου φύσις bezieht er auf die schlechte Bewegungsseele, ebenso die ἀνάγκη von Tim 48 a. 56 c 68 e (mor. 370 E. 1014 DE). Die Unordnung des präkosmischen Zustandes von Tim 30 a geht ebenfalls auf sie zurück (mor. 1016 CD). Und natürlich versäumt er nicht, die Hauptinstanz, Nom X 896 e — 897 d, heranzuziehen (mor. 370 F. 1014 DE. 1015 E). Dagegen interpretiert er die ὑποδοχή, τιθήνη und χώρα von Tim 49 a. 50 c — 51 b. 51 e — 52 d als die Materie (mor. 372 E. 373 E. 1015 D u.ö.). Eine Allegorie auf die Materie ist auch die Πενία aus Symp 203 b (mor. 374 CD). Besonders bemerkenswert ist schließlich auch der Gebrauch, den Plutarch von dem Mythos des Politikos macht. Er zitiert σύμφυτος ἐπιθυμία Polit 272 e6 und τὸ τῆς πάλαι ποτὲ φύσεως σύντροφον πολλῆς μετέχον ἀταξίας πρὶν εἰς τὸν νῦν κόσμον ἀφικέσθαι Polit 273 b4—6, und kommentiert, daß beides nicht aus der qualitätslosen Materie und nicht von dem guten Demiurgen herstammen könne. Ist schon die Hypothese einer qualitätslosen Materie eine unsachgemäße Voraussetzung, so ist für Plutarchs Textbehandlung besonders bezeichnend, daß er das unmittelbar vorausgehende τούτων δὲ αὐτῷ τὸ σωματοειδὲς τῆς συγκράσεως αἴτιον Polit 273 b4 unterdrückt hat (mor. 1015 AB). Zu demselben Zweck zitiert er die Fortsetzung Polit 273 b6 — c2. c6 — d1. d6 — e1. Dieses schreibe Platon, während er die Materie von allen Eigenschaften frei halte und Gott in weiteste Entfernung von der Ursache des Schlechten setze. Plutarch suggeriert damit die Auslegung auf die schlechte Bewegungsseele.[61].

Einen getreuen Nachfolger in der diesbezüglichen Gesamtauffassung fand Plutarch in Attikos, wie dessen Fragmente Nr. 23 und Nr. 26 erkennen lassen.

Die Position d) des Schemas, daß das Schlechte eine doppelte Ursache in der Materie und in der Menschenseele habe, nimmt Maximus Tyrius, Or. XLI, ein. Vermutlich ist hierher auch Philon zu rechnen[62].

---

[61] Schon hieraus ist ersichtlich, daß Plutarchs Motiv nicht darin gelegen haben kann, dem Text möglichst gerecht zu werden, und H. Cherniss, Plutarch's Moralia XIII,1 S. 133—149, hat diese Möglichkeit der Interpretation grundsätzlich erschüttert. Er nimmt an, daß letztlich Plutarchs theologisches Interesse ausschlaggebend ist.

[62] Vermutlich ist in diesem Sinn Philon, Prov II § 82, zu verstehen: «daß die Welt durch die Vorsehung regiert wird, nicht weil Gott für alles sorgt, sondern weil es die Würde seiner Natur ist, auf jeden Fall gut und sehr nützlich zu sein; das Gegenteil jedoch sind die Früchte des Irrtums entweder der Materie oder der Schlechtigkeit einer maßlosen Natur (was sollte damit gemeint sein, wenn nicht die Menschenseele?); Gott jedoch ist

Maximus Tyrius nennt die beiden Faktoren ὕλης πάθος und ψυχῆς ἐξουσία (Or. XLI 4c). Im ersten Fall weist er nach, daß die Schlechtigkeit eine Nebenwirkung der mit τέχνη vorgehenden Wirksamkeit des Demiurgen darstellt, die weder die Güte und τέχνη des Demiurgen belastet noch die σωτηρία des Ganzen in Frage stellt (Or. XLI 4d—k). Das ist eine im Kern stoische Auskunft, für die sich Chrysipp auf Phaid 60 b berufen hat[63], die aber hier eine explizite platonische Absicherung entbehrt. Die zweite Wurzel des Schlechten, ψυχῆς ἐξουσία, begründet er mit der Notwendigkeit, daß das Menschengeschlecht den Göttern unterlegen sein muß, und greift dafür das Bild der Seele als eines Pferdegespannes mit einem Wagenlenker, Phaidr 246 a—d, auf (Or. XLI 5 a—m). Die seelische Schlechtigkeit erklärt sich also aus den niederen Seelenteilen. Eine Verbindung beider Ursachen hat Maximus nicht versucht.

Für die Herleitung des Schlechten aus der Menschenseele, also für den Typ e) des Schemas, gibt es aus dem Umkreis des Platonismus keinen Beleg. Erwägenswert ist aber, ob diese Lehrweise nicht vielleicht für Albinos, von dem eine zusammenhängende Stellungnahme zur strittigen Frage nicht überliefert ist, indirekt erschlossen werden kann.

Zwei Gesichtspunkte sind hier von Belang. Wo Albinos von der Materie handelt[64], erwähnt er das Schlechte nicht, sondern betont vielmehr die Qualitätslosigkeit der Materie so nachdrücklich, und zwar gerade als Voraussetzung für eine gute Formung der empirischen Welt, daß er in ihr kaum die Wurzel des Übels erblickt haben kann. Andererseits referiert Jamblich[65], daß Albinos im Gegensatz zu Autoren wie Numenios, Kronios und Harpokration, die der Seele das Schlechte (τὸ κακόν) aus von außen her anwachsenden Dingen (ἀπὸ τῶν ἔξωθεν προσφυομένων p. 375,12f) wie z. B. aus der Materie und dem Körper zuführen, daß also Albinos im Gegensatz zu ihnen ἡ τοῦ αὐτεξουσίου διημαρτημένη κρίσις p. 375,10f verantwortlich mache. Die Ursache des Übels liegt also demnach in einer verfehlten Entscheidung der präexistenten Seele[66]. Das braucht keine radikal abwertende Einstellung zur irdischen Existenz und keine grundsätzlich weltverachtende Haltung zu implizieren, wie J. Dillon[67] meint. Der Aufenthalt der Seele in der nicht grundschlechten, aber am Noetischen gemessen minderwertigen Körperwelt könnte als Straf- und Reinigungsmittel teleologisch durchaus von Albinos als ein Gut gewertet worden sein.

Unklar ist schließlich die Lehrentscheidung des Harpokration von Argos.

---

daran nicht schuld». Die schlechte Materie begegnet auch in Fug § 198 und in SpecLeg IV § 187.
[63] SVF II p. 335,27 — p. 336,28, vgl. auch Hippolyt, Refutatio I 19,23.
[64] Albinos, Didask. VIII p. 162,21 — p. 163,9.
[65] Jamblich, De anima, bei Stobaios I p. 374,21 — p. 375,18.
[66] An dieser Nachricht hat sich R.E. Witt, Albinus S. 137f, gestoßen, aber einige Anhaltspunkte im Didaskalikos hat A.J. Festugière, La Révélation d' Hermès Trismégiste Bd. 3 S. 210 Anm. 3, aufgewiesen: Didask. XXV p. 178,30. Didask. XXVI p. 179,7ff. Auffällig ist auch Didask. XXV p. 178,10f. Auch H. Dörrie, Art. Albinos, RECA Suplbd. 12 Sp. 18, spricht davon, daß diese Lehre für Albinos «sehr sonderbar» sei, «weil er nach Ausweis des Didaskalikos 25, gestützt durch Proklos in Tim. 41CD, III 234,17, in der Seele das unverderbbar Logos-hafte erblickte, das Affektische also der Seele gar nicht zurechnete». H. Dörrie hält aber an der Richtigkeit fest: «Trotzdem scheint er, nach Jamblichs Zeugnis, der Seele jenen einen folgenschweren Fehler in ihrer Entscheidung zugetraut zu haben». Vgl. auch J. Dillon, The Middle Platonists S. 293f.
[67] J. Dillon, The Middle Platonists S. 294.

In dem erwähnten doxographischen Referat des Jamblich rangiert er unter denen, die aus von außen her anwachsenden Dingen das Übel entstehen lassen. Speziell lehrt er, daß das Übel aus den Körpern selbst (ἀπὸ δὲ τῶν σωμάτων αὐτῶν τούτων p. 375,15) der Seele zukomme. Das kann als eine Radikalisierung, das kann aber ebenso als Bagatellisierung verstanden werden[68]. Die spärlichen Nachrichten lassen keine sichere Entscheidung zu.

Der auffälligste Befund, den die Musterung der verschiedenen Beurteilungen des Schlechten und Bösen zutage gefördert hat, ist zunächst einmal der, daß Markion und seine Anhänger sich tatsächlich mit weiten Kreisen innerhalb des Platonismus im Einklang wissen können. Berücksichtigt man die Annahme einer schlechten Materie zur Erklärung der Schöpfung, dann stellt sich heraus, daß die Markioniten bei Numenios, dem Vertreter der Position b), bei Celsus und Plotin, den Vertretern der Position c), und bei Maximus Tyrius (und Philon), also der Position d), Rückhalt finden könnten. Stellt man die konkrete Ausgestaltung der Lehre von der Materie zurück und berücksichtigt in rein formaler Hinsicht nur den zugrundeliegenden radikalen Prinzipiendualismus, dann ergäbe sich auch eine Nähe zu Plutarch und Attikos als den Vertretern der Position a) und wiederum zu Numenios, Position b). Darüber hinaus ist hier noch eine weitere verblüffende Gemeinsamkeit mit Numenios nachzutragen. Die markionitische Trennung des guten Gottes vom gerechten Schöpfer hat eine genaue Entsprechung bei Numenios, der den höchsten Gott ebenfalls vom Weltschöpfer und Gesetzgeber (!) unterscheidet[69]. Lediglich im Vergleich mit der vermuteten Einstellung des Albinos e) läßt sich sagen, daß Markion mit dem Platonismus keine Gemeinsamkeiten habe.

In dem Maße, wie sich die markionitische Lehre mit der Mehrzahl der Richtungen des Platonismus als verträglich erweist, in demselben Maße erscheint Clemens' gegenteilige Beteuerung als eine isolierte, abseitige Behauptung. Selbstverständlich ist sie auf gar keinen Fall. Wenn man sich nach Übereinstimmungen mit Clemens' Platonbild umsieht, dann kann aus dem breiten Spektrum der möglichen Positionen überhaupt nur Albinos in Betracht kommen, dessen Lehre jedoch hypothetisch bleibt. Daß Clemens wirklich Albinos gefolgt wäre, läßt sich nicht mit Gewißheit behaupten. Immerhin zeigt aber seine Randstellung, daß hinter den Unklarheiten in der Argumentation keine alles erklärende «opinio cummunis» steht, sondern daß man eine bewußte Absicht zur Mehrdeutigkeit ansetzen muß. Ein entsprechendes Bild bietet die Auswahl der

---

[68] J. Dillon, The Middle Platonists S. 260f, sieht darin eine Radikalisierung, insofern nicht eine zugrundeliegende Materie, sondern sogar der Körper als Quelle allen Übels gilt. Diese Lehre könnte aber auch als Abschwächung in dem Sinn zu verstehen sein, daß ein eigenes Prinzip der Schlechtigkeit vermieden wird.

[69] Numenios, Frg. 13. Ob direkte Verbindungen zwischen Numenios und Markion bestehen, läßt sich auf Grund der unklaren Chronologie des Numenios nicht sagen, vgl. R. Beutler, Art. Numenios 9), RECA Suplbd. 7 Sp. 665: «Allgemein setzt man ihn in die zweite Hälfte des 2. Jhdts. n. Chr. . . . Auf einen Ansatz in die erste Hälfte könnten einige Indizien führen».

Belegstellen. Obwohl Clemens die von den verschiedenen Autoren herangezoge-
nen Texte im wesentlichen alle kennt[70], hat er doch nur jene eine Stelle aus
dem Mythos des Politikos mit ihnen gemeinsam, und die gebraucht er im Gegensatz zur Vulgatauffassung. Die Berührung mit Plutarch ist nur partiell, denn
Plutarch eliminiert konsequenterweise das verfängliche σωματοειδές und suggeriert eine schlechte Bewegungsseele, während Clemens beim Wortlaut bleibt und
dadurch unklar wird. So ergibt sich der Befund, daß Clemens entweder in den
Grundzügen Albinos folgt oder daß er ganz eigenständig ist. In beiden Fällen
aber hat er das Platonbild bewußt offen und mehrdeutig gelassen. Darin liegt
ein höchst paradoxer Zug, denn dieses Bild hält er ja den Markioniten als das
authentische entgegen.

So drängt sich die an sich schon naheliegende Vermutung um so bestimmter
auf, Clemens wolle Platon stillschweigend mit dem rechtgläubigen Christentum
in Einklang bringen oder doch zumindest soweit wie möglich für eine rechtgläubige christliche Deutung offen halten. In diese Richtung weist schon die
auffällige Tatsache, daß er, als er die pessimistische Anthropologie Platons belegt, auch Paulus, Röm 7,24, zitiert (§ 18,2). Und in der Tat lassen sich aus diesem Gesichtspunkt auch einige weitere Eigentümlichkeiten erklären.

Daß Clemens die auf der Annahme einer schlechten Materie basierende dualistische Interpretation Platons einfach beiseite schiebt, ohne auf die Rolle der
‚Materie' bei Platon einzugehen, dürfte in seiner eigenen dogmatischen Position
begründet sein, wonach es die Materie als ein zweites Gott gegenüberstehendes
Prinzip gar nicht gibt. Diese Lehre unterbreitet Clemens in einem Abschnitt,
der erklärtermaßen eine christliche Überformung heidnischen Geistesgutes beabsichtigt[71]. Unter einem gewissen Vorbehalt erklärt Clemens dort, daß auch
Platon auf höchst geheimnisvolle Weise die Lehre von dem einen einzigen,
wahrhaft seienden Prinzip zum Ausdruck gebracht habe, und zitiert Tim 48 c2
—6: «Für jetzt soll, was an uns liegt, sich folgendermaßen verhalten: ob es für
alles einen einzigen Urgrund oder mehrere Urgründe gibt und wie man darüber
denken muß, darüber soll jetzt nicht gesprochen werden, und zwar aus keinem
anderen Grund, als weil es zu schwer ist, nach dem gegenwärtigen Verfahren
des Durchgangs eine Ansicht darüber kundzutun»[72] (Strom V § 89,7). So ist

---

[70] Er kennt sicher, weil er selbst zitiert, Theait 176 a (in Strom II § 133,3), Nom X 896
      de (in Strom V § 92,6). Das Referat, Platon habe die Materie μὴ ὄν genannt (Strom V
      § 89,6), geht nicht nur auf Pol V 477 a3.6.10, wie L. Früchtel z.St. annimmt, sondern
      vor allem auf Soph 257 b3f. 258 b6. d6 zurück, wie bei Plotin, Enn. I 8,3. Die Begriffe
      des Timaios: ἀνάγκη, τιθήνη, χώρα etc., fehlen. Daraus darf aber keine Textunkennt-
      nis gefolgert werden, Tim 48 c zitiert Clemens in Strom V § 89,7.
[71] Vgl. die Interpretation in Kap. VIII S. 303ff.306f.
[72] Zwei Erklärungsmöglichkeiten nennt F.M. Cornford, Plato's Cosmology S. 162: «This
      warning may mean, that the elementary triangels themselves are reducible to numbers,
      and number perhaps to be derived from unity; but he will not here push the analysis
      so far. Or it may mean, that no one can ever really know the ultimate constitution of

also das gegen die Markioniten gerichtete Platonverständnis im Einklang mit dem rechtgläubigen Christentum, weil auf beiden Seiten grundsätzlich die Existenz der Materie als eines eigenständigen Prinzips und insofern auch als eines dualistischen, bösen Prinzips abgelehnt wird.

Desgleichen dürfte Clemens' eigener dogmatischer Standpunkt verantwortlich sein, wenn er die den Pessimismus Platons begründende Annahme vom Fall, d. h. von der Inkarnation präexistenter Menschenseelen so kurz und ohne zureichende Erläuterungen abtut und sogleich durch den Ausblick auf die zukünftigen Wohnstätten kompensiert. Tatsächlich verurteilt er die Auffassung vom Fall präexistenter Seelen, wie nicht nur aus einem gegen Cassian gerichteten Vorwurf in Strom III § 93,3 hervorgeht, sondern sich auch an anderen Stellen zweifelsfrei absichern läßt[73]. Da er hier seine Kritik unterdrückt, kann das nur heißen, daß, wenn er Platon schon nicht an das Christentum angleichen kann, er dann wenigstens nicht das Trennende in den Vordergrund stellen will. Wie fest aber für ihn die Abweisung des Falls und der Ausblick auf die himmlischen Wohnstätten zur Antithese verbunden sind, zeigt der Satz, mit dem er eine diesbezügliche Erörterung in Strom IV § 167,4 beschließt: «Also wird die Seele nicht vom Himmel hierher in eine schlechtere Lage herabgesandt, denn Gott wirkt alles zum Besten, sondern die Seele, die das beste Leben erwählt hat, vertauscht durch Gottes Gerechtigkeit die Erde mit dem Himmel»[74].

Insofern Clemens die eigentliche Begründung für Platons Pessimismus nicht teilt, erscheint nun dieser selbst nicht mehr kohärent und einheitlich motiviert. Neben volkstümliche und orphisch-religiöse Aussagen hatte Clemens Phaidonzitate gestellt und diese wiederum in Gemeinsamkeit mit Röm 7,24 gebracht. Auch hier wirkt sich das unausgesprochene Bestreben aus, Platon mit dem rechtgläubigen Christentum vereinbar zu machen. Seine eigene Auffassung läßt sich gut ablesen an dem Abschnitt Strom IV § 163,1 – § 165,3, der ebenfalls gegen Markioniten gerichtet ist[75] und deshalb hier als direkte Fortsetzung behandelt werden kann. Als Grundsatz formuliert er: «Das Bessere des Menschen ist zugestandenermaßen die Seele, das Geringere der Körper. Aber weder ist die Seele von Natur gut, noch der Körper von Natur schlecht. Auch ist nicht das,

---

body, because there can be no such thing as physical science, but only a ,probable account'». Anderseits erklärt H.G. Gadamer, Idee und Wirklichkeit in Platos Timaios S. 18: «... eine noch radikalere Ableitung, ... in der man wohl mit Recht die platonische Zahlenlehre und ihre Prinzipien wiedererkennen kann». Zur Textgestaltung bei Clemens ist festzuhalten, daß er γέ 48 c2 ausläßt und πάντων p. 385,12 statt ἁπάντων 48 c3 liest.

[73] Diesen Nachweis hat geführt J. Hering, Étude sur la doctrine de la chute et de la préexistence des âmes chez Clément d'Alexandrie S. 28–34, ebenso H. Karpp, Probleme altchristlicher Anthropologie S. 97f.

[74] Vgl. auch E.F. Osborn, The Philosophy of Clement of Alexandria S. 17f.

[75] Οὔκουν εὐλόγως οἱ κατατρέχοντες τῆς πλάσεως καὶ κακίζοντες τὸ σῶμα, ... p. 320, 21f, vgl. A. Méhat, Étude sur les ,Stromates. S. 414 mit Anm. 92.

was nicht gut ist, deshalb sogleich schlecht, denn es gibt auch mittlere Dinge, und unter den mittleren Dingen solche, die vorzuziehen oder zurückzustellen sind» (Strom IV § 164,3f). Es besteht also zwischen Körper und Seele kein axiologischer Gegensatz, der Körper gilt ihm nicht an sich für schlecht. Inwiefern er den Körper und die Sinneswahrnehmungen würdigen kann, verdeutlicht seine direkte Antwort auf die Markioniten. Der Körper mit seiner Fähigkeit zur sinnlichen Wahrnehmung ermöglicht die Kontemplation des Himmels, d. h. er ist ein Mittel zur Entwicklung zum Höheren, zur Gnosis, wenn man ihn nicht in der Zuwendung zur ἡδονή pervertiert. Der Körper ist ferner die Wohnstätte für die wertvollere Seele. Und schließlich ist auch der Körper der Empfänger des Heiligen Geistes und der Vollendung durch die Zurüstung des Heilandes. Was den biblischen Pessimismus von Jes 40,6—8 und Jer 13,24—27 betrifft, so meint er nicht die materielle Körperlichkeit, sondern die verkehrte, von Gott abgewandte Ausrichtung des Menschen, die Sünde: τοῦτο γὰρ ᾽τὸ ἄνθος τοῦ χόρτου᾽ καὶ τὸ ᾽κατὰ σάρκα περιπατεῖν᾽ καὶ ᾽σαρκικοὺς εἶναι᾽ κατὰ τὸν ἀπό-στολον, ἐν ἁμαρτίαις ὄντας p. 321,14ff. Letztlich ist es offenbar diese Auffassung der Sünde, die Clemens an die Darstellung des platonischen Pessimismus heranträgt und mit welcher er im Gegenzug zur markionitischen Radikalisierung den wirklichen Platon konform erweisen möchte.

Lediglich der Vollständigkeit halber sei auch Clemens' Polemik gegen den Rigoristen Julius Cassian in Strom III § 93,3 noch berücksichtigt. Dieser hatte die Geschlechtsunterschiede allegorisch ausgelegt und auf das Geschick der präexistenten Seelen bezogen. Dazu erklärt Clemens: «Dieser sehr gütige Herr schließt sich zu eng an Platon an, wenn er meint, daß die Seele, die göttlich ist, durch die Begierde weiblich geworden sei und von oben hierher herabgekommen sei in die Welt des Entstehens und Vergehens». Das Nötigste dazu ist bereits gesagt worden.

KAPITEL VI:
SEELSORGE ANGESICHTS DES MARTYRIUMS

Innerhalb des vierten Buches der «Teppiche» hält sich Clemens an seine in der Einleitung zu diesem Buch unterbreiteten Pläne[1], insofern er zwei angekündigte Hauptthemen, das Martyrium und der Vollkommene, behandelt und zwischendurch einen weiteren Gesichtspunkt exkursartig berührt, nämlich daß Sklaven ebenso wie Freie und Männer ebenso wie Frauen ‚philosophieren‘, d. h. sich zum Christentum bekennen können und sollen. So folgen auf die einleitenden und z. T. rekapitulierenden Passagen § 1 – § 12 die Ausführungen zum Stichwort des Martyriums in § 13 – § 58,1 und § 70 – § 92 und die zum Stichwort des Vollkommenen in § 93 – § 117 und § 129 – § 172, während die Überwindung gesellschaftlicher Schranken in § 58,2 – § 69 und in § 118 – § 128 dargestellt wird[2]. Dabei kommt Platon bei allen drei Themen namentlich zu Wort. Zurückgestellt werden sollen allerdings hier die Zitationen zum Vollkommenen, denn sie gehören sachlich zum folgenden Kapitel.

In den Ausführungen zur christlichen Überwindung gesellschaftlicher Schranken findet sich eine isolierte Erwähnung Platons von mehr philosophiegeschichtlich-anekdotischem Wert. In § 122,2 teilt Clemens mit, daß auch Frauen bei Platon philosophierten, und nennt Lastheneia aus Arkadien und Axiothea aus Phlius. Dieselben Namen kennt auch Diogenes Laertios[3]. Er berichtet außerdem, daß Axiothea sich Männerkleidung angelegt habe, und beruft sich dafür auf Dikaiarch. Clemens basiert offenbar auf derselben, von den Dialogen unabhängigen Tradition.

Die verbleibenden Platonzitationen des vierten Buches beziehen sich auf das Martyrium. Es ist indessen für das Verständnis dieser Kephalaia von höchster Wichtigkeit, sich klarzumachen, daß Clemens nicht bloß eine gewisse allgemeine, unspezifische apologetische Tendenz verfolgt[4], sondern daß er im wesentlichen

---

[1] § 1,1: ... περί τε μαρτυρίου ... καὶ τίς ὁ τέλειος ... καὶ ὡς ὁμοίως φιλοσοφητέον δούλῳ τε καὶ ἐλευτέρῳ κἂν ἀνὴρ ἢ γυνὴ τὸ γένος τυγχάνῃ p. 248,3–6. Die übrigen Programmpunkte weisen teils auf Strom V, vgl. J. Munck, Untersuchungen über Klemens von Alexandria S. 74, teils werden sie überhaupt nicht eingelöst wie τὰ περὶ ἀρχῶν φυσιολογηθέντα p. 248,16f bzw. ἡ γνωστικὴ φυσιολογία p. 249,7, vgl. A.Méhat, Étude sur les ‚Stromates‘ S. 154–166.

[2] A. Méhat, Étude sur les ‚Stromates‘ S. 266–271.278, setzt die Zäsuren etwas anders, doch ist ebd. S. 278 ein Druckfehler nicht ausgeschlossen, vgl. ebd. S. 269.

[3] Diogenes Laertios III § 46.

[4] So generell W. Völker, Der wahre Gnostiker S. 565f.

gerade verunsicherte Christen ansprechen und auch mit Platonworten seelsorgerlich betreuen will. Diese Abzweckung ergibt sich bei dem Abschnitt § 16,3 – § 18,3, wenn man den historischen Hintergrund herausarbeitet, und sie wird bei den übrigen Zitationen erkennbar, wenn man ihre Abfolge berücksichtigt. Sie bilden nämlich, auch wenn sie nicht in centoartiger Häufung auftreten, sondern in wechselnden Zusammenhängen teils in größerem, teils in geringerem Abstand aufeinanderfolgen, ihrer Zielrichtung nach zwei Gruppen. Die erste Gruppe will die Hoffnung auf jenseitige Belohnungen für das erduldete Martyrium wecken, die zweite Gruppe ermahnt zur Standhaftigkeit im Leiden. Damit tritt eine bemerkenswerte Anordnung zutage[5], die ihre Entsprechung im Zentrum der clementinischen Martyriologie hat.

Für Clemens gilt der Grundsatz, daß der Vollkommene sich im Handeln wie im Leiden weder von Hoffnung auf Lohn noch von Furcht vor Strafe bestimmen lassen wird. Jede Berechnung soll ausgeschlossen sein. Das heißt natürlich nicht, daß Lohn und Strafe ausgesetzt würden. Wer bekennt, empfängt auch, ebenso wie sich des Heils beraubt, wer verleugnet[6]. Und auf einer niederen Stufe ist solches Motiv auch legitim[7]. Aber die Haltung eines Vollkommenen ist das noch nicht, denn auf der höheren Stufe hat nur die freudige Liebe zum Herrn Platz[8]. Es ist nun deutlich, daß sich diese gestufte Betrachungsweise in der Gruppierung der Platonzitationen widerspiegelt. Der niederen Stufe entspricht es, wenn Clemens zunächst die Hoffnung auf jenseitige Belohnungen in den Vordergrund stellt und mit Platon veranschaulicht. Das Grundkonzept fordert jedoch, daß diese Ebene, wie es dann auch geschieht, überschritten wird. Auf der höheren Stufe konnte natürlich die Liebe zum Herrn nicht direkt mit platonischen Sätzen geweckt werden, aber ihrem von allen Berechnungen absehenden Charakter kommt zweifellos die bloße Ermahnung zur Standhaftigkeit entgegen. So verrät sich in der bezeichneten Abfolge die Fundierung der Argumentation im Zentrum der clementinischen Martyriologie, und es ist schon von daher ganz unwahrscheinlich, daß Clemens seine Platonanleihen nur beiläufig und im Blick auf Heiden vorgebracht habe. Er spricht tatsächlich mit vollem Nachdruck zu den Gliedern der verfolgten Kirche. Diese Interpretation wird sich an den Einzeltexten zu bewähren haben.

---

[5] Der systemhafte Charakter dieser Abfolge tritt deutlich zutage, wenn man einen Blick auf Tertullian, Ad martyres, wirft. Unter dem ganzen Aufgebot seiner rabulistischen Rhetorik schärft Tertullian die vocatio zur militia Dei ein (Ad mart. III 1). Er wird nicht müde, vorderhand jeden erdenklichen innerweltlichen Gesichtspunkt auszubeuten, aber letzte Wichtigkeit kommt den gelegentlichen Ausblicken auf den jenseitigen Lohn zu, Ad mart. II 6. 10. III 3. IV 9, vgl. auch H. Frhr. von Campenhausen, Die Idee des Martyriums in der alten Kirche S. 123ff.

[6] § 23,1. § 29,4 – § 30.3. § 42,1–5.

[7] § 53,1.

[8] § 13,3f. § 14,3. § 15.6. § 41,1. § 96,1f, vgl. grundsätzlich § 135,1–4.

1. Die Abwehr der Verleugnung und der Selbstanzeige

Der Abschnitt § 16,3 — § 18,3 schlägt die Brücke von der im dritten Buch behandelten Thematik der Enthaltsamkeit zur Martyriologie im vierten Buch[9]. So wie dort die Enthaltsamkeit doppelt gegen eine libertinistische Verfehlung bei Karpokratianern, Nikolaiten, Anhängern des Prodikos und gewissen Basilidianern einerseits und gegen eine rigoristische Verfehlung bei Markioniten, Tatian und Julius Cassian andererseits abgehoben werden mußte, so muß nun die Bereitschaft zum Martyrium ebenfalls von einer libertinistischen und einer rigoristischen Bedrohung abgesetzt werden. Die libertinistische Verfehlung ist mit dem Ausweichen und Verleugnen gegeben, die rigoristische Verfehlung liegt in der Selbstanzeige vor den staatlichen Behörden.

Zur libertinistischen Verfehlung erklärt Clemens: «Einige von den Irrlehrern aber haben den Herrn mißverstanden und hängen gottlos und feige am Leben, indem sie sagen, das wahre Märtyrertum sei die Erkenntnis des wahren Gottes, . . . ein Mörder seiner selbst und einer, der Hand an sich legt, sei, wer sein Bekenntnis durch den Tod besiegelt» (§ 16,3). Die hier eingenommene Position ist eindeutig: Es handelt sich um die Negierung der Bekenntnispflicht, bzw. um ein theologisches Freisprechen der Verleugnung. Die Vertreter bleiben aber ungenannt. Versucht man sie zu identifizieren, so ist Basilides[10] auszuscheiden. Von den Karpokratianern ist nichts dergleichen bekannt. In Frage kommen Nikolaiten[11], Anhänger des Prodikos und vor allem Valentinianer[12], gegen die Tertullian[13] denselben Vorwurf erhoben hat. Allerdings werden die namhaften Repräsentanten der Valentinianer kaum der Verleugnung offen und direkt das Wort geredet haben. Von Valentin selbst fehlen Äußerungen zum Martyrium; es scheint, daß schon Clemens nichts Rechtes zu Gebote stand[14]. Und Hera-

---

[9] Vgl. J. Munck, Untersuchungen über Klemens von Alexandria S. 58.

[10] Zwar wird gegen Basilides ein entsprechender Vorwurf von Agrippa Kastor (Euseb, Hist. Eccl. IV 7,7) und Irenaeus, Advers. Haer. I 19,3, erhoben, aber aus seinem wörtlich überlieferten Fragment 2, § 81,2 — § 83,1, geht hervor, daß er im Martyrium eine Gunsterweisung Gottes zur Tilgung verborgen gebliebener Straftaten, bzw. der sündigen Anlage schlechthin erblickt hat. Es wäre ungereimt, wenn er gleichzeitig die Verleugnung empfohlen oder auch nur freigestellt hätte. Auch Clemens rechnet bei seiner auch auf Mißverständnissen und Unterstellungen beruhenden Kritik (vgl. P. Nautin, Les fragments de Basilide sur la soufrance et leur interpretation par Clément d'Alexandrie, in: Mélanges H.Ch. Puech S. 393—403) nicht damit, vgl. § 83,2.

[11] Vgl. R.B. Tollinton, Clement of Alexandria Bd. 2 S. 46.

[12] So A. Méhat, Étude sur les ‚Stromates' S. 419.

[13] Tertullian Scorpiace I 5—8, zu Prodikos vgl. ebd. XV 6.

[14] Das dürfte aus § 89 — § 92 hervorgehen. Nach der Auseinandersetzung mit Herakleon und Basilides zum Thema Martyrium sucht Clemens die Konfrontation mit Valentin beim Thema des Todes, bzw. der Vernichtung des Todes. Das ist offensichtlich nur ein Ersatz. Zum schwierigen Valentintext vgl. A. Orbe, Los hombres y el creador según una homilia de Valentin (mit englischem summary), Gr. 55 1974 S. 5—48. 339—368.

kleon, «der Berühmteste aus der Schule Valentins», räumt zwar dem von dem realen Bekenntnis ausdrücklich abgesetzten inneren Bekenntnis in Glaube und Wandel den höheren und vollgültigen Wert ein[15], aber auf die ethische Bewährung folgt dann doch die μερική (sc. ὁμολογία) ἐπὶ τῶν ἐξουσιῶν, ἐὰν δέῃ καὶ ὁ λόγος αἱρῇ p. 280,21f. Der hier noch fehlende Schritt ist aber offensichtlich, wenn vielleicht auch nicht in literarischer Form, unter den Schulanhängern vollzogen worden. Freilich greift Clemens die Gegner nicht namentlich an. Das dürfte seinen Grund darin haben, daß er sich an einen weit größeren Kreis wendet. Tertullian[16] lehrt, wie eine entsprechende valentinianische Propaganda auch in kirchlichen Gemeinden zur Zeit der Not und Bedrängnis Erfolge verbuchen und Unsicherheit hinterlassen konnte. Desgleichen sieht sich Clemens anderweitig genötigt, völlig außerhalb einer antihäretischen Frontstellung kirchliche Christen vor der Verleugnung nachdrücklich zu warnen[17]. Daß einige Christen verunsichert und wankelmütig werden, ist offenbar die historische Situation, aus der Clemens' Besorgtheit zu verstehen ist. Die gegnerische Rechtfertigung nimmt er nicht sonderlich ernst, er weist ihre Argumente kurz und entschieden ab: δειλίας σοφίσματα p. 256,9[18].

Zur zweiten, zur rigoristischen Verfehlung der Bereitschaft zum Martyrium erklärt Clemens: «Aber auch wir tadeln die, die sich in den Tod stürzen. Es gibt nämlich einige, die nicht zu uns gehören, sondern nur den Namen mit uns gemein haben, die sich aus Haß gegen den Schöpfer auszuliefern beeilen» (§ 17,1). Man könnte hier zunächst an Montanisten denken, denn Clemens erwähnt sie zweimal[19]. Andererseits geht aber diese Charakterisierung mit früheren Äußerungen über die Markioniten parallel, so ἡ πρὸς τὸν δημιουργὸν ἀπέχθεια p. 256,13f = p. 201,4. p. 205,19. p. 207,7. Auch die weiteren Charakterisierungen passen zu ihnen, wenn es heißt: τὸν ὄντως θεὸν μὴ γνωρίσαντες p. 256,16, τὸ σῶμα διαβάλλουσι p. 256,18f. So kehrt der Mißbrauch Platons wieder, denn von Platon heißt es, ὃν μάλιστα ἐπιβοῶνται μάρτυρα τὴν γένεσιν κακίζοντες p. 256,21f = p. 200,29. p. 205,14f[20]. Es handelt sich also in erster Linie wahr-

---

[15] § 71,1f.4.
[16] Tertullian, Scorpiace I, weitere Belege bei A. von Harnack, Die Mission und Ausbreitung des Christentums Bd. 1 S. 507 Anm. 1.
[17] § 42,1−5, vgl. auch § 13,1. § 74,1 und Strom VII § 79,4.
[18] Zustimmung zur clementinischen Bewertung äußert H. Frhr. von Campenhausen, Die Idee des Martyriums in der alten Kirche S. 114.
[19] Strom IV § 93,1, Strom VII § 108,2.
[20] Ein gewisses Problem liegt in dem Widerspruch von καθάπερ ἰδίῳ δόγματι φρυάττονται p. 201,14f und (Πλάτωνα) μάλιστα ἐπιβῶνται μάρτυρα p. 256,21. Drei Erklärungsmöglichkeiten, so scheint es, stehen offen: a) es handelt sich um jeweils verschiedene Fraktionen unter den Markioniten, b) Clemens übernimmt zwei verschiedene antimarkionitische Einwände und läßt sie unausgeglichen nebeneinander herlaufen, c) die offene Platongefolgschaft ist eine Unterstellung, damit die Kritik der Inkonsequenz im Platonverständnis überhaupt sinnvoll erhoben werden kann. Wie immer dem auch sein mag, es bleibt bemerkenswert, daß Clemens an der exakten Beschreibung des anvisierten Personenkreises nicht interessiert ist.

scheinlich um Markioniten, die sich durch Selbstanzeige eigenmächtig aus der Schöpfung drängen[21]. Aber da auch hier Clemens die Gegner nicht namentlich nennt, so ist damit zu rechnen, daß er einen weiteren Personenkreis im Auge hat. Man mußte ja nicht unbedingt Markions Grunddogmen teilen, um sich durch Selbstanzeige einen raschen Weg zum Herrn zu erhoffen. Diese Einstellung läßt sich auch aus dem Martyrium Polykarps[22] belegen. Dort wird sie sogleich zurückgewiesen, ebenso urteilen die Akten Cyprians[23]. Und wiederum bezeugt Clemens selbst, daß entsprechende rigoristische Neigungen auch unabhängig von markionitischer Motivation vorhanden waren. Anläßlich der Exegese von Mt 10,23: «fliehet in eine andere Stadt», erklärt er in § 76,1 – § 77,3, der Herr gebiete, auf gewisse Weise der Verfolgung auszuweichen, damit man nicht mitverantwortlich an der Schuld des Verfolgers oder gar selbst schuldig werde. Ausweichen vor der Verfolgung, das heiße: nicht sich selbst vor Gericht bringen, nicht die staatliche Macht herausfordern oder reizen und nicht durch bürgerliche Rechtsstreitigkeiten die Gefahr der «concussio»[24] heraufbeschwören. Aus dieser Stelle geht deutlich hervor, daß Clemens leichtfertigen Martyriumseifer für eine gefährliche, aber auch in der rechtgläubigen Gemeinde latent vorhandene Verlockung hält, angesichts der er die Glaubensbrüder nicht nur auf das eigene Heil, sondern auch auf ihre sittliche Verantwortung für die Verfolger hinweist. In einem weiteren Sinn leitet ihn zweifellos auch dieses seelsorgerliche Bestreben, wenn er die aus der markionitischen Dogmatik resultierende rigoristische Verfehlung der Bereitschaft zum Martyrium bekämpft.

Theologisch ist in seinen Augen diese Verfehlung wesentlich ernster zu nehmen als die libertinistische, denn hier setzt er zu einer wirklichen Widerlegung der gegnerischen Position an. In grundsätzlicher Weise betont er, daß das äußere Erleiden des Todes an sich ambivalent ist, daß vielmehr erst die in der Verfolgung festgehaltene rechtgläubige Gotteserkenntnis das entscheidende Kriterium ist. Sie ist aber an das Bekenntnis zu Gott als dem Schöpfer gebunden, und insofern verfehlt das sich aus Haß gegen den Schöpfer herleitende eigenmächtige Hinausdrängen aus der Schöpfung das christliche Martyrium (§ 17,1 –4). Die Abwehr der Selbstauslieferung ist also schöpfungstheologisch begründet.

---

[21] Ebenso A. von Harnack, Marcion S. 324*; H. Frhr. von Campenhausen, Die Idee des Martyriums S. 151 Anm. 1; W. Völker, Der wahre Gnostiker S. 576 Anm. 5; A. Méhat, Étude sur les ‚Stromates' S. 268 und S. 405 Anm. 50.

[22] Martyrium Polykarps IV, vgl. dazu H. Frhr. von Campenhausen, Die Idee des Martyriums S. 82 Anm. 4: «Daß es sich um einen Φρύξ handelte, darf nicht zu der Annahme verführen, wir hätten es hier mit einem Montanisten zu tun», was W. Völker, Der wahre Gnostiker S. 576 Anm. 5, annimmt.

[23] Akten Cyprians I 6, weitere Belege bei H. Frhr. von Campenhausen, Die Idee des Martyriums S. 137 Anm. 1.

[24] Vgl. H.F. Hitzig, Art. Concussio, RECA Hlbd. 7 Sp. 840, vgl. auch Tertullian, Ad Scapulam IV 3.

Dazu kommt in zweiter Instanz die Autorität Platons. Clemens hält solchen falschen Christen entgegen, daß auch die richtige Verfassung des Körpers zur wohlgelungenen Ausprägung der Vernunft beiträgt (ἡ τοῦ σώματος εὐαρμοστία συμβάλλεται τῇ διανοίᾳ πρὸς τὴν εὐφυΐαν[25] p. 256,19f), und führt aus: «Deshalb sagte auch Platon, auf den sie sich, wenn sie die Schöpfung schlecht machen, besonders als Zeugen berufen, im dritten Buch der Politeia, man müsse um der Harmonie der Seele willen für den Körper sorgen» (§ 18,1)[26].

Schließlich läßt Clemens noch weitere Argumente folgen, aus denen jeweils hervorgeht, daß das körperliche Leben Voraussetzung für höhere Güter ist. Insofern gilt, daß das körperliche Leben die Voraussetzung für die Verkündigung des Kerygmas der Wahrheit ist[27], was seinerseits wiederum an den Erwerb der Gnosis im körperlichen Leben gebunden ist. Das Leben in Gesundheit und materieller Abgesichertheit gewährt erst die Möglichkeit für die Erlernung der Gnosis. Schließlich ist der heilige Wandel im Körper auch die Weise, wie der Besitz der Ewigkeit antizipierend ergriffen wird[28]. Diese Aussagen sind trotz des relativischen Anschlusses mit der Gegenüberstellung von τὸ ζῆν und τὸ εὖ ζῆν von Krit 48 b5f in p. 256,27f kaum als Beitrag Platons gemeint. Das hätte deutlicher bezeichnet werden müssen. Im Entscheidenden sind sie auch unplatonisch. Ursprung und Prinzip des Lebens ist ja für Platon die Seele, die sich höhere Güter auch und gerade unabhängig von der inkarnierten Existenzweise erwirbt, während der Körper lediglich in dem Sinn eine Voraussetzung bedeutet, daß durch ihn das seelische Leben der sinnlichen Wahrnehmung zugänglich wird[29]. Dagegen verdeutlichen Clemens' Aussagen sehr schön seine schöpfungstheologische Grundanschauung, insofern der rechtgläubige Gnostiker die Wahrheit für sich und andere auf der Grundlage des leiblichen Daseins gewinnt.

Was nun das Politeiareferat betrifft, so muß gesagt werden, daß es zwar nicht gerade falsch ist, daß es aber den spezifischen Aussagegehalt beiseite läßt. Clemens dürfte die Passage Pol III 410 b5 − 412 b3 im Auge haben, denn zusätzlich zu der schon von O. Stählin genannten Stelle Pol III 410 b5 − c7 basiert der Ausdruck ψυχῆς ... ἁρμονία p. 256,22, bei dem O. Stählin unnötigerweise an Pol IX 591 d dachte, auf dem abschließenden Mischungs- und Musikvergleich in Pol III 411 e4 − 412 a7, wie ja auch das clementinische εὐαρμοστία

---

[25]   Es läßt sich kaum entscheiden, ob εὐφυΐα p. 256,20 terminologisch prägnant im Sinne von Albinos, Didask. XXX p. 183,15, und Anonym. Theaitetkommentar, col. 11,15.18, gemeint ist.

[26]   Bezeichnend ist, wie Theodoret, Graec. affect. cur. V § 14. XII § 53, die Stelle ausschreibt.

[27]   Diese Argumentation wäre absurd, wenn Clemens ausschließlich oder auch nur vorrangig Markioniten anspräche.

[28]   Zum Verb παραπέμπεται p. 256,28 vgl. § 130,5 p. 306,5, ferner A. Méhat, Étude sur les ‚Stromates' S. 462.

[29]   Vgl. Tim 28 b7f. 36 e5ff, zur sekundären Rolle der Gesundheit des Körpers vgl. Charm 156 d1 − 157 c6, zur Rolle der ἀναγκαῖα vgl. Pol VIII 558 d8 − 559 d3.

p. 259,19 an Pol III 412 a6 anklingt. In diesem Abschnitt entwickelt Sokrates, daß die traditionelle Ansicht zur Jugenderziehung, derzufolge sich die gymnastische Erziehung auf den Körper und die musische auf die Seele beziehe, unzureichend ist. Auch die gymnastische Erziehung formt, das ist die neue Einsicht, zusammen mit der musischen die Seele. Aber beide müssen aufeinander abgestimmt sein. Denn eine ausschließlich gymnastische Übung verfehlt die Tapferkeit und führt zu Wildheit und Grobheit, und eine ausschließlich musische Bildung verfehlt die Besonnenheit und führt zu Weichlichkeit. Andererseits verfehlt ein Übermaß an Gymnastik auch die Besonnenheit und bewirkt Stumpfsinn, und es verfehlt ein Übermaß an Musik auch die Tapferkeit und bewirkt Jähzorn. So kommt es darauf an, die beiden von Gott gegebenen und für die Seele bestimmten Erziehungskünste aufeinander abzustimmen und am schönsten zu mischen. Wer sie so in maßhaftester Weise der Seele beibringt, der ist der vollkommen Musikalische und Harmonische, mehr als irgendein Lyraspieler.

Daß es in der Politeiastelle um die Jugenderziehung mittels der Gymnastik und Musik geht, daß das traditionelle Erziehungskonzept korrigiert wird, daß die Argumentation sich an den Temperamenten orientiert, das alles übergeht Clemens, weil es für seinen Zweck, die Verantwortung des Menschen für seinen Körper und die Pflicht ihm gegenüber, nichts austrägt. Trotzdem gestattet dieses so stark verkürzende Referat die Feststellung, daß Clemens damit zu einem unter den zeitgenössischen Platonikern umstrittenen Lehrpunkt Stellung bezieht. Von einer diesbezüglichen Kontroverse gibt Galen Nachricht: ἀλλὰ διά τινας τῶν Πλατωνικοὺς μὲν ἑαυτοὺς ὀνομαζόντων, ἡγουμένους δ' ἐμποδίζεσθαι μὲν ἐν ταῖς νόσοις τὴν ψυχὴν ὑπὸ τοῦ σώματος, ὑγιαίνοντος δὲ τὰς ἰδίας ἐνεργείας ἐνεργεῖν οὔτ' ὠφελουμένην οὔτε βλαπτομένην ὑπ' αὐτοῦ, παραγράψω τινὰς ῥήσεις τοῦ Πλάτωνος[30]. Galen widersetzt sich also einem exklusiv seelischen Standpunkt, wonach die Seele vom (gesunden) Körper unabhängig ist. Gegen wen er sich dabei richtet, läßt sich nicht mit völliger Sicherheit sagen. Vielleicht meint er seinen eigenen Lehrer[31] Albinos, der körperliche Auszeichnungen wie Gesundheit, Schönheit und Stärke für gleichgültige Dinge hält, die zwar die Seele durch rechten Gebrauch werthaft machen kann, nicht aber umgekehrt[32], und der, was bezeichnend ist, die Gymnastik ausschließlich auf den Körper hin orientiert[33]. Im Gegensatz dazu führt Galen an Hand von Platonzitaten einen

---

[30] Galen, Scripta minora II p. 64,19 − p. 65,1.

[31] Vgl. H. Dörrie, Art. Albinos, RECA Splbd. 12 Sp. 14.

[32] Albinos, Didask. XXVII p. 180,8f. Sollte diese Erklärung zutreffen, dann leugnen alle Platoniker, die die Exklusivität des höchsten Gutes und die Autarkie der Tugend lehren, ebenfalls eine Beeinflussung der Seele durch den Körper, so Eudor nach Arius Didymus bei Stobaios II p. 55,22 − p. 56,7; Apuleius, De Platone II § 220f p. 104,11− 17; Attikos, Frg. 2,9−17.77−82; der doxographische Abriß bei Hippolyt, Refutatio I 19,15, Philon, Virt § 13.

[33] Albinos, Didask. XXVIII p. 182,10ff. Ebenso Philon, SpecLeg II § 230, und Pseud. Plutarch, De lib. educ. 10, mor. 7 D (vgl. K. Ziegler, Art. Plutarchos von Chaironeia, RECA Hlbbd. 41 Sp. 808ff).

aufgefächerten Katalog von körperlich-äußeren Faktoren an, die alle auf die Seele einwirken[34]. Es ist ferner bemerkenswert, daß auch Galen die betreffende Politeiastelle III 410 b5—8 in einer anderen Schrift, aber in analogem Sinn zitiert. Sie belegt dort, daß Platon die Gymnastik nicht auf die Ausbildung der Körperkräfte ausgerichtet wissen wollte, sondern in Übereinstimmung mit Hippokrates auf τὴν πρὸς τὰς κατὰ φύσιν ἐνεργείας χρείαν, die als politische Betätigung näher bestimmt wird[35]. Dahinter steht natürlich die Vorstellung von einer seelischen Auswirkung. Mithin ergibt sich, daß Clemens sowohl in der Lehrentscheidung als auch in der Auswahl der zugehörigen Belegstelle der von Galen eingenommenen Position folgt[36], und das hat seinen Grund zweifellos darin, daß die in diesem Platonverständnis sich aussprechende relative Wertschätzung des Körpers leichter in Einklang zu bringen ist mit seiner schöpfungstheologischen Grundanschauung.

2. Die jenseitigen Belohnungen

Die jenseitigen Belohnungen sind ein weiterer Gesichtspunkt, zu dem Clemens in den Passagen über das Martyrium eine Gruppe von Platonzitationen beisteuert. Die erste steht in § 16,1f, einem Kephalaion, das Elemente von zwei vorangegangenen Stücken aufnimmt und dadurch seine Sprechhaltung zu erkennen gibt.

In § 14,4 — § 15,3 kontrastiert Clemens den Preis der alten Griechen auf ihre Gefallenen mit dem gnostischen Martyrium, wenn der Vollkommene in reinem und gehorsamem Wandel und in der Erkenntnis Gottes den Glauben gleichsam wie sein Blut im ganzen Leben und zumal beim Abscheiden ausgießt. Und in § 15,4—6 deutet er die hundertfache Vergeltung für den, der Vater, Mutter und Brüder verläßt (Mk 10,29; Mt 19,29) auf das gnostische Martyrium. Insofern nun das anschließende Kephalaion § 16,1f Worte von Heraklit und Platon zum Thema der Gefallenen enthält, ist der Gedanke an die griechischen Kriegshelden des ersten Stückes wieder gegenwärtig. Insofern es vom jenseitigen Schicksal der Gefallenen spricht, kommt der Gedanke an die Vergeltungen aus dem zweiten Stück zum Tragen. Und so wie die beiden früheren Stücke ganz selbstverständlich an Christen gerichtet sind, so gilt das entsprechend auch hier, auch wenn der Wortlaut selbst keine Anhaltspunkte gibt.

---

[34] Galen, Scripta minora II p. 65,4 — p. 72,18: Tim 24 c4 — d3 und Nom V 747 d1 — e2 (geophysikalischer Einfluß), Nom II 666 a3 — c2 und Nom II 674 a3 — c1 (Weingenuß und Altern), Tim 87 b3—8 (ἐπιτηδεύματα = Gymnastik! und Musik, μαθήματα = Geometrie und Arithmetik, τροφαί = feste Speisen, Brei und Getränke) vgl. auch Diogenes Laertios III § 78 (ὀργάνων δὲ προσδεῖσθαι).

[35] Galen, Vol. V p. 875,7—11.

[36] Die Frage, ob Clemens gemeinsam mit Galen in einer älteren Tradition steht oder ob er von Galen (direkt oder durch Vermittlung) abhängt, muß hier auf sich beruhen.

Der Text lautet: «Dann sagt Heraklit: ‚Es ehren die im Krieg Gefallenen Götter und Menschen'¹, und Platon schreibt im fünften Buch der Politeia: ‚Werden wir nicht an erster Stelle sagen, daß derjenige, der unter den im Felde Gefallenen ein rühmliches Ende gefunden hat, zum goldenen Geschlecht gehört? Ganz gewiß!' Das goldene Geschlecht hält sich bei den Göttern am Himmel und der Fixsternsphäre auf², die vor allem mit der Leitung der über die Menschen waltenden Vorsehung betraut sind» (§ 16,1f). Das Zitat gibt Pol V 468 e4—7 wieder, die sich anschließende Erklärung basiert auf Pol V 468 e8 — 469 b1.

Mit dem ausgeschriebenen Zitat spricht Sokrates in der Tat in einer Abschweifung über mehrere Fragen der Kriegsführung (466 e1 — 471 c3) den im Krieg Gefallenen das Ehrenprädikat des goldenen Geschlechts zu und stützt sich dabei auf folgende auf die Schutzdämonen des goldenen Zeitalters Bezug nehmende Hesiodverse:

$$οἱ μὲν δαίμονες ἁγνοὶ ἐπιχθόνιοι τελέθουσιν,$$
$$ἐσθλοί, ἀλεξίκακοι, φύλακες μερόπων ἀνθρώπων³.$$

Die Dämonen Hesiods identifiziert Sokrates mit den Gefallenen, sie sind also heroisierte Menschen (was sie bei Hesiod nicht waren), und als solche heißen sie δαίμονες 469 a8, bzw. δαιμόνιοί τε καὶ θεῖοι 469 a4f. Sie üben eine wohltätige Fürsorge für die Menschen aus. Golden heißt dieses Geschlecht wohl, weil es von großem Wert ist. Gemäß den Anordnungen des pythischen Orakels sollen ihnen Grabstätten errichtet werden, denen man Verehrung und Anbetung darzubringen verpflichtet ist. So wird ein Heroenkult eingerichtet.

Vergleicht man nun Clemens' Erklärung mit Platons, dann stellt sich heraus, daß Clemens die heilsame Wirksamkeit, bzw. Mitwirksamkeit der Gefallenen beibehalten hat. Eliminiert dagegen hat er die Dämonen- und Heroenvorstel-

---

¹ Heraklit, B 24, vgl. dazu P. Valentin, Héraclite et Clément d'Alexandrie, RSR 46 1958 S. 40.

² § 16,2: ... πρὸς θεῶν ἐστι p. 256,3. F. Overbeck, Deutscher Text S. 363, und O. Stählin, Deutsches Übersetzungswerk Bd. 4 S. 21, übersetzen: «... stammt von den Göttern». Abweichend davon interpretiert O. Stählin im Register s.v. θεός 10 b): «von den Engeln und den in den Himmel aufgenommenen Menschen». (Allerdings sind die θεοί p. 256,3 genau genommen die Gestirne!) Der Gedankengang erfordert eine Aussage über den Zustand nach dem Tod, also zum Aufstieg zu den Sternen. Richtig übersetzt J. Potter, PG VIII col. 1230: «... cum illis diis versatur».

³ Der Wortlaut bei Platon stellt eine eigenständige Überlieferung dar. In der Hesiodüberlieferung lauten die Verse: τοὶ μὲν δαίμονές εἰσι Διὸς μεγάλου διὰ βουλὰς/ ἐσθλοί, ἐπιχθόνιοι, φύλακες θνητῶν ἀνθρώπων (Erga 122f). Dazu erklärt U. von Wilamowitz-Möllendorf, Hesiodos Erga S. 56: «Platons Text bringt zuerst ἁγνοί, was den Unterschied von vielen anderen Dämonen angibt, die auf der Erde ihr Wesen treiben. Diese guten Geister sind Unheil abwehrende Wächter über die Menschen, die ihnen zu Wohlstand verhelfen, so wie es unter einem gerechten Könige auch geht». Daß die Dämonen Hesiods keine verstorbenen Menschen sind, betont U. von Wilamowitz-Möllendorf, Der Glaube der Hellenen Bd. 1 S. 360.

lung, um an ihre Stelle diejenige von der himmlischen Wohnstätte der Gefallenen bei den Sternen zu setzen. Golden heißt das Geschlecht jetzt, so wird man vermuten dürfen, weil es sternhaft ist.

So auffällig diese Auswechslung an sich schon ist, so ist doch zunächst festzustellen, daß die von Clemens fälschlicherweise in den Zusammenhang der Politeiastelle eingetragene Vorstellung Parallelen bei Cicero[4] und bei Josephus[5] hat. Teilstücke dieser Vorstellung kehren auch im Schulplatonismus wieder, so der Aufstieg der Seele zu ihrem Stern[6] und die Ausübung der Vorsehung über die Menschen durch die Gestirngötter[7]. Überhaupt läßt sich das in der Steigerung limitierende μάλιστα bei Clemens p. 256,4 erst aus der schulplatonischen Lehre von der dreifach gestuften πρόνοια erklären[8]. So kommt man zu dem verblüffenden Befund, daß Clemens die schulplatonische Tradition für den originalen Platon eintauscht.

Aber zweifellos hat die beobachtete Auswechslung tiefere Gründe. Darin wirkt sich die unausgesprochene, aber intendierte Beziehung des goldenen Geschlechts auf die christlichen Märtyrer aus. Anders läßt sich der Vorgang gar nicht erklären. Unter dieser Voraussetzung zeigt sich nämlich, daß Clemens geradezu zwangsläufig die Dämonen- und Heroenvorstellung beseitigen mußte. Im gesamten christlichen Sprachgebrauch sind die Dämonen so eindeutig und

---

[4] Cicero, De re publ. VI § 13: «Omnibus qui patriam conservaverint, adiuverint, auxerint, certum esse in caelo definitum locum, ubi beati aevo sempiterno fruantur», vgl. auch § 15.

[5] Josephus, Bell VI § 47: τίς γὰρ οὐκ οἶδε τῶν ἀγαθῶν ἀνδρῶν ὅτι τὰς μὲν ἐν παρατάξει ψυχὰς σιδήρῳ τῶν σαρκῶν ἀπολυθείσας τὸ καθαρώτατον στοιχεῖον αἰθὴρ ξενοδοχῶν ἄστροις ἐγκαθιδρύει, δαίμονες δ' ἀγαθοὶ καὶ ἥρωες εὐμενεῖς ἰδίοις ἐγγόνοις ἐμφανίζονται.

[6] Albinos, Didask. XVI p. 172,2—12, reproduziert auf Grund von Tim 41 d8 — e3. 42 b3—5 die Mischung der Seelen nach Anzahl der Sterne, ihre Plazierung darin wie in Wagen und die Rückkehr der gerechten Seele zu ihrem Stern. Letzteres hat auch in die Doxographie Eingang gefunden, H. Diels, Doxographi Graeci S. 614,9.

[7] Pseud. Plutarch, De fato 9, mor. 572 F — 574 A, (zur Unechtheit vgl. K. Ziegler, Art. Plutarchos von Chaironeia, RECA Hlbbd. 41 Sp. 744, zur Zugehörigkeit zum Schulplatonismus vgl. H. Dörrie, Der Begriff «Pronoia» in Stoa und Platonismus, FZPhTh 24 1977 S. 79). Demnach steht unterhalb der ersten und höchsten πρόνοια, nämlich dem Denken und Willen des ersten Gottes zum Wohle von allem, die zweite πρόνοια der zweiten, am Himmel sich bewegenden Götter, nach welcher alles Sterbliche und alles, was zum Bestand und zur Bewahrung der einzelnen Gattungen nötig ist, in geordneter Weise entsteht. Als dritte πρόνοια und προμήθεια fungieren dann die um die Erde stationierten Dämonen. Dieselbe Lehre vertritt auch Apuleius, De Platone I § 205, p. 96,2 — 96,15.

[8] Man kann sich deshalb fragen, ob Clemens eine Auslegung schriftlich vorgelegen habe. Auch die vorbehaltlose Gottesbezeichnung für die Gestirne p. 256,3 (anders Protr § 26,1. § 62,4ff. § 66,2. § 67,2) könnte man als Indiz bewerten. Aber Clemens hält sich wohl nur an das, was im Platonismus gängig ist. Für schriftliche Abhängigkeit müßten gewichtigere Gründe sprechen.

ausschließlich auf böse Geister, die im Dienst des Teufels stehen, festgelegt[9], daß eine positive Anknüpfung unmöglich war. Ähnliches gilt für die Heroenvorstellung. Für Clemens sind Dämonen und Heroen aufs engste zusammengehörige Varianten derselben Sache[10]. Der Märtyrer ist für ihn kein Dämon und auch kein Heros. Andererseits kommen die schulplatonischen Vorstellungen von der Aufnahme der Seele in der Sternenwohnstatt und von der dortigen Vorsehungswirksamkeit seiner eigenen Konzeption sehr nahe, wenn sie nicht überhaupt z. T. mit ihr identisch sind. Die Beteiligung der Gestirne an der Weltverwaltung interpretiert Clemens als Gehorsam gegenüber dem Wort Gottes[11]. Und die Fixsterne sind der Aufenthaltsort der Frommen[12], ja sogar Engel wohnen auf den Sternen[13]. Man wird deshalb annehmen dürfen, daß Clemens auch dem Märtyrer diesen ehrenvollen Lohn zugedacht hat[14], obwohl er explizite Aussagen dazu nicht gemacht hat.

Zwei weitere Platonzitate finden sich in der von § 25 — § 41 reichenden Auslegung der Seligpreisungen der Bergpredigt (Mt 5,3—11). Die Zusammengehörigkeit dieser Paragraphen hat W. Bousset[15] erkannt. Er meinte allerdings, daß sie nur ganz äußerlich zum Stichwort Verfolgung angehängt sind und deshalb quellenkritisch ausgesondert werden müßten, während A. Méhat[16] die Quellenscheidungshypothese zu Recht fallen gelassen hat, aber darauf hinweist, daß nicht die Verfolgung, sondern die asketische Vollkommenheit im Zentrum der Auslegung stehe und daß das Martyrium nur am Schluß einmal erwähnt werde (§ 41,4).

Diese Erhebung ist dem strikten Wortlaut nach zweifellos zutreffend, und trotzdem kann bezweifelt werden, ob sie der beabsichtigten Ausrichtung des Textes voll gerecht wird. Es stellt sich nämlich ein etwas anderer Eindruck ein, wenn man die Reihenfolge berücksichtigt, in der die Seligpreisungen behandelt werden. Clemens hat den achten Makarismus, μακάριοι οἱ δεδιωγμένοι ἕνεκεν δικαιοσύνης (Mt 5,10), zusammen mit Anspielungen an die πτωχοί (v. 3), an

---

[9] Vgl. A. Kallis, Art. Geister C II, RAC Bd. 9 Sp. 699—715, und P.G. van der Nat, Art. Geister C III, RAC Bd. 9 Sp. 715—761. Unverständlicherweise kommt im ganzen Artikel Clemens mit einer Ausnahme (Protr § 55,4 auf Sp. 742) nicht vor.

[10] Protr § 40f, auch mit Zitat von Hesiod, Erga 252f (ebenfalls von den φύλακες), was die hiesige Interpretation stützt.

[11] Strom VI § 148,1—3.

[12] Strom V § 106,3.

[13] Adumbrationes II p. 207,10; Ecl § 56,3—6, vgl. dazu A. Recheis, Engel Tod und Seelenreise S. 71f.

[14] Wenn diese Interpretation zutrifft, dann steht Clemens im Gegensatz zu der Auffassung, daß der Märtyrer sofort nach dem Tod direkt ins Paradies gelangt, wie sie in der Vision des Saturus, Martyrium der Perpetua und Felicitas XI—XIII, und bei Tertullian, De anima 55,4 zum Ausdruck kommt.

[15] W. Bousset, Jüdisch-christlicher Schulbetrieb S. 249, ebenso J. Munck, Untersuchungen über Klemens von Alexandria S. 187, und A. Méhat, Étude sur les ‚Stromates' S. 278.

[16] A. Méhat, Étude sur les ‚Stromates' S. 268.

die πεινῶντες καὶ διψῶντες (v. 6) und an die πενθοῦντες (v. 4) als thematischen Auftakt in § 25,1 — § 26,2 sehr wirkungsvoll an den Anfang gestellt, und er wiederholt ihn, nachdem er die Reihe in leichter Veränderung durchgegangen ist[17], zusammen mit der lukanischen Parallele des neunten Makarismus (Lk 6,22) noch einmal am Ende der Auslegung in § 41, wo nun ja auch die wörtliche Erwähnung des Martyriums fällt. Daraus geht hervor, daß der Blick auf die Verfolgungen und auf das Martyrium im Verborgenen durchgängig präsent sein dürfte.

Das zeigt im einzelnen nun auch eine genauere Interpretation der Auslegung der dritten Seligpreisung (Mt 5,5) mit dem dazugehörigen Platonzitat Phaid 114 b6 — c6 in § 36,1 — § 37,4, obwohl der Bezug zum Martyrium auch hier nicht sofort in die Augen springt.

Die Auslegung lautet folgendermaßen: «Weil der Herr alles auf die Erziehung der Seele bezog, sagt er: ‚Selig sind die Sanftmütigen, denn sie werden die Erde ererben'. Sanftmütig aber sind diejenigen, die den unerbittlichen Kampf in der Seele gegen Zorn, Begierde und die darunter fallenden Formen zur Ruhe gebracht haben. Er lobt aber als sanftmütig diejenigen, die auf Grund eines freien Entschlusses, nicht auf Grund von Zwang sanftmütig sind. Denn es gibt beim Herrn mehrere verschiedene Belohnungen und Wohnungen, je nach den Lebensweisen» (§ 36,1—3). Darauf folgen drei Belege für die Unterschiede unter den Belohnungen: der Spruch von der Vergeltung der Wohltat an einem Propheten, an einem Gerechten und an den geringsten Jüngern (Mt 10,41f) in § 36,4, das Gleichnis von den Arbeitern im Weinberg (Mt 20,1—16) in § 36,5 — § 37,1 und schließlich Platon, Phaid 114 b6 — c6 in § 37,2—4.

Der Gedankengang ist mithin so zu bestimmen, daß die Seligpreisung der Sanftmütigen auf diejenigen bezogen wird, die frei von Leidenschaften sind, wobei ein geringerer oder größerer Lohn in Aussicht gestellt wird, je nach dem ob einer die Leidenschaften κατ' ἀνάγκην oder κατὰ προαίρεσιν p. 264,11f aufgegeben hat.

Das scheint nun mit dem Martyrium nichts zu tun zu haben, sondern ganz in den Rahmen der ἀπάθεια-Lehre zu gehören. Allein inwiefern das Martyrium die ἀπάθεια einschließt, dafür gibt Clemens selbst den entscheidenden Hinweis[18]. Der Gnostiker, so erklärt er in § 13,1, legt, wenn er abberufen wird, noch vor dem Körper die Leidenschaften ab, indem er den, der ihn auf die Probe stellt, nicht schmäht. Und entsprechend gilt in § 41,4 die Seligpreisung Lk

---

[17] Im einzelnen bietet Clemens folgende Reihenfolge: § 26,3 = v.3, § 36,1 = v.5, § 37,5 = v.4, § 38,1 = v.7, § 39,1 = v.8, § 40,2 = v.9, § 41,1 = v.10, § 41,3 = Lk 6,22 (vgl. Mt 5,11). Es fehlen v.6, der allerdings am Anfang berücksichtigt ist, und v.12. Für die Umstellung von v.5 und v.4 läßt sich kein Grund erkennen.
[18] Summarisch stellt W. Völker, Der wahre Gnostiker S. 536, fest: «die Apathie ist förmlich eingebettet in die Märtyrertheologie».

6,22 dem Märtyrer, vorausgesetzt, daß wir die Verfolger nicht verabscheuen und die von ihnen auferlegten Strafen erdulden, ohne sie zu hassen. Wenn also in diesem Zusammenhang die πάθη erwähnt werden, dann ist ganz konkret an Zorn und Haß (vgl. θυμός p. 264,10), überhaupt an ein Aufbegehren gegen die Verfolger gedacht. Und nicht, weil von dem Märtyrer eine ruhige Seelengröße erwartet wird, soll er die Leidenschaften ablegen, sondern deshalb, weil sie sein höchstes Motiv, die Liebe zum Herrn, beeinträchtigen würden (vgl. § 13,1 — § 14,3).

Aus der konkreten Situation des Martyriums läßt sich vielleicht auch der recht dunkle Ausdruck πραεῖς κατ' ἀνάγκην p. 264,11f verstehen. Die Deutung von H. Chadwick[19] auf eine unterwürfige Naturanlage will nicht recht befriedigen, weil ja die Sanftmütigkeit, wie der Text sagt, das Resultat eines vorangegangenen innerseelischen Kampfes ist. Eben dieser Kampf soll κατὰ προαίρεσιν und nicht κατ' ἀνάγκην entschieden werden. Könnte damit nicht die Möglichkeit ins Auge gefaßt sein, daß ein Märtyrer seinen Widerwillen nur auf Grund äußerer Zwangsmaßnahmen aufgibt, daß er auf Grund von Gewaltanwendung gleichgültig[20] wird, während die geläuterte Haltung darin besteht, daß er seine aufbegehrenden Leidenschaften in einem freien Willensentschluß preisgibt?

Die dementsprechend gestaffelten Belohnungen belegt Clemens, wie gesagt, auch mit Phaid 114 b6 — c2. c2—4. c4—6: «‚Die aber, die hinsichtlich eines frommen Lebenswandels besonders berufen zu sein scheinen‘, sagt Platon, ‚die sind es, die von diesen Orten auf der Erde wie aus Gefängnissen befreit und losgelöst werden und hinauf in die reine Behausung gelangen‘[21]. Und mit deutlicheren Worten sagt er dasselbe so auf folgende Weise: ‚Von diesen leben diejenigen, die sich in der Philosophie genügend gereinigt haben, ohne Körper durchaus für alle Zeit‘[22], freilich umkleidet er die Seelen mit gewissen Gestalten, die einen mit luftigen, die anderen mit feurigen. Er fährt dann noch fort: ‚Und sie gelangen in noch schönere Wohnungen, als es diejenigen sind, die zu beschreiben weder leicht, noch im gegenwärtigen Augenblick gelegen wäre‘» (§ 37,2—4).

Clemens liest also, man kann es nicht anders nennen, in den Text hinein eine je nach Würde gestufte Rangordnung der jenseitigen Existenzweisen, insofern es nach der Befreiung von der Erde luftige Seelengestalten, feurige Seelengestalten und noch schönere Wohnungen gibt. Sokrates läßt aber in der Erdbe-

---

[19] H. Chadwick, Early Christian Thought and the Classical Tradition S. 52.

[20] Zu dieser Nuance von πραΰς vgl. Platon, Lys 211 e2.

[21] Die Handschrift enthält nach βιῶναι (114 b7) ein über den Platontext hinausschießendes προσκεκλῆσθαι p. 264,24, das im parallelen Zitat in Strom III § 19,2 nicht anzutreffen ist. Vielleicht ist die handschriftliche Überlieferung korrupt, vielleicht wollte Clemens bewußt von Berufung sprechen. Ansonsten ist τῶν τόπων (114 b8) ausgelassen, und bei εἰς καθαρὰν οἴκησιν fehlt der Artikel von 114 e1. Auch diese Abweichungen finden sich nicht in Strom III § 19,2. Man muß mit einer legeren Zitierweise rechnen.

[22] Vor φιλοσοφίᾳ (114 c3) setzt Clemens ἐν p. 264,28, statt ἔπειτα χρόνον (114 c4) liest er ἅπαντα χρόνον p. 265,1.

schreibung (108 d1 – 115 a2) die Menschen in Höhlungen in der Erde wohnen, von wo aus nach dem Tod die Frommen auf die Erdoberfläche und die Philosophen zu noch schöneren Wohnungen gelangen. Für die räumliche Verschiebung, und damit für die Beseitigung des mythischen Charakters, ist es höchst bezeichnend, daß Clemens das Kolon 114 c2, καὶ ἐπὶ γῆς οἰκιζόμενοι, ausläßt. Daraus wäre hervorgegangen, daß die Wohnplätze auf der Erde die zukünftigen sind. Ferner ist seine Überleitung zu 114 e2–4, διὰ σαφεστέρων τε αὖ τὸ αὐτὸ ὧδέ πως λέγει p. 264,27, unrichtig. Im Folgenden wird vielmehr gerade das Schicksal des Philosophen von dem des Frommen abgehoben. Und schließlich hat sein Zusatz, καίτοι σχήματά τινα περιτίθησι ταῖς μὲν ἀέρινα αὐτῶν, ταῖς δὲ καὶ πύρινα p. 265,1f, nicht nur an diesem Text, sondern überhaupt bei Platon keinen Anhalt[23].

Wenn man sich fragt, wie diese Textbehandlung zu interpretieren ist, dann muß man zum einen berücksichtigen, daß es offenbar unter Platonikern nicht ungewöhnlich war, die Erdbeschreibung des Phaidon zur Erhebung eschatologischer Lehrsätze auszubeuten. Das bezeugt Tertullian[24], der sich dabei vermutlich auf Soranus[25] stützt. Auf dieses Konto geht dann auch die Mißachtung des mythischen Charakters. Was zum anderen die Aussage von den Luft- und Feuergestalten betrifft, so urteilt K. Schmöle[26], daß es sich dabei um eine clementinische Gedankenentwicklung auf der Grundlage der paulinischen Erwartung eines himmlischen Auferstehungskörpers und unter Anleihen aus der herakliteischstoischen Tradition, insbesondere aus der auch bei Plutarch wiederkehrenden Eschatologie des Poseidonios, handelt. Die christliche Orientierung scheint hier tatsächlich das Dominierende zu sein[27], während der poseidonische Einfluß problematisch bleibt. Man müßte nämlich zugleich mit der Annahme solchen

---

[23] Die Vorstellung von gestaffelten Wohnplätzen im Jenseits findet sich ohne mythische Einkleidung in Nom X 903 a10 – 905 c7, sie kehrt wieder etwa in der Doxographie bei Hippolyt, Refutatio I 19,13, und bei Plotin, Enn. III 2,17.22.28f. Aber für luftige und feurige Seelengestalten gibt es keinen Anhalt, auch keine Anklänge in der Epinomis, wie K. Schmöle, Läuterung nach dem Tode und pneumatische Auferstehung bei Klemens von Alexandrien S. 107, annimmt, weil von den fünf das Weltall anfüllenden Arten von Lebewesen die luftigen die Dämonen und die feurigen die Gestirngötter sind. An Seelen verstorbener Menschen ist auf keinen Fall zu denken (vgl. Epinom 984 b2–e4).

[24] Tertullian, De anima 54,4, mit Anspielungen an Phaid 111 e2– 112 a7. 109 b4–7. c1–3, in De anima 54,1 entspricht das «in supernis mansionibus» dem ἄνω δὲ εἰς τὴν καθαρὰν οἴκησιν 114 c1 bzw. εἰς οἰκήσεις ἔτι τούτων καλλίους 114 c4f. Auch Celsus, Frg. VII 28.31, beruft sich auf die Erdbeschreibung, die er mit der Insel der Seligen und dem Elysischen Feld zusammenbringt, aber eine klare Interpretation verweigert er.

[25] So J.H. Waszink, Tertullian, De anima S. 547.

[26] K. Schmöle, Läuterung nach dem Tode und pneumatische Auferstehung bei Klemens von Alexandrien S. 107ff. Allerdings sind seine Ausführungen nicht frei von Ungenauigkeiten, so handeln die Philonstellen, Plant § 12. § 14; Gig § 12, nicht von einem Aufstieg.

[27] Zusätzlich zu der von K. Schmöle, ebd. S. 108, genannten Stelle 1 Kor 15,40 (hier ist der ganze Kontext heranzuziehen) müssen noch 2 Kor 5,1f und 1 Thess 4,17 (vgl. die Zitate in Strom IV § 166,2f und Strom VI § 107,3) berücksichtigt werden.

Einflusses einräumen, daß alle spezifischen Züge ausgemerzt worden wären[28]. Dagegen ist sekundär eine allgemein stoische Einwirkung gut denkbar. Eine letzte Feststellung ist noch anzuschließen, nämlich daß Clemens sehr wahrscheinlich zwischen der Sternenwohnstatt des goldenen Geschlechts und den feurigen Seelengestalten, von denen er hier spricht, eine enge Verbindung angesetzt hat, bestehen doch die Sterne aus dem Feuerelement.

Im gegenwärtigen Zusammenhang muß schließlich noch Clemens' Aufnahme des platonischen Wortes von der Umdrehung der ganzen Seele heraus aus einem nächtlichen Tag, Pol VII 521 c5–8, in § 28,2 behandelt werden.

Zugrunde liegt dem Wort mit seinem Oxymoron vom nächtlichen Tag ein Kinderspiel, bei dem Scherben geworfen und νύξ ἡμέρα gerufen wurde[29]. Platon greift dieses Spiel auf, um im Gegensatz dazu die für die höhere Erziehung der Philosophenherrscher maßgeblichen Grundsätze zu entwickeln. So erklärt Sokrates: «Das dürfte nun freilich, scheint es, kein Umdrehen einer Scherbe sein, sondern eine Umwendung der Seele aus einem gleichsam nächtlichen Tag zu einem wahrhaften, ein Aufstieg zum Sein, den wir wahre Philosophie nennen» (VII 521 c5–8). Ausgeschlossen werden also für die philosophische Bildung Flüchtigkeit und Zufälligkeit, welches erstere dem Kinderspiel überhaupt und welches letztere dem Scherbenwurf insbesondere eigentümlich ist. Im Positiven sollen die Unterrichtsfächer so ausgerichtet sein, daß sie die Umwendung der Seele aus dem Bereich des Werdens und des Scheins zum wahren Sein erzwingen[30]. Die Symbolik von Tag und Nacht, schon vorgeprägt durch die von Licht und Finsternis im vorangehenden Höhlengleichnis (VII 514 a1 – 521 b11), veranschaulicht den Gegensatz der beiden Bereiche. Daß dieses Bemühen um das höchste Wissen so gänzlich unintellektualistisch ist, daß es als eine Umkehr der Seele gilt, erklärt Sokrates aus dem besonderen ontologischen Charakter der φρόνησις. Er bekämpft Sophisten[31], die von sich behaupten, sie würden in eine vordem unwissende, d. h. leere Seele Wissen einsetzen, als ob sie blinden

[28] Das betrifft schon allgemein die Analogie zwischen dem Abstieg des menschlichen Geistes aus der Sonne, seiner Seelenwerdung in der Mondregion und seiner Körperwerdung auf der Erde einerseits und seiner Rückkehr zur Sonne andererseits. Das betrifft des näheren die Lokalisierung der Luftgestaltung im Mondgegend und der Feuergestaltung in der Sonne. Ferner geht die aufsteigende Rückkehr nicht über die Sonne hinaus, bei Clemens gibt es aber dann die noch schöneren Wohnungen (vgl. auch den allerdings nicht eschatologischen, sondern kontemplativen Aufstieg bei Philon, Mut § 179f). Hauptbelege für Poseidonios sind Sextus Empiricus, Advers. Math. IX § 71ff, und Plutarch, De facie in orbe lunae 28. 30, mor. 943 A. 944 F – 945 D, vgl. K. Reinhardt, Art. Poseidonios von Apameia RECA Hlbd. 43 Sp. 779–791, und M. Pohlenz, Die Stoa Bd. 1 S. 229f. Bd. 2 S. 115f.

[29] Vgl. J. Adam, The Republic of Plato Bd. 2 S. 105f.181ff.

[30] So Arithmetik (522 b8 – 526 c7), Geometrie (526 c8 – 527 c11), Stereometrie (528 a6 – 528 e2), Astronomie (527 d1 – 528 a5.e3 – 530 c5), Harmonik (530 c5 – 531 c8) und als Krönung die Dialektik (531 c9 – 535 a2).

[31] So J. Adam, The Republic of Plato Bd. 2 S. 97f, vgl. auch Prot 313 a1 – 314 c2.

Augen Sehkraft gäben. In der Tat, erklärt Sokrates, mögen die übrigen sogenannten seelischen Tugenden, also Tapferkeit, Besonnenheit und Gerechtigkeit[32], durch Gewöhnung und Übung in eine bislang leere Seele eingepflanzt
werden. Die φρόνησις aber hat etwas Göttlicheres an sich, das niemals seine
Kraft verliert, mag sie nun, wie das Beispiel vom schlauen Bösewicht lehrt, verschattet sein oder in der Helligkeit des wahren Seins stehen. Deshalb kann also
die Aufgabe der Erziehung nur darin liegen, die immer schon einwohnende Vernunft auf das ihr Gemäße, auf das wahre Sein hin auszurichten (VII 518 b6 –
519 a7).

Das fragliche Wort gibt nun Clemens folgendermaßen wieder: «Die Umkehr
zum Göttlichen ... geschehe ..., sagt Platon, wenn die Seele die Umdrehung
zum Besseren und die Umwendung aus einem nächtlichen Tag vollzieht»
(§ 28,1f). Diese Paraphrase von Pol VII 521 c5–8[33] ist zunächst ein Ausdruck
für die philosophische Konversion, aber in welchem Sinn und unter welcher
Akzentuierung sie sich Clemens zu eigen gemacht hat, muß aus dem Kontext
abgelesen werden. Bemerkenswert ist dabei, daß das Verb μαρτυρεῖν die Auslegung der Seligpreisungen zu Beginn p. 259,15.16.19 beherrscht und sodann in
§ 26,4 umfassend mit καταμεγαλοφρονήσαντας τῶν ἐνταῦθα τιμῶν εἰς περι-
ποίησιν τἀγαθοῦ p. 260,1f umschrieben wird. Dieser weitgefaßte Martyriumsbegriff ist auch für das Platonwort thematisch, insofern dieses in einem Exkurs
zum Stichwort μετάθεσις p. 260,8 plaziert ist, welcher die Auslegung der Seligpreisung der Armen unterbricht. Dabei zeigen die Einzelheiten des Exkurses,
daß der weitgefaßte Martyriumsbegriff sowohl das gnostische als auch das mit
dem Tod besiegelte Martyrium in sich schließt.

Eine μετάθεσις ist demzufolge als erstes (§ 27,1) die dankbare Ablösung der Seele vom
Körper. Dieser Gedanke ist wohl vorrangig übertragen gemeint, aber wie εὐχαρίστως
p. 260,7 an die Abwehr des markionitischen Martyriumsrigorismus erinnert, so mag auch
der Märtyrertod im Hintergrund stehen. Zum zweiten (§ 27,2f) gehört in diesen Zusammenhang der Spruch vom Verlieren und Finden des Lebens (Mt 10,39). Dazu hatte Clemens an früherer Stelle[34] die beiden Deutungen auf das mit dem Blut bezeugte und auf das
gnostische Martyrium vorgetragen. Das gilt natürlich auch hier, wenngleich der Nachdruck
auf dem gnostischen Martyrium liegt. Als drittes (§ 28,1) folgt die stoische Bestimmung
der μεταστροφὴ ἐπὶ τὰ θεῖα. Sie tritt ein, wenn die Seele weise wird. Das hat mit dem Tod
nichts zu tun. Daran schließt sich als vierter Punkt (§ 28,2) die platonische Bestimmung
der μεταστροφὴ ἐπὶ τὰ θεῖα. Fünftens (§ 28,3) erklärt Clemens, daß die Philosophen dem
Weisen die εὔλογος ἐξαγωγή[35] unter bestimmten Bedingungen gestatten. Was immer er
mit diesem Satz assoziiert haben mag[36], es handelt sich auf jeden Fall um einen realen

---

[32] Ebenso W. Jaeger, Paideia Bd. 3 S. 19.
[33] μεταστροφή p. 260,16.18f ist durch den Kontext Pol VII 525 c5 und 532 b7 (die bei-
      den einzigen Belege bei Platon) und ἐπὶ τὰ θεῖα p. 260,16 durch Pol VII 517 d4 abge-
      deckt.
[34] Strom II § 108,3.
[35] Chrysipp, Frg. mor. 757–768, SVF III p. 187,33 – p. 191,20.
[36] Da Clemens das Selbstmordverbot voraussetzt (vgl. Strom III § 19,3. § 106,2. Strom
      IV § 14,1. § 16,3. Strom VII § 72,4), ist anzunehmen, daß er auch hier von der εὔλογος

Tod. Und schließlich (§ 28,4f) spricht Clemens von der Unausweichlichkeit des Todes, wenn der Richter mit Gewalt die Verleugnung erzwingen will. Das geht natürlich auf das blutig bezeugte Martyrium.

Der Kontext legt es also nahe, die Umdrehung der Seele aus einem nächtlichen Tag zum Besseren im Sinne des weitgefaßten Martyriumsbegriffes zu verstehen, und diese Auffassung bestätigen zwei Wiederholungen desselben Wortes in der Abhandlung zum Diebstahl der Hellenen. In Strom V § 133,5 gehört es zur Darstellung des im Aufstieg zur Erkenntnis des Guten ausgezeichneten rechtgläubigen Gnostikers, und in Strom V § 105,2 steht es in einem Zusammenhang, der durch den Gedanken der Auferstehung locker verbunden ist (Strom V § 103,2 — § 106,4). Hier liefert Clemens auch eine Erklärung, inwiefern Platon von einem nächtlichen Tag gesprochen habe. Den Tag auf der Erde habe er nächtlich genannt wegen der Weltherrscher dieser Finsternis. Clemens bezieht sich damit auf Eph 6,12. Die Weltherrscher dieser Finsternis sind für ihn die bösen Geister, die der menschlichen Seele ihr eigenes Wesen, bzw. etwas von ihrer eigenen Beschaffenheit in Form von πάθη eindrücken wollen, und denen der Kampf der Christen gilt, nachdem bereits Christus deren Werk grundsätzlich zunichte gemacht hat[37]. Die Weltherrscher dieser Finsternis sind aber in besonderer Weise auch in den Verfolgungen tätig[38]. Von daher bietet es sich an, die Umdrehung der Seele aus dem nächtlichen Tag zum Besseren auch auf den christlichen Märtyrer und die für ihn bereitstehenden Belohnungen mit besseren Wohnplätzen zu beziehen[39].

3. Die Standhaftigkeit im Leiden

Die letzten Platonzitationen innerhalb der Passagen über das Martyrium bezwecken nicht mehr, die jenseitigen Belohnungen in Aussicht zu stellen, sondern wollen die verfolgten Christen angesichts heidnischer Einschüchterungsversuche zur Standhaftigkeit ermahnen und im Leiden stärken. So schärft Clemens einmal den Ernst der Verfolgungssituation ein, insofern am Bekenntnis und an der Standhaftigkeit des Christen sich das jenseitige Geschick entscheidet, er weist ferner darauf hin, daß der Märtyrer gar keinen Schaden nehmen kann, sondern von Gott Hilfe empfängt, und er bringt schließlich in Erinnerung,

---

ἐξαγωγή nur in einer ganz speziellen Hinsicht spricht, sie auf keinen Fall aber billigen will. Vermutlich will er die Umstände, die Selbstmord nach der Anschauung einiger rechtfertigen, mit der Situation des Christen vor dem Richter (§ 28,4f) in dem einzigen Punkt, nämlich der Unausweichlichkeit des gewaltsamen Todes, vergleichen.

[37] Strom II § 110,1. Strom III § 101,3. QDS § 29,2.

[38] Strom IV § 47,1ff. § 85,1. § 96,1f.

[39] Zu μετάθεσις p. 260,8 ist noch die bemerkenswerte Stelle Strom VII § 83,4 zu notieren, wo in Anspielung an Hebr 11,5 μετάθεσις im Sinne von «Entrückung» gebraucht ist.

daß das sich im Martyrium zuspitzende Leiden ein Wesenszug der christlichen Existenz ist, welches zu tragen die Liebe zu Gott Kraft gibt.

In § 44,1 — § 45,3 setzt sich Clemens mit einem gegnerischen Einwand auseinander: «Den unglückseligen Menschen scheint das durch das Blut abgelegte Zeugnis für den Herrn der gewaltsamste Tod zu sein» (§ 44,1). Diese Gegner sind, wie der spätere Ausdruck τῶν οἰκείων ... λόγων p. 268,9 aus dem Zusammenhang eindeutig macht, Heiden. Ihren Hinweis darauf, daß das Bekenntnis zum Herrn den Tod, und zwar einen besonders grausamen und gewaltsamen Tod zur Folge hat, bringen sie offenbar mit der Absicht vor, die bedrängten Christen in Furcht zu versetzen, sie wankelmütig zu machen und dadurch zur Verleugnung zu bewegen. In dieser Hinsicht läuft der Einwand parallel zu den in den Martyrien und Akten immer wiederkehrenden Überredungsversuchen, sei es des leitenden Staatsbeamten, sei es des Gefängniswärters oder sei es der heidnischen Angehörigen[1].

Clemens bestreitet dagegen nicht das reale Faktum des drohenden Todes, auch nicht die brutale Grausamkeit bei der Vollstreckung, aber er drängt allererst und wirklich auf die ernste Seite des Todes, insofern er einschärft, daß, da das zukünftige Nachleben der Abgeschiedenen unbestreitbar ist, gerade mit dem Märtyrertod das jenseitige Geschick zur Entscheidung steht. Der heidnische Einwand, so redet er den Angefochtenen zu, verkennt die christliche Gewißheit, daß solche Todespforte der Anfang des wahrhaften Lebens ist, und sperrt sich gegen die sowohl christliche als auch heidnische Einsicht, daß Übeltäter nach dem Tode für ihren Lebenswandel Strafen zu gewärtigen haben. Dafür stehen die Pythagoreerin Theano[2] (§ 44,2), Platon mit Phaid 107 c6 (§ 44,3) und ein nach Phaid 107 e4 — 108 a4 kommentiertes Fragment des Aischylos (§ 45,1), während ungläubige Leugner der jenseitigen Strafen auch heidnischerseits in Versen des Aristophanes (§ 45,2) und in einer Gnome Epicharms (§ 45,3) verspottet werden. Diese Zitationen haben ganz offensichtlich die Aufgabe, den gegnerischen Einwand aus dem Felde zu schlagen und nachdrücklich den Ernst der Bekenntnissituation zum Bewußtsein zu bringen.

Was nun die Phaidonstelle betrifft, so entstammt sie der auf den letzten Unsterblichkeitsbeweis (102 a10 — 107 b10) folgenden ethischen Ermahnung, die eigene Seele mit Tugend und Vernunft zu umsorgen, und zwar nicht bloß für die Zeit des irdischen Lebens, sondern für alle Zeit: «Denn wenn der Tod ein Loskommen von allem wäre, so wäre es ein Glücksfund für die Schlechten, wenn sie sterben, sowohl ihren Körper als auch ihre Schlechtigkeit zugleich

---

[1] Vgl. Martyrium Polykarps III. IV. VIII,2. IX,2; Akten des Carpus, Papylus und der Agathonike 43; Martyrium der Perpetua und Felicitas III,1. V,1—2. VI,1—3. XV,3; Martyrium des Pionius IV,1. V,3. VI. XII,1. XX,5f; ebenso auch Tertullian, Scorpiace XI 3.

[2] Zur Wiederherstellung des Textes vgl. H. Thesleff, The Pythagorean Texts S. 201,5—9.

mit der Seele loszuwerden. Da es sich nun aber zeigt, daß die Seele unsterblich ist, gibt es kein anderes Entrinnen und keine andere Bewahrung, als möglichst gut und vernünftig zu werden. Denn nichts anderes kann sie mit sich haben, wenn sie in den Hades geht, als ihre Bildung und Nahrung, was ja auch dem Toten sogleich am Anfang seiner Reise dorthin nützen oder schaden soll» (107 c5 – d5). Der Mensch muß schon im irdischen Leben alles daran setzen, für seine Seele mit Tugend und Vernunft zu sorgen.

Von diesem Passus übernimmt Clemens stichwortartig nur den Anfang 107 c5f[3], er weist aber mit καὶ τὰ ἑξῆς p. 268,13 auf den vollen Wortlaut zurück. Wie sich aus dem Zusammenhang ergibt, ist für Clemens das Wort vom ἕρμαιον nicht anders als für Platon eine eindringliche Ermahnung, wobei das jenseitige Nachleben vorausgesetzt ist. In diesem Sinne haben die Stelle Jamblich[4] und vor Clemens auch schon unter Christen Justin[5] verwertet. Das Spezifische freilich ist, daß hier die Entscheidung über das ewige Leben in der Verfolgungs- und Bekenntnissituation fällt.

Ebenfalls in der Auseinandersetzung mit Einwänden, die aus der Sicht des Heidentums gegen das christliche Martyrium lanciert werden, findet sich eine weitere Platonzitation in § 80,4. Ob es sich bei den Gegnern um den aus dem Diatribenstil bekannten fiktiven Zwischenredner handelt oder ob tatsächlich stattgehabte Auseinandersetzungen zugrunde liegen, ist schwer zu entscheiden[6]. Aus beiden Fällen jedoch ließe sich entnehmen, daß Clemens eine Bestärkung der angefochtenen Gemeinde beabsichtigt.

Der erste Einwand lautet: «Wenn Gott für euch sorgt, warum werdet ihr dann überhaupt verfolgt und getötet, oder gibt er selbst euch dazu preis?» (§ 78,1). Dem stellt Clemens entgegen, daß der Kyrios die Verfolgungen nicht gewollt, aber vorausgesagt habe. Die zweite Behauptung, eine Suggestivbehauptung, setzt die erfolgte Gegenrede voraus: «Aber jene (nämlich diejenigen Heiden, die mit den Christen zusammen bestraft werden) erleiden die Strafe zu Recht, weil sie Übeltäter sind» (§ 78,2). Dagegen betont Clemens die Unschuld der Christen und die Voreingenommenheit der Richter. Und schließlich wenden die Gegner ein: «Warum aber erhaltet ihr keine Hilfe, wenn ihr verfolgt

---

[3] Die Handschrift ist an dieser Stelle korrupt. Wieviel man aus Platon auffüllen soll, läßt sich nur erraten.

[4] Jamblich, Protr. XIII p. 70,16 – p. 71,1.

[5] Justin, Apol. I 18,1. Ein dogmatisiertes Verständnis im Sinne eines Beweises für das jenseitige Fortleben vertritt Justin in Dial. 5, 3.

[6] W.E.G. Floyd, Clement of Alexandria's Treatment of the Problem of Evil S. XIX, rechnet hier mit gnostischen Gegnern. J. Munck, Untersuchungen über Klemens von Alexandria S. 59 Anm. 2, fragt: «Sind es nur vorgegebene Gegner?» Aber daß das der Sache nach ein heidnischer Einwand ist, hat schon J. Patrick, Clement of Alexandria S. 89, erkannt. Man könnte auch an Caecilius bei Minucius Felix, Oct. 12,2.4, und Celsus, Frg. I 54. II 34. VIII 39. 54, denken, nur ist Apologetik oder Polemik hier nicht Clemens' leitendes Interesse.

werdet?» (§ 80,1). Diesen Einwand kehrt Clemens zunächst gegen die Gegner selbst. Er erhebt die rhetorische Frage, ob das Martyrium, soweit es die Christen betrifft, überhaupt ein erlittenes Unrecht bedeutet, bietet es doch die Gelegenheit des willkommenen Abscheidens zum Herrn, wofür man dankbar sein muß. Hingegen richten sich die Gegner selbst, insofern der im Martyrium festgehaltene Glaube den Unglauben der Heiden überführt (§ 80,1f). Sodann wendet er sich direkt an die Verfolgten, insofern er bekräftigt, daß der Märtyrer keinen Schaden erleidet, sondern von Gott Hilfe empfängt: «‚Denn mich können Anytos und Meletos zwar töten, aber schaden können sie mir in keiner Weise. Denn, ich meine, es ist nicht Rechtens, daß das Bessere durch das Schlechtere Schaden erleidet'[7]. So ist ein jeder von uns getrost und sagt: ‚Der Herr ist mir Helfer, ich werde mich nicht fürchten; was wird mir ein Mensch tun können?'. ‚Denn die Seelen der Gerechten sind in Gottes Hand, und keine Qual berührt sie'» (§ 80,4f).

Clemens zitiert hier Apol 30 c8 — d1, Ps 117,6 und Sap 3,1, wobei eine gewisse Schwierigkeit entsteht, weil die Aussagen, die nun zusammenstehen, nicht deckungsgleich sind. Das Apologiezitat spricht von einem metaphysischen Prinzip — daß das Bessere vom Schlechteren keinen Schaden erleiden kann, hat Platon so nicht einmal behauptet —, während die Bibelstellen die Hilfe des persönlichen Gottes bezeichnen. Eine Ableitung des Letzteren aus dem Ersteren kann nicht gemeint sein, weil ὥστε p. 284,1 eine ganz abgeschliffene Verbindungspartikel ist. Offenbar hat Clemens beides, das metaphysische Prinzip und die Hilfe des persönlichen Gottes, zusammensehen wollen.

Was nun das Apologiezitat betrifft, so stammt es aus der Passage, wo Sokrates erläutert, inwiefern sein Philosophieren ein Gottesdienst an der Stadt Athen ist (28 a2 — 34 b5). Im engeren Zusammenhang führt er aus, daß seine Hinrichtung für die Stadt einen größeren Schaden brächte als für ihn. Meletos und Anytos könnten ihm gar keinen Schaden zufügen, weil es nicht Rechtens sei, daß der bessere Mann von dem schlechteren Schaden erleide. Sie könnten ihn zwar töten, aber das wäre für ihn kein Schade, denn nicht den Tod zu erleiden, sei ein Übel, sondern jemanden ungerechterweise zu töten. Was aber die Stadt betreffe, so werde sie sich mit seiner Hinrichtung an einer Gabe Gottes versündigen und nicht leicht wieder jemanden finden, der ihr von Gott beigegeben sei, jeden einzelnen aufzuwecken, zu überreden, zu tadeln und dadurch für ihn zu sorgen (30 c8 — 31 a7).

Fragt man nach der Begründung für Sokrates' Gewißheit, so muß man von der Beobachtung ausgehen, daß hier, ohne daß es unmittelbar in die Augen fällt, zwei eigentümlich kontrastierende Gedankenreihen direkt nebeneinander

---

[7] Das Zitat ist in der ersten Hälfte sehr frei, dann ist die Parenthese οὐδὲ γὰρ ἂν δύναιτο 30 c9 ausgelassen, und schließlich hat Clemens das ἀμείνονι ἀνδρὶ ὑπὸ χείρονος 30 d1 durch τὸ ἄμεινον πρὸς τοῦ χείρονος p. 284,1 ersetzt.

stehen. Einerseits erklärt Sokrates, und insofern hat er ein festes, unumstößliches Wissen, daß der bessere Mann von einem schlechteren keinen Schaden erleiden kann und daß es das größte Übel ist, Unrecht zu tun. Andererseits ist der ihm aufgetragene Gottesdienst an der Stadt gerade in seinem Wissen um die eigene Unwissenheit begründet. Beide Aussagereihen durchziehen die ganze Verteidigungsrede. Auf der einen Seite ist sein πρᾶγμα eine gewisse menschliche Weisheit, daß er sich nämlich keiner besonderen Weisheit bewußt ist. Das von Chairephon eingeholte delphische Orakel, das ihn als den weisesten aller Menschen bezeichnete, legt er in der Weise aus, daß es sein Wissen vom eigenen Nichtwissen meine. Und entsprechend geht von seinen als Gottesdienst verstandenen Prüfungen und Widerlegungen alles vermeintlichen Wissens bei Politikern, Dichtern und Handwerkern eine erschütternde Unruhe aus (20 e6 – 21 e2. 28 e4ff. 29 a3f. b6f. d3f. 30 a5ff. 33 c4–7). Auf der anderen Seite hat er jenes feste inhaltlich bestimmte Wissen. Dazu gehört nicht nur seine Überzeugung von der absoluten Werthaftigkeit der Gerechtigkeit (28 b5–9. 29 b6f), sondern auch seine Gesetzestreue (28 d6 – 29 a4. 32 b5 – e1), eine im Ansatz bereits vorhandene Güterlehre mit den seelischen Gütern an der Spitze (29 d7 – e3. 30 a8 – b4) und seine religiöse Gebundenheit (21 e5). Dieser scheinbare Widerspruch findet seine Erklärung aus apollinischer Religiosität. W. Schadewaldt[8] hat gezeigt, daß das sokratische Wissen des Unwissens das Wesen delphischer Theologie widerspiegelt. Insofern weist der Gott den Menschen auf seine Unzulänglichkeit und Beschränktheit und widersetzt sich jeder Anmaßung. Dem entspricht, daß Sokrates die absolute Werthaftigkeit der Gerechtigkeit nicht metaphysisch ableitet und beweist. Diese Einsicht bleibt ein persönlich gewagtes Wissen, das sich immer elenktisch vergewissern muß. Aber gerade darin weiß sich denn Sokrates auch religiös gebunden: «Dem Guten kann nichts Übles geschehen, weder im Leben noch nach dem Tode, und seine Sache wird von den Göttern nicht verlassen» (41 c9 – d2).

Dieser spezifisch delphische Hintergrund kommt bei Clemens nicht mehr zum Ausdruck. Seine Begründung bleibt aber religiös, insofern er durch die Kontamination mit Ps 117,6 und Sap 3,1 den Gedanken an die Hilfe des persönlichen Gottes im Martyrium zum Ausdruck gebracht hat. Er steht damit näher bei Platon als Plutarch[9] oder Epiktet[10], die in dem Ausspruch die stoisch verstandene innere Seelenfreiheit des Weisen erblickt haben, während bereits auf das christliche Martyrium die Stelle von Justin[11] bezogen worden ist.

---

[8] W. Schadewaldt, Der Gott von Delphi und die Humanitätsidee S. 32f. Abwegig sind die Erklärungen von J. Meifort, Der Platonismus bei Clemens Alexandrinus S. 31. Bezeichnenderweise geht er vom clementinischen Zitat und nicht vom platonischen Wortlaut aus.

[9] Plutarch, De tranquil. animi 17, mor. 475 E. Maximus Tyrius, Or, XII 8a, belegt mit der Apologiestelle den Verzicht auf Wiedervergeltung.

[10] Epiktet, Enchirid. 53,4; Diss. I 29,18; II 2,15; III 23,21. Möglicherweise denkt Apuleius, De Platone II § 248 p. 123,5–8, ebenfalls an die Stelle.

[11] Justin, Apol. I 2,4.

Das Motiv vom leidenden Gerechten ist ein weiterer platonischer Gedanke, den Clemens zur Bestärkung der verfolgten Christen in § 52,1 verwertet.

Im zweiten Buch der Politeia nimmt Glaukon die sophistische Position des Thrasymachos hypothetisch auf und spitzt die beiden Lebensmuster des Gerechten und des Ungerechten radikal zu, damit auf diese Weise eine reine Beurteilung der beiden βίοι möglich wird (360 e1 − 362 c8). So muß auf der einen Seite der Ungerechte, damit er in seiner äußersten Ungerechtigkeit nicht zu Fall kommt, ungerecht sein, ohne daß es die Mitmenschen merken. Er muß gerecht zu sein scheinen, obwohl er es ganz und gar nicht ist, und ihm müssen im Fall eines Mißgeschicks alle Mittel zu Gebote stehen, um seinen Anschein der Gerechtigkeit wiederherstellen zu können. Auf der anderen Seite muß der Gerechte, ein ἀνὴρ ἁπλοῦς nach des Aischylos Wort (361 b6f), nicht gut scheinen wollen, sondern es sein. Ihm muß, damit seine Gerechtigkeit rein in den Blick kommt, der Schein des Gutseins genommen werden, d. h. ohne je ein Unrecht begangen zu haben, muß er im Ruf größter Ungerechtigkeit stehen. Ehrenerweisungen und Geschenke müssen ihm genommen werden, und unbeirrt soll er in allen Prüfungen ausharren bis zum Tod. Werden die beiden Lebensmuster in dieser ihrer schärfsten Ausprägung daraufhin beurteilt, wer der glücklichere ist, so sagen die sophistischen Verfechter der Ungerechtigkeit, «daß der Gerechte, wenn er sich in solcher Lage befindet, ausgepeitscht, gefoltert, gefesselt, an beiden Augen geblendet und zuletzt, nachdem er alles Böse erlitten haben wird, gekreuzigt werden wird und einsehen wird, daß man nicht gerecht sein, sondern es scheinen wollen muß» (361 e3 − 362 a3). Andererseits werden die Sophisten das Glück des Ungerechten entsprechend preisen (362 a3 − c8).

Es erhebt sich angesichts des dialogischen Rollenspiels die Frage, ob Platon hier nur ein sophistisches Theorem durchspielt oder ob er damit auch eine persönliche Überzeugung zum Ausdruck bringt. Da Sokrates in Pol X 612 a8 − 614 a4 dem Gerechten schließlich doch schon zu Lebzeiten äußeres Wohlergehen und Ehren nicht nur bei Göttern, sondern auch bei Menschen zuspricht, hat É. des Places[12] die These vertreten, daß das Thema vom gekreuzigten Gerechten eine sophistische Konstruktion sei, die Platon zwar als Arbeitshypothese gebrauche, die er aber in Buch X ausdrücklich widerrufe. Die entgegengesetzte Auffassung vertreten etwa P. Friedländer[13], der die Passage in Buch X ironisch versteht, oder H. Gundert[14], der von einem «dialektischen Spiel der Umkehr» spricht. Und in der Tat ist es schwer vorstellbar, daß der von Sokrates ebenso emphatisch wie von Thrasymachos behauptete Gegensatz zwischen

---

[12] É. des Places, Un thème platonicien dans la tradition patristique: le juste crucifié, StPatr IX,3 = TU 94 1966, S. 31.
[13] P. Friedländer, Platon Bd. 3 S. 120f.
[14] H. Gundert, Dialog und Dialektik S. 89.

Schein und Sein[15] sich in konventioneller Bürgerlichkeit auflöse. Der wahrhaft Gerechte ist, weil er an der Gerechtigkeit selbst teilhat, zweifellos glückselig, und demgegenüber ist die in der Zweideutigkeit befangene empirische Wirklichkeit gleichgültig. Platon hat es offenbar gezielt auf das Paradoxon angelegt[16].

Man kann aber noch einen Schritt weitergehen und feststellen, daß Platon in der Politeia auch mit einem tragischen Ausgang im Konflikt des wahren Gerechten mit seiner Umwelt gerechnet hat. Sokrates erklärt in VI 492 d6f, daß die Sophisten diejenigen, die ihnen nicht folgen, mit dem Verlust der bürgerlichen Ehren, mit Geldbußen und mit dem Tode bestrafen, und er sagt Adeimantos damit nichts Neues. So spricht auch aus dem von Glaukon vorgezeichneten Bild des gekreuzigten Gerechten die Ahnung, daß der wahrhaft Gerechte ein gewaltsames Ende werde erleiden müssen. Daß Sokrates in Apol 35 e1 − 36 a6 und Gorg 486 a3 − b4. 508 c4 − e6. 511 a4 − b5. 521 b4 − 522 e6 sein eigenes bürgerlich-politisches Scheitern fast als zwangsläufig ansieht, geht in die gleiche Richtung. Mit allem schlägt sich bei Platon zweifellos die Erfahrung vom Tod des Sokrates nieder, auch wenn er sich souverän über den historischen Ablauf hinwegsetzt[17].

In der reichen philosophischen[18] Nachwirkung des Motivs vom gekreuzigten Gerechten lassen sich zwei Haupttypen herausheben. Der eine wird repräsentiert von dem skeptischen Akademiker Karneades. Er überraschte die Römer, weil er in öffentlicher Rede die Gerechtigkeit verwarf, die er tags zuvor gelobt hatte, und dabei die Argumentationen Platons und Aristoteles' widerlegte[19]. Und Cicero, der diese Rede für «De re publica» ausbeutete, läßt den L. Furius Philus die Stelle zitieren, um die Gerechtigkeit ad absurdum zu führen[20]. Das

---

[15] Vgl. 334 c1 − 335 a2 in der Debatte mit Polemarchos, 340 c2−9 in der Auseinandersetzung mit Thrasymachos, dann auch die Rede Glaukons insgesamt 358 e3 − 362 c8 und 367 b7 − e5 in der Rede des Adeimantos.

[16] Ebenso O. Gigon, Gegenwärtigkeit und Utopie Bd. 1 S. 117.

[17] Den historischen Hintergrund für die Vorstellung hat H. Hommel, Die Satorformel und ihr Ursprung. Der gekreuzigte Gerechte, ThViat 4 1952 S. 124ff, herausgearbeitet. In Gorg 473 b12 − d2 schildert Polos, wie es einem Umstürzler gelingt, wenn es ihm nicht wie dem Tyrannen Archelaos von Makedonien gelingt, sein Machtstreben durchzusetzen und seine Unrechtsherrschaft abzusichern. Das führt in den Umkreis und die Zeit der makedonischen Thronwirren.

[18] E. Benz, Der gekreuzigte Gerechte bei Plato, im Neuen Testament und in der alten Kirche, AAWLM.G 12 1950, S. 1039, rechnet mit einer Verbreitung der Stelle durch den Rhetorikunterricht, wo auch der Prozeß des Sokrates zu Übungszwecken mit verteilten Rollen durchgespielt worden wäre. Belege nennt er nicht. Die Politeiastelle findet sich allerdings weder in der Rhetorik an Herennius oder bei Quintilian, noch bei den Rhetores Graeci (nach dem Index der Ausgabe von Ch. Walz). Das spricht nicht für eine Verbreitung durch die Rhetorik.

[19] Lactantius, Instit. V 14,3−5 = Cicero, De re publ. III § 9, woraus auch die Nachricht von Ciceros Verwendung der Rede des Karneades hervorgeht.

[20] Cicero, De re publ. III § 27. Fraglich ist, ob Celsus, Frg. VIII 39, an das Platonwort dachte, als er von den Christen sagte, daß sie jeder ohne göttliches Eingreifen δήσας

ist also das vordergründige, das sophistische Verständnis der Passage, wie sie Glaukon stellvertretend für Thrasymachos vorgetragen hat. Der zweite Typus besteht darin, daß mit dem Wort die stoische These von der Autarkie der Tugend belegt wird. Dafür finden sich Anklänge möglicherweise schon bei Seneca[21], sicher aber bei Attikos[22], Maximus Tyrius[23] und Albinos[24]. Dieses Verständnis trifft in der Tat das von Platon beabsichtigte Paradoxon, verfehlt aber die erkennbar gewordene Begründung aus der Idee der Gerechtigkeit.

Bei Clemens läßt sich nun ablesen, wie er dem berühmten Wort eine neue Nuance zu geben bemüht ist. Zunächst jedoch ist der vorangegangene Kontext zu berücksichtigen, denn er gibt Aufschluß über den Adressaten und die Tendenz. In § 51,1−3 zitiert Clemens Paulus. Als erstes belegt er in § 51,1 das neue Sein der Christen, insofern der alte Mensch mitgekreuzigt ist und nicht mehr der Sünde dient (Röm 6,6). Der Abschnitt ist also an Christen gerichtet (vgl. auch ἡμῖν p. 271,24). In § 51,2f folgt die Aufzählung der eigenen Leiden, die Paulus seinen korinthischen Gegner in 1 Kor 4,9.11−13 entgegenhält. Leiden ist ein Wesenszug der christlichen Existenz (ὁ καταισχυμμὸς τῆς πίστεως p. 272,4). Insbesondere ist für Clemens die paulinische Aufzählung eine lebendige Veranschaulichung und maßgebliche Richtschnur für das geduldige Ertragen der Verfolgung. Daß dabei das Martyrium eingeschlossen ist, zeigt p. 272,16. Die ermahnende Ausrichtung ist also ganz deutlich, sie tritt dadurch noch besonders in den Vordergrund, daß Clemens in der Fortsetzung die Briefstelle 1 Kor 4,16: «ich ermahne euch, werdet meine Nachahmer» p. 272,19 zitiert.

Die Deutung ergibt sich aus § 52,1 − § 53,1. An den paulinischen Peristasenkatalog schließt sich in § 52,1 die Paraphrase von Pol II 361 e4f: «Solches (sc. wie die paulinischen Leiden) meint auch das Wort Platons in der Politeia, daß der Gerechte, auch wenn er gefoltert wird und ihm beide Augen ausgestochen werden, glücklich sein wird»[25]. Das scheint nun nichts anderes als das stoi-

---

ἀπάγει καὶ ἀνασκολοπίζει (ἀνασκολοπίζω ist mit ἀνασχινδυλεύω synonym, vgl. Akten des Apollonius 40, p. 34,13). Das entspräche formal dem sophistischen Verständnis. Allerdings scheint Celsus diese Anspielung nicht beabsichtigt zu haben, denn danach wären ja die Christen die wahrhaft Gerechten.

21 Seneca, De providentia V 3.
22 Attikos, Frg. 2,115−118.
23 Maximus Tyrius, Or.XII 10a.
24 Albinos, Didask. XXVII p. 181,8−12.
25 στρεβλῶται p. 272,11 entspricht dem 2. Glied der Politeia στρεβλώσεται 361 e4, ἐξορύττηται τὼ ὀφθαλμὼ entspricht dem 4. Glied ἐκκαυθήσεται τὼφθαλμὼ 362 a1 und ὅτι εὐδαίμων ἔσται entspricht ὁπότερος αὐτοῖν εὐδαιμονέστερος 361 d3. H. Hommel, ebd. S. 131 Anm. 73, und E. des Places, ebd. S. 36, haben für den Clemenstext auch einen Rückbezug auf Gorg 473 c1.7 angesetzt. Das ist möglich, aber nicht nötig. Daß Clemens die Kreuzigung übergangen hat, veranlaßt E. Benz, Christus und Sokrates in der alten Kirche, ZNW 43 1950/51 S. 214, zu der Feststellung, Clemens wolle keine direkte Beziehung des Wortes auf das Leidensschicksal Christi herstellen, weil er dagegen Bedenken hege. Aber solche Bedenken kennt Clemens in Strom V § 108,3 nicht.

sierende Verständnis der Stelle im Sinn von der Autarkie der Tugend zu sein. Allein, daß Clemens letztlich nicht von einem stoischen Bezugsrahmen aus denkt, zeigt das Folgende: «Für den Gnostiker wird also das höchste Gut nicht durch das äußere Schicksal bedingt sein, sondern von ihm selbst hängt es ab, ob er glücklich und selig und ein königlicher Freund Gottes ist; und wenn man ihn auch seiner bürgerlichen Rechte beraubt, ihn verbannt, seine Güter einzieht und ihn zuletzt zum Tode verurteilt, so wird er sich doch nie von seiner Freiheit und von dem Entscheidendsten, seiner Liebe zu Gott abbringen lassen, die ,alles trägt und alles duldet'. Denn die Liebe ist überzeugt, daß die göttliche Vorsehung alles trefflich verwaltet. ,Ich ermahne euch also', so sagt er, ,werdet meine Nachahmer'» (§ 52,2–4). Daran schließt sich noch ein letztes Kephalaion an, das drei Stufen des Heils bezeichnet, zuunterst die Furcht, sodann die Hoffnung und als Höchstes die Liebe (§ 53,1).

Trotz mancher stoischer Reminiszenzen in den Formulierungen zeigt dieser Passus ganz deutlich, daß der entscheidende Gesichtspunkt bei Clemens' seelsorgerlicher Betreuung die Liebe zu Gott ist. Die zuletzt genannten Stufen der Furcht, der Hoffnung und der Liebe weisen in das Zentrum der Martyriologie. Die Liebe zum Herrn ist jedoch nicht nur die höchste Motivierung zum Martyrium, sie ist, wie sich jetzt zeigt, zugleich auch die Kraft, die den Christen das Martyrium getrost ertragen läßt. Dieser Gedanke soll aber offenbar unausgesprochen auch auf das Verständnis des Platonwortes zurückwirken. Glücklich ist der Gerechte trotz äußerster Verfolgungen, so hat man letztlich zu interpretieren, weil er von der Liebe zu Gott getragen ist.

Ein anderes, und zwar christologisches Verständnis bezeugt Clemens in der Abhandlung zum Diebstahl der Hellenen in Strom V § 108,2f, wo er Jes 3,10, bzw. Sap 2,12 mit Pol II 361 e3 – 362 a2 verbindet: «Wie aber, ist es nicht dem Schriftwort: ,Laßt uns den Gerechten aus unserer Mitte entfernen, denn er ist uns lästig', ähnlich, daß Platon beinahe die erlösende Heilsveranstaltung weissagend im zweiten Buch der Politeia sagt: ,Wenn der Gerechte sich in solcher Lage befindet, wird er ausgepeitscht, gefoltert, gefesselt, an beiden Augen geblendet und zuletzt, nachdem er alles Böse erlitten haben wird, gekreuzigt werden'»[26]. Die Pointe liegt bei beiden Zitaten darin, daß sie als messianische Weissagungen verstanden werden. Dabei ist des näheren einmal auf die Unabwendbarkeit des Leidens und das andere Mal auf die mit der Kreuzigung endende Steigerung der Leidensstationen abgehoben. Diese Textzusammenstellung

---

Übrigens erwähnt er in § 78,1 auch die Kreuzigung der Politeiastelle. Daß sie hier fehlt, hat keine tieferen Gründe, wahrscheinlich fehlt sie, weil Paulus sie im Peristasenkatalog nicht nennt, vielleicht galt sie auch nicht als ein typischer Märtyrertod, im Unterschied etwa zum Gladiatoren- bzw. Tierkampf in der Arena.

[26] Das Zitat ist im wesentlichen wörtlich. Auffällige Abweichungen sind δεθήσεται p. 398,22 statt δεδήσεται 361 e4f und ἐκκοπήσεται p. 398,22 statt ἐκκαυθήσεται 362 a1.

läßt sich nun auch schon vor Clemens in der christlichen Literatur, nämlich in den Akten des Apollonius[27], nachweisen. Die Passion Christi erscheint dort als der Höhepunkt einer lang zurückreichenden, das Heidentum und die biblische Welt zusammenschließenden Geschichte von Verfolgungen und Nachstellungen gegen den Gerechten, die sich bei den christlichen Märtyrern neu aktualisiert. Offenbar liegt bei diesem Verständnis des Wortes vom gekreuzigten Gerechten eine Clemens und den Apolloniusakten gemeinsame Tradition zugrunde[28].

[27] Akten des Apollonius 40, (vgl. auch 38—42). Apollonius wurde in der Amtszeit des Praefectus Praetorio Perennis, zwischen 180 und 185, in Rom enthauptet, vgl. A. von Harnack, Geschichte der altchristlichen Literatur bis auf Eusebius Bd. II,1 S. 317. Die kritischen Bedenken von J. Geffcken, Zwei griechische Apologeten S. 246f Anm. 3, können hier nicht erneut aufgerollt werden.

[28] Daß Clemens von den Akten direkt abhängig sei, ist (neben anderen Erwägungen) schon vom Wortlaut der Zitate her ausgeschlossen. Mit einer gemeinsamen Tradition rechnet daher E. Benz, Der gekreuzigte Gerechte bei Plato, im Neuen Testament und in der alten Kirche, AAWLM.G 12 1950 S. 1070f, und ders., Christus und Sokrates in der alten Kirche, ZNW 43 1950/51 S. 215ff, ebenso É. des Places, ebd. S. 35ff. Eine enger eingegrenzte Möglichkeit besteht in der Annahme, daß die Apolloniusakten ihrerseits in ihrer Vorstellungs- und Gedankenwelt aus dem Clemenskreis herstammen, was H. Paulsen, Erwägungen zu Acta Apollonii 14 — 22, ZNW 66 1975, S. 117—126, von anderen Gesichtspunkten aus mit beachtlichen Gründen vorgeschlagen hat.

KAPITEL VII:
HINFÜHRUNG ZUR GNOSIS

Eine Reihe von Rekursen auf Platon ist aus Clemens' Bestreben zu erklären, den christlichen Glauben zur höheren Erkenntnis, zur rechtgläubigen Gnosis, fortzuführen und dadurch voll zu entfalten. Es wird sich zeigen, daß er an diesen Stellen Aussprüche und Gedanken Platons als ein geeignetes Mittel erachtet, das auch für rechtgläubige Christen einen wertvollen Beitrag zur inneren, lebendigen Aneignung der Wahrheit zu leisten vermag. Die darauf abzielenden Zitationen lassen nun zwar ein festes Kompositions- und Ordnungsschema nicht erkennen, sondern erfolgen bald weiter gestreut, bald dichter aufeinander in freier Assoziation, aber sie stehen doch wenigstens sachlich mit den leitenden Gesichtspunkten der zweiten Hälfte von Buch IV und der ersten Hälfte von Buch V in einem lockeren Zusammenhang.

Daß sich schon der ganze zweite Hauptteil des vierten Buches, Strom IV § 93 – § 117. § 129 – § 172, dieser dem Aufbau der Gnosis dienenden Zielsetzung zuordnet, ergibt sich aus dessen Ankündigung unter dem Stichwort: τίς ὁ τέλειος p. 248,3f, und aus der abschließenden Bemerkung: περὶ μὲν τοῦ γνωστικοῦ τοσαῦτα ὡς ἐν ἐπιδρομῇ p. 326,3. Ebenfalls im Dienst einer Anleitung zur Gnosis stehen weite Strecken der ersten Hälfte des fünften Buches. Das fünfte Buch setzt noch einmal beim Glauben ein, um entsprechend der Ankündigung: τά τε ἑξῆς περί τε πίστεως καὶ περὶ τοῦ ζητεῖν p. 248,6f, zu zeigen, daß der Glaube durch theologische Forschung gesichert und entfaltet werden muß. Ziel der theologischen Forschung ist natürlich die Gnosis. Diese Darlegungen, die einen bereits im ersten Buch angesprochenen Gedanken[1] aufnehmen und weiterführen, erstrecken sich von Strom V § 1 – § 18,4. Darauf folgt in § 18,5 – § 59 programmgemäß τὸ συμβολικὸν εἶδος p. 248,7f, ein in sich recht bunter Abschnitt[2], der im Hinblick auf die Gnosis stellenweise eine retardierende und stellenweise eine vorbereitende Bedeutung hat. Und schließlich kommt vor allem die Passage § 60 – § 88 in Betracht, die A. Méhat[3] «Vom Geheimnis Gottes» überschrieben hat. In ihr spricht Clemens unter der Voraus-

---

[1] S.o. Kap. I S. 27f 60–70.
[2] Vgl. die Analyse von W. Bousset, Jüdisch-christlicher Schulbetrieb S. 229–236.
[3] A. Méhat, Étude sur les ,Stromates' S. 287. Er setzt die Zäsuren mit § 65 – § 88 an. Die Abgrenzung von § 60 – § 88 scheint aber passender zu sein, sie wird ebenso vorgenommen von W. Bousset, Jüdisch-christlicher Schulbetrieb S. 235, der von einem «großen Mittelstück» spricht, und von J. Moingt, La gnose de Clément d'Alexandrie dans ses rapports avec la foi et la philosophie, RSR 37 1950 S. 418ff.

setzung, daß die Gnosis vom Glauben abgehoben ist und ihn übergipfelt, von der Transzendenz Gottes und der Offenbarung Gottes durch den Sohn. Versucht man demgemäß die platonischen Beiträge nach Hauptgruppen zu sammeln, dann ergibt sich eine Aufstellung mit folgenden Themen: Eine größere Zahl von Zitationen läßt sich aus dem weiteren Zusammenhang mit der Anregung zur theologischen Forschung verstehen, beiläufig wird Platon zum Thema der symbolischen Form erwähnt, nachdrücklich kommt er wieder zu Wort mit Aussagen zur Transzendenz Gottes und der Zuwendung Gottes zu den Menschen. Eine Nachlese wird schließlich ein Portrait des wahren Gnostikers zeichnen.

1. Die christlichen Tugenden und die theologische Forschung

Da die theologische Forschung ein vom christlichen Bekenntnis geprägtes Leben voraussetzt, ist es sachgemäß, wenn Clemens im Zusammenhang seiner Anleitung zur theologischen Forschung auf die christlichen Tugenden zu sprechen kommt. Das Fundament der Gnosis ist die heilige Trias, Glaube, Hoffnung, Liebe, wobei die Liebe deshalb den höchsten Rang einnimmt, weil sie als die selbstlose und nicht berechnende Hingabe an den Herrn das höchste Motiv des Vollkommenen ist und weil sie auch im Eschaton bleibt[4]. Daß in diesem Zusammenhang auch Platon erwähnt wird, hat eine Analogie in der philosophischen Tradition, insofern Maximus Tyrius[5] und Porphyrios[6] entsprechende drei- bzw. viergliedrige Formeln kennen. Das bedeutet aber keine gezielte Gleichsetzung im vollen theologischen Gehalt der Begriffe. Clemens meint damit, daß die christlichen Tugenden in gewisser ahnungsvoller Weise bei Platon präfiguriert seien. Andererseits ist aber die Vorgestalt für den Christen nicht wertlos. Das Wissen darum, bewahrt in einer christlich geprägten Paideia, bindet ihn ein in die übergreifende Geschichte Gottes mit den Menschen.

Ausgehend von 1 Thess 5,5−8 und Röm 13,11ff verfolgt Clemens den Gedanken, daß die christlichen Tugenden aufeinander aufbauen (Strom IV § 140,3 − § 146,1: μετάνοια p. 311,13, πίστις p. 311,20, φόβος p. 312,1, ἐλπίς p. 312,4,

---

[4] Strom IV § 54,1. Strom V § 13,4 (zurückgehend auf 1 Kor 13,13). Eine Trias in der Form γνῶσις, πίστις, ἀγάπη begegnet in Strom III § 69,3, häufiger finden sich noch weiter aufgefüllte Reihen. Zur Stufung der Vollkommenheit vgl. neben Strom IV § 54,1 noch Strom VII § 67,1f, zur eschatologischen Begründung vgl. QDS § 38,1−3. Clemens zitiert 1 Thess 5,8 im selben Zusammenhang in Strom IV § 140,3 und Röm 5,3 in Strom V § 145,1 (auch Strom II § 134,4).

[5] Maximus Tyrius, Or. I 5e−i: λογισμός, ἔρως (inclusive der Beflügelungsmetapher), ἐλπίς, vgl. auch W. Theiler, Die Vorbereitung des Neuplatonismus S. 147−153.

[6] Porphyrios, Ad Marcellam 24: πίστις, ἀλήθεια, ἔρως, ἐλπίς. Die Kontroverse, ob schon Paulus zusammen mit Porphyrios auf eine ältere heidnische Mysterienformel zurückgehe, worüber J. Geffcken, Der Ausgang des griechisch-römischen Heidentums S. 271f, instruiert, kann hier nicht entschieden werden, vgl. jedoch H. Conzelmann, Der erste Brief an die Korinther S. 270f.

ἀγάπη p. 312,24). Dabei hebt er anläßlich der Hoffnung hervor, daß sie noch
nicht die höchste Stufe der Vollkommenheit ist, und erwähnt in Strom IV
§ 144,2f die auf das Jenseits gerichtete Erwartung bei Pythagoreern, Platon
und Heraklit: «Die Erwartung nach dem Tode kennen nicht nur die Anhänger
der barbarischen Philosophie, und zwar für die Guten eine gute, für die Schlechten aber das Gegenteil, sondern auch die Pythagoreer. Denn auch jene gaben
den Philosophen als Ziel die Hoffnung an die Hand, da ja auch Sokrates im
Phaidon sagt, daß ‚mit guter Hoffnung‘ die guten Seelen von hier weggehen,
und andererseits dagegen seine Aburteilung der Schlechten setzt, wenn er sagt,
‚sie leben nämlich mit böser Erwartung‘». Darauf folgt abschließend Heraklit,
B 27. — Bei den Platonzitaten ist Clemens eine leichte Ungenauigkeit unterlaufen, denn er verbindet mit der guten Hoffnung, von der tatsächlich Sokrates in
Phaid 67 c1 spricht, die Gerichtserwartung, die, was ihm entgangen zu sein
scheint, Kephalos in Pol I 331 a1 zum Ausdruck bringt[7]. Er beabsichtigt damit,
eine zwar formale, aber gleichwohl wertvolle Analogie herauszustellen[8].

Ist die Erwartung des eschatologischen Gerichtes ein Komplement der Heils-
hoffnung, so gehört auch Strom V § 9,3—7 in diesen Zusammenhang. Clemens
zitiert Heraklit, B 28, ein Fragment, das ein zukünftiges Gericht androht[9], stellt
daneben die barbarische, d. h. christliche Lehre von der Reinigung durch Feuer
und erwähnt die stoische Ekpyrosis, worin das Dogma von der Auferstehung
abgespiegelt sei. Dann folgt Tim 22 c1—3.7 — d3.6 — e2: «Daß die Erde zu bestimmten Zeiten durch Wasser und Feuer gereinigt werde, sagt Platon folgendermaßen: ‚Schon viele und vielerlei Verderben der Menschen haben stattgefunden und werden stattfinden, durch Feuer und Wasser die größten, andere,
geringere aber durch unzählige andere Ursachen‘. Und wenig später fügt er hinzu: ‚In Wahrheit handelt es sich um eine Abweichung der um die Erde und am
Himmel sich bewegenden Körper und um eine Vernichtung der Dinge auf der
Erde in großen Zeitabständen durch gewaltiges Feuer‘. Dann wird er über die
Flut hinzufügen: ‚Wenn aber wiederum die Götter die Erde mit Wasser reinigen
und sie überspülen, dann werden diejenigen auf den Bergen gerettet, die Rin-
der- und Schafhirten, diejenigen aber in den Städten bei uns werden von den

---

[7] Denselben Irrtum wiederholt Theodoret, Graec. affect. cur. VIII § 45, indem er Clemens ausschreibt.

[8] Es wäre interessant, Clemens' Auslegung von 1 Thess 4,13 kennenzulernen. Die analoge
Jenseitserwartung hat schon Justin, Apol. I 20,4, allgemein hervorgehoben, vgl. auch
Apol. I 44,9. In Apol. I 8,4 spielt er an das Gericht des Rhadamanthys und Minos aus
Gorg 523 e — 524 a an, ebenso Athenagoras, Legatio 12,2, und Tertullian, Apologeti-
cum 23,13. Der Hinweis war schon bei Heiden beliebt, vgl. Cicero, Tusc. I § 10, und
Pseudo-Plutarch, Consol. ad Apoll. 36, mor. 121 C.

[9] Zum Heraklitfragment vgl. K. Reinhardt, Parmenides S. 167f.193.236. P. Valentin,
Héraclite et Clément d'Alexandrie, RSR 46 1958 S. 52ff, möchte zeigen, daß Clemens
das Fragment nicht kosmologisch, sondern erkenntnistheoretisch verstanden hat. Entscheidend ist auf jeden Fall der Gerichtsgedanke.

Strömen ins Meer geschwemmt'»[10] — Bei diesem berühmten Text[11] hat Clemens weniger die periodischen Wasser- und Feuerkatastrophen der Frühzeit im Auge, denn die Erwähnung Phaetons läßt er ja aus. Die Überschwemmungskatastrophe interessiert ihn offenbar wegen ihrer Nähe zur Sintflut der Noahzeit, die er ihrerseits in Strom VI § 86,2 typologisch auf das eschatologische Feuergericht bezieht[12]. Entsprechend sind ihm die Flut und die Feuerreinigung des Timaios dunkle Vorandeutungen des eschatologischen Gerichts.

Als christliche Tugend kommt auch der Glaube noch einmal zur Sprache. Hatte Clemens in den apologetischen Ausführungen des zweiten Buches die Bedeutsamkeit des Glaubens in erkenntnistheoretischer und ethisch-praktischer Hinsicht aufgewiesen, so geht es nun, wo der Anstieg zur Vollkommenheit die verborgene Grundthematik ist, darum, den Glauben als die Teilhabe am Heil gerade auch angesichts seiner Begrenztheit und Vorläufigkeit zu erweisen. In Strom V § 33,4 — § 34,2 unterbricht Clemens die allegorische Erklärung des Tempels, bzw. seiner fünf Säulen. Diese liefern das Stichwort für folgende Abschweifung: «Die fünf Brote werden dementsprechend mit ganz geheimnisvoller Bedeutung vom Heiland gebrochen, und sie werden so viel, daß sie für die Menge der Zuhörer ausreichen. Denn groß ist die Zahl derer, die auf das sinnlich Wahrnehmbare achten, als existierte dieses allein. ,Sieh dich um' sagt Platon, ,daß niemand von den Uneingeweihten zuhört. Das sind diejenigen, die meinen, nichts anderes sei, als was sie fest mit beiden Händen greifen können, während sie Handeln und Werden und alles Unsichtbare nicht auf seiten des Seins gelten lassen'. Solche sind die, die sich nur an die Fünfzahl der Sinne halten. Unzugänglich aber ist dem Gehör und den gleichartigen Wahrnehmungen das Begreifen Gottes. Daher ist der Sohn ,Angesicht des Vaters' genannt, weil er, der Logos, für die Fünfzahl der Sinne[13] Träger des Fleisches geworden, Offenbarer des väterlichen Wesens ist. ,Wenn wir im Geiste leben, so laßt uns auch im Geiste wandeln', ,wir wandeln im Glauben, nicht im Schauen', sagt der treffliche Apostel».

---

[10] Zweimal bietet Clemens ein zusätzliches καί p. 332,6.8. Mit τὸ δ'ἀληθές p. 332,7 vermeidet er einen Hiat. Der Artikel von τὴν γῆν 22 d7 fehlt in p. 332,10. Statt βουκόλοι νομῆς τε 22 d8 liest er βουκόλοι νομεῖς p. 332,11f, statt παρ' ὑμῖν 22 e1 παρ' ἡμῖν p. 332,12.

[11] Anspielungen sind zu verzeichnen bei Philon, Abr § 1, Aet § 146ff (= Theophrast, vgl. H. Diels, Doxographi Graeci S. 490), VitMos II § 53. § 263; Justin, Apol. I 60,8ff; Celsus, Frg. I 19f. IV 11. 21. 41; Theophilos, Ad Autolyc. III 16.18; Tertullian, Apologeticum 40,3ff; Minucius Felix, Oct. 34,4.

[12] Vgl. J. Daniélou, Message évangélique et culture hellénistique S. 226: «Cette curieuse exégèse eschatologique paraît souligner que le Déluge est un jugement par l'eau qui figure le jugement par le feu».

[13] F. Overbeck, Deutscher Text S. 442, und O. Stählin, Deutsches Übersetzungswerk Bd. 4 S. 147, übersetzen: «durch die Fünfzahl der Sinne», aber der eigentliche Objektsdativ wird durch § 16,5 abgesichert.

Clemens scheint hier eine Beziehung des Glaubens der großen Christenheit zu den sinnlichen Wahrnehmungen herstellen zu wollen[14]. Die fünf Brote aus der Perikope von der Speisung der Fünftausend (Mk 6,38, Joh 6,9) beziehen sich auf die fünf Sinne[15]. Den fünf Sinnen ist auch die inkarnierte Gestalt des Gottessohnes zugänglich, der den den Sinnen verborgenen Vater (bei ἄβατον δὲ ἀκοαῖς p. 348,8f ist vielleicht an 1 Kor 2,9 gedacht) auf Grund von Ps 23,6 offenbart. Die beiden abschließenden Zitate Gal 5,25 und 2 Kor 5,7 wollen offenbar diese Seelenhaltung als den durch den Geist gewirkten Glauben qualifizieren, wie ihn die große Zahl der Christen vertritt. Andererseits meldet Clemens auch Vorbehalte an, und zwar gelten zwei den Sinneswahrnehmungen und einer dem Glauben. Die Sinneswahrnehmungen sind begrenzt, weil sie auf seiten der Objekte nicht die vollständige Realität erfassen, wie das Zitat Theait 155 e3–6[16] zum Ausdruck bringt, und weil sie auf seiten des Subjekts nur einen Teil aller Seelenvermögen darstellen, wie sich in der Formulierung τῶν αἰσθήσεων πεντάς p. 348,8.10, wodurch unausgesprochen der Gedanke an die δεκάς hineinragt[17], andeutet. Und der Glaube ist unter einem eschatologischen Gesichtspunkt noch vorläufig, insofern der Christ eben im Glauben wandelt, noch nicht im Schauen[18]. Aber weder auf diesen Einschränkungen, noch auf deren Überwindung liegt der Nachdruck. Der überwiegend positiv mit den Sinneswahrnehmungen in Verbindung gebrachte Glaube soll noch einmal unbeschadet seiner Begrenztheit und Vorläufigkeit als die grundlegende Teilhabe am Heil erwiesen werden. Das Platonzitat, das ursprünglich allgemein die materialistische Auffassung, nur das körperlich-sinnlich Berührbare sei Sein, abwehren wollte[19], dient nun dazu, die Vorläufigkeit des Glaubens in einem Nebengedanken festzuhalten.

Ein ausgesprochener Platoncento zu den christlichen Tugenden findet sich in Strom V § 14,1 – § 15,3: «Über den Glauben haben wir nun genug Belege aus den Schriften der Hellenen angeführt[20]. Damit wir aber nicht allzu weitschweifig werden, wenn wir uns bemühen, auch über die Hoffnung (ἐλπίς) und die Liebe (ἀγάπη) recht viele Zeugnisse beizubringen, soll es genügen, nur jenes zu sagen, daß im Kriton Sokrates eine Hoffnung (ἐλπίς) auf ein anderes Leben nach dem Tode zu haben glaubt, weil er höher als das Leben das Gut-Leben und Totsein ansetzt. Denn auch im Phaidros sagt er, daß die zu sich selbst ge-

---

[14] W. Bousset, Jüdisch-christlicher Schulbetrieb S. 231, spricht von einer «verschrobenen μυστικώτατα-Deutung».
[15] Davon weicht die Auslegung in Strom VI § 94,2–6 ab.
[16] Clemens liest statt δύνωνται 155 e4 an späterer Stelle δύναιντο p. 348,6. Ebenso zitiert Theodoret, Graec. affect. cur. I § 80.
[17] Vgl. Strom II § 50,3f. Strom VI § 134,2. § 135,1.
[18] Ebenso 2 Kor 5,1–3. 7–9 in Strom IV § 166,1–3.
[19] Vgl. F.M. Cornford, Plato's Theory of Knowledge S. 48.
[20] Das dürfte vor allem auf Strom II § 8,4 – § 31, aber wohl auch auf Strom V § 2,2. § 5,1. § 8,4. § 9,1–7 (?) zurückzubeziehen sein.

kommene Seele allein an der wahrhaften und im Vergleich mit menschlicher Möglichkeit besseren Weisheit Anteil haben kann, wenn sie die Liebe (ἔρως) von hier weg zum Himmel hinauf beflügelt, und er sagt, daß sie, wenn sie durch philosophische Liebe (ἀγάπη) zum Ziel der Hoffnung gelangt ist, den Anfang eines anderen, ewigen Lebens nehme. Im Symposion aber sagt er, daß allen ein natürliches Streben (ἔρως) nach Zeugung von etwas Ähnlichem beigemischt ist, und zwar den Menschen allgemein nach Zeugung von Menschen, dem Vortrefflichen aber nach Zeugung von einem Ähnlichen. Unmöglich aber ist es, daß der Vortreffliche das tut, wenn er nicht die vollkommenen Tugenden hat, in denen er die zu ihm kommenden jungen Leute erziehen und, wie er im Theaitet sagt, zeugen und zu Menschen machen wird. Denn schwanger seien die einen dem Körper nach und die anderen der Seele nach. Denn auch bei den barbarischen Philosophen wird das Unterrichten und das Erleuchten Wiedergebären genannt, und der treffliche Apostel sagt: ,Ich habe euch in Christus Jesus gezeugt'».

Auch in diesem Abschnitt beabsichtigt Clemens nicht, die christlichen Tugenden im vollen theologischen Gehalt mit platonischen Aussagen gleichzusetzen und von daher abzuleiten, sondern wiederum geht es ihm darum, daß die christlichen Tugenden gewisse platonische Präfigurierungen haben. Von daher erklärt sich auch die im Umgang mit den platonischen Texten waltende Freiheit, denn es dokumentiert sich erneut, daß Platon nur eine dunkle Vorahnung hatte. − Zuerst bietet Clemens für die Hoffnung ein Resümee von Krit 46 b1 − 54 e2 mit wörtlicher Anspielung an die Überhöhung von τὸ ζῆν durch τὸ εὖ ζῆν von 48 b5f (vgl. auch 54 b3). Damit ist die Argumentation, ob sich Sokrates durch Flucht der Vollstreckung des Todesurteils entziehen und sein bloßes Überleben retten soll oder ob er gut, d. h. gerecht leben und den Tod erleiden soll, zwar nicht vollständig reproduziert, aber der gewichtige religiöse Hinweis auf das Jenseits (54 b2 − c8) kommt klar zur Geltung[21]. − Für die Liebe und die Hoffnung zusammen führt Clemens an zweiter Stelle einen Grundgedanken der Palinodie des Phaidros an, wonach die Liebe als die vierte Form der Manie die Wiederbefiederung der Seele bewirkt und zur Ideenschau führt (249 d4 − 256 e2). Besonders auffällig ist, daß alle lebensvollen Züge, die der Mythos dem erotischen Streben gibt (vgl. das παιδεραστήσαντος μετὰ φιλοσοφίας 249 a2), nicht mehr zur Sprache kommen, ja, daß Clemens überhaupt nicht an den Eros zwischen Liebenden denkt, zeigt seine Formulierung αὐτὴν καθ᾿ αὐτὴν γενομένην τὴν ψυχήν p. 335,6f, die aus Phaid 65 c7. d1f. 67 a1. 79 d1.4 stammt und der Grundstruktur des Seelenaufstieges im Phaidros widerspricht. Eros ist

---

[21] Für Cicero, Tusc. I § 71, ist die philosophische Lehre von der Unsterblichkeit Sokrates' Grund, nicht zu fliehen. Seneca, Epist. XXIV 4, zufolge blieb Sokrates, um den Menschen die Furcht vor Tod und Kerker (vgl. Krit. 46 c5) zu nehmen. Die Gegenüberstellung von τὸ ζῆν und τὸ εὖ ζῆν findet sich auch in Strom IV § 18,3 (Gnosis) und Strom VI § 100,2 (Liebe zu Gott und Gerechtigkeit), sie ist weiter verbreitet, vgl. Philon, Op § 77 (Betrachtung der Himmelsbewegungen), Seneca, Epist XC 1, und Jamblich, Protr. VI p. 40,7 (allgemein Philosophie).

nun das intensive, dynamische Drängen hinauf zum Himmel (vgl. p. 335,9), zur intelligiblen Sphäre, zur Wahrheit, bzw. letztlich zu Gott[22], die Beflügelung eine gängige und z. T. bereits abgegriffene Metapher dafür[23]. Für Clemens können dadurch ἔρως und ἀγάπη zur Deckung kommen (vgl. p. 335,9f)[24]. — An dritter Stelle nennt Clemens unter Berufung auf das Symposion die Liebe als das erotische Streben nach Zeugung, und zwar in der Unterscheidung von körperlicher Zeugung und tugendhafter Erziehung. Das ist im allgemeinen Umriß mit Symp 204 c8 — 212 a7 in Übereinstimmung. — Auf den Theaitet rekurriert Clemens schließlich, um auch aus diesem Dialog den Gedanken der geistigen Zeugung zu erheben und mit 1 Kor 4,15 in Einklang zu bringen. Zutreffend ist seine Unterscheidung von körperlicher und seelischer Schwangerschaft. Aber das Bestreben, die platonischen Aussagen an die geistige Vaterschaft des Paulus anzugleichen, führt zu einer leichten Verzerrung. Sokrates sieht ja seine Aufgabe nicht darin, selbst in den Seelen der Schüler zu zeugen und Abkömmlinge der eigenen Seele zu hinterlassen, denn daran hat ihn, den Unwissenden, der Gott gehindert, sondern darin, den in geistiger Weise schwanger gehenden Seelen mit seiner Hebammenkunst Geburtshilfe zu leisten und die Neugeburten zu prüfen (Theait 148 d4 — 151 d6). Für Clemens liegt hier ein dunkler Hinweis auf die aus christlicher Liebe entspringende Bekehrungs- und Unterweisungstätigkeit[25], der auch für Christen im Sinn einer christlichen Paideia Geltung gewinnen kann.

---

[22] Dieser Sprachgebrauch ist häufig anzutreffen bei Philon, vgl. Abr § 66, All III § 84, Cher § 20, Ebr § 136, Fug § 58. § 195, Gig § 31, Her § 70, Imm § 138, Migr § 13, Op § 5. § 70, Plant § 39, Praem § 38f. § 84, Sacr § 129, Som I § 36. § 165, Som II § 232, VitMos II § 67. Auf die hellenistische, vorphilonische Phaidrosexegese haben geschlossen P. Boyancé, Études philoniennes, REG 76 1963 S. 96ff, und W. Theiler, Philo von Alexandrien und der Beginn des kaiserzeitlichen Platonismus, in: Festschrift J. Hirschberger S. 199ff.

[23] Die Wirkungsgeschichte behandelt P. Courcelle, Art. Flügel (Flug) der Seele I, RAC Bd. 8 Sp. 29—65: «Dies mythische Bild wird bald bezogen auf das Entweichen der Seele aus dem Leibe nach dem physischen Tod oder seiner Abtötung durch die Askese, bald auf den Flug durch die materielle Welt . . . bald auch auf die ekstatische Schau der Intelligibilia» (Sp. 32).

[24] Vgl. Strom IV 145,2. Strom VII § 10,3. § 40,1. A. von Harnack, Der ‚Eros' in der alten christlichen Literatur, SPAW 1918 S. 92, charakterisiert Clemens als den, der «ganz selbständig, frei und bewußt die bedenklichen Worte (sc. ἐρᾶν, ἔρως, ἐραστής) anwendet, und vor diesem (steht) Justin, der sie als Platoniker an ein paar Stellen beiläufig gebraucht hat» (vgl. Apol. I 8,2. 39,5; Dial. 4,1. 8,1). Es ist allerdings auch auf Philon zu verweisen (s. o. Anm. 22).

[25] Clemens kommt das Problem, inwiefern Sokrates etwa eine skeptische Urteilsenthaltung geübt habe, mit dem sich Plutarch, Plat. Quaest. I mor. 999 C — 1000 E, und indirekt auch der anonyme Theaitetkommentar, col. 53,38ff. col. 54,6ff.23ff. col. 55,8ff, abmühen, nicht in den Sinn. Maximus Tyrius, Or. X 4a—h, bietet eine akribische, dogmatische Schematisierung der Mäeutik, vgl. auch Jamblich, Epist. ad Sopatr. nach Stobaios II p. 21,1ff.

Hat Clemens in dieser Weise die christlichen Tugenden in den Blick gerückt, so greift er in dem Abschnitt Strom V § 1 — § 18,4 noch einen weiteren Gedanken auf, nämlich die Wichtigkeit der theologischen Forschung. Der Glaube, der Hoffnung und Liebe bei sich hat, ist erst der Grundstein ($\theta\epsilon\mu\dot{\epsilon}\lambda\iota o\varsigma$ p. 327,10. p. 328,28). Auf ihm basierend, soll die $\mu\dot{\alpha}\theta\eta\sigma\iota\varsigma$ (p. 327,13) und die $\zeta\dot{\eta}\tau\eta\sigma\iota\varsigma$ (p. 328,27. p. 332,27) aufbauen, was schließlich die göttliche Gabe der Gnosis ihrerseits ($\delta\dot{o}\sigma\iota\varsigma$ p. 334,6) zur Vollendung führt[26]. Die Tendenz dieser Ausführungen ist deutlich zu erkennen. Der Leser soll veranlaßt werden, die harte Anstrengung theologischer Arbeit auf sich zu nehmen und damit seinerseits die Vorbereitung für den Empfang der Gnosis zu treffen. Wo Clemens des näheren diese Absicht auch mit Platonzitaten zum Ausdruck bringt, da lassen sich zwei Argumentationsgänge von einander abheben. Einmal geht der Gedanke von der Offenbarung Gottes aus, zum anderen geht er von der Abfolge des menschlichen Entwicklungsganges aus.

Die erste Argumentationsform, zur theologischen Arbeit aufzufordern, setzt bei der Offenbarung Gottes ein, insofern die Inkarnation des transzendenten Gottes der menschlichen Schwachheit entgegenkommt und die theologische Forschung ermöglicht. Dazu kommen zwei verwandte Stücke in § 7,4 — § 8,3 und in § 16,1—6 in Betracht.

Nach § 7,4 — § 8,3 wird die Unzulänglichkeit des menschlichen Erkenntnisstrebens kompensiert durch die Herabkunft des göttlichen Lehrers, woraus sich konsequent die Aufforderung zur theologischen Forschung ergibt: «Denn gefesselt an diesen irdischen Körper nehmen wir die Sinnendinge durch den Körper wahr, das Geistige aber erfassen wir durch das vernünftige Vermögen selbst. Wenn aber jemand erwartet, er werde alles mit den Sinnen ergreifen, so ist er weit von der Wahrheit abgeirrt. Auf geistliche Weise schreibt wahrlich der Apostel über die Erkenntnis Gottes: ,Denn jetzt sehen wir wie in einem Spiegel, dann aber von Angesicht zu Angesicht'. Denn nur wenigen ist die Schau der Wahrheit gegeben. Also sagt auch Platon in der Epinomis: ,Es ist nicht möglich, behaupte ich, daß alle Menschen glücklich und selig werden, mit Ausnahme weniger. Jedoch beschränke ich das auf die Zeit, solange wir leben, es besteht aber die schöne Hoffnung, nach dem Tode alles zu erlangen'. Damit stimmen folgende Worte bei Mose überein: ,Niemand wird mein Angesicht sehen und leben'. Es ist klar, daß niemand zu Lebzeiten Gott leibhaftig erfassen kann. ,Die aber reinen Herzens sind, werden Gott schauen', wenn sie zur letzten Vollendung gelangt sind. Denn da die Seele zum Begreifen der seienden Wesenheiten zu schwach war, bedurften wir eines göttlichen Lehrers. So wird der Heiland herabgesandt, der Lehrer und Spender des Besitzes des Guten, das geheimnisvolle, heilige Zeichen der gewaltigen Vorsehung Gottes» (§ 7,4—8). Zum Abschluß

---

[26] So Strom V § 2,4.6. § 12,1f, vgl. auch Strom I § 32,4 — § 33,6.

folgen die Zitate 1 Kor 1,20.19 und Jer 6,16, die eine Untersuchung im Sinne dieser Weltzeit, d. h. ohne Glauben abweisen und zu der auf dem Glauben basierenden Forschung auffordern (§ 8,1—3).

Der Anfang der Passage erfordert noch eine nähere Interpretation. Zunächst geht es darum, die Unzulänglichkeit des menschlichen Erkenntnisstrebens festzuhalten. Der Mensch, gefesselt an den Körper (Phaid 82 e6f), nimmt τὰ αἰσθητά p. 330,3 durch den Körper und τὰ νοητά p. 330,4 durch das vernünftige Vermögen (λογικὴ δύναμις p. 330,4) wahr. Daß die sinnliche Wahrnehmung nicht die volle Realität erschließt, ist selbstverständlich, vgl. p. 330,4ff. Aber auch das vernünftige Vermögen ist zur Erkenntnis Gottes unzureichend. Dazu zitiert Clemens die scheinbar widersprüchlichen Stellen 1 Kor 13,12. Epinom 973 c4—7. Ex 33,20 und Mt 5,8. Die Weiterführung des Gedankenganges ist unproblematisch: der Unzulänglichkeit des menschlichen Erkenntnisvermögens kommt Gott in der Herabkunft des göttlichen Lehrers entgegen. Darauf setzt die Peripetie ein, und es ergeht die Aufforderung, aus diesem Erweis der göttlichen Pronoia die richtigen Konsequenzen zu ziehen.

Die zitierten Stellen 1 Kor 13,12, Epinom 973 c4—7, Ex 33,20 und Mt 5,8 belegen die Unzulänglichkeit der menschlichen Erkenntnis sämtlich aus einem eschatologischen Blickwinkel[27]. Was dabei die Epinomisstelle betrifft («Es ist nicht möglich, behaupte ich, daß alle Menschen glücklich und selig werden, mit Ausnahme weniger. Jedoch beschränke ich das auf die Zeit, solange wir leben, es besteht aber die schöne Hoffnung, nach dem Tode alles zu erlangen»[28]), so liegt die Pointe, wie Clemens sie sieht, nicht in der Exklusivität der wenigen Glücklichen, denn dieser Gesichtspunkt wird zugleich mit dem anderen, daß niemand zu Lebzeiten der Schau der Wahrheit gewürdigt wird, relativiert in dem übergreifenden Thema der Unzulänglichkeit des vernünftigen Vermögens des Menschen überhaupt. Damit hat sich Clemens vom tatsächlich elitären Standpunkt der Epinomis entfernt. Die Glückseligkeit, die nur wenige erlangen können (973 c4—7. 992 c3—6), besteht für Philipp darin, daß der Mensch in der auf Mathematik und Astronomie beruhenden Betrachtung der Einheit des göttlichen Kosmos weise und selbst nach Möglichkeit einheitlich wird. Das ist freilich auch den Wenigen auf Grund der Mannigfaltigkeit der Sinneswahrnehmungen zu Lebzeiten nicht vollständig möglich (986 c5 — d4. 991 e1 — 992 d3), aber sie, d. h. allein die wenigen zur Weisheit Befähigten haben die schöne

---

[27] Es wird sicher Clemens nicht gerecht, wenn R. Mortley, The Mirror and I Cor. 13,12 in the Epistemology of Clement of Alexandria, VigChr 30 1976 S. 114, zu diesem Abschnitt erklärt, «the verse (I Cor. 13,12) is used, somewhat curiously, to demonstrate the principle of arcanum, namely that the vision of reality is given to a privileged few».

[28] Clemens fügt ein zusätzliches πᾶσιν p. 330,10 bei οὔ ... ἀνθρώποις ... πλὴν ὀλίγων 973 c4f ein und stellt εἶναι 973 c4 um. Statt γενέσθαι 973 c5 liest er γίνεσθαι p. 330,10. Den originalen Wortlaut hat Theodoret, Graec. affect. cur. VIII § 49. XII § 36.

Hoffnung[29], im Jenseits an allen erstrebten Gütern Anteil zu erlangen und in der Kontemplation des Kosmos vollständig einheitlich zu werden. Andererseits verschiebt Clemens die Begründung für die menschliche Schwäche. Denn dem Geist sind nicht auf Grund seiner Verbindung mit dem Körper Grenzen gesetzt, die nach seiner Befreiung vom Körper im Jenseits aufgehoben würden, sondern jetzt ist es unbeschadet aller Verbindung mit dem Körper gerade das vernünftige Vermögen selbst, welches vor der eschatologischen Vollendung unzureichend ist.

An der verwandten Stelle § 16,1—6 ergeht die Aufforderung zur theologischen Forschung, nachdem Clemens die Frage, wie die transzendente Wahrheit erkannt werden kann, mit der Inkarnation des Logos beantwortet hat: «Denn auch der Hoffende sieht wie der Glaubende mit dem Geist das Geistige und das Zukünftige. Wenn wir sagen, das Gerechte und auch das Gute sei etwas, aber auch wenn wir etwas Wahrheit nennen, so haben wir etwas Derartiges noch nie mit den Augen gesehen, sondern nur mit dem Geist. Das Wort Gottes aber sagt: ‚Ich bin die Wahrheit’. Also muß mit dem Geist das Wort wahrgenommen werden. ‚Welche aber, sagt er, nennst du die wahrhaften Philosophen? Die, welche die Wahrheit zu schauen lieben, sagte ich’. Im Phaidros spricht Platon offensichtlich[30] von der Wahrheit als von einer Idee. Die Idee aber ist ein Gedanke Gottes, den die Barbaren das Wort Gottes genannt haben. Der Wortlaut ist folgender: ‚Man muß das Wahre zu sagen wagen, zumal wenn man über die Wahrheit spricht. Denn das farblose, gestaltlose und unberührbare, wirklich seiende Wesen ist nur dem Lenker der Seele, dem Geist, wahrnehmbar’. Als aber das Wort heraustrat, wurde es Urheber der Schöpfung. Dann erzeugt es sich auch selbst, wenn das Wort Fleisch wird, damit es auch gesehen wird. Der Gerechte also soll[31] ein von Liebe erfülltes Finden suchen, worum er sich auch erfolgreich bemüht. Denn es heißt: ‚Dem, der anklopft, wird aufgetan werden’. ‚Bittet, so wird euch gegeben’» (§ 16,1—6).

Auch hier ist der Gedankengang am Anfang nicht ganz einfach zu durchschauen. Die Verbindung von Hoffnung und Glaube p. 336,1 ist durch das vorangehende Kephalaion bedingt. Sodann demonstriert Clemens in der Art eines Syllogismus, daß das Wort Gottes nur noetisch erkennbar ist. Die erste Prämisse lautet, daß nur mit dem Geist das Geistige und Zukünftige, das Gerechte und

---

[29] Zur Interpretation der καλὴ ἐλπίς vgl. L. Tarán, Academica.: Plato, Philip of Opus and the Pseudo-Platonic Epinomis S. 208f.

[30] Ich folge der überzeugenden Konjektur von A. Méhat, Le 'lieu supracéleste' de Saint Justin à Origène, in: Festschrift M. Pellegrino S. 291 Anm. 32, statt des überlieferten δηλώσει zu lesen δῆλος (sc. ἐστι). Der Fehler erklärt sich als «double faute de qualité et d'idiotacisme, cette dernière banale devant ἤ». Damit wird auch die Annahme einer Lacuna überflüssig.

[31] Zum Futur ζητήσει p. 336,14 als höfliche Form der Aufforderung statt eines Imperativs, vgl. R. Kühner — B. Gerth, Ausführliche Grammatik der Griechischen Sprache, T. 2 Bd. 1 S. 173. 176 § 387,5.6.

die Wahrheit gesehen werde. Hier ist eine wörtliche Anspielung an Phaid
65 d4—10 gegeben, wobei Clemens das letzte Glied der Phaidonaufzählung,
δίκαιον, καλόν, ἀγαθόν, also τί ... ἀγαθόν 65 d7 zum Zweck der Beweisführung
durch ἀλήθεια p. 336,3 ersetzt. Die zweite Prämisse besteht darin, daß nach
Joh 14,6 das Wort Gottes die Wahrheit ist. So kommen eine platonische und
eine biblische Prämisse zusammen, und als Konklusion ergibt sich, daß das
Wort Gottes mit dem Geist (νοῦς p. 336,5) erkennbar ist. Das Zitat von Pol V
475 e2—4 bekräftigt, daß diejenigen, die die Wahrheit zu schauen begierig sind,
d. h. die Christen, die wahren Philosophen sind. Einen Neueinsatz muß man in
§ 16,3 mit der Feststellung ansetzen, daß Platon im Phaidros über die Wahrheit
als von einer Idee spricht. Gemeint ist die zwei Zeilen später ausgeschriebene
Stelle Phaidr 247 c4—8, wo das Stichwort ἀλήθεια direkt 247 c5f = p. 336,11
fällt und die Idee mit οὐσία ὄντως οὖσα 247 c7 = p. 336,12 bezeichnet wird.
Damit verbindet Clemens die doxographische Lehre des Platonismus, daß die
Idee ein Gedanke Gottes sei, und setzt sie mit dem barbarischen, d. h. christ-
lichen Wort Gottes gleich. Wiederum kommt also platonische und christliche
Lehre zusammen. Das Folgende ist ohne weiteres verständlich. Die Aussage zur
Selbstentfaltung Gottes zum Zweck der Schöpfung des Alls entspricht der ökonomischen Logoslehre der Apologeten[32]. Die Vorstellung der Inkarnation des
Logos als einer Selbstzeugung hat J. Lebreton[33] von Lk 1,35 her interpretiert.
Das Ziel der Inkarnation, ἵνα καὶ θεαθῇ p. 336,14, ist in Anlehnung an Joh 1,14
formuliert. Wenn Clemens in der Aufforderung zur Forschung von ὁ δίκαιος
p. 336,14 spricht, dann meint er natürlich den gläubigen Christen, und die
εὕρεσις ἀγαπητική p. 336,14f, die der Gläubige suchen soll, ist die mit der Liebe verbundene Gnosis.

Es hieße nun freilich Clemens mißverstehen, wenn man hieraus entnehmen
wollte, er habe in erster Linie die Möglichkeit der natürlichen, noetisch-geisti-
gen Erkenntnis des Logos in der Ideenschau nachweisen und dann nachträglich
auch noch die Erscheinung des Inkarnierten berücksichtigen wollen. Gewiß
scheint es so, als habe der menschliche Geist direkten Zugang zur Wahrheit,
und gewiß scheint es auch so, als werde der präexistente Logos auf den Inbegriff
der Ideenwelt festgelegt. Doch beides muß als Akkommodation an den platonischen Bezugsrahmen bewertet werden, dem sonst anderslautende Aussagen
entgegenstehen, wonach die natürliche Gotteserkenntnis nur den Grad einer
vagen, ungenauen Ahnung hat[34] und wonach dem Logos ein höherer ontologi-
scher Rang als der Ideenwelt beigelegt wird[35]. Auch die verwandte Passage § 7,4

---

[32] Vgl. A. von Harnack, Lehrbuch der Dogmengeschichte Bd. 1 S. 530ff.
[33] J. Lebreton, La théologie de la Trinité chez Clément d'Alexandrie, RSR 34 1947
S. 147. Demnach ist der Geist von Lk 1,35: πνεῦμα ἅγιον ἐπελεύσεται ἐπὶ σέ (gesagt zu
Maria), auf den Sohn Gottes bezogen.
[34] S.o. Kap. III S. 128.131, Kap. IV S. 156, Kap. VIII S. 304.
[35] S. Kap. III S. 129f, Kap. IV S. 153f.

— § 8,3 hat ja die Unzulänglichkeit des menschlichen Erkenntnisvermögens allgemein herausgestellt. Was Clemens mit der Feststellung, das Wort Gottes sei nur noetisch erkennbar, ausdrücken will, ist offenbar eine Umschreibung für den transzendenten Charakter der Wahrheit[36]. Der transzendente Gott ist den Menschen sichtbar geworden und ermöglicht damit, daß er in der theologischen Arbeit geistig erkannt wird[37].

Zu den Platonanleihen im einzelnen ist hier nicht mehr viel anzumerken. Das auffälligste Element ist die Lehre von den Ideen als Gedanken Gottes, die im kaiserzeitlichen Platonismus weiteste Aufnahme gefunden hat[38], obwohl sie an den platonischen Dialogen in dieser Form keinen Anhalt hat[39], und deren philosophiegeschichtliche Herleitung bislang zu keinem allgemein anerkannten Resultat geführt hat[40]. Clemens hatte jedoch auch einen direkten Vorgänger, denn schon Philon hat die Ideen als Gedanken Gottes mit dem Logos des alttestamentlichen Gottes gleichgesetzt[41]. Und die Phaidrosstelle 247 c4—8[42], die mit den negativen Prädikaten farblos, gestaltlos und unberührbar ursprünglich

---

[36] Lehrreich ist auch Athenagoras, Legatio 4 p. 8,26f. 10 p. 20,18f.

[37] Ebenso R. Mortley, Connaissance religieuse et herméneutique chez Clément d'Alexandrie S. 213: «Le Logos, selon Clément, voulait surtout qu'il soit perceptible, afin d'être intelligible».

[38] Varro, nach Augustin, Civ. Dei VII § 28 (vielleicht steht mit der Athenaallegorese auch diese Theorie bei Justin, Apol. I 64,5, im Hintergrund, so J. Daniélou, Message évangélique et culture hellénistique S. 320); Seneca, Epist. LXV, 7; Aetius, Plac. I 3,21. I 10,3 (Doxographi Graeci p. 287,17ff. p. 309, a1ff); Albinos, Didask. II p. 153,5. IX p. 163,12f.27f.29f. X p. 164,26f. XIV p. 169,34; Attikos, Frg. 9,39ff; Numenios, Frg. 16,10f; Maximus Tyrius, Or. XI 8i; Diogenes Laertios III § 76; das doxographische Referat bei Hippolyt, Refutatio I 19,2; Pseudo-Galen (Doxographi Graeci p. 615,13ff); Pseudo-Justin, Cohort. ad Graec. § 7; vielleicht sogar schon Alkimos, nach Diogenes Laertios III § 13.

[39] Möglicherweise hat bei der Entwicklung dieser Theorie auch eine falsche Interpretation von Parm 132 b Pate gestanden.

[40] Das betrifft die sachliche und die prosopographische Seite des Problems. Auf Antiochos von Askalon zurückgeführt und als «kühne Verschmelzung von Plato und Aristoteles» erklärt hat diese Lehre W. Theiler, Die Vorbereitung des Neuplatonismus S. 15ff. 37ff. Ihm folgen G. Luck, Der Akademiker Antiochos S. 28, und Ph. Merlan, in: A.H. Armstrong, The Cambridge History of Later Greek and Early Medieval Philosophy S. 55, ähnlich auch R. Jones, The Ideas as the Thoughts of God, CP 21 1926 S. 317—326. Dagegen haben sich ausgesprochen R.E. Witt, Albinus S. 73ff, der an eine auch poseidonische Elemente aufnehmende doxographische Tradition, die durch Arius Didymus vermittelt wäre, denkt, und C.J. de Vogel, A la recherche des étapes précises entre Platon et le néoplatonisme, Mn. 4. Ser. 7 1954 S. 120f, die für Poseidonios plädiert. Auf Xenokrates führt die Lehre zurück H.J. Krämer, Der Ursprung der Geistmetaphysik S. 110ff, ebenso S.R.C. Lilla, Clement of Alexandria S. 202f Anm. 3, als allgemein altakademisch betrachtet sie J. Dillon, The Middle Platonists S. 95.

[41] Philon, Op § 16. § 19 — § 21. § 24.

[42] Clemens hat die Reihenfolge von θεατὴ νῷ 247 c7f umgestellt, sonst ist das Zitat wörtlich. Ganz abwegig ist die Auffassung von Phaidr 247 c6f bei Stobaios I p. 320,20f. Er bezieht die negativen Prädikate grammatisch inkorrekt auf οὐσία ψυχῆς.

den transzendenten Charakter der Ideen allgemein zum Ausdruck bringen und
positiv den Zugang zu ihnen allein dem noetischen Erkennen zuschreiben wollte, bezieht Clemens auf den göttlichen Logos, die Wahrheit, d. h. er deutet
christlich theologisch, was ontologisch gemeint war. Die Übertragung hat er gewonnen einerseits durch die doppelte Fassung des Begriffs der Wahrheit und
andererseits durch die Konzeption der Ideen als Gedanken Gottes. Strukturell
ist sie aber bereits in der platonischen Tradition, wo die Phaidrosstelle als ein
«locus classicus» für den platonischen Gottesbegriff galt, vorgebildet[43].

Die zweite Argumentationsform der Aufforderung zur theologischen Forschung, die von der Abfolge des menschlichen Entwicklungsganges ausgeht,
trägt Clemens in § 17,1–5 vor. Dieser Abschnitt läßt sich nach dem Muster
gliedern: Thema, Erläuterung, Appell. Dem Thema (§ 17,1) zufolge gilt, daß
der erste Schritt der Entwicklung die vernunftgemäße, gleichsam sokratische
Erkenntnis der eigenen Unwissenheit ist. Es folgt das Suchen und Finden des
Lehrers, d. h. Christi. In Gemeinschaft mit diesem kommt für den Anfang die
in Glauben, Hoffen und Lieben entfaltete Grundhaltung des Christen zum
Tragen. Indem aus der Liebe das Streben erwächst, dem geliebten Lehrer ähnlich zu werden, wird der Überschritt zur Gnosis hin vollzogen. Es folgen demnach aufeinander die Stadien des κατὰ λόγον p. 336,25f, κατὰ πίστιν und κατὰ
γνῶσιν[44]. Im Erläuterungsteil veranschaulicht das Zitat von Alk I 109 e1–7 die
Etappen von der Erkenntnis der eigenen Unwissenheit, dem Suchen und dem
Finden in rückwärts gekehrter Reihenfolge: «Glaubst du nicht, daß ich auf
andere Weise etwas über das Gerechte erfahren habe? – Doch, wenn du es gefunden hast! – Aber meinst du nicht, ich könnte es finden? – Doch durchaus,
wenn du suchst! – Dann meinst du, ich habe es nicht gesucht? – Ich allerdings,
wenn du erkanntest, daß du es noch nicht weißt!»[45] (§ 17,2). Und noch einmal
veranschaulicht das Gleichnis von den zehn klugen Jungfrauen (Mt 25,1–13)
die angesprochenen Stufen des Heilsweges. Daß die Jungfrauen φρόνιμοι p. 337,4.6
sind, bedeutet die natürliche Erkenntnis der eigenen Unwissenheit[46]. Die auf
das Gleichnis bezüglichen Wendungen «den Leuchter anzünden», «das Licht
anzünden», «den Geist aufwecken», «das Dunkel erleuchten» meinen sämtlich

---

[43] Justin, Dial. 3,7f (in Anspielung bei der Darstellung des platonischen Gottesbegriffs);
      Albinos, Didask. X p. 165,4f (in Anspielung); Maximus Tyrius, Or. XI 6b. 9d. 10 de
      (in Andeutungen); Celsus, Frg. VI 64. Celsus, Frg. VI 19, ändert den Text und liest
      περὶ ὄν (sc. νοῦν) statt περὶ ἥν (sc. οὐσίαν), um zum Ausdruck zu bringen, daß der jen-
      seits des Seins stehende Gott auch den Ideenbereich überragt, vgl. C. Andresen, Logos
      und Nomos S. 157.
[44] Vgl. auch Strom VI § 121,1–4.
[45] Clemens übergeht καὶ ἀδίκων 109 e2 und stellt μὲ 109 c1 um, sonst ist das Zitat wört-
      lich. Alk I 109 e4–7 hat auch Theodoret, Graec. affect. cur. I § 84, übernommen, vgl.
      auch Philon, Her § 18.
[46] Die Reinheit der Seelen bedeutet auf Grund der Auslegung derselben Perikope in
      Strom VII § 72,5f die Enthaltung vom Bösen.

die Suche nach der Wahrheit[47], während zuletzt das Warten auf die Epiphanie des Lehrers auf die Gnosis zielt[48]. Die abschließende Häufung von Kurzzitaten, von denen hier nur die ersten, Pol VI 494 a4, Phaid 69 c8f, Mt 22,14, 1 Kor 8,7 und 2 Thess 3,1f, aufgenommen zu werden brauchen, erklärt sich zwanglos als ein an den Leser gerichteter Appell: «‚Philosophisch also, sagte ich, kann die Masse unmöglich werden'. ‚Viele sind Thyrsosträger, Bakchen aber nur wenige', wie Platon sagt. ‚Denn viele sind berufen, aber wenige sind auserwählt'. Und ‚nicht in allen', sagt der Apostel, ‚ist die Gnosis'. ‚Betet, daß wir von den verkehrten und schlechten Menschen errettet werden, denn nicht Sache aller ist der Glaube'»[49] (§ 17,4f).

In diesen Zitationen den für eine geistige Elite typischen Ausdruck anmaßend überheblicher Selbstgefälligkeit zu sehen, wäre zweifellos verfehlt. – Wenn Sokrates sagt, daß die Masse unmöglich philosophisch sein kann, so leitet ihn die Einsicht, daß die philosophische Erziehung derart hohe Anforderungen stellt, daß ihr nur wenige gewachsen sind. Insbesondere ist die Ideenlehre für die Menge unannehmbar (Pol VI 491 a7 – 495 b7). Aber auch trotz ihres schädlichen Enflusses verachtet er die Vielen nicht, ja er entschuldigt sie sogar. Das Volk, an sich sanft und neidlos, hat das Wahre noch nie gesehen. Die wirklichen Gegner sind die falschen Philosophen, die Sophisten, die sich unziemlich von außen einschleichen, ausschließlich auf ihren Eigennutz bedacht sind, sich zanksüchtig aufführen und immerfort vom Menschen reden, was der Philosophie am wenigsten zuträglich ist (498 d6 – 500 b7). – Das Wort von den vielen Thyrsosträgern und wenigen Bakchen (Phaid 69 c8f), spiegelt die höchste Anspannung um das rechte Philosophieren wider, wie auch das Wort von den vielen Berufenen und wenig Auserwählten (Mt 22,14) den Ernst eines Drohwortes an sich hat. Ein Exklusivitätsanspruch soll in keinem Fall begründet werden[50]. – Wenn Paulus davon spricht, daß nicht in allen die Gnosis ist (1 Kor 8,7), so korrigiert er damit die faktisch die korinthische Gemeinde spaltende Parole der Starken, alle hätten die Gnosis, d. h. die Erkenntnis in die Belanglosigkeit des Götzenopferfleisches (1 Kor 8,1). Für Paulus dient die Einschränkung, nicht alle haben die Gnosis, gerade dazu, elitäre Gruppenbildungen zu verhindern[51]. – Und daß der Glaube nicht Sache aller ist (2 Thess 3,1f), sagt Paulus im Hinblick auf die Juden. – Clemens' Intention muß aus der Grundstruktur des Kontextes abgelesen werden. So sehr er auch gerade als Christ das Gefühl der Über-

---

[47] Bei τὸν νοῦν ἐγείρουσι p. 337,8 ist an die christliche Propädeutik von Strom I § 32,4f und an den Aufstieg zur intelligiblen Sphäre gemäß der wahren Dialektik von Strom I § 177,1.3 zu erinnern.

[48] Ebenso W. Völker, Der wahre Gnostiker S. 324.

[49] Die Kombination von Pol VI 494 a4, Phaid 69 c8f und Mt 22,14 hat Theodoret, Graec. affect. cur. XII § 35, von hier übernommen.

[50] S. o. Kap. I S. 57.

[51] Vgl. H. Conzelmann, Der erste Brief an die Korinther S. 162–178.

legenheit und Ausgegrenztheit gegenüber den Ungläubigen und der Masse hatte,
so spricht sich hier doch nicht bloß sein Elitebewußtsein aus. Er will, indem er
die Forschung anregt, zur Gnosis führen (vgl. auch § 17,5 — § 18,4), und der
Glaube (2 Thess 3,1f) kann nochmals angeschlossen werden, weil er zur Vorbe-
dingung der Gnosis gehört.

2. *Die symbolische Form*

Den Vorbehalten, die Clemens dagegen empfand, das in der Gnosis zu ergreifende Geheimnis der geistlichen Wahrheit überhaupt einer Schrift anzuvertrauen, glaubte er bei der Abfassung der «Teppiche» durch sein eigenwilliges
Konzept der verhüllenden Andeutung Rechnung zu tragen, indem er sich eine
große Zahl von besonderen Stilmitteln wie die Buntheit und Unordnung des
Stoffes, die Nachlässigkeiten und Unklarheiten der Gedankenführung, die kom-
mentarlosen Zitathäufungen und vieles mehr dienstbar machte[1]. Aus demselben
Motiv erklärt sich auch sein Interesse an allen Formen von tiefsinnigen und rätselhaften Gnomen, von symbolischen Worten und geheimnisvollen Gebräuchen,
kurz an dem ganzen συμβολικὸν εἶδος. Er sieht darin überall, bei Barbaren und
Griechen, ein verwandtes Bestreben, die Erhabenheit höchster Erkenntnisse
zu schützen, das Nachdenken der Menschen anzureizen und zu fördern und die
Unberufenen abzuhalten. Es hat insofern einen guten Sinn, daß Clemens, ehe er
vom Mysterium Gottes spricht, sich in § 18,5 — § 59 über das συμβολικὸν εἶδος
ergeht. Denn dadurch, daß er auf das Symbolische abhebt und vorbereitend auf
die Indirektheit der religiösen Sprache aufmerksam macht, bringt er zum Bewußtsein, daß die menschliche Rede zwar auf uneigentliche Mittel des Ausdrucks angewiesen und dabei der Gefahr der Entstellung ausgesetzt bleibt, daß
sie aber gleichwohl zu wahrer Erschließung der Repräsentation des Göttlichen
in der irdischen Welt fähig ist. Andererseits hat dieser Abschnitt mit der immer
wiederkehrenden Behauptung des hebräischen Ursprungs der symbolischen
Form und mit den überaus reichhaltigen kulturgeschichtlichen Nachrichten
auch einen retardierenden Effekt.

Auch Platon, der, wie Clemens erneut in § 29,3 feststellt, zusammen mit
Pythagoras am meisten unter allen übrigen Philosophen von Mose in hohem
Grade gelernt hat, befleißigte sich der symbolischen Rede. Das stellt Clemens in
§ 58,1 als Faktum fest, aber er bringt natürlich auch noch einzelne Belege bei,
und zwar weist er einmal nach, daß Platon von der Notwendigkeit der Verbergung gesprochen habe, sodann zeigt er, wie Platon in einem bestimmten Fall
mit einer bildlichen Aussage des Alten Testaments übereinstimmt, und schließ-

---

[1] S. o. Kap. I S. 44ff.

lich kommt er auf die aus der symbolischen Sprachform entspringende hermeneutische Problematik im Zusammenhang mit der Interpretation der platonischen Mythen zu sprechen.

Die Notwendigkeit der Verbergung, die sich für die Christen daraus ergibt,
daß sie Geistliches mit Geistlichem deuten (1 Kor 2,13), ist für Clemens ein allgemein religiöses Phänomen[2]. Bei den Ägyptern zeigen das die Adyta ihrer
Tempel, bei den Hebräern der Vorhang im Tempel. Clemens fährt fort: «Daß es
nicht gestattet sei, daß ein Unreiner Reines berührt, schien auch Platon gut»,
und anschließend folgen Hinweise auf rätselhafte Propheten- und Orakelsprüche
und auf die Mysterien (§ 19,2 — § 20,1). Die hiesige Zitation von Phaid 67 b2
wird Platon nicht ganz gerecht. Es hatte sich bereits früher gezeigt[3], daß Platon
die Mysteriensprache als volles Bild gebraucht. Die Reinheit bemißt sich an der
Loslösung der Seele von der Körperwelt zur Schau der Ideen, entsprechend ist
der Unreine der der Körperwelt Verhaftete. Wenn Clemens die Stelle wörtlich
versteht, so folgt er damit einer religiösen, mysteriosophischen Tendenz der
Platonauslegung[4], die auch aus Plutarchs Behandlung[5] entgegen tritt.

Ein Beispiel für die Übereinstimmung von Allegorien zwischen dem Alten
Testament und Platon nennt Clemens in § 52,5 — § 53,1: «Und wenn es in
dem Lied heißt: ,Herrlich hat sich (Gott) verherrlicht, Pferd und Reiter hat er
ins Meer gestürzt', so bedeutet das, er hat die vielgliedrige, tierische und erregende Leidenschaft, die Begierde, zusammen mit dem auf ihr sitzenden Lenker,
der die Zügel den Lüsten übergeben hat, ,ins Meer gestürzt', indem er sie in die
weltliche Zuchtlosigkeit dahingegeben hat. So sagt auch Platon in dem Mythos[6]
über die Seele, daß der Lenker und das durchgehende Pferd (nämlich der vernunftlose Seelenteil, der zweigeteilt wird in Leidenschaft und Begierde) hinabstürzen. Ähnlich deutet auch die Sage dunkel an, daß Phaethon aus Zuchtlosigkeit von den jungen Pferden herabfiel». Was Clemens hier zu Phaidr 246 a6 —
b4. 248 a1 — b5 ausführt, ist zutreffend, man muß sich nur vor Augen halten,
daß er die übrige bildliche Staffage des Mythos und vor allem die ganze ideenphilosophische Abzweckung weglassen hat. Das Bild vom Pferdegespann mit
dem Wagenlenker ist, wie es auch schon vor Clemens gängig ist[7], auf eine psy-

---

[2] Vgl. C. Mondésert, Le symbolisme chez Clément d'Alexandrie, RSR 26 1936 S. 170f.
[3] S. o. Kap. III S. 123f.
[4] S. o. Kap. III S. 124 Anm. 7.8.
[5] Plutarch, De Iside 4, mor. 352 D, vgl. Jamblich, Protr. XIII p. 65,6.
[6] Schwierigkeiten bereitet ἐν δὲ τῷ περὶ ψυχῆς p. 362,7. O. Stählin, Deutsches Übersetzungswerk, Bd. IV S. 165 Anm. 9, urteilt: «Clemens hat Phaidon und Phaidros verwechselt». Das ist nicht ausgeschlossen. Ein analoges Problem hat sich schon in Strom I
      § 69,2 gestellt. Vielleicht läßt sich aber auf Grund der früheren Erwägungen, Kap. III
      S. 100 Anm. 55, der Text im Sinn der oben gebotenen Übersetzung interpretieren.
[7] Cicero, De re publ. II § 67f; Philon, Agr § 72 — § 77, All II § 99; Maximus Tyrius, Or.
      XX 5a, Or. XXXIX 2g. Or. XLI 5g—m.

chologische Allegorie reduziert und erscheint nun in Zusammenhang mit dem Schilfmeerlied, Ex 15,1.21. Auch darin ist schon Philon vorausgegangen[8].

Zur Interpretation der platonischen Mythen äußert sich Clemens in § 58,6: «Freilich sind weder die Lehren der barbarischen Philosophie, noch die pythagoreischen Mythen, aber auch nicht diejenigen bei Platon ohne weiteres in allen Worten allegorisch auszulegen, so in der Politeia der vom Er, dem Sohn des Armenios, im Gorgias der von Aiakos und Rhadamanthys, im Phaidon der vom Tartaros, im Protagoras der von Epimetheus und dazu der vom Krieg der Atlantiker und der Athener im Atlantikos[9], sondern nur das, was auf den Hauptgedanken hinweist. Und da finden wir, daß dieses durch Symbole unter der allegorischen Verhüllung bezeichnet ist». Clemens bezeugt hier den Grundsatz, den auch Plutarch[10] und Maximus Tyrius[11] vertreten haben, daß Platons Mythendichtung nicht vordergründig wörtlich zu nehmen ist[12], sondern übertragen einen symbolischen Sinn andeuten will. Er zeigt darüber hinaus auch ein geschärftes Bewußtsein für die Probleme der daraus resultierenden Mytheninterpretation im einzelnen, indem er eine durchgängige Allegorisierung ablehnt. Von einem anderen Ausgangspunkt her haben die Schulplatoniker Gaios und Albinos eine doppelte Lehrform Platons, ἢ ἐπιστημονικῶς ἢ εἰκοτολογικῶς, angesetzt und gefordert, daß ihr auch die Auslegung gerecht werden müsse[13]. Ob mit der Feststellung schon der Tendenz einer bis auf die einzelnen Wörter gehenden Allegorisierung Einhalt geboten werden sollte, läßt sich nicht sicher sagen. Es ist aber mit aller Wahrscheinlichkeit anzunehmen, daß sich bei Clemens diesbezügliche Diskussionen aus philosophischen Kreisen widerspiegeln. Er selbst will nur zeigen, daß die symbolische Form und ihr reflektierter Gebrauch ein Wesensmerkmal jeder höheren Erkenntnis ist.

---

[8] Philon, Agr § 82f, Ebr § 111, vgl. auch Som II § 269f.
[9] Das ist der Untertitel des Kritias in der dem Thrasyllos zugeschriebenen Ausgabe, vgl. Diogenes Laertios III § 60.
[10] Plutarch, De Iside 58, mor. 374 E.
[11] Maximus Tyrius, Or. IV 4c–f, 5a: πάντα μεστὰ αἰνιγμάτων.
[12] Im Gegensatz dazu war Cicero, De re publ. VI § 3 – § 7, so beeindruckt von dem Anstoß, den der Epikureer Kolotes an dem mythischen Charakter der Geschichte von Er genommen hatte, daß er im «Somnium Scipionis» die Mythenform durch eine Traumerzählung ersetzte.
[13] Proklos, In Plat. Tim. I p. 340,16ff, vgl. Diogenes Laertios III § 65. § 80 und oben Kap. III S. 132 Anm. 43.

3. Die Transzendenz Gottes

Die Gnosis, diese im wissenschaftlichen Erforschen der christlichen Wahrheit angestrebte und von Gott als Gabe gewährte lebendige, geistig-geistliche Aneignung des Heils, ist wesentlich die Erkenntnis des sich offenbarenden transzendenten Gottes[1]. Demgemäß kommt den Darlegungen zur Transzendenz Gottes eine hervorragende Bedeutung zu. Überblickt man den Abschnitt zum Mysterium Gottes in § 60 — § 88 und achtet insbesondere auf die Rolle, die die Platonzitationen darin spielen, dann läßt sich feststellen, daß Clemens mehrere verschiedene Traditionen zur Transzendenz Gottes aufgenommen, kombiniert und z. T. mit platonischen Zitaten angereichert hat. Als besonders charakteristisch ist wiederholt die negative philosophische Theologie angesprochen worden[2], und in der Tat hat die mittelplatonische Schulphilosophie nicht nur in der Terminologie, sondern auch in den grundlegenden Argumentationsformen einen erheblichen Einfluß auf Clemens' Ausgestaltung des transzendenten Gottesbegriffes ausgeübt. Aber daneben lassen sich noch weitere Traditionen erkennen. Hier können die Untersuchungen von J. Daniélou[3] zur Terminologie der Gottesprädikate fruchtbar gemacht und weitergeführt werden. In einer Gedankenreihe veranschaulicht Clemens die Einzigkeit und Transzendenz Gottes an Moses Kultzentralisationsforderung und an dem Verbot des Bilderkultes, und er bekräftigt die Bedürfnislosigkeit Gottes in der Frontstellung gegen das heidnische Kultwesen. Diese Motive haben, wie auch einige der einschlägigen Gottesprädikate zeigen, ihren engeren Herkunftsbereich in der Polemik des helle-

---

[1] J. Daniélou, Message évangélique et culture hellénistique S. 416, faßt die Gnosis zu eng, wenn er sie im spezifischen Sinne auf die «apocalyptique judéo-chrétienne» beschränkt: «Or le contenu de ces traditions concerne essentiellement l'angélologie et les hiérarchies angéliques, la montée de l'âme à travers elles, des exégèses gnostiques de la Genèse». Demgegenüber hat A. Méhat, Étude sur les ‚Stromates' S. 429—437, eine umfassende Aufstellung des Inhalts der Gnosis versucht. Sie schließe in sich «les choses divines» (Dieu, le Logos, les esprits, les anges, les intelligibles, la création du monde) und «les choses humaines» (le cosmos sensible, le plan divin, nature de l'homme: connaissance de soi, relation de l'homme et Dieu, fin de l'homme, éthique). Entscheidend ist jedoch, daß sich nur in der Offenbarung des transzendenten Gottes die Welt im ganzen erschließt, und insofern ist diese der wesentliche Gegenstand der Gnosis.

[2] Vgl. E. de Faye, Clément d'Alexandrie S. 234—239, J. Patrick, Clement of Alexandria S. 69ff, Ch. Bigg, The Christian Platonists of Alexandria S. 92f, R.P. Casey, Clement of Alexandria and the Beginnings of Christian Platonism, HThR 18 1925 S. 74: «Clement's conception of God's transcendence is from the historical point of view probably the most significant portion of his theology», M. Pohlenz, Klemens von Alexandreia und sein hellenisches Christentum S. 156, J. Wytzes, The Twofold Way II, VigChr 14 1960 S. 144, S.R.C. Lilla, Clement of Alexandria S. 212—226. W. Völker, Der wahre Gnostiker S. 93f, sucht diesen Sachverhalt in unzulässiger Weise abzuschwächen.

[3] J. Daniélou, Message évangélique et culture hellénistique S. 297—313. Näheres bei der Einzelbehandlung.

nistischen Judentums gegen die heidnischen Kulte. Hier ist der Gedanke der Transzendenz Gottes aus der Tradition der hellenistisch-jüdischen Apologetik übernommen. In einer weiteren Gedankenreihe spricht Clemens von Gottes Transzendenz im Zusammenhang mit Ekstasen und Apokalypsen. In diesen Fällen hat man eine apokalyptische Tradition jüdisch-christlicher Herkunft anzusetzen. Darüber hinaus haben philonische Aussagen mehrmals Clemens' Formulierungen im einzelnen bestimmt und sein Grundkonzept mitgeprägt. Und schließlich hat Clemens spezifisch christologische Aussagen in die übernommenen Traditionen eingeflochten. Kennzeichnend für die clementinische Lehre von der Transzendenz Gottes im ganzen ist die Kombination dieser verschiedenen Traditionen und ihre christologische Rückbindung. Demzufolge lassen sich im einzelnen folgende Elemente aufzeigen:

a) der Schulplatonismus

b) der Schulplatonismus in Verbindung mit Philon

c) der Schulplatonismus in Verbindung mit apokalyptischer Tradition

d) die hellenistisch-jüdische Apologetik.

Für den Punkt a), die Elemente des Schulplatonismus, ist die negative philosophische Theologie zu nennen. Sie findet ihren bezeichnenden Ausdruck in der Lehre des transzendenten, unaussprechbaren Gottes, in der Lehre vom ἄρρητος θεός. Albinos, der in Kap. X seines «Didaskalikos» das traditionelle Lehrgut der Schule weitergibt[4], erklärt, daß Platon Gott, das dritte Prinzip, beinahe sogar für unaussprechlich gehalten habe[5]. Zu denken ist dabei an Symp 211 a7, Parm 142 a3−6 und vor allem an Epist VII 341 c5 (ῥητὸν οὐδαμῶς). Albinos entfaltet die Unaussprechlichkeit Gottes mit der «via negationis». Für sie ist der platonische Hintergrund nicht eindeutig erkennbar, aber es können die erste Hypothese des Parmenides (Parm 137 c4 − 142 a8) und der Schluß der Diotimarede (Symp 211 a1 − b1) in Betracht gezogen werden[6]. Albinos führt noch zwei weitere Methoden an; die «via analogiae», die auf das Sonnengleichnis (Pol VI 506 d8 − 509 b10) zurückgeht, und die «via eminentiae», die

[4] Daß vor allem die drei theologischen Wege traditionell sind, beweisen die Parallelen: Albinos, Didask. X p. 165,4−30; Celsus, Frg. VII 42.45; Maximus Tyrius, Or. XI 7−8. 9ab. 11e; Plotin, Enn. VI 7,36,6−10; Attikos, Frg. 2,55 («via negationis»). Grundlegend ist A.J. Festugière, La Révélation d'Hermès Trismégiste Bd. 4 S. 79−140.

[5] Albinos, Didask. X p. 164,6f.28. p. 165,4. Tatsächlich hat Platon den Begriff ἄρρητος nicht terminologisch auf Gott bezogen.

[6] Während H. Dörrie, Die Frage nach dem Transzendenten im Mittelplatonismus, in: ders., Platonica Minora S. 223, annimmt, daß die «via negationis» eigenständig entwickelt worden sei, betrachten R.E. Witt, Albinus S. 132, und J. Dillon, The Middle Platonists S. 284f, die Parmenidesstelle als die eigentliche Grundlage. Eine größere Textliste (Symp 210 e2 − 211 b3, Soph 218 c1−5. 221 a8, Nom X 895 d1 − 896 a5, Epist VII 341 b7 − d2. 342 a7 − e3, Parm 141 e7 − 142 a7) führt A.J. Festugière, ebd. Bd. 4 S. 79ff an.

auf dem von Diotima geschilderten Aufstieg zum Schönen selbst (Symp 209 e5 — 211 d1) basiert.

Diese Hauptmotive kehren bei Clemens wieder, aber sie sind nicht nur in sich nicht rein gehalten, was zu einer gewissen Unausgeglichenheit führt, sondern auch mit spezifisch christlichen Gedanken angereichert, bzw. überlagert. Die schulplatonische Lehre von der Unsagbarkeit Gottes und die «via eminentiae» verbindet Clemens mit zwei Stellen des pseudoplatonischen Briefes, Epist II 312 d7 — e1. 314 b5 — c1, in § 65,1—3: «Zurecht sagt demnach auch Platon in den Briefen, als er von Gott handelt: ‚Ich muß es dir in Rätseln sagen, damit der Leser es nicht versteht, wenn der Brief in Winkeln des Meeres oder Landes irgendwie verunglücken sollte’. Denn der Gott des Ganzen, der höher ist als alle Sprache, alles Denken und alle Vernunft, kann nicht durch schriftliche Aufzeichnungen überliefert werden, denn er ist in seiner Macht unsagbar. Auch dieses hat Platon mit den Worten erklärt: ‚Im Hinblick darauf nimm dich in acht, daß es dich nicht gereut, wenn jetzt etwas unwürdig in die Öffentlichkeit gerät! Die größte Vorsicht ist es, überhaupt nicht zu schreiben, sondern auswendig zu lernen, denn es ist nicht möglich, daß das Geschriebene der Öffentlichkeit verborgen bleibt’»[7].

Der Briefschreiber betont mit der ersten Stelle die Notwendigkeit, die Lehre vom Höchsten (περὶ τῆς τοῦ πρώτου φύσεως 312 d7) rätselhaft zu verschlüsseln, worauf er die Rätselworte vom König des Alls, auf den sich alles bezieht und dessentwegen alles ist, und vom Zweiten und Dritten folgen läßt, um später mit der zweiten Stelle die Schrift überhaupt als ein für eine Geheimlehre gefährliches Mittel zu charakterisieren und statt dessen das Auswendiglernen zu empfehlen. Wenn Clemens diese Zitate hier aufnimmt, dann knüpft er an seine Anfangsreflexionen des ersten Buches an und begründet sie aus der Transzendenz Gottes. Er hat die Rätselworte vom König und Zweiten und Dritten gleichsam entschlüsselt, indem er sie im Sinne der schulplatonischen Lehre von der Unsagbarkeit Gottes und der «via eminentiae» interpretiert. Andererseits weisen die Gottesprädikate auch über die Grenzen der Schulphilosophie hinaus, insofern das ἄρρητος ... δυνάμει τῇ αὐτοῦ p. 369,28 Parallelen im philonischen und christlichen Sprachgebrauch[8] hat und das ὑπὲρ πᾶσαν φωνὴν καὶ πᾶν νόημα καὶ πᾶσαν ἔννοιαν p. 369,27 die Erinnerung an die liturgischen, bzw. paränetischen Stellen Phil 4,7 und Eph 3,20 weckt.

---

[7] Clemens hat αἰνιγμάτων p. 369,25 statt αἰνιγμῶν 312 d7f und ἵν' ἤν p.369,25 statt ἵν' ἄν 312 d8. Das οὐκ ἔστιν p. 370,3 ist als Dittographie zu tilgen. Theodoret, Graec. affect. cur. II § 78, zitiert 312 d7 — e4 (mit der sekundären Leseart αἰνιγμάτων) unter Einschluß der Rätselworte. Bei Clemens folgen diese in § 103,1. Stobaios III p. 608,3—7 zitiert 314 b7 — c4 unter dem Lemma: περὶ μνήμης!

[8] O. Stählin, z.St. hat Philon, Mut § 14f, genannt, vgl. auch Her § 170, Som I § 67. Den christlichen Sprachgebrauch belegt Justin, Apol. I 9,3. 61,11. Apol. II 10,8.

Am deutlichsten kommt die negative Theologie des Schulplatonismus dort zum Ausdruck, wo Platon nicht direkt beansprucht wird, nämlich in § 71,2–5 und § 81,5 – § 82,4[9].

Der Abschnitt § 71,2–5 lautet: «Wir erlangen die Stufe der Reinigung durch das Sündenbekenntnis, die Stufe der Schau aber, indem wir durch Analyse zum höchsten Verstehen vorrücken, wobei wir durch die Analyse bei dem ihm Zugrundeliegenden den Anfang machen, einerseits die natürlichen Qualitäten des Körpers wegnehmen, andererseits die Dimensionen in die Tiefe, dann die in die Breite und schließlich die in die Länge wegnehmen. Der Punkt, der dann noch übrigbleibt, ist eine Einheit, die sozusagen nur noch einen Platz hat; wenn wir ihr auch noch den Platz wegnehmen, so bleibt nur noch die gedachte Einheit übrig. Wenn wir also alles weggenommen haben, was den Körpern und den sogenannten unkörperlichen Dingen anhaftet, und uns dann auf die Größe Christi werfen und von dort mit Heiligkeit in das Unendliche vordringen, dann werden wir uns irgendwie dem Verstehen des Allmächtigen nähern und erkennen, nicht, was er ist, sondern, was er nicht ist. Gestalt, Bewegung, Stand, Thron, Ort, Rechte oder Linke des Vaters aller Dinge sind überhaupt nicht anzunehmen, obwohl auch davon geschrieben steht. . . . Also ist die erste Ursache nicht an einem Ort, sondern erhaben über Raum und Zeit und Name und Verstehen».

Das schulplatonische Moment liegt hier in der «via negationis», in dem Verfahren der Analyse, das am Schluß in die «via eminentiae» übergeht. Die christliche Prägung ist daran zu erkennen, daß dem logischen Verfahren die Reinigung durch das Sündenbekenntnis vorausgeht und daß vor allem die Erkenntnis Gottes an die Gemeinschaft mit Christus gebunden ist. Wiederum ist auch zu erwägen, ob die Wendung am Schluß nicht durch die bereits angesprochenen Stellen Phil 4,7 und Eph 3,20 mitbedingt ist.

Der Abschnitt § 81,5 – § 82,4 lautet: «Denn wie sollte aussagbar sein, was weder Gattung noch Unterschiedenheit noch Form noch Unteilbares noch Zahl ist, aber auch nicht Eigenschaft und nicht Träger einer Eigenschaft. Ganz kann man ihn nicht im eigentlichen Sinn nennen, denn ,ganz' wird auf Größe bezogen, und er ist der Vater des Ganzen. Auch von Teilen kann man dabei nicht reden, denn das Eine ist unteilbar, deshalb aber auch unendlich, nicht als undurchdringlich, sondern als unzerlegbar und ohne Grenzen verstanden, und insofern ist es gestaltlos und namenlos. Und wenn wir es wohl auch einmal benennen, indem wir nicht im eigentlichen Sinne es entweder Eines nennen oder das Gute oder Geist oder das Seiende selbst oder Vater oder Gott oder Schöpfer oder Herrn, so reden wir nicht, als brächten wir seinen Namen vor, sondern

---

[9] Dank der einläßlichen Behandlung der Texte bei E.F. Osborn, The Philosophy of Clement of Alexandria S. 25–31, kann hier die Interpretation knapp gehalten werden. Zu § 71,2–5 vgl. auch J.M. Whittaker, Neopythagoreanism and Negative Theology, SO 44 1969 S. 109ff.

verwenden aus Ratlosigkeit schöne Wörter, damit unsere Vorstellung sich darauf stützen kann und nicht auf anderes abirrt. Denn jedes einzelne für sich kann nicht Gott bezeichnen, aber alle zusammen geben einen Hinweis auf die Macht des Allmächtigen. Denn was benannt wird, wird entweder nach dem, was ihm zugehört, oder nach dem Verhältnis zueinander benannt. Davon aber kann man nichts bei Gott anwenden. Er kann aber auch durch beweisführende Wissenschaft nicht ergriffen werden, denn diese stützt sich auf Früheres und Bekannteres, nichts aber ist früher als das Ungewordene. Es bleibt demnach nur übrig, daß wir das Unerkennbare durch göttliche Gnade und allein durch das von ihm ausgehende Wort erfassen».

Auch hier fällt der schulplatonische Einfluß in der Lehre der Unsagbarkeit Gottes unmittelbar in die Augen. Für das Verfahren der «via negationis», bei dem die Gültigkeit der Kategorien in Bezug auf Gott abgelehnt wird, hat L. Früchtel[10] sogar wörtliche Berührungen mit Albinos nachgewiesen. Ebenfalls im Schulplatonismus anzutreffen ist das Wissen um den uneigentlichen Gebrauch der göttlichen Benennungen[11]. Andererseits ist diese Passage grundlegend christlich, insofern sich der transzendente Gott selbst im Logos gnadenhaft zu erkennen gibt.

Der Punkt b), der Schulplatonismus in Verbindung mit Philon, bezeichnet ein weiteres Moment, das bei der Ausgestaltung des clementinischen Konzeptes der Transzendenz Gottes wirksam geworden ist. Philon ist die direkte Quelle, wenn Clemens in § 67,4 — § 68,3 die anthropomorphen Züge des alttestamentlichen Gottes in der Frontstellung gegen einen philosophischen Rationalismus allegorisch erklärt[12]. Ebenfalls philonisch ist die Exegese von Ex 33,13, wenn Clemens Moses Bitte an Gott, er möge sich ihm zeigen, in § 71,5f im Sinne der Unerkennbarkeit Gottes auslegt[13]. Besonderes Interesse aber verdienen die Abschnitte § 73,1 — § 74,2 und § 78,1—3, weil hier Platon in schulphilosophischer Deutung aufgenommen und mit Philon zusammengebracht ist.

Besonders komplex und vielschichtig ist § 73,1 — § 74,2, wo Clemens die «via eminentiae» und die Lehre des die Ideen umfassenden transzendenten Gottes als schulphilosophische Elemente mit einem zusätzlichen Platonzitat und mit philonischen Ausführungen verbindet. Indem er zugleich in seine Darlegung christliche Gedanken einfügt, nimmt er gegen Philon Stellung und korrigiert stillschweigend dessen Auffassung, daß die Suche nach Gott angesichts seiner Transzendenz zu keinem Ziel führen könne. Der Text lautet: «Wiederum: ,Abraham ging an den Ort, den Gott ihm genannt hatte, blickte am dritten Tag

---

[10]   Zu p. 380,18—20 hat L. Früchtel Albinos, Didask. X p. 165,4—8 genannt.
[11]   Zu p. 380,25 – p. 381,3 vgl. Albinos, Didask. X p. 164,27—31.
[12]   § 67,4 – § 68,3 ist ein Cento aus Philon, Sacr § 84. § 95. § 98. § 96.
[13]   § 71,5f berührt sich mit Philon, Post § 15f. Zu § 72,2 vgl. J. Daniélou, Typologie et allégorie chez Clément d'Alexandrie, StPatr IV = TU 79 1961 S. 50—57.

auf und sieht den Ort von fern'. Der erste Tag ist der mit dem Anblick von
schönen Dingen ausgefüllte Tag, der zweite ist das Verlangen der Seele nach
den besten Wesenheiten, am dritten Tage aber durchschaut der Geist das Geistliche, wenn die Augen der Vernunft von dem am dritten Tag auferstandenen
Lehrer geöffnet wurden. Die drei Tage könnten auch das Geheimnis des Sie-
gels meinen, durch welches man an den wahren Gott glaubt. ,Von fern sieht er'
(sc. Abraham) folgerichtig ,den Ort', denn schwer erreichbar ist das Gebiet Gottes, den Platon den Ort der Ideen genannt hat, indem er von Mose übernahm,
daß er (sc. Gott) Ort ist, weil er alles und das Ganze umfaßt. Aber zu Recht
wird er von Abraham nur von fern gesehen, weil dieser noch im irdischen Leben ist, und durch einen Engel wird er unmittelbar in das göttliche Geheimnis
eingeweiht. Daher sagt der Apostel: ,Jetzt sehen wir wie in einem Spiegel, dann
aber von Angesicht zu Angesicht', gemäß jenen allein reinen und unkörperlichen Erfassungen des Geistes. Es ist aber auch in der Dialektik möglich, zu Weissagungen über Gott zu gelangen, wenn ,man versucht, ohne alle Sinneswahrnehmungen durch den Logos zu dem selbst vorzudringen, was ein jedes ist, und
nicht eher abläßt' von den seienden Wesenheiten, bis man zu dem darüber Erhabenen aufsteigend, ,dasjenige, was das Gute selbst ist, mit der Erkenntnis erfaßt,
indem man am Ziel alles Erkennbaren selbst anlangt', wie sich Platon ausdrückt».

In diesem Abschnitt unterbreitet Clemens seine Auslegung von Abrahams
Opfergang zum Berge Moria, Gen 22,3f, und schließt daran 1 Kor 13,12 und
Pol VII 532 a5 — b2 an. Der ganze Passus nimmt auf Philons Behandlung der
Genesisstelle in «De posteritate Caini» § 17 — § 21 und in «De somniis» I
§ 64ff Bezug[14]. Clemens' Auslegung ist zweigliedrig. Zuerst deutet er zwei Erklärungsmöglichkeiten für die drei Tage, die die Reise dauerte, an (§ 73,1f),
dann wendet er sich dem Satz, «von fern sah er den Ort», zu (§ 73,3f), wobei
er zunächst auf den Begriff «Ort» und dann auf die Aussage «von fern» eingeht.

Während Philon die drei Tage ganz unkommentiert gelassen hat, erklärt sie
Clemens allegorisch im Sinn der «via eminentiae», wobei er den Aufstieg des
Symposions nachvollzieht, ihn aber an Gottes vorgängiges Heilshandeln bindet.
δι' ὄψεως τῶν καλῶν p. 375,13 dürfte die Gestirne meinen[15], ἡ ψυχῆς τῶν
ἀρίστων ἐπιθυμία p. 375,14 (Äquivalent für ἔρως!) zielt dann auf die nächst-
höhere Stufe, den Ideenbereich[16], und ὁ νοῦς τὰ πνευματικὰ διορᾷ p. 375,14f[17]
gilt wohl den Engeln, dem Logos und Gott. Mögen die Formulierungen im einzelnen auch vage sein, so ist doch die Transzendenz des Pneumatischen da-

---

[14] Auf Philons Auslegung der Perikope in Abr § 167 — § 199 geht Clemens nicht ein.
[15] Vgl. auch § 8,5f und vor allem Philon, Post § 19.
[16] W. Völker, Der wahre Gnostiker S. 92 Anm. 6, deutet anders, bemerkt aber auch, daß
die Stelle nicht ganz klar sei.
[17] Höchst beachtlich ist, wie νοῦς und πνεῦμα hier ineinander übergehen. Man darf bei
einem Autor, der so formulieren kann, nicht mit scharfen Abgrenzungen der Begriffe
rechnen.

durch zum Ausdruck gebracht, daß dieses mehrere andere Seinsstufen überragt. Dieser Gesamtaufriß entspricht demjenigen von Strom II § 14,2 — § 15,3[18]. Voraussetzung für den Aufstieg, und darin liegt das spezifisch Christliche und vom Schulplatonismus Trennende, ist Gottes Heilshandeln, das objektiv in der Auferstehung des Lehrers am dritten Tage und subjektiv in der Öffnung der Augen der Vernunft[19] besteht. Mit dem Hinweis auf die Auferstehung erhalten die drei Tage der Reise Abrahams auch eine typologische Deutung. Die zweite Auslegungsmöglichkeit ist damit gegeben, daß man die drei Tage typologisch auf die Taufe (vgl. die triadische Taufformel Mt 28,19) bezieht. Der Erkenntniszugang zu Gott liegt nach dieser Erklärungsweise im Glauben.

In der Auslegung des Begriffes «Ort» berührt Clemens zunächst eine Abhängigkeit Platons von Mose, insofern die mosaische Umschreibung des Gottesnamens mit τόπος Platon veranlaßt habe, Gott die χώρα ἰδεῶν zu nennen. Was das erste betrifft, so findet sich in der Tat die Umschreibung des Gottesnamens durch τόπος in der Septuaginta[20], und auch Philon[21] geht darauf ein. Und was die angeblich platonische Gottesbezeichnung χώρα ἰδεῶν betrifft, so liegt eine dogmatisierte Lehre vor, die sich einerseits auf Platons bildliche Ausdrucksweise, wo er den Ideen einen Platz zugewiesen hat, stützt (vgl. ὁ ὑπερουράνιος τόπος Phaidr 247 c3[22], τὸ ἀληθείας πεδίον Phaidr 248 b6[23], ὁ δέ γε φιλόσοφος, τῇ τοῦ ὄντος ἀεὶ διὰ λογισμῶν προσκείμενος ἰδέᾳ, διὰ τὸ λαμπρὸν αὖ τῆς χώρας οὐδαμῶς εὐπετὴς ὀφθῆναι Soph 254 a8ff, ὁ νοητὸς τόπος Pol VII 517 b5, κόσμος τις ἀσώματος Phileb 64 b7) und die andererseits die Gleichsetzung, bzw. Verknüpfung der Ideenwelt mit Gott, wie sie im Konzept der Ideen als Gedanken Gottes gegeben ist, voraussetzt. Hier liegt also schulphilosophisches Gut vor[24]. In der Fortsetzung zeigt sich aber deutlich, daß Clemens' Absicht nicht darin besteht, Gott als νοῦς oder als Inbegriff der Ideenwelt zu erweisen, was auch dem gerade zuvor dargelegten und sofort anschließend wiederkehrenden Gesamtaufriß widerspräche, sondern daß Clemens diese platonisierenden Elemente aufnimmt, um Gottes Transzendenz zu umschreiben. In

---

[18] S. o. Kap. IV S. 153ff.

[19] S. o. Kap. I S. 65f.

[20] Vgl. W. Bousset — H. Gressmann, Die Religion des Judentums S. 316ff, wo als Beispiel Ex 24,9−11 genannt ist.

[21] Philon, Post § 17. Som I § 62ff, vgl. auch Som I § 67. § 184.

[22] Zur Bedeutung bei Platon vgl. oben Kap. III S. 92f, zur Aufnahme bei den Christen vgl. A. Méhat, Le 'lieu supracéleste' de Saint Justin à Origène, in: Festschrift M. Pellegrino S. 282−294.

[23] Zur Wirkungsgeschichte dieser Metapher vgl. P. Courcelle, La plaine de vérité, MH 26 1969 S. 199−203.

[24] S.o. S. 262. Aufmerksam zu machen ist noch auf Plutarch, De Iside 58, mor. 374 E, wo nach der Auffassung einiger der νοῦς der τόπος εἰδῶν ... καὶ τῶν νοητῶν ist, und auf Philon, Cher § 49, der zu Jer 3,4 erklärt: ὅτι ὁ θεὸς καὶ οἶκός ἐστιν, ἀσωμάτων ἰδεῶν ἀσώματος χώρα.

Übereinstimmung mit Philon[25] legt er nämlich den Ausdruck «Ort» in der Weise aus, daß er von Gott ausgesagt werde, weil Gott «alles und das Ganze umfaßt», ὡς τῶν ἀπάντων καὶ τῶν ὅλων περιεκτικόν p. 375,20f. Der Gedankengang zielt also auf Gottes Transzendenz ab.

Bei Clemens' Auslegung des Ausdrucks «von fern» steht nun die Frage im Vordergrund, wie dieser transzendente Gott erkannt werden kann. Um den Gedankengang jedoch in seiner eigentümlichen Zuspitzung zu verstehen, ist es nötig, sich Philons Behandlung des Genesisverses zu vergegenwärtigen. Philon sieht in dem Ausdruck «von fern» eine Bezeichnung für Gottes Transzendenz. Daß Abraham an jenen Ort kommt, bedeutet Philon zufolge, daß er zu dem göttlichen Logos, bzw. zu den göttlichen Logoi und Kräften gelangt. Daß er den Ort von fern sieht, bedeutet, Gott selbst weicht immer weiter zurück, so daß Abraham ihn nicht einmal von fern sehen kann. Mag auch der Logos, bzw. mögen auch die Logoi und Kräfte nahe sein, so kann doch ein Geschöpf Gottes Wesen nicht erkennen, ὡς μηδὲ κατὰ τὰς ἀκραιφνεῖς καὶ ἀσωμάτους τῆς διανοίας ἐπιβολὰς ψαῦσαι δύνασθαι[26]. Dies ist der Satz, den Clemens direkt in sein Gegenteil verwandeln wird. Und Philon fährt fort: τοῖς μὲν οὖν φιλοθέοις τὸ ὂν ἀναζητοῦσι, κἂν μηδέποτε εὕρωσι, συγχαίρομεν — ἱκανὴ γὰρ ἐκ ἑαυτῆς προευφραίνειν ἐστὶν ἡ τοῦ καλοῦ ζήτησις, κἂν ἀτυχῆται τὸ τέλος ... [27].

An diesen Ausführungen hat Clemens ganz ersichtlich Anstoß genommen, und zwar nicht der Transzendenz Gottes wegen, die er ja nicht weniger entschieden behauptet, sondern deshalb, weil in seinen Augen Philon den Logos, bzw. die Logoi und Kräfte nicht als Offenbarungsmittler im strengen Sinne gefaßt hat und weil er der eschatologischen Vollendung nicht gerecht geworden ist. Insofern betont Clemens in seiner Auslegung des Ausdrucks «von fern» mit Nachdruck, daß Abraham tatsächlich einer visionären Schau Gottes teilhaftig wurde, προσεχῶς μυσταγωγεῖται[28] p. 375,22 (vgl. Gen 22,14). Freilich bedeutet der Ausdruck «von fern», der nicht auf Gott, sondern auf den Menschen zu beziehen ist, eine Einschränkung. Sie liegt darin, daß Abraham noch im irdischen Leben stand, διὰ τὸ ἐν γενέσει[29] εἶναι p. 375,21f, und insofern noch der Vermittlung eines Engels, δι' ἀγγέλου p. 375,22, (vgl. Gen 22,11) bedurfte.

---

[25] Philon, Som I § 63 − § 67. Post § 18 (δυσάλωτος = p. 375,18).
[26] Philon, Post § 20.
[27] Philon, Post § 21.
[28] Derselbe Ausdruck ist gebraucht im Zusammenhang mit Paulus' Ekstase (2 Kor 12,2.4) p. 378,20.
[29] W. Bauer, WbNT s.v. γένεσις 2.), vgl. oben Kap. V S. 208f. 211
[30] Obwohl die Philonstelle, Post § 20, schon von L. Früchtel in den Nachträgen und Berichtigungen z.St. p. 535 nachgewiesen worden ist, ist R. Mortley, The Mirror and I Cor. 13,12 in the Epistemology of Clement of Alexandria, VigChr 30 1976 S. 118f, der Beziehung zu Philon bei der Interpretation der Stelle nicht nachgegangen. Er versteht sie lediglich als einen «attempt to describe the future contemplation ‚face to face' in epistemological terms» und führt den Ausdruck ἐπιβολὴ τῆς διανοίας auf Epikur zurück.

Auf Grund des vermittelten Charakters der Gottesschau Abrahams schließt sich antithetisch der Gedanke an die unvermittelte und direkte Gottesschau im Eschaton ganz zwanglos an. Diese Gegenüberstellung bringt Clemens mit 1 Kor 13,12 zum Ausdruck und kommentiert die Schau Gottes von Angesicht zu Angesicht folgendermaßen: κατὰ μόνας ἐκείνας τὰς ἀκραιφνεῖς καὶ ἀσωμάτους τῆς διανοίας ἐπιβολάς p. 375,24f. Er interpretiert so die einer körperlich-sinnlichen Vorstellung verhaftete Ausdrucksweise des Paulus im Sinne einer geistigen Erkenntnis[30], das Entscheidende ist jedoch, daß er damit Philon widerspricht, insofern er diese geistige Erkenntnis Gottes, die Philon ganz in Abrede gestellt hatte, mit dessen eigenen Worten für das Eschaton postuliert.

Es gibt aber auch sozusagen eine Antizipation der eschatologischen Erkenntnis des transzendenten Gottes in der Dialektik, und dazu zitiert Clemens Platon Pol VII 532 a6 − b2[31]. Sokrates hatte ja davon gesprochen, daß die Dialektik, die Krönung des höheren Bildungsganges für die zukünftigen Philosophenherrscher (531 c9 − 535 a2), losgelöst von allen Sinneswahrnehmungen nur mit dem Denken (διὰ τοῦ λόγου 532 a6f) hinaufführt zur Erkenntnis des Höchsten, der Idee des Guten. Diese Aussage greift Clemens auf, strukturiert sie noch etwas stärker, gibt ihr eine christliche Deutung und wendet sie so ganz gezielt gegen Philon. Die schärfere Strukturierung gewinnt er durch zwei geringe Einschübe. Zu καὶ μὴ ἀποστατεῖν fügt er τῶν ὄντων p. 375,28 als Bezeichnung der intelligiblen Welt ein, und den letzten, höchsten Schritt hebt er davon rangmäßig mit ἐπαναβαίνων ἐπὶ τὰ ὑπερκείμενα p. 375,28 nachdrücklich ab. Clemens entfaltet so die bis in die Transzendenz des Höchsten verfolgte Stufung des Seins, die er am Anfang des Abschnittes in Anlehnung an das Symposion nur angedeutet hat.

Die christliche Deutung läßt sich indirekt aus der Einleitung und aus entsprechenden Begriffsumwertungen im Zitat ablesen. Wenn Clemens einleitend feststellt, auch in der Dialektik sei ein καταμαντεύεσθαι τοῦ θεοῦ p. 375,25f möglich, so ist im Gegensatz zu O. Stählins Interpunktion darauf hinzuweisen, daß diese Formulierung nicht aus dem Platontext, sondern von Clemens' eigener Hand stammt. Sie erklärt sich nur, wenn man sie, dem Zusammenhang folgend, als eine Einschränkung unter eschatologischem Gesichtspunkt auffaßt. Dem καταμαντεύεσθαι τοῦ θεοῦ entspricht das βλέπομεν νῦν ὡς δι' ἐσόπτρου p. 375,23. D. h. die Dialektik versteht Clemens im Sinn der wahren Dialektik von Strom I § 177,1 − § 179,4[32], hier aber unter eschatologischem Vorbehalt. Der Aufstieg vollzieht sich im Denken (αὐτῇ νοήσει p. 376,1) durch den göttlichen Logos (διὰ τοῦ λόγου p. 375,27) und führt zu dem über dem Ideenkos-

---

[31] Der Anfang des Zitates und die Satzkonstruktion sind frei adaptiert. τῷ διαλέγεσθαι p. 375,25 stammt aus Pol VII 532 a5f. Mit ἐπιχειρῇ p. 375,26 beginnt das Zitat, dem Clemens zwei Erweiterungen, τῶν ὄντων p. 375,28 und ἐπαναβαίνων ἐπὶ τὰ ὑπερκείμενα p. 375,28, hinzufügt.

[32] S.o. Kap. III S. 128ff.

mos liegenden, aber ausdrücklich (vgl. die Einleitung p. 375,26) mit der Idee des Guten identifizierten Gott. Die Auseinandersetzung mit Philon und die Korrektur an ihm wird durch den geschickten Ausschnitt des übernommenen Wortlautes greifbar. Die Korrektur liegt darin, daß der dialektische Aufstieg nicht gezwungen ist, bei dem göttlichen Logos, bzw. den göttlichen Logoi oder Kräften haltzumachen, sondern daß er, gerade weil er vom göttlichen Logos vermittelt wird, auch tatsächlich bis zum Ziel, bis zu Gott gelangt. Der christliche Logos ist wirklich Offenbarungsmittler. So stehen die letzten Worte der Zitation, ἐπ' αὐτῷ γινόμενος τῷ τοῦ νοητοῦ τέλει p. 376,1f, ganz pointiert gegen Philons κἂν ἀτυχῆται τὸ τέλος[33].

Die zweite Passage, wo zur Ausgestaltung der Lehre von der Transzendenz Gottes schulphilosophische Elemente in Verbindung mit philonischem Gut zum Tragen kommen, ist § 78,1–3. Der Text lautet: «,Den Vater und Schöpfer dieses Alls zu finden ist schwer, und wenn man ihn gefunden hat, ihn allen zu verkünden, unmöglich', ,denn er ist in keiner Weise sagbar wie die anderen Wissensgegenstände', sagt der wahrheitsliebende Platon. Denn er hat sehr wohl gehört, daß der allweise Mose auf den Berg hinaufging (wegen der heiligen Schau auf den höchsten Gipfel der noetischen Wesenheiten) und notwendigerweise gebot, daß nicht das ganze Volk mit ihm hinaufsteige. Und wenn die Schrift sagt: ,Mose ging in das Dunkel hinein, wo Gott war' so offenbart das denen, die verstehen können, daß Gott unsichtbar und unsagbar ist. Als ,Dunkel' aber drängt sich tatsächlich der Unglaube und die Unwissenheit der Menge hinderlich vor den Glanz der Wahrheit».

Hier liegt eine Mischzitation von Tim 28 c3–5[34] und Epist VII 341 c5f[35] in Verbindung mit einer Paraphrase von Ex 19,12.20 und einer Auslegung zu Ex 20,21 vor. Der schulplatonische Einschlag läßt sich schon daran ablesen, daß beide Platonstellen sich besonderer Beliebtheit erfreuten. Die Stelle aus dem Siebten Brief ist der Hauptbeleg für die Lehre von der Unsagbarkeit des transzendenten Gottes[36], die Timaiosstelle eine der berühmtesten Wanderstellen überhaupt[37]. Das Schulphilosophische macht sich außerdem ganz markant darin

---

[33] Die Behandlung der Stelle bei J. Wytzes, The Twofold Way II, VigChr 14 1960 S. 131, ist unzureichend.

[34] Gemessen an der freien Zitationsweise bei anderen Autoren (s. Anm. 37f) hält sich Clemens eng an den originalen Wortlaut. Er stellt ποιητὴν καὶ πατέρα 28 c3 um und liest ferner εἰς πάντας ἐξειπεῖν ἀδύνατον p. 377,26 statt εἰς πάντας ἀδύνατον λέγειν 28c4f.

[35] Clemens hat beide Stellen schon in Protr § 68,1 zusammengestellt.

[36] Vgl. Albinos, Didask. X p. 164,7. p. 165,27ff; Celsus, Frg. VI 3; Apuleius, De Deo Socratis § 124, De Platone I § 190 p. 86,16 (vgl. dazu A.J. Festugière, La Révélation d'Hermès Trismégiste Bd. 4 S. 102ff); Justin, Dial. 4,1 (zur Theologie Platons); Euseb, Praep. Evang. XI 12,2.

[37] Vgl. Cicero, De nat. deor. I § 30; zahlreiche Anspielungen bei Philon, z.B. Abr § 58, Op § 7, SpecLeg III § 189, VitMos I § 158 (die Wendung ὁ ποιητὴς καὶ πατήρ bzw. ὁ δημιουργὸς καὶ πατήρ ist eine stehende); Plutarch, Quaest. conviv. VIII 1,3, mor. 718 A, Platonic. Quaest. II 1, mor. 1000 EF; Attikos, Frg. 9,35f; Josephus, Ap II

geltend, daß Clemens Tim 28 durch Epist VII 341 interpretiert. Dem Wortlaut
nach besagt der Timaiospassus ja nur, daß man den schwer auffindbaren Werkmeister des Alls unmöglich allen kundtun kann, nicht aber, daß er überhaupt
unsagbar ist. Diese Aussage, eingetragen aus der Briefstelle, ist die schulphilosophische Interpretation[38]. Der philonische Anteil ist damit gegeben, daß Clemens hier die Darstellung von Moses Aufstieg zum Sinai anschließt und sein
Eintreten in das Dunkel wenigstens mit einer Aussage im Sinn der Transzendenz Gottes interpretiert. Philon hatte in diesem Zusammenhang die Gottesprädikate ἀειδής, ἀόρατος, ἀσώματος gebraucht[39]. Diesen Gedanken nimmt
Clemens in seiner zweigliedrigen Auslegung auf. Die Gottesschau, die Mose zuteil wurde (τὴν ἁγίαν θεωρίαν p. 377,29), erweist die Transzendenz Gottes (ὡς
ὁ θεὸς ἀόρατός ἐστι καὶ ἄρρητος p. 378,2 = ῥητὸν γὰρ οὐδαμῶς p. 377,26f),
daß Mose die Menge am Fuße des Berges zurückläßt (μὴ τὸν πάντα λαόν συν-
αναβαίνειν ἑαυτῷ p. 377,30), zeigt, daß der Menge der Ungläubigen die Gotteserkenntnis verwehrt ist (ἡ τῶν πολλῶν ἀπιστία τε καὶ ἄγνοια p. 378,3 = εἰς
πάντας ἐξειπεῖν ἀδύνατον p. 377,26)[40].

Es bedarf schließlich noch einer Reflexion, ob nicht vielleicht die schulische
Tradition und mit ihr Clemens in einem tieferen Sinn im Recht sind, wenn sie
den Timaiospassus entgegen dem strikten Wortlaut als einen mit dem Siebten
Brief übereinstimmenden Hinweis auf die Unsagbarkeit des Höchsten auffassen.
Diese Frage kann m. E. bejaht werden. Daß der Demiurg, vorgestellt nach dem
Muster eines schaffenden Handwerkers, auf die Ideen schaut und nach diesem
Vorbild die Welt des Werdens gestaltet[41], ist eine durch die teleologische Ord-
nung der Welt hervorgerufene Annahme. Die zielgerichtete Ordnung der Welt
erfordert einen solchen mit Geist begabten, absichtsvoll handelnden, persönli-
chen Werkmeister. Die Ideen allein können aus sich heraus die empirisch-kör-

---

§ 224; Athenagoras, Legatio VI 2; Tertullian, De anima 4,1, Apologeticum 46,9;
Minucius Felix, Octavius 19,14; Pseud.-Justin, Cohort. ad Graec. § 38; Euseb, Praep.
Evang. XI 29,3f; Theodoret, Graec. affect. cur. II § 42. IV § 38 (beidemal in dersel-
ben Kombination mit Epist VII 341 c5f); Stobaios II p. 6,7f.

[38] In diesem Sinn verwerten die Timaiosstelle Celsus, Frg. VII 42 (τὸ ἀκατονόμαστον
      καὶ πρῶτον, τὸ ἄλλως ἄρρητον); Apuleius, De Platone I § 190 p. 86,13 – p. 87,1
      («indictum, innominabilem»); Maximus Tyrius, Or. II 10a (ἀνώνυμος ... καὶ ἄρρητος).
      Zu Albinos, Didask. XXVII p. 179,31ff, und Justin, Apol. II 10,6, vgl. C. Andresen,
      Justin und der mittlere Platonismus, ZNW 44 1952/53 S. 167f. Zu Numenios, Frg. 17,
      vgl. A.J. Festugière, La Révélation d'Hermès Trismégiste Bd. 4 S. 128–132, und M.
      Baltes, Numenios von Apamea und der platonische Timaios, VigChr 29 1975 S. 264f.

[39] Philon, Mut § 7, Post § 14, VitMos I § 158.

[40] Die Zweigliedrigkeit des Gedankens ist A.D. Nock, The Exegesis of Timaeus 28 C,
      VigChr 16 1962 S. 83, entgangen, wenn er schreibt: «the connotation of Tim. 28 C
      is for Clement not the experience of Moses but the fact that it could not be shared by
      the multitude». Daß Clemens Ex 20,21 als Aussage der Transzendenz Gottes versteht,
      geht auch aus Strom II § 6,1 hervor.

[41] Zu Herkunft und Vorstufen des Bildes vgl. W. Theiler, Art. Demiurgos, RAC Bd. 3
      Sp. 696ff.

perliche Welt nicht entlassen. Doch ist der Demiurg ein mythisches Bild, mit dem Platon keine Aufklärung über die wahre Natur des letzten Grundes beabsichtigt[42]. Er schneidet damit bewußt und ganz im Sinne des Siebten Briefes eine Erörterung des Höchsten ab[43].

Ferner ist der Punkt c), der Schulplatonismus in Verbindung mit apokalyptischer Tradition, aufzuführen, denn auch diese Elemente hat Clemens zur Darstellung der Transzendenz Gottes verwertet. In Betracht kommt hier der Abschnitt § 77,1f und mit einem gewissen Vorbehalt auch § 79,1−3.

Der Text § 77,1f lautet folgendermaßen: «Mit Recht nun sagt er (sc. Platon) in dem großen Brief[44]: ,Sagbar ist es in keiner Weise wie die anderen Wissensgegenstände, sondern aus langem Umgang mit der Sache selbst und aus dem Zusammenleben dringt plötzlich, wie von einem überspringenden Funken entzündet, ein Licht in die Seele und nährt sich dann selbst'[45]. Ist das nicht ähnlich zu dem, was von Sophonias, dem Propheten, gesagt wurde: ,Und es erhob mich der Geist und führte mich hinauf in den fünften Himmel, und ich sah die Engel, die Herren genannt werden, und ihr Diadem, das ihnen im Heiligen Geist aufgesetzt ist, und der Thron eines jeden von ihnen übertraf siebenfach das Licht der aufgehenden Sonne, und ich sah sie in den Tempeln des Heils wohnen und den unaussprechlichen, höchsten Gott preisen'».

Den bereits bekannten schulphilosophischen Beleg für die Unsagbarkeit Gottes, Epist VII 341 c5 − d2, verbindet Clemens hier mit einem Fragment der Sophoniasapokalypse[46]. Angesichts dieser Zusammenstellung ist in Erinnerung zu rufen, daß für Platon der im langen philosophischen Gespräch vorbereitete und sich dann plötzlich ereignende Überschritt zum Höchsten nicht wie für die Sophoniasapokalypse Geheimnisse einer höheren Welt eröffnet, sondern den uni-

---

[42] Vgl. F.M. Cornford, Plato's Cosmology S. 38: «It is a hard task, he says, to find the maker and father of the universe, and having found him it would be impossible to declare him to all mankind. This can only mean that the mythical imagery is not a ,veil of allegory' that we can tear aside and be sure of discovering behind it a literal meaning which Plato himself would endorse», S. 26f: «Plato, in fact, does not pretend to have solved the mystery of the universe; and had he done so, he would not (as the Seventh Letter declares) have set down the solution in writing for all men to read and misunderstand».

[43] In diese Richtung weist auch eine leichte Unstimmigkeit der Dialogszenerie. Es hätte ja nicht das Unmögliche, den Schöpfer vor allen kundzutun, bedeutet, wenn Timaios in seinem Vortrag vor Sokrates, Kritias und Hermokrates auf dieses Thema eingegangen wäre. Hier überschreitet Platon deutlich die im Dialog unmittelbar gegebene Vortragssituation.

[44] Cicero, Tusc. V § 100, nennt die Epistel «praeclara», vgl. auch U. von Wilamowitz-Möllendorf, Platon Bd. 2 S. 299f.

[45] Clemens setzt zu ἄλλα μαθήματα 341 c6 den Artikel p. 377,17.27.

[46] Vgl. A. von Harnack, Geschichte der altchristlichen Literatur bis Eusebius, Bd. I,2 S. 854. Bd. II, 1 S. 572f.

versalen Begründungszusammenhang des Seins im ganzen erschließt[47]. Auf Geheimnisse einer höheren Welt zielt aber auch Clemens nicht ab. Das Verbindende liegt für ihn in der Lichtmetaphorik (vgl. p. 377,18 und p. 377,23) und in der Erwähnung von Gottes Unsagbarkeit (vgl. p. 377,15f und p. 377,24).

Die zweite Passage, aus der der Einfluß des Schulplatonismus in Verbindung mit apokalyptischer Tradition hervorgehen kann, ist § 79,1—3: «Das Gesagte soll auch der Apostel bezeugen, indem er sagt: ‚Ich kenne einen Menschen in Christus, der bis in den dritten Himmel entrückt wurde' und von dort ‚in das Paradies, der unaussprechliche Worte hörte, die einem Menschen auszusprechen nicht möglich ist'. So deutet er die Unsagbarkeit Gottes an, wobei er die Worte ‚nicht möglich' nicht hinzusetzt im Sinne von ‚nicht möglich auf Grund eines Gesetzes oder der Furcht vor einem Verbot', sondern anzeigt, daß für menschliche Fähigkeit das Göttliche unaussprechlich ist, wenigstens wenn es erst über dem dritten Himmel beginnt ausgesprochen zu werden, wie es recht ist, von denen die dort die auserwählten Seelen in das göttliche Geheimnis einweihen. Denn ich weiß, daß auch bei Platon . . . die Vorstellung von vielen Himmeln zu finden ist. Als er im Timaios im Zweifel ist, ob man mehrere Welten oder nur diese eine annehmen muß, kümmert er sich nicht um die Worte und gebraucht ‚Welt' und ‚Himmel' gleichbedeutend. Die Stelle lautet wörtlich folgendermaßen: ‚Haben wir mit Recht von einem Himmel gesprochen, oder wäre es richtiger gewesen, von vielen und unzähligen Himmeln zu sprechen? Von einem einzigen, wenn er wirklich nach dem Urbild geschaffen worden sein soll'».

Hier nimmt Clemens auf Paulus' Ekstase von 2. Kor 12,2.4 Bezug. Damit ist der apokalyptische Traditionsrahmen gegeben. Daß er den paradoxen Ausdruck ἄρρητα ῥήματα (2. Kor 12,4 = p. 378,16) nicht, wie es zutreffend wäre[48], im Sinne von «Worte, die nicht ausgesprochen werden dürfen», sondern im Sinne von «Worte, die nicht ausgesprochen werden können», d. h. als Hinweis auf die Unsagbarkeit des transzendenten Gottes versteht, markiert den Einfluß des Schulplatonismus bei der Ausbildung der Lehre von der Transzendenz Gottes. Mit der Erwähnung mehrerer Himmel bei Paulus assoziiert Clemens sodann die Stelle Tim 31 a2—4[49], die im Schulplatonismus, soweit sich erkennen läßt, allerdings keine herausgehobene Bedeutung hatte[50], und gleicht sie an apokalyptische Vorstellungen an. Platon hat zwar tatsächlich im Timaios κόσμος und οὐρανός gleichbedeutend gebraucht (vgl. 28 b2—4), aber beides im Sinne von κόσμος = Universum, nicht, wie Clemens p. 378,25f anzunehmen scheint, im Sinne von οὐρανός = Himmel. Auch hat Platon tatsächlich die Frage aufgeworfen, ob es mehrere κόσμοι gebe, und wenigstens für erwägenswert gehalten, ob

---

[47] S.o. Kap. I S. 34—37.43.
[48] Vgl. R. Bultmann, Der zweite Brief an die Korinther S. 223f.
[49] Clemens liest statt προσειρήκαμεν 31 a2 das Simplex und stellt λέγειν ἥν 31 a3 und δεδημιουργημένος ἔσται 31 a4 um.
[50] Vgl. aber Diogenes Laertios III § 71.

man auf Grund der fünf regelmäßigen Körper nicht auch mit fünf Welten rechnen könne (vgl. 55 c7 – d6), aber seine eigene Entscheidung fällt zugunsten einer einzigen Welt aus. Daß Clemens dagegen gerade in den für die Einzigkeit der Welt plädierenden Passus eine Mehrzahl von Himmeln hineinliest, erklärt sich aus dem apokalyptischen Kontext[51].

Schließlich ist der Punkt d), die hellenistisch-jüdische Apologetik, in der Bedeutung für die Ausgestaltung der Lehre von der Transzendenz Gottes darzustellen. Dieses Element läßt sich greifen in § 74,3 – § 76,3.

Clemens versteht die mosaische, d. h. deuteronomische Kultzentralisationsforderung (Dtr 12) als Zeichen des mosaisch-christlichen Monotheismus (§ 74,3). Das Bildverbot (Ex 20,4. 34,17. Lev 19,4. Dtr 27,15) interpretiert er im Sinn der Transzendenz Gottes mit den Prädikaten ἀπερίληπτος p. 376,6, ἀόρατος καὶ ἀπερίγραφος p. 376,7, von denen ἀόρατος für die hellenistisch-jüdische Apologetik besonders charakteristisch ist[52] (§ 74,4). Gottes Erhabenheit über den Raum schlechthin illustriert er mit Jes 66,1[53] (§ 74,5) und für die in der hellenistisch-jüdischen Apologetik ebenfalls zentrale Bedürfnislosigkeit Gottes steht Jes 1,11 (§ 74,6). Dazu treten zwei Fragmente des Euripides (§ 75,1f) und Platon.

Gottes Bedürfnislosigkeit belegt folgender Ausspruch: «‚Denn nicht aus einem Bedürfnis heraus schuf Gott die Welt, damit er Ehren von den Menschen, Göttern und Dämonen‘, wie Platon sagt, ‚ernte, indem er sich gleichsam ein Einkommen von der Schöpfung verschaffen wollte, von uns den Opferrauch, von den Göttern und Dämonen die ihnen angemessenen Dienstleistungen‘» (§ 75,3).

Diese Zitation findet sich im platonischen Schriftenkorpus nicht. Daß sie als freie Formulierung aus einer authentischen Stelle herausgelesen worden sei, wüßte ich nicht zu zeigen. Man wird wohl entweder mit einer Verwechslung oder mit einer Fälschung (vielleicht jüdischen Ursprungs) zu rechnen haben[54].

Ein weiteres Platonkephalaion begegnet in demselben Zusammenhang. Ein gegen den heidnischen Tempelkult gerichteter Gedanke der Areopagrede (§ 75,4) steht neben einem Fragment von Zenon, worin er die Errichtung von Tempeln, weil sie der Götter nicht würdig sein können, ablehnt (§ 76,1). Darauf folgt

---

[51] Die Stelle wird ebenfalls zitiert von Euseb, Praep. Ev. XI 13,2, Theodoret, Graec. affect. cur. IV § 49 und Stobaios I p. 200,1–11. Im Verständnis gibt es allerdings keine Verbindungen.

[52] Vgl. J. Daniélou, Message évangélique et culture hellénistique S. 298ff. Weitere Gottesprädikate der hellenistisch-jüdischen Apologetik sind ἀγένητος, ἀνενδεής, ἀνεπιδεής (auch griechisch philosophisch) und ἀχώρητος. ἀπερίληπτος und ἀπερίγραφος sind bei Philon beliebte Synonyme.

[53] Vgl. auch Strom VII § 28.

[54] Daraus, daß Theodoret, Graec. aff. cur. IV § 34 VII § 48, dasselbe Zitat bietet, ergibt sich nicht mehr, als daß er es von Clemens übernommen hat.

Platon: «Mit Recht hat Platon aus dem Wissen, daß die Welt ein Tempel Gottes
ist, den Bürgern einen Platz in der Stadt bestimmt, wo sie ihre Götterbilder auf-
stellen könnten, aber ihnen verboten, daß einer privat Götterbilder hätte: ,Kei-
ner soll also', so sagt er, ,sonstwie den Göttern Heiliges weihen. Gold und Silber, was man in anderen Staaten privat und in Tempeln weiht, ist ein Besitz,
der Neid hervorruft. Elfenbein aber, das von einem Körper stammt, der seine
Seele aufgegeben hat, ist kein reines Weihgeschenk. Eisen und Erz sind Werkzeuge des Krieges. Dagegen mag, wenn einer will, ein Weihgeschenk aus bloßem
Holz in den öffentlichen Tempeln stiften, desgleichen eines aus Stein'» (§ 76,2f).

Direkt zitiert hat Clemens Nom XII 955 e7 — 956 a5[55], aber es ist hervorzuheben, daß er hier drei Gedanken zusammenstellt, die unmittelbar nichts miteinander zu tun haben. Das´Erste ist, Platon habe um den Kosmos als einen
Tempel Gottes gewußt. Dieser Gedanke ist allgemein stoisch[56], Platon hat ihn
nicht geäußert. Das zweite ist eine Paraphrase des Gesetzes gegen private Kultstätten, das der Athener in Nom X 909 d3 — 910 e4 vorgetragen und aus der
notwendigen Abwehr gegen alle möglichen Formen von Superstition motiviert
hat[57]. Und das Dritte ist das Zitat aus den Nomoi mit den Anordnungen bezüglich der Weihgeschenke an die Götter. Diese Anordnungen leiten sich aus
dem Grundsatz ab, daß ein maßhafter Mensch das richtige Maß nicht überschreiten darf (955 e5ff), ihre Absicht ist, auch bei den Weihgeschenken über-
triebenen Aufwand zu vermeiden[58]. Diese ursprünglich disparaten Stücke hat
Clemens offensichtlich im Sinn einer Antiklimax von Kosmos, Kultstätten und
Weihgeschenken versammelt. Er folgt dabei der unmittelbar vorangegangenen
Aussage von Act 17,24: ὁ θεός ... οὐρανοῦ καὶ γῆς ὑπάρχων κύριος οὐκ ἐν
χειροποιήτοις ναοῖς κατοικεῖ οὐδὲ ὑπὸ χειρῶν ἀνθρωπίνων θεραπεύεται προσ-
δεόμενός τινος. Im Gefolge apologetischer Tradition behauptet also Clemens,
wie auch ähnlich Minucius Felix[59], Gottes Transzendenz, indem er seine Überlegenheit über den Kosmos, über Kultstätten (hier wäre das Prädikat ἀχώρητος
am Platz) und über Weihgaben (hier wäre an ἀνενδεής zu denken) mit Platon[60]
andeutet.

---

[55] Clemens liest ἑτέρως p. 377,10 statt δευτέρως 955 e7, μὲν γάρ p. 377,10 statt δέ
956 a4 und θέλῃ p. 377,14 statt ἐθέλῃ 956 a4. Umgestellt hat er ὡσαύτως 956 a4.
Andererseits hat er mit εὐαγές p. 377,13 eine bessere Lesart als die direkte Platonüberlieferung, vgl. E.B. England, The Laws of Plato Bd. 2 S. 602f.

[56] Zenon, Frg. 264—267 SVF I p. 61,25 — p. 62,12; Seneca, Epist. XC 28.

[57] Vgl. O. Reverdin, La religion de la cité platonicienne S. 228ff.

[58] Vgl. O. Reverdin, La religion de la cité platonicienne S. 65ff.

[59] Minucius Felix, Oct. 32,1f; «templum quod ei extruam, cum totus hic mundus eius
opere fabricatus eum capere non possit? et cum homo latius maneam, intra unam aedi-
culam vim tantae maiestatis includam? ... hostias et victimas deo offeram, quas in
usum mei protulit, ut reiciam ei suum munus?».

[60] Alle Punkte finden sich in der entsprechenden, von Platon angeregten Schrift Ciceros
wieder. Cicero, De leg. II § 26 (der Kosmos als Tempel Gottes, vgl. auch De re publ. VI
§ 15). § 19. § 25 (das Verbot separater Kultstätten). § 25. § 45 (Übersetzung von Nom

4. Die Zuwendung Gottes zu den Menschen

Der transzendente Gott bleibt nicht bei sich selbst, er verharrt nicht als der ferne Seinsgrund in unnahbarer Abgeschiedenheit, sondern kehrt sich selbst gnadenhaft den Menschen zu. Mit diesem spezifisch christlichen Gesichtspunkt, den Clemens bereits mehrfach im Anschluß an die Darlegungen und platonischen Dokumentationen zur Transzendenz Gottes hat folgen lassen[1], bringt er eine umwälzende und für den christlichen Charakter seines Denkens grundlegende Bewegung in den Aufriß des platonischen Philosophierens. Es ist indessen für sein Bestreben, Platon in christliches Denken zu integrieren, bezeichnend, daß er nicht nur die Transzendenz Gottes, sondern sogar das gnadenhafte Entgegenkommen Gottes zu den Menschen direkt aus Platon zu erheben sucht. Andeutungen findet er für die sich über die ganze Menschheitsgeschichte hin erstreckende göttliche Zuwendung. Er sieht Entsprechendes schon bei der Schöpfung des Menschen, später dann im Auftreten der biblischen Propheten, in ausgezeichneter Weise aber in der Erscheinung des Heilandes und schließlich auch in der göttlichen Verleihung der Gnosis.

Die eine natürliche Gotteserkenntnis vermittelnde Zuwendung Gottes bei der Schöpfung besteht anthropologisch in der göttlichen Einhauchung der Vernunft. Wenn Clemens davon in § 87,4 — § 88,3 spricht, so überhöht er die Vernunftausstattung des Menschen sogleich durch die Ausgießung des Heiligen Geistes: «Jedenfalls ist gar nicht daran zu denken, daß der Mensch ganz ohne eine Vorstellung von Gott (θεία ἔννοια) sein könnte, dem ja doch, wie geschrieben steht (Gen 2,7), bei der Schöpfung göttlicher Geist (τὸ ἐμφύσημα) eingehaucht wurde und der so ein reineres Wesen als die übrigen Lebewesen erhalten hatte. Von daher erklären die Anhänger des Pythagoras, daß die Vernunft (νοῦς) durch göttliche Schickung (θεία μοίρα) zu den Menschen gekommen sei, wie auch Platon und Aristoteles zugeben. Wir aber sagen, daß dem, der zum Glauben gekommen ist, der Heilige Geist zusätzlich eingehaucht wird. Die Platoniker siedeln die Vernunft (νοῦς), die ein Ausfluß des göttlichen Wesens sei, in der Seele und die Seele im Körper an. Denn ganz offen ist durch Joel, einen der zwölf Propheten gesagt worden: ,Und danach wird es sein, daß ich meinen Geist (πνεῦμα) ausgieße über alles Fleisch, und eure Söhne und eure Töchter werden weissagen'. Aber nicht wie ein Teil Gottes ist in einem jeden von uns der Geist (πνεῦμα)».

Die ganze Aussage basiert auf der Vorstellung, daß die philosophische Anthropologie des Pythagoras, Platons, seiner Anhänger und des Aristoteles letzt-

---

XII 955 e6 — 956 b3). Letztere Stelle versteht Clemens sonst als eine Abweisung von Luxus, so Paid II § 35,2 (Nom XII 955 e8 — 956 a1), Paid II § 77,3 (Nom XII 956 a1f) und Paid III § 54,2 (Nom XII 956 a5—b1). Den Ausschnitt 955 e6 — 956 a3 hat auch Euseb, Praep. Ev. III 8,2 ausgeschrieben.

[1] Zu erinnern ist an Strom V § 7,8. § 16,5. § 71,3.5f. § 73,2. § 74,2. § 82,4.

lich von Gen 2,7 abhängig ist. Diese Anthropologie beinhaltet, daß die Vernunftausstattung des Menschen eine göttliche Einhauchung ist, daß der Mensch demzufolge vor allen anderen Lebewesen ausgezeichnet ist und daß er dadurch eine gewisse natürliche Gotteserkenntnis besitzt. Des näheren wird die Lehre, θεία μοίρα τὸν νοῦν εἰς ἀνθρώπους ἥκειν p. 384,3f, Pythagoras, Platon und Aristoteles, und die Lehre, νοῦν μὲν ἐν ψυχῇ θείας μοίρας ἀπόρροιαν ὑπάρχοντα, ψυχὴν δὲ ἐν σώματι κατοικίζουσιν p. 384,6f, den Platonikern zugeschrieben. Clemens überhöht diese Lehren durch den Hinweis auf den Heiligen Geist und das einschlägige Zitat Joel 2,28. Die damit erzielte Stufung von σῶμα – (ψυχή) νοῦς – πνεῦμα ist das anthropologische Gegenstück zu dem bereits häufiger beobachteten analogen Stufenbau in der Ontologie[2].

Schwierig ist es, die angesprochenen Lehren Platons und der Platoniker zu verifizieren. O. Stählin hat angenommen, daß die göttliche Schickung der Vernunft vielleicht aus Men 99 e4 – 100 a1 entnommen sei. Diese Auskunft löst aber das Problem nicht völlig, denn an der Menonstelle gilt als θεία μοῖρα die Tugend, und zwar gerade ἄνευ νοῦ (99 e6). Vermutlich schwebte Clemens ganz allgemein der göttliche Charakter des νοῦς vor Augen (vgl. Phileb 22 c5f), den er mit der dem Menon entliehenen Formulierung θεία μοῖρα zum Ausdruck bringen wollte. Was das zweite Lehrstück betrifft, so hat O. Stählin vermutet, daß die Stufung von Körper – Seele – Vernunft an Tim 30 b4f abgelesen sei. Sie wäre demnach von der Kosmologie auf die Anthropologie übertragen. Von einem Ausfluß des göttlichen Wesens hat allerdings Platon nicht gesprochen[3]. Auch bei Platonikern hat der Begriff ἀπόρροια keine zentrale Bedeutung, sondern wird, worauf H. Dörrie[4] hingewiesen hat, eher gemieden. Clemens formuliert hier offenbar nach eigenem Ermessen, um zu betonen, daß die vernünftige Begabung des Menschen eine wirkliche Zuwendung Gottes ist.

Das gnadenhafte Entgegenkommen Gottes manifestiert sich prägnant im inspirierten Auftreten der biblischen Propheten. Zu diesem Gedanken ist der Schlußabschnitt[5] des sechsten Buches, Strom VI § 168,1–3, heranzuziehen, wo Clemens zu den Propheten in Beziehung setzt, was Platon in Ion 534 b3–5 und Demokrit B 18 über die Dichter gesagt haben: «Sodann schreibt Platon über die Dichtkunst: ‚Ein leichtes und heiliges Ding ist der Dichter, und nicht ist er fähig zu dichten, ehe er gottbegeistert und verzückt ist'. Ähnlich sagt auch Demokrit: ‚Was ein Dichter in Verzückung und mit heiligem Geiste schreibt, ist sehr schön'. Wir aber wissen, was die Dichter sagen. Sollte einer nicht erschrecken vor den Propheten des allgewaltigen Gottes, die Werkzeuge der göttlichen Stimme geworden sind?».

---

[2] S.o. Kap. III S. 128ff, Kap. IV S. 153ff, Kap. VII S. 273ff.
[3] Platon gebraucht ἀπορροή für den Sehvorgang: Men 76 c7.9f. d4. Phaidr 251 b2.
[4] H. Dörrie, Emanation, in: ders., Platonica Minora S. 82ff, zur Clemensstelle ebd. S. 85.
[5] Zur kompositorischen Bedeutung s.o. Kap. I S. 28.

Platon entwickelt in Ion 533 c9 — 535 a2 eine ernstgemeinte Theorie der dichterischen Inspiration. Dichter und Rhapsoden üben ihre Tätigkeit nicht auf Grund einer τέχνη, sondern im Zustand göttlicher Eingebung und Begeisterung, im ἐνθουσιασμός, ähnlich der Besessenheit schwärmerischer Bakchen, aus. Sokrates ruft das eigene Zeugnis der Dichter[6] in Erinnerung, die sich mit umherschwirrenden Bienen vergleichen, welche aus den Gärten und Tälern der Musen Honig sammeln. Dieses Zeugnis wird ausdrücklich bestätigt. Der Dichter ist wie die Bienen leicht, beflügelt und heilig, wenn er unter göttlicher Eingebung dichtet. Sokrates spricht seine Anerkennung ohne Kritik und ohne Anzeichen einer ironischen Distanzierung aus[7]. Aber andererseits fehlt es nicht an Hinweisen, die der dichterischen Begeisterung nur einen begrenzten Geltungsgrad zubilligen. Die Dichter sind beim Dichten nicht mehr bei sich, der Verstand hat sie verlassen, deshalb können sie auch nicht Rechenschaft geben. Die Haltung ist hier nicht anders als in Apol 22 a8 — c8.

Stehen sich bei Platon die Anerkennung der dichterischen Inspiration und die Begrenzung ihrer Gültigkeit dialektisch gegenüber, so wird der letztere Gesichtspunkt in einer durch Cicero[8] repräsentierten Auslegungstradition negligiert. Daß Clemens auf derselben Tradition fußt, geht daraus hervor, daß er wie Cicero die Dichtungstheorie des Ion mit der Demokrits (B 18) zusammenstellt. Er bringt aber den mißachteten Aspekt, freilich aus einem ganz anderen Horizont, wieder zur Geltung. Nach der freien Zitation[9] stellt er fest: ἴσμεν δὲ οἷα ποιηταὶ λέγουσιν p. 518,22. Wir, d.h. die Christen, sind im Besitz der Wahrheit, denn die biblischen Propheten, die die schauervolle Erhabenheit Gottes zur Erfahrung gebracht haben, sind seine inspirierten Künder. Clemens' Kommentar nimmt aber aller Wahrscheinlichkeit nach auch Bezug auf Apol 22 c3: ἴσασιν δὲ οὐδὲν ὧν λέγουσιν (sc. Seher und Orakelkünder nicht anders als die Dichter). Von der Zuwendung Gottes her, so wie sie in den Propheten geschehen ist, wiederholt und bekräftigt Clemens Sokrates' Reservation gegenüber den Dichtern. Mögen sie auch gottbegeistert gewesen sein, so haben sie doch höchstens dunkle und ungenaue Ahnungen von der Wahrheit gehabt, in voller Erkenntnis erfaßt haben sie die Wahrheit nicht.

Das gnadenhafte Entgegenkommen Gottes findet seinen Höhepunkt in der Offenbarung durch die Erscheinung des Heilandes, und auch dafür bemüht

---

6 Simonides, Frg. 43; Bakchylides, Epin. 10,9f; Aristophanes, Aves 749—751, vgl. J.H. Waszink, Biene und Honig als Symbol des Dichters und der Dichtung in der griechisch-römischen Antike S. 1—17.

7 Vgl. H. Flashar, Der Dialog Ion als Zeugnis platonischer Philosophie S. 63.74. Ironie trifft freilich den ganz der Sophistik ergebenen Rhapsoden Ion der, weil er mehr zu sein beansprucht und sich ein sophistisches Scheinwissen anmaßt, die göttliche Begeisterung in 536 d4—7 für sich ablehnt, vgl. H. Flashar, ebd. S. 88ff.

8 Cicero, De orat. II § 194.

9 Ein pünktlicher Textvergleich ist nicht sinnvoll. Vielleicht zitiert Clemens auswendig. So ließe sich auch erklären, warum πτηνόν 534 b4 ausgefallen ist.

Clemens Platon. Im Abschnitt über das Mysterium Gottes des fünften Buches, in Strom V § 84,1 — § 85,1, zeigt er, daß schon Platon auf die Glauben erheischende Verkündigung der Propheten und des Heilandes hingewiesen habe: «Auch Platon selbst will ich dir anführen, der geradezu fordert, den Kindern Gottes zu glauben. Nachdem er über die sichtbaren und gewordenen Götter im Timaios gehandelt hat, sagt er: ‚Über die übrigen Dämonen zu sprechen und ihre Herkunft zu kennen, ist größer, als bei uns liegt, vielmehr muß man denen Glauben schenken, die sich vor uns darüber geäußert haben, die Abkömmlinge von Göttern waren, wie sie sagten, von Göttern, die ja wohl ihre Vorfahren genau kannten. Unmöglich also ist es, den Götterkindern zu mißtrauen, auch wenn sie ohne wahrscheinliche und zwingende Beweise sprechen'. Ich glaube nicht, daß von den Hellenen deutlicher bestätigt werden kann, daß unser Heiland und die zum Prophetenamt Gesalbten die wahren Zeugen über das Göttliche sind, indem die letzteren Kinder Gottes genannt wurden, der Kyrios aber der echte Sohn ist. Deshalb fügte Platon auch hinzu, daß man ihnen glauben müsse, weil sie gottbegeistert seien. Und wenn jemand mehr in der Weise der Tragödie sagt, er glaube nicht:

,Nicht Zeus war es ja, der mir dies verkündet hat'

so soll er wissen, daß Gott selbst durch den Sohn die Schriften ausgerufen hat. Glaubwürdig ist aber, wer sein Eigenes verkündet, denn ,niemand', sagt der Herr, ,hat den Vater erkannt außer der Sohn, und wem es der Sohn offenbart'. Dem muß man also glauben, sogar Platon zufolge, auch wenn er ,ohne wahrscheinliche und notwendige Beweise' durch das Alte und Neue Testament verkündigt und kundgetan wird. ,Denn wenn ihr nicht glaubt', sagt der Herr, ,so werdet ihr euren Sünden sterben', und umgekehrt: ,Wer glaubt, der hat ewiges Leben'».

Platon hat mit dem Passus Tim 40 d6 — 41 a3, nachdem er von den Gestirnen gehandelt hat (τὰ περὶ θεῶν ὁρατῶν καὶ γεννητῶν εἰρημένα φύσεως 40 d4 = p. 382,1), den Anschluß an die Götter der Volksreligion hergestellt. Er erwähnt namentlich die Götter Ge und Uranos, deren Kinder Okeanos und Thetys, ferner Phorkys, Kronos und Rhea, sowie schließlich Zeus und Hera. Das ist an sich schon beachtlich, allerdings ist auch Ironie spürbar. Sie richtet sich aber nicht auf den traditionellen Glauben des Volkes, sondern auf die Theologen mit ihren höchsten, aber unausweisbaren Ansprüchen, wobei vermutlich an Orpheus und Musaios gedacht ist[10]. Daß man ihnen auch ohne Beweise Glauben schenken müsse, das ist zweifellos ironisch gemeint.

Diese Stelle diente bei einigen Platonikern als Beweis dafür, daß Platon nicht einen Gott, sondern mehrere, aber von begrenzter Zahl angesetzt habe[11], d. h.

---

[10]   Vgl. F.M. Cornford, Plato's Cosmology S. 138f.
[11]   So der doxographische Abriß bei Hippolyt, Refutatio I 19,8.

offenbar im Sinn der heidnisch-polytheistischen Volksreligion. Diesen Bezug hat ebenfalls Athenagoras[12] festgehalten, indem er in der Stelle einen Beleg für die christlich verstandenen Dämonen, zu denen ja die heidnischen Götter gehören, sieht, über die Platon nicht weiter habe sprechen wollen. Im Unterschied dazu vertritt Clemens mit seinem Zitat von Tim 40 d6 — e2[13] eine direkte Christianisierung. Die Abkömmlinge der Götter, bzw. die Gotteskinder bezieht er auf den Heiland und die Propheten. Letztere werden παῖδες θεοῦ genannt[14], der Kyrios ist der echte Sohn Gottes. Diese sind die wahren Zeugen über das Göttliche (p. 382,7ff). Die damit vollzogene Umdeutung ermöglicht es zugleich, dem Zitat noch einen weiteren wertvollen Gedanken zu entnehmen, nämlich den Hinweis auf die Notwendigkeit des Glaubens (p. 382,10). Gegen die mit einem Sophoklesvers umschriebene Position des Unglaubens führt Clemens die göttliche Autorität der biblischen Schriften ins Feld. Gott hat durch seinen Sohn, der nach Mt 11,27 = Lk 10,22 der Offenbarer des Vaters ist, die biblischen Schriften verkündet (p. 382,13ff). Dabei nimmt Clemens die eigens wiederholte Aussage von Tim 40 e1f, «ohne wahrscheinliche und zwingende Beweise», die Platon ironisch vorgetragen hatte, durchaus ernst (p. 382,16ff). Seiner Meinung nach liegt es in der Struktur eines Beweises, daß ein solcher ohne Glauben gar nicht zu Gott führen kann[15]. Entsprechend würdigt er den Glauben mit Joh 8,24 und Joh 3,15f.36 u. ö.

Auf dieselbe Platonstelle, Tim 40 d6—9, kommt Clemens noch einmal in einer Anspielung zurück im sechsten Buch, in Strom VI § 123,1[16]. In einem Schluß «a minore ad maius» spricht er von der Belehrung durch den Sohn Gottes, welche sich in den die Verheißungen typologisch mit der Erfüllung verklammernden göttlichen Worten der Bibel konkretisiert: «Wenn es nun schon

---

[12] Athenagoras, Legatio 23,5.
[13] Abgesehen davon, daß Clemens τὲ 40 e1 ausläßt, findet sich eine Textabweichung, die einen Kommentar erfordert: Statt (ἐκγόνοις ... θεῶν) ... σαφῶς δέ που τούς γε αὐτῶν προγόνους εἰδόσιν 40 d8f liest Clemens σαφῶς δέ πως τοὺς ἑαυτῶν προγόνους εἰδότων p. 382,4f. Ein Grund, warum Clemens geändert haben sollte, ist nicht erkennbar. Dieselbe Lesart εἰδότων findet sich jedoch schon vor ihm bei Athenagoras, Legatio 23,5, der das Zitat vermutlich einem Florilegium entnommen hat, vgl. J. Geffcken, Zwei Griechische Apologeten S. 211ff. Dieser Tatbestand könnte als Indiz bewertet werden, daß auch Clemens von einer sekundären Quelle abhängig sei (Athenagoras direkt kommt ja wohl nicht in Frage). Aber eindeutig ist das nicht. Dieselbe Lesart kehrt wieder bei Euseb, Praep. Ev. II 7,1f. XIII 1,1f und XIII 14,5, bei Theodoret, Graec. affect. cur. I § 59. III § 34, und bei einem Teil der handschriftlichen Überlieferung von Johannes Philoponos, De aetern. mund. XVIII 8 p. 634,3, sowie auch in einem Zweig der direkten Platonüberlieferung. Da alle diese Instanzen von einer und derselben florilegischen Tradition abhängig sind, so könnte man eher argumentieren, daß schon Clemens' originaler Platontext die sekundäre Lesart bot.
[14] Vgl. W. Zimmerli, Art. παῖς θεοῦ B), ThWNT Bd. 5 S. 672—676.
[15] Vgl. Kap. IV S.152 und o. S. 271f.
[16] S. auch Kap. I S. 28. Vergleichbar ist die Argumentation von Theophilos, Ad Autolyc. III 17.

nach Platon nur möglich ist, entweder von Gott oder von den Abkömmlingen Gottes das Wahre zu lernen, so rühmen wir uns mit Recht, die Wahrheit vom Sohn Gottes zu lernen, indem wir die Zeugnisse den göttlichen Worten entnehmen, die zuerst geweissagt wurden und dann auch deutlich in Erscheinung traten».

Die gnadenhafte Zuwendung Gottes zu den Menschen findet eine ganz individuelle Ausprägung in der göttlichen Verleihung der Gnosis, und auch dazu beruft sich Clemens auf Platon. In Strom V § 83,2—5 schließt er unter dem Gesichtspunkt der göttlichen Gnade Men 100 b2—4. 99 e4 — 100 a1 an, nachdem er zuvor die Gnade als die grundlegende Voraussetzung für die Erhebung der Seele[17] beschrieben hat: «Es sagt aber auch Platon im Menon, daß die Tugend ein Gottesgeschenk sei, wie der folgende Wortlaut deutlich zeigt: ‚Aus dieser Erwägung also, Menon, zeigt sich uns, daß die Tugend durch göttliche Schickung denen zuteil wird, denen sie zuteil wird'. Meinst du nicht, daß der Ausdruck ‚göttliche Schickung' die nicht zu allen gelangende gnostische Beschaffenheit dunkel angedeutet hat? Deutlicher aber fügt er hinzu: ‚Wenn wir aber jetzt in diesem ganzen Gespräch richtig geforscht haben, dann dürfte wohl die Tugend weder von Natur sein, noch dürfte sie lehrbar sein, sondern sie dürfte denen, denen sie zuteil wird, durch göttliche Schickung zuteil werden'. Ein Gottesgeschenk also ist die Weisheit, die eine Kraft des Vaters ist, sie treibt unseren freien Willen an, nimmt den Glauben entgegen und vergilt das Herandrängen zum Stand der Auserwählten[18] mit der höchsten Gemeinschaft».

Platon nimmt im Menon zur göttlichen Schickung der Tugend (θεία μοῖρα) eine ambivalente Haltung ein. Nachdem die Frage, ob Tugend lehrbar sei, bzw. was Tugend allererst sei, schon mit Menon in der Weise geklärt war, daß Tugend Einsicht (φρόνησις) und Wissen (ἐπιστήμη) sei und insofern auch lehrbar und nicht von Natur angeboren (οὐ φύσει ... ἆρα μαθήσει) sei (87 c11 — 89 c4), kommen Sokrates doch wieder Zweifel, weil sich keine Lehrer der Tugend finden lassen. Wie schon eine wahre und richtige Meinung (δόξα ἀληθής, bzw. ὀρθὴ δόξα) zur Tugend führen könne und durch richtige Meinung die Politiker, diese göttlichen Männer, vieles Große recht vollbracht hätten, so sei sie wohl weder von Natur angeboren, noch durch Belehrung vermittelt, sondern komme in göttlicher Begeisterung, durch göttliche Schickung, ohne Vernunft zu den Menschen (96 d5 — 100 a1). Aber schon die Erwähnung der Verdienste der Po-

---

[17] Die Wirkung der Gnade ist in Litotes mit Hyperbaton formuliert: οὐ χάριτος ἄνευ τῆς ἐξαιρέτου p. 381,19, der gnostische Aufstieg in der bereits erwähnten konventionellen Beflügelungsmetaphorik.

[18] Der Ausdruck τὴν ἐπίστασιν τῆς ἐκλογῆς p. 381,30f ist schwierig. F. Overbeck, Deutscher Text S. 468, übersetzt: «Verständnis im Wählen», O. Stählin, Deutsches Übersetzungswerk Bd. 4 S. 191: «Achtsamkeit beim Auswählen». Beides gibt nur einen verschwommenen Sinn, zur obigen Übersetzung vgl. LSJ s.v. ἐπίστασις I 2, bzw. III, und O. Stählin, im Register s.v. ἐκλογή 2.).

litiker und ihre Beurteilung als göttliche Männer ist nicht frei von Ironie, wird doch gerade Anytos bei der Suche nach Tugendlehrern als Sachverständiger herangezogen (89 e6 — 95 a1)[19]. Ausdrücklich macht Sokrates auf den begrenzten und vorläufigen Gesichtspunkt der θεία μοῖρα aufmerksam, wenn er davon denjenigen Politiker abhebt, der auch andere zu Politikern machen kann, d. h. den wissenden Politiker, der die anderen umkehrt und erweckt und dessen Tugend sich wie etwas Wahres neben den Schatten im Hades ausnimmt (100 a1—7). Damit greift Platon auf die Philosophenherrscher der Politeia vor. Und wie deren Heranwachsen nicht nur besondere Naturanlagen und die höchste Erziehung erfordert, so gilt die glückliche Realisierung der Philosophenherrschaft im ganzen auch als eine göttliche Fügung[20]. In einem grundsätzlich gewandelten und philosophisch vertieften Verständnis sollen dort φύσις, τροφή und θεία μοῖρα zusammenwirken.

Ungeachtet des deutlichen Vorbehaltes, den Sokrates am Ende der Unterredung mit Menon anmeldet, nimmt Clemens[21] den Gedanken der göttlichen Schickung in positiver Weise auf. Das ist an sich schon bemerkenswert, denn während Aristoteles[22] immerhin die göttliche Schickung als eine diskussionswürdige Begründung der Tugend ansah, ohne selbst eine klare Entscheidung zu treffen, hat sich der Schulplatonismus mit Albinos[23] ausdrücklich gegen eine θεία μοῖρα gewandt und damit die Schlußwendung von Men 100 a1—7 zur Geltung gebracht. Clemens' positive Aufnahme des Gedankens steht also sowohl im Gegensatz zum Wortlaut des Dialogschlusses als auch im Gegensatz zum Schulplatonismus. Strukturell entspricht sie der Einstellung des Maximus Tyrius[24], dem die Tugend wie auch jedes andere Gut als θεία μοῖρα gilt. Indessen gibt ihr Clemens einen ganz prägnanten Sinn[25], indem er sie auf die unverlierbare Beschaffenheit des Gnostikers deutet, die nicht allen zuteil wird (τὴν οὐκ εἰς πάντας ἤκουσαν γνωστικὴν ἕξιν p. 381,25). Das erklärt sich aus Clemens' eigentümlichem Konzept der geistigen Entwicklung des Gnostikers. Dieses sieht, wie sein Kommentar in § 83,5 zeigt, auf allen Stufen, nachdem

---

[19] Vgl. zum Ganzen H. Gundert, Dialog und Dialektik S. 47—50. Zur ironischen Behandlung der Politiker, die von U. von Wilamowitz-Möllendorf, Platon Bd. 2 S. 152f, noch in Abrede gestellt wurde, und zum Verhältnis zum Gorgias vgl. auch P. Friedländer, Platon Bd. 2 S. 344 Anm. 23.

[20] Pol VI 492 a1—5. 492 e2 — 493 a2. 499 a11 — c2. IX 592 a7—9.

[21] Clemens nimmt mit θείᾳ ἡμῖν φαίνεται μοίρᾳ p. 381,23f eine doppelte Umstellung vor und liest παραγίνεται p. 381,24 statt ἂν παραγίγνηται 100 b3f. Im zweiten Zitat läßt er τε καὶ ἐλέγομεν 99 e5 aus und liest παραγιγνόμενον p. 381,28 statt παραγιγνομένη 99 e6.

[22] Aristoteles, EN I 10, 1099 b9—18.

[23] Albinos, Didask. XXXI p. 184,32f.

[24] Maximus Tyrius, Or. XXXVIII 6e—h.k.

[25] Pseud.-Justin, Cohort. ad Graec. § 32, sieht in Menon 99 e — 100 a eine von Platon absichtlich verklausulierte Andeutung auf den Heiligen Geist. Vermutlich hat die Menonstelle auch Theophilos, Ad Autolyc. III 17, im Sinn.

einmal der Anstoß von Gott ausgegangen ist, ein gegenseitiges Zusammenwirken von menschlichem Streben und göttlicher Gnade vor, und insofern ist die
Gnosis als die Vollendung in der höchsten Gemeinschaft mit Gott (ἄκρα
κοινωνία p. 381,31) in besonderer Weise eine göttliche Schickung. Daß sie
nicht allen zuteil wird, zielt nicht auf einen vermeintlichen esoterischen Charakter der Gnosis und meint auch nicht, daß Gott sie einigen vorenthielte,
sondern bedeutet lediglich, daß nicht alle zu der höchsten Anspannung willens
und fähig sind.

5. Die gnostische Erhebung

Aus den Partien von Buch IV und V, die dem Aufbau der Gnosis dienen,
sollen schließlich in einer Nachlese drei verbleibende Stellen zusammengetragen
werden, an denen Clemens unter Verwendung platonischer Zitationen die gnostische Erhebung beschreibt. Besondere Kennzeichen sind in diesen Fällen damit gegeben, daß einmal die Gnosis auf das Sühnopfer Christi bezogen wird,
daß ein weiteres Mal der Gnostiker als ein vergöttlichter Mensch dargestellt
wird und daß schließlich, als persönliche Bitte formuliert, die Erhebung der
Seele an die Kirche gebunden und eschatologisch qualifiziert wird.

Von der Gnosis und dem Sühnopfer Christi handelt eine Stelle des fünften
Buches im Abschnitt über das Mysterium Gottes, in Strom V § 66,2 — § 67,3:
«Wenn demnach von dem Apostel (sc. 1 Kor 3,1—3) die Milch Nahrung der Unmündigen, die feste Speise aber Nahrung der Vollkommenen genannt worden
ist, so wird man als Milch die Katechese gleichsam als die erste Nahrung der
Seele, als feste Speise aber die epoptische Schau zu verstehen haben. Das ist
Fleisch und Blut des Logos, das heißt das Begreifen des göttlichen Wesens.
,Schmecket und sehet, daß der Herr gütig ist', heißt es, denn so teilt er sich denen mit, die in geistigerer Weise an solcher Speise Anteil nehmen, wenn ,die
Seele sich schon selbst nährt' nach dem Wort des wahrheitsliebenden Platon.
Speise und Trank des göttlichen Logos ist die Erkenntnis des göttlichen Wesens. Deshalb sagt auch Platon im zweiten Buch der Politeia: ,Opfernd nicht ein
Schwein, sondern ein großes und schwer zu beschaffendes Opfer', so müsse
man nach Gott forschen. Der Apostel aber schreibt: ,Und als unser Osterlamm
wurde Christus geopfert', ein in Wahrheit schwer zu beschaffendes Opfer, der
Sohn Gottes, der sich für uns zum Opfer weiht. Ein Gott wohlgefälliges Opfer
ist aber die rückhaltlose Abtrennung vom Körper und von dessen Leidenschaften. Das ist die wirklich wahre Frömmigkeit. Und vielleicht ist mit Recht deshalb von Sokrates die Philosophie ein Einüben in den Tod genannt worden.
Denn wer beim Denken weder den Gesichtssinn anwendet noch irgendeinen
der anderen Sinne heranzieht, sondern mit dem reinen Geist bei den Dingen
verweilt, der geht der wahren Philosophie nach. Das also beabsichtigt auch für
Pythagoras das fünfjährige Stillschweigen, das er seinen Schülern befiehlt, damit

sie, abgekehrt von den Sinnendingen, mit dem bloßen Geist das Göttliche schauen».

Vier Hauptmotive sind hier zumeist assoziativ in freier Stichwortverknüpfung zusammengestellt: die gnostische Erkenntnis des göttlichen Wesens, das stellvertretende Sühnopfer Christi und die Einübung in den Tod, einmal verstanden als Forderung nach der Apathie und zum anderen verstanden als die Abwendung vom Körper zum Zweck der noetischen Erkenntnis der intelligiblen Wesenheiten.

Im einzelnen ist noch folgendes festzuhalten. Im Anschluß an die paulinische Unterscheidung von Milch und fester Speise, die Clemens auf die Katechese und die Gnosis bezieht, deutet er ebenfalls auf die gnostische Schau des göttlichen Wesens die Worte «Fleisch und Blut des göttlichen Logos» (vgl. Joh 6,51–58) und «Schmecket und sehet, daß der Herr gütig ist» (Ps 33,9. vgl. 1 Petr 2,3)[1]. Er nennt diese Erkenntnis πνευματικώτερον p. 370,18f, wobei sich der Komparativ aus der Steigerung gegenüber der Katechese erklärt. Mit der Bemerkung κατὰ τὸν φιλαλήθη Πλάτωνα p. 370,20 beabsichtigt Clemens lediglich, auf die platonische Formulierung von ἡ ψυχὴ αὐτὴ ἑαυτὴν ἤδη τρέφει Epist VII 341 d1f = p. 370,19f aufmerksam zu machen. An inhaltliche Assoziationen ist nicht zu denken[2]. Die Seele nährt sich dann selbst, wenn sie nicht mehr der Anfängerunterweisung bedarf, sondern in selbständiger theologischer Forschung aus der gnostischen Erkenntnis lebt. – Das zweite Motiv, das stellvertretende Sühnopfer Christi, stellt er mit den Zitaten von Pol II 378 a5f und 1 Kor 5,7 und im letzten Kolon mit einer Anspielung an Joh 17,19 dar. Hier läßt sich neben der Stichwortassoziation (Fleisch und Blut – Opfer) auch eine sachliche Gedankenverbindung erkennen. An οὕτω χρῆναι ζητεῖν περὶ θεοῦ p. 370,23 läßt sich ablesen, daß das Sühnopfer Christi die Ermöglichung der theologischen Forschung und der gnostischen Erhebung ist. Platon beabsichtigte mit seiner Forderung nach dem großen und schwer zu beschaffenden Opfer, die Uranos-Kronos-Zeus-Mythen, selbst wenn sie wahr wären, wegen ihrer moralischen Anstößigkeit so weit wie möglich der Öffentlichkeit zu entziehen. Nur wer ein schwer zu beschaffendes Opfer dargebracht hätte und nicht ein Schwein, wie es jedermann in Eleusis tut[3], sollte das Recht haben, jene Mythen zu hören. Clemens bezieht das Opfer in ganz freier Christianisierung auf Christus. – Das dritte Motiv, die Einübung in den Tod von Phaid 81 a1f (vgl. 67 d8f) schließt sich zum Stichwort ‚Opfer' an. Clemens versteht darunter

---

[1] Dazu urteilt W. Völker, Der wahre Gnostiker S. 408 Anm. 3: «Mir ist nicht deutlich geworden, ob hinter diesen Ausführungen die Eucharistie steht, oder ob es sich nur um eine starke Spiritualisierung handelt». Ekklesiologisch ist die Auslegung von Joh 6,53f in Paid I § 38,2f.

[2] Tatsächlich nährt sich bei Platon das im Transzendieren überspringende Licht selbst, nicht die Seele.

[3] O. Gigon, Gegenwärtigkeit und Utopie S. 200f.

die Ausrottung der Leidenschaften, insofern diese ein Ausdruck der Sünde sind[4]. — In zweiter Hinsicht versteht er darunter auch die Abwendung vom Körper zum Zweck der noetischen Erkenntnis der intelligiblen Wesenheiten[5], was er in enger Anlehnung an Phaid 65 e7 — 66 a1 formuliert. Das war auch der authentische Sinn bei Platon. Denselben Gedanken bringt die Erklärung des fünfjährigen Schweigens bei den Pythagoreern zur Geltung. Eine spezifisch christliche Prägung ist dabei nicht zu erkennen, man wird aber an die Propädeutik von Strom I § 32,4f oder an die wahre Dialektik von Strom I § 177,1.3 denken dürfen.

Die Erhebung zur gnostischen Erkenntnis beschreibt Clemens im Abschnitt über den Vollkommenen im vierten Buch mit einer hyperbolischen Auszeichnung als eine Vergottung des Menschen. In Strom IV § 155,2−5 heißt es: «Mit Recht also sagt auch Platon, daß wie ein Gott unter Menschen leben wird, wer die Ideen schaut. Geist ($\nu o \tilde{\upsilon}\varsigma$) aber ist das Gebiet der Ideen, und der Geist ($\nu o \tilde{\upsilon}\varsigma$) ist Gott. Denjenigen also, der den unsichtbaren Gott schaut, hat er einen unter Menschen lebenden Gott genannt, und im Sophistes bezeichnet Sokrates den eleatischen Gast, der Dialektiker ist, als Gott, wie die Götter ‚in Gestalt von fremdländischen Gästen' die Städte aufsuchen. Wenn die Seele den Bereich des Werdens übersteigt, bei sich selbst ist und mit den Ideen Umgang hat, von der Art, wie es die Koryphäe im Theaitet ist, dann wird der Mensch, schon gleichsam wie ein Engel geworden, mit Christus sein, des Schauens teilhaftig, immer auf den Willen Gottes achtend, ‚einzig allein verständig, und die anderen stürzen als Schatten sich fort'. Denn Tote begraben ihre Toten. Daher sagte Jeremia: ‚Ich werde sie (sc. die Stadt) mit erdgeborenen Toten anfüllen, welche mein Zorn erschlagen hat'».

Clemens variiert das Motiv der Göttlichkeit des auf das Geistige hingerichteten Philosophen dreifach, einmal in schulphilosophischem Kontext, einmal im Rekurs auf den Sophistes und einmal im Rekurs auf den Theaitet, um sodann diesen Gedanken in einen christlichen Bezugsrahmen zu transponieren. Auch die Interpretation hat zunächst einmal die unterschiedlichen Blickwinkel zu respektieren.

Das gilt vor allem für einige auf der Schulphilosophie basierende Elemente im ersten Punkt. Als ein Gott unter Menschen gilt zuerst $\dot{o}$ $\tau \tilde{\omega}\nu$ $\iota \delta \varepsilon \tilde{\omega}\nu$ $\theta \varepsilon \omega \rho \eta$-$\tau \iota \kappa \acute{o}\varsigma$ p. 317,10, was syllogistisch weiterentwickelt wird zu $\dot{o}$ $\dot{\alpha} o \rho \acute{\alpha} \tau o \upsilon$ $\theta \varepsilon o \tilde{\upsilon}$ $\theta \varepsilon \omega \rho \eta \tau \iota \kappa \acute{o}\varsigma$ p. 317,12. Das Zwischenglied liefert der bereits angesprochene schulplatonische Lehrsatz[6]: $\nu o \tilde{\upsilon}\varsigma$ $\delta \grave{\varepsilon}$ $\chi \acute{\omega} \rho \alpha$ $\iota \delta \varepsilon \tilde{\omega}\nu$, $\nu o \tilde{\upsilon}\varsigma$ $\delta \grave{\varepsilon}$ $\dot{o}$ $\theta \varepsilon \acute{o}\varsigma$ p. 317,11. Das ist eine schlüssige Gedankenfolge, und man hat kein Recht, diesen schulphilo-

---

[4] S.o. Kap. V S. 196ff.
[5] Zu $\tau \grave{\alpha}$ $\pi \rho \acute{\alpha} \gamma \mu \alpha \tau \alpha$ p. 371,2 als intelligiblen Wesenheiten vgl. Strom I § 177,1.3 und oben Kap. III S. 128.
[6] S.o. S. 274.

sophischen Lehrsatz zu isolieren und als Clemens' eigene fixierte, dogmatische Position auszugeben[7]. Wenn Gott als νοῦς prädiziert wird, so ist das wie in Strom V § 16,3f. § 73,3 eine verkürzende Umschreibung für Gottes Transzendenz. Entsprechend wird ja hier auch das Prädikat ἀόρατος p. 317,13 gebraucht. Streng genommen überragt Gott als πνεῦμα die intelligible Sphäre[8]. Daß Clemens mit Billigung (εἰκότως p. 317,10) spricht, bezieht sich zunächst und grundsätzlich auf den Gedankengang im ganzen, d. h. auf die Vergottung des Gott schauenden Philosophen, so problematisch diese Aussage auch sein mag. Darauf wird sogleich zurückzukommen sein.

In zweiter Instanz beruft sich Clemens auf das Eingangsgespräch des Sophistes (Soph 216 a1 — d2). Sokrates glaubt dort, Theodoros habe, indem er den Philosophen aus Elea bei sich habe, nicht einen Menschen, sondern unbemerkt einen Gott, einen prüfenden Gott, mitgebracht, und erinnert dafür an homerische Erzählungen von den Gestaltwandlungen der Götter (insbesondere ρ 483— 487). Das ist im hintergründigen Scherz gesagt[9], aber Theodoros nimmt den Einwurf für bare Münze und stellt deshalb richtig, daß der eleatische Gast gewiß kein Gott sei, wohl aber daß er, als Philosoph, göttlich sei. Das pariert Sokrates hinwiederum mit der Erklärung, daß Philosophen ihm nicht deutlicher zu erkennen seien als ein Gott, treten sie doch als Politiker, als Sophisten und zuweilen sogar als Wahnsinnige auf. — Bei der clementinischen Aufnahme erfordert bereits die Behandlung Homers eine kurze Bemerkung. Platon hatte in Soph 216 c4f Homer ρ 486: (θεοί) παντοῖοι ... ἐπιστρωφῶσι πόληας, zitiert und in 216 b3 an ρ 487 angespielt. Clemens zitiert den direkt vorangegangenen Vers ρ 485: θεοὶ ξείνοισιν ἐοικότες ἀλλοδαποῖσιν p. 317,15f, und umschreibt, was Platon zitiert hatte, mit eigenen Worten. Wenn das nicht als ein witziges Spiel gemeint ist — und die Sprechhaltung im ganzen spricht dagegen —, dann kann es als ein Zeichen dafür gewertet werden, daß Clemens trotz sehr guter Textkenntnisse ungenau aus dem Gedächtnis zitiert. Entscheidend aber ist, daß Clemens dem Wortwechsel entnimmt, Sokrates habe den Philosophen einen unter Menschen wandelnden Gott genannt. Das ist in dieser Weise natürlich nicht zu halten[10]; Clemens verkürzt die Gesprächseröffnung um Wesentliches und mißachtet gänzlich die ironischen Zwischentöne. Aber Einspruch zu erheben ist nicht nur vom unmittelbar vorgegebenen Sophistestext aus, sondern auch von Platons Haltung allgemein aus. Denn strikt genommen ist die Vorstellung, ein

---

[7] So Ch. Bigg, The Christian Platonists of Alexandria S. 96 Anm. 3; R.P. Casey, Clement of Alexandria and the Beginnings of Christian Platonism, HThR 18 1925 S. 80; J. Wytzes, The Twofold Way II, VigChr 14 1960 S. 131; E.F. Osborn, The Philosophy of Clement of Alexandria S. 38.41 (er bezieht die Aussage auf den Sohn Gottes); S.R.C. Lilla, Clement of Alexandria S. 222f.

[8] Zusätzlich zu den früher angeführten Belegen ist noch Frg. 39, vol. III p. 220,6—10, zu vergleichen.

[9] Vgl. P. Friedländer, Platon Bd. 3 S. 226f.

[10] Ausdrücklich heißt es 216 b8f: καί μοι δοκεῖ θεὸς μὲν ἀνὴρ οὐδαμῶς εἶναι, θεῖος μήν.

Mensch könne Gott werden, unplatonisch. Der Angleichung an Gott sind mit dem κατὰ τὸ δυνατόν Grenzen gesetzt, die nicht überwunden werden können[11]. Auch der Schulplatonismus hat da nicht anders gedacht. Wenn Clemens Platon dergestalt unrichtig wiedergibt, so bedarf das einer besonderen Erklärung. In dieser Hinsicht ist einmal auf den abgeblaßten und freien Gebrauch des Begriffes θεός hinzuweisen, der zu seiner Zeit bei gebildeten und ungebildeten Heiden[12] ebenso wie bei Christen[13] zur Bezeichnung der außergewöhnlichen Vollkommenheit eines Menschen üblich war. Daß Clemens θεός und ἰσάγγελος synonym gebrauchen kann, hat W. Völker[14] zutreffend beobachtet. Zum anderen ist hervorzuheben, daß das Motiv der Vergöttlichung eine von Clemens bevorzugte Ausdrucksweise ist, die er dem rechtgläubigen Gnostiker vorbehält[15]. Offenbar liest er sein eigenes Konzept der Vergöttlichung in den Platontext hinein[16].

Daß an dritter Stelle auch die Koryphäe aus der ersten Hälfte der Episode des Theaitetos (173 c6 — 175 d2) den Aufstieg zur Ideenschau[17] illustriert, erfordert keine weitere Erklärung.

Mit οἷον ἄγγελος ἤδη γενόμενος σὺν Χριστῷ ἔσται p. 317,17f hat Clemens die Transponierung in den christlichen Bezugsrahmen vollzogen. Es geht nach wie vor um die Thematik der Vergöttlichung in dem eben skizzierten Sinn, denn οἷον ἄγγελος ἤδη γενόμενος ist ein Äquivalent für jenes Motiv. Die Hinwendung zur intelligiblen Sphäre bleibt gültig, sie ist aber vorläufig, sie wird durch das Sein mit Christus überhöht, wodurch der Mensch schon im gegenwärtigen Leben[18] nach Mt 22,30. Lk 20,36 wie ein Engel ist und sich in Theorie

---

[11] Es ist nochmals an Aristoteles, Περὶ τἀγαθοῦ 1, zu erinnern, s. oben S. 179.

[12] Vgl. A. von Harnack, Lehrbuch der Dogmengeschichte Bd. 1 S. 138f Anm. 1.

[13] Theophilos, Ad Autolyc. II 27; Irenaeus, Advers. Haer. III 6,1. 20,1. IV 63,3; Hippolyt, Refut. X 33,7.34,3ff; Pseud.-Justin, Or. ad Graec. § 5, vgl. F.J.A. Hort — J.B. Mayor, Clement of Alexandria, Miscellanies Book VII, S.XLIV.203f. In einem weiteren Sinne kann auch genannt werden 2 Petr 1,4; Epist. ad Diogn. 10,6; Justin, Apol. I 10,2f. 21,6.

[14] W. Völker, Der wahre Gnostiker S. 604. Daß der Mensch nach wie vor Geschöpf bleibt, hebt Clemens in Strom II 80,5 hervor, vgl. oben Kap. IV S. 186f.

[15] Einige Belege sind Protr § 8,4. § 114,4. Paid III § 1,5. Strom IV § 149,8. Strom VI § 113,3. Strom VII § 3,6. § 56,3ff. § 95,2. § 101,4.

[16] Zu dieser Stelle erklärt G.W. Butterworth, The Deification of Man in Clement of Alexandria, JThS 17 1916 S. 167: «we find his thoughts travelling from Homer to Plato, and again from Plato to the New Testament, with no consciousness of a break in the connexion . . . . It is fundamentally Greek, and the Scriptual reference is brought in to illustrate opinions already formed». Diese Auskunft hält, wie sich gezeigt hat, einer Überprüfung nicht stand.

[17] Zur Episode des Theaitet s.o. S. 177ff. J. Wytzes, The twofold Way II, VigChr 14 1960 S. 132, versteht unter ὁμιλῇ τοῖς εἴδεσιν p. 317,16 den Umgang mit den Engeln. Das ist m.E. erzwungen, und es liegt näher, den ursprünglichen Sinn zur Geltung kommen zu lassen.

[18] Daß der Aufstieg gegenwärtig und nicht eschatologisch gemeint ist, ergibt sich u.a. aus

(θεωρητικὸς ὢν p. 317,18) und Praxis (ἀεὶ τὸ βούλημα τοῦ θεοῦ σκοπῶν p. 317,18f) auf Gott ausrichtet. Das Sein mit Christus ist die entscheidende Qualifikation[19], dieses bedeutet das Heil, bedeutet im religiös emphatischen Sinn das Leben, während ein Sein ohne Christus der Tod ist. Aus diesem Gegensatz erklären sich die abschließenden Zitationen von Homer κ 495, Mt 8,22 = Lk 9,60 und Jer 40,5.

In einer besonders schönen Passage direkt am Ende des vierten Buches, in Strom IV § 172,2f, erbittet Clemens persönlich vom Geist Christi die Erhebung der Seele zum himmlischen Jerusalem. Der Text lautet: «Ich aber möchte darum beten, daß der Geist Christi mich zu meinem Jerusalem beflügele. Denn auch die Stoiker sagen, der Himmel sei im eigentlichen Sinn Staat; was sich hier auf Erden befinde, seien nicht mehr Staaten (zwar werden sie so genannt, sie sind es aber nicht). Denn etwas Treffliches ist der Staat und die Volksgemeinschaft ein vorzügliches Gebilde und eine vom Nomos durchwaltete Menschenversammlung, wie die Kirche vom Logos durchwaltet ist, eine uneinnehmbare und nicht zu unterjochende Stadt auf Erden, der Wille Gottes auf Erden wie im Himmel. Abbilder dieser Stadt (d. h. der himmlischen) gründen auch die Dichter in ihren Schriften. Denn die hyperboreischen und arimaspischen Städte und die elysischen Felder sind Versammlungen der Gerechten. Wir wissen aber, daß auch der Staat Platons als ein Urbild im Himmel liegt»[20].

Der Grundgedanke der persönlichen Bitte, der durch eine Parallele in Paid I § 84,3[21] gesichert wird, bezieht sich auf die Erhebung der Seele als einer gnadenhaften Gabe des Geistes Christi. Die Erhebung ist in nicht näher bezeichneter Weise an die vom Logos durchwaltete Kirche auf Erden gebunden und strebt dem himmlischen Jerusalem, der Kirche im Himmel, zu. Angereichert ist die Bitte mit heidnischen Reminiszenzen: dem doppelten Staatsbegriff der Stoa, den hyperboreischen und arimaspischen Städten sowie den elysischen Feldern der Dichter und schließlich dem Staat Platons[22]. Das Hauptproblem,

dem ἤδη p. 317,18 sowie aus der Verbindung von Theorie und Praxis. Die Futurformen ζήσεσθαι p. 317,11 und ἔσται p. 317,18 sind demnach nur ein gewählterer Ausdruck für das Präsens, vgl. R. Kühner − B. Gerth, Ausführliche Grammatik der griechischen Sprache, Bd. II,1 S. 172 § 387,4.

[19] Vgl. auch P.Th. Camelot, Foi et gnose S. 139f.

[20] Man möchte daneben Erasmus' Brief an Zwingli, Epist. 1314,2ff, stellen: «ego mundi civis esse cupio communis omnium vel peregrinus magis. utinam contingat asscribi civitati coelesti; nam eo tendo», (Opus Epistolarum Des. Erasmi Roterodami, rec. P.S. Allen − H.M. Allen, Tom. V S. 129).

[21] Der Bitte im Optativ entspricht in Paid I § 84,3 die imperativische Anrede: ναί, παιδαγωγέ, ποίμανον ἡμᾶς εἰς τὸ ἅγιόν σου ὄρος, πρὸς τὴς ἐκκλησίαν, τὴν ὑψωμένην, τὴν ὑπερνεφῆ, τὴν ἀπτομένην οὐρανῶν p. 139,20ff. Das Heil besteht in der ἀφθαρσία p. 139,25, es ist also zukünftig.

[22] Der Skopus ist kaum getroffen, wenn E. Lohse, Art. Σιών, κτλ. D) ThWNT Bd. 7 S. 338, z.St. erklärt: «Die Vorstellung vom oberen Jerusalem wird von Cl(emens) Al(exandrinus) dazu verwendet, um den idealen Staat, dessen Urbild sich nach der platonischen Philosophie im Himmel befindet, Jerusalem zu nennen».

vor dem die Interpretation steht, liegt darin, ob Clemens den gnostischen See-
lenaufstieg idealistisch spiritualisiert oder eschatologisch gemeint hat. Mehrere
Anzeichen, wie der ursprüngliche Sinn einiger Zitationen, eine auffällige Umakzentuierung und Parallelen bei Clemens selbst, sprechen für ein eschatologisches Verständnis. Das himmlische Jerusalem ist nach Gal 4,26. Hebr 12,22.
Apk 21,2.10 eine Bezeichnung des eschatologischen Heils. Auf Hebr 12,22f
geht auch die Verbindung des himmlischen Jerusalem mit der himmlischen Kirche zurück. Ohnehin hat der Himmel auch eine eschatologische Konnotation[23].
Eschatologisch sind auch die heidnischen Vorstellungen der hyperboreischen
und arimaspischen Städte und der elysischen Felder[24]. Eine aufschlußreiche
Umakzentuierung läßt sich sodann bei der stoischen Begriffsbestimmung des
Staates beobachten. Clemens sagt nicht, was das Normale und Eindeutige wäre[25], daß in eigentlicher Weise der κόσμος Staat genannt werde, sondern der
οὐρανός[26]. Damit wird der Gedanke ambivalent, d. h. für eine eschatologische
Deutung offen. Und schließlich spricht Clemens selbst von der himmlischen,
bzw. der obersten Kirche, um die eschatologische Vollendung zu umschreiben[27]. Dieser eschatologische Gesamtduktus wirkt sich auch auf die Erwähnung
von Platons im Himmel liegendem Staat aus.

Bereits J. Potter[28] hat dazu auf die Stelle Pol IX 592 ab hingewiesen. Platon
läßt dort die Frage nach der Realisierbarkeit seines Schönstaates, die in Pol VI
499 d4ff noch in der Weise beantwortet war, daß dieser Staat nicht unmöglich,
aber schwer zu verwirklichen sei, weit hinter sich. Es geht um die Lebensführung des Philosophen, der sich der Herrschaft des Göttlichen und Verständigen
in ihm unterwirft, der seine innere Politeia zur Harmonie stimmt, Gesundheit,
Vermögen und Ehre gering achtet und sich auch von den Staatsgeschäften
zurückhält, wenn nicht eben durch göttliches Geschick der wahre Staat Wirklichkeit geworden ist. Dazu führen Glaukon und Sokrates folgende Wechselrede: «Ich verstehe, sagte er, in dem Staate, meinst du, (sc. wird der Philosoph

---

[23] Vgl. H. Traub, Art. οὐρανός D), ThWNT Bd. 5 S. 532f.

[24] Vgl. J. Daniélou, Message évangélique et culture hellénistique S. 94, mit instruktivem
     Parallelmaterial.

[25] Chrysipp, Frg. phys. 1130f SVF II p. 327,29 — p. 328,11, Frg. phys. 1141 SVF II
     p. 330,14—17, Frg. mor. 323 SVF III p. 79,37 — p. 80,3.

[26] Vergleichbar ist Clemens' Platonbehandlung in Strom V § 79,2ff, s.o. S. 280f.

[27] Parallel ist in Strom IV § 66,1 die auf Mt 6,10 gestützte Zuordnung der irdischen Kir-
     che zu ihrem himmlischen Urbild. Die Unterscheidung selbst bewegt sich ganz auf der
     Linie gemeinchristlicher Gedanken, vgl. A. von Harnack, Lehrbuch der Dogmenge-
     schichte Bd. 1 S. 169ff.405f.412ff. Der eschatologische Aspekt tritt hervor in Paid I
     § 45,1f (das obere Jerusalem). § 84,3 (der heilige Berg). § 98,3f (ἡ ἐπουράνιος πολι-
     τεία), Paid II § 6,2 (ἡ οὐράνιος ἐκκλησία), Strom VI § 107,2 — § 108,1, Strom VII
     § 68,5.

[28] PG VIII col. 1382 adn. 19.

tätig), dessen Gründung wir eben durchgegangen sind, der in unseren Reden liegt, denn auf der Erde, glaube ich, existiert er nirgends. — Aber, sagte ich, im Himmel ist vielleicht ein Urbild aufgestellt für den, der sehen und nach dem, was er sieht, sich selbst einrichten will» (IX 592 a10 – b3). Platon hat mit der religiös-dichterischen Wendung von dem Urbild im Himmel, das dem Philosophen als Vorbild für die Ordnung seiner inneren Politeia dient, in geheimnisvoller Mehrdeutigkeit gelassen, ob der Himmel der Ideen, der gestirnte Himmel[29] oder sonstwie ein mythischer Ort der Seligkeit gemeint ist[30]. Für Clemens aber ist der Himmel der Ort der Heilsgüter des Eschatons. Dort ist auch der wahre Staat aufbewahrt[31].

---

[29] So interpretiert P. Friedländer, Platon Bd. 3 S. 117f.
[30] J. Adam, The Republic of Plato, Vol. 2 S. 370: «Plato's language is extraordinarily suggestive ... these words suggest, not indeed the doctrine of Anamnesis in all its bearings, but something of the half-religious, half-poetical atmosphere with which Plato invests that doctrine in the Phaedrus».
[31] Ob Clemens bei diesem Abschnitt auch an die aus Irenaeus, Advers. Haer. V 36,1, bekannte Stufung von Himmel, Paradies, Stadt Gottes gedacht hat, läßt sich nicht sagen.

KAPITEL VIII:
DER DIEBSTAHL DER HELLENEN

Das Motiv vom Diebstahl der Hellenen ist die verbindende Klammer von Strom V § 89 — Strom VI § 38. Wie die Eröffnung in Strom V § 89,1, die Zwischenbemerkung in Strom VI § 4 und die abschließende Überleitung in Strom VI § 39,1 zeigen, hat Clemens diese Ausführungen als einen zusammenhängenden Komplex verstanden wissen wollen, der lediglich durch das Proömium zum sechsten Buch in Strom VI § 1 — § 3 unterbrochen wird. Auf dieses Thema hatte er den Leser auch schon früher in Strom I § 80,5 — § 100, im Vorwort zu Buch II, in § 1,1 und § 2,3, und in Strom V § 10 vorbereitet[1]. Die Gliederung dieses Komplexes ist aus der Verbindung zweier Gesichtspunkte gewonnen. Gegliedert wird einmal nach dem Gesichtspunkt des Diebesgutes: δόγματα oder ἔργα, und zum anderen nach dem Gesichtspunkt des Bestohlenen: der Bibel, der Griechen selbst oder der Barbaren allgemeiner. So behandelt Clemens in Strom V § 89 — § 141 den Diebstahl der Griechen aus der Bibel und in Strom VI § 5 — § 27 den Diebstahl der Griechen unter sich. Letzteres dient erklärtermaßen (§ 4,4) dazu, die diebische Veranlagung der Griechen augenfällig herauszustreichen und von daher ihren Diebstahl an der Bibel zusätzlich abzusichern. In diesen Abschnitten handelt es sich um einen Diebstahl an δόγματα p. 444,1. Platon kommt in beiden Teilen zu Wort, im ersten ausgesprochen häufig und ausführlich, im zweiten seltener und nur kurz. In § 28 — § 34 folgt der Diebstahl der Griechen bei biblischen Personen, insofern sie τὰ ἐνεργούμενα p. 444,4 in verfälschender Weise nachäffen. Und noch einmal geht es um δόγματα in dem letzten kurzen Abschnitt § 35 — § 38, der den Diebstahl der Griechen bei den Ägyptern und Indern anspricht. Platon spielt hier keine Rolle mehr.

Die Analyse dieses Komplexes hat W. Bousset[2] nach zwei Seiten hin weiterführen wollen. Er hat einmal die Stellung der Diebstahlsabhandlung innerhalb der «Teppiche» noch genauer bestimmen wollen. So fand er einerseits analoges Gedankengut in Strom I § 81,1—5. § 87,1 — § 88,8. § 100,3—5. § 101 — § 182 und in Strom V § 19 — § 55, das in der Beurteilung der heidnischen Philoso-

---

[1] Ebenfalls auf den Diebstahl der Hellenen will W. Bousset, Jüdisch-christlicher Schulbetrieb S. 214 Anm. 1, die Ankündigung im Vorwort von Buch IV § 1,2 beziehen: ... τὴν εἰς Ἕλληνας ἐκ τῆς βαρβάρου φιλοσοφίας διαδοθεῖσαν ὠφέλειαν p. 248,9f. Das geht mit der Formulierung in Strom II § 20,1 zusammen, von einem Diebstahl ist jedoch nicht die Rede.

[2] W. Bousset, Jüdisch-christlicher Schulbetrieb S. 205—218.

phie nicht dem Geist der übrigen Bücher entspreche. Und er glaubte andererseits, eine direkte Anknüpfung in Strom II § 4ff an Strom I § 58 erkennen zu können. Daraus schloß er, daß die der Philosophie kritisch gegenüberstehenden Aussagen ein Fremdkörper innerhalb der «Teppiche» seien. Clemens habe in die bereits konzipierten und vielleicht schon fertiggestellten ersten vier Bücher ein aus dem alexandrinischen Schulbetrieb stammendes Lehrbuch vom Diebstahl der Hellenen nachträglich eingearbeitet. Und zum anderen hat W. Bousset die Eigenart dieser zusammenhängenden Quellenschriften vornehmlich an Strom V § 89 − § 141 und an Strom V § 19 − § 55 analysiert. Hier interessiert allein seine Analyse von Strom V § 89 − § 141[3]. Gegen neutestamentliche Stellen, aus denen die Griechen gestohlen haben sollen, ist er von vornherein mißtrauisch, er scheidet solche Vergleichspaare als clementinische Zusätze aus. So lassen sich drei größere Partien der Quellenschrift freilegen. In § 89,2 − § 96,6 geht es um Lehren, die die Philosophen irrtümlich aus dem Alten Testament herausgelesen haben. § 97,7. § 99,3 − § 101,3. § 107 sind als Aristobulfragmente ausgewiesen oder lassen sich z. T. durch die Parallelen bei Euseb, z. T. durch innere Kriterien als solche erschließen. Das Zwischenstück und die Fortsetzung stützen sich auf eine Sammlung von echten und gefälschten Dichterversen, die in schon erweiterter Fassung auch im «Protreptikos» ausgeschrieben ist. In § 113,1 fällt der Name des (Pseudo-)Hekataios, damit setzt auch der Parallelismus mit Pseudo-Justin, De monarchia, ein, der bis § 133,3 zu verfolgen ist. Ausscheiden lassen sich sekundäre Erweiterungen. Von daher lasse sich auch die Entstehung der Quellenschrift rekonstruieren. Es handle sich um ein ursprünglich in der jüdischen Apologetik beheimatetes Lehrbuch, das schon eine lange Geschichte hinter sich hatte, als es Clemens in seine «Teppiche» aufnahm. Ein besonderes Interesse verdienen begreiflicherweise die erkennbaren Zusätze des Clemens. Sieht man sie sich nämlich einmal im Zusammenhang an[4], so zeige sich, daß es fast durchweg Platonzitate seien.

Gegen die Position W. Boussets hat J. Munck[5] Stellung bezogen. Er bestritt, daß die Abhandlung vom Diebstahl der Hellenen ein Fremdkörper in den «Teppichen» sei. Daß sie ein literarischer Fremdkörper sei, suchte er mit dem Nachweis zu widerlegen, daß diese These außer in Buch III und VII überall in den «Teppichen» anzutreffen sei. Und daß sie ein sachlicher Fremdkörper sei, wollte er mit dem Hinweis widerlegen, daß die Erörterung von Clemens selbst geplant sei und von ihm auch angekündigt werde, daß aber seine Durchführungen nicht strikt erfolgten. Im übrigen äußerte J. Munck gegen die quellenkritische Arbeitsweise grundsätzliche Bedenken. Sachliche Brüche und Inkonsequenzen

[3] W. Bousset, Jüdisch-christlicher Schulbetrieb S. 219−229.
[4] Dazu gehören nach W. Bousset, ebd. S. 226f: § 91,3−4. § 93,2−3. § 96,2−4. § 97,1−6.
§ 98,1 − § 99,2. § 102,3−5. § 103,1b. § 105,3 − § 106,4. § 108,1−3. § 115,1−3
(4−5?). § 116,1−3. § 118,1−3. § 133,4 − § 138.
[5] J. Munck, Untersuchungen über Klemens von Alexandria S. 127−151.

könnten nicht als Handhabe zur Quellenscheidung gebraucht werden, denn der Verfasser eines buntschriftstellerischen Werkes sei absolut frei. Auch für J. Munck steht fest, daß das Material vor Clemens existierte, aber er hält es nicht für möglich, Vorlage und Bearbeitung zu sondern[6].

Es hat allerdings nicht den Anschein, daß mit dieser Auskunft das letzte Wort zum literarischen Problem der Behandlung des Diebstahls der Hellenen gesprochen wäre. Wenn J. Munck erklärt, daß diese These in allen Büchern außer Buch III und VII anzutreffen sei, so gilt das nur in dem weiten Sinn, wenn man zwischen einem Diebstahl und der bloßen Abhängigkeit keinen Unterschied macht. Genau besehen aber sind beide Aussagen keineswegs konform, denn einmal handelt es sich um etwas Unstatthaftes, Unrechtmäßiges, das andere Mal nicht. Unter Berücksichtigung dieser Akzentuierung wurden oben die Aussagen zu Platon in Strom II durchgemustert, was zu dem Ergebnis führte, daß ihm nirgendwo im zweiten Buch ein Diebstahl angelastet wird. Dasselbe gilt von allen Platonzitationen in Buch IV. Und auch bei den übrigen von J. Munck genannten Belegstellen[7] aus Strom II, IV und den verbleibenden Stücken von Buch V fehlt die beschuldigende und anklagende Terminologie durchweg. Ferner scheint es auch eine unbegründete Resignation zu sein, wenn J. Munck meint, man müsse, weil ein «Stromateus» nun einmal keine Ordnung befolge, ganz darauf verzichten, nach den Leitpunkten für die Arrangierung der Stoffmassen zu suchen. A. Méhat[8] wenigstens hat für die Kephalaia Strom V § 89 — § 94 eine Komposition nach Art eines Schachbrettes feststellen können und im übrigen grob gesehen eine Abfolge von Physik (§ 89,1 — § 94,3), Ethik (§ 94,4 — § 99,3), Physik (§ 99,4 — § 108,5) und Theologie (§ 108,6 — § 141,4) angesetzt. Und schließlich bleibt W. Boussets Aufstellung der nachweisbaren Parallelen ja nach wie vor gültig. Andererseits ist die Frage zu stellen, ob der von W. Bousset beobachtete Wechsel in der Beurteilung der heidnischen Philosophie wirklich darauf schließen läßt, daß die Diebstahlserörterungen ein sachlicher Fremdkörper in den «Teppichen» sind. Es werden sich im Folgenden vielmehr Anzeichen dafür ergeben, daß die Diebstahlstheorie sehr wohl komplementär neben einer positiven Bewertung der Philosophie Platons Platz hat.

Als offene Frage muß aber hier das literarische Problem stehen bleiben, denn damit ist eine Aufgabe bezeichnet, die weit über den Rahmen des hier zu Leistenden hinausgeht. So begrüßenswert die Gewißheit wäre, daß die Platonzitationen wirklich Zusätze von Clemens' Hand sind — auffällig ist ja in der Tat, daß von ihnen nicht einmal die Hälfte bei Stobaios abgedeckt ist — so weit müßte sich doch die Untersuchung von der Platonrezeption entfernen. Denn nur die Berücksichtigung des Gesamtmaterials kann erfolgversprechend sein. So ist hier Bescheidung nötig. Es wird die Voraussetzung gemacht, daß Clemens

---

[6] J. Munck, Untersuchungen über Klemens von Alexandria S. 130.
[7] J. Munck, ebd. S. 136ff.
[8] A. Méhat, Étude sur les ‚Stromates' S. 240. 278.

hinter dem, was er geschrieben hat, auch steht. Wiederholungen zu früheren Zitaten sind nicht als Handhabe der Quellenscheidung, sondern als Ausdruck einer doppelten Betrachtungsweise zu verstehen. Ansonsten sollen die Zitationen und ihre Bewertung nur registriert werden. Nach Möglichkeit sollen noch Parallelen beigebracht werden.

Etwas weiter ist die Analyse des Abschnittes Strom VI § 5 — § 27 durch die Arbeit von E. Stemplinger[9] gediehen, die K. Ziegler[10] und A. Peretti[11] erneut aufgenommen haben. Grundlegend für die Erörterung des Diebstahls der Hellenen unter sich ist die schon traditionelle Unterscheidung[12] nach διάνοιαι καὶ λέξεις einerseits und ὁλόκληρα φώρια andererseits (Strom VI § 25,1). Für die Übernahme von Gedanken und Ausdrücken führt Clemens etwa 60 Belegpaare und für den Diebstahl von ganzen Werken, bzw. vollständigen Lehrsätzen 15 Beispiele an, von denen aber einige streng genommen wiederum nur kurze Wendungen betreffen. Dieses Material hat nun bei den beiden Thesen unterschiedliche Beweiskraft. Nur bei einigen Fällen der zweiten Gruppe kann tatsächlich von einem Plagiat gesprochen werden, während die Ähnlichkeiten in der ersten Gruppe allgemeinerer Natur sind, ohne daß eine bewußte Übernahme stattgefunden haben muß. K. Ziegler[13] hat deshalb völlig zu Recht angenommen, daß beide Teile aus verschiedenen Quellen stammen. Der zweite Teil dürfte ihm zufolge tatsächlich aus der Plagiatliteratur übernommen sein; er geht aber auf keinen der von Porphyrios[14] genannten Autoren zurück. Dagegen gehören die im ersten Teil gesammelten Stellen in Kommentarwerke oder Florilegien, wo sie gegenseitig der gedanklichen oder sprachlichen Veranschaulichung dienten. An diesem Punkt hat A. Peretti[15] die Analyse weitergeführt. Er konnte die These vom florilegischen Ursprung des ersten Teiles weiter erhärten, indem er zeigte, daß hier — was E. Stemplinger[16] bezweifelt hat — dieselbe Tradition anzutreffen ist, auf der auch Stobaios basiert.

Zu den wenigen Platonzitationen dieser beiden Teile ist festzustellen, daß keiner der genannten Forscher sich genötigt sah, sie besonders herauszuheben. Sie gehören wohl schon den Quellen an. Dafür, daß sie erst Clemens hinzugefügt hätte, gibt es — vielleicht von § 27,3 abgesehen — keine Anhaltspunkte. Die fraglichen Stellen seien hier kurz aufgezählt.

---

[9]   E. Stemplinger, Das Plagiat in der griechischen Literatur S. 57—80.
[10] K. Ziegler, Art. Plagiat, RECA Hlbd. 40 Sp. 1985—1991.
[11] A. Peretti, Teognide nella tradizione gnomologica S. 82—92.
[12] So K. Ziegler, Art. Plagiat, RECA Hlbd. 40 Sp. 1986.
[13] K. Ziegler, Art. Plagiat, RECA Hlbd. 40 Sp. 1889f.
[14] Porphyrios nennt bei Euseb, Praep. Ev. X 3,12f, Aristophanes von Byzanz, Latinos, Philostrat von Alexandrien, Caecilius, und Praep. Ev. X 3,23, Lysimachos, Alkaios, Pollion und Aretades.
[15] A. Peretti, Teognide nella tradizione gnomologica S. 82—92.
[16] E. Stemplinger, Das Plagiat in der griechischen Literatur S. 78.

In § 13,6 steht der Ausdruck εὐμετάβολον ζῷον, den der pseudoplatonische Brief Epist XIII 360 d2 auf den Menschen bezieht, neben einem Fragment des Poseidippos, wo der Begrenztheit des menschlichen Glücks auch die Begrenztheit des Unglücks entgegengehalten wird.

In § 17,5f entspricht der Menandervers, daß jung stirbt, wen die Götter lieben, dem Wort des pseudoplatonischen[17] Axiochos 367 b7 — c2: «Deshalb befreien auch die Götter, weil sie das menschliche Geschick kennen, diejenigen, die sie am meisten schätzen, schnell vom Leben».

In § 19,7f gehört zu dem von dem Rhetoren Antiphon vorgetragenen Vergleich der Greisenpflege mit der Kinderfürsorge der Satz aus Nom I 646 a4f: «Der Greis dürfte wohl, wie es scheint, zum zweitenmal Kind werden».

In § 23,4f gilt ein fälschlich Platon zugeschriebenes Wort als die Vorlage für den Komiker Philemon, der beschreibt, wie sich Liebe entwickelt. Das Wort lautet: «Das dürften wir vielleicht nicht unpassend sagen, daß der Anfang der Liebe das Sehen ist, daß aber Hoffnung die Leidenschaft verringert, Erinnerung sie nährt und Gewohnheit sie erhält».

In § 24,1f steht die Bemerkung des Historikers Ephoros über den rechten Zeitpunkt zur Veredelung wilder Pflanzen neben Nom VI 765 e3ff: «Denn bei jedem Sprößling ist vor allem der erste Keim, wenn er einen glücklichen Ansatz zur Vollkommenheit in sich trägt, dafür, daß er das seiner eigenen Natur zuträgliche Ziel erreicht, das Entscheidende»[18].

Und in § 24,5f ist die Paradoxie von der Frauengemeinschaft in der Politeia (V 457 b7 — 466 d5) die Anregung für einen Vers in Euripides' Protesilaos.

Zu diesen angeblichen Entlehnungen von Gedanken und Ausdrücken kommen hinzu die Entwendungen umfangreicheren Ausmaßes. So hat nach § 27,2 Platon die Lehre von der Unsterblichkeit der Seele von Pythagoras übernommen, der sie seinerseits von den Ägyptern geholt hat[19].

Und schließlich weist Clemens in § 27,3 summarisch auf viele Schriften von Platonikern, die beweisen, daß die Stoiker und Aristoteles die meisten und wichtigsten Lehrsätze Platon entnommen haben. Hier könnte der Umstand, daß Clemens mit den Worten ὡς ἐν ἀρχῇ εἰρήκαμεν p. 443,14 auf den Beginn der Diebstahlserörterung auf Strom V § 95,1f und möglicherweise auch schon auf § 89 zurückweist, vielleicht so zu deuten sein, daß dieses Kephalaion Clemens' persönlicher Beitrag ist.

---

[17] Vgl. A. Lesky, Geschichte der griechischen Literatur S. 575.
[18] So lautet der Text nach der Interpunktion von O. Stählin, die abweicht vom Text von J. Burnet und E.B. England, The Laws of Plato Bd. 1 S. 175. 587.
[19] Eine andere Tradition kommt in Strom I § 68,3 zu Wort, s.o. Kap. III S. 99.

Die aufgeführten Zitationen verfolgen keine eigenen Ziele, sondern stehen im Dienst des weitergehenden Nachweises von der Ausplünderung der Bibel durch die Hellenen, den sie, wie aus Strom VI § 4,4 hervorgeht, zusätzlich plausibel machen wollen. Die These vom Diebstahl der Hellenen an der Bibel ihrerseits ist freilich nicht so naiv, wie es auf den ersten Blick scheinen könnte. Gewiß, Clemens hat damit die entgegengesetzte Position zu Celsus eingenommen, der nachweisen wollte, daß Juden und Christen die Epigonen gewesen sind[20]. Aber zunächst ist festzuhalten, daß die These im Kern traditionell ist. Mag die Beurteilung des im einzelnen aufgebotenen Materials auch nicht eindeutig möglich sein, so kann doch hinsichtlich der These als solcher kein Zweifel bestehen. Sie stammt aus der jüdischen Apologetik, Clemens selbst erwähnt ja in diesem Zusammenhang Aristobul und (Pseudo-)Hekataios[21], und sie ist von den christlichen Apologeten übernommen worden[22]. Clemens weiß ihr ferner mit Joh 10,1.8.10 eine biblische Grundlage zu geben. Dieses Wort, das alle, die vor dem Herrn kamen, zu Dieben und Räubern erklärt, ist bereits in gemeindechristlichen Kreisen zur Behauptung der Exklusivität und Absolutheit der Offenbarung gegen die griechische Philosophie ausgespielt worden[23]. Und in der Auseinandersetzung mit ihnen formuliert Clemens auch in Strom I § 100,4f den Grundgedanken, wie er sich dieses Lehrstück zu eigen macht: «Umgekehrt tut nun derjenige Unrecht, der sich die Lehren der Barbaren aneignet und sich ihrer als seines Eigentums brüstet, wobei er sein Ansehen vergrößert und die Wahrheit verfälscht. Dieser ist von der Schrift Dieb genannt. Es heißt jedenfalls: ,Mein Sohn, werde kein Lügner, denn die Lüge führt zum Diebstahl'. Der Dieb aber besitzt wirklich schon, was er in der Hand entwendet hält, sei es Gold, sei es Silber, sei es ein Wort oder ein Lehrsatz. Zum Teil ist das, was sie gestohlen haben, also wohl wahr, aber sie wissen davon nur vermutungsweise und auf Grund logischer Schlußfolgerungen. Wenn sie aber Jünger des Herrn werden, dann werden sie auch begreifend erkennen».

---

[20] Celsus, Frg. VI 12.16 Frg. VII 58 u.ö., vgl. C. Andresen, Logos und Nomos S. 146—166.

[21] Aristobul wird genannt in Strom V § 97,7. Namenlose Fragmente von ihm, bzw. Anspielungen finden sich innerhalb der Diebstahlserörterungen noch in Strom V § 99,3 = Euseb, Praep. Ev. XIII 12,3f, in Strom V § 101,4 = Euseb, Praep. Ev. XIII 12,7, und Strom V § 107,1—4 = Euseb, Praep. Ev. XIII 12,13—16. Vgl. auch oben Kap. III S. 85. 138f und N. Walter, Der Thoraausleger Aristobul S. 43—51. In Strom V § 113,1 greift Clemens einen gefälschten Sophoklesvers aus dem Buch des (Pseudo-)Hekataios «Über die Zeit Abrahams und der Ägypter» heraus. Auch in dieser Schrift wird also die Diebstahlstheorie dargelegt gewesen sein. Zu nennen ist auch Philon, All I § 108; Her § 214; Mut § 179; Quod omnis probus § 57; Quaest in Gn III § 5. IV § 152; SpecLeg IV § 61, und Josephus, Ap I 162—176. II 168f.

[22] Justin, Apol. I 44.59f; Tatian, Oratio ad Graec. 40; Theophilos, Ad Autolyc. I 14. III 16f; Tertullian, Apologeticum 47, De anima 2,4; Pseud.-Justin, Cohortatio ad Graec. § 28.

[23] Strom I § 81,1. § 84,6f. § 87,1f, dazu W. Völker, Der wahre Gnostiker S. 342f Anm. 3, vgl. Irenaeus, Advers. haeres. III 4,1.

Aus dieser Erklärung geht hervor, daß Clemens an der Diebstahlstheorie erst in zweiter Linie historisch in dem Sinne interessiert ist, daß mit ihr gewisse Ähnlichkeiten zwischen der christlichen Lehre und Ansichten griechischer Dichter und Philosophen erklärt würden. Sein Hauptinteresse ist aktuell orientiert und hat systematischen Charakter. Er bringt mit dieser Theorie den Absolutheitsanspruch des Christentums zur Geltung. Der Nachdruck liegt ja nicht darin, daß eine gemeinsame Substanz des Wahrheitsbesitzes bei Griechen und Christen trotz unterschiedlicher Zugangswege zugestanden würde und es damit sein Bewenden hätte, sondern es geht vielmehr darum, die Unrechtmäßigkeit, die Begrenztheit und die Unklarheit der griechischen Wahrheitserkenntnis nachzuweisen. Daß der Dieb Unrecht begeht, ist an und für sich selbstverständlich, Clemens hebt darüber hinaus speziell auf den anmaßenden und selbstgefälligen Anspruch der Griechen ab, sie hätten selbst gefunden, was doch von Gott kommt[24]. Er spricht anderwärts von ihrer φιλαυτία und nennt dieses Verhalten οὐκ εὐχαρίστως[25]. Schon insofern liegt eine Verfälschung der Wahrheit vor, was er auch mit παραχαράττειν bezeichnen kann[26]. Zum anderen ist die Inferiorität der griechischen Wahrheitserkenntnis damit gegeben, daß sie nur Teilbereiche erfaßt. Das Diebesgut ist nur ein Teil von der einen ganzen Wahrheit. Dieser Gesichtspunkt wird wiederholt hervorgehoben[27]. Und schließlich dient die Gegenüberstellung von στοχαστικῶς und καταληπτικῶς p. 64,16f, der an anderer Stelle das Begriffspaar κατὰ περίφρασιν und κατ᾽ ἐπίγνωσιν entspricht[28], dem Erweis, daß die Griechen nur ein mangelhaftes Verständnis des Diebesgutes haben und erst der christliche Glaube die volle Erkenntnis der Wahrheit in sich trägt. So ist innerhalb der Diebstahlsabhandlung die kritische Grundeinstellung durchgängig anzusetzen, auch wenn Clemens nicht überall darauf insistiert.

Die einschränkende Haltung gegenüber der griechischen Philosophie, die W. Bousset so befremdlich fand, daß er die entsprechenden Passagen als Fremdkörper ausscheiden wollte, erklärt sich mithin aus der Absolutheit der Offenbarung. Die Philosophie muß durch das christliche Bekenntnis überformt werden, um zur klaren und vollständigen Wahrheitserkenntnis zu gelangen. So hat auch die aus allen früheren Büchern der «Teppiche» sprechende Hochschätzung Platons nur eine relative Gültigkeit, während die maßgebliche Norm allein bei der Offenbarung liegt. Es gibt insofern einen guten Sinn, daß die Diebstahlserörterungen, die ja die griechischen Anschauungen mit der offenbarten Wahrheit

---

[24] Strom I § 87,4—7, vgl. J. Daniélou, Message évangélique et culture hellénistique S. 71.
[25] Strom II § 2,3. Strom VI § 27,5. Strom V § 10,1, vgl. Strom VI § 35,1. § 56,2f. § 58,3.
[26] Strom I § 87,2. Strom II § 1,1. Dasselbe Verb gebraucht Tatian, Oratio ad Graecos 40, p. 41,7.
[27] Strom I § 57,1f. § 87,2. Strom VI § 68,1. § 83,2.
[28] Strom I § 92,2; Strom VI § 39,1. Ähnliche Formulierungen stehen in Strom I § 87,2; Strom V § 69,6. § 134,1—3. § 135,2f; Strom VI § 55,4. § 64,6. § 123,2.

konfrontieren, sie aus ihrem Licht korrigieren und deuten wollen, Platon zum letzten Mal ausführlich und namentlich zu Wort kommen lassen.[29].

Das dabei in der Regel angewandte Verfahren, die jeweiligen Positionen in Zitaten oder Referaten kommentarlos nebeneinander zu stellen, darf nicht zu dem Mißverständnis verführen, Clemens meine, Platon auf diese Weise authentisch zu interpretieren. Seine programmatische Erklärung in Strom I § 100,4f zeigt ja gerade, daß er bewußt und erklärtermaßen eine christliche Überformung Platons anstrebt. Was Platon historisch hat sagen wollen, ist ihm fast gleichgültig, und insofern erübrigt es sich auch, hier den ursprünglich gemeinten Sinn jeweils freizulegen. Indessen zeigt aber selbst seine Christianisierung Platons einen schillernden Reichtum an Nuancen. So kommt es gelegentlich zur Feststellung einer überraschenden Gemeinsamkeit. Bald handelt es sich um eine Ergänzung, wo Platon nur einen Teilaspekt erfaßt hat, bald um eine leichte Korrektur, wo Platons an sich richtige Ahnung doch das Entscheidende verfehlt hat, und bald um das Aufschließen einer Aussage oder einer Doktrin, deren wahrer Sinn Platon gänzlich verborgen geblieben war. Vermieden wird allerdings wie überall in den «Teppichen» die offene Polemik gegen Platon.

In eigenwilliger und z. T. überkreuzter Anordnung schreitet Clemens innerhalb der Abhandlung über den Diebstahl der Hellenen[30] einige zentrale Themen der Dogmatik ab.

Zur Gotteslehre stehen drei Aussagen in § 102,3 − § 103,1. Von Gottvater und Sohn muß man demzufolge den Abschluß des echten Briefes, Epist VI 323 d1−5[31], verstehen: «... indem ihr mit einem nicht ungebildeten Eifer und mit einem dem Eifer geschwisterlich verbundenen Scherz Gott als den Urheber des Alls beschwört und indem ihr den Vater des Lenkers und Urhebers als Herrn beschwört, den ihr, wenn ihr richtig philosophiert, erkennen werdet»[32].

Daß Platon den Schöpfer der Welt (τὸν δημιουργόν p. 395,11) im Timaios Vater genannt hat, belegt Clemens mit der Ansprache des Demiurgen an die Untergötter, Tim 41 a7: «Götter von Göttern, ich bin euer Vater und Vollbringer von Werken...»[33].

---

[29] S.o. Kap. I S. 28ff.
[30] Den Abschnitt § 89,1 − § 96,2. § 98,1 − § 134,1 übernimmt Euseb, Praep. Ev. XIII 13,1−65.
[31] Vgl. U. von Wilamowitz-Möllendorf, Platon Bd. 2 S. 281 (zur Echtheit des sechsten Briefes) und S. 407f (zum gekürzten Text bei Clemens).
[32] Im gleichen Sinn verwenden später Origenes, Contra Celsum VI 8, Euseb, Praep. Ev. XI 16,2f, und Theodoret, Graec. affect. cur. II § 71ff, die Stelle.
[33] An diese Worte spielen an Attikos, Frg. 9,35f (vgl. auch Frg. 4,23ff) und Maximus Tyrius, Or. XI 12a. Es zitieren die Stelle der doxographische Abriß bei Hippolyt, Refutatio I 19,8; Philon, Aet § 13 − § 19; Athenagoras, Legatio 6,2; Origenes, Contra Celsum VI 10, Euseb, Praep. Ev. XI 32,4; Pseud. Justin, Cohortatio ad Graec. § 20. § 22. § 24, und Stobaios I p. 181,6f.

Die Trinität ist der tiefe und wahre Sinn des Ausspruchs aus dem pseudoplatonischen Brief, Epist II 312 e1—4: «Auf den König des Alls bezieht sich alles und seinetwegen ist alles, und jenes ist Ursache alles Schönen, das Zweite aber bezieht sich auf das Zweite und das Dritte auf das Dritte»[34].

Mit den beiden ersten Stellen bringt Clemens die christliche Lehre von Gottvater und Sohn, mit der letzten diejenige von Gottvater, Sohn und Heiligem Geist zur Geltung.

Von der Schöpfungslehre[35] handeln die Abschnitte § 89,2 — § 90,1. § 92,1—4 und § 93,4 — 94,1. Die von den Christen erkannte Wahrheit ist, daß Gott allmächtiger Schöpfer ist, und zwar Schöpfer durch das Wort (p. 385,1f). Das Aristobulfragment in § 99,3 ist hierher zu rechnen: «Und wenn Pythagoras, Sokrates und Platon behaupten, eine Stimme Gottes gehört zu haben[36], und erkennen, daß die Errichtung des Alls von Gott sorgfältig durchgeführt wurde und unablässig erhalten wird, dann haben sie Moses Ausspruch: ‚Er sprach, und es geschah‘, gehört, womit er beschrieb, daß das Wort Gottes Tat ist».

Im Sinne der Lehre, daß Gott allein Schöpfer ist, korrigiert Clemens in § 89,5 — § 90,1 die irrige Ansicht der Stoiker, Platons, Pythagoras' und Aristoteles', daß zu den Prinzipien auch die Materie gezählt werden müsse, es also nicht nur eine einzige ἀρχή gebe. Dieser Irrtum ist dadurch gemäßigt, daß die Philosophen die sogenannte Materie ἄποιον καὶ ἀσχημάτιστον (p. 385,8) genannt haben und Platon in diesem Zusammenhang sogar von μὴ ὄν spricht[37]. Clemens räumt Platon aber vorbehaltlich noch eine größere Nähe zur Wahrheit ein. Daß es nur ein Prinzip gibt, daß also die Existenz der Materie als eines

---

[34] Dieselbe Deutung vertritt Justin, Apol. I 60,6—7. Der Annahme, von ihm hänge Clemens direkt ab (so J. Daniélou, Message évangélique et culture hellénistique S. 106f), bereitet die Konsequenz Schwierigkeit, daß Clemens dann die unmittelbar vorangehende christologische Deutung des Chi von Tim 36 b8 = Justin, Apol I 60,1—5, unterdrückt hätte, wofür sich kein Grund nennen läßt. Von der trinitarischen Exegese der Briefstelle unterscheidet J. Daniélou, ebd. S. 106ff einen anderen Auslegungstypus, der auf Gottes Königsrang zielt, so Clemens, Protr § 68,5 und in antichristlicher Polemik Celsus, Frg. VI 18f (ebenso auch Apuleius, Apologia 64 p. 72,18ff, und Theodoret, Graec. affect. cur. II § 78), und einen weiten Auslegungstypus, der auf eine Unterscheidung von drei Seinsbereichen abhebt, so in Anspielungen Numenios, Frg. 11,11—14. Frg. 24,51f (vgl. M. Baltes, Numenios von Apamea und der platonische Timaios, VigChr 29 1975 S. 265) und Clemens, Strom VII § 9,3, sowie die Valentinianer nach Hippolyt, Refutatio VI 37,1—6, ferner Plotin, Enn. I 8,2; V 1,8; VI 7,42 u.ö. und Platoniker bei Euseb, Praep. Ev. XI 20,2f (vgl. H. Dörrie, Der König, in: ders., Platonica Minora S. 390—405). Unklar ist Athenagoras, Legatio 23,7.
[35] Grundlegend J. Patrick, Clement of Alexandria S. 73—81, vgl. auch Ch. Bigg, The Christian Platonists of Alexandria S. 107.
[36] Clemens dürfte an Strom I § 143,1 zurückdenken, vgl. oben Kap. II S. 80f.
[37] Die Grundlage für diese Behauptung dürfte nicht nur in Pol V 477 a3.6.10, wie L. Früchtel, z.St., erklärt, sondern entsprechend Plotin, Enn. I 8,3, auch in Soph 257 b3—4. 258 b6 zu suchen sein.

zweiten Prinzips neben Gott abzulehnen ist, habe Platon vielleicht auf höchst geheimnisvolle Weise mit Tim 48 c2–6 ausgedrückt: «Für jetzt soll, was an uns liegt, sich folgendermaßen verhalten: Ob es für alles einen einzigen Urgrund oder mehrere Urgründe gibt und wie man darüber denken muß, darüber soll jetzt nicht gesprochen werden, und zwar aus keinem anderen Grund, als weil es zu schwer ist, nach dem gegenwärtigen Verfahren des Durchgangs eine Ansicht darüber kundzutun»[38]. Damit stellt sich Clemens in Gegensatz zu der in der gesamten mittelplatonischen Tradition gültigen Drei-Prinzipien-Lehre[39], bzw. deren erweiterter oder deren auf die zwei Prinzipien des die Ideen denkenden Gottes und der Materie reduzierter Form[40].

Die von Mose vertretene, christliche Schöpfungslehre beinhaltet, daß der Kosmos geworden ist[41]. Damit muß man nach § 92,1–4 Platons Wort aus Tim 28 b6–8 zusammenhalten: «... ob nun die Welt war, ohne einen Anfang zu haben, oder ob sie geworden ist, indem sie mit irgendeinem Anfang begann? Sie ist entstanden, denn weil sie sichtbar ist, kann sie berührt werden, und weil man sie berühren kann, hat sie auch einen Körper»[42]. Clemens' zweiter Beleg ist Tim 28 c3f: «Den Schöpfer und Vater dieses Alls zu finden, ist eine schwere Aufgabe»[43]. Er entnimmt den Prädikaten ποιητὴς καὶ πατήρ, daß Platon nicht nur lehre, die Welt sei entstanden, sondern auch, sie sei aus Gott wie ein Sohn entstanden; Gott werde ihr Vater genannt, so daß sie aus ihm allein entstanden und so aus dem Nichtsein ins Dasein getreten sei[44]. Da Clemens keine Reserva-

---

[38] Zur Aussage Platons s.o. Kap. V S. 222. Theodoret, Graec. aff. cur. II § 80, erklärt die Zurückhaltung aus Platons Furcht. Die Stelle zitiert auch Stobaios II p. 9,25ff.

[39] Aetius, Placita I 3,21 (Doxographi Graeci p. 287,17ff, vgl. auch p. 591,17); Plutarch, Quaest. conviv. 4, mor. 720 AB; Albinos, Didask. IX p. 163,10ff; Apuleius, De Platone I § 190 p. 86,9–12; Kalbenos Tauros bei Johannes Philoponos, De aetern. mundi p. 147,18ff; der doxographische Abriß bei Hippolyt, Refutatio I 19,1; Pseud. Justin, Cohortatio ad Graec. § 6. § 29. Die Ausführungen von S.R.C. Lilla, Clement of Alexandria S. 193ff, führen in die Irre, weil sie dem Clemenstext nicht gerecht werden.

[40] Vgl. dazu W. Theiler, Die Vorbereitung des Neuplatonismus, S. 3–34, und H. Dörrie, Die Frage nach dem Transzendenten im Mittelplatonismus, in. ders., Platonica Minora S. 211–228.

[41] Das Problem der Zeit löst sich nach Strom VI § 142,4. § 145,4 auf die Weise, daß die Zeit zusammen mit dem Kosmos geschaffen ist. Insofern kann man von einer Schöpfung in der Zeit nicht sprechen. Diese Auffassung vertritt auch Philon, All I § 1. II § 3, Op § 26.

[42] Zur Frage, ob Platon den Kosmos für geworden halte, hat diese Stelle zusammen mit Tim 27 c5 und dessen philologischen Problemen die ganze antike Diskussion bestimmt, über die Proklos, In Plat. Tim. comm. I p. 217,7ff. p. 276,10ff, referiert. Im gleichen Sinn wie Clemens gebraucht den Passus auch Theodoret, Graec. aff. cur. IV § 37.

[43] Vgl. die Belegsammlung oben Kap. VII S. 277f Anm. 37f.

[44] ... ὡς ἂν ἐκ μόνου γενομένου καὶ ἐκ μὴ ὄντος ὑποστάντος p. 387,2f. Aufmerksam gemacht sei auf die Betonung von Gottes Exklusivität, καί ist epexegetisch. Daß μὴ ὄν nicht eine Tarnbezeichnung für die Materie ist, sondern die Alternative zur ὕλη, zeigt Strom II § 74,1, wo die Materie bloß hypothetische Akkommodation an die Gegner ist,

tionen oder anderslautende Erklärungen vorträgt, muß man das so verstehen, daß er eine wörtliche Auslegung von Tim 27 c5. 28 b6 vertritt. Das haben zu seiner Zeit nur noch Plutarch,[45] und Attikos[46] getan, während die Mehrzahl der Platoniker diesem Verständnis ausweicht[47]. Bei Clemens schlägt sich auch darin der christliche Standpunkt nieder.

Die Unterscheidung des κόσμος νοητός als ἀρχέτυπον bzw. παράδειγμα oder μονάς von dem κόσμος αἰσθητός als εἰκών bzw. ἑξᾶς wendet Clemens in § 93,4 — § 94,2 auf den biblischen Schöpfungsbericht an, insofern Gen 1,1—3 von der intelligiblen Schöpfung spreche. Dazu erklärt er: «Glaubst du nicht, daß Platon von daher veranlaßt ist, die Ideen der lebenden Wesen in der noetischen Welt zu lassen und die sinnlich wahrnehmbaren Einzelwesen gemäß den noetischen Gattungen zu schaffen?». Vielleicht hat Clemens dabei, wie O. Stählin notiert[48], an Tim 30 c2 — 31 a1, vielleicht auch an Phileb 64 b6f gedacht, ein spezifisches Platonverständnis steht, soweit es die Aussage in ihrem sachlichen Gehalt betrifft, nicht dahinter. Entscheidend ist allerdings das platonisierende Genesisverständnis, und darin folgt Clemens Philon[49].

Die auf Gen 2,7 gestützte Lehre, daß der menschliche Körper aus Erde gebildet worden und die vernünftige Seele von oben her von Gott in das Gesicht eingehaucht worden sei, hat nach der Feststellung des Clemens bei Platon eine Entsprechung in dem Ausdruck von der erdhaften Behausung. Im pseudoplatonischen Axiochos begegnen die Bezeichnungen σῶμα γεῶδες ὄν (365 e5) und τὸ δὲ σκῆνος τουτί (366 a1)[50]. Dem ist weiter nichts hinzuzufügen (§ 94,3).

Zur Lehre von den Engeln und dem Teufel gehören die Passagen § 90,4 — § 91,5 und § 92,5 — § 93,3. Die Züchtigungen nach dem Tod und die Strafen durch Feuer haben die heidnische Dichtung und die griechische Philosophie von der barbarischen Philosophie entwendet. So ist von Feuerengeln, die die

---

vgl. auch Strom II § 14,3 und dazu o. Kap. IV S. 153. Clemens dürfte auch an Röm 4,17 gedacht haben.

[45] Plutarch, De animae procr. 3. 4, mor. 1013 B. 1014 A, vgl. die Bemerkung über ihn und Attikos bei Proklos, In Plat. Tim. comm. I p. 276,31ff.

[46] Attikos, Frg. 4,35ff. Ebenso auch Diogenes Laertios III § 71, Philon, Aet § 14f, und Cicero, Tusc. I § 63. § 70.

[47] Albinos, Didask. XIV p. 169,26—30; Apuleius, De Platone I § 198 p. 91,12—19; Celsus, Frg. IV 79 (s.o. Kap. II S. 78); Kalbenos Tauros bei Johannes Philoponos, De aetern. mundi p. 145,13 — p. 147,25; das Referat bei Hippolyt, Refutatio I 19,4f; vgl. H. Dörrie, Der Platoniker Eudoros von Alexandreia, in: ders., Platonica Minora S. 298ff.

[48] Zu dieser Identifizierung dürfte O. Stählin die Vokabel ζῷων p. 388,7 veranlaßt haben. J. Daniélou, Message évangélique et culture hellénistique S. 113, nennt Tim 29 a, was weniger einleuchtend ist.

[49] O. Stählin nennt Philon, Op § 13 — § 16. § 29f. § 36. § 38. § 55. Das Stück hat Euseb, Praep. Ev. XI 25, übernommen.

[50] Ebenfalls zitiert die Stelle Stobaios V p. 1111,4ff.

Ungerechten züchtigen[51], im Sinne von Ps 103,4 der platonische Satz aus Pol X 615 e4 — 616 a3 zu verstehen: «Es standen dort aber wilde Männer dabei, feurig anzusehen, die das Gebrüll verstanden; sie nahmen die einen gesondert zu sich und führten sie weg, den Aridaios aber und die anderen fesselten sie an Händen, Füßen und Kopf, warfen sie zu Boden und schunden sie, dann schleppten sie sie seitwärts vom Wege weg und zerkratzten sie auf Dornengestrüpp»[52] (§ 90,4—6). Damit verknüpft Clemens den Hinweis, daß die im Leiden zutage tretende Wahrnehmungsfähigkeit der Abgeschiedenen auf die Unsterblichkeit der Seele schließen lasse[53] (§ 91,1).

Mit der barbarischen, d. h. christlichen Lehre von der Gehenna als den Feuerströmen und der Tiefe der Erde berührt sich Platons dichterische Erwähnung des Tartaros und seine Einführung des Kokytos, Acheron, Pyriphlegethon und dergleichen Straforte zur Besserung und Ertüchtigung. Dabei ist in erster Linie an die Erdbeschreibung von Phaid 111 c4 — 114 b6 gedacht (§ 91,2).

Von den Gott schauenden Engeln der Kleinsten und Geringsten und von der Aufsicht der damit beauftragten Engel über uns, wofür sich Clemens ausdrücklich auf die Schrift (Mt 18,10 und vielleicht Hebr 1,14) beruft, muß man Pol X 620 d6 — e1 verstehen: «Nachdem alle Seelen ihre Lebensmuster gewählt hatten, seien sie in der Reihenfolge, die sie erlost hatten, zur Lachesis gegangen; jene habe einem jeden denjenigen, den er sich zum Dämon ausgesucht habe, als Beschützer seines Lebens und als Vollstrecker seiner Wahl mitgeschickt»[54]. Daran schließt sich noch die Bemerkung an, daß das Daimonion des Sokrates vielleicht etwas Entsprechendes bedeutete[55] (§ 91,3f).

Mit diesen Aussagen hat Clemens, wenn man von der Unsterblichkeitslehre absieht, Platon im Licht der biblischen Tradition gedeutet. Es muß aber eingeräumt werden, daß weniger in der Gerichtsvorstellung, aber deutlicher in der Dämonologie des Platonismus strukturelle Analogien anzutreffen sind[56].

---

[51] Vgl. Clemens, Frg. 69, nach A. Recheis, Das Fragment ‚De paenitentia': Ein Teil der klementinischen Schrift ‚Quis dives salvetur', Tr. 9 1953, S. 419f.

[52] Plutarch, De vit. aere alieno 4, mor. 828 F, spielt an die Stelle an, sie zitiert Stobaios I p. 453,15—20. Ebenso wie Clemens versteht sie Theodoret, Graec. affec. cur. XI § 18, der sie ebenfalls mit Phaid 113ff zusammenstellt.

[53] Entsprechend, aber entschieden christianisiert, entnimmt Pseud. Justin, Cohortatio ad Graec. § 27, aus derselben Politeiastelle ein Wissen Platons um Gericht und Auferstehung.

[54] Die Stelle zitiert Stobaios I p. 82,12—15.

[55] Vgl. oben Kap. II S. 78f.

[56] Der individuelle Wächterdämon begegnet bei Plutarch, De genio Socr. 22. 24, mor. 592 C. 594 A; Pseud. Plutarch, De fato 9, mor. 573 A; Apuleius, De Platone I § 206 p. 96,13ff, De deo Socratis § 155f p. 25,3 — p. 26,8; Maximus Tyrius, Or. VIII 8b.f; Celsus, Frg. VII 68 rechnet mit bevollmächtigten Wesen, die er Engeln, Dämonen und Heroen gleichsetzt (vgl. auch Frg. V 25). Die Gerichtsvorstellung scheint bei den meisten Platonikern der Zeit in den Hintergrund getreten zu sein, nicht allerdings bei Plu-

Auf den von der barbarischen Philosophie immer wieder genannten Teufel, den Fürst der Dämonen, bezieht sich Platons Ausspruch von der Übel wirkenden Seele in Nom X 896 d10 − e6: «Wenn eine Seele in den allwärts bewegten Dingen wirkt und innewohnt, muß man dann nicht notwendigerweise sagen, daß sie auch den Himmel durchwaltet? Freilich! Eine oder mehrere? Mehrere, antworte ich an eurer Stelle, nicht weniger als zwei wollen wir ansetzen, eine wohltätige und eine, die das Gegenteil ausüben kann»[57]. Dasselbe besagt auch Phaidr 240 a9 − b1: «Es gibt zwar auch andere Übel, aber irgend ein Dämon hat den meisten Dingen eine Lust für den Augenblick beigemischt»[58] (§ 92,5 − § 93,1).

Nach Eph 6,12, dem Wort von dem Kampf gegen die Mächte, Gewalten und Geister im Himmel, erschließt sich Nom X 906 a2−6: «Denn nachdem wir uns selbst eingestanden haben, daß der Himmel mit vielen guten, aber auch mit schlechten Dingen angefüllt ist und sogar die nicht guten Dinge überwiegen, so sagen wir, es gibt zwischen beiden einen ewigen Kampf, der einer außerordentlichen Wache bedarf»[59] (§ 93,2f).

Auch diese Deutungen müssen aus der jüdisch-christlichen Tradition erklärt werden.

Auf die Christologie, genauer auf die Passion Christi, geht Clemens mit Jes 3,10, bzw. Sap 2,12 und Pol II 361 e3 − 362 a2 in § 108,2f ein: «Wie aber, ist es nicht dem Schriftwort: ‚Laßt uns den Gerechten aus unserer Mitte entfernen, denn er ist uns lästig‘, ähnlich, daß Platon beinahe die erlösende Heilsveranstaltung weissagend im zweiten Buch der Politeia sagt: ‚Wenn der Gerechte sich in solcher Lage befindet, wird er ausgepeitscht, gefoltert, gefesselt, an beiden Augen geblendet und zuletzt, nachdem er alles Böse erlitten haben wird, gekreuzigt werden‘»[60]. Die Christianisierung Platons ist eindeutig.

Aus dem Komplex der jüdisch-christlichen Ethik sind die Nachfolge Gottes und das Doppelgebot der Liebe thematisch in § 94,6 − § 97,6. In der mittelplatonischen Schultradition gehören das Lehrstück von der ὁμοίωσις θεῷ und die «paradoxa Stoicorum» zusammen[61]. Entsprechend steht auch bei Clemens

---

tarch, De sera num. vind. 25f. 30, mor. 564 D − 565 E. 566 E − 567 D, De facie in orbe lunae 29, mor. 944 BC, und die Doxographie bei Hippolyt, Refutatio I 19,11.

[57] Zur Verwendung der Stelle bei Plutarch, De animae procr. 5. 7, mor. 1014 DE. 1015 E, De Iside 48, mor. 370 F; Attikos, Frg. 23,5−10; Numenios, Frg. 52,65−69.92, vgl. oben Kap. V S. 218f. In Clemens' Sinn gebrauchen die Stelle Euseb, Praep. Ev. XI 26,2, der sie ebenfalls mit Nom X 906 a in Verbindung bringt, und Theodoret, Graec. affect. cur. III § 103, der sie wiederum mit Phaidr 240 a verbindet.

[58] Das Zitat steht auch bei Stobaios IV p. 479,17f.

[59] Das Zitat steht auch bei Stobaios I p. 65,21ff.

[60] Vgl. oben Kap. VI S. 249f. Euseb. Praep. Ev. XII 10,4 bezieht die Aussage allgemein auf die Gerechten, ebenso Theodoret, Graec. aff. cur. VIII § 50.

[61] S. oben Kap. IV S. 146.

beides nahe beieinander in § 94,6 — § 96,3 und § 96,5 — § 97,6. Zum ersten Punkt erklärt Clemens, Angleichung sei nur ein anderer Name für das, was bei Mose Nachfolge genannt wird, er führt sie auf Dtr 13,4 zurück. Von Mose sei Platon abhängig, wozu Clemens auf seine diesbezüglichen Erörterungen im zweiten Buch zurückweist, und von Platon die Stoiker. Nun folgen die Belege, die auf Grund des Sprichwortes ὅμοιον ὁμοίῳ φίλον[62] teils auf Freundschaft, teils auf Angleichung und teils auf beides abzielen: Phaidr 255 b1f zum Stichwort φιλία, eine dogmatische Zusammenfassung von Lys 214 a2 — d7 zu φιλία, Nom IV 716 c1—5 zu φίλος καὶ ἀκόλουθος θεῷ, eine Kurzfassung von Nom IV 716 c6 — d4 zu ὅμοιος und φίλος[63] und Tim 90 d4—7 zum Stichwort ἐξομοιοῦν. Den Abschluß bildet ein Fragment aus dem Hebräerevangelium (Frg. 4b). Da die Hauptbelege schon in früherem Zusammenhang behandelt wurden[64], brauchen sie hier nicht noch einmal ausgeschrieben zu werden. Dort wurde auch darauf hingewiesen, daß das aus dem zuletzt aufgeführten Stück des Hebräerevangeliums sich ergebende eschatologische Verständnis der Angleichung an Gott der schulplatonischen Auslegung zuwiderläuft.

Bei den «paradoxa» kommt Clemens auf Platon in § 97,1—6 zu sprechen. Die Paradoxien sind ihm ein Mißverständnis des Doppelgebotes der Liebe, von dem der Heiland gesagt hat, daß an ihm das ganze Gesetz und die Propheten hängen (Mk 12,28—34. Mt 22,34—40. Lk 10,25—28). Wie Clemens auf diese abenteuerliche Idee kommt, wird sich aus den Belegen ergeben. Er führt aus: «Von diesen Lehren sprechen die Stoiker immer wieder und vor ihnen schon Sokrates, wenn er im Phaidros betet: ‚O Pan und ihr anderen Götter, gebt mir, im Inneren schön zu werden'. Im Theaitetos sagt er ausdrücklich: ‚Wer schön redet, der ist auch schön und gut', und im Protagoras gesteht er seinem Gefährten, daß er einem Schöneren als Alkibiades begegnet sei, wenn anders das Weiseste auch am schönsten ist. ‚Denn die Tugend', sagt er, ‚ist die Schönheit der Seele, und umgekehrt ist das Laster Häßlichkeit der Seele'». Das geht auf die Stellen Phaidr 279 b8f, Theait 185 e4f, Prot 309 c2 — d2 und Pol IV 444 d13 — e1 zurück[65]. Clemens' anschließende Bemerkung, der Stoiker Antipater

---

[62] Belege oben Kap. IV S. 176 Anm. 17.

[63] Zur Stelle p. 389,8—10 bemerkt O. Stählin: «wohl nicht wörtlich bei Plato; vgl. Lys p. 214 C». Seine Vermutung ist zutreffend, der Hinweis auf Lys 214 c kann aber den fraglichen Satz nicht erklären, weil dort nach dem Odysseezitat ρ 218 nicht mehr von der Freundschaft mit Gott gehandelt wird. Die clementinische Formulierung εἶτα ὑποβάς p. 389,7f legt es vielmehr nahe, die Aussage im Fortgang der Rede des Atheners zu suchen. Ein wörtliches Zitat (etwa πρὸς λέξιν Strom II § 18,2, αὐταῖς (ταῖς) λέξεσιν Strom V § 89,7. § 90,5, ähnlich Strom V § 92,5. § 99,2. § 102,3) kündigt Clemens gar nicht an. Inhaltlich bietet sich nun tatsächlich 716 c6 — d4 an: aus einem allgemeinen Grundsatz wird der konkrete Fall abgeleitet. Dabei respondiert κατὰ τοῦτο p. 389,8f dem κατὰ τοῦτον δὴ τὸν λόγον von 716 d1.

[64] S. oben Kap. IV S. 184. 188f, dort auch die Parallelen. Hinzugefügt werden muß noch, daß das Phaidroszitat 255 b1f bei Stobaios II p. 257,23f wiederkehrt.

[65] Lediglich von der letzten Stelle, Pol IV 444 d13 — e1, ist eine Parallele bei Stobaios III p. 396,18ff zu notieren. Zu Phaidr 279 b8f vgl. Strom II § 22,1.

habe drei Bücher mit dem Titel ὅτι κατὰ Πλάτωνα μόνον τὸ καλὸν ἀγαθόν geschrieben, gibt nicht nur die Herkunft der vorangegangenen Platonzitate, sondern auch ihre Interpretation zu erkennen. Darüberhinaus läßt sich daraus auch zugleich der Schlüssel für die Eingangsthese gewinnen. Es geht um die wahre Schönheit. Die Zitate sollten offenbar ursprünglich die These belegen, daß allein das Gute schön, bzw. daß allein der Weise schön ist. Clemens seinerseits hat, so muß man schließen, mit dem Begriff der wahren Schönheit den Gedanken an Liebe assoziiert, insofern kam er auf ἀγάπη und insofern auf das biblische Doppelgebot der Liebe. So erklärte sich ihm das Mißverständnis.

Auf die herausgehobene Gemeinschaft der Christen nimmt § 98,1—8 Bezug. Daß die Christen untereinander Brüder sind, insofern alle von einem Gott und von einem Lehrer herstammen, ist der Sinn von Pol III 415 a2—7 in Verbindung mit Pol V 479 e9 — 480 a1: «Ihr alle, die ihr in dem Staat lebt, seid Brüder, so werden wir zu ihnen im Mythos sprechen, aber Gott hat bei der Schöpfung denen, die unter euch zu herrschen fähig sind, bei ihrer Geburt Gold beigemischt, weshalb sie auch die Kostbarsten sind. Denen, die Gehilfen sind, hat er Silber, aber Eisen und Erz den Bauern und Handwerkern beigemischt»[66]. «Notwendig schätzen und lieben die einen das, wovon es Erkenntnis (γνῶσις p. 391,1) gibt, und die anderen das, wovon es Meinung (δόξα p. 391,1) gibt». Clemens steuert noch zusätzliche Erklärungen bei. Eine vorclementinische christliche Auslegung bezieht den Metallmythos auf die drei Geschlechter der Heiden, Juden und Christen, wobei das königliche Gold der Christen vom Heiligen Geist gelten soll[67]. Clemens selbst möchte die Möglichkeit offenhalten, daß die Stelle vielleicht auch von dem nach der Gnosis Strebenden zu verstehen sei (§ 98,1—4).

Daß der weltlichen Geschäftigkeit abgewandte Leben der Christen beschreibt Platon in Theait 173 c6 — 174 a1: «Laßt uns von den Koryphäen reden, denn was sollte einer auch über die, die sich nur schlecht mit der Philosophie abgeben, sagen? Diese also kennen weder den Weg zum Markt, noch wissen sie, wo das Gericht, das Rathaus oder sonst ein öffentliches Versammlungshaus der Stadt ist, und die Gesetze und schriftlichen Beschlüsse sehen und hören sie nicht. Die Bestrebungen und Zusammenkünfte der Parteien und die Festumzüge der Flötenspielerinnen kommen ihnen nicht einmal im Traume in den Sinn. Ob jemand in der Stadt von vornehmer oder geringer Abstammung ist oder ob einem von seinen Vorfahren her etwas Übles nachhängt, das entgeht ihnen mehr als die sprichwörtlichen Wasserkannen des Meeres. Und von alledem nichts zu wissen, ist ihm nicht einmal bewußt, sondern in Wahrheit ist

---

[66] Euseb, Praep. Ev. XII 43, belegt mit der Stelle, daß Platon und die Bibel (Ez 22,18ff) die gleichen Beispiele gebrauchen.
[67] J. Patrick, Clement of Alexandria S. 47, vgl. auch J. Moingt, La gnose de Clément d'Alexandrie dans ses rapports avec la foi et la philosophie RSR 38 1951 S. 91f.

nur sein Körper hier und weilt zu Gast, er selbst aber fliegt, nach dem Wort Pindars, unter die Erde und über den Himmel, wobei er die Sterne betrachtet und überall die ganze Natur erforscht»[68] (§ 98,5—8).

In der Fortsetzung läßt Clemens in § 99,1f einen Vergleich zum Eidesverbot der Bergpredigt (Mt 5,33—37) mit den Zitaten Mt 5,37, Theait 151 d2f und Nom XI (sic!) 917 c3f folgen: «Andererseits ist mit dem Wort des Herrn: ‚Euer Ja sei Ja, und euer Nein sei Nein' zu vergleichen: ‚Aber auf keinen Fall ist mir erlaubt, Lüge zuzulassen und Wahres zu unterdrücken‚, und mit dem Verbot des Schwörens stimmt folgender Ausspruch im zehnten Buch der Nomoi überein: ‚Lob und Eid bleibe bei allem fern'»[69].

Im thematischen Anschluß an Gottes Gerechtigkeit, Güte, Macht und Einzigkeit kontaminiert Clemens in § 133,4—6 drei Politeiastellen unter dem Gesichtspunkt des philosophischen Aufstieges, nämlich Pol VII 519 c8 — d1, VII 521 c5—8 und Anspielungen an III 415 a2—5: «Mit Recht gewöhnt also auch Platon ‚die besten Naturen daran, sich demjenigen Wissen zu nähern, welches wir im vorigen als das größte ansprachen, nämlich das Gute zu betrachten und jenen Aufstieg dorthin anzutreten'. ‚Dieses aber, wie es scheint, dürfte nicht ein Umdrehen eines Scherbenstückes, sondern eine Umkehrung der ganzen Seele sein, aus einem nächtlichen Tag zu dem wahren Tag, der einen Aufstieg zum Seienden bedeutet, den wir für die wahre Philosophie erklären werden'. Und die an ihr Anteil haben, die rechnet er ‚zum goldenen Geschlecht', indem er sagt, ‚ihr seid zwar alle Brüder', die aber ‚zum goldenen Geschlecht' gehören, sind es im höchsten Grad und in jeder Beziehung». In Analogie zu Clemens' früherer Deutung des Metallmythos in § 98,4 wird man auch diese Aussagen auf Christen allgemein und auf den kirchlichen Gnostiker im besonderen zu beziehen haben.

Die Freiheit des Menschen und Gottes Schuldlosigkeit bringt Clemens in § 136,4 mit Pol X 617 e3ff (ohne Gegenstück) zum Ausdruck: «Die freie Wahl aber beweist Platon mit Folgendem: ‚Die Tugend ist herrenlos, sie achtend oder mißachtend, so wird ein jeder mehr oder weniger Anteil an ihr haben. Die Schuld liegt bei Wählenden, Gott ist schuldlos', denn niemals ist Gott Urheber von Bösem»[70].

---

[68] Philon, SpecLeg II § 44f, spielt an die Stelle an. Es zitieren sie Jamblich, Protr. XIV p. 72,11ff, ferner Euseb, Praep. Ev. XII 29,2f, wo sie schon mönchischen Sinn hat, und Theodoret, Graec. aff. cur. XII § 24f.

[69] An das letzte Zitat, Nom XI 917 b7 — c4, spielt Clemens schon in Paid III § 78,4f an, es kehrt wieder bei Stobaios IV p. 181,5ff.

[70] Ist dem Wort hier keine engere Deutung beigefügt, so variieren auch bei den übrigen Zitationen und Anspielungen die Nuancen. Um Gottes Heilswirksamkeit geht es in Strom VII § 12,1, insofern Gottes Plan ἡ τοῦ ὅλου σωτηρία ist, er am Übel aber unschuldig ist. Die Verantwortlichkeit des Menschen für die eigene Hinwendung zur Wahrheit steht in Strom I § 4,1. Strom II § 75,1ff im Vordergrund, die für seine Gesetzesübertretungen in Strom II § 75,3. Strom IV § 150,4. In antignostischem Kontext

Unter eschatologischem Vorzeichen stehen einige Platonrekurse, die sich in dem von § 103,2 bis § 106,4 erstreckenden Komplex zum Stichwort «Auferstehung» befinden. Hervorstechend sind dabei Clemens' Bemerkungen zum Er-Mythos der Politeia. Wenn er den Er mit Zoroaster identifiziert, so ist das, wie sich schon früher zeigte[71], nicht seine eigene Erfindung. Auch mit der hier unterbreiteten Auslegung wird er in starkem Maße von vorgegebenen Traditionen abhängig sein[72].

Daß Er, bzw. Zoroaster am zwölften Tage auf dem Scheiterhaufen liegend, wiederauflebte (Pol X 614 b6f), läßt nach Clemens eine doppelte Deutung zu. Es bedeutet zum einen dunkel die Auferstehung. Der Anknüpfungspunkt dafür liegt in ἀναβιῶναι p. 395,22 und K. Schmöle[73] zufolge auch in ἐπὶ τῇ πυρᾷ p. 395,22. Das ist ein eschatologisches Geschehen. Die andere Möglichkeit besteht in der Deutung auf die Himmelreise der Seele durch den Zodiak. Anknüpfungspunkt dafür ist die Zwölfzahl, insofern sich die zwölf Tage und die zwölf Tierkreiszeichen entsprechen. Gemeint sein muß eine ekstatische Entrückung der Seele noch zu Lebzeiten, unter anderem auch deshalb, weil Clemens den sonst unverständlichen Satz anschließt, daß nach Platon die Rückkehr[74] ins irdische Leben auf demselben Wege erfolge (vgl. Pol X 621 b1−7) (§ 103,4).

Die Auferstehung des Herrn und die gnostische Ablösung der Seele vom Körper stehen dem irdischen Leben gegenüber in § 105,2 − § 106,1: «Wiederum hat Platon im siebten Buch der Politeia den Tag hier auf Erden nächtlich genannt (ich meine wegen der Weltherrscher dieser Finsternis), Schlaf aber und Tod das Herabkommen der Seele in den Körper ebenso wie Heraklit. Und vielleicht hat der Geist dieses auf den Heiland geweissagt, wenn er durch David spricht: ,Ich legte mich nieder und schlief ein; ich erwachte, weil der Herr sich

---

stellt das Wort zusammen mit Röm 3,5f in Paid I § 69,1 die erzieherische Rolle von göttlicher Drohung und Strafe sicher. Allgemeiner als Ausdruck der Wahlfreiheit gilt die Stelle in Strom I § 84,1 und QDS § 14,4 (καὶ κριτήριον ἐλεύτερον ἔχων ἐν ἑαυτῷ καὶ τὸ αὐτεξούσιον sc. ὁ νοῦς). − Es handelt sich im übrigen um ein ausgesprochenes Wanderzitat, vgl. Maximus Tyrius, Or. XLI 5a; Albinos, Didask. XVI p. 172,8. XXVI p. 179,8ff; Plutarch, Quaest. conviv. IX 5, mor. 740 D; Porphyrios, Ad Marc. 12 p. 282,5ff, Περὶ τοῦ ἐφ' ἡμῖν, nach Stobaios II p. 163,16ff; inschriftlich auch auf einer Platonstatue (so É. des Places, in: Numénius, Fragments S. 93 Anm. 1) und bei den Christen Justin, Apol. I 44,8; Euseb, Praep. Ev. VI 6,50; Theodoret, Graec. aff. cur. VI § 57.

[71] S. oben Kap. III S. 96f.
[72] Dabei ist nicht nur an philosophische Literatur zu denken, auch die Gnostiker haben Zoroaster nach Porphyrios, Vita Plotini § 16, und Strom I § 69,6, hoch geschätzt, vgl. J. Bidez − F. Cumont, Les mages hellénisés, Bd. 2 S. 249ff. Zu Numenius s.o. S. 96ff.
[73] K. Schmöle, Läuterung nach dem Tode und pneumatische Auferstehung bei Klemens von Alexandrien S. 94.
[74] Zu p. 396,1f vgl. LSJ s.v. κάθοδος II.

meiner annehmen wird'. Er bezeichnet nicht die Auferstehung Christi allein als Erwachen, sondern auch das Herabkommen des Herrn als Schlaf. Wiederum[75] mahnt derselbe Heiland: ,Wachet', das heißt: Sorgt zu leben und versucht die Seele vom Körper zu trennen». – Das distanzierte Verhältnis zum irdischen Leben schlage sich bei Platon in den Ausdrücken «nächtlicher Tag» (Pol VII 521 c6) und «Schlaf und Tod» (Gorg 492 e8 – 493 a1, vgl. Phaid 95 c9 – d4) nieder, es finde seine Begründung darin, daß die irdische Welt nach Eph 6,12[76] unter der Gewalt der bösen Geister, der Beherrscher der sündigen Welt steht. Der christologisch verstandene Vers Ps 3,6 belegt mit ὕπνωσα p. 397,3 ebenfalls den übertragenen Sprachgebrauch des Wortes «Schlaf» und deutet mit ἐξηγέρθην p. 397,3f auf die Auferstehung Christi, die auf die allgemeine Totenerweckung hinzielt. Andererseits gibt der inkarnierte Heiland mit Mt 24,42 auch die Mahnung zur gnostischen Ablösung der Seele vom Körper.

Eine weitere Auslegung zum Er-Mythos folgt in § 106,2–4. Auf den Tag der Auferstehung des Herrn, die κυριακὴ ἡμέρα, die als Achtheit[77] zugleich Symbol der himmlischen Vollendung und Ruhe ist, bezieht Clemens Pol X 616 b1–4, indem er erklärt: «Den Herrentag aber weissagt Platon im zehnten Buch der Politeia folgendermaßen: ,Sobald aber denen auf der Wiese sieben Tage verstrichen sind, müssen sie von dort aufstehen, am achten Tag aufbrechen und vier Tage später ankommen'. Unter der Wiese ist die Fixsternsphäre zu verstehen, insofern sie ein milder und angenehmer Platz und ein Aufenthaltsort der Frommen ist; die sieben Tage aber bezeichnen die sieben Planeten und jede arbeitsame Tätigkeit, die zum Ziel der Ruhe strebt; die die Planeten hinter sich lassende Reise führt zum Himmel, das heißt zur achten Bewegung und zum achten Tag; er sagt aber, daß die Seelen vier Tage lang weiterziehen, womit er auf die Reise durch die vier Elemente deutet». Der Text ist kaum verständlich[78], aber entnehmen läßt sich immerhin ein Aufstieg über die Planeten und die Fixsternsphäre hinaus zur himmlischen Vollendung. Das ist zum einen eschatologisch zu verstehen (vgl. τέλος ἀναπαύσεως p.397,14), aber auch eine kontemplative Erhebung kann gemeint sein. Möglicherweise ist die Formulierung absichtlich doppeldeutig.

Ebenfalls ohne das Gegenstück eines biblischen Textes oder eines christlichen Lehrsatzes ist das unkommentierte Zitat aus Phaidr 250 b6 – c6 in § 138,3: « . . . ,wenn wir mit dem glückseligen Reigen' nach Platon ,die be-

---

[75] Zu αὐτίκα p. 397,6 s. F.J.A. Hort – J.B. Mayor, Clement of Alexandria, Miscellanies Book VII S. 364.

[76] Vgl. Strom II § 110,1f, Strom IV § 47,1ff. § 96,1, Strom V § 93,2.

[77] Vgl. Strom VI § 108,1. § 140.

[78] F.J. Dölger, Zur Symbolik des altchristlichen Taufhauses, AuC 4 1934 S. 181f, und J. Daniélou, Message évangélique et culture hellénistique S. 120, drucken den Text mehr oder weniger kommentarlos ab. Auch K. Schmöle, Läuterung nach dem Tode und pneumatische Auferstehung bei Klemens von Alexandrien S. 97–102, hat die Stelle nicht voll erschlossen.

glückende Ansicht und Schau' erblicken werden, ‚wir im Gefolge des Zeus, andere mit anderen Göttern, und eingeweiht werden in die, wie man sie nennen muß, allerglückseligste der Weihen, die wir feiern, selbst fehlerlos und unbefleckt von Übeln, die uns zu späterer Zeit erwarteten, wobei wir in vollkommene und ruhige Erscheinungen geweiht werden und in reinem Glanz schauen, rein und uneingeschränkt von dem, was wir mit uns herumtragend Körper nennen, eingesperrt wie eine Auster'»[79]. In diesem Fall deutet Clemens seine Auffassung durch eine geringfügige Abweichung vom Platontext an. Während Platon durchweg eine vergangene Schau der Ideen im präexistenten Seelenleben meint, steht bei Clemens pointiert ἐποπτεύσομεν p. 420,2[80]. Er bezieht den Text auf die Schau Gottes, die ein eschatologisches Geschehen ist.

Die Aussagen, die Clemens zum Gesichtspunkt der christlichen Existenz vorgetragen hat, schließen sich unter einer negativen Folie in der Distanz zur Welt zusammen. Daß diese Einstellung mit der schulplatonischen Abwendung von der Körperwelt nicht einfach identisch ist, zeigt die Rolle, die Eph 6,12 dabei spielt, und ergibt sich vollends aus der positiven Qualifizierung. Denn der Distanz korrespondieren auf der anderen Seite der in der Gnosis ergriffene kontemplative Aufschwung und die Vollendung im Eschaton. Gnosis aber und Eschaton müssen für Clemens in einem inneren Zusammenhang stehen, denn sonst hätte er nicht mehrfach beides in ein und demselben Text wiederfinden können. Und tatsächlich erklärt Clemens auch an anderen Stellen ausdrücklich, daß er die Gnosis als antizipierende Teilhabe am Eschaton versteht[81]

Der Vollständigkeit halber seien schließlich auch noch zwei mehr philosophiegeschichtliche Erwähnungen Platons aufgeführt. In § 112,2f zitiert Clemens Parmenides B 8,3f zur Gotteslehre und erwähnt, daß ihn Platon im Sophistes (237 a5) den großen genannt habe. Und in § 115,1 findet sich die Erklärung, Platon stimme in der Gotteslehre Heraklit zu. Woran Clemens dabei denkt, ist unklar[82].

---

[79] Anspielungen sind zu verzeichnen bei Philon, Jos § 71, Virt § 76, und Plutarch, De exilo 17, mor. 607 E.

[80] L. Früchtel, z.St. in den Nachträgen und Berichtigungen S. 536, möchte im Anschluß an J.B. Mayor statt des Futurs p. 420,2 ἐποπτεύσαμεν und außerdem ὠργιάζομεν p. 420,4 konjizieren, und zwar aus Gründen des Anschlusses an § 138,2, κατεῖδες p. 419,24, und des ὑπέμεινεν p. 420,5. Das Futur ist aber für Clemens durch Methodios, auf den O. Stählin, ebd. S. 536 z.St., hinweist, gesichert. Auch sachlich bliebe für Clemens die Präexistenzlehre ein Fremdkörper, s.o. Kap. V S. 223f. Was den fraglichen Anschluß betrifft, so kann ja Clemens wie in § 102,3f auch auf eine syntaktische Eingliederung ganz verzichten. Das ist auch hier am ehesten der Fall. Der Relativsatz p. 420,4 behält freilich eine Härte.

[81] So Strom VI § 73,4f ... τὴν ἐλπίδα (d.h. das Hoffnungsgut) προειληφὼς διὰ τῆς γνώσεως ... p. 468,21, Strom VI § 75,2 ... φθάσας προείληφεν ὁ γνωστικός p. 469,12f, Strom VII § 47,4, Strom VII § 57,4f, vgl. auch oben Kap. IV S. 187f.

[82] O. Stählin z.St. zitiert einen Vorschlag von H. Jackson: «Denkt Clemens vielleicht an Plato Kratyl. p. 396 B?»

SYSTEMATISCHER AUSBLICK

Nach dem interpretierenden Durchgang durch die Texte muß abschließend versucht werden, Clemens' Platondeutung mit wenigen Strichen im ganzen zu skizzieren und dabei herauszustellen, inwiefern und an welchem systematischen Ort es zu einer schöpferischen Verbindung des christlichen Glaubens mit dem platonischen Erbe gekommen ist.

Der interpretierende Durchgang hat, was gar nicht zweifelhaft sein konnte, bestätigt, daß Clemens' Platonbild auf dem philosophischen Hintergrund seiner Zeit, auf der seit Generationen geleisteten Arbeit der Platoninterpretation aufruht. Formelhafte Wendungen[1], die eigentümliche Bildsprache[2], die Vorliebe für berühmte Wanderzitate[3] und oft genug auch die Zusammenstellung mehrerer Belege unter einem thematischen Gesichtspunkt[4] zeigten Clemens' Abhängigkeit. Auch bei der nicht spezifisch christianisierenden Auslegung einzelner Dialogstellen[5] und bei der Aufstellung bestimmter dogmatischer Lehrsätze[6] ließ sich seine Beeinflussung nachweisen oder doch zumindest wahrscheinlich machen. Aber selbst wo er Platon christlich ausdeutet, wurden wiederholt strukturelle Analogien, Vermittlungen oder Vorbereitungen in der philosophischen Tradition erkennbar.

---

[1] S.o. S. 38.313 (Schuld des Wählenden), S. 57.264 (wenige Bakchen), S. 59f.67.271. 299 (Reinigung der Seele und Entfachung neuen Feuers), S. 65f (Auge der Seele), S. 92f (Philosophie als größte Gabe), S. 129 (das Wagnis), S. 130 (noch jenseits des Seins), S. 191.194f.290ff (Einübung in den Tod), S. 203 (Fackelvergleich), S. 230. 255f (Leben und Gut-Leben).

[2] S.o. S. 33.35.279f (Lichtmetaphorik), S. 40.256 (seelische Nachkommenschaft), S. 41 (Motiv der Neidlosigkeit), S. 62ff (Wassermetaphorik), S. 92.274.292 (der überhimmlische Ort der Ideen), S. 123f.254f.266.315f (Mysteriensprache), S. 136f (Gott als Gesetzgeber, Philosophie als Musik), S. 191—194.258 (Annagelung, bzw. Fesselung der Seele), S. 240f.313ff (der nächtliche Tag), S. 255 (Beflügelungsmetaphorik).

[3] S.o. S. 51f.156ff.161f.176.222.247f.253f (vgl. auch S. 76.100.131ff), 262f.286.305f. 310.313f.

[4] S.o. S. 89ff (?), S. 167—172.173—176.277f.284f.

[5] S.o. S. 52.72ff.91—99.184.204.230ff.238.

[6] S.o. S. 30—33.67 (Zurückhaltung vor der Öffentlichkeit)? S. 79.309f (Daimonion des Sokrates), S. 80f (Göttersprache), S. 116f (Dialoganordnung), S. 123.267 (Mytheninterpretation), S. 140f (Verbindung von Gesetzgebung und Philosophie), S. 167—172.311f («paradoxa Stoicorum»), S. 173—189.310f (Angleichung an Gott), S. 202ff (Lehre über die Ehe), S. 260ff.274 (Ideen als Gedanken Gottes), S. 269—281 (Transzendenz Gottes).

Der Versuch, den Herkunftsbereich der philosophischen Grundlagen etwas
näher einzugrenzen, stößt allerdings auf nachhaltige Schwierigkeiten. Gewiß
sind mit dem im weiten Sinne gefaßten Mittelplatonismus, wozu alle irgendwie auf platonischem Denken fußenden Philosophen seit der Abkehr vom
Skeptizismus gezählt werden dürfen, die meisten Berührungen zu verzeichnen.
Aber wie wenig damit eine wirkliche Eingrenzung gewonnen ist, liegt auf der
Hand, wenn man sich noch einmal die breite Streuung der Parallelen vergegenwärtigt und sich ins Gedächtnis ruft, daß Clemens keinem seiner Vorgänger
konsequent folgt. Das ist ein bemerkenswertes Faktum. Ein weiteres Problem
liegt darin, daß Clemens' Platonauslegung auch Berührungen mit Autoren und
Texten aufweist, die nicht in platonischer Tradition stehen. Es ist an diejenigen Fälle zu erinnern, wo stoischer[7] oder pythagoreischer[8] Einfluß in ganz un-
gewöhnlicher Weise die authentische Auslegung einer Platonstelle trübte. Auch
die Berührungen mit Cicero[9] und Philon[10] sind unter gewissen Vorbehalten hier
zu nennen. Andererseits läßt sich Clemens' Platonverständnis in einem so wichtigen Punkt wie der mit den Markioniten stritten Frage nach der Bewertung des
Übels in der Welt auf überhaupt keine der quellenmäßig bekannten philosophischen Positionen zurückführen[11], was jeglichen Versuch einer engeren Her-
kunftsbestimmung vereitelt.

Zu einem letztlich negativen Resultat führt dagegen der Vergleich mit dem
eng gefaßten Mittelplatonismus orthodoxer Prägung. Denn mag es hier zahlreiche und durchaus fundamentale Berührungen geben, so steht doch Clemens'
Platonbild überwiegend im Gegensatz zum orthodoxen Schulplatonismus. Gemeinsam ist beiden die negative philosophische Theologie[12], in der die Transzendenz Gottes ihren bezeichnenden Ausdruck findet. Aber diese zweifellos
gewichtige Tatsache darf nicht den Blick für die zahlreichen Widersprüche ver-
decken, die im ganzen zu einer grundlegenden Trennung führen. Unvereinbar
mit dem Schulplatonismus ist Clemens Platonsicht allgemein, insofern Platon
selbst der barbarischen Philosophie die höhere Autorität einräume[13]. Unvereinbar sind wesentliche Lehrsätze wie die Leugnung der Materie als eines eigenständigen Prinzips und damit die Preisgabe der Drei-Prinzipien-Lehre[14], ferner
die Leugnung der Ewigkeit der Welt und das wörtliche Verständnis des Schöp-
fungsberichtes im Timaios[15]. Unvereinbar ist die eschatologische Deutung der

---

[7] S.o. S. 102—107.164ff.167—174.201f.282.
[8] S.o. S. 43.91—98, vgl. S.314f, S. 109—113.166f.
[9] S.o. S. 80.162.174.234.266.282, (skeptischer Einfluß S. 48).
[10] S.o. S. 108.162.166.266.308.
[11] S.o. S. 205—222.
[12] S.o. S. 130.269—281.
[13] S.o. S. 88—101, 138f.
[14] S.o. S. 222.306f.
[15] S.o. S. 307f.

Angleichung an Gott[16] und die Annahme, Platon fordere die Apathie[17]. Gegensätzlich ist auch die Einschätzung von Glaube und Gnade, πίστις und θεία μοῖρα[18]. Und natürlich bedeuten direkte Christianisierungen Platons wie etwa die Aussage von Christus als dem schwer zu beschaffenden Opfer einen unüberbrückbaren Gegensatz[19], auch wenn die Quellen der Schulphilosophie diese Punkte nicht berühren.

Überspitzt könnte man sagen, Clemens' Platonbild setze sich eklektisch aus dem seinerseits schon eklektischen Platonismus der Zeit zusammen. Richtig an dem formalen Befund ist, daß dieses aufs Ganze gesehen nicht aus einer einzelnen Traditionslinie fertig übernommen ist. Dieser Befund ist aber unzureichend, insofern er die innere Ausrichtung nicht zu erkennen gibt. Denn als das leitende Prinzip hat sich bei diesem Aussonderungsvorgang im einzelnen immer wieder das Bestreben herausgestellt, Platon in Einklang mit dem rechtgläubigen Christentum zu bringen. Sein Umgang mit den platonischen Texten läßt sich durchaus nicht immer kritisch rechtfertigen, er ist auch nicht frei von gelegentlichen Skurrilitäten. Um zu erkennen, inwiefern das Platonbild bei aller Verpflichtung im einzelnen und unbeschadet gelegentlicher Verfälschungen doch eine synthetische Neuschöpfung ist, reicht eine doxographische Auflistung nicht hin. Man muß von den Grundlinien im Denken Platons ausgehend, das Zentrum der clementinischen Theologie nachvollziehen.

Die platonische Philosophie, basierend auf der durch Herakliteer nahegebrachten Erkenntnis der grenzenlosen Relativität der Wahrnehmungswelt, vorbereitet durch das der sophistischen Zersetzung widerstehende Gespräch des Sokrates und geboren aus der alle moralischen und politischen Werte mit sich reißenden Erschütterung angesichts des Todes des Sokrates, ist das Philosophieren über die Welt hinaus. Dieses ist als Dialektik die Wissenschaft von der Wahrheit des Seienden selbst, von den Ideen, ihrer Verflechtung und Gemeinschaft und von ihrer Begründung in ihrem Ursprung, dem Guten. Die Dialektik hat die Aufgabe, Täuschungen und Verwechslungen zu überwinden, indem sie bei unablässiger Reibung der Verständigungsmittel aneinander ein Seiendes im Gang durch das Seinsgeflecht im ganzen zu bestimmen versucht, d.h. indem sie sich die unvollendbare Arbeit vornimmt, dieses nach Ort und Rang in der Hierarchie des Seienden zu bestimmen und dadurch im Seinsgrund selbst zu begründen. Dazu bedarf es besonderer Befähigung, anhaltender Anstrengung und einer ausgezeichneten Prädisposition an innerer Bereitschaft, einer Umwendung der ganzen Seele, einer Hinwendung zu Gott. Die Frage, ob Gott persönlich oder unpersönlich vorgestellt ist, verfängt nicht; wesentlich ist der Ab-

---

[16] S.o. S. 187ff.310f.
[17] S.o. S. 196–198.
[18] S.o. S. 151.173.186.289.
[19] S.o. S. 135–138.163f.170f.291.

stand des suchenden Menschen gegenüber dem wissenden Gott. Methodisches Denken und Gottesdienst sind in dieser philosophischen Aufgabe eins.

Von der Botschaft von Tod und Auferstehung Jesu Christi berührt und zum Glauben bekehrt hält Clemens aus dem Wissen um eine Wahlverwandtschaft des Christentums mit dem griechischen Denken an der grundsätzlichen Bejahung der platonischen Philosophie fest. Sie gerät ihm aber in ihrem Grundgerüst in doppelter Weise in Bewegung, wodurch die von Platon ins Auge gefaßte Aufgabe zum Ziel gelangt. Die eine Bewegung geht von oben nach unten, die andere verläuft von unten schräg aufsteigend voraus in die Zukunft. Denn die beiden Grundpfeiler der clementinischen Theologie sind die Offenbarung des transzendenten Gottes und die Vollendung der Schöpfung im Eschaton.

Die von oben nach unten verlaufende Bewegung meint die Offenbarung des transzendenten Gottes in der Inkarnation des Gottessohnes. Es ist dieses die gnadenhaft den Menschen sich zuwendende Bewegung des abgekehrten, fernen Seinsgrundes, die das platonische Gesamtkonzept am entscheidenden Punkt christlich umprägt. Zugleich hat sich damit der christliche Gottesglaube der Frage nach dem transzendenten Seinsgrund gestellt und denkerisch an ihr bewährt[20]. Hier liegt das Zentrum für die Verbindung des christlichen Bekenntnisses mit platonischem Philosophieren.

Die Vollendung der Schöpfung im Eschaton, also die zweite, von unten schräg aufsteigende und vorauslaufende Bewegung, ist weniger auf einen Blick zu fassen, sondern ergibt sich erst aus der Zusammensicht mehrerer einzelner Gesichtspunkte, die alle durch Clemens' schöpfungstheologische Grundorientierung zusammengehalten werden. Die Schöpfung ist für Clemens nicht schon mit dem Sechs-Tage-Werk fertig abgeschlossen, sondern der Mensch sollte durch den Gebrauch seines freien Willens zur Vollkommenheit und zur Vollendung der Schöpfung das Seine beitragen. Adam war weder vollkommen erschaffen, noch war er unvollkommen und mangelhaft ausgestattet, wie Gnostiker in einer alternativen Fangfrage die Diskreditierung des Schöpfers suggerieren wollten, sondern er war mit der Anlage zur Vollkommenheit, mit der Befähigung ausgezeichnet, sich mit Hilfe seines freien Willens die Vollkommenheit zu erwerben[21]. Die Gebotsübertretung Adams — von einem Fall sollte man nicht sprechen, denn die Seele ist nicht von oben aus der Präexistenz in die Körperwelt gefallen[22] — hat die menschliche Mitwirkung an der Vollendung der Schöpfung zunächst einmal zunichte gemacht. Die Verfehlung, als solche ein Korrelat der Freiheit, ist Ungehorsam gegen Gottes ausdrücklichen Willen

---

[20] S.o. S. 268—290.
[21] Strom IV § 150,3. Strom VI § 96,1f. Im Gesamtaufriß ist das das einzige wesentliche Element, das nicht in seinem Umkreis von Platonzitationen begleitet ist.
[22] S.o. S. 188.223f.315f, vgl. S. 92f.

und insofern Sünde. Die Folge ist die Sündhaftigkeit der Menschen, ihr geistiger Tod, der sie von der Wahrheit trennt und der Macht des Teufels und der Dämonen preisgibt[23]. Gleichwohl bleibt die Welt Gottes Schöpfung, die der Erlösung und Vollendung harrt, und so wendet sich Gott ihr immer wieder in Gnade zu. Dies ist der Punkt, an dem der Gedanke der göttlichen Erziehung des Menschengeschlechts, das Paideia-Motiv, seinen systematischen Ort hat, und hier kann auch Clemens' universalhistorische Anschauungsweise[24] zum Zuge kommen. Den Griechen ermöglichte Gott eine gewisse Erahnung der geistigen Wahrheit auf dem Wege der Philosophie[25], den Hebräern gab er durch Mose das Gesetz[26], zu ihnen sprach er auch durch die Propheten[27], aber den Höhepunkt der göttlichen Heilsveranstaltung bezeichnet erst die in Jesus Christus erfolgte Offenbarung. Christus ist der Erlöser und Lehrer, der die Sünden vergibt und die geistige Wahrheit erschließt[28], während der Mensch von seiner Freiheit Gebrauch machen und das angebotene Heil im Glauben ergreifen muß. Wendet sich nun der Gläubige im Bestreben, sich die Wahrheit innerlich völlig anzueignen, von der Wahrnehmungswelt ab, so impliziert das keineswegs eine undankbare Verachtung des Körpers[29]. Aber der Körper, obzwar er zur göttlichen Schöpfung gehört, ist an sich in der Zweideutigkeit befangen, insofern der Mensch sich an ihn ausliefern und dadurch sich unter die Macht der Dämonen stellen oder ihn dankbar als Grundlage für ein geistliches Fortschreiten gebrauchen kann[30]. So übersteigt der Gnostiker unter der Führung des Heilandes die sichtbare und intelligible Welt und erkennt in ihm und durch ihn den transzendenten Gott[31]. Dieser pneumatischen Erkenntnis entspricht sein Handeln in Wort und Werk, so daß ihm durch die Übereignung Christi, nicht aus eigenem Verdienst, schon der Ehrenrang eines Vollkommenen zugesprochen werden kann[32]. Aber der gnostische Aufstieg ist nur eine vorausgreifende Vorwegnahme des Eschaton[33]. Nach dem Tode erhält der Christ, durch Feuer geläutert und gereinigt, feinere Körpergestalten und gelangt zu immer schöneren, je nach Würdigkeit gestaffelten Wohnplätzen[34]. Aber auch dann ist noch

---

[23] S.o. S. 191–199.210.223f.241.310.314ff.
[24] S.o. S. 74–78.
[25] S.o. S. 51f.92.125–128.131.156.252–257.283f.304f, vgl. auch die Verweise S. 25.
[26] S.o. S. 85f.119ff.135f.143.
[27] S.o. S. 284–287.
[28] S.o. S. 66.143.162–167.169ff.249f.258.272ff.290f.310.314f.
[29] S.o. S. 160.204f.210f.213.215.223f.
[30] S.o. S. 191ff.228–232.254f.
[31] S.o. S. 28.61f.66f.128ff.137f.153–157.254.260–263.271–277.286–290.292ff.
[32] S.o. S. 162f.165.173.
[33] S.o. S. 187f.230.258ff.276f.292–297.314ff.
[34] S.o. S. 232–241.253.284.

geistliches Wachstum möglich, bis am Ende der Zeit die Schöpfung zur Vollendung gelangt, wenn die Vollkommenen durch den Sohn zur Angleichung an Gott und zur vollkommenen Sohnschaft eingesetzt werden, wenn sie zur eschatologischen Ruhe gelangen und der direkten Schau Gottes gewürdigt werden, von Angesicht zu Angesicht[35].

---

[35] S.o. S. 187ff.255.258ff.275f.295ff.311.314ff.

LITERATURVERZEICHNIS

1. Quellen

Aeschyli Septem quae supersunt Tragoedias, ed. D. Page. OCT Oxford 1972.
Albinos, Isagoge und Didaskalikos, in: Plato, Fasc. 15 Appendix Platonica, ed. C. F. Hermann, BiTeu Leipzig 1920.
Anonyme Prolegomena zur Philosophie Platons, in: Plato, Fasc. 15 Appendix Platonica, ed. C. F. Hermann. BiTeu Leipzig 1920.
Anonymer Kommentar zu Platons Theaetet, hrsg. von H. Diels — W. Schubart. Berliner Klassikertexte 2 Berlin 1905.
Anthologia Lyrica, Vol. II, ed. E. Diehl. 2 Aufl. BiTeu Leipzig 1942.
Die Apostolischen Väter, hrsg. von F. X. Funk — K. Bihlmeyer. 2. Aufl. von W. Schneemelcher. SQS 2. Reihe 1. Heft 1. Teil Tübingen 1956.
Apulei Platonici Madaurensis Opera, Vol. II Fasc. 1 Pro se de Magia Liber (Apologia), ed. R. Helm. 2. Aufl. BiTeu Leipzig 1912.
Apulei Platonici Madaurensis Opera, Vol. III De Philosophia Libri, ed. P. Thomas. Nachdruck der 2. Aufl. von 1921 BiTeu Stuttgart 1970.
Apulée, Opuscules philosophiques et Fragments, ed. J. Beaujeu. CUFr Association G. Budé, Paris 1973.
Index Apuleianus, by W. A. Oldfather, H. V. Canter, B. E. Perry. Philological Monographs published by the American Philological Association 3. Nachdruck der Ausgabe Middletown 1934 Hildesheim — New York 1979.
Aristophanis Comoediae, Vol. II, ed. F. W. Hall — W. M. Geldart. 2. Aufl. OCT Oxford 1907.
Lettre d'Aristée à Philocrate, ed. A. Pelletier. SC.TNC, Paris 1962.
Aristotelis Physica, ed. W. D. Ross. OCT Oxford 1956
Aristotelis Ethica Nicomachea, ed. I. Bywater. OCT Oxford 1894.
Aristotelis Politica, ed. W. D. Ross. OCT Oxford 1957.
Aristotelis Metaphysica, ed. W. Jaeger. OCT Oxford 1957.
Aristotelis Fragmenta selecta, ed. W. D. Ross. OCT Oxford 1955.
Vita Aristotelis Marciana, hrsg. von O. Gigon. KlT 181 Berlin 1962.
Aristotelis qui fertur Libellus De Mundo, ed. W. L. Lorimer. Nouvelle collection de textes et documents Association G. Budé. Paris 1933.
Divisiones quae vulgo dicuntur Aristoteleae, ed. H. Mutschmann. BiTeu Leipzig 1906.
Index Aristotelicus, von H. Bonitz. 2. Aufl. Nachdruck der Ausgabe Berlin 1870 Graz 1955.
Athenagoras, Legatio and De Resurrectione, ed. W. R. Schoedel. OECT Oxford 1972.
Athenaeus, The Deipnosophists Vol. VI, by Ch. B. Gulick. LCL London — Massachusetts 1959.
Atticus, Fragments, ed. É. des Places, CUFr Association G. Budé. Paris 1977.
Sancti Aurelii Augustini Episcopi De Civitate Dei Libri, ed. B. Dombart — A. Kalb. 4. Aufl. BiTeu Leipzig 1928f.
Bacchylidis Carmina cum Fragmentis, ed. B. Snell. 6. Aufl. BiTeu Leipzig 1949.
Celsus, Fragmente, nach: Origenes Werke. Erster Band: Buch I—IV gegen Celsus, Zweiter Band: Buch V—VIII gegen Celsus, hrsg. von P. Koetschau. GCS Leipzig 1899.

M. Tullius Cicero, Scripta rhetorica Vol. II ed. C. F. W. Müller. BiTeu Leipzig 1912.
M. Tulli Ciceronis Scripta, Fasc. 33. Epistularum ad Familiares Libri, ed. H. Sjögren.
BiTeu Leipzig 1925.
M. Tullius Cicero, Scripta philosophica, Fasc. 39—48, ed. K. Ziegler, O. Plasberg, Th. Schi-
che, M. Pohlenz, W. Ax, C. Atzert. BiTeu Leipzig 1915 ff.
M. T. Ciceronis De Natura Deorum Libri, Vol. I—II, ed. A. S. Pease, Cambridge Mass.
1955 ff.
Incerti Auctoris De Ratione Dicendi ad C. Herennium Libri IV, ed. F. Marx — W. Tril-
litzsch. BiTeu Leipzig 1964.
Clementis Alexandrini Opera quae exstant omnia iuxta edit. oxon. an. 1715. PG VIII.
PG IX. Turnhout o.J.
Clementis Alexandrini Opera Vol. I—IV, ed. W. Dindorf. Oxford 1869.
Clement of Alexandria Miscellanies Book VII. The Greek Text with Introduction, Trans-
lation, Notes, Dissertations and Indices, by F. J. A. Hort — J. B. Mayor. London
1902.
Clemens Alexandrinus. Erster Band: Protrepticus und Paedagogus, hrsg. von O. Stählin.
3. Aufl. von U. Treu GCS Berlin 1972.
Clemens Alexandrinus. Zweiter Band: Stromata Buch I—VI, hrsg. von O. Stählin. 1. Aufl.
GCS Leipzig 1906.
Clemens Alexandrinus. Zweiter Band: Stromata Buch I—VI, hrsg. von O. Stählin. 3. Aufl.
von L. Früchtel GCS Berlin 1960.
Clemens Alexandrinus. Dritter Band: Stromata Buch VII und VIII — Excerpta ex Theo-
doto — Eclogae Propheticae — Quis dives salvetur — Fragmente, hrsg. von O. Stählin.
2. Aufl. von L. Früchtel — U. Treu, GCS Berlin 1970.
Clemens Alexandrinus. Vierter Band: Register, von O. Stählin. GCS Leipzig 1936.
Clément d'Alexandrie. Les Stromates. Stromate I par C. Mondésert — M. Caster. SC 30
Paris 1951.
Clément d'Alexandrie. Les Stromates. Stromate II par P. Th. Camelot — C. Mondésert.
SC 38 Paris 1954.
Des Clemens von Alexandreia ausgewählte Schriften aus dem Griechischen übersetzt von
O. Stählin. Bd. 1—5 BKV 2. Reihe Bd. 7. 8. 17. 19. 20. München 1934 ff.
Titus Flavius Klemens von Alexandria. Die Teppiche (Stromateis). Deutscher Text nach
der Übersetzung von F. Overbeck, hrsg. von C. A. Bernoulli und L. Früchtel Basel
1936.
The Library of Christian Classics, Vol. II Alexandrian Christianity. Selected Translations
of Clement and Origen with Introductions and Notes by J E. L. Oulton — H. Chad-
wick. London 1954.
Corpus Hermeticum, Vol. I—IV, ed. A. D. Nock — A.—J. Festugière. CUFr Association
G. Budé Paris 1945 ff.
Diodorus of Sicily, Vol. IV by C. H. Oldfather. LCL London — Massachusetts 1961.
Diogenis Laertii Vitae Philosophorum, Vol. I—II, ed. H. S. Long. OCT, Oxford 1964.
Doxographi Graeci, ed. H. Diels. 4. Aufl. Berlin 1965.
Epicteti Dissertationes ab Arriani digestae, ed. H. Schenkl. Editio maior, Nachdruck der
2. Aufl. von 1916 BiTeu Stuttgart 1965.
Euripidis Tragoediae Vol. III Fragmenta, ed. A. Nauck. 2. Aufl. BiTeu Leipzig 1908.
Eusebius Werke, Achter Band: Die Praeparatio Evangelica, hrsg. von K. Mras. GCS, Berlin
1954 ff.
Eusebius, Kirchengeschichte, hrsg. von E. Schwartz. Kleine Ausgabe, 5. Aufl. Berlin 1952.
Claudii Galeni Pergameni Scripta Minora Vol. II, ed. I. Müller. BiTeu Leipzig 1891.
Galeni De Usu Partium Libri, Vol. I—II, ed. G. Helmreich. BiTeu Leipzig 1907 ff.
Claudii Galeni Opera Omnia, Vol. V.VIII, ed. C. G. Kühn Leipzig 1823.
A. Gellii Noctium Atticarum Libri, Vol. I—II, ed. C. Hosius. BiTeu Leipzig 1903 ff.

Herakleides Pontikos, in: Die Schule des Aristoteles. Texte und Kommentar, hrsg. von F. Wehrli. Heft VII: Herakleides Pontikos. 2. Aufl. Basel — Stuttgart 1969.
Der Hirte des Hermas, hrsg. von M. Whittaker. 2. Aufl. GCS Berlin 1967.
Hermiae Alexandrini in Platonis Phaedrum Scholia, ed. P. Couvreur, Nachdruck der Ausgabe Paris 1901 Hildesheim — New York 1971.
Hesiodi Theogonia. Opera et Dies. Scutum, ed. F. Solmsen. Fragmenta selecta, ed. R. Merkelbach — M. L. West. OCT, Oxford 1970.
Hippolytus Werke, Dritter Band: Refutatio omnium Haeresium, hrsg. von P. Wendland. GCS 26 Leipzig 1916.
Homeri Opera Vol. I—II, ed. D. B. Monro — Th. W. Allen. 3. Aufl. OCT Oxford 1920.
Homeri Opera Vol. III—IV, ed. Th. W. Allen. 2. Aufl. OCT Oxford 1917 ff.
Q. Horati Flacci Opera, ed. F. Klingner, 5. Aufl. BiTeu Berlin 1970.
Sancti Irenaei Episcopi Lugdunensis Libri quinque adversus Haereses, Vol. I—II, ed. W. W. Harvey. Nachdruck der Ausgabe Cambridge 1857, Ridgewood 1965.
Iamblichus, Protrepticus, ed. H. Pistelli, Nachdruck der 1. Aufl. von 1888 BiTeu Stuttgart 1967.
Iamblichi De Vita Pythagorica Liber graece et germanice, ed. M. von Albrecht. BAW.AC Zürich 1963.
Flavii Iosephi Opera, Vol. I—IV Antiquitatum Iudaicarum Libri, ed. B. Niese, 2. Aufl. Berlin 1955.
Flavii Iosephi Opera, Vol. V De Iudaeorum Vetustate sive contra Apionem Libri, ed. B. Niese, 2. Aufl. Berlin 1955.
Flavius Josephus, De Bello Judaico — Der Jüdische Krieg, Vol. I—III, hrsg. von O. Michel — O. Bauernfeind 3. Aufl. Darmstadt 1977.
Die Apologien Justins des Märtyrers, hrsg. von G. Krüger. SQS 1. Reihe 1. Heft Tübingen 1915.
Iustini Philosophi et Martyris Opera, Tom. I Pars II: Dialogus cum Tryphone Iudeo, CorpAp II, ed. I. C. Th. Otto. 3. Aufl. Jena 1877.
Iustini Philosophi et Martyris Opera, Tom. II: Opera Iustini addubitata, CorpAp III, ed. I. C. Th. Otto. 3. Aufl. Jena 1879.
Index Apologeticus sive Clavis Iustini Martyris Operum, comp. E. J. Goodspeed. Leipzig 1912.
L. Caeli Firmiani Lactanti Opera, Pars I Divinae Institutiones et Epitome Divinarum Institutionum, ed. S. Brandt. CSEL Wien 1890.
Pseudo — Longinos, Vom Erhabenen, hrsg. von R. Brandt. Darmstadt 1966.
Lucan, by J. D. Duff. LCL London — Massachusetts 1962.
Luciani Opera, Vol. I—III, ed. M. D. Macleod. OCT Oxford 1972 ff.
Index Verborum ac Phrasium Luciani sive Lexicon Lucianeum, conc. C. C. Reitz 1746.
Marci Antonini In semet ipsum Libri, ed. H. Schenkl. Editio maior. BiTeu Leipzig 1913.
Ausgewählte Märtyrerakten, hrsg. von R. Knopf — G. Krüger, 4. Aufl. von G. Ruhbach. SQS Neue Folge 3 Tübingen 1965.
Maximi Tyrii Philosophumena, ed. H. Hobein, BiTeu Leipzig 1910.
M. Minucius Felix, Octavius, hrsg. von B. Kytzler, München 1965.
Musonii Rufi Reliquiae, ed. O. Hense, BiTeu Leipzig 1905.
Numenius, Fragments, ed. É. des Places. CUFr Association G. Budé. Paris 1973.
Origenes Werke. Erster Band: Die Schrift vom Martyrium, Buch I—IV gegen Celsus, hrsg. von P. Koetschau. GCS Leipzig 1899.
Origenes Werke. Zweiter Band: Buch V—VIII gegen Celsus, Die Schrift vom Gebet, hrsg. von P. Koetschau. GCS Leipzig 1899.
Pausaniae Graeciae Descriptio, Vol. I—II, ed. M. H. Rocha — Pereia. BiTeu Leipzig 1973 ff.
Philonis Alexandrini Opera, Vol. I—VI, ed. L. Cohn — P. Wendland. Editio minor, Berlin 1896 ff.

Philon, De Providentia I et II, par M. Madas—Lebel. Les Œuvres de Philon d'Alexandrie Vol. 35 Paris 1973.

Philo, Supplement I—II, by R. Marcus. LCL London — Massachusetts 1961.

Index Philoneus, von G. Mayer. Berlin — New York 1974.

Flavii Philostrati Opera, Vol. I, ed. C. I. Kayser. BiTeu Leipzig 1870.

Iohannes Philoponus, De Aeternitate Mundi contra Proclum, ed. H. Rabe. BiTeu Leipzig 1899.

A. Brinkmann, Phoibammon, περὶ μιμήσεως, RMP 61 1906 S. 117—134.

Platonis Opera, Vol. I—V ed. J. Burnet. OCT Oxford 1900ff.

Platon, Œuvres complètes Tome VIII 3ᵉ Partie, Le Sophiste, ed. A. Diès CUFr Association G. Budé Paris 1950.

Platon, Œuvres complètes Tome XII 2ᵉ Partie, Les Lois ed. A. Diès, Epinomis ed. E. des Places. 2. Aufl. CUFr Association G. Budé Paris 1976.

Scholia Platonica, ed. W. Ch. Greene. Philological Monographs published by the American Philological Association, Haverford 1938.

A Word Index to Plato, by L. Brandwood. Compendia 8, Leeds 1976.

Plotini Opera, Vol. I—III, ed. P. Henry — H. R. Schwyzer. ML.P Paris — Brüssel — Leiden 1951 ff.

Plotins Schriften, Bd. 1—6, hrsg. von R. Harder, R. Beutler, W. Theiler. PhB Hamburg 1956 ff.

Lexicon Plotinianum, von J. H. Sleemann — G. Pollet. Ancient and Medieval Philosophy De Wulf — Mansion Centre 1,2 Leiden — Leuven 1980.

Plutarchi Vitae parallelae, Vol. I—III, ed. K. Ziegler. BiTeu Leipzig 1964ff.

Plutarchi Moralia, Vol. I—VII, ed. W. R. Paton, I. Wegehaupt, M. Pohlenz, W. Nachstädt, W. Sieveking, J. Titchener, C. Hubert, u. a. BiTeu Leipzig 1959 ff.

Plutarch's Moraiia, Vol. XIII,1, by H. Cherniss. LCL Massachusetts — London 1976.

Lexicon Plutarcheum et vitas et opera moralia complectens, comp. D. Wyttenbach. Leipzig 1843.

Porphyrii Sententiae ad Intelligibilia ducentes, ed. E. Lamberz. BiTeu Leipzig 1975.

Porphyrii Philosophi Platonici Opuscula Selecta, ed. A. Nauck. BiTeu Nachdruck der 2. Aufl. von 1886 Hildesheim — New York 1977.

Porphyrii Vita Plotini, in: Plotini Opera Vol. I, ed. P. Henry — H. R. Schwyzer. ML.P, Paris — Brüssel — Leiden 1951.

Porphyrios, «Gegen die Christen», 15 Bücher, Zeugnisse, Fragmente und Referate, hrsg. von A. von Harnack. APAW.PH 1916 Berlin 1916.

Posidonius I: The Fragments, ed. L. Edelstein — I. G. Kidd. Cambridge Classical Texts and Commentaries 13, Cambridge 1972.

Procli Diadochi in Platonis Rem Publicam Commentarii, Vol. I—II, ed. W. Kroll. BiTeu Leipzig 1899ff.

Procli Diadochi in Platonis Timaeum Commentaria, Vol. I—III, ed. E. Diehl. BiTeu Leipzig 1903 ff.

The Pythagorean Texts of the Hellenistic Period, ed. H. Thesleff. AAAbo.H 30 nr. 1, Abo 1965.

M. Fabi Quintiliani Institutionis Oratoriae Libri Vol. I—II, ed. L. Radermacher — V. Buchheit. 4. Aufl. BiTeu Leipzig 1971.

Rhetores Graeci, Vol. IX, ed. Ch. Walz. Stuttgart — Tübingen 1836.

Rhetores Graeci, Vol. XIV, ed. H. Rabe. BiTeu Leipzig 1931.

L. Annaei Seneca Opera, Vol. III, Ad Lucilium Epistularum Moralium quae supersunt, ed. O. Hense. BiTeu Leipzig 1938.

L. Annaeus Seneca, Philosophische Schriften, Bd. 1, hrsg. M. Rosenbach. Darmstadt 1969.

Septuaginta, ed. A. Rahlfs. Stuttgart 1935.

Sexti Empirici Opera, Vol. I—III, ed. H. Mutschmann — J. Mau. BiTeu Leipzig 1912ff.

Sexti Empirici Opera, Vol. IV, Indices, col. K. Janacek. 2. Aufl. BiTeu Leipzig 1962.
Stoicorum Veterum Fragmenta, Vol. I—III, col. I. ab Arnim. Nachdruck der 1. Aufl.
    von 1903 ff Stuttgart 1968.
Stoicorum Veterum Fragmenta, Vol. IV quo indices continentur, conscr. M. Adler. Nach-
    druck der 1. Aufl. von 1924 Stuttgart 1968.
Ioannis Stobaei Anthologium, Vol. I—V, ed. C. Wachsmuth — O. Hense. Nachdruck der
    1. Aufl. von 1884 ff. Dublin — Zürich 1974.
Strabonis Geographica, Vol. I—III, ed. A. Meineke. BiTeu Leipzig 1903 ff.
C. Suetoni Tranquilli Opera, Vol. I De Vita Caesarum Libri, ed. M. Ihm. Nachdruck der
    1. Aufl. von 1908 BiTeu Stuttgart 1958.
P. Cornelii Taciti Libri, Vol. I Ab Excessu Divi Augusti, ed. E. Koestermann. 3. Aufl. BiTeu
    Berlin 1971.
Tatiani Oratio ad Graecos, ed. E. Schwartz. TU 4,1 Leipzig 1888.
Tertullian, Apologeticum, Verteidigung des Christentums, hrsg. von C. Becker, 2. Aufl.
    München 1961.
Tertullian, Adversus Marcionem, Vol. I—II, ed. E. Evans. OECT Oxford 1972.
Quinti Septimi Florentis Tertulliani De Anima, ed. J. H. Waszink. Amsterdam 1947.
Quinti Septimi Florentis Tertulliani Opera, Pars I. CChr 1 Turnhout 1954.
Quinti Septimi Florentis Tertulliani Opera, Pars II. CChr 2 Turnhout 1954.
Novum Testamentum Graece, post E. Nestle et E. Nestle communiter ed. K. Aland,
    M. Black, C. M. Martini, B. M. Metzger, A. Wikgren. 26. Aufl. Stuttgart 1979.
Concordantiae omnium Vocum Novi Testamenti Graeci, comp. C. H. Bruder. 3. Aufl.
    Leipzig 1867.
Theodoreti Graecarum affectionum curatio, ed. J. Raeder. Nachdruck der 1. Aufl. von
    1904 BiTeu Stuttgart 1969.
Theognis, ed. D. Young 2. Aufl. BiTeu Leipzig 1971.
Theophilus of Antioch, Ad Autolycum, ed. R. Grant. OECT Oxford 1970.
Die Fragmente der Vorsokratiker, hrsg. von H. Diels — W. Kranz. Nachdruck der 6. Aufl.
    1951 f. Dublin — Zürich 1971.
R. Heinze, Xenokrates. Darstellung der Lehre und Sammlung der Fragmente. Nachdruck
    der Ausgabe Leipzig 1892, Hildesheim 1965.
Xenophontis Institutio Cyri, ed. A. Hug. BiTeu Leipzig 1905.
Xenophontis qui inscribitur Libellus Ἀθηναίων Πολιτεία, ed. E. Kalinka. Nachdruck der
    1. Aufl. von 1914 BiTeu Stuttgart 1967.

2. Hilfsmittel

L'Année Philologique. Bibliographie critique et analytique de l'antiquité gréco-latine
    (fondée par J. Marouzeau). Tom. 31 (Bibliographie de l'année 1960) Paris 1962 —
    Tom. 49 (Bibliographie de l'année 1978) Paris 1980.
Bauer, W., WbNT = Bauer, W., Griechisch-deutsches Wörterbuch zu den Schriften des
    Neuen Testaments und der übrigen urchristlichen Literatur. 5. Aufl. Berlin 1963.
Blass, F. — Debrunner, A., Grammatik des neutestamentlichen Griechisch. 12. Aufl. mit
    einem Ergänzungsheft von D. Tabachowitz. Göttingen 1965.
Georges, K. E., Ausführliches Lateinisch — deutsches Handwörterbuch, Bd. 1—2. Nach-
    druck der 8. Aufl. von H. Georges 1913 Hannover 1969.
Kühner, R. — Gerth, B., Ausführliche Grammatik der griechischen Sprache, Teil 2 Bd.
    1—2. Nachdruck der 3. Aufl. von 1898 Darmstadt 1966.
Lampe = Lampe, G. W. H., A Patristic Greek Lexicon. Oxford 1961.
LSJ = Lidell, H. G. — Scott, R., A Greek — English Lexicon, rev. by H. S. Jones, with a
    Supplement. Oxford 1968.

3. Sekundärliteratur

Aalders, G. J. D., Political Thought in the Platonic Epistels; in: Pseudepigrapha I Fondation Hardt Entretiens XVIII 1971 Genève 1972 S. 145—187.

Adam, J., The Republic of Plato, Vol. I—II. Cambridge 1920f.

Aland, B., Marcion, Versuch einer neuen Interpretation. ZThK 70 1973 S. 420—447.

Aleith, E., Das Paulusverständnis in der Alten Kirche. BZNW 18 Berlin 1937.

Alt, K., Die Überredung der Ananke zur Erklärung der sichtbaren Welt in Platons Timaios. Hermes 106 1978 S. 426—466.

Andresen, C., Justin und der mittlere Platonismus. ZNW 44 1952/53 S. 157—195.

Andresen, C., Logos und Nomos. Die Polemik des Kelsos wider das Christentum. AKG 30 Berlin 1955.

Arnou, R., Art. Platonisme des Pères, DThC Bd. 12 Sp. 2258—2392.

Baltes, M., Numenios von Apamea und der platonische Timaios. VigChr 29 1975 S. 241—270.

Benz, E., Der gekreuzigte Gerechte bei Plato, im Neuen Testament und in der alten Kirche. AAWLM. G 12 1950 Wiesbaden 1950 S. 1031—1074.

Benz, E., Christus und Sokrates in der alten Kirche. ZNW 43 1950/51 S. 195—224.

Beutler, R., Art. Numenios 9), RECA Supplbd. 7 Sp. 664—678.

Bianchi, U., Marcion: théologien biblique ou docteur gnostique? VigChr 21 1967 S. 141—149.

Bidez, J. — Cumont, F., Les mages hellénisés. Zoroastre, Ostanes et Hystaspe d'après la tradition grecque, Vol. 1—2. Paris 1938.

Bietenhard, H., Art. Deuterosis, RAC Bd. 3 Sp. 842—849.

Bigg, Ch., The Christian Platonists of Alexandria. Nachdruck der Ausgabe von 1913, Oxford 1968.

Bornkamm, G., Die Häresie des Kolosserbriefes; in: ders., Das Ende des Gesetzes. Paulusstudien. BEvTh 16 München 1952 S. 139—156.

Bornkamm, G., Art. μυστήριον, ThWNT Bd. 4 S. 809—834.

Bousset, W., Jüdisch—christlicher Schulbetrieb in Alexandria und Rom. FRLANT N.F. 6 Göttingen 1915.

Bousset, W., — Gressmann, H., Die Religion des Judentums im späthellenistischen Zeitalter. HNT 21 3. Auflage Tübingen 1926.

Bousset, W., Hauptprobleme der Gnosis. FRLANT 10 Nachdruck der Ausgabe von 1907 Göttingen 1973.

Bousset, W., Art. Kore Kosmu, RECA Hlbd. 22 Sp. 1386—1391.

Boyancé, P., Le culte des Muses chez les philosophes grecs. Étude d'histoire et de psychologie religieuses. BEFAR 141 Nachdruck der Ausgabe 1936 Paris 1972.

Boyancé, P., Études philoniennes. REG 76 1963 S. 64—109.

Broudéhoux, J. P., Mariage et famille chez Clément d'Alexandrie. ThH 11 Paris 1970.

Bultmann, R., Zur Geschichte der Lichtsymbolik im Altertum. Ph. 97 1948 S. 1—36.

Bultmann, R., Das Evangelium des Johannes. KEK 2. Abt. 12. Aufl. mit einem Ergänzungsheft Göttingen 1952.

Bultmann, R., Die Geschichte der synoptischen Tradition. FRLANT N.F. 12. 6. Aufl. mit einem Ergänzungsheft Göttingen 1964.

Bultmann, R., Der zweite Brief an die Korinther, hrsg. von E. Dinkler. KEK Göttingen 1976.

Buri, F., Clemens Alexandrinus und der paulinische Freiheitsbegriff. Zürich — Leipzig 1939.

Burkert, W., Weisheit und Wissenschaft. Studien zu Pythagoras, Philolaos und Platon. Erlangener Beiträge zur Sprach- und Kunstwissenschaft X Nürnberg 1962.

Burkert, W., Cicero als Platoniker und Skeptiker. Gym. 72 1965 S. 175—200.

Burkert, W., Orpheus und die Vorsokratiker. Bemerkungen zum Derveni – Papyrus und zur pythagoreischen Zahlenlehre. AuA 14 1968 S. 93–114.

Burnet, J., Plato's Phaedo. Nachdruck der Ausgabe von 1911 Oxford 1977.

Burnet, J., Plato, Euthyphro, Apology of Socrates and Crito. Nachdruck der Ausgabe von 1924 Oxford 1977.

Butterworth, G. W., The Deification of man in Clement of Alexandria. JThS 17 1916 S. 157–169.

Butterworth, G. W., Clement of Alexandria's Protrepticus and the Phaedrus of Plato. CQ 10 1916 S. 198–205.

Camelot, P. Th., Les idées de Clément d'Alexandrie sur l'utilisation des sciences et de la littérature profane. RSR 21 1931 S. 38–66.

Camelot, P. Th., Clément d'Alexandrie et l'utilisation de la philosophie grecque. RSR 21 1931 S. 541–569.

Camelot, P. Th., Foi et gnose. Introduction à l'étude de la connaissance mystique chez Clément d'Alexandrie. Études de théologie et d'histoire de la spiritualité 3, Paris 1945.

Campenhausen, H. Frhr. von, Kirchliches Amt und geistliche Vollmacht in den ersten drei Jahrhunderten. BHTh 14, Tübingen 1953.

Campenhausen, H. Frhr. von, Die Idee des Martyriums in der alten Kirche. 2. Aufl. Göttingen 1964.

Campenhausen, H. Frhr. von, Die Entstehung der christlichen Bibel. BHTh 39 Tübingen 1968.

Camp, J. van – Canart, P., Le sens du mot ΘΕΙΟΣ chez Platon. Université de Louvain, Recueil de travaux d'histoire et de philologie Ser. 4 Fasc. 9 Louvain 1956.

Casey, R. P., Clement of Alexandria and the Beginnings of Christian Platonism. HThR 18 1925 S. 39–101.

Chadwick, H., Art. Florilegium, RAC Bd. 7 Sp. 1131–1160.

Chadwick, H., Early Christian Thought and the Classical Tradition. Oxford 1966.

Chadwick, H., Philo and the Beginnings of Christian Thought; in: A. H. Armstrong, The Cambridge History of Later Greek and Early Medieval Philosophy. Cambridge 1970 S. 133–192.

Clark, F. L., Citations of Plato in Clement of Alexandria. TPAPA 33 1902 S. XII–XX.

Conzelmann, H., Der erste Brief an die Korinther. KEK V, 11, 1. Aufl. Göttingen 1969.

Cornford, F. M., Plato's Theory of Knowledge. The Theaetus and the Sophist of Plato translated with a running Commentary. London 1935.

Cornford, F. M., Plato's Cosmology. The Timaeus of Plato translated with a running Commentary. London 1937.

Courcelle, P., Art. Flügel (Flug) der Seele I, RAC Bd. 8 Sp. 29–65.

Courcelle, P., La colle et le clou de l'âme dans la tradition néo-platonicienne et chrétienne. RBelge 36 1958 S' 72–95.

Courcelle, P., La plaine de vérité. MH 26 1969 S. 199–203.

Daniélou, J., Message évangélique et culture hellénistique. BT. HD 2 Tournai 1961.

Daniélou, J., Typologie et allégorie chez Clément d'Alexandrie. StPatr IV = TU 79 1961 S. 50–57.

Daniélou, J., La tradition selon Clément d'Alexandrie. Aug 12 1972 S. 5–18.

Dihle, A., Art. Demut, RAC Bd. 3 Sp. 735–778.

Dihle, A., Art. Gerechtigkeit, RAC Bd. 10 Sp. 234–258.

Dillon, J., The Middle Platonists, 80 B.C. to A.D. 220. New York 1977.

Dodds, E. R., Plato Gorgias. A Revised Text with Introduction and Commentary. Oxford 1959.

Dodds, E. R., Numenius and Ammonius; in: Les sources de Plotin. Fondation Hardt Entretiens V 1957 Genève 1960 S. 1–61.

Dölger, F. J., Zur Symbolik des altchristlichen Taufhauses. AuC 4 1934 S. 153–187.

Dölger, F. J., Sacramentum infanticidii. AuC 4 1934 S. 188—228.

Dörrie, H., Art. Albinos, RECA Suplbd. 12 Sp. 14—22.

Dörrie, H., Platons Reisen zu fremden Völkern; in: Romanitas et Christianitas, Festschrift J. H. Waszink. Amsterdam 1973 S. 99—118.

Dörrie, H., Von Platon zum Platonismus. Ein Bruch in der Überlieferung und seine Überwindung. Rheinisch—Westfälische Akademie der Wissenschaften. Geisteswissenschaften. Vorträge G 211 Opladen 1976.

Dörrie, H., Der Begriff «Pronoia» in Stoa und Platonismus. FZPhTh 24 1977 S. 60—87.

Dörrie, H., Platonica Minora. Studia et Testimonia Antiqua VIII München 1976. Daraus:
Emanation. Ein unphilosophisches Wort im spätantiken Denken, S. 70—88.
Der Platonismus in der Kultur- und Geistesgeschichte der frühen Kaiserzeit, S. 166—210.
Die Frage nach dem Transzendenten im Mittelplatonismus, S. 211—228.
Die platonische Theologie des Kelsos in ihrer Auseinandersetzung mit der christlichen Theologie, auf Grund von Origines, c. Celsum 7,42 ff. S. 229—262.
Der Platoniker Eudoros von Alexandreia, S. 297—309.
Kalbenos Tauros. Das Persönlichkeitsbild eines platonischen Philosophen um die Mitte des 2. Jahrh. n. Chr., S. 310—323.
Der König. Ein platonisches Schlüsselwort, von Plotin mit neuem Sinn erfüllt, S. 390—405.
Die Schultradition im Mittelplatonismus und Porphyrios, S. 406—419.

England, E. B., The Laws of Plato, Vol. I—II. Publications of the University of Manchester, Classical Series 3. Nachdruck der Ausgabe von 1921 New York 1976.

Erasmus, Opus Epistolarum Des. Erasmi Roterodami, rec. P. S. Allen — H. M. Allen, Tom. V Oxford 1924.

Faye, E. de, Clément d'Alexandrie. Étude sur les rapports du christianisme et de la philosophie grecque au IIᵉ siècle. BEHE. R 12 2. Aufl. Paris 1906.

Festugière, A. J., La Révélation d'Hermès Trismégiste. Étude Biblique. Paris 1949ff:
Bd. 1: L'astrologie et les sciences occultes, 2. Aufl. Paris 1954.
Bd. 2: Le Dieu cosmique, Paris 1949.
Bd. 3: Les doctrines de l'âme, Paris 1953.
Bd. 4: Le Dieu inconnu et la gnose, 2. Aufl. Paris 1954.

Flashar, H., Der Dialog Ion als Zeugnis platonischer Philosophie. SSA 14 Berlin 1958.

Floyd, W. E. G., Clement of Alexandria's Treatment of the Problem of Evil. OTM Oxford 1971.

Fortin, E. L., Clement of Alexandria and the Esoteric Tradition. StPatr IX,3 = TU 94 1966 S. 41—56.

Friedländer, P., Platon Bd. 1—3. 3. Aufl. Berlin 1964ff.

Fritz, K. von, Philosophie und sprachlicher Ausdruck bei Demokrit, Plato und Aristoteles. Nachdruck der Ausgabe von 1938 Darmstadt 1963.

Fritz, K. von, Die philosophische Stelle im siebten platonischen Brief und die Frage der «esoterischen» Philosophie Platons. Phron. 11 1966 S. 117—153.

Früchtel, L., Clemens Alexandrinus und Albinus. Philologische Wochenschrift 57 1937 Sp. 591—592.

Früchtel, L., Rez. R. E. Witt, Albinus. Philologische Wochenschrift 58 1938 Sp. 996—1003.

Früchtel, L., Art. Clemens Alexandrinus, RAC Bd. 2 Sp. 182—188.

Fuchs, H., Augustin und der antike Friedensgedanke. Untersuchungen zum 19. Buch der Civitas Dei. 2. Aufl. Berlin — Zürich 1965.

Gadamer, H. G., Dialektik und Sophistik im siebenten platonischen Brief; in: ders., Platos dialektische Ethik und andere Studien zur platonischen Philosophie, Hamburg 1968 S. 221—247.

Gadamer, H. G., Über das Göttliche im frühen Denken der Griechen; in: Das Altertum und jedes neue Gute, Festschrift W. Schadewaldt. Stuttgart 1970 S. 397−414.

Gadamer, H. G., Die Unsterblichkeitsbeweise in Platons «Phaidon»; in: Wirklichkeit und Reflexion, Festschrift W. Schulz. Pfullingen 1973 S. 145−161.

Gadamer, H. G., Idee und Wirklichkeit in Platons Timaios. SHAW. PH 1974 2. Abh. Heidelberg 1974.

Gadamer, H. G., Die Idee des Guten zwischen Plato und Aristoteles. SHAW. PH 1978 3. Abh. Heidelberg 1978.

Gaiser, K., Name und Sache in Platons «Kratylos». AHAW. PH 1974 3. Abh. Heidelberg 1974.

Geffcken, J., Zwei griechische Apologeten. Nachdruck der Ausgabe Leipzig − Berlin 1907 Hildesheim − New York 1970.

Geffcken, J., Der Ausgang des griechisch−römischen Heidentums. Religionswissenschaftliche Bibliothek 6. Heidelberg 1920.

Gigante, M., Νόμος Βασιλεύς. Napoli 1956.

Gigon, O., Art. Corpus Hermeticum, LAW Sp. 669f.

Gigon, O., Art. Diogenes Laertios, LAW Sp. 742.

Gigon, O., Das Prooemium des Diogenes Laertios: Struktur und Probleme; in: Horizonte der Humanitas, Festschrift W. Wili. Bern − Stuttgart 1960 S. 37−64.

Gigon, O., Rez. H. Hagendahl, Latin Fathers and the Classics; in: ders., Studien zur antiken Philosophie. Berlin − New York 1972. S. 391−411.

Gigon, O., Das Einleitungsgespräch der Gesetze Platons; in: ders., Studien zur antiken Philosophie. Berlin − New York 1972 S. 155−187.

Gigon, O., Gegenwärtigkeit und Utopie. BAW. FD Zürich − München 1976.

Görgemanns, H., Beiträge zur Interpretation von Platons Nomoi. Zet. 25 München 1960.

Goodenough, E. R., The Political Philosophy of Hellenistic Kingship. YCS 1 1928 S. 55−102.

Grande, C. del, Brevi note al testo del primo Stromate di Clemente Alessandrino. RIGI 18 1934 S. 26−32.

Gundert, H., Die Simonides−Interpretation in Platons Protagoras; in: Hermeneia, Festschrift O. Regenbogen Heidelberg 1952 S. 71−93.

Gundert, H., Dialog und Dialektik. Zur Struktur des platonischen Dialogs. Studien zur antiken Philosophie 1 Amsterdam 1971.

Gundert, H., Zum philosophischen Exkurs im 7. Brief; in: Idee und Zahl, Studien zur platonischen Philosophie, vorgelegt von H. G. Gadamer und W. Schadewaldt. AHAW. PH 1968. 2. Abh. Heidelberg 1968 S. 85−105.

Hackforth, R., Plato's Phaedo. Nachdruck der Ausgabe von 1955 Cambridge 1972.

Hager, F. P., Die Materie und das Böse im antiken Platonismus. MH 19 1962 S. 73−103.

Harnack, A. von, Der «Eros» in der alten christlichen Literatur. SPAW 1918 Berlin 1918 S. 81−94.

Harnack, A. von, The Sects of the Nicolaitans and Nicolaus. JR 3 1923 S. 413−422.

Harnack, A. von, Die Mission und Ausbreitung des Christentums in den ersten drei Jahrhunderten, Bd. 1−2. 4. Aufl. Leipzig 1924.

Harnack, A. von, Geschichte der altchristlichen Literatur bis Eusebius, Bd. I,1 − II,2. 2. erw. Aufl. mit einem Vorwort von K. Aland. Leipzig 1958.

Harnack, A. von, Marcion. Das Evangelium vom fremden Gott, und Neue Studien zu Marcion. Darmstadt 1960.

Harnack, A. von, Lehrbuch der Dogmengeschichte. Bd. 1. Nachdruck der 4. Aufl. von 1909 Darmstadt 1964.

Hauck, F., Art. πένης, ThWNT Bd. 6 S. 37−40.

Hauck, F. − Bammel, E., Art. πτωχός, ThWNT Bd. 6 S. 885−915.

Heinemann, I., Art. Moses, RECA Hlbd. 31 Sp. 359−375.

Helmbold, W. C. — O'Neil, E. N., Plutarch's Quotations. Philological Monographs 19 Oxford 1959.

Hennecke, E. — Schneemelcher, W., Neutestamentliche Apokryphen in deutscher Übersetzung, Bd. 1 Evangelien. 4. Aufl. Tübingen 1968.

Hering, J., Étude sur la doctrine de la chute et de la préexistence des âmes chez Clément d'Alexandrie. BEHE. R 38 Paris 1923.

Hermaniuk, P. M., La parabole chez Clément d'Alexandrie. EThL 21 1945 S. 5—60.

Heussi, C., Die Stromateis des Clemens Alexandrinus und ihr Verhältnis zum Protreptikos und Pädagogos. ZWTh 45 1902 S. 465—512.

Hitzig, H. F., Art. Concussio, RECA Hlbd. 7 Sp. 840.

Hommel, H., Die Satorformel und ihr Ursprung. (Der gekreuzigte Gerechte). ThViat 4 1952 S. 108—180 (S. 124—133).

Hoyer, R., De Antiocho Ascalonita. Bonn 1883.

Ivánka, E. von, Plato Christianus, Übernahme und Umgestaltung des Platonismus durch die Väter. Einsiedeln 1964.

Jackson, B. D., The Prayers of Socrates. Phron. 16 1971 S. 14—37.

Jaeger, W., Paideia. Die Formung des griechischen Menschen, Bd. 1—3. 4. Aufl. Berlin 1959 ff.

Jaeger, W., Das frühe Christentum und die griechische Bildung, übers. von W. Eltester. Berlin 1963.

Jaeger, W., Praise of Law. The Origin of Legal Philosophy and the Greeks; in: ders., Scripta Minora II S. 319—351.

Jones, R., The Ideas as the Thoughts of God. CP 21 1926 S. 317—326.

Kakridis, J. Th., The Part of Cephalus in Plato's Republic. Er 46 1948 S. 35—41.

Kallis, A., Art. Geister C II, RAC Bd. 9 Sp. 699—715.

Kambylis, A., Die Dichterweihe und ihre Symbolik. Untersuchungen zu Hesiodos, Kallimachos, Properz und Ennius. BKAW Neue Folge 2. Reihe Heidelberg 1965.

Karpp, H., Probleme altchristlicher Anthropologie. Biblische Anthropologie und philosophische Psychologie bei den Kirchenvätern des dritten Jahrhunderts. BFChTh 44,3 Gütersloh 1950.

Karpp, H., Die Bußlehre des Klemens von Alexandrien. ZNW 43 1950/51 S. 224—242.

Kees, H., Art. Sechnuphis, RECA Reihe 2 Hlbd. 3 Sp. 976.

Kerschensteiner, J., Platon und der Orient. Stuttgart 1945.

Kleinknecht, H., Art. νόμος A), ThWNT Bd. 4 S. 1016—1029.

Kleinknecht, H., Art. πνεῦμα A), ThWNT Bd. 6 S. 330—357.

Krämer, H. J., Der Ursprung der Geistmetaphysik. Untersuchungen zur Geschichte des Platonismus zwischen Platon und Plotin. Amsterdam 1964.

Krämer, H. J., Arete bei Platon und Aristoteles. Zum Wesen und zur Geschichte der platonischen Ontologie. AHAW. PH 1959 6. Abh. Heidelberg 1959.

Kraft, H., Gab es einen Gnostiker Karpokrates? ThZ 8 1952 S. 434—443.

Kraus, W., Art. Prometheus, RECA Hlbd. 45 Sp. 653—702.

Kroll, W., Art. Inachos 1), RECA Hlbd. 18 Sp. 1218—1219.

Kümmel, W. G., Römer 7 und die Bekehrung des Paulus. UNT 17, Leipzig 1929.

Lazzati, G., Rez.: C. del Grande, Brevi note al testo del primo Stromate di Clemente Alessandrino. Aevum 9 1935 S. 565—569.

Lazzati, G., Introduzione allo studio di Clemente Alessandrino. PUCSC ser. 4 vol. 32 Milano 1939.

Lebreton, J., La théologie de la Trinité chez Clément d'Alexandrie. RSR 34 1947 S. 55—179.

Lesky, A., Geschichte der griechischen Literatur. 3. Aufl. Bern — München 1971.

Liboron, H., Die karpokratianische Gnosis. Untersuchungen zur Geschichte und Anschauungswelt eines spätgnostischen Systems. Leipzig 1938.

Lilla, S. R. C., Clement of Alexandria. A study in Christian Platonism and Gnosticism. OTM Oxford 1971.

Lohse, E., Die Briefe an die Kolosser und an Philemon. KEK IX, 2 2. Aufl. Göttingen 1977.

Lohse, E., Art. Σιών κτλ., ThWNT Bd. 7 S. 318—338.

Luck, G., Der Akademiker Antiochos. Noctes Romanae 7 Bern — Stuttgart 1953.

Manasse, E. M., Platons Sophistes und Politikos. Das Problem der Wahrheit. Berlin 1937.

Marrou, H. I., Humanisme et christianisme chez Clément d'Alexandrie d'après le «Pédagogue»; in: Recherches sur la tradition platonicienne. Fondation Hardt Entretiens III 1955 Genève 1957 S. 183—200.

Mayer, A., Das Gottesbild im Menschen nach Clemens von Alexandrien. StAns 15 Roma 1942.

Méhat, A., «Apocatastase», Origène, Clément d'Alexandrie, Act. 3,21. VigChr 10 1956 S. 196—214.

Méhat, A., Étude sur les «Stromates» de Clément d'Alexandrie. PatSor 7 Paris 1966.

Méhat, A., Clément d'Alexandrie et les sens de l'Ecriture; in: Epektasis, Mélanges J. Daniélou, Paris 1972 S. 355—365.

Méhat, A., ΑΠΟΚΑΤΑΣΤΑΣΙΣ chez Basilide; in: Mélanges d'histoire des religions H. Ch. Puech, Paris 1974 S. 365—373.

Méhat, A., Le «lieu supracéleste» de Saint Justin à Origène; in: Forma Futuri, Festschrift M. Pellegrino, Torino 1975 S. 282—294.

Meifort, J., Der Platonismus bei Clemens Alexandrinus. Heidelberger Abhandlungen zur Philosophie und ihrer Geschichte 17 Tübingen 1928.

Merki, H., ΟΜΟΙΩΣΙΣ ΘΕΩ. Von der platonischen Angleichung an Gott zur Gottähnlichkeit bei Gregor von Nyssa. Par. 7, Freiburg, CH. 1952.

Merlan, Ph., Greek Philosophy from Plato to Plotinus; in: A. H. Armstrong, The Cambridge History of Later Greek and Early Medieval Philosophy. Cambridge 1970 S. 11—132.

Moingt, J., La gnose de Clément d'Alexandrie dans ses rapports avec la foi et la philosophie. RSR 37 1950 S. 195—251. 398—421. 537—564. RSR 38 1951 S. 82—118.

Molland, E., Clement of Alexandria on the Origin of Greek Philosophy; in: ders., Opuscula Patristica S. 117—140.

Mondésert, C., Le symbolisme chez Clément d'Alexandrie. RSR 26 1936 S. 158—180.

Mortley, R., Ἀναλογία chez Clément d'Alexandrie. REG 84 1971 S. 80—93.

Mortley, R., Connaissance religieuse et herméneutique chez Clément d'Alexandrie. Leiden 1973.

Mortley, R., The Mirror and I Cor 13,12 in the Epistemology of Clement of Alexandria. VigChr 30 1976 S. 109—120.

Müller, G., Studien zu den Platonischen Nomoi. Zet. 3,2. Aufl. München 1968.

Munck, J., Untersuchungen über Klemens von Alexandria. FKGG 2. Stuttgart 1933.

Nat, P. G. van der, Art. Geister C III, RAC Bd. 9 Sp. 715—761.

Nautin, P., Notes sur le Stromate I de Clément d'Alexandrie. RHE 47 1952 S. 618—631.

Nautin, P., Notes critiques sur le Stromate II de Clément d'Alexandrie. RHE 49 1954 S. 835—841.

Nautin, P., Les fragments de Basilide sur la souffrance et leur interprétation par Clément d'Alexandrie et Origène; Mélanges d'histoire des religions H. Ch. Puech. Paris 1974 S. 393—403.

Nautin, P., La fin des Stromates et les Hypotyposes de Clément d'Alexandrie. VigChr 30 1976 S. 268—302.

Nock, A. D., The exegesis of Timaeus 28 C. VigChr 16 1962 S. 79—86.

Norden, E., Die antike Kunstprosa vom VI. Jahrhundert v. Chr. bis in die Zeit der Renaissance. Bd. 1—2. 5. Aufl. Darmstadt 1958.

Orbe, A., Los hombres y el creador segun una homilia de Valentin. Gr. 55 1974 S. 5—48.
339—368.

Osborn, E. F., The Philosophy of Clement of Alexandria. TaS NS 3 Cambridge 1957.

Osborn, E. F., Teaching and Writing in the First Chapter of the Stromateis of Clement of
Alexandria. JThS NS 10 1959 S. 335—343.

Outler, A. C., The «Platonism» of Clement of Alexandria. JR 20 1940 S. 217—240.

Paulsen, H., Erwägungen zu Acta Apollonii 14—22, ZNW 66 1975 S. 117—126.

Patrick, J., Clement of Alexandria. Edinburgh — London 1914.

Pépin, J., La vraie dialectique selon Clément d'Alexandrie; in: Epektasis, Mélanges J.
Daniélou Paris 1972 S. 375—383.

Peretti, A., Teognide nella tradizione gnomologica. SCO 4 Pisa 1953.

Philippson, R., Art. M. Tullius Cicero. Die philosophischen Schriften, RECA Reihe 2 Hlbd.
13 Sp. 1104—1192.

Places, É. des, La tradition indirecte de l'Epinomis; in: Mélanges A. — M. Desrousseaux
Paris 1937 S. 349—355.

Places, É. des, La tradition indirecte des Lois de Platon (Livres I—VI), in: Mélanges J. Saunier Lyon 1944 S. 27—40.

Places, É. des, La tradition indirecte des Lois de Platon (Livres VII—XII). StPatrV = TU 80
1962 S. 473—479.

Places, É. des, Un thème platonicien dans la tradition patristique: le juste crucifié. StPatr
IX,3 = TU 94 1966 S. 30—40.

Places, É. des, La matière dans le platonisme moyen, surtout chez Numénius et dans les
oracles chaldaïques; in: Zetesis, Festschrift E. de Strycker Antwerpen — Utrecht 1973
S. 215—223.

Pohlenz, M., Die Stoa, Geschichte einer geistigen Bewegung, Bd. 1—2. 3. Aufl. Göttingen
1964.

Pohlenz, M., Klemens von Alexandreia und sein hellenisches Christentum. NAWG 1943,
S. 103—180.

Praechter, K., Die Philosophie des Altertums; in: F. Ueberwegs Grundriss der Geschichte
der Philosophie. Berlin 1926.

Praechter, K., Zu Clem. Alex. strom. II 23. Philologische Wochenschrift 31 1911 Sp.
30ff.

Praechter, K., Skeptisches bei Lukian. Ph. 51 1892 S. 284—293.

Prümm, K., Glaube und Erkenntnis im zweiten Buch der Stromata des Klemens von Alexandrien. Schol. 12 1937 S. 17—57.

Puech, H. Ch., Numénius d'Apamée et les théologies orientales au second siècle; in: Mélanges J. Bidez Brüssel 1934 S. 745—778.

Quacquarelli, A., I luoghi comuni contro la retorica in Clemente Alessandrino. RSFil 4
1956 S. 456—476.

Recheis, A., Das Fragment «De paenitentia»: Ein Teil der klementinischen Schrift «Quis
dives salvetur». Tr. 9 1953. S. 419—420.

Recheis, A., Engel Tod und Seelenreise. Das Wirken der Geister beim Heimgang des Menschen in der Lehre der alexandrinischen und kappadokischen Väter. TeT 4 Roma 1958.

Reinhardt, K., Kosmos und Sympathie. Neue Untersuchungen über Poseidonios. München
1926.

Reinhardt, K., Parmenides und die Geschichte der griechischen Philosophie, 3. Aufl.
Frankfurt 1977.

Reinhardt, K., Art. Poseidonios von Apameia, RECA Hlbd. 43 Sp. 558—826.

Reverdin, O., La religion de la cité platonicienne. Ecole française d'Athènes. Travaux et
mémoires 6, Paris 1945.

Richardson, W., The Philonic Patriarchs as Νόμος ῎Εμψυχος. StPatr I = TU 63 1957
S. 515—525.

Roux, J. et G., A propos de Platon. Réflexion en marge du Phédon 62 b et du Banquet. RPh 3. Ser. 35 1961 S. 207—210.

Rudolph, K., Stand und Aufgaben in der Erforschung des Gnostizismus; in: Gnosis und Gnostizismus, WdF 262 Darmstadt 1975 S. 510—553.

Rüther, Th., Die sittliche Forderung der Apathie in den beiden ersten christlichen Jahrhunderten und bei Klemens von Alexandrien. Ein Beitrag zur Geschichte des christlichen Vollkommenheitsbegriffes. FThSt 63, Freiburg 1949.

Ruwet, J., Les «Agrapha» dans les œuvres de Clément d'Alexandrie. Bib. 30 1949 S. 133—160.

Sagnard, F. M. M., La gnose valentinienne et le témoignage de Saint Irénée. EPhM 36 Paris 1947.

Schadewaldt, W., Der Gott von Delphi und die Humanitätsidee. Bibliothek Suhrkamp Frankfurt 1975.

Schmidt, J., Art. Phoroneus, RECA Hlbd. 39 Sp. 645—646.

Schmöle, K., Läuterung nach dem Tode und pneumatische Auferstehung bei Klemens von Alexandrien. MBTh 38 Münster 1974.

Schwartz, E., Art. Akusilaos 3), RECA Bd. 1 Sp. 1222—1223.

Schwartz, E., Art. Diogenes Laertios 40), RECA Hlbd. 9 Sp. 738—763.

Schwyzer, H.—R., Rez.: Clemens Alexandrinus. 2³: Stromata 1—6, edd. Stählin/Früchtel. Gn. 37 1965 S. 484—490.

Skemp, J. B., Plato's Statesman. A Translation of the Politicus of Plato with Introductory Essays and Footnotes. London 1952.

Solmsen, F., Plato's Theology. Cornell Studies in Classical Philology 27 New York 1942.

Solmsen, F., Providence and the Souls: a Platonic Chapter in Clement of Alexandria. MH 26 1969 S. 229—251.

Solmsen, F., Early Christian Interest in the Theory of Demonstration; in: Romanitas et Christianitas, Festschrift J. H. Waszink Amsterdam 1973 S. 281—291.

Stemplinger, E., Das Plagiat in der griechischen Literatur. Leipzig — Berlin 1912.

Steneker, H., Πειθοῦς Δημιουργία. Observations sur la fonction de style dans le Protreptique de Clément d'Alexandrie. GCP 3, Nijmegen 1967.

Stenzel, J., Art. Sotion 1), RECA Reihe 2 Hlbd. 5 Sp. 1235—1237.

Stenzel, J., Zahl und Gestalt bei Platon und Aristoteles. 3. Aufl. Darmstadt 1959.

Stoessl, F., Art. Phoronis 2) RECA Hlbd. 39 Sp. 646—650.

Strauss, L., The Argument and the Action of Plato's Laws. Chicago — London 1975.

Tarán, L., Academica: Plato, Philip of Opus and the Pseudo—Platonic Epinomis. Memoirs of the American Philosophical Society 107 Philadelphia 1975.

Taylor, A. E., A Commentary on Plato's Timaeus. Oxford 1928.

Telfer, W., Bees in Clement of Alexandria. JThS 28 1926/27 S. 167—178.

Thesleff, H., An Introduction to the Pythagorean Writings of the Hellenistic Period. AAAbo. H 24, 3 Abo 1961.

Theiler, W., Art. Demiurgos, RAC Bd. 3 Sp. 694—712.

Theiler, W., Die Vorbereitung des Neuplatonismus. 2. Aufl. Berlin — Zürich 1964.

Theiler, W., Philo von Alexandrien und der Beginn des kaiserzeitlichen Platonismus; in: Parusia, Festschrift J. Hirschberger. Frankfurt 1965 S. 199—218.

Theiler, W., Forschungen zum Neuplatonismus. Quellen und Studien zur Geschichte der Philosophie X. Berlin 1966; daraus:
Ammonios der Lehrer des Origenes, ebd. S. 1—45.
Gott und Seele im kaiserzeitlichen Denken, ebd. S. 104—123.
Die Sprache des Geistes in der Antike, ebd. S. 302—312.

Theiler, W., Die bewahrenden Kräfte im Gesetzesstaat Platos; in: ders., Untersuchungen zur antiken Literatur. Berlin 1970 S. 252—261.

Tollinton, R. B., Clement of Alexandria. A Study in Christian Liberalism. 2 Vols. London 1914.

Traub, H., Art. οὐρανός D), ThWNT Bd. 5 S. 512−543.

Unnik, W. C. van, Two Notes on Irenaeus. VigChr 30 1976 S. 201−213.

Valentin, P., Héraclite et Clément d'Alexandrie. RSR 46 1958 S. 27−59.

Vermander, J. M., De quelques répliques à Celse dans le Protreptique de Clément d'Alexandrie. REAug 23 1977 S. 2−17.

Völker, W., Der wahre Gnostiker nach Clemens Alexandrinus. TU 57, Berlin 1952.

Vogel, C. J. de, A la recherche des étapes précises entre Platon et le néoplatonisme. Mn. 4. Ser. 7 1954 S. 111−133.

Vries, G. J. de, Ad Clementis Alex. Protrept. VI 67, 1 Adnotatiuncula. Mn. 4. Ser. 11 1958 S. 253ff.

Waerden, B. L. van der, Die Pythagoreer. Religiöse Bruderschaft und Schule der Wissenschaft. BAW. FD Zürich − München 1979.

Walter, N., Der angebliche Chronograph Julius Cassianus. Ein Beitrag zu der Frage nach den Quellen des Clemens Alexandrinus; in: Studien zum Neuen Testament und zur Patristik. Festschrift E. Klostermann TU 77 Berlin 1961 S. 177−192.

Walter, N., Der Thoraausleger Aristobulos. Untersuchungen zu seinen Fragmenten und zu pseudepigraphischen Resten der jüdisch−hellenistischen Literatur. TU 86 Berlin 1964.

Walzer, R., Art. Galenos, RAC Bd. 8 Sp. 777−786.

Waszink, J. H., Bemerkungen zum Einfluß des Platonismus im frühen Christentum. VigChr 19 1965 S. 129−162.

Waszink, J. H., Some Observations on the Appreciation of «the Philosophy of the Barbarians» in Early Christian Literature; in: Mélanges Ch. Mohrmann Utrecht/Anvers 1963 S. 41−56.

Waszink, J. H., Porphyrios und Numenios; in: Porphyre, Fondation Hardt Entretiens XII 1965 Genève 1966 S. 33−84.

Waszink, J. H., Der Platonismus und die altchristliche Gedankenwelt; in: Recherches sur la tradition platonicienne, Fondation Hardt Entretiens III 1955 Genève 1957 S. 183−200.

Waszink, J. H., Biene und Honig als Symbol des Dichters und der Dichtung in der griechisch−römischen Antike. Rheinisch−westfälische Akademie der Wissenschaften. Geisteswissenschaften. Vorträge G 196 Opladen 1974.

Wecklein, N., Der Fackelwettlauf. Hermes 7 1873 S. 437−452.

Wendland, P., Philo und Clemens Alexandrinus. Hermes 31 1896 S. 435−456.

Wendland, P., Rez. E. de Faye, Clément d'Alexandrie. ThLZ 23 1898 Sp. 653f.

Whittaker, J., Neopythagoreanism and Negative Theology. SO 44 1969 S. 109−125.

Whittaker, J., ΕΠΕΚΕΙΝΑ ΝΟΤ ΚΑΙ ΟΤΣΙΑΣ. VigChr 23 1969 S. 91−104.

Wilamowitz-Möllendorf, U. von, Hesiodos Erga. Berlin 1928.

Wilamowitz-Möllendorf, U. von, Platon. Sein Leben und seine Werke. Nach der 3. Aufl. durchgesehen von B. Snell. Berlin − Frankfurt 1948.

Wilamowitz-Möllendorf, U. von, Platon. Beilagen und Textkritik. 3. Aufl. bearb. von R. Stark. Berlin 1962.

Wilamowitz-Möllendorf, U. von, Der Glaube der Hellenen, Bd. 1−2. 4. Aufl. Darmstadt 1973.

Winden, J. C. M. van, An Early Christian Philosopher. Justin Martyr's Dialogue with Trypho, Chapters One to Nine. PP1 Leiden 1971.

Witt, R. E., The Hellenism of Clement of Alexandria. CQ 25 1931 S. 195−204.

Witt, R. E., Albinus and the History of Middle Platonism. Cambridge Classical Studies. Nachdruck der Ausgabe 1937, Amsterdam 1971.

Wytzes, J., Paideia and Pronoia in the Works of Clemens Alexandrinus. VigChr 9 1955 S. 148−158.

Wytzes, J., The Twofold Way I. Platonic Influences in the Work of Clement of Alexandria. VigChr 11 1957 S. 226—245.

Wytzes, J., The Twofold Way II. Platonic Influences in the Work of Clement of Alexandria. VigChr 14 1960 S. 129—153.

Zahn, Th. Forschungen zur Geschichte des neutestamentlichen Kanons und der altkirchlichen Literatur, III. Theil: Supplementum Clementinum. Erlangen 1884.

Ziegler, K., Art. Orphische Dichtung, RECA Hlbd. 36 Sp. 1221—1417.

Ziegler, K., Art. Plagiat, RECA Hlbd. 40 Sp. 1956—1997.

Ziegler, K., Art. Plutarchos von Chaironeia, RECA Hlbd. 41 Sp. 636—962.

Zimmerli, W., Art. παῖς θεοῦ B), ThWNT Bd. 5 S. 672—676.

Die Abkürzungen entsprechen denen der TRE, einige zusätzliche wie LSJ und SVF sowie die Abkürzungen der platonischen Dialoge und der übrigen antiken Schriften verstehen sich von selbst.

REGISTER

626d	103
628c	158
630bc	158ff.174
630d-632d	103f.174
632d	73.104.120
633d-634c	192ff
636de	194
641e	73
644b-645c	137.166.182
646a	302
646e-647d	182

Nom II

653cd	137.208
654a	137
658e-659a	137
659ad	42.137.166
664c-d	137
665a	137
666a-c	232
671d	182
672cd	137
674a-c	232

Nom III

679bc	169
688ab	103
690bc	166
693bc	103
698b	182
699c	182

Nom IV

705a-e	103.169
707d	104
713a	127
714a-c	103.137
715e-718b	180ff
715e-716d	7.8.176.184ff
716a-d	107.311
719d	103
720e-721d	203f
727a	127

Nom V

728e-729a	169
730c-731a	145.156f
732d-734e	194
736c-737b	168ff
739a-e	199f
741a	174
742c-744a	169
742c-e	104
742e-743a	167f.171f
743c-744a	103
746c	174
747de	232

Nom VI

765d-766c	137.302
770b-771a	104
772d-785b	203
773e-774a	203
774a-c	204
776b	203
782d-783b	65.182.194

Nom VIII

836a-e	103
839c	182
844a-c	62ff.107

Nom IX

854e	65
857b-864c	170
859de	170
874d	65

Nom X

887a	182
895d-896a	269
896de	213.218.222.310
896e-897d	218f
903a-905c	19.238
905e	213
906a	310
909d-910e	282

Nom XI

917bc	313
918cd	169
919bc	169
926e	65
936d	48

Nom XII

955e-956b	282f
961c-968b	103ff

Epinom

973ab	116f
973c	259
984d-985c	80f
986cd	162.259
980c-981b	116
987d	139
991e-992d	259

Epist II

312de	7.27.217.270.306
313de	88
314a-c	27.30.33.270

Epist VI

323d	305

Epist VII

333e	123
341d-344b	33.37.65
341b-d	269.277f.291

PATRISTISCHE TEXTE UND STUDIEN

Groß-Oktav. Ganzleinen

Amphilochii Iconiensis Iambi ad seleucum

Ed. Eberhard Oberg

VIII, 105 Seiten. 1969. DM 33,– ISBN 3 11 002662 7 (Band 9)

The Hypostasis of the Archons

The Coptic Text with Translation and Commentary by Roger Aubrey Bullard
With a Contribution by Martin Krause

XII, 132 pages. 1970. DM 49,50 ISBN 3 11 006356 5 (Band 10)

Werner Strothmann

Johannes von Apamea

XIV, 210 Seiten und Beilage (VI, 220 Seiten): Johannes von Apamea – Sechs Gespräche
mit Thomasios. Der Briefwechsel zwischen Thomasios und Johannes und drei an Thomasios
gerichtete Abhandlungen. Syrischer Text. Herausgegeben von Werner Strothmann.
1972. DM 115,– ISBN 3 11 002457 8 (Band 11)

Wolfgang A. Bienert

„Allegoria" und „Anagoge" bei Didymos dem Blinden von Alexandria

XII, 188 Seiten. 1972. DM 58,– ISBN 3 11 003715 7 (Band 13)

Der Hiobkommentar des Arianers Julian

Erstmals herausgegeben von Dieter Hagedorn

XC, 409 Seiten. 1973. DM 109,– ISBN 3 11 004244 4 (Band 14)

Psalmenkommentare aus der Katenenüberlieferung

Herausgegeben von Ekkehard Mühlenberg

Band 1: XXXIV, 375 Seiten. 1975. DM 139,– ISBN 3 11 004182 0 (Band 15)
Band 2: XXXIV, 398 Seiten. 1977. DM 142,– ISBN 3 11 005717 4 (Band 16)
Band 3: Untersuchungen zu den Psalmenkatenen
X, 293 Seiten. 1978. DM 98,– ISBN 3 11 006959 8 (Band 19)

Preisänderungen vorbehalten

Walter de Gruyter Berlin · New York

PATRISTISCHE TEXTE UND STUDIEN
Groß-Oktav. Ganzleinen

Johannes von Damaskos · Die Schriften

Herausgegeben vom Byzantinischen Institut der Abtei Scheyern

Besorgt von Bonifatius Kotter

Band 1: Institutio elementaris. Capita philosophica (Dialectica)
Als Anhang: Die philosophischen Stücke aus Cod. Oxon. Bodl. Auc. T. I. 6
XVI, 198 Seiten. 1969. DM 48,− ISBN 3 11 002661 9 (Band 7)

Band 2: Expositio Fidei
(Mit drei Indices: Bibelstellen, Väter und Autoren, Analytischer Index)
LX, 291 Seiten. 1973. DM 128,− ISBN 3 11 004033 6 (Band 12)

Band 3: Contra imaginum calumniatores orationes tres
XVI, 229 Seiten. 1975. DM 128,− ISBN 3 11 005971 1 (Band 17)

Band 4: Liber de haeresibus. Opera polemica
XXII, 486 Seiten, 6 Stemmata. 1981. DM 275,− ISBN 3 11 007858 9 (Band 22)

Repertorium der griechischen christlichen Papyri

Im Namen der Patristischen Arbeitsstelle Münster
herausgegeben von Kurt Aland

Teil I: Biblische Papyri, Altes Testament, Neues Testament, Varia, Apokryphen
XIV, 473 Seiten. 1976. DM 158,− ISBN 3 11 004674 1 (Band 18)

Aurelio de Santos Otero

Die handschriftlichen Überlieferungen der altsyrischen Apokryphen

Band 1: XL, 227 Seiten, 2 Tafeln. 1978. DM 108,− ISBN 3 11 007028 6 (Band 20)
Band 2: XLVI, 282 Seiten, 4 farbige Tafeln. 1981. DM 126,− ISBN 3 11 008139 3 (Band 23)

Wolfgang A. Bienert

Dionysius von Alexandrien

Zur Frage des Origenismus im dritten Jahrhundert

XII, 252 Seiten. 1978. DM 88,− ISBN 3 11 007442 7 (Band 21)

Preisänderungen vorbehalten

Walter de Gruyter   Berlin · New York